第五版前言

"税法"课程是高校会计、税收等专业的一门专业核心课。"税法"课程服务于会计、税收等专业人才培养目标，培养具有一定的企业会计与税收能力的技术技能型人才。"税法"课程坚持"理实一体、学做合一"，以会计人员税务能力的培养为主线，直接为培养学生从事会计、税收工作应具备的基本知识、基本技能和实战操作能力服务。

《税法》自第一版出版至第四版，得到了读者的普遍认可。同时本教材被评为"十三五"职业教育国家规划教材，由于近期税收政策有了较大变动，因此有必要再版。

《税法》（第五版）以我国最新税法和企业会计准则为主要依据，根据企业税务实际工作过程来设计学习内容，组织和整合出八个学习项目作为主要教学内容。本教材主要内容包括现行各税种征收的基本规定、应纳税额计算方法，以及各税种征收管理的要求。通过学习与训练，可以让读者熟练地掌握各税种征收的基本规定，正确地计算各税种的应纳税额。"税法"课程的后续课程为"税务会计"和"纳税筹划"，读者可以继续选用本教材主编在东北财经大学出版社出版的《税务会计实务》（"十三五"职业教育国家规划教材、"十四五"职业教育国家规划教材）、《纳税实务》和《纳税筹划实务》教材。

与同类教材相比，本教材具有以下特色：

一、落实立德树人，实施课程思政

为贯彻落实党的二十大精神，进一步"落实立德树人任务根本"、实施课程思政，本教材前言给出了"素养提升设计表"（见表1），并且在每个项目开头设置【素养提升】栏目。根据《财政部关于印发〈会计人员职业道德规范〉的通知》（财会〔2023〕1号），我国会计人员职业道德规范的内容包括：（1）坚持诚信，守法奉公；（2）坚持准则，守责敬业；（3）坚持学习，守正创新。学习本教材，要求学生提升会计职业道德修养。通过教导"坚持诚信，守法奉公"促使学生在未来会计工作中符合自律要求，通过教导"坚持准则，守责敬业"促使学生在未来会计工作中符合履职要求，通过教导"坚持学习，守正创新"促使学生在未来会计工作中符合发展要求。

表1　　　　　　　　　　　　　　　　素养提升设计表

项目名称	素养提升点	素养提升具体内容举例
项目一 税法基础认知	税收取之于民，用之于民。坚持全面依法治国，推进法治中国建设	1.征税主体：深入贯彻"深化简政放权、放管结合、优化服务改革"精神，做好纳税服务，依法依规征税。 2.纳税主体：努力"增强法治观念，践行社会主义核心价值观"，持守纳税信用，合法合规纳税

项目名称	素养提升点	素养提升具体内容举例
项目二 增值税法	纳税人应当充分运用国家出台的增值税税收政策，促进产业行业发展，合法合规纳税	1.我国出台了小微企业暂免征收增值税的优惠政策，有利于支持小微企业发展，扩大就业，改善民生，增强市场活力，促进国家经济的繁荣发展，体现了"充分发挥市场在资源配置中的决定性作用，更好发挥政府作用，支持中小微企业发展"的精神。 2.我国出台了与农产品相关的增值税减免税政策，有利于鼓励农业生产，保护农业生产者的利益，保障国家的粮食安全，"加快建设农业强国"
项目三 消费税法	纳税人应当充分运用国家出台的消费税税收政策，促进产业行业发展，合法合规纳税	1.我国对过度消费不利于人类健康的消费品（如烟、酒）征收消费税，有利于"推进健康中国建设，倡导文明健康生活方式"，引导群众健康消费，维护社会秩序稳定。 2.我国对某些不可再生和替代的稀缺消费品（如成品油、木制一次性筷子、实木地板）征收消费税，有利于引导群众节约资源，促进环境保护，体现了"实施全面节约战略，推进各类资源节约集约利用"的精神
项目四 企业所得税法	纳税人应当充分运用国家出台的企业所得税税收政策，促进产业行业发展，合法合规纳税	1.我国出台了国家需要重点扶持的高新技术企业减按15%的税率征收企业所得税的优惠政策，有利于扶持高新技术企业加大科研力度，发展智能产业、拓展智能生活，体现了"强化企业科技创新主体地位，发挥科技型骨干企业引领支撑作用"的精神。 2.我国出台了西部大开发的企业所得税优惠政策，有利于"推进西部大开发形成新格局，促进区域协调发展"，巩固国家生态安全屏障，促进陆海内外联动和东西双向互济，增强内生增长动力，保障和改善民生
项目五 个人所得税法	纳税人应当充分运用国家出台的个人所得税税收政策，促进产业行业发展，合法合规纳税	1.我国自2019年1月1日起开始全面实施综合与分类相结合的个人所得税改革，这次改革通过提高基本费用减除标准、增加专项附加扣除、优化调整了税率结构、扩大低档税率的级距等方式，从而"完善个人所得税制度，规范收入分配秩序，规范财富积累机制，保护合法收入，调节过高收入"，使得广大纳税人的税收负担普遍降低，使个人所得税税负水平更趋合理、公平。 2.我国税务部门近年来持续加强对高收入人群、高风险行业的税收监管，会同相关部门深入开展影视行业税收秩序综合治理，有利于进一步规范影视行业税收秩序，促进影视行业长期健康规范发展，体现了"完善个人所得税制度，规范收入分配秩序，规范财富积累机制，保护合法收入，调节过高收入"的精神
项目六 其他税种税法（上）	纳税人应当充分运用国家出台的房产税等税种税收政策，促进产业行业发展，合法合规纳税	1.我国征收房产税，有利于"坚持房子是用来住的、不是用来炒的定位"，抑制房产投资投机行为，调控房产市场价格，节约和优化配置社会资源，规范房地产行业的发展，缩小财富差距，实现社会公平。 2.我国征收耕地占用税，有利于合理配置土地资源，加强土地管理，保护耕地资源，补偿因占用耕地而造成的农业损失，保证农业生产的稳定发展，体现了"牢牢守住十八亿亩耕地红线，逐步把永久基本农田全部建成高标准农田"的精神

续表

项目名称	素养提升点	素养提升具体内容举例
项目七 其他税种税法（下）	纳税人应当充分运用国家出台的关税等税种税收政策，促进产业行业发展，合法合规纳税	1.我国"坚定奉行互利共赢的开放战略，反对保护主义，反对'筑墙设垒''脱钩断链'"，但在遭受关税歧视的情况下，通过征收报复性关税、反倾销税与反补贴税、保障性关税，来维护国家主权和经济利益，保护和促进我国产业的发展，调节我国经济和国际贸易。 2.我国征收环境保护税，有利于"坚持绿水青山就是金山银山的理念"，抑制纳税人污染环境的不良行为，提高纳税人环境保护意识，推进生态文明建设和可持续发展，促进节能环保产业结构的优化升级

二、知识技能并重，突出质量为先

知识传授与技术技能培养并重，强化学生职业素养养成和专业技术积累，将专业精神、职业精神和工匠精神融入教材内容。

三、坚持产教融合，校企双元开发

强化行业指导、企业参与，实施校企"双元"合作开发，行业企业专业技术人员、能工巧匠深度参与教材编写，实现产教融合。

四、服务产业发展，适应人才需求

紧跟产业发展趋势和行业人才需求，及时将产业发展的新技术、新规范、新准则、新税法纳入教材内容，反映会计税收岗位职业能力要求。

五、应用先进技术，打造新型教材

围绕深化教学改革和"互联网+教育"发展需求，通过植入二维码等方式，提供丰富教学资源，打造新形态一体化教材。

六、编写体例新颖，顺应教学规律

本教材采用"项目导向、任务驱动"模式，贯彻"理实一体、学做合一"理念，每个项目开头设置【职业能力目标】，让学生首先能够明确本项目的学习目标；同时设置【税收格言】，让学生对税收知识有一个大体的认知；设置【素养提升】，有利于落实立德树人，加强思想政治教育；在每一项目具体学习之前，设置【项目引例】，在部分任务具体学习之前，设置【任务引例】，以此激发学生的学习兴趣。在项目内容的讲授过程中，一方面设置【任务实例】【知识答疑】【实务答疑】等工作情境，另一方面设置【提示】【点睛】【链接】【举例】【比较】【总结】等模块，让学生体验学习的乐趣，从而再次激发学生的学习兴趣。配备的课后"职业技能训练"对教材所学知识进行巩固训练，让学生进一步理解和掌握所学知识。

七、结合职业证书，实现书证融通

本教材结合1+X证书制度试点第二批职业教育培训评价组织及职业技能等级证书名单中联集团教育科技有限公司的"智能财税"等级证书中部分典型工作任务，以及财政部颁布的2023年《初级会计专业技术资格考试大纲》中的部分内容，在一定程度上实现课证融通、书证融通。

八、根据最新政策，不断适时修订

本教材本次再版根据截稿之日（2023年7月1日）的最新会计、税收政策编写，体现最新的全面"营改增"、深化增值税改革有关政策（含13%和9%的增值税新税率）、新个人所得税法、个人所得税法实施条例、个人所得税专项附加扣除暂行办法、资源税法、耕地占用税法、车辆购置税法、城市维护建设税法、契税法、印花税法等最新会计、税收政策，同时，本教材根据《国家税务总局关于简并税费申报有关事项的公告》（国家税务总局公告2021年第9号）、《国家税务总局关于增值税 消费税与附加税费申报表整合有关事项的公告》（国家税务总局公告2021年第20号）、《国家税务总局关于进一步实施小微企业"六税两费"减免政策有关征管问题的公告》（国家税务总局公告2022年第3号）、《国家税务总局关于修订发布〈个人所得税专项附加扣除操作办法（试行）〉的公告》（国家税务总局公告2022年第7号）对于纳税申报表、税费申报表进行了修订，并且在本教材以后重印、修订或再版时，作者将根据最新会计、税收政策及时修订和完善。

九、教学资源丰富，方便教师教学

本教材配有微课、PPT教学课件、课程标准（教学大纲）、教学讲义（可供任课教师制作教案）、试题库、各项目教学目标、知识点及实现手段、内容提要、重难点、教学过程、教学参考内容、教学案例集、教学日历、考评方式与标准、学习指南、【知识答疑】和【实务答疑】答案、课后"职业技能训练"的答案与解析等教学资源。其中，教材的【知识答疑】和【实务答疑】的答案通过扫描二维码的方式可以查看。选用本教材作为学生教材的任课教师经过实名注册认证后可通过东北财经大学出版社网站（www.dufep.cn）索取上述课程资源。

十、提供交流空间，方便互动学习

本教材的交流QQ群号为570328484（仅限任课教师加入，申请加入时，请说明单位、姓名）。

十一、提供税法链接，方便学习查询

本教材提供最新法律法规库链接，读者可以通过法律法规库查询各个税种的最新法律法规文件。具体可登录http://www.chinatax.gov.cn/chinatax/n810341/n810825/index.html，或者扫描左侧二维码（注：通过电脑登录可以按照税种查询最新法律法规文件）。

《税法》（第五版）由梁文涛、苏杉、吴朋波担任主编，张清亮（单位：山东经贸职业学院）、耿红玉（单位：山东经贸职业学院）担任副主编。在本教材编写过程中，作者参考、借鉴了大量本学科相关专著、教材与论文，在此向其作者表示由衷的感谢！由于作者水平所限，以及会计、税收等法律、法规、政策不断修订变化，本教材可能会存在不当之处，读者在实际运用时应当以最新的法律、法规、政策为准。同时，竭诚欢迎广大读者批评指正。

作 者
2023年7月

目　录

项目一　税法基础认知 / 1

任务一　税法认知 / 2

任务二　税收法律关系 / 6

任务三　税收实体法与税收程序法 / 7

任务四　税收立法和执法 / 16

任务五　税收的征收管理 / 19

职业技能训练 / 20

项目二　增值税法 / 23

任务一　增值税的基本原理认知 / 24

任务二　增值税纳税人、扣缴义务人和纳税人身份的确定 / 27

任务三　增值税征税范围的确定 / 30

任务四　增值税税率和征收率的判定 / 39

任务五　增值税优惠政策的运用 / 41

任务六　增值税专用发票的使用和管理 / 49

任务七　一般计税方法下应纳税额的计算 / 54

任务八　简易计税方法下应纳税额的计算 / 75

任务九　进口货物增值税应纳税额的计算 / 86

任务十　增值税出口和跨境业务退（免）税和征税的计算 / 87

任务十一　增值税的征收管理 / 101

职业技能训练 / 109

项目三　消费税法 / 119

任务一　消费税的基本原理认知 / 120

任务二　消费税纳税人、代收代缴义务人和征税范围的确定 / 122

任务三　消费税税率的判定 / 124

任务四　消费税纳税环节的归类 / 127

任务五　消费税应纳税额的计算 / 129

任务六　消费税出口退（免）税和征税的计算 / 141

任务七　消费税的征收管理 / 143

职业技能训练 / 146

项目四　企业所得税法 / 152

任务一　企业所得税的基本原理认知 / 153

任务二　企业所得税纳税人和扣缴义务人的确定 / 155

任务三　企业所得税征税对象的确定 / 156

任务四　企业所得税税率的判定 / 157

任务五　企业所得税优惠政策的运用 / 157

任务六　企业所得税应纳税所得额的计算 / 167

任务七　资产的企业所得税税务处理 / 182

任务八　企业所得税税款的计算 / 187

任务九　企业所得税的特别纳税调整 / 194

任务十　企业重组的所得税处理 / 197

任务十一　企业所得税的征收管理 / 202

职业技能训练 / 207

项目五　个人所得税法 / 217

任务一　个人所得税的基本原理认知 / 218

任务二　个人所得税纳税人和扣缴义务人的确定 / 219

任务三　个人所得税征税对象的确定 / 221

任务四　个人所得税税率的判定 / 224

任务五　个人所得税优惠政策的运用 / 227

任务六　个人所得税应纳税额的计算 / 230

任务七　个人所得税的征收管理 / 246

职业技能训练 / 254

项目六　其他税种税法（上）/ 260

任务一　城市维护建设税法 / 261

任务二　土地增值税法 / 268

任务三　房产税法 / 282

任务四　资源税法 / 288

任务五　城镇土地使用税法 / 296

任务六　耕地占用税法 / 302

职业技能训练 / 305

项目七　其他税种税法（下）/ 312

任务一　关税法 / 313

任务二　印花税法 / 324

任务三　契税法 / 332

任务四　车船税法 / 339

任务五　车辆购置税法 / 345

任务六　烟叶税法 / 353

任务七　环境保护税法 / 355

职业技能训练 / 362

项目八　税务行政法制 / 368

任务一　税务行政处罚 / 369

任务二　税务行政复议 / 374

任务三　税务行政诉讼 / 387

职业技能训练 / 392

主要参考文献 / 397

项目一　税法基础认知

（1）能识记税法的含义与特点，能对税法进行分类，能对税收征管范围进行划分，能对我国中央政府与地方政府税收收入进行划分。

（2）能明确我国现行税法体系，税法的原则，税收法律关系的含义、构成，税收法律关系的产生、变更与消灭，税务机构设置。

（3）能区分税收实体法和税收程序法；能区分税收立法和税收执法。

税收格言

税收是国家的主要支柱。
——西塞罗

素养提升

税务系统第一书记的七十二变

➤项目引例——全额累进税率和超额累进税率的运用◀

纳税人甲当月应纳税所得额为9 999元。纳税人乙当月应纳税所得额为10 001元。假设某三级全额累进税率表和三级超额累进税率表分别见表1-1和表1-2。

表1-1　　　　　　　　　　　**三级全额累进税率表**

级　数	全月应纳税所得额	税率（％）
1	10 000元以下（含）	10
2	10 000元（不含）～20 000元（含）	20
3	20 000元（不含）以上	30

表1-2　　　　　　　　　　　**三级超额累进税率表**

级　数	全月应纳税所得额	税率（％）	速算扣除数（元）
1	10 000元以下（含）	10	0
2	10 000元（不含）～20 000元（含）	20	1 000
3	20 000元（不含）以上	30	3 000

★任务要求

1.若采用全额累进税率，分别计算甲、乙当月的应纳税额。

2.若采用超额累进税率，分别计算甲、乙当月的应纳税额。

▶**项目引例解析**　见本项目的任务三。

任务一　　　　　　　　　　税法认知

任务引例

根据《财政部　国家税务总局关于全面推开营业税改征增值税试点的通知》（财税〔2016〕36号）的规定，本通知附件规定的内容，除另有规定执行时间外，自2016年5月1日起执行。而2016年4月30日之前发生的相关应税行为只能适用《财政部　国家税务总局关于将铁路运输和邮政业纳入营业税改征增值税试点的通知》（财税〔2013〕106号）等相关文件，不能适用《财政部　国家税务总局关于全面推开营业税改征增值税试点的通知》（财税〔2016〕36号）文件。这体现了税法的哪一原则？

一、税法的含义与特点

（一）税法的含义

税法是指有权的国家机关制定的有关调整税收分配过程中形成的权利义务关系的法律规范的总和。

制定税法的有权的国家机关主要是指国家最高权力机关。我国最高权力机关为全国人民代表大会及其常务委员会（简称"全国人大及其常委会"）；在特定的法律框架和规则下，地方立法机关一般也拥有一定的税法立法权；获取授权的行政机关也属于制定税法的主体。

税法的调整对象是税收分配中形成的权利义务关系。税法的本质是正确处理国家与纳税人之间因税收而产生的税收法律关系和社会关系，不仅要保障国家税收收入，而且也要保护纳税人的权利，两者缺一不可。

税法的范围有广义与狭义之分。广义的税法是各种税收法律规范形式的总和。从立法层次上划分，则包括由全国人大及其常委会正式立法制定的税收法律，由国务院制定的税收法规，由有规章制定权的单位制定的税务部门规章，由省级人民代表大会及其常委会制定的地方性税收法规。狭义的税法仅指由全国人大及其常委会正式立法制定的税收法律。

（二）税法的特点

税法的特点包括以下三点：

（1）从立法过程看，税法属于制定法，而不属于习惯法。税法是由国家制定的，而不是由习惯法或司法判例而认可的。

（2）从法律性质看，税法属于义务性法规，而不属于授权性法规。税法直接规定纳税人应当从事或不应当从事某种行为的法规，具有强制性。

🔖**点睛**　（1）税法的强制性力度仅次于刑法；（2）从权利义务的角度看，纳税人以履行义务为主；（3）并不是税法没有赋予纳税人权利，但税法赋予纳税人的权利从整体上看不是实体性权利，而是程序性权利。

（3）从内容看，税法属于综合法，而不属于单一法。税法是由实体法、程序法、争讼法等构成的综合法律体系，其内容涉及征税的基本原则、征纳双方的权利义务、税收管理规范、法律责任、解决税务争议的法律规范等。

◆**提示**　我国税法结构：宪法加税收单行法律、法规。我国目前还没有税收基本法。

二、税法的分类和我国现行税法体系

（一）税法的分类

❶按照税法的基本内容和效力的不同，可分为税收基本法和税收普通法。

◆**举例**　我国目前还没有制定统一的税收基本法。我国的《个人所得税法》《收征收管理法》①属于税收普通法。

❷按照税法的职能作用的不同，可分为税收实体法和税收程序法。

◆**举例**　我国的《个人所得税法》《车辆购置税法》属于税收实体法，我国的《税收征收管理法》属于税收程序法。

❸按照税法相关税种征税对象的不同，可分为6种：流转税法、所得税法、财产税法、行为税法、资源税和环境保护税法、特定目的税法。

❹按照主权国家行使税收管辖权的不同，可分为国内税法、国际税法、外国税法等。

（二）我国现行税法体系

我国现行税法体系主要由税收实体法体系和税收程序法体系构成。

1.税收实体法体系

我国的现行税制就税收实体法而言，按征税对象大致分为以下6类：

（1）流转税

流转税，又称流转税类，也称商品（货物）和劳务税类，是指以货物、劳务、服务、无形资产或者不动产买卖的流转额为征税对象征收的各种税，如增值税、消费税、关税等。这些税种是在生产、流通或服务领域，按照纳税人取得的销售收入或营业收入等流转额征收，其特点是与商品生产、流通、消费有密切关系。

（2）所得税

所得税，又称所得税类，是指以所得额为征税对象征收的各种税，其中，所得额一般情况下等于总收入减除为取得收入耗费的各项成本费用后的余额，如企业所得税、个人所得税、土地增值税等。

（3）财产税

财产税，又称财产税类，是指以纳税人拥有或支配的财产为征税对象征收的各种税，如房产税、车船税等。

（4）行为税

行为税，又称行为税类，是指以纳税人发生的某种行为为征税对象征收的各种税，如印花税、契税等。

（5）资源税和环境保护税

资源税和环境保护税，又称资源税和环境保护税类，是指以各种应税自然资源、其他资源或者纳税人直接向环境排放的应税污染物为征税对象征收的各种税，如资源税、城镇土地使用税、环境保护税等。

---

①　《中华人民共和国个人所得税法》简称《个人所得税法》，《中华人民共和国税收征收管理法》简称《税收征收管理法》，为表述方便，下文表述中若涉及我国其他法律法规，除个别情况需用全称外，均省略"中华人民共和国"几个字。

（6）特定目的税

特定目的税是指为了达到某种特定目的，对特定对象和特定行为征收的各种税，包括车辆购置税、耕地占用税、城市维护建设税、烟叶税、船舶吨税等。

提示 自 2021 年 6 月 1 日起，纳税人申报缴纳城镇土地使用税、房产税、车船税、印花税、耕地占用税、资源税、土地增值税、契税、环境保护税、烟叶税中一个或多个税种时，使用"财产和行为税纳税申报表"。纳税人新增税源或税源变化时，需先填报"财产和行为税税源明细表"。"财产和行为税纳税申报表"和"财产和行为税税源明细表"中的"财产和行为税"是个广义的概念，包括城镇土地使用税、房产税、车船税、印花税、耕地占用税、资源税、土地增值税、契税、环境保护税、烟叶税。而狭义的"财产和行为税"中的财产税包括房产税、车船税；行为税包括印花税、契税。

现行税种中，以国家法律的形式发布实施的有：企业所得税、个人所得税、车船税、环境保护税、烟叶税、船舶吨税、车辆购置税、耕地占用税、资源税、城市维护建设税、契税和印花税；除此之外的其他各税种均为经全国人民代表大会授权，由国务院以暂行条例或者条例的形式发布实施的。上述这些法律法规共同组成了我国的税收实体法体系。

2.税收程序法体系

税收程序法体系主要由税收征收管理法律制度组成，包括《税收征收管理法》、《海关法》和《进出口关税条例》等。

❶由税务机关负责征收的税种的征收管理，以全国人大常委会发布实施的《税收征收管理法》为依据。

❷由海关负责征收的税种的征收管理，以《海关法》及《进出口关税条例》等法律法规为依据。

三、税法的原则

（一）税法的基本原则

1.税收法律主义

税收法律主义，又称税收法定性原则，指税法主体的权利和义务必须由法律予以规定，税法的各类构成要素均必须且只能由法律予以明确规定。

税收法律主义的具体原则包括：课税要素法定原则、课税要素明确原则、依法稽征原则。

2.税收公平主义

税收公平主义，指税收负担必须根据纳税人的负担能力进行分配，负担能力相等的纳税人，其税负相同；负担能力不等的纳税人，其税负不同。

3.税收合作信赖主义

税收合作信赖主义，指征纳双方关系从整体上看是相互合作、相互信赖的，而不是相互对抗、相互怀疑的。它具体表现在：一方面，纳税人应按照税法的规定及时、足额地缴纳税款；另一方面，没有充足的证据，征税主体不能对纳税人是否依法纳税进行怀疑。

4.实质课税原则

实质课税原则，指根据纳税人真实的或者实质的负担能力决定其税负，不能仅考虑其表面或者形式是否符合课税要件。实质课税原则有利于防止纳税人避税、偷逃税，增强税法适用的公平性和公正性。

📌**举例**　纳税人利用转让定价而减少计税依据，税务机关有权重新估定计税依据，而不是按纳税人申报的计税依据计税。

（二）税法的适用原则

税法的适用原则归纳见表1-3。

表1-3　　　　　　　　　　　　　　　　　　税法的适用原则

适用原则	含　义	解　析
❶法律优位原则	效力高的税法高于效力低的税法。一般来说，税收法律的效力高于行政法规的效力，税收行政法规的效力高于税收行政规章的效力	（1）作用：处理不同等级税法的关系 （2）应用：一般来说，税收法律＞税收行政法规＞税收行政规章。效力低的税法与效力高的税法发生冲突，效力低的税法即是无效的
❷法律不溯及既往原则	新税法实施后，之前发生的业务事项不适用新税法，而只能沿用旧税法	作用：维护税法的稳定性和可预测性
❸新法优于旧法原则	新税法和旧税法对同一业务事项有不同的规定时，新税法的效力优于旧税法的效力	作用：避免因法律修订带来新法、旧法对同一事项有不同的规定而给法律适用带来的混乱。 【举例】根据《财政部　国家税务总局关于调整卷烟消费税的通知》（财税〔2015〕60号）的规定，❶将卷烟批发环节从价税率由5％提高至11％，并按0.005元/支加征从量税。❷纳税人兼营卷烟批发和零售业务的，应当分别核算批发和零售环节的销售额、销售数量；未分别核算批发和零售环节销售额、销售数量的，按照全部销售额、销售数量计征批发环节消费税。❸本通知自2015年5月10日起执行。此前有关文件规定与本通知相抵触的，以本通知为准
❹特别法优于普通法原则	对同一事项两部税收法律分别制定一般规定和特别规定时，特别规定的效力高于一般规定的效力	应用：居于特别法地位的级别较低的税法，其效力可以高于居于普通法地位的级别较高的税法
❺实体从旧、程序从新原则	税收实体法不具备溯及力，而税收程序法在特定条件下具备一定的溯及力	应用：税收实体性权利义务以其发生的时间为准；而对于税收程序性问题（如税款征收方法、税务行政处罚等），新税法具有约束力
❻程序优于实体原则	在税收争讼发生时，税收程序法优于税收实体法	作用：确保国家课税权的实现，不因争议的发生而影响税款的及时、足额入库 【举例】纳税人必须在缴纳有争议的税款后，税务行政复议机关才能受理纳税人的复议申请

任务引例解析

新税法实施后，之前发生的业务事项不适用新税法，而只能沿用旧税法。2016年4月30日之前发生的相关应税行为（如建筑业、房地产业、金融业、生活服务业相关应税行为）只能适用《财政部 国家税务总局关于将铁路运输和邮政业纳入营业税改征增值税试点的通知》（财税〔2013〕106号）等相关文件（旧法），而不能适用《财政部 国家税务总局关于全面推开营业税改征增值税试点的通知》（财税〔2016〕36号）文件（新法）。这体现的是法律不溯及既往原则。

任务二　　税收法律关系

一、税收法律关系的含义

税收法律关系是税法所确认和调整的、国家与纳税人之间、相关国家机关之间税收分配过程中形成的权利义务关系，包括国家与纳税人之间的税收宪法性法律关系、征税主体与纳税主体之间的税收征纳关系、相关国家机关之间的税收权限划分法律关系、国际税收权益分配法律关系、税收救济法律关系等。

微课
税收法律关系认知

二、税收法律关系的构成

税收法律关系的构成见表1-4。

表 1-4　　　　　　　　　　　税收法律关系的构成

三方面	内　容
❶权利主体	❶双主体： 征税主体：指代表国家行使征税职责（权力）的国家行政机关，包括国家各级税务机关、海关 纳税主体：指通常所称的纳税人，即依法直接负有纳税义务的法人、自然人及其他组织 ❷征税主体和纳税主体的法律地位是平等的，但权利和义务不对等
❷权利客体	税收法律关系主体的权利、义务所共同指向的对象，即征税对象
❸关系的内容	税收法律关系主体双方各自享有的权利和承担的义务（它是税收法律关系中最实质的东西，也是税法的灵魂）

三、税收法律关系的产生、变更与消灭

1.税收法律关系的产生

税收法律关系的产生应当以引起纳税义务产生的法律事实为标志。

2.税收法律关系的变更

税收法律关系变更的原因主要包括：❶纳税主体自身的组织状况发生变化；❷纳税主体的生产经营或财产状况发生变化；❸征税主体的组织结构或管理方式发生变化；❹税法被修订、修正或调整；❺因不可抗力而造成破坏。

3.税收法律关系的消灭

税收法律关系消灭的原因主要包括：❶纳税主体已经履行完毕纳税义务；❷纳税义务因超过期限而消灭；❸纳税义务被免除；❹税法被废止；❺纳税主体消失。

任务三　税收实体法与税收程序法

任务引例

提高个税"起征点"政策有效落地[①]

在给企业减税的同时，个人减税也备受关注。2018 年 8 月 31 日，全国人大常委会通过了修改个人所得税法的决定，此次修改除了将基本减除费用（起征点）提高到 5 000 元/月（6 万元/年）外，还扩大了低档税率级距，同时新增了多项专项附加扣除。其中，提高起征点以及新税率表提前从 2018 年 10 月 1 日起实施，使很多人实实在在感到钱袋子变重了。你认为上述关于"起征点"的说法正确吗？

一、税收实体法

税收实体法是规定税收法律关系主体的实体权利和义务的法律规范的总称。税收实体法的主要内容包括纳税人、征税对象、税率、减税免税等，是国家向纳税人行使征税权利（权力）和纳税人承担纳税义务的法律要件。只有具备这些法律要件时，纳税人才承担纳税义务，国家才能有权向纳税人征税。税收实体法直接影响国家与纳税人之间权利和义务的分配，是税法的核心部分。没有税收实体法，税法体系就无法成立。

税收实体法的要素主要有 6 个：纳税人、征税对象、税率、减税免税、纳税环节、纳税期限。

（一）纳税人

1. 纳税人的含义

纳税人又称"纳税义务人"或"纳税主体"，是指依法直接负有纳税义务的法人、自然人及其他组织。我国税收法律关系的主体，一方是代表国家行使税收征收管理权的各级税务机关、海关，即征税主体；另一方是直接负有纳税义务的自然人、法人及其他组织，即纳税主体。由于各具体税收法律关系不同，各税种的税法的具体调整对象也不同，因此纳税主体（纳税人）也有所不同。

知识答疑 1-1　什么叫自然人，什么叫法人及其他组织？

2. 与纳税人有关的概念

（1）负税人

负税人是指实际负担税款的单位或个人。纳税人如果能够通过一定途径把税款转嫁或转移出去，纳税人就不再是负税人；否则，纳税人同时也是负税人。

提示　纳税人与负税人不一致的原因：价格与价值背离，引起税负转移或者税负转嫁。

（2）代扣代缴义务人

代扣代缴义务人是指有义务从持有的纳税人收入中扣除其应纳税款并代为缴纳的单位或个人。

（3）代收代缴义务人

代收代缴义务人是指有义务在与纳税人的经济交往过程中向纳税人收取其应纳税款并

---

① 资料来源：http://www.ctax.org.cn/mtbd/201810/t20181030_1081876.shtml，节选。

代为缴纳的单位。

（4）代征代缴义务人

代征代缴义务人是指受税务机关委托而代征税款的单位或个人。

（5）纳税单位

纳税单位是指申报缴纳税款的单位，是纳税人的有效集合。

> **提示** 扣缴义务人的概念有狭义和广义之分。狭义的扣缴义务人特指代扣代缴义务人；广义的扣缴义务人包括代扣代缴义务人和代收代缴义务人。本书对扣缴义务人采用广义概念。

（二）征税对象

1.征税对象的含义

征税对象又称课税对象，是税法中规定的征税的目的物，是征税的依据，解决"对什么征税"的问题。征税对象是区分税种的主要标志；征税对象体现征税的范围；税收实体法其他要素的内容一般都以征税对象为基础确定。

2.与征税对象相关的概念

（1）计税依据

计税依据又称税基，是税法规定的据以计算各种应征税款的依据或标准。

征税对象与计税依据的关系表现在：征税对象是指征税的目的物，计税依据则是在目的物已经确定的前提下，对目的物据以计算税款的依据或标准；征税对象是从质的方面对征税所做的规定，而计税依据则是从量的方面对征税所做的规定，是征税对象量的表现。征税对象和计税依据在有些情况下是一致的，在有些情况下是不一致的。征税对象和计税依据的关系，以企业所得税和车船税为例，见表1-5。

表 1-5　　　　　　　　　　　**征税对象和计税依据的关系例解**

税种举例	征税对象	计税依据	计税依据和征税对象的关系
企业所得税	应纳税所得额	应纳税所得额	一致
车船税	车辆、船舶	辆数、整备质量吨位数、净吨位数或艇身长度	不一致

（2）税源

税源是指税款的最终来源，是税收负担的最终归宿。税源的大小体现了纳税人的负担能力。

征税对象与税源的关系表现在：征税对象是征税的目的物和依据；税源是税款的最终来源。税源和征税对象可能是一致的，也可能是不一致的。征税对象和税源的关系，以企业所得税和房产税为例，归纳见表1-6。

表 1-6　　　　　　　　　　　**征税对象和税源的关系例解**

税种举例	征税对象	税源	计税依据和征税对象的关系
企业所得税	所得额（即国民收入分配中形成的各种收入）	国民收入分配中形成的各种收入	一致
房产税	房屋	国民收入分配中形成的各种收入	不一致

（3）税目

税目是征税对象的具体化，反映具体的征税范围，解决征税对象的归类。税目一般可分为列举税目和概括税目两类。划分税目的主要作用在于：明确征税范围；解决征税对象归类问题。

（三）税率

税率是税额与计税依据之间的比例，是计算税额的尺度。税率的高低，直接关系到国家财政收入的多少和纳税人负担的大小。税率体现征税的深度。我国现行的税率形式主要有以下几种：

（1）比例税率

比例税率是对同一征税对象不分计税金额的大小，都按规定的同一比例计征税款。

举例　我国增值税采用比例税率。

（2）累进税率

累进税率是指对同一征税对象，随其数量的增大，征收比例也随之增高的税率。征税对象按数额大小划分等级，规定不同税率。该税率多用于收益征税，处理税收负担的纵向公平。

累进税率主要包括以下3种：

❶全额累进税率，是按征税对象的计税金额划分若干级距，每一级距分别规定不同的税率，税率依次提高，当计税金额达到相适应的某个级距时，征税对象的全部计税金额都按照这个级距的税率计征税款的一种累进税率。

全额累进税率的特点主要有：a.计算方法简单，在征税对象计税金额确定以后，相当于按照比例税率计征税款；b.税收负担不合理。特别是征税对象计税金额刚刚超过某一等级时，就要以全部计税金额按高一级的税率计算，导致税负出现跳跃式递增，甚至会出现"增加的税额大于增加的收入金额"的不合理现象，不利于鼓励纳税人增加收入。

❷超额累进税率，是按征税对象的计税金额划分若干级距，每一级距分别规定不同的税率，税率依次提高，计税金额每超过一个规定的级距，对超过的部分就按高一级的税率计征税款的一种累进税率。

举例　我国居民个人综合所得汇算清缴时的个人所得税采用超额累进税率。

超额累进税率的特点主要有：a.计算方法比较复杂，征税对象计税金额越大、等级越多，计算过程就越复杂。在实际工作中，为了解决超额累进税率计算税款这一比较复杂的问题，可以采取"速算扣除法"。b.累进幅度逐次递进且比较缓和，整体的税收负担较为合理。特别是征税对象计税金额刚刚超过某一等级时，只就超过部分的计税金额按高一级的税率计算，不会出现"增加的税额大于增加的收入金额"的不合理现象，有利于鼓励纳税人增加收入。c.边际税率和平均税率不一致，税收负担透明度差。

项目引例解析

1.若采用全额累进税率：

对于甲来说，按表1-1所列税率，适用第一级次的税率，甲该月的应纳税额=9 999×10%=999.9（元）。

对于乙来说，按表1-1所列税率，适用第二级次的税率，乙该月的应纳税额=10 001×20%=2 000.2（元）。

我们可以发现，乙比甲应纳税所得额增加2元，税额却增加1 000.3元（2 000.2-999.9），采用全额累进税率税负变化极不合理。

2.若采用超额累进税率：

对于甲来说，按表1-2所列税率，适用第一级次的税率，甲该月的应纳税额=9 999×10%=999.9（元）。

对于乙来说，按表1-2所列税率，乙该月的应纳税额可以分步计算：

第一级的10 000元适用10%的税率，应纳税额=10 000×10%=1 000（元）。

第二级的1元（10 001-10 000）适用20%的税率，应纳税额=1×20%=0.2（元）。

乙该月的应纳税额=1 000+0.2=1 000.2（元）

若运用简化方法计算，乙该月的应纳税额=10 001×20%-1 000=1 000.2（元）。

我们可以发现，乙比甲应纳税所得额增加2元，税额只增加0.3元（1 000.2-999.9），采用超额累进税率税负变化较为合理。

❸全率累进税率，是按征税对象计税金额的相对率（相对比例）划分若干级距，每一级距分别规定不同的税率，税率依次提高，当计税金额的相对率达到相适应的某个级距时，征税对象的全部计税金额都按照这个级距的税率计征税款的一种累进税率。

❹超率累进税率，是按征税对象计税金额的相对率（相对比例）划分若干级距，每一级距分别规定不同的税率，税率依次提高，相对率每超过一个规定的级距，对超过的部分就按高一级的税率计征税款的一种累进税率。

🏴举例　我国土地增值税采用超率累进税率。

（3）定额税率

定额税率是按征税对象的计算单位，直接规定一个固定的税额计征税款。

🏴举例　我国对啤酒的消费税采用定额税率。

（四）减税免税

减税免税是税法对特定的纳税人或征税对象针对税收减免的鼓励或照顾措施。减税是对应纳税额给予少征一部分税款的优惠，而免税是对应纳税额给予全部免征税款的优惠。减税免税是税率的重要补充，它的最大优势在于把税法的普遍性与特殊性、统一性与灵活性结合起来，能够对不同类型的纳税人和征税对象给予不同层次的税收优惠，有利于有针对性地贯彻执行国家社会经济政策。

1.减税免税的基本形式

减税免税可以分为税基式减免、税率式减免和税额式减免3种形式。

（1）税基式减免

税基式减免是指通过直接降低计税依据的方式来实现的减税免税。税基式减免涉及的概念包括起征点、免征额、项目扣除以及跨期结转等。

起征点是征税对象达到一定金额才开始征税的起点。若征税对象计税金额未达到起征点，则不予征税；若征税对象计税金额达到起征点，则按全部金额计征税款。

🟢提示　自2011年11月1日起，增值税按期限纳税的起征点为月销售额5 000～20 000元，按次纳税的起征点为每次（日）销售额300～500元。增值税起征点的适用范围限于个人。

免征额是在征税对象的全部金额中免予征税的那一部分数额，对免征额的部分不予征税，仅对超过免征额的部分计征税款。

项目扣除则是指在征税对象中扣除一定项目的金额，以其余额作为计税依据计征税款。

跨期结转是指将以前纳税年度的亏损从本纳税年度的利润中予以扣除。

任务引例解析

起征点和免征额不一样。起征点是征税对象达到一定金额才开始征税的起点。若征税对象计税金额未达到起征点，则不予征税；若征税对象计税金额达到起征点，则按全部金额计征税款。免征额是在征税对象的全部金额中免予征税的那一部分数额，对免征额的部分不予征税，仅对超过免征额的部分计征税款。假设起征点和免征额每年都为 60 000 元（每月都为 5 000 元），且不考虑其他扣除项目，应该如何纳税呢？若实际年所得额为 50 000 元，则无论是按照起征点的规定还是免征额的规定，都不用纳税。若实际年所得额为 70 000 元，情况就不一样了。按照免征额的规定，国家只能对超过免征额部分的 10 000 元（70 000–60 000）进行征税；而按照起征点的规定，国家必须对所有金额（70 000 元）进行征税。我国个人所得税中综合所得的征税模式，显然是按照 10 000 元而不是按照 70 000 元征税。

因此，媒体上对个人所得税中综合所得普遍采用"起征点"的说法是错误的，实际上应为"免征额"。

（2）税率式减免

税率式减免是指通过直接降低税率的方式实现的减税免税。税率式减免具体包括重新确定较低的税率、选用其他较低的税率、零税率。

（3）税额式减免

税额式减免是指通过直接减少应纳税额的方式实现的减税免税。税额式减免具体包括全部免征、减半征收、核定减征率、抵免税额、另定减征税额等。

2.减免的分类

❶法定减免，是由各税种基本法规规定的，一般都具有长期的适用性。

❷临时减免，又称为"困难减免"，主要是为照顾纳税人特殊困难所给予的临时性的税收减免。

❸特定减免，是法定减免的补充，主要是对特定地区、特定企业、特定用途的税收减免。特定减免分为无期限和有期限两种，大多数情况为有期限的特定减免。

3.税收附加与税收加成

减税免税是减轻税负的措施，与其相对应，税收附加与税收加成则是加重税负的措施。

❶税收附加一般又称为地方附加。税收附加是以正税税款为计税依据，按规定的附加率计算附加额。

❷税收加成是根据规定的税率计算应纳税额后，再以应纳税额为计税依据加征一定成数的税额。例如，加征一成相当于加征应纳税额的10%，加征十成相当于加征应纳税额的100%。

（五）纳税环节

纳税环节是指税法规定纳税人针对征税对象应当缴纳税款的环节。广义的纳税环节是指全部征税对象在再生产中的分布情况，如资源税分布在生产环节，所得税分布在分配环节。狭义的纳税环节是商品征税中的特殊概念。

按照纳税环节的多少，可将税收征收制度分为一次课征制和多次课征制。

点睛 与纳税环节相关的课税制度一般分为两类，即一次课征制和多次课征制。以销售货物为例，一次课征制是指同一税种在应税货物流转的全过程中只在某一环节课征的制度。我国消费税（卷烟、电子烟、超豪华小汽车消费税除外）实行一次课征制。多次课征制是指同一税种在应税货物流转的两个或两个以上环节都课征的制度。我国增值税实行多次课征制。

（六）纳税期限

纳税期限是指纳税人每隔固定时间汇总一次纳税义务的时间。

纳税期限有三种形式：❶按期纳税，如一般情况下的增值税、消费税等。❷按次纳税，如耕地占用税、车辆购置税等。❸按年计征、分期预缴或缴纳，如企业所得税按年计征、分期预缴；房产税、城镇土地使用税按年计征、分期缴纳。

点睛 《国家税务总局办公厅关于明确2023年度申报纳税期限的通知》（税总办征科函〔2022〕245号）规定，根据《中华人民共和国税收征收管理法实施细则》第一百零九条规定，结合《国务院办公厅关于2023年部分节假日安排的通知》（国办发明电〔2022〕16号）要求，现将实行每月或者每季度期满后15日内申报纳税的各税种2023年度具体申报纳税期限明确如下，请各地税务机关及时告知纳税人：

（1）2月、3月、6月、8月、9月、11月、12月申报纳税期限分别截至当月15日。

（2）1月15日为星期日，申报纳税期限顺延至1月16日。

（3）4月15日为星期六，申报纳税期限顺延至4月17日。

（4）5月1日至3日放假3天，申报纳税期限顺延至5月18日。

（5）7月15日为星期六，申报纳税期限顺延至7月17日。

（6）10月1日至6日放假6天，申报纳税期限顺延至10月23日。

各地遇到特殊情况需要调整申报纳税期限的，应当提前上报国家税务总局（征管科技司）备案。

知识答疑1-2 如何理解纳税义务发生时间、纳税期限和纳税申报与缴纳期限的关系？

二、税收程序法

（一）税收程序法概述

税收程序法，也称为税收行政程序法，是指规范征税主体和纳税主体在行政程序中权利和义务的法律规范的总称。只要是与税收程序有关的法律规范，不论其存在于哪部法律文件中，均属于税收程序法的范畴。

税收程序法的主要作用有：❶保障税收实体法的有效实施，弥补税收实体法的不足；❷规范和控制税收行政权的行使；❸保障纳税人合法权益；❹提高税收执法效率。

（二）税收程序法的主要制度

1. 表明身份制度

表明身份制度是指征税主体及其工作人员在具体进行税务行政行为之前，向纳税主体出示履行相应职权证明的制度。表明身份制度不仅是为了防止假冒、诈骗，也是为了防止征税主体及其工作人员超越职权、滥用职权。

2. 回避制度

回避制度是指征税主体的工作人员同所处理的税务事务有利害关系的，应由征税主体另行指定其他工作人员处理该项事务的制度。回避制度是实现公正原则的一项重要制度。

3. 职能分离制度

职能分离制度直接调整的不是征税主体与纳税主体的关系，而是征税主体内部的机构和人员的关系。职能分离制度要求将征税主体内部的某些相互联系的职能加以分离，使之分属于不同的部门或不同的工作人员负责和行使。职能分离制度有利于保障税务行政的公平、公正，强化对税务行政权的监督和制约，保护纳税主体的合法权益。

4.听证制度

听证制度是指征税主体在作出影响纳税主体权益的决定之前，向纳税主体告知决定理由和听证权利，纳税主体随之向征税主体表达意见、提供证据，以及征税主体听取其意见，采纳其证据的程序所构成的一种法律制度。听证制度是现代行政程序法基本制度的核心，对于行政程序的公开、公平和公正起到重要的保障作用。

5.时限制度

时限制度是指税务行政行为的整个过程或其中某些阶段受到时间限制的制度。

（三）税收确定程序

1.税务登记

税务登记是整个征收管理的首要环节，是税务机关对纳税人的开业、变更、注销、停业复业等方面实行法定登记的一项税务管理制度。税务登记主要包括开业登记（设立登记）、变更登记、注销登记、跨区域涉税事项报验管理、停业复业登记、非正常户处理等。进行税务登记是纳税人的法定义务。

🍃点睛　2017年5月，国务院常务会议审议通过《关于加快推进"多证合一"改革的指导意见》，要求2017年10月底前，在全国全面推行"多证合一"。"多证合一、一照一码"登记制度改革，即在全面实施企业、农民专业合作社工商营业执照、组织机构代码证、税务登记证、社会保险登记证、统计登记证"五证合一、一照一码"登记制度改革和个体工商户工商营业执照、税务登记证"两证整合"的基础上，将涉及企业、个体工商户和农民专业合作社（以下统称企业）登记、备案等有关事项和各类证照进一步整合到营业执照上，实现"多证合一、一照一码"，使"一照一码"营业执照成为企业唯一"身份证"，使统一社会信用代码成为企业唯一身份代码，实现企业"一照一码"走天下。

2.通过凭证、账簿计算应纳税额

凭证是指纳税人、扣缴义务人用来记录经济业务的发生或者完成情况，以明确经济责任，并据以登记账簿的书面证明。凭证分为原始凭证和记账凭证。账簿是指纳税人、扣缴义务人以经过审核的会计凭证为依据，全面、系统、连续地记录各种经济业务的账册或簿籍。账簿包括总账、明细账、日记账及其他各种辅助账簿。

通过对凭证的填制和审核，不仅可以保证账簿记录的真实、可靠、完整，而且可以检查各项经济业务是否合理、合法、合规，准确反映经营成果，正确计算应纳税额。

3.纳税申报

对于纳税人而言，纳税申报是指纳税人依照税法规定，或者征税主体依法确定的申报期限、申报内容，如实向征税主体报送纳税申报表、财务会计报告以及征税主体根据实际需要要求纳税人报送的其他纳税资料的活动。对于扣缴义务人而言，纳税申报是指扣缴义务人依照税法规定，或者征税主体依法确定的申报期限、申报内容，如实向征税主体报送代扣代缴、代收代缴税款报告表以及征税主体根据实际需要要求扣缴义务人报送的其他有关资料的活动。总之，纳税申报是纳税人、扣缴义务人按照税法规定的期限和内容向征税主体提交有关纳税事项的书面报告的法律行为，是纳税人、扣缴义务人履行纳税义务、代扣代缴及代收代缴税款义务的程序，是征税主体确定纳税人、扣缴义务人法律责任的基本依据，是征税主体依法进行税收管理的一个重要环节，也是税收管理信息的主要来源。

（四）税收征收程序

1.税款征收

税款征收是指征税主体依据法律、行政法规规定的范围和计算方法，将纳税主体依法应当向国家缴纳的税款，及时足额地征收入库的一系列活动的总和。

税款征收中的相关制度主要包括：应纳税额核定制度、欠税管理制度、税款的退还和追征制度、纳税调整制度、代扣代缴税款制度、滞纳金征收制度、延期纳税制度、报验征收制度、减免税管理制度、税收凭证管理制度。以下仅就应纳税额核定制度、欠税管理制度、税款的退还和追征制度进行说明。

（1）应纳税额核定制度

核定应纳税额是针对纳税人会计核算不健全等导致征税主体难以查账征收税款，而采取的一种措施。征税主体在核定应纳税额时，不应简单地随意确定应纳税额，而应有合法、合理的核定依据。

（2）欠税管理制度

欠税是指纳税人未按照规定期限缴纳税款，扣缴义务人未按照规定期限解缴税款的行为。欠税时间是指从规定的税款缴纳或者解缴期限届满的次日起至纳税人、扣缴义务人实际缴纳或者解缴税款的当日。欠税金额是指纳税人、扣缴义务人应当缴纳或者解缴税款与纳税人、扣缴义务人实际缴纳或者解缴税款的差额。

> 📌 **提示** 自2001年5月1日起，对欠税的纳税人、扣缴义务人按日征收欠缴税款万分之五的滞纳金。

（3）税款的退还和追征制度

❶ 税款的退还制度。税款的退还制度，是指征税主体对纳税人超过应纳税额多缴纳的税款退还纳税人的制度。退还多缴纳的税款主要包括两种情况：a.因为技术上的原因或计算上的错误，造成纳税人多缴纳或征税主体多征收的税款；b.在正常税收征收管理的情况下造成的多缴税款。

对于税务机关的税款的退还制度，具体规定如下：纳税人超过应纳税额缴纳的税款，税务机关发现后应当立即退还；纳税人自结算缴纳税款之日起3年内发现的，可以向税务机关要求退还多缴的税款并加算银行同期存款利息，税务机关及时查实后应当立即退还；涉及从国库中退库的，依照法律、行政法规有关国库管理的规定退还。

对于海关的税款的退还制度，具体规定如下：纳税人发生以下行为可以从缴纳税款之日起的1年内，书面声明理由，连同纳税收据向海关申请退税，逾期不予受理：由于海关误征，多缴纳税款的；海关核准免验的进口货物在完税后，发现有短卸情况，经海关审查认可的；已征出口关税的货物，因故未装运出口申报退关，经海关查验属实的。海关应当自受理退税申请之日起30日内作出书面答复，并通知退税申请人。

> **实务答疑1-1** 我公司为一家工业企业，2023年7月，新任会计主管李丽在对本公司以往的涉税资料进行查阅时，无意中发现本公司于2021年1月多缴了一笔税款，金额多达10万元。李丽便及时向公司老总汇报并准备要求税务机关退还。请问这笔税款我公司可以要求税务机关退还吗？

❷ 税款的追征制度。税款的追征，是指对纳税人、扣缴义务人未缴或者少缴税款的追回。造成纳税人、扣缴义务人未缴或者少缴税款的原因有很多，征税主体按照不同的情况

进行追征。

对于税务机关的税款的追征制度，具体规定如下：因税务机关的责任，致使纳税人、扣缴义务人未缴或者少缴税款的，税务机关在3年内可以要求纳税人、扣缴义务人补缴税款，但是不得加收滞纳金。因纳税人、扣缴义务人计算错误等失误，未缴或者少缴税款的，税务机关在3年内可以追征税款、滞纳金；有特殊情况的，追征期可以延长到5年。对偷税、抗税、骗税的，税务机关可以无期限地追征偷税、抗税的税款、滞纳金和纳税人、扣缴义务人所骗取的税款。

对于海关的税款的追征制度，具体规定如下：进出口货物完税后，如果海关发现少征或漏征税款，海关有权在1年内予以补征；如果因收发货人或其代理人违反规定而造成少征或漏征税款的，海关在3年内可以追缴。

2.税收保全措施和强制执行措施

税收保全措施和强制执行措施的具体规定，归纳见表1-7。

表1-7 税收保全措施和强制执行措施

不同点	税收保全	前提	税务机关有根据认为从事生产、经营的纳税人有逃避纳税义务行为的，可以在规定的纳税期之前，责令限期缴纳应纳税款；在限期内发现纳税人有明显的转移、隐匿其应纳税的商品、货物以及其他财产或者应纳税的收入的迹象的，税务机关可以责成纳税人提供纳税担保。如果纳税人不能提供纳税担保，经县以上税务局（分局）局长批准，税务机关可以采取税收保全措施
		具体措施	❶书面通知纳税人开户银行或者其他金融机构冻结纳税人的金额相当于应纳税款的存款 ❷扣押、查封纳税人的价值相当于应纳税款的商品、货物或者其他财产
	强制执行	前提	从事生产、经营的纳税人、扣缴义务人未按照规定的期限缴纳或者解缴税款，纳税担保人未按照规定的期限缴纳所担保的税款，由税务机关责令限期缴纳，逾期仍未缴纳的，经县以上税务局（分局）局长批准，税务机关可以采取强制执行措施
		具体措施	❶书面通知其开户银行或者其他金融机构从其存款中扣缴税款 ❷扣押、查封、依法拍卖或者变卖其价值相当于应纳税款的商品、货物或者其他财产，以拍卖或者变卖所得抵缴税款 ❸对滞纳金同时强制执行
相同点	批准		经县以上税务局（分局）局长批准
	不适用的财产		个人及其所扶养家属维持生活所必需的住房和用品，单价5 000元以下的其他生活用品
关系	两项措施之间的关系		强制执行措施与税收保全措施之间只有可能的因果连续关系，没有必然的因果连续关系。也就是说，强制执行措施之前不一定有税收保全措施做前提，而税收保全措施的之后也不一定会发生强制执行措施

（五）税务稽查程序

稽查局查处税收违法案件时，实行选案、检查、审理、执行分工制约原则。

1.选案

稽查局应当通过多种渠道获取案源信息，集体研究，合理、准确地选择和确定稽查对象。通过对案源信息采取计算机分析、人工分析、人机结合分析等方法进行筛选，发现有税收违法嫌疑的，应当确定为待查对象。待查对象确定后，经稽查局局长批准后立案检查。选案部门制作《税务稽查任务通知书》，连同有关资料一并移交检查部门。

2.检查

检查部门接到《税务稽查任务通知书》后，应及时组织实施检查。

检查应当由两名以上检查人员共同实施，并向被查对象出示税务检查证和《税务检查通知书》。

实施检查时，依照法定权限和程序，可以采取实地检查、调取账簿资料、询问、查询存款账户或者储蓄存款、异地协查等方法。

3.审理

审理人员应依据法律、行政法规、规章及其他规范性文件，对检查部门移交的《税务稽查报告》及相关材料进行逐项审核，提出书面审理意见，由审理部门负责人审核。

审理部门应区分下列情形分别作出处理：❶认为有税收违法行为，应当进行税务处理的，拟制《税务处理决定书》；❷认为有税收违法行为，应当进行税务行政处罚的，拟制《税务行政处罚决定书》；❸认为税收违法行为轻微，依法可以不予税务行政处罚的，拟制《不予税务行政处罚决定书》；❹认为没有税收违法行为的，拟制《税务稽查结论》。

对税收违法行为涉嫌犯罪的，填制《涉嫌犯罪案件移送书》，经所属税务局局长批准后，依法移送公安机关。

4.执行

税务稽查执行，是税务稽查程序中的最后一个阶段，它是将审理环节作出的各种决定书等税务文书送到被执行人，并督促或强制其依法履行的活动。

被执行人在限期内缴清税款、滞纳金、罚款或者稽查局依法采取强制执行措施追缴税款、滞纳金、罚款后，执行部门应当制作《税务稽查执行报告》，记录执行过程、结果、采取的执行措施以及使用的税务文书等内容。

任务四　　　　　税收立法和执法

一、税收立法

（一）税收立法的含义

税收立法是指国家立法机关根据其职权范围，依法通过一定程序制定、修改和废止税收法律规范的活动。税收立法是国家整个立法的组成部分，有广义和狭义之分。广义的税收立法指国家立法机关依据法定权限和程序，制定、修改和废止税收法律规范的活动；狭义的税收立法仅指国家最高权力机关制定、修改和废止税收法律规范的活动。

（二）税收立法权及立法机关

1.税收立法权

税收立法权是指国家立法机关根据其职权范围，依法所行使的，通过制定、修改和废止税收法律规范，调整一定税收法律关系的综合性权力的总称。

　提示　在我国，划分税收立法权的直接法律依据主要是《中华人民共和国宪法》与《中华人民共和国立法法》。

2.税收立法机关

税法分为狭义的税法与广义的税法。狭义的税法仅指税收法律。广义的税法包括各有权机关依法制定的一系列税收法律、法规、规章和规范性文件，这些构成了我国的税收法律体系。

在我国，制定税收法规的机关不同，其法律级次也不同：

❶全国人民代表大会及其常务委员会（简称"全国人大及其常委会"）制定的税收法律。

❷全国人大及其常委会授权国务院制定的暂行规定及条例。

❸国务院制定的税收行政法规。

❹地方人民代表大会及其常务委员会（简称"地方人大及其常委会"）制定的税收地方性法规。

❺国务院税务主管部门制定的税收部门规章。

❻地方政府制定的税收地方规章。

我国税收立法机关及立法形式和举例见表1-8。

表 1-8　　　　　　　　　税收立法机关及立法形式和举例

分　类	立法机关	形　式	举　例
税收法律（含税收准法律）	全国人大及其常委会——正式立法	法	《企业所得税法》《个人所得税法》《车船税法》《资源税法》《税收征收管理法》等
	全国人大及其常委会——授权立法（税收准法律）①	暂行条例	《增值税暂行条例》《消费税暂行条例》等
税收法规	国务院——税收行政法规	条例、暂行条例、实施细则等	《税收征收管理法实施细则》《个人所得税法实施条例》等
	地方人大（目前只有海南省人大、民族自治区人大）——税收地方法规		——
税务规章	财政部、国家税务总局、海关总署——税收部门规章	办法、规则、规定、实施细则等	《增值税暂行条例实施细则》《税务部门规章制定实施办法》《营业税改征增值税试点实施办法》等
	省级地方政府——税收地方规章		《山东省实施〈中华人民共和国车船税法〉办法》等
税务规范性文件	县以上税务机关	办法、规定、规程、规则等	《纳税评估管理办法（试行）》等

知识答疑1-3　如何理解《增值税暂行条例》等为全国人大及其常委会授权立法？

（三）税收立法、修改和废止程序

税收立法程序是指有权的机关，在制定、修改和废止等税收立法活动中，必须遵循的法定步骤和规程。目前我国税收立法程序主要包括以下几个阶段：

1.提议阶段

无论是税法的制定，还是税法的修改和废止，一般由国务院授权其税务主管部门（财

———————————

①　另一种观点认为：不需设"税收准法律"这一类别，全国人民代表大会及其常务委员会授权国务院立法（如《增值税暂行条例》）属于税收行政法规。

政部、国家税务总局、海关总署）负责立法的调查研究等准备工作，并提出税法的立法方案或税法草案，然后上报国务院。

2.审议阶段

税收行政法规由国务院负责审议。税收法律在经国务院审议通过后，以议案的形式提交全国人大常委会的有关部门，在广泛征求意见并进行修改之后，提交全国人大或其常委会审议。

3.通过和公布阶段

税收行政法规，经国务院审议通过后，以国务院总理的名义发布实施。税收法律，在全国人大或其常委会开会期间，先听取国务院关于制定税法议案的说明，然后经过讨论并以简单多数的方式通过后，以国家主席的名义发布实施。

二、税收执法

（一）税收执法的含义

税收执法又称税收行政执法，存在广义和狭义两种理解。广义的税收执法是指国家税务行政机关执行税收法律、法规的行为，既包括具体行政行为，又包括抽象行政行为以及税务行政机关的内部管理行为。狭义的税收执法专指国家税务行政机关依据法定的职权和程序将税法的一般法律规范适用于税务行政相对人或事件，调整具体税收关系的税法实施行为，只包括具体行政行为。

▶提示　一般来说，税收执法是指狭义的税收执法含义。

（二）税收执法的特征

税收执法的特征主要有：❶税收执法具有税务行政机关的单方意志性和法律强制力。❷税收执法是一种具体行政行为。❸税收执法具有一定的裁量性。❹税收执法具有积极主动性。❺税收执法具有效力先定性。❻税收执法是有责行政行为。

（三）税收执法的基本原则

税收执法的基本原则包括合法性原则和合理性原则。

1.合法性原则的具体要求

❶执法主体法定；❷执法内容合法；❸执法程序合法（包括步骤、形式、顺序、时限合法）；❹执法根据合法（包括法律根据、事实根据合法）。

2.合理性原则的具体要求

❶公平原则；❷公正原则；❸比例原则（合理性原则的核心内容，包括合目的性、适当性、最小损害性）。

▶点睛　合理性原则存在的主要原因是行政自由裁量权的存在。

（四）税收执法监督

1.税收执法监督的特征

❶税收执法监督的主体是税务行政机关。非税务行政机关的组织或者个人，如审计机关，也可以依法对税务行政机关及其工作人员进行监督，但这不属于税收执法监督的范围。

❷税收执法监督的对象是税务行政机关及其工作人员（不同于税务稽查）。

❸税收执法监督的内容是税务行政机关及其工作人员的税务行政执法行为。

2.税收执法监督的种类

税收执法监督具体包括事前监督、事中监督和事后监督。

❶事前监督。如税收规范性文件合法性审核制度。

❷事中监督。如重大税务案件审理制度。

❸事后监督。如税收执法检查、复议应诉等工作。

任务五　　税收的征收管理

一、税务机构设置

中央政府设立国家税务总局（正部级），省及省以下税务机构设立税务局。

海关总署及下属机构负责关税、船舶吨税的征管以及受托代征进出口增值税和消费税等税收。

提示　2018 年 3 月 17 日发布的《国务院机构改革方案》（新华社北京 3 月 17 日电）规定：改革国税地税征管体制。将省级和省级以下国税地税机构合并，具体承担所辖区域内各项税收、非税收入征管等职责。国税地税机构合并后，实行以国家税务总局为主与省（区、市）人民政府双重领导管理体制。

2018 年 6 月 15 日，按照党中央、国务院关于国税地税征管体制改革的决策部署，在前期做好统一思想、顶层设计、动员部署等工作的基础上，全国各省（自治区、直辖市）级以及计划单列市国税局、地税局合并且统一挂牌，标志着国税地税征管体制改革迈出阶段性关键一步。此次省级新税务局挂牌后，在 2018 年 7 月底前，市、县级税务局逐级分步完成集中办公、新机构挂牌等改革事项。

二、税收征管范围的划分

1.税务局主要负责征收和管理的税种及非税收入等

税务局主要负责增值税（进出口环节增值税除外）、消费税（进出口环节消费税除外）、城市维护建设税、教育费附加、地方教育附加、企业所得税、个人所得税、车辆购置税、印花税、资源税、城镇土地使用税、土地增值税、房产税、车船税、契税、环境保护税、出口退税（增值税、消费税）、非税收入和社会保险费等的征收和管理。

2.海关负责征收和管理的税种

海关负责关税、船舶吨税的征管，以及受托代征进出口环节的增值税和消费税。

三、我国中央政府与地方政府税收收入的划分

根据国务院关于实行分税制财政管理体制的规定，我国的税收收入分为中央政府固定收入、地方政府固定收入和中央政府与地方政府共享收入。

（1）中央政府固定收入

中央政府固定收入包括消费税（含进口环节海关代征的部分）、车辆购置税、关税、海关代征的进口环节增值税、储蓄存款利息所得的个人所得税等。

（2）地方政府固定收入

地方政府固定收入包括城镇土地使用税、耕地占用税、土地增值税、房产税、车船税、契税、环境保护税等。

（3）中央政府与地方政府共享收入

中央政府与地方政府共享收入主要包括：

❶增值税（不含进口环节由海关代征的部分）：中央政府分享 50%，地方政府分享 50%。

❷企业所得税：中国国家铁路集团有限公司（原中国铁路总公司）、各银行总行及海洋石油企业缴纳的部分归中央政府，其余部分由中央与地方政府按 60% 与 40% 的比例分享。

❸个人所得税：除储蓄存款利息所得的个人所得税外，其余部分的分享比例与企业所

得税相同。

❹资源税：海洋石油企业缴纳的部分归中央政府，其余部分归地方政府。

❺城市维护建设税：中国国家铁路集团有限公司（原中国铁路总公司）、各银行总行、各保险总公司集中缴纳的部分归中央政府，其余部分归地方政府。

❻印花税：证券交易印花税收入归中央政府，其余印花税收入归地方政府。

▶ 职业技能训练 ◀

■ 职业能力选择

━━

一、单项选择题

1.税法的本质是（ ）。

A.正确处理国家与纳税人之间因税收而产生的税收法律关系和社会关系

B.保证征税机关的权利

C.一种分配关系

D.为纳税人和征税机关履行义务给出规范

2.下列各项中，属于税法的适用原则的是（ ）。

A.税收法定性原则　　　B.实质课税原则　　　C.税收公平主义　　　D.程序优于实体原则

3.从税收法律关系的构成来看，（ ）是税收法律关系中最实质的东西，也是税法的灵魂。

A.税收法律关系的主体　　　　　　　　B.税收法律关系的客体

C.税收法律关系的内容　　　　　　　　D.税收法律关系中的纳税主体

4.在税法的构成要素中，区分税种的主要标志是（ ）。

A.征税对象　　　B.税目　　　C.税率　　　D.纳税环节

5.下列各项中，属于税务局负责征收和管理的税种是（ ）。

A.进口环节消费税　　　B.进口环节增值税　　　C.关税　　　D.环境保护税

6.下列各项中，不属于税法的适用原则的是（ ）。

A.程序优于实体原则　　　B.法律优位原则　　　C.实质课税原则　　　D.新法优于旧法原则

7.下列关于税收法律关系的表述中，正确的是（ ）。

A.税法是引起税收法律关系的前提条件，税法可以产生具体的税收法律关系

B.税收法律关系中权利主体双方法律地位并不平等，双方的权利义务也不对等

C.税收法律关系的产生应当以引起纳税义务产生的法律事实为标志

D.税收法律关系总体上与其他法律关系一样，都是由权利主体、权利客体两方面构成的

8.《增值税暂行条例实施细则》的法律级次属于（ ）。

A.财政部制定的税收部门规章　　　　　　B.全国人大授权国务院立法

C.国务院制定的税收行政法规　　　　　　D.全国人大制定的税收法律

9.如果纳税人通过转让定价或其他方法减少计税依据，税务机关有权重新核定计税依据，以防止纳税人避税、偷逃税，这样处理体现了税法基本原则中的（ ）。

A.税收法律主义　　　　　　　　　　B.税收公平主义

C.税收合作信赖主义　　　　　　　　D.实质课税原则

10.某县政府发文规定，凡是不种植果树的本县农民必须每年向政府缴纳土地管理费3 000元，不再征收农民的其他税，这种做法违背了（ ）。

A.税收法律主义　　　B.税收公平主义　　　C.实质课税原则　　　D.法律优位原则

11.下列税法适用原则中，打破税法效力等级限制的是（ ）。

A.程序优于实体原则　　　　　　　　　　　B.法律不溯及既往原则

C.特别法优于普通法原则　　　　　　　　　D.新法优于旧法原则

12.税收法律关系的主体是指（　　）。

A.各级财政部门　　　　B.纳税方　　　　C.征税方　　　　D.征纳双方

13.下列说法中，不正确的是（　　）。

A.征税对象是区分不同税种的重要标志　　　B.税目是征税对象的具体化

C.税率是衡量税负轻重的唯一标志　　　　　D.纳税义务人即纳税主体

14.下列税种中，属于海关征收管理的是（　　）。

A.增值税　　　　B.船舶吨税　　　　C.车辆购置税　　　　D.车船税

15.下列各项中，属于中央和地方共享收入的是（　　）。

A.消费税　　　　B.个人所得税　　　　C.关税　　　　D.土地增值税

二、多项选择题

1.国务院拥有（　　）。

A.制定暂行规定及条例的权力（经全国人大及其常委会授权）

B.制定税收行政法规的权力

C.制定税收法律的权力

D.制定税收地方性法规的权力

2.下列税收收入中，属于中央政府和地方政府共享收入的有（　　）。

A.个人所得税　　　　B.消费税　　　　C.资源税　　　　D.城市维护建设税

3.下列税种中，属于资源税和环境保护税类的有（　　）。

A.城镇土地使用税　　　　B.土地增值税　　　　C.房产税　　　　D.资源税

4.下列各项中，属于中央政府固定收入的税种有（　　）。

A.车辆购置税　　　　　　　　　　　　　B.资源税

C.海关代征的进口环节增值税　　　　　　D.土地增值税

5.资产持有过程中缴纳的税可能有（　　）。

A.车船税　　　　B.车辆购置税　　　　C.契税　　　　D.房产税

6.下列税种中，全部属于中央政府固定收入的有（　　）。

A.进口环节增值税　　　　B.进口环节消费税　　　　C.车辆购置税　　　　D.房产税

7.下列各项中，符合我国税收立法规定的有（　　）。

A.税收法律由国务院审议通过后以国务院总理名义发布实施

B.国务院及所属税务主管部门有权根据宪法和法律制定税收行政法规和规章

C.税收行政法规由国务院负责审议通过后以提案形式提交全国人大或人大常委会审议通过

D.税收行政法规，由国务院审议通过后，以国务院总理名义发布实施

8.下列各项中，属于税收部门规章的有（　　）。

A.《税收征收管理法实施细则》　　　　　B.《增值税暂行条例实施细则》

C.《税务代理试行办法》　　　　　　　　D.《企业所得税法实施条例》

9.全面"营改增"后，某房地产开发企业需要缴纳的下列税种中，应向该市税务局申报缴纳的有（　　）。

A.房产税　　　　B.车辆购置税　　　　C.土地增值税　　　　D.进口环节增值税

10.《税收征收管理法》属于我国税法体系中的（　　）。

A.国际税法　　　　B.税收实体法　　　　C.税收程序法　　　　D.国内税法

11.下列税种中，属于中央政府固定收入的有（　　）。

A.耕地占用税　　　　B.环境保护税　　　　C.证券交易印花税　　　　D.进口环节增值税

12.某汽车制造企业在缴纳的下列税种中，应向海关申报缴纳的有（　　）。

A.关税　　　　　　　　B.船舶吨税　　　　　　C.城镇土地使用税　　　　D.城市维护建设税

13.下列关于我国税收法律级次的表述中，正确的有（　　）。

A.《税收征收管理法实施细则》属于税收行政法规

B.《企业所得税法实施条例》属于税收行政法规

C.《企业所得税法》属于全国人大制定的税收法律

D.《增值税暂行条例》属于全国人大常委会制定的税收法律

14.下列关于税法适用原则的说法中，正确的有（　　）。

A.禁止在没有正当理由的情况下对特定纳税人给予特别优惠体现了实质课税原则

B.提请税务行政复议必须缴清税款或提供纳税担保，体现了程序优于实体原则

C.法律优位原则的作用主要体现在处理不同等级税法的关系上

D.程序性税法一律不得具备溯及力，体现了程序从新原则

■ 职业能力判断

1.新法旧法对同一事项有不同规定时，新法效力优于旧法。　　　　　　　　（　　）

2.程序法不具备溯及力，而实体法在特定条件下具备一定溯及力。　　　　　（　　）

3.征税对象是区分税种的最主要标志。　　　　　　　　　　　　　　　　　（　　）

4.纳税人和负税人是同一概念。　　　　　　　　　　　　　　　　　　　　（　　）

5.税目是各税种的具体征税项目，反映征税的具体范围，是对征税对象"量"的界定。税目体现征税的广度。　　　　　　　　　　　　　　　　　　　　　　　　　　　　　　（　　）

6.我国居民个人综合所得的个人所得税采用超额累进税率。　　　　　　　　（　　）

7.个人所得税中非居民个人工资、薪金所得的"起征点"为5 000元/月。　　（　　）

8.我国啤酒的消费税采用定额税率。　　　　　　　　　　　　　　　　　　（　　）

9.强制执行措施之前必须先通过税收保全措施。　　　　　　　　　　　　　（　　）

10.征税主体和纳税主体双方法律地位是平等的，权利和义务也是对等的。　（　　）

■ 职业能力实训

假设某国计算纳税人所得税时采用超额累进税率。该国对超额累进税率的规定如下：所得额在1 000元（含）及以下时，税率为10%；超过1 000元到3 500元（含）时，税率为20%；超过3 500元至10 000元（含）时，税率为30%；超过10 000元时，税率40%。假设纳税人所得额分别是500元、1 000元、2 000元、5 000元、10 000元、15 000元。

要求：分别计算其应纳税额。

项目二 增值税法

职业能力目标

（1）能理解增值税的基本原理。

（2）能判定一般纳税人和小规模纳税人的标准，会判断哪些业务应当征收增值税，会选择增值税适用税率，能充分运用增值税优惠政策，会使用增值税专用发票。

（3）能根据相关业务资料计算一般计税方法下销项税额、进项税额、进项税额转出额和应纳增值税税额，简易计税方法下应纳增值税税额，进口货物应纳增值税税额。

（4）能根据相关业务资料进行增值税出口和跨境业务退（免）税和征税的计算，能合理选择和运用出口货物、劳务和跨境应税行为的增值税税收政策，能根据相关业务资料运用免抵退税办法和免退税办法计算增值税应退税额。

（5）能确定增值税的纳税义务发生时间、纳税期限和纳税地点。

税收格言

销售税是对购物的自由征税。

——费利克斯·法兰克福

素养提升

视频

税收的样子

➤**项目引例2-1——营业税改征增值税的计算**◀

甲运输企业为增值税一般纳税人，本年①7月发生下列经济业务：（1）购进运输用大卡车2辆，取得的增值税专用发票上注明不含增值税价款160 000元。（2）销售2013年2月购进的小汽车1辆，开具增值税普通发票，取得含增值税销售收入128 750元。（3）提供货物运输服务，取得含增值税价款109 000元，另收取优质服务费5 450元。（4）提供货物装卸搬运服务，取得含增值税价款53 000元，因损坏所搬运货物，向客户支付赔偿款5 300元。（5）提供货物仓储服务，取得含增值税价款233 200元，另收取货物逾期保管费23 320元。已知：甲运输企业提供的上述增值税应税服务均采用一般计税方法计算缴纳增值税；上期留抵增值税税额4 000元，取得的增值税专用发票本月（7月）均符合抵扣规定②。

★**任务要求**

1.计算甲运输企业本年7月应确认的增值税销项税额；

2.计算甲运输企业本年7月应缴纳的增值税。

---

① 本书的"本年"均指2023年。
② "本月符合抵扣规定"指的是"符合抵扣条件且在本月（期）申报抵扣"。全书同理。

▶**项目引例解析 2-1**　见本项目的任务七。

▶**项目引例解析 2-1**　见本项目的任务七。

→ **项目引例 2-2——增值税的计算** ←

甲企业为一家国内智能手机生产企业，为增值税一般纳税人。本年 8 月生产经营情况如下：

（1）进口手机元件一批，支付国外买价 260 万元、运输费和保险费 5 万元；支付自海关地再运往本单位的运费，取得的一般纳税人运输单位开具的增值税专用发票上注明不含税运费 3 万元。

（2）在国内采购原材料，取得一般纳税人开具的增值税专用发票，发票上注明价款 480 万元、增值税 62.4 万元；支付运输费用，取得的一般纳税人运输单位开具的增值税专用发票上注明不含税运费 12 万元。

（3）向国外销售手机 3 000 部，折合人民币 1 200 万元；在国内销售手机 800 部，取得不含税销售额 280 万元。

（4）因管理不善，损失本年 7 月购进的不含增值税的原材料金额 32 万元（其中含运费成本 2 万元，本年 7 月已经分别取得一般纳税人供应商开具的增值税专用发票和一般纳税人运输单位开具的增值税专用发票，并于本年 7 月抵扣了进项税额），取得保险公司给予的赔偿金额 12 万元。

甲企业取得的增值税专用发票本年 8 月均符合抵扣规定并抵扣了进项税额。甲企业进口手机元件关税税率为 20%、出口手机增值税退税率为 9%。

⭐**任务要求**

1. 计算甲企业本年 8 月进口环节应缴纳的关税、增值税；
2. 计算甲企业本年 8 月采购业务可抵扣的进项税额；
3. 计算甲企业本年 8 月进项税额转出额；
4. 计算甲企业本年 8 月应缴纳的增值税；
5. 计算甲企业本年 8 月应退的增值税。

▶**项目引例解析 2-2**　见本项目的任务十。

任务一　　　　　增值税的基本原理认知

一、增值税的含义

增值税是以销售货物，提供加工修理修配劳务，销售服务、无形资产或者不动产①过程中产生的增值额作为计税依据而征收的一种流转税。具体而言，增值税是对在中华人民共和国境内销售货物、劳务、服务、无形资产或者不动产，以及进口货物的企业单位和个人，就其销售货物、劳务、服务、无形资产或者不动产的增值额和进口货物金额为计税依据而课征的一种流转税。

要理解增值税的含义，关键是要理解增值额。

以货物（商品）为例，增值额是指企业或者其他经营者（统称生产单位）从事生产经营过程中，在购入的商品的价值基础上新增加的价值额。对于增值额，我们可以从以下 4个方面理解：

---

① 销售货物，提供加工修理修配劳务，销售服务、无形资产或者不动产，简称为"销售货物、加工修理修配劳务、服务、无形资产或者不动产"或者"销售货物、劳务、服务、无形资产或者不动产"。

❶从理论上讲，增值额是指生产单位在生产经营过程中新创造的价值额。增值额相当于商品价值"C+V+M"中的"V+M"部分。C即商品生产过程中所消耗的生产资料转移价值；V即工资，是劳动者为自己创造的价值；M即剩余价值或盈利，是劳动者为社会创造的价值。增值额是劳动者新创造的价值，从内容上讲大体相当于净产值或国民收入。

❷就一个生产单位而言，增值额是这个生产单位商品销售收入额或经营收入额扣除非增值项目（相当于物化劳动，如外购的原材料、燃料、动力、包装物、低值易耗品等）价值后的余额。此余额大体相当于该生产单位活劳动创造的价值。

❸就一个商品的生产经营全过程来讲，不论其生产经营经过几个环节，其最后的销售总值，应等于该商品从生产到流通的各环节的增值额之和，即：商品最后销售价格=各环节增值额之和，见表2-1。

表 2-1　　　　　　某商品最后销售价格与各生产流通环节增值额的关系

生产流通环节	本环节销售额（元）	本环节增值额（元）
原材料生产环节	50	50
产成品生产环节	80	30
批发环节	120	40
零售环节	140	20
合　计	390	140

以表2-1为例，如果用传统的流转税计税方式对每一流转环节均按全额课税，将会对该商品从原材料生产到零售的每一环节按销售全额计税，其计税依据总值为390元。但如果按增值税的计税方式，只对每一环节的增值额计税，则其计税依据总值为140元。这两者的差额250元（390-140）就产生了重复征税问题，即第一环节的50元在传统的流转税计税方式下实际上将被征税4次，其中被重复征税3次。同理，其余环节也分别被重复征税若干次。而在改为按每一环节的增值额征税后，则不论一个商品从生产到最后销售经过多少个流转环节，其计税依据总值总是等于该商品的最终销售价格。这个特点对消除重复征税、对出口产品的出口退税等均产生了重要影响。

❹从国民收入分配角度看，增值额"V+M"在我国相当于净产值，包括工资、利润、利息、租金和其他属于增值性的收入。

二、增值税的发展

（1）我国自1979年开始在部分城市试行增值税，1982年财政部制定了《增值税暂行办法》，自1983年1月1日开始在全国试行，并于1984年、1993年、2009年和2012年进行了4次重要改革。现行增值税法律制度的基本规范，以2008年11月5日国务院颁布的国务院令第538号《中华人民共和国增值税暂行条例》（根据2017年11月19日《国务院关于废止〈中华人民共和国营业税暂行条例〉和修改〈中华人民共和国增值税暂行条例〉的决定》第二次修订）为基础。

（2）1984年的第一次改革，属于增值税的过渡阶段。此时的增值税是在产品税的基础上进行的，征税范围较窄，税率档次较多，计算方式复杂，留有产品税的痕迹，属于变

性增值税。

（3）1993年的第二次改革，属于增值税的规范阶段。参照国际通行做法，结合我国实际情况，扩大了征税范围，减并了税率，规范了计算方法，开始进入国际通行的规范化行列。

（4）2009年的第三次改革，属于增值税的转型阶段。自2009年1月1日起，符合规定的固定资产进项税额允许抵扣，实现了生产型增值税向消费型增值税的转型。

（5）2012年起的第四次改革，属于增值税的"营改增"阶段。自2012年1月1日起，交通运输业和部分现代服务业营业税改征增值税在上海等地实施。自2012年8月1日起至年底，将交通运输业和部分现代服务业作为营业税改征增值税的试点范围，由上海市分批扩大至北京等10个省、直辖市、计划单列市。自2013年8月1日起，在全国范围内开展交通运输业（除铁路运输外）和部分现代服务业"营改增"试点。自2014年1月起，"营改增"试点扩大到铁路运输和邮政服务业。自2014年6月1日起，"营改增"试点扩大到电信业。自2016年5月1日起全面"营改增"，将建筑业、房地产业、金融业、生活服务业4个行业纳入"营改增"试点范围。至此，营业税全部改征增值税，营业税已经退出我国税收体系。

三、增值税的特点

以货物（商品）为例，增值税具有以下特点：

（1）保持税收中性。根据增值税的计税原理，由于流转额中的非增值因素在计税时被扣除，因此，对同一商品而言，无论其流转环节多与少，只要增值额相同，则税负就相等，不会影响商品的生产结构、组织结构和产品结构。

（2）普遍征收。从增值税的征税范围看，对从事商品生产经营的所有单位和个人，在商品增值的各个生产流通环节向纳税人普遍征收。

（3）税负由商品最终消费者承担。虽然增值税是向纳税人征收，但纳税人在销售商品时又通过价格将税负转嫁给下一生产流通环节，最后由最终消费者承担。

（4）实行税款抵扣制度。在计算纳税人应纳税款时，要扣除商品在以前生产环节已负担的税款，以避免重复征税。从世界各国来看，一般都实行凭购货发票进行抵扣的制度。

（5）实行比例税率。从实行增值税制度的国家看，普遍实行比例税制，以贯彻征收简便易行的原则。由于增值额对不同行业、不同企业、不同产品来说性质是一样的，原则上对增值额应采用单一比例税率。但为了贯彻一些经济社会政策，也会对某些行业或产品实行不同的政策，因此引入增值税的国家一般都规定了基本税率和优惠税率（或称低税率）。

（6）实行价外税制度。在计税时，作为计税依据的销售额中不包含增值税税额，这样有利于形成均衡的生产价格，并有利于税负转嫁的实现。这是增值税与传统以全部流转额为计税依据的流转税或商品课税的一个重要区别。

四、增值税的类型

在实践中，各国实行的增值税都是以法定增值额为课税对象的。法定增值额和理论增值额往往不相一致，其主要区别在于对购入固定资产的处理上。根据实行增值税的各个国家是否允许抵扣购入固定资产已纳税款以及可以抵扣多少已纳税款，可将增值税分为生产型增值税、收入型增值税、消费型增值税3种类型，见表2-2。

表 2-2　　　　　　　　生产型增值税、收入型增值税和消费型增值税比较一览表

类　型	特　点	优　点	缺　点
1.生产型增值税	❶确定法定增值额时，不允许扣除任何购进固定资产的价款 ❷购进固定资产的进项税额不能抵扣，而是计入固定资产原值 ❸法定增值额>理论增值额	保证财政收入	不利于鼓励投资
2.收入型增值税	❶确定法定增值额时，对购进固定资产只允许扣除当期计入产品价值的折旧费部分 ❷购进固定资产的进项税额只能抵扣与当期计入折旧费对应的部分 ❸法定增值额=理论增值额	完全避免重复征税	给以票扣税造成困难
3.消费型增值税	❶确定法定增值额时，当期购进固定资产的价款一次全部扣除 ❷购进固定资产的进项税额能够抵扣 ❸法定增值额<理论增值额	体现增值税的优越性，便于操作	减少财政收入

知识答疑 2-1　我国增值税属于什么类型？

五、营业税改征增值税的意义

当前，我国正处于加快转变经济发展方式的攻坚时期。大力发展第三产业，尤其是现代服务业，对推进经济结构调整和提高国家综合实力具有重要意义。按照建立健全有利于科学发展的财税制度要求，将营业税改征增值税具有以下重要意义：

（1）营业税改征增值税，有助于增值税体系的完善以及增值税收入的增加。

（2）营业税改征增值税，有利于我国优化经济结构。

（3）营业税改征增值税，有助于试点城市和地区获得制度分割收益，进一步提高相关产业的分工和专业化，提高城市竞争力。

（4）营业税改征增值税，可以促进我国服务行业的发展，调整产业发展结构。

（5）营业税改征增值税，可以消除重复征税。

任务二　增值税纳税人、扣缴义务人和纳税人身份的确定

任务引例

我公司本月中旬准备登记为增值税一般纳税人，本月月初取得的增值税专用发票能否用于抵扣进项税额？

一、增值税纳税人和扣缴义务人的确定

（一）增值税的纳税人

在中华人民共和国境内销售货物、加工修理修配劳务（简称"劳务"）、服务、无形

资产、不动产以及进口货物的单位和个人，为增值税的纳税人①。

在境内销售货物、提供加工修理修配劳务是指销售货物的起运地或者所在地在境内，提供的应税劳务发生在境内。

在境内销售服务、无形资产或者不动产，是指：❶服务（租赁不动产除外）或者无形资产（自然资源使用权除外）的销售方或者购买方在境内；❷所销售或者租赁的不动产在境内；❸所销售自然资源使用权的自然资源在境内；❹财政部和国家税务总局规定的其他情形。

下列情形不属于在境内销售服务或者无形资产：❶境外单位或者个人向境内单位或者个人销售完全在境外发生的服务。❷境外单位或者个人向境内单位或者个人销售完全在境外使用的无形资产。❸境外单位或者个人向境内单位或者个人出租完全在境外使用的有形动产。❹境外单位或者个人为出境的函件、包裹在境外提供的邮政服务、收派服务。❺境外单位或者个人向境内单位或者个人提供的工程施工地点在境外的建筑服务、工程监理服务。❻境外单位或者个人向境内单位或者个人提供的工程、矿产资源在境外的工程勘察勘探服务。❼境外单位或者个人向境内单位或者个人提供的会议展览地点在境外的会议展览服务。❽财政部和国家税务总局规定的其他情形。

举例 英国甲公司向我国境内的乙公司出租一台机器设备，但该设备被乙公司安排在其在法国的分公司丙公司使用，甲公司从乙公司取得的租金收入不属于在我国境内销售服务或者无形资产取得的收入，不征收增值税。也就是说，乙公司无需代扣代缴甲公司的增值税。

单位是指企业、行政单位、事业单位、军事单位、社会团体及其他单位；个人是指个体工商户和其他个人。

对于销售货物、提供加工修理修配劳务或者进口货物的行为，单位租赁或者承包给其他单位或者个人经营的，以承租人或者承包人为纳税人。

对于销售服务、无形资产或者不动产的行为，单位以承包、承租、挂靠方式经营的，承包人、承租人、挂靠人（以下统称承包人）以发包人、出租人、被挂靠人（以下统称发包人）名义对外经营并由发包人承担相关法律责任的，以该发包人为纳税人。否则，以承包人为纳税人。2017年7月1日（含）以后，资管产品运营过程中发生的增值税应税行为，以资管产品管理人为增值税纳税人。

（二）增值税的扣缴义务人

境外的单位或者个人在境内提供加工修理修配劳务，在境内未设有经营机构的，以其境内代理人为增值税扣缴义务人；在境内没有代理人的，以购买方为增值税扣缴义务人。

境外单位或者个人在境内销售服务、无形资产或者不动产，在境内未设有经营机构的，以购买方为增值税扣缴义务人。财政部和国家税务总局另有规定的除外。

点睛 增值税纳税人分为小规模纳税人和一般纳税人两类，并实行不同的征收和管理方式。

二、增值税纳税人身份的确定

（一）增值税小规模纳税人和一般纳税人的标准

1.小规模纳税人的标准

小规模纳税人是指年应征增值税销售额（简称为"年应税销售额"，指销售货物、劳

---

① 根据学习的需要，本教材将增值税纳税人分为原增值税纳税人和"营改增"试点纳税人两大类。原增值税纳税人主要涉税行为包括销售货物、提供加工修理修配劳务以及进口货物。"营改增"试点纳税人主要涉税行为包括销售服务、无形资产或者不动产。

务、服务、无形资产、不动产年应征增值税销售额之和）在规定标准以下，并且会计核算不健全，不能按规定报送有关税务资料的增值税纳税人。

知识答疑2-2 什么叫作会计核算不健全？

（1）自2018年5月1日起，增值税小规模纳税人标准统一为年应税销售额500万元及以下。

（2）年应税销售额超过小规模纳税人标准的其他个人（指自然人）按小规模纳税人纳税（不属于一般纳税人）。

（3）对于原增值税纳税人，超过小规模纳税人标准的非企业性单位、不经常发生应税行为的企业可选择按小规模纳税人纳税；对于"营改增"试点纳税人，年应税销售额超过小规模纳税人标准但不经常发生应税行为的单位和个体工商户可选择按照小规模纳税人纳税。

2.一般纳税人的标准

自2018年5月1日起，增值税纳税人（以下简称纳税人）年应税销售额超过财政部、国家税务总局规定的小规模纳税人标准（自2018年5月1日起，小规模纳税人标准为年应税销售额500万元及以下）的，除税法另有规定外，应当向其机构所在地主管税务机关办理一般纳税人登记。其中，年应税销售额是指纳税人在连续不超过12个月或四个季度的经营期内累计应征增值税销售额，包括纳税申报销售额、稽查查补销售额、纳税评估调整销售额。纳税申报销售额是指纳税人自行申报的全部应征增值税销售额，其中包括免税销售额和税务机关代开发票销售额。稽查查补销售额和纳税评估调整销售额计入查补税款申报当月（或当季）的销售额，不计入税款所属期销售额。经营期是指在纳税人存续期内的连续经营期间，含未取得销售收入的月份（或季度）。

销售服务、无形资产或者不动产（简称应税行为）有扣除项目的纳税人，其应税行为年应税销售额按未扣除之前的销售额计算。纳税人偶然发生的销售无形资产、转让不动产的销售额，不计入应税行为年应税销售额。

年应税销售额未超过规定标准的纳税人，会计核算健全，能够提供准确税务资料的，可以向主管税务机关办理一般纳税人登记。会计核算健全，是指能够按照国家统一的会计制度规定设置账簿，根据合法、有效凭证进行核算。

任务引例解析

答：根据《增值税一般纳税人登记管理办法》（国家税务总局令第43号）的规定，纳税人办理一般纳税人登记的程序如下：

（一）纳税人向主管税务机关填报"增值税一般纳税人登记表"，如实填写固定生产经营场所等信息，并提供税务登记证件；

（二）纳税人填报内容与税务登记信息一致的，主管税务机关当场登记；

（三）纳税人填报内容与税务登记信息不一致，或者不符合填列要求的，税务机关应当场告知纳税人需要补正的内容。

纳税人自一般纳税人生效之日起，按照增值税一般计税方法计算应纳税额，并可以按照规定领用增值税专用发票，财政部、国家税务总局另有规定的除外。生效之日，是指纳税人办理登记的当月1日或者次月1日，由纳税人在办理登记手续时自行选择。

实务中，在"增值税一般纳税人登记表"中的"一般纳税人生效之日"栏目，由纳税人在填表时自行勾选"当月1日"或"次月1日"。因此，你公司可以自行勾选确认"当月1日"或"次月1日"为增值税一般纳税人生效时间，生效后即可按照一般纳税人抵扣进项税额。若你公司勾选确认"当月1日"为增值税一般纳税人生效时间，则你公司本月月初取得的增值税专用发票可以用于抵扣进项税额。

点睛 根据《国家税务总局关于统一小规模纳税人标准等若干增值税问题的公告》（国家税务总局公告2018年第18号）的规定，自2018年5月1日起，《国家税务总局关于增值税一般纳税人登记管理若干事项的公告》（国家税务总局公告2018年第6号）第七条废止。即自2018年5月1日起，以下条款废止："纳税人兼有销售货物、提供加工修理修配劳务（以下称'应税货物及劳务'）和销售服务、无形资产、不动产（以下称'应税行为'）的，应税货物及劳务销售额与应税行为销售额分别计算，分别适用增值税一般纳税人登记标准，其中有一项销售额超过规定标准，就应当按照规定办理增值税一般纳税人登记相关手续。"也就是说，自2018年5月1日起，纳税人销售货物、提供加工修理修配劳务和销售服务、无形资产、不动产的年应征增值税销售额之和一旦超过500万元，就应当登记为增值税一般纳税人。

（二）增值税小规模纳税人和一般纳税人的征税管理

小规模纳税人实行简易计税方法，不得抵扣进项税额。

符合增值税一般纳税人条件的纳税人应当向主管税务机关办理登记，以取得法定资格；未办理一般纳税人登记手续的，应按销售额依照增值税税率计算应纳税额，不得抵扣进项税额，也不得使用增值税专用发票。经税务机关审核登记的一般纳税人，可按规定申领和使用增值税专用发票，按《增值税暂行条例》的规定计算缴纳增值税。

提示 除国家税务总局另有规定外，纳税人一经登记为一般纳税人后，不得再转为小规模纳税人。

自2020年2月1日起，增值税小规模纳税人（其他个人除外）发生增值税应税行为，需要开具增值税专用发票的，可以自愿使用增值税发票管理系统自行开具。选择自行开具增值税专用发票的小规模纳税人，税务机关不再为其代开增值税专用发票。

知识答疑2-3 一般纳税人与小规模纳税人选择供应商的纳税人身份时，需要注意什么问题（假设一般纳税人的增值税税率为13%，小规模纳税人的增值税征收率为3%）？

任务三　增值税征税范围的确定

任务引例

我公司出租建筑物、构筑物等不动产或者飞机、车辆等有形动产而取得的广告位收入，应按照什么项目缴纳增值税？

一、增值税征税范围的一般规定

（一）征税范围的基本规定

1.销售或进口货物

销售货物是指有偿转让货物的所有权。货物是指有形动产，包括电力、热力、气体在内。有偿是指从购买方取得货币、货物或者其他经济利益（下同）。

进口货物是指申报进入中国海关境内的货物。只要是报关进口的应税货物，均属于增值税的征税范围，除享受免税政策外，都需在进口环节缴纳增值税。

点睛　以货物为例，一般情况下增值税的"销售"，必须符合两个条件：❶货物的所有权转移；❷有偿的转移。

提示　国际进出口通行规则：以货物为例，对进口货物征收增值税，对出口货物退（免）增值税。

2.提供加工或修理修配劳务

"加工"是指接受来料承做货物，加工后的货物所有权仍属于委托方的业务，即通常所说的委托加工业务。"委托加工业务"是指由委托方提供原料及主要材料，受托方按照委托方的要求制造货物并收取加工费的业务。"修理修配"是指受托方对损伤和丧失功能的货物进行修复，使其恢复原状和功能的业务。这里的"提供加工或修理修配劳务"都是指有偿提供加工或修理修配劳务。单位或个体工商户聘用的员工为本单位或雇主提供加工或修理修配劳务则不包括在内。

链接　加工、修理修配的对象限于有形动产，对不动产的是修缮行为，属于建筑服务。

3.销售服务、无形资产或者不动产

销售服务、无形资产或者不动产，是指有偿提供服务、有偿转让无形资产或者不动产，但属于下列非经营活动的情形除外：

（1）行政单位收取的同时满足以下条件的政府性基金或者行政事业性收费：❶由国务院或者财政部批准设立的政府性基金，由国务院或者省级人民政府及其财政、价格主管部门批准设立的行政事业性收费；❷收取时开具省级以上（含省级）财政部门监（印）制的财政票据；❸所收款项全额上缴财政。

（2）单位或者个体工商户聘用的员工为本单位或者雇主提供取得工资的服务。

（3）单位或者个体工商户为聘用的员工提供服务。

（4）财政部和国家税务总局规定的其他情形。

实务答疑2-1　由于我公司连续亏损，股东准备把我公司包括资产、债权、债务整体转让给另一家企业。请问我公司转让存货、固定资产是否应当缴纳增值税？

（二）销售服务、无形资产、不动产的具体内容

1.销售服务

销售服务，是指提供交通运输服务、邮政服务、电信服务、建筑服务、金融服务、现代服务、生活服务。

（1）交通运输服务。

交通运输服务，是指利用运输工具将货物或者旅客送达目的地，使其空间位置得到转移的业务活动，包括陆路运输服务、水路运输服务、航空运输服务和管道运输服务。

❶陆路运输服务。

陆路运输服务，是指通过陆路（地上或者地下）运送货物或者旅客的运输业务活动，包括铁路运输服务和其他陆路运输服务。

　　　◆提示　*出租车公司向使用本公司自有出租车的出租车司机收取的管理费用，按照陆路运输服务缴纳增值税。*

　　❷水路运输服务。

　　水路运输服务，是指通过江、河、湖、川等天然、人工水道或者海洋航道运送货物或者旅客的运输业务活动。

　　　◆提示　*水路运输的程租、期租业务，属于水路运输服务。*

　　程租业务，是指运输企业为租船人完成某一特定航次的运输任务并收取租赁费的业务。

　　期租业务，是指运输企业将配备有操作人员的船舶承租给他人使用一定期限，承租期内听候承租方调遣，不论是否经营，均按天向承租方收取租赁费，发生的固定费用均由船东负担的业务。

　　❸航空运输服务。

　　航空运输服务，是指通过空中航线运送货物或者旅客的运输业务活动。

　　　◆提示　*航空运输的湿租业务，属于航空运输服务。*

　　湿租业务，是指航空运输企业将配备有机组人员的飞机承租给他人使用一定期限，承租期内听候承租方调遣，不论是否经营，均按一定标准向承租方收取租赁费，发生的固定费用均由承租方承担的业务。

　　　◆提示　*航天运输服务，按照航空运输服务缴纳增值税。*

　　航天运输服务，是指利用火箭等载体将卫星、空间探测器等空间飞行器发射到空间轨道的业务活动。

　　❹管道运输服务。

　　管道运输服务，是指通过管道设施输送气体、液体、固体物质的运输业务活动。

　　（知识答疑2-4）　无运输工具承运业务按何税目缴纳增值税？

　　（2）邮政服务。

　　邮政服务，是指中国邮政集团公司及其所属邮政企业提供邮件寄递、邮政汇兑和机要通信等邮政基本服务的业务活动，包括邮政普遍服务、邮政特殊服务和其他邮政服务。

　　❶邮政普遍服务。

　　邮政普遍服务，是指函件、包裹等邮件寄递，以及邮票发行、报刊发行和邮政汇兑等业务活动。

　　❷邮政特殊服务。

　　邮政特殊服务，是指义务兵平常信函、机要通信、盲人读物和革命烈士遗物的寄递等业务活动。

　　❸其他邮政服务。

　　其他邮政服务，是指邮册等邮品销售、邮政代理等业务活动。

　　　◆链接　*"邮政储蓄业务"按照"金融服务"缴纳增值税。*

（3）电信服务。

电信服务，是指利用有线、无线的电磁系统或者光电系统等各种通信网络资源，提供语音通话服务，传送、发射、接收或者应用图像、短信等电子数据和信息的业务活动，包括基础电信服务和增值电信服务。

❶基础电信服务。

基础电信服务，是指利用固网、移动网、卫星、互联网，提供语音通话服务的业务活动，以及出租或者出售带宽、波长等网络元素的业务活动。

❷增值电信服务。

增值电信服务，是指利用固网、移动网、卫星、互联网、有线电视网络，提供短信和彩信服务、电子数据和信息的传输及应用服务、互联网接入服务等业务活动。

🟢提示　卫星电视信号落地转接服务，按照增值电信服务缴纳增值税。

（4）建筑服务。

建筑服务，是指各类建筑物、构筑物及其附属设施的建造、修缮、装饰，线路、管道、设备、设施等的安装以及其他工程作业的业务活动，包括工程服务、安装服务、修缮服务、装饰服务和其他建筑服务。物业服务企业为业主提供的装修服务，按照"建筑服务"缴纳增值税。纳税人将建筑施工设备出租给他人使用并配备操作人员的，按照"建筑服务"缴纳增值税。

❶工程服务。

工程服务，是指新建、改建各种建筑物、构筑物的工程作业，包括与建筑物相连的各种设备或者支柱、操作平台的安装或者装设工程作业，以及各种窑炉和金属结构工程作业。

❷安装服务。

安装服务，是指生产设备、动力设备、起重设备、运输设备、传动设备、医疗实验设备以及其他各种设备、设施的装配、安置工程作业，包括与被安装设备相连的工作台、梯子、栏杆的装设工程作业，以及被安装设备的绝缘、防腐、保温、油漆等工程作业。

❸修缮服务。

修缮服务，是指对建筑物、构筑物进行修补、加固、养护、改善，使之恢复原来的使用价值或者延长其使用期限的工程作业。

❹装饰服务。

装饰服务，是指对建筑物、构筑物进行修饰装修，使之美观或者具有特定用途的工程作业。

❺其他建筑服务。

其他建筑服务，是指上列工程作业之外的各种工程作业服务。

🟢链接　"疏浚"属于"其他建筑服务"，但"航道疏浚"属于"物流辅助服务"。

（5）金融服务。

金融服务，是指经营金融保险的业务活动，包括贷款服务、直接收费金融服务、保险服务和金融商品转让。

❶贷款服务。

贷款，是指将资金贷与他人使用而取得利息收入的业务活动。

各种占用、拆借资金取得的收入，包括金融商品持有期间（含到期）利息（保本收益、报酬、资金占用费、补偿金等）收入、信用卡透支利息收入、买入返售金融商品利息收入、融资融券收取的利息收入，以及融资性售后回租、押汇、罚息、票据贴现、转贷等业务取得的利息及利息性质的收入，按照贷款服务缴纳增值税。

融资性售后回租，是指承租方以融资为目的，将资产出售给从事融资性售后回租业务的企业后，从事融资性售后回租业务的企业将该资产出租给承租方的业务活动。

> **链接**　"融资性售后回租"属于"金融服务——贷款服务"；"融资租赁"属于"现代服务——租赁服务"。此外，"融资租赁"仍可进一步分为"动产融资租赁"和"不动产融资租赁"，前者适用13%的税率，后者适用9%的税率。

> **提示**　以货币资金投资收取的固定利润或者保底利润，按照"贷款服务"缴纳增值税。

❷直接收费金融服务。

直接收费金融服务，是指为货币资金融通及其他金融业务提供相关服务并且收取费用的业务活动，包括提供货币兑换、账户管理、电子银行、信用卡、信用证、财务担保、资产管理、信托管理、基金管理、金融交易场所（平台）管理、资金结算、资金清算、金融支付等服务。

❸保险服务。

保险服务，是指投保人根据合同约定，向保险人支付保险费，保险人对于合同约定的可能发生的事故因其发生所造成的财产损失承担赔偿保险金责任，或者当被保险人死亡、伤残、疾病或者达到合同约定的年龄、期限等条件时承担给付保险金责任的商业保险行为，包括人身保险服务和财产保险服务。

❹金融商品转让。

金融商品转让，是指转让外汇、有价证券、非货物期货和其他金融商品所有权的业务活动。

其他金融商品转让包括基金、信托、理财产品等各类资产管理产品和各种金融衍生品的转让。

> **知识答疑2-5**　"营改增"后，企业买卖股票应如何纳税？

（6）现代服务。

现代服务，是指围绕制造业、文化产业、现代物流产业等提供技术性、知识性服务的业务活动，包括研发和技术服务、信息技术服务、文化创意服务、物流辅助服务、租赁服务、鉴证咨询服务、广播影视服务、商务辅助服务和其他现代服务。

❶研发和技术服务。

研发和技术服务，包括研发服务、合同能源管理服务、工程勘察勘探服务、专业技术服务。

❷信息技术服务。

信息技术服务，是指利用计算机、通信网络等技术对信息进行生产、收集、处理、加工、存储、运输、检索和利用，并提供信息服务的业务活动，包括软件服务、电路设计及测试服务、信息系统服务、业务流程管理服务和信息系统增值服务。

❸文化创意服务。

文化创意服务，包括设计服务、知识产权服务、广告服务和会议展览服务。宾馆、旅馆、旅社、度假村和其他经营性住宿场所提供会议场地及配套服务的活动，按照"会议展览服务"缴纳增值税。

❹物流辅助服务。

物流辅助服务，包括航空服务、港口码头服务、货运客运场站服务、打捞救助服务、装卸搬运服务、仓储服务和收派服务。

❺租赁服务。

租赁服务，包括融资租赁服务和经营租赁服务。

🔖**提示**　水路运输的"光租"业务、航空运输的"干租"业务，属于"经营租赁"。

光租业务，是指运输企业将船舶在约定的时间内出租给他人使用，不配备操作人员，不承担运输过程中发生的各项费用，只收取固定租赁费的业务活动。

干租业务，是指航空运输企业将飞机在约定的时间内出租给他人使用，不配备机组人员，不承担运输过程中发生的各项费用，只收取固定租赁费的业务活动。

🔖**比较**　水路运输的"程租""期租"业务属于"交通运输服务——水路运输服务"；航空运输的"湿租"业务属于"交通运输服务——航空运输服务"。水路运输的"光租"业务、航空运输的"干租"业务属于"现代服务——租赁服务"。

🔖**点睛**　通过实质重于形式原则来区分：程租、期租、湿租是连人（司机等）带交通工具一起出租，实质上是提供运输服务；干租、光租是只出租交通工具不带人（司机等），实质上是提供租赁服务。

🔖**链接**　"营改增"后，有形动产融资租赁、不动产融资租赁，均按"现代服务——租赁服务"征收增值税。但"融资性售后回租"属于"贷款服务"，应按照"金融服务"缴纳增值税。

📑**任务引例解析**

根据《财政部　国家税务总局关于全面推开营业税改征增值税试点的通知》（财税〔2016〕36号）附件1《营业税改征增值税试点实施办法》的规定，将建筑物、构筑物等不动产或者飞机、车辆等有形动产的广告位出租给其他单位或者个人用于发布广告，按照"经营租赁服务"缴纳增值税。

因此，你公司出租建筑物、构筑物等不动产或者飞机、车辆等有形动产而取得的广告位收入，应按照"经营租赁服务"缴纳增值税。

❻鉴证咨询服务。

鉴证咨询服务，包括认证服务、鉴证服务和咨询服务。

❼广播影视服务。

广播影视服务，包括广播影视节目（作品）的制作服务、发行服务和播映（含放映，下同）服务。

❽商务辅助服务。

商务辅助服务，包括企业管理服务、经纪代理服务、人力资源服务、安全保护服务。纳税人提供武装守护押运服务，按照"安全保护服务"缴纳增值税。

❾其他现代服务。

其他现代服务，是指除研发和技术服务、信息技术服务、文化创意服务、物流辅助服务、租赁服务、鉴证咨询服务、广播影视服务和商务辅助服务以外的现代服务。纳税人对安装运行后的电梯提供的维护保养服务，按照"其他现代服务"缴纳增值税。纳税人提供的植物养护服务，按照"其他生活服务"缴纳增值税。

（7）生活服务。

生活服务，是指为满足城乡居民日常生活需求提供的各类服务活动，包括文化体育服务、教育医疗服务、旅游娱乐服务、餐饮住宿服务、居民日常服务和其他生活服务。

❶文化体育服务。

文化体育服务，包括文化服务和体育服务。纳税人在游览场所经营索道、摆渡车、电瓶车、游船等取得的收入，按照"文化体育服务"缴纳增值税。

❷教育医疗服务。

教育医疗服务，包括教育服务和医疗服务。

❸旅游娱乐服务。

旅游娱乐服务，包括旅游服务和娱乐服务。

❹餐饮住宿服务。

餐饮住宿服务，包括餐饮服务和住宿服务。提供餐饮服务的纳税人销售的外卖食品，按照"餐饮服务"缴纳增值税。纳税人现场制作食品并直接销售给消费者，按照"餐饮服务"缴纳增值税。

❺居民日常服务。

居民日常服务，是指主要为满足居民个人及其家庭日常生活需求提供的服务，包括市容市政管理、家政、婚庆、养老、殡葬、照料和护理、救助救济、美容美发、按摩、桑拿、氧吧、足疗、沐浴、洗染、摄影扩印等服务。

❻其他生活服务。

其他生活服务，是指除文化体育服务、教育医疗服务、旅游娱乐服务、餐饮住宿服务和居民日常服务之外的生活服务。

2.销售无形资产

销售无形资产，是指转让无形资产所有权或者使用权的业务活动。无形资产，是指不具实物形态，但能带来经济利益的资产，包括技术、商标、著作权、商誉、自然资源使用权和其他权益性无形资产。

技术，包括专利技术和非专利技术。

自然资源使用权，包括土地使用权、海域使用权、探矿权、采矿权、取水权和其他自然资源使用权。

其他权益性无形资产，包括基础设施资产经营权、公共事业特许权、配额、经营权（包括特许经营权、连锁经营权、其他经营权）、经销权、分销权、代理权、会员权、席位权、网络游戏虚拟道具、域名、名称权、肖像权、冠名权、转会费等。

3.销售不动产

销售不动产，是指转让不动产所有权的业务活动。不动产，是指不能移动或者移动后会引起性质、形状改变的财产，包括建筑物、构筑物等。

建筑物，包括住宅、商业营业用房、办公楼等可供居住、工作或者进行其他活动的建造物。构筑物，包括道路、桥梁、隧道、水坝等建造物。

点睛 转让建筑物有限产权或者永久使用权的，转让在建的建筑物或者构筑物所有权的，以及在转让建筑物或者构筑物时一并转让其所占土地的使用权的，按照"销售不动产"缴纳增值税。

提示 个人转让住房，在2016年4月30日前已签订转让合同，2016年5月1日以后办理产权变更事项的，应缴纳增值税，不缴纳营业税。

二、属于增值税征税范围的特殊项目

❶货物期货（包括商品期货和贵金属期货），应当征收增值税，在期货的实物交割环节纳税。

❷银行销售金银的业务，应当征收增值税。

❸典当业的死当物品销售业务和寄售业代委托人销售寄售物品的业务，均应征收增值税。

❹电力公司向发电企业收取的过网费，应当征收增值税。

三、属于增值税征税范围的特殊行为

（一）视同销售货物

单位或者个体工商户的下列行为，视同销售货物，征收增值税：

❶将货物交付其他单位或者个人代销；

❷销售代销货物；

❸设有两个以上机构并实行统一核算的纳税人，将货物从一个机构移送到其他机构用于销售，但相关机构设在同一县（市）的除外；

❹将自产或者委托加工的货物用于非增值税应税项目①；

❺将自产或者委托加工的货物用于集体福利或者个人消费；

❻将自产、委托加工或者购进的货物作为投资，提供给其他单位或者个体工商户；

❼将自产、委托加工或者购进的货物分配给股东或者投资者；

❽将自产、委托加工或者购进的货物无偿赠送其他单位或者个人。

点睛 纳税人发生固定资产视同销售行为，对已使用过的固定资产无法确定销售额的，以固定资产净值为销售额。

提示 （1）购进的货物用于"投分送"（投资、分配、无偿赠送），视同销售货物；

（2）购进的货物用于"集个"（集体福利、个人消费），不视同销售货物，不需要计算增值税，对应的进项税额也不得抵扣。

点睛 视同销售是一个税收概念，在会计上有时并不作为销售处理（如第❻项、第❽项）。上述视同销售行为之所以要征收增值税，其主要目的：一是确保增值税抵扣链完整；二是防止纳税人逃避纳税；三是体现配比原则。

提示 将购进的货物用于集体福利或者个人消费（注意上述第❺项并没有包括"购进"），不属于视同销售。此类行为属于"销项不计、进项不抵"（即第❺项如果是"购进"的，则此类货物在购进时属于不得抵扣增值税进项税额事项。此类购进的货物在用于集体福利或者个人消费时不属于视同销售，

---

① 由于自2016年5月1日起全面实施"营改增"，因此营业税退出了历史舞台，此处的"非增值税应税项目"已经失去了意义。根据财税〔2016〕36号文件精神及增值税相关原理，本条失效。

不计算增值税销项税额；若此类购进货物的增值税进项税额已经进行了抵扣，应该对其做销项税额转出处理）。需要特别注意第❺项与第❻项、第❼项、第❽项范围上的不同之处。

举例 上述第❺项中所称"集体福利或者个人消费"，是指企业内部设置的供职工使用的食堂、浴室、宿舍、幼儿园等福利设施及设备、物品等，或者以福利、奖励、津贴等形式发放给职工个人的物品。

链接 视同销售货物的行为一般不以资金形式反映出来，因而会出现无直接销售额的情况，主管税务机关有权核定其销售额。

（二）视同销售服务、无形资产或者不动产

下列情形视同销售服务、无形资产或者不动产：

（1）单位或者个体工商户向其他单位或者个人无偿提供服务，但用于公益事业或者以社会公众为对象的除外。

点睛 单位或者个体工商户向其他单位或者个人无偿提供服务，视同销售缴纳增值税，但其他个人（即自然人）向其他单位或者个人无偿提供服务，不视同销售缴纳增值税。例如，张某借给李某100万元，约定无息，则不视同提供贷款服务，不缴纳增值税。

（2）单位或者个人向其他单位或者个人无偿转让无形资产或者不动产，但用于公益事业或者以社会公众为对象的除外。

点睛 单位或者个人（包括个体工商户和其他个人）向其他单位或者个人无偿转让无形资产或者不动产，视同销售缴纳增值税。例如，张某无偿转让给李某一套房产，则视同转让不动产，需要缴纳增值税。

（3）财政部和国家税务总局规定的其他情形。

提示 纳税人出租不动产，租赁合同中约定免租期的，不属于视同销售服务。

（三）混合销售行为（详见本项目任务七）

（四）兼营行为（详见本项目任务七）

四、不征收增值税项目

（1）根据国家指令无偿提供的铁路运输服务、航空运输服务（属于《营业税改征增值税试点实施办法》（简称《试点实施办法》）第十四条规定的用于公益事业的服务）。

（2）存款利息。

（3）被保险人获得的保险赔付。

（4）房地产主管部门或者其指定机构、公积金管理中心、开发企业以及物业管理单位代收的住宅专项维修资金。

（5）纳税人在资产重组过程中，通过合并、分立、出售、置换等方式，将全部或者部分实物资产以及与其相关联的债权、负债和劳动力一并转让给其他单位和个人，其中涉及的货物转让行为。

（6）纳税人在资产重组过程中，通过合并、分立、出售、置换等方式，将全部或者部分实物资产以及与其相关联的债权、负债和劳动力一并转让给其他单位和个人，其中涉及的不动产、土地使用权转让行为。

（7）自2020年1月1日起，纳税人取得的财政补贴收入，与其销售货物、劳务、服务、无形资产、不动产的收入或者数量直接挂钩的，应按规定计算缴纳增值税；纳税人取得的其他情形的财政补贴收入，不属于增值税应税收入，不征收增值税。

任务四　增值税税率和征收率的判定

增值税一般纳税人计算缴纳增值税时，一般情况下采用一般计税方法适用三种情况的比例税率：第一种是基本税率；第二种是低税率；第三种是出口货物、劳务、服务或者无形资产适用的零税率。自 2017 年 7 月 1 日起，简并增值税税率结构，取消原来的 13% 的增值税税率（将原来的 13% 增值税税率调整为 11%）。自 2018 年 5 月 1 日起，增值税一般纳税人发生增值税应税销售行为或者进口货物，原适用 17% 和 11% 税率的，税率分别调整为 16% 和 10%。自 2019 年 4 月 1 日起，增值税一般纳税人发生增值税应税销售行为或者进口货物，原适用 16% 税率的，税率调整为 13%；原适用 10% 税率的，税率调整为 9%。增值税一般纳税人计算缴纳增值税时，特殊情况下采用简易计税方法适用征收率。增值税小规模纳税人计算缴纳增值税时，采用简易计税方法适用征收率。自 2019 年 4 月 1 日起，增值税税率和征收率的具体适用范围如下：

一、增值税的基本税率

增值税的基本税率为 13%，适用于纳税人销售或者进口货物（适用 9% 的低税率的除外）、提供加工修理修配劳务、销售有形动产租赁服务。

二、增值税的低税率

增值税的低税率分以下两档：

（一）9% 的低税率

（1）一般纳税人销售或者进口下列货物，税率为 9%：

粮食等农产品、食用植物油、食用盐；自来水、暖气、冷气、热水、煤气、石油液化气、天然气、二甲醚、沼气、居民用煤炭制品；图书、报纸、杂志、音像制品、电子出版物；饲料、化肥、农药、农机、农膜；国务院规定的其他货物。

> 点睛　粮食包括稻谷、大米、大豆、小麦、杂粮、鲜山芋、山芋干、山芋粉以及经过加工的面粉（各种花式面粉除外）。

（2）纳税人销售交通运输、邮政、基础电信、建筑、不动产租赁服务，销售不动产，转让土地使用权，税率为 9%。

（二）6% 的低税率

纳税人销售增值电信服务、金融服务、现代服务和生活服务，销售土地使用权以外的无形资产，税率为 6%。

> 提示　境内的购买方为境外单位和个人扣缴增值税的，按照适用税率扣缴增值税。

三、增值税的零税率

（一）出口货物或者劳务适用的零税率

纳税人出口货物或者劳务，适用增值税零税率，但是，国务院另有规定的除外。零税率是税收优惠的一种体现，是为了鼓励企业出口货物或者劳务而采用的一种税率。

（二）服务或者无形资产适用的零税率

中华人民共和国境内（以下称境内）的单位和个人销售的下列服务或者无形资产（即出口服务或者无形资产，统称"跨境应税行为"），适用增值税零税率：

（1）国际运输服务。

国际运输服务，是指：

❶在境内载运旅客或者货物出境。

❷在境外载运旅客或者货物入境。

❸在境外载运旅客或者货物。

（2）航天运输服务。

（3）向境外单位提供的完全在境外消费的下列服务：

❶研发服务。

❷合同能源管理服务。

❸设计服务。

❹广播影视节目（作品）的制作和发行服务。

❺软件服务。

❻电路设计及测试服务。

❼信息系统服务。

❽业务流程管理服务。

❾离岸服务外包业务。

离岸服务外包业务，包括信息技术外包服务（ITO）、技术性业务流程外包服务（BPO）、技术性知识流程外包服务（KPO），其所涉及的具体业务活动，按照《销售服务、无形资产、不动产注释》相对应的业务活动执行。

完全在境外消费，是指：a.服务的实际接受方在境外，且与境内的货物和不动产无关；b.无形资产完全在境外使用，且与境内的货物和不动产无关；c.财政部和国家税务总局规定的其他情形。

（4）转让技术。

（5）财政部和国家税务总局规定的其他服务。

🦜点睛　零税率不同于免税。以出口货物为例，出口货物免税仅指在出口销售环节免征增值税销项税额（一般计税方法下）或者应纳增值税税额（简易计税方法下），该出口货物在出口前相应的进项税额不能抵扣，也不能退还；而零税率是指对出口货物除了在出口销售环节免征增值税销项税额（一般计税方法下）或者增值税应纳税额（简易计税方法下）外，还要将该出口货物在出口前相应的进项税额按照税法规定的计算公式计算后予以直接退还（免退税办法）或者先抵扣后退还（免抵退税办法），使该出口货物在出口时完全不含增值税税款，从而以无增值税货物的形式进入国际市场。

四、增值税的征收率

一般纳税人特殊情况下采用简易计税方法适用征收率。小规模纳税人缴纳增值税采用简易计税方法适用征收率。我国增值税的法定征收率是3%；一些特殊项目适用3%减按2%的征收率；自2020年5月1日至2023年12月31日，从事二手车经销的纳税人销售其收购的二手车，减按0.5%征收率征收增值税。全面"营改增"后的与不动产有关的特殊项目适用5%的征收率；一些特殊项目适用5%减按1.5%的征收率（具体详见本项目任务八）。

自2020年3月1日至2021年3月31日，湖北省增值税小规模纳税人，适用3%征收率的应税销售收入，免征增值税；适用3%预征率的预缴增值税项目，暂停预缴增值税。自

2021年4月1日至2022年3月31日，湖北省增值税小规模纳税人，适用3%征收率的应税销售收入，减按1%征收率征收增值税；适用3%预征率的预缴增值税项目，减按1%预征率预缴增值税。自2020年3月1日至2022年3月31日，除湖北省外，其他省、自治区、直辖市的增值税小规模纳税人，适用3%征收率的应税销售收入，减按1%征收率征收增值税；适用3%预征率的预缴增值税项目，减按1%预征率预缴增值税。

自2022年4月1日至2022年12月31日，增值税小规模纳税人适用3%征收率的应税销售收入，免征增值税；适用3%预征率的预缴增值税项目，暂停预缴增值税。

自2023年1月1日至2023年12月31日，增值税小规模纳税人适用3%征收率的应税销售收入，减按1%征收率征收增值税；适用3%预征率的预缴增值税项目，减按1%预征率预缴增值税。

任务五　　　　增值税优惠政策的运用

任务引例

我单位是一家农民专业合作社。请问我单位用自产的茶青再经筛分、风选、拣剔、碎块、干燥、匀堆等工序精制而成的精制茶，是否应当缴纳增值税？

一、原增值税纳税人的增值税减免税政策

（一）《增值税暂行条例》规定的免税政策

下列项目免征增值税：

❶ 销售自产农产品。农业生产者销售的自产初级农产品（包括制种、"公司+农户"经营模式的畜禽饲养）。

点睛　农业，是指种植业、养殖业、林业、牧业、水产业。农业生产者，包括从事农业生产的单位和个人。

❷ 避孕药品和用具。

❸ 古旧图书（指向社会收购的古书和旧书）。

❹ 直接用于科学研究、科学试验和教学的进口仪器、设备。

❺ 外国政府、国际组织无偿援助的进口物资和设备。

❻ 由残疾人的组织直接进口供残疾人专用的物品。

提示　残疾人个人提供的加工、修理修配劳务免征增值税。

❼ 销售自己使用过的物品（指其他个人①自己使用过的物品）。

任务引例解析

根据《农业产品征税范围注释》（财税字〔1995〕52号）的规定，农业生产者用自产的茶青再经筛分、风选、拣剔、碎块、干燥、匀堆等工序精制而成的精制茶，不得按照农业生产者销售的自产农业产品免税的规定执行，应当按照规定的税率征税。

因此，你单位用自产的茶青再经筛分、风选、拣剔、碎块、干燥、匀堆等工序精制而成的精制茶，应当缴纳增值税。

---

①　个人有两种：一种是个体工商户；另一种是其他个人。因此，其他个人指的是个体工商户以外的个人。

（二）财政部、国家税务总局规定的增值税优惠政策

1.资源综合利用产品和劳务增值税优惠政策

纳税人销售自产的资源综合利用产品和提供资源综合利用劳务，符合税法规定的相关条件的，可享受增值税即征即退政策。

2.医疗卫生的增值税优惠政策

（1）非营利性医疗机构：自产自用的制剂免税。

（2）营利性医疗机构：取得的收入按规定征税。自执业登记起3年内对自产自用的制剂免税。

（3）疾病控制机构和妇幼保健机构等：按国家规定价格取得的卫生服务收入免税。

（4）血站：供应给医疗机构的临床用血免征增值税。

（5）供应非临床用血：可按简易办法（简易计税方法）计算应纳税额。

3.修理修配劳务的增值税优惠

飞机修理取得的劳务收入，增值税实际税负超过6%的部分即征即退。

4.软件产品的增值税优惠

增值税一般纳税人销售其自行开发生产的软件产品，按13%的税率征收增值税后，对其增值税实际税负超过3%的部分实行即征即退政策。增值税一般纳税人将进口软件产品进行本地化改造后对外销售，其销售的软件产品可享受上述增值税即征即退政策。

即征即退税额=当期软件产品增值税应纳税额－当期软件产品销售额×3%

任务实例2-1 甲软件开发企业为增值税一般纳税人，本年5月销售自行开发生产的软件产品，取得不含税销售额68 000元；本年1月从国外进口软件产品，经过几个月的本地化改造后，于本年5月对外销售，取得不含税销售额200 000元。本月购进一批电脑用于软件设计，取得的增值税专用发票上注明的金额为100 000元，该增值税专用发票符合抵扣规定。

【任务要求】

计算甲软件开发企业本年5月上述业务的应退增值税税额。

【任务实施】

当期软件产品增值税应纳税额=68 000×13%+200 000×13%-100 000×13%=21 840（元）

税负率=21 840÷（68 000+200 000）×100%=8.15%>3%

即征即退税额=21 840-（68 000+200 000）×3%=13 800（元）

5.对供热企业向居民个人供热而取得的采暖费收入继续免征增值税

6.蔬菜流通环节增值税免税政策

（1）自2012年1月1日起，对从事蔬菜批发、零售的纳税人销售的蔬菜免征增值税。

蔬菜是指可作副食的草本、木本植物，包括各种蔬菜、菌类植物和少数可作副食的木本植物。蔬菜的主要品种参照《蔬菜主要品种目录》（略）执行。

经挑选、清洗、切分、晾晒、包装、脱水、冷藏、冷冻等工序加工的蔬菜，属于上述蔬菜的范围。

提示 各种蔬菜罐头不属于免税范围。蔬菜罐头是指蔬菜经处理、装罐、密封、杀菌或无菌包

装而制成的食品。

（2）从事蔬菜批发、零售的纳税人既销售蔬菜又销售其他增值税应税货物的，应分别核算蔬菜和其他增值税应税货物的销售额；未分别核算的，不得享受蔬菜增值税免税政策。

7.部分鲜活肉蛋产品流通环节增值税免税政策

（1）自2012年10月1日起，对从事农产品批发、零售的纳税人销售的部分鲜活肉蛋产品免征增值税。

免征增值税的鲜活肉产品，是指猪、牛、羊、鸡、鸭、鹅及其整块或者分割的鲜肉、冷藏或者冷冻肉，内脏、头、尾、骨、蹄、翅、爪等组织。

免征增值税的鲜活蛋产品，是指鸡蛋、鸭蛋、鹅蛋，包括鲜蛋、冷藏蛋以及对其进行破壳分离的蛋液、蛋黄和蛋壳。

（2）从事农产品批发、零售的纳税人既销售上述部分鲜活肉蛋产品又销售其他增值税应税货物的，应分别核算上述鲜活肉蛋产品和其他增值税应税货物的销售额；未分别核算的，不得享受部分鲜活肉蛋产品增值税免税政策。

8.制种行业增值税免税政策

制种企业在规定的生产经营模式下生产种子，属于农业生产者销售自产农产品，免征增值税。

9.货物期货品种保税交割业务增值税免税政策

自2018年11月30日至2023年11月29日，对经国务院批准对外开放的货物期货品种保税交割业务，暂免征收增值税。

实务答疑2-2 我公司为一家制种企业，请问销售种子是否免征增值税？

实务答疑2-3 我公司对外提供污水处理劳务，请问污水处理劳务现在是否享受增值税即征即退优惠？

二、"营改增"试点纳税人的增值税减免税政策

1.营业税改征增值税过渡期间免税政策

下列项目免征增值税：

（1）托儿所、幼儿园提供的保育和教育服务。

（2）养老机构提供的养老服务。

（3）残疾人福利机构提供的育养服务。

（4）婚姻介绍服务。

（5）殡葬服务。

（6）残疾人员本人为社会提供的服务。

（7）医疗机构提供的医疗服务。

（8）从事学历教育的学校提供的教育服务。

（9）学生勤工俭学提供的服务。

（10）农业机耕、排灌、病虫害防治、植物保护、农牧保险以及相关技术培训业务，

家禽、牲畜、水生动物的配种和疾病防治。

（11）纪念馆、博物馆、文化馆、文物保护单位管理机构、美术馆、展览馆、书画院、图书馆在自己的场所提供文化体育服务取得的第一道门票收入。

（12）寺院、宫观、清真寺和教堂举办文化、宗教活动的门票收入。

（13）行政单位之外的其他单位收取的符合《试点实施办法》第十条规定条件的政府性基金和行政事业性收费。

（14）个人转让著作权收入。

（15）个人销售自建自用住房收入。

（16）2023年12月31日前，经营公租房所取得的租金收入。

（17）台湾航运公司、航空公司从事海峡两岸海上直航、空中直航业务在大陆取得的运输收入。

（18）纳税人提供的直接或者间接国际货物运输代理服务。

（19）符合条件的利息收入。

（20）被撤销金融机构以货物、不动产、无形资产、有价证券、票据等财产清偿债务。

（21）保险公司开办的1年期以上人身保险产品取得的保费收入。

（22）符合条件的金融商品转让收入。

（23）金融同业往来利息收入。

（24）符合条件的担保机构从事中小企业信用担保或者再担保业务取得的收入（不含信用评级、咨询、培训等收入），3年内免征增值税。

（25）国家商品储备管理单位及其直属企业承担商品储备任务，从中央或者地方财政取得的利息补贴收入和价差补贴收入。

（26）纳税人提供技术转让、技术开发和与之相关的技术咨询、技术服务收入。

（27）符合条件的合同能源管理服务收入。

（28）自2021年1月1日起至2023年12月31日，免征图书批发、零售环节增值税。

（29）2023年12月31日前，科普单位的门票收入，以及县级及以上党政部门和科协开展科普活动的门票收入。

（30）政府举办的从事学历教育的高等、中等和初等学校（不含下属单位），举办进修班、培训班取得的全部归该学校所有的收入。

> **实务答疑 2-4** 我单位是政府举办的从事学历教育的高等学校，举办进修班、培训班取得的哪些收入可以免征增值税？

（31）政府举办的职业学校设立的主要为在校学生提供实习场所，并由学校出资自办、由学校负责经营管理、经营收入归学校所有的企业，从事《销售服务、无形资产或者不动产注释》中"现代服务"（不含融资租赁服务、广告服务和其他现代服务）、"生活服务"（不含文化体育服务、其他生活服务和桑拿、氧吧）业务活动取得的收入。

（32）家政服务企业由员工制家政服务员提供家政服务取得的收入。

（33）福利彩票、体育彩票的发行收入。

（34）军队空余房产租赁收入。

（35）为了配合国家住房制度改革，企业、行政事业单位按房改成本价、标准价出售住房取得的收入。

（36）将土地使用权转让给农业生产者用于农业生产。

（37）纳税人采取转包、出租、互换、转让、入股等方式将半包地流转给农业生产者用于农业生产。

（38）涉及家庭财产分割的个人无偿转让不动产、土地使用权。

（39）土地所有者出让土地使用权和土地使用者将土地使用权归还给土地所有者。

🍃**点睛** 土地所有者依法征收土地，并向土地使用者支付土地及其相关有形动产、不动产补偿费的行为，属于上述情形。

（40）县级以上地方人民政府或自然资源行政主管部门出让、转让或收回自然资源使用权（不含土地使用权）。

（41）随军家属就业。

（42）军队转业干部就业。

（43）自2019年2月1日至2023年12月31日，企业集团内单位（含企业集团）之间的资金无偿借贷行为。

（44）提供社区养老、抚育、家政等服务取得的收入。

（45）纳税人将国有农用地出租给农业生产者用于农业生产，免征增值税。

2.营业税改征增值税过渡期间即征即退政策

（1）一般纳税人提供管道运输服务，对其增值税实际税负超过3%的部分实行增值税即征即退政策。

（2）经中国人民银行、银保监会或者商务部批准从事融资租赁业务的试点纳税人中的一般纳税人，提供有形动产融资租赁服务和有形动产融资性售后回租服务，对其增值税实际税负超过3%的部分实行增值税即征即退政策。商务部授权的省级商务主管部门和国家经济技术开发区批准的从事融资租赁业务和融资性售后回租业务的试点纳税人中的一般纳税人，2016年5月1日后实收资本达到1.7亿元的，从达到标准的当月起按照上述规定执行；2016年5月1日后实收资本未达到1.7亿元但注册资本达到1.7亿元的，在2016年7月31日前仍可按照上述规定执行，2016年8月1日后开展的有形动产融资租赁业务和有形动产融资性售后回租业务不得按照上述规定执行。

（3）第（1）条所称的增值税实际税负，是指纳税人当期提供应税服务实际缴纳的增值税额占纳税人当期提供应税服务取得的全部价款和价外费用的比例。

3.营业税改征增值税优惠承继政策

本地区试点实施之日前，如果试点纳税人已经按照有关政策规定享受了营业税税收优惠，在剩余税收优惠政策期限内，可以按照《试点实施办法》继续享受有关增值税优惠。

4.营业税改征增值税试点前发生业务的处理

（1）试点纳税人发生应税行为，按照国家有关营业税政策规定差额征收营业税的，因取得的全部价款和价外费用不足以抵减允许扣除项目金额，截至纳入"营改增"试点之日前尚未扣除的部分，不得在计算试点纳税人增值税应税销售额时抵减，应当向原主管税务机关申请退还营业税。

（2）试点纳税人发生应税行为，在纳入"营改增"试点之日前已缴纳营业税，"营改增"试点后因发生退款减除营业额的，应当向原主管税务机关申请退还已缴纳的营业税。

（3）试点纳税人纳入"营改增"试点之日前发生的应税行为，因税收检查等原因需要补缴税款的，应按照营业税政策规定补缴营业税。

5.营业税改征增值税零税率政策

具体详见本项目任务四。

6.营业税改征增值税境外服务或者无形资产免税政策

境内的单位和个人销售的下列服务或者无形资产（即出口服务或者无形资产，统称为"跨境应税行为"）免征增值税，但财政部和国家税务总局规定适用零税率的除外：

（1）下列服务：

❶工程项目在境外的建筑服务。

❷工程项目在境外的工程监理服务。

❸工程、矿产资源在境外的工程勘察勘探服务。

❹会议展览地点在境外的会议展览服务。

❺存储地点在境外的仓储服务。

❻标的物在境外使用的有形动产租赁服务。

❼在境外提供的广播影视节目（作品）的播映服务。

❽在境外提供的文化体育服务、教育医疗服务、旅游服务。

（2）为出口货物提供的邮政服务、收派服务、保险服务。

为出口货物提供的保险服务，包括出口货物保险和出口信用保险。

（3）向境外单位提供的完全在境外消费的下列服务或者无形资产：

❶电信服务。

❷知识产权服务。

❸物流辅助服务（仓储服务、收派服务除外）。

❹鉴证咨询服务。

❺专业技术服务。

❻商务辅助服务。

❼广告投放地在境外的广告服务。

❽无形资产。

（4）以无运输工具承运方式提供的国际运输服务。

（5）为境外单位之间的货币资金融通及其他金融业务提供的直接收费金融服务，且该服务与境内的货物、无形资产和不动产无关。

（6）财政部和国家税务总局规定的其他服务。

7.营业税改征增值税税额抵减

试点纳税人在制度转换以后，初次购买增值税税控系统专用设备（包括分开票机）所支付的费用，可凭购买增值税税控系统专用设备取得的增值税专用发票，在增值税应纳税额中全额抵减（抵减额为价税合计额），不足抵减的可结转下期继续抵减。非初次购买所支付的费用由纳税人自行负担。

增值税纳税人在制度转换以后，缴纳的技术维护费（不含补缴的转换日以前的技术维护费），可凭技术维护服务单位开具的技术维护费发票，在增值税应纳税额中全额抵减，不足抵减的可结转下期继续抵减。技术维护费按照价格主管部门核定的标准执行。

增值税一般纳税人支付的两项费用（首次购买增值税税控系统专用设备所支付的费用和缴纳的技术维护费）在增值税应纳税额中全额抵减的，其增值税专用发票不作为增值税抵扣凭证，其进项税额不得从销项税额中抵扣。

实务答疑2-5 我公司为"营改增"之后的新办企业，本年7月购买用于开具税控发票的电脑，并按购买电脑支付的费用全额抵减增值税。请问我公司的做法正确吗？

8.营业税改征增值税选择或者放弃税收减免的规定

纳税人发生应税行为适用免税、减税规定的，可以放弃免税、减税，依照税法规定缴纳增值税。放弃免税、减税后，36个月内不得再申请免税、减税。纳税人要求放弃免税、减税权的，应当以书面形式提交纳税人放弃免（减）税权声明，报主管税务机关备案。纳税人发生应税行为同时适用免税和零税率规定的，纳税人可以选择适用免税或者零税率。[注：比如对于出口设计服务（服务外包）可以适用增值税零税率，但同时也可以继续免征增值税（原免征营业税的延续）。在这种情况下，允许纳税人优先选择适用零税率，这部分纳税人可以适用出口退税政策]

点睛 纳税人放弃免税权的原因主要有两点：一是放弃免税权后，有远远超过销项税额的大额进项税额可以抵扣；二是多数购买方有取得增值税专用发票的要求或者需求，只有销售方放弃免税权后，才能对外开具增值税专用发票。

三、增值税的起征点

个人发生应税行为的销售额未达到增值税起征点的，免征增值税；达到起征点的，全额计算缴纳增值税。增值税起征点的适用范围仅限于个人，不包括登记为一般纳税人的个体工商户。

1.原增值税纳税人的增值税起征点的幅度规定

（1）销售货物的，为月销售额5 000～20 000元。

（2）销售加工修理修配劳务的，为月销售额5 000～20 000元。

（3）按次纳税的，为每次（日）销售额300～500元。

2."营改增"试点纳税人的增值税起征点的幅度规定

（1）按期纳税的，为月销售额5 000～20 000元（含本数）。

（2）按次纳税的，为每次（日）销售额300～500元（含本数）。

起征点的调整由财政部和国家税务总局规定。省、自治区、直辖市财政厅（局）和税务局应当在规定的幅度内，根据实际情况确定本地区适用的起征点，并报财政部和国家税务总局备案。

四、小微企业暂免征收增值税的优惠政策

自2023年1月1日至2023年12月31日，国家税务总局关于增值税小规模纳税人减免增值税等政策有关征管事项规定如下：

（1）增值税小规模纳税人（以下简称小规模纳税人）发生增值税应税销售行为，合计

月销售额未超过10万元（以1个季度为1个纳税期的，季度销售额未超过30万元）的，免征增值税。

小规模纳税人发生增值税应税销售行为，合计月销售额超过10万元（以1个季度为1个纳税期的，季度销售额超过30万元），但扣除本期发生的销售不动产的销售额后未超过10万元（以1个季度为1个纳税期的，季度销售额未超过30万元）的，其销售货物、劳务、服务、无形资产取得的销售额免征增值税。

（2）适用增值税差额征税政策的小规模纳税人，以差额后的销售额确定是否可以享受"自2023年1月1日至2023年12月31日，对月销售额10万元（以1个季度为1个纳税期的，季度销售额30万元）以下（含本数）的增值税小规模纳税人，免征增值税"规定中的免征增值税政策。

"增值税及附加税费申报表（小规模纳税人适用）"中的"免税销售额"相关栏次，填写差额后的销售额。

（3）《增值税暂行条例实施细则》第九条所称的其他个人，采取一次性收取租金形式出租不动产取得的租金收入，可在对应的租赁期内平均分摊，分摊后的月租金收入未超过10万元的，免征增值税。

（4）小规模纳税人取得应税销售收入，适用"自2023年1月1日至2023年12月31日，对月销售额10万元（以1个季度为1个纳税期的，季度销售额30万元）以下（含本数）的增值税小规模纳税人，免征增值税"规定中的免征增值税政策的，纳税人可就该笔销售收入选择放弃免税并开具增值税专用发票。

（5）小规模纳税人取得应税销售收入，适用"自2023年1月1日至2023年12月31日，增值税小规模纳税人适用3%征收率的应税销售收入，减按1%征收率征收增值税"政策的，应按照1%征收率开具增值税发票。纳税人可就该笔销售收入选择放弃减税并开具增值税专用发票。

（6）小规模纳税人取得应税销售收入，纳税义务发生时间在2022年12月31日前并已开具增值税发票，如发生销售折让、中止或者退回等情形需要开具红字发票，应开具对应征收率红字发票或免税红字发票；开票有误需要重新开具的，应开具对应征收率红字发票或免税红字发票，再重新开具正确的蓝字发票。

（7）小规模纳税人发生增值税应税销售行为，合计月销售额未超过10万元（以1个季度为1个纳税期的，季度销售额未超过30万元）的，免征增值税的销售额等项目应填写在"增值税及附加税费申报表（小规模纳税人适用）"的"小微企业免税销售额"或者"未达起征点销售额"相关栏次；减按1%征收率征收增值税的销售额应填写在"增值税及附加税费申报表（小规模纳税人适用）"的"应征增值税不含税销售额（3%征收率）"相应栏次，对应减征的增值税应纳税额按销售额的2%计算填写在"增值税及附加税费申报表（小规模纳税人适用）"的"本期应纳税额减征额"及"增值税减免税申报明细表"减税项目相应栏次。

（8）按固定期限纳税的小规模纳税人可以选择以1个月或1个季度为纳税期限，一经选择，一个会计年度内不得变更。

（9）按照现行规定应当预缴增值税税款的小规模纳税人，凡在预缴地实现的月销售额未超过10万元（以1个季度为1个纳税期的，季度销售额未超过30万元）的，当期无需预缴税款。在预缴地实现的月销售额超过 10 万元（以 1 个季度为 1 个纳税期的，季度销售额超过 30 万元）的，适用 3% 预征率的预缴增值税项目，减按 1% 预征率预缴增值税。

（10）小规模纳税人中的单位和个体工商户销售不动产，应按其纳税期、上述第（9）条以及其他现行政策规定确定是否预缴增值税；其他个人销售不动产，继续按照现行规定征免增值税。

（11）纳税人按照《财政部　税务总局关于明确增值税小规模纳税人减免增值税等政策的公告》（财政部　税务总局公告 2023 年第 1 号）第四条规定申请办理抵减或退还已缴纳税款，如果已经向购买方开具了增值税专用发票，应先将增值税专用发票追回。

链接　自 2023 年 1 月 1 日至 2023 年 12 月 31 日，增值税小规模纳税人适用 3% 征收率的应税销售收入，减按 1% 征收率征收增值税；适用 3% 预征率的预缴增值税项目，减按 1% 预征率预缴增值税。

任务六　增值税专用发票的使用和管理

增值税专用发票，是作为销售方的增值税纳税人销售货物、劳务、服务、无形资产或者不动产开具的发票，是作为购买方增值税纳税人支付增值税额并可按照增值税有关规定据以抵扣增值税进项税额的凭证（据以抵扣增值税进项税额的权利仅限于增值税一般纳税人）。一般纳税人应通过增值税防伪税控系统使用专用发票。使用，包括申领、开具、缴销、认证纸质专用发票及其相应的数据电文。

提示　自 2020 年 2 月 1 日起，增值税小规模纳税人（其他个人除外）发生增值税应税行为，需要开具增值税专用发票的，可以自愿使用增值税发票管理系统自行开具。选择自行开具增值税专用发票的小规模纳税人，税务机关不再为其代开增值税专用发票。使用，对于小规模纳税人来说，包括申领、开具、缴销。

一、增值税专用发票的申领和开具范围

（一）申领范围

自 2020 年 2 月 1 日起，全面推行小规模纳税人自行开具增值税专用发票之后，增值税一般纳税人和增值税小规模纳税人均可以申领和使用增值税专用发票。有下列情形之一的，不得使用增值税专用发票：

（1）会计核算不健全，不能向税务机关准确提供增值税销项税额、进项税额、应纳税额数据及其他有关增值税税务资料的。上列其他有关增值税税务资料的内容，由省、自治区、直辖市和计划单列市税务局确定。

（2）应当办理一般纳税人登记而未办理的。

（3）有《税收征收管理法》规定的税收违法行为，拒不接受税务机关处理的。

（4）有下列行为之一，经税务机关责令限期改正而仍未改正者：

❶虚开增值税专用发票。

❷私自印制专用发票。

❸向税务机关以外的单位和个人买取专用发票。

❹借用他人专用发票。

❺未按《增值税专用发票使用规定》第十一条开具专用发票。

❻未按规定保管专用发票和专用设备。有下列情形之一的，为未按规定保管专用发票和专用设备：a.未设专人保管专用发票和专用设备；b.未按税务机关要求存放专用发票和专用设备；c.未将认证相符的专用发票抵扣联、《认证结果通知书》和《认证结果清单》装订成册；d.未经税务机关检查，擅自销毁专用发票基本联次。

❼未按规定申请办理防伪税控系统变更发行。

❽未按规定接受税务机关检查。

有上列情形的，如已领取增值税专用发票，主管税务机关应暂扣其结存的增值税专用发票和税控专用设备。

（二）开具范围

纳税人发生增值税应税销售行为，应当向索取增值税专用发票的购买方开具增值税专用发票，并在增值税专用发票上分别注明销售额和销项税额。

属于下列情形之一的，不得开具增值税专用发票：

（1）应税销售行为的购买方为消费者个人的。

（2）发生应税销售行为适用免税规定的。

（3）部分适用增值税简易（简易计税方法）征收政策规定的：

❶增值税一般纳税人的单采血浆站销售非临床用人体血液选择简易（简易计税方法）计税的。

❷纳税人销售旧货，适用简易办法（简易计税方法）依照3%征收率减按2%征收增值税的。

❸纳税人销售自己使用过的固定资产①，适用简易办法（简易计税方法）依照3%征收率减按2%征收增值税政策的。

> ◤提示　纳税人销售自己使用过的固定资产，适用简易办法（简易计税方法）依照3%征收率减按2%征收增值税政策的，可以放弃减税，按照简易办法（简易计税方法）依照3%征收率缴纳增值税，并可以开具增值税专用发票。

❹法律、法规及国家税务总局规定的其他情形。

> ◤点睛　商业企业一般纳税人零售烟、酒、食品、服装、鞋帽（不包括劳保专用部分）、化妆品等消费品的，不得开具增值税专用发票。

> ◤链接　金融商品转让，不得开具增值税专用发票。

从事经纪代理服务，向委托方收取的政府性基金或者行政事业性收费，不得开具增值税专用发票。

选择差额计算方法计算销售额的纳税人，提供旅游服务向旅游服务购买方收取并支付的可以从全部价款和价外费用中扣除的费用，不得开具增值税专用发票。

> 实务答疑2-6　我公司为小规模纳税人，请问是否可以自行开具增值税专用发票？

---

① "纳税人销售自己使用过的固定资产，适用简易办法（简易计税方法）依照3%征收率减按2%征收增值税"政策中的"固定资产"属于货物范畴，即动产，而非不动产。全书同。

二、增值税专用发票的基本内容和开具要求

(一)增值税专用发票的联次

增值税专用发票由基本联次或者基本联次附加其他联次构成，分为三联版和六联版两种。基本联次为三联：第一联为记账联，是销售方记账凭证；第二联为抵扣联，是购买方扣税凭证；第三联为发票联，是购买方记账凭证。其他联次用途，由纳税人自行确定。纳税人办理产权过户手续需要使用发票的，可以使用增值税专用发票第六联。

(二)增值税专用发票的基本内容

增值税专用发票的基本内容如下：

❶购销双方的纳税人名称，购销双方地址；

❷购销双方的纳税人识别号；

❸发票字轨号码；

❹销售货物、劳务、服务、无形资产或者不动产的名称、计量单位、数量；

❺不包括增值税在内的单价及总金额；

❻增值税税率、增值税税额、填开的日期。

(三)增值税专用发票的开具要求

增值税专用发票的开具要求如下：

❶项目齐全，与实际交易相符。

❷字迹清楚，不得压线、错格。

❸发票联和抵扣联加盖发票专用章。

▶提示　自2011年2月1日修订并实施的《中华人民共和国发票管理办法》第二十二条规定，开具发票应当按照规定的时限、顺序、栏目，全部联次一次性如实开具，并加盖发票专用章。由此可知，根据最新规定，发票上只能加盖发票专用章，不能加盖财务专用章。

❹按照增值税纳税义务发生时间开具。

不符合上列要求的增值税专用发票，购买方有权拒收。

2014年8月1日起启用新版增值税专用发票样本，如图2-1所示。

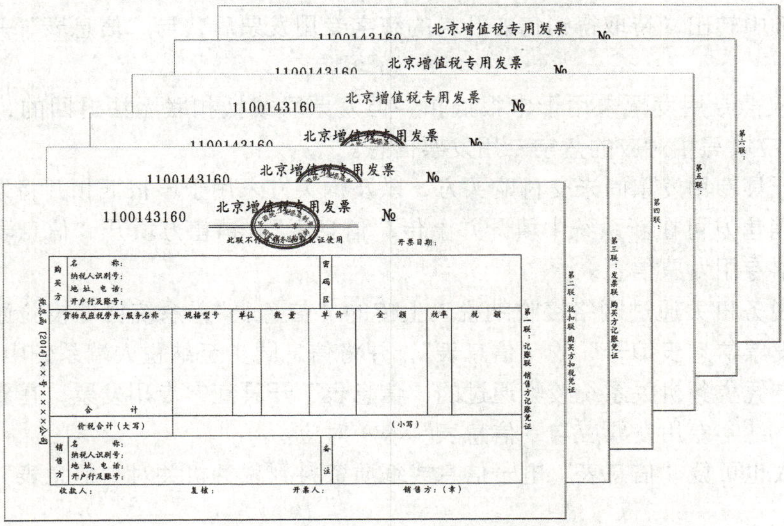

图2-1　新版增值税专用发票样本

🔰**提示** 增值税专用发票和增值税普通发票票样基本内容是一致的，只是增值税专用发票比增值税普通发票多了抵扣联这一联，抵扣联的用途是作为抵扣进项税额的凭证。

三、增值税专用发票进项税额的抵扣时限

自2020年3月1日起，增值税一般纳税人取得2017年1月1日及以后开具的增值税专用发票、海关进口增值税专用缴款书、机动车销售统一发票、收费公路通行费增值税电子普通发票，取消认证确认、稽核比对、申报抵扣的期限。纳税人在进行增值税纳税申报时，应当通过本省（自治区、直辖市和计划单列市）增值税发票综合服务平台对上述扣税凭证信息进行用途确认。

自2020年3月1日起，增值税一般纳税人取得2016年12月31日及以前开具的增值税专用发票、海关进口增值税专用缴款书、机动车销售统一发票，超过认证确认、稽核比对、申报抵扣期限，但符合规定条件的，仍可按照《国家税务总局关于逾期增值税扣税凭证抵扣问题的公告》（国家税务总局公告2011年第50号，国家税务总局公告2017年第36号、2018年第31号修改）、《国家税务总局关于未按期申报抵扣增值税扣税凭证有关问题的公告》（国家税务总局公告2011年第78号，国家税务总局公告2018年第31号修改）的规定，继续抵扣进项税额。

四、开具红字专用发票的处理流程

根据《国家税务总局关于红字增值税发票开具有关问题的公告》（国家税务总局公告2016年第47号），为进一步规范纳税人开具增值税发票管理，现将红字发票开具有关问题公告如下（自2016年8月1日起实施）：

（1）增值税一般纳税人开具增值税专用发票（简称"专用发票"）后，发生销货退回、开票有误、应税服务中止等情形但不符合发票作废条件，或者因销货部分退回及发生销售折让，需要开具红字专用发票的，按以下方法处理：

❶购买方取得专用发票已用于申报抵扣的，购买方可在增值税发票管理新系统（简称"新系统"）中填开并上传"开具红字增值税专用发票信息表"（简称"信息表"）；在填开"信息表"时不填写相对应的蓝字专用发票信息，应暂依"信息表"所列增值税税额从当期进项税额中转出，待取得销售方开具的红字专用发票后，与"信息表"一并作为记账凭证。

购买方取得专用发票未用于申报抵扣、但发票联或抵扣联无法退回的，购买方填开"信息表"时应填写相对应的蓝字专用发票信息。

销售方开具专用发票尚未交付购买方，以及购买方未用于申报抵扣并将发票联及抵扣联退回的，销售方可在新系统中填开并上传"信息表"。销售方填开"信息表"时应填写相对应的蓝字专用发票信息。

❷主管税务机关通过网络接收纳税人上传的"信息表"，系统自动校验通过后，生成带有"红字发票信息表编号"的"信息表"，并将信息同步至纳税人端系统中。

❸销售方凭税务机关系统校验通过的"信息表"开具红字专用发票，在新系统中以销项负数开具。红字专用发票应与"信息表"一一对应。

❹纳税人也可凭"信息表"电子信息或纸质资料到税务机关对"信息表"内容进行系统校验。

（2）税务机关为小规模纳税人代开专用发票，需要开具红字专用发票的，按照一般纳税人开具红字专用发票的方法处理。

（3）纳税人需要开具红字增值税普通发票的，可以在所对应的蓝字发票金额范围内开具多份红字发票。红字机动车销售统一发票需与原蓝字机动车销售统一发票一一对应。

五、增值税专用发票不得作为抵扣进项税额凭证的规定

（1）经认证，有下列情形之一的，不得作为增值税进项税额的抵扣凭证，税务机关退还原件，购买方可要求销售方重新开具专用发票：

❶无法认证。无法认证，是指专用发票所列密文或者明文不能辨认，无法产生认证结果。

❷纳税人识别号认证不符。纳税人识别号认证不符，是指专用发票所列购买方纳税人识别号有误。

❸专用发票代码、号码认证不符。专用发票代码、号码认证不符，是指专用发票所列密文解译后与明文的代码或者号码不一致。

（2）经认证，有下列情形之一的，暂时不得作为增值税进项税额的抵扣凭证，税务机关扣留原件，查明原因，分别情况进行处理：

❶重复认证。重复认证，是指已经认证相符的同一张专用发票再次认证。

❷密文有误。密文有误，是指专用发票所列密文无法解译。

❸认证不符。认证不符，是指纳税人识别号有误，或者专用发票所列密文解译后与明文不一致。本项所称认证不符不含第（1）项的第❷、❸所列情形。

❹列为失控专用发票。列为失控专用发票，是指认证时的专用发票已被登记为失控专用发票。

（3）专用发票抵扣联无法认证的，可使用专用发票发票联到主管税务机关认证。专用发票发票联复印件留存备查。

> 🔖**提示**　纳税人虚开增值税专用发票，未就其虚开金额申报并缴纳增值税的，应按照其虚开金额补缴增值税；已就其虚开金额申报并缴纳增值税的，不再按照其虚开金额补缴增值税。税务机关对纳税人虚开增值税专用发票的行为，应按规定给予处罚。纳税人取得虚开的增值税专用发票，不得作为增值税合法有效的扣税凭证抵扣其进项税额。

六、增值税专用发票丢失的处理

一般纳税人丢失已开具专用发票的发票联和抵扣联，如果丢失前已认证相符的，购买方凭销售方提供的相应专用发票记账联复印件及销售方所在地主管税务机关出具的"丢失增值税专用发票已报税证明单"，经购买方主管税务机关审核同意后，可作为增值税进项税额的抵扣凭证；如果丢失前未认证的，购买方凭销售方提供的相应专用发票记账联复印件到主管税务机关进行认证，认证相符的凭该专用发票记账联复印件及销售方所在地主管税务机关出具的"丢失增值税专用发票已报税证明单"，经购买方主管税务机关审核同意后，可作为增值税进项税额的抵扣凭证。

一般纳税人丢失已开具专用发票的抵扣联，如果丢失前已认证相符的，可使用专用发票发票联复印件留存备查；如果丢失前未认证的，可使用专用发票发票联到主管税务机关认证，专用发票发票联复印件留存备查。

一般纳税人丢失已开具专用发票的发票联，可将专用发票抵扣联作为记账

微课
全面深化增值税改革

凭证，专用发票抵扣联复印件留存备查。

七、深化增值税改革中有关增值税发票的规定

（1）增值税一般纳税人在增值税税率调整前（2019年3月31日前）已按原16%、10%适用税率开具的增值税发票，发生销售折让、中止或者退回等情形需要开具红字发票的，按照原适用税率开具红字发票；开票有误需要重新开具的，先按照原适用税率开具红字发票后，再重新开具正确的蓝字发票。

（2）纳税人在增值税税率调整前未开具增值税发票的增值税应税销售行为，需要补开增值税发票的，应当按照原适用税率补开。

（3）增值税发票税控开票软件税率栏次默认显示调整后税率，纳税人发生上述第（1）和（2）项所列情形的，可以手工选择原适用税率开具增值税发票。

（4）税务总局在增值税发票税控开票软件中更新了"商品和服务税收分类编码表"，纳税人应当按照更新后的"商品和服务税收分类编码表"开具增值税发票。

（5）纳税人应当及时完成增值税发票税控开票软件升级和自身业务系统调整。

任务七　　一般计税方法下应纳税额的计算

任务引例

我公司为增值税一般纳税人，委托外贸企业进口，收到的海关进口增值税专用缴款书上既有我公司的名称，又有该外贸企业的名称，请问我公司可否办理进项税额抵扣？

增值税的计税方法，主要包括一般计税方法和简易计税方法。我国目前对一般纳税人增值税的计算一般情况下采用一般计税方法，某些特殊情况下采用或者选择采用简易计税方法；我国目前对小规模纳税人增值税的计算采用简易计税方法。

点睛　一般计税方法，也就是国际上通行的购进扣税法，即先按当期销售额和适用税率计算出销项税额（这是对销售额进行全额征税，而非差额征税），然后对当期购进项目已经缴纳的税额（即进项税额）进行抵扣，从而间接计算出对当期增值额部分的应纳税额。

增值税一般纳税人在一般计税方法下销售货物、劳务、服务、无形资产、不动产（统称应税销售行为），应纳税额为当期销项税额抵扣当期进项税额后的余额。增值税一般纳税人本期应纳增值税税额的多少是由本期销项税额和本期准予抵扣进项税额这两个因素决定的。在分别确定了销项税额和准予抵扣的进项税额的情况下，就不难计算出应纳税额。应纳税额的计算公式为：

本期应纳增值税税额=本期销项税额-本期准予抵扣的进项税额

点睛　当期销项税额小于当期进项税额不足抵扣时，其不足部分可以结转至下期继续抵扣。

境外的单位或者个人在境内提供加工修理修配劳务，在境内未设有经营机构的，以其境内代理人为扣缴义务人；在境内没有代理人的，以购买方为扣缴义务人。

境外的单位或者个人在境内销售服务、无形资产或不动产，在境内未设有经营机构的，以购买方为增值税扣缴义务人。

上述扣缴义务人按照下列公式计算应扣缴税额：

应扣缴税额=购买方支付的价款÷（1+税率）×税率

一、增值税销项税额的计算

一般纳税人在一般计税方法下发生应税销售行为，按照销售额和税法规定的税率计算并收取的增值税额，为销项税额。销项税额的计算公式如下：

销项税额=销售额×税率

因此，要计算销项税额，关键在于确定销售额。

（一）一般销售方式下销售额的确定

1.一般销售方式下销售货物、加工修理修配劳务的销售额的确定

销售货物、加工修理修配劳务的销售额，是指纳税人销售货物、加工修理修配劳务向购买方收取的全部价款和价外费用。

🔖 **链接** 如果销售的货物是消费税应税产品，则全部价款中包括消费税（价内税）。如果销售的货物是进口产品，则全部价款中包括进口关税（价内税）。

价外费用，包括价外向购买方收取的手续费、补贴、基金、集资费、返还利润、奖励费、违约金、滞纳金、延期付款利息、赔偿金、代收款项、代垫款项、包装费、包装物租金、储备费、优质费、运输装卸费以及其他各种性质的价外收费。但下列项目不包括在内：

（1）受托加工应征消费税的消费品所代收代缴的消费税。

（2）同时符合以下条件的代垫运输费用：❶承运部门的运输费用发票开具给购买方的；❷纳税人（销售方）将该项发票转交给购买方的（这里指的是销售方为购买方代垫的运输费用）。

（3）同时符合以下条件代为收取的政府性基金或者行政事业性收费：❶由国务院或者财政部批准设立的政府性基金，由国务院或者省级人民政府及其财政、价格主管部门批准设立的行政事业性收费；❷收取时开具省级以上财政部门印制的财政票据；❸所收款项全额上缴财政。

（4）销售货物的同时代办保险等而向购买方收取的保险费，以及向购买方收取的代购买方缴纳的车辆购置税、车辆牌照费。

🔖 **提示** 一般情况下，价外费用本身都为含增值税的价外费用，在计算增值税销项税额时，需换算成不含增值税的价外费用。其换算公式为：

不含税价外费用=含税价外费用÷（1+税率）

销售额应以人民币计算。如果纳税人以外汇结算销售额的，应当以外币价格折合成人民币计算。其销售额的人民币折合率，可以选择销售额发生的当天或当月1日中国人民银行公布的市场汇率。纳税人应事先确定采用何种汇率，一旦确定后，在1年内不得变更。

任务实例2-2 甲企业为增值税一般纳税人，本年5月，销售给乙企业一批货物，增值税专用发票上注明的销售额为50 000元，适用税率为13%，同时向购买方收取包装物租金1 130元。

【任务要求】 计算甲企业当期的增值税销项税额。

【任务实施】 不含税价外费用=1 130÷（1+13%）=1 000（元）

甲企业当期销项税额=（50 000+1 000）×13%=6 630（元）

2.一般销售方式下销售服务、无形资产或者不动产的销售额的确定

销售服务、无形资产或者不动产的销售额，是指纳税人销售服务、无形资产或者不动产向购买方收取的全部价款和价外费用，财政部和国家税务总局另有规定的除外。

价外费用，是指价外收取的各种性质的价外收费，但不包括：❶代为收取的政府性基金或者行政事业性收费；❷以委托方名义开具发票代委托方收取的款项。

（1）贷款服务，以提供贷款服务取得的全部利息及利息性质的收入为销售额。

（2）直接收费金融服务，以提供直接收费金融服务收取的手续费、佣金、酬金、管理费、服务费、经手费、开户费、过户费、结算费、转托管费等各类费用为销售额。

（3）试点纳税人销售电信服务时，附带赠送用户识别卡、电信终端等货物或者电信服务的，应将其取得的全部价款和价外费用分别核算，按各自适用的税率计算缴纳增值税。

另外，差额征收方式下销售额的确定，见本任务的"三、'营改增'试点一般纳税人一般计税方法下差额征收应纳税额的计算"和任务八"三、'营改增'试点一般纳税人和小规模纳税人简易计税方法下差额征收应纳税额的计算"。

任务实例2-3 甲航空公司为增值税一般纳税人，本年7月取得航空培训收入100万元，航空摄影收入200万元，湿租业务收入300万元，干租业务收入400万元，以上收入均含增值税。

【任务要求】计算甲航空公司本年7月的增值税销项税额。

【任务实施】航空培训、航空摄影属于物流辅助服务，税率为6%；湿租业务属于交通运输服务，税率为9%；干租业务属于有形动产租赁服务，税率为13%。

航空培训收入的销项税额=100÷（1+6%）×6%=5.66（万元）

航空摄影收入的销项税额=200÷（1+6%）×6%=11.32（万元）

湿租业务收入的销项税额=300÷（1+9%）×9%=24.77（万元）

干租业务收入的销项税额=400÷（1+13%）×13%=46.02（万元）

甲航空公司本年7月的增值税销项税额=5.66+11.32+24.77+46.02=87.77（万元）

（二）价税合并收取情况下销售额的确定

增值税普通发票上的含税销售额需换算成不含税销售额，作为增值税的计税依据。其换算公式为：

销售额=含税销售额÷（1+增值税税率）

点睛 增值税属于价外税，一般情况下，题目中会明确指出销售额是否含增值税。在未明确指出的情况下，注意以下原则：❶商业企业的"零售价"肯定含增值税；❷增值税专用发票和增值税普通发票注明的不含税金额（不含税销售额）肯定不含增值税；❸增值税专用发票和增值税普通发票上注明的价税合计金额肯定含增值税；❹价外费用和收取的包装物押金视为含增值税收入。

提示 一般纳税人采用一般计税方法计算"销项税额"的基数"销售额"是不含增值税的，小规模纳税人或一般纳税人采用简易计税方法计算"应纳增值税额"的基数"销售额"也是不含增值税的，如果是含增值税销售额，先要换算成不含增值税销售额，再计算销项税额或者应纳增值税税额。

（三）需要核定的销售额的确定

（1）纳税人销售货物价格明显偏低并无正当理由或者有视同销售货物行为而无销售额

者，在计算时，其销售额要按照如下规定的顺序来确定：

❶按纳税人最近时期同类货物的平均销售价格确定。

❷按其他纳税人最近时期同类货物的平均销售价格确定。

❸用以上两种方法均不能确定其销售额的，可按组成计税价格确定销售额。其计算公式为：

A.若销售的货物不属于消费税应税消费品：

组成计税价格=成本+利润=成本×（1+成本利润率）

B.若销售的货物属于消费税应税消费品：

a.实行从价定率办法计算纳税的组成计税价格计算公式为：

$$\underset{\text{价格}}{\text{组成计税}}=\text{成本}+\text{利润}+\underset{\text{税额}}{\text{消费税}}=\text{成本}\times(1+\underset{\text{利润率}}{\text{成本}})+\underset{\text{税额}}{\text{消费税}}=\text{成本}\times(1+\underset{\text{利润率}}{\text{成本}})\div(1-\underset{\text{比例税率}}{\text{消费税}})$$

b.实行从量定额办法计算纳税的组成计税价格计算公式为：

$$\underset{\text{价格}}{\text{组成计税}}=\text{成本}+\text{利润}+\underset{\text{税额}}{\text{消费税}}=\text{成本}\times(1+\underset{\text{利润率}}{\text{成本}})+\underset{\text{税额}}{\text{消费税}}=\text{成本}\times(1+\underset{\text{利润率}}{\text{成本}})+\underset{\text{数量}}{\text{课税}}\times\underset{\text{定额税率}}{\text{消费税}}$$

c.实行复合计税办法计算纳税的组成计税价格计算公式为：

组成计税价格=成本+利润+消费税税额=成本×（1+成本利润率）+消费税税额

＝［成本×（1+成本利润率）+课税数量×消费税定额税率］÷（1-消费税比例税率）

公式中的"成本"是指：销售自产货物的为实际生产成本，销售外购货物的为实际采购成本。公式中的"成本利润率"由国家税务总局确定，一般为10%，但属于应采用从价定率及复合计税办法征收消费税的货物，其组成计税价格中的成本利润率，为国家税务总局确定的应税消费品的成本利润率（具体见本书"表3-3　应税消费品全国平均成本利润率"）。

> **任务实例2-4**　甲工业企业为增值税一般纳税人，本年7月15日，将本月5日采购入库的一批原材料的一半无偿捐赠给灾区，购入该批原材料时取得的增值税专用发票上注明的价款为100万元，增值税税额为13万元，该增值税专用发票符合抵扣规定。

【任务要求】计算甲工业企业上述业务的增值税进项税额和销项税额。

【任务实施】购入时的增值税进项税额=13万元

根据规定，将自产、委托加工或者购进的货物无偿赠送其他单位或者个人，视同销售货物需要缴纳增值税。因此，甲工业企业将购进的原材料无偿赠送灾区，视同销售货物需要缴纳增值税。

由于甲工业企业本身并不销售原材料，没有"纳税人最近时期同类货物的平均销售价格"，于是应按照"其他纳税人最近时期同类货物的平均销售价格"确定销售额。甲工业企业购进的价格可以看作"其他纳税人最近时期同类货物的平均销售价格"。所以，这种情况下，甲工业企业视同销售的销售额就是其购进价格50万元（100×50%）。

捐赠时的增值税销项税额=100×50%×13%=6.5（万元）

> **任务实例2-5**　甲糕点厂为增值税一般纳税人，本年9月将自产的50盒A月饼分发给本企业职工，每盒月饼成本价为80元，A月饼不含增值税售价为120元/盒；将自产的50盒B月饼捐赠给希望小学，每盒月饼成本价为100元，B月饼无同类货物的销售价格。

【任务要求】计算甲糕点厂上述业务的增值税销项税额。

【任务实施】（1）将A月饼分发给本企业职工的增值税销项税额=50×120×13%=780（元）

（2）将B月饼捐赠给希望小学的增值税销项税额=50×100×（1+10%）×13%=715（元）

（2）纳税人销售服务、无形资产或者不动产价格明显偏低或者偏高且不具有合理商业目的的，或者发生视同销售服务、无形资产或者不动产行为而无销售额的，主管税务机关有权按照下列顺序确定销售额：

第一，按照纳税人最近时期销售同类服务、无形资产或者不动产的平均价格确定。

第二，按照其他纳税人最近时期销售同类服务、无形资产或者不动产的平均价格确定。

第三，按照组成计税价格确定。其计算公式为：

组成计税价格=成本×（1+成本利润率）

成本利润率由国家税务总局确定。

提示　不具有合理商业目的的，是指以谋取税收利益为主要目的，通过人为安排，减少、免除、推迟缴纳增值税税款，或者增加退还增值税税款。

（四）特殊销售方式销售额的确定

1.采取折扣方式销售

❶折扣销售，在会计上又叫商业折扣，它是指销货方在销售货物时，因购货方购货数量较大或与销货方有特殊关系等原因而给予对方价格上的优惠（直接打折）。其销售额和折扣额在同一张发票的"金额"栏分别注明的，可按折扣后的销售额征收增值税。未在同一张发票的"金额"栏注明折扣额，而仅在发票的"备注"栏注明折扣额的，折扣额不得从销售额中扣除。折扣销售仅限于货物价格的折扣，如果销货方将自产、委托加工或购进的货物用于实物折扣的，则该实物折扣额不能从货物销售额中减除，且该实物应按《增值税暂行条例实施细则》"视同销售货物"中的"无偿赠送其他单位或者个人"计算缴纳增值税。

任务实例2-6　甲企业是增值税一般纳税人，向乙商场销售服装1 000件，每件不含增值税价格为80元。由于乙商场购买量大，甲企业按原价7折优惠销售，乙商场付款后，甲企业在为乙商场开具的专用发票的"金额"栏分别注明了销售额和折扣额。

【任务要求】计算甲企业该项业务的增值税销项税额。

【任务实施】纳税人采取折扣方式销售货物（即折扣销售），销售额和折扣额在同一张发票的"金额"栏分别注明的，按折扣后的销售额征收增值税。

增值税销项税额=1 000×80×70%×13%=7 280（元）

❷销售折扣，在会计上又叫现金折扣，是指销货方在销售货物或提供应税劳务后，为了鼓励购货方及早偿还货款而协议许诺给予购货方的一种折扣优待（如10天内付款，货款折扣2%；20天内付款，货款折扣1%；30天内付款，无折扣）。销售折扣发生在销货之后，是一种融资性质的理财费用，因此，销售折扣不得从销售额中扣除。

链接　在计算增值税时，销售折扣不得从销售额中扣除，但是在计算企业所得税时，销售折扣作为财务费用可以在企业所得税税前扣除。

任务实例2-7 甲公司为一般纳税人，本年7月1日，销售给乙公司货物取得价款565万元（含增值税），双方约定如果乙公司于10天内付款，可以享受含增值税价款10%的折扣。乙公司于本年7月8日支付货款508.5万元。

【**任务要求**】计算甲公司当期的增值税销项税额。

【**任务实施**】增值税销项税额=565÷（1+13%）×13%=65（万元）

❸纳税人向购买方开具增值税专用发票后，由于累计购买到一定量或市场价格下降等原因，销货方给予购货方的价格优惠或补偿等折扣、折让行为，可按规定开具红字增值税专用发票。

❹纳税人销售服务、无形资产或者不动产，将价款和折扣额在同一张发票分别注明的，以折扣后的价款为销售额；未在同一张发票分别注明的，以价款为销售额，不得扣减折扣额。

❺纳税人销售服务、无形资产或者不动产，开具增值税专用发票后，发生开票有误或者销售折让、中止、退回等情形的，应当按照国家税务总局的规定开具红字增值税专用发票；未按照规定开具红字增值税专用发票的，不得扣减销项税额或者销售额。

2.采取以旧换新方式销售

❶金银首饰以外的以旧换新业务，应按新货物的同期销售价格确定销售额，不得减除旧货物的收购价格。对于换新收取的旧货物，若取得增值税专用发票，则增值税专用发票上注明的进项税额可以抵扣。

❷金银首饰以旧换新业务，按销售方实际收到的不含增值税的全部价款征税。

任务实例2-8 甲超市为增值税一般纳税人，采取"以旧换新"方式销售电视机。本年7月，甲超市销售新电视机100台，每台零售价为7 000元，旧电视机每台折价为1 000元。

【**任务要求**】计算甲超市上述业务的增值税销项税额。

【**任务实施**】增值税销项税额=7 000×100÷（1+13%）×13%=80 530.97（元）

任务实例2-9 甲金店为增值税一般纳税人，本年7月采取"以旧换新"方式向消费者销售金项链100条，新项链每条零售价为5 000元，每条旧项链折价3 000元。

【**任务要求**】计算甲金店上述业务的增值税销项税额。

【**任务实施**】增值税销项税额=（5 000-3 000）×100÷（1+13%）×13%=23 008.85（元）

3.采取还本销售方式销售

还本销售，指销售方将货物出售之后，按约定的时间，一次或分次将货款部分或全部退还给购货方，退还的货款即为还本支出。采取还本销售方式销售货物，其销售额就是货物的销售价格，不得从销售额中减除还本支出。

4.采取以物易物方式销售

以物易物双方以各自发出的货物核算销售额并计算销项税额。

🔺**点睛** 对于一般纳税人之间的以物易物，双方是否可以抵扣进项税额，需要看能否取得对方开具的增值税专用发票等合法扣税凭证、换入的货物是否属于允许抵扣进项税额的货物等因素。若能取得对方开具的增值税专用发票等合法扣税凭证且换入的货物是允许抵扣进项税额的，则可以抵扣进项税额。

5.包装物押金是否计入销售额

包装物是指纳税人包装本单位货物的各种物品。纳税人销售货物时另收取包装物押金，目的是促使购货方及早退回包装物以便周转使用。

根据税法的规定，纳税人为销售货物而出租出借包装物收取的押金，单独记账核算的，时间在1年以内，又未过期的，不并入销售额征税，但对因逾期未收回包装物不再退还的押金，应按所包装货物的适用税率计算销项税额。

上述规定中，"逾期"是指按合同约定实际逾期或以1年为期限，对收取1年以上的押金，无论是否退还均并入销售额征税。在将包装物押金并入销售额征税时，需要先将该押金换算为不含税价，再并入销售额征税。

提示　包装物押金不应混同于包装物租金。包装物租金在销货时作为价外费用并入销售额计算销项税额。

从1995年6月1日起，对销售除啤酒、黄酒外的其他酒类产品而收取的包装物押金，无论是否返还以及会计上如何核算，均应并入当期销售额征税。对销售啤酒、黄酒所收取的押金，按上述一般押金的规定处理。

任务实例2-10　甲公司为增值税一般纳税人，本年7月销售啤酒，取得不含增值税销售额100万元，收取啤酒的包装物押金10万元，逾期未收回包装物不再退还的押金为20万元。甲公司收取包装物押金单独记账，并约定包装物应当于提货之日起6个月内归还，若逾期未归还则甲公司没收押金（即押金不再退还）。啤酒适用的增值税税率为13%。

【任务要求】计算甲公司上述业务的增值税销项税额。

【任务实施】增值税销项税额=［100+20÷（1+13%）］×13%=15.30（万元）

任务实例2-11　甲公司为增值税一般纳税人，本年7月销售白酒，取得不含增值税销售额100万元，收取白酒的包装物押金10万元，逾期未收回包装物不再退还的押金为20万元。甲公司收取包装物押金单独记账，并约定包装物应当于提货之日起6个月内归还，若逾期未归还则甲公司没收押金（即押金不再退还）。白酒适用的增值税税率为13%。

【任务要求】计算甲公司上述业务的增值税销项税额。

【任务实施】增值税销项税额=［100+10÷（1+13%）］×13%=14.15（万元）

（五）特殊销售行为销售额的确定

1.混合销售行为

一项销售行为如果既涉及货物又涉及服务，为混合销售。从事货物的生产、批发或者零售的单位和个体工商户的混合销售行为，按照销售货物缴纳增值税；其他单位和个体工商户的混合销售行为，按照销售服务缴纳增值税。

上述从事货物的生产、批发或者零售的单位和个体工商户，包括以从事货物的生产、批发或者零售为主，并兼营销售服务的单位和个体工商户在内。

提示　纳税人销售活动板房、机器设备、钢结构件等自产货物的同时提供建筑、安装服务，不属于混合销售，应分别核算货物和建筑服务的销售额，分别适用不同的税率或者征收率。

点睛　货物生产企业销售货物的同时提供运输服务，按照"销售货物"缴纳增值税。培训机构提供培训的同时销售培训纸质资料，按照"销售服务（生活服务）"缴纳增值税。

2.兼营行为

纳税人兼营销售货物、加工修理修配劳务、服务、无形资产或者不动产，适用不同税率或者征收率的，应当分别核算适用不同税率或者征收率的销售额；未分别核算销售额的，按照以下方法从高适用税率或者征收率：

❶兼有（兼营）不同税率的销售货物、加工修理修配劳务、服务、无形资产或者不动产，从高适用税率。

❷兼有（兼营）不同征收率的销售货物、加工修理修配劳务、服务、无形资产或者不动产，从高适用征收率。

❸兼有（兼营）不同税率和征收率的销售货物、加工修理修配劳务、服务、无形资产或者不动产，从高适用税率。

➤提示 纳税人兼营免税、减税项目应当分别核算免税、减税项目的销售额；未分别核算销售额的，不得免税、减税。

➤提示 判断混合销售的关键是"同时"；判断兼营的关键是"并"。

任务实例2-12 甲公司为增值税一般纳税人，本月兼营销售货物、运输服务、咨询服务，当期共取得含税销售收入113万元，且未分别核算。

【任务要求】计算甲公司当期的增值税销项税额。

【任务实施】按照"纳税人兼营销售货物、加工修理修配劳务、服务、无形资产或者不动产，适用不同税率或者征收率的，应当分别核算适用不同税率或者征收率的销售额；未分别核算的，从高适用税率或征收率"的规定，从高适用销售货物13%的税率，则：

该公司当期的增值税销项税额=113÷（1+13%）×13%=13（万元）

知识答疑2-6 全面"营改增"后，混合销售行为与兼营行为有什么区别？

二、增值税进项税额的计算

纳税人购进货物、劳务、服务、无形资产或者不动产，支付或者负担的增值税额，为进项税额。

（一）准予从销项税额中抵扣的进项税额

（1）从销售方取得的增值税专用发票（含机动车销售统一发票，下同）上注明的增值税额，准予从销项税额中抵扣。

具体来说，购进货物或接受加工、修理修配劳务，从销售方或提供劳务方取得的增值税专用发票上注明的增值税额为进项税额，准予从销项税额中抵扣；购进服务、无形资产或者不动产，从销售方取得的增值税专用发票上注明的增值税额为进项税额，准予从销项税额中抵扣。

2016年5月1日后取得并在会计制度上按固定资产核算的不动产或者2016年5月1日后取得的不动产在建工程，其进项税额应自取得之日起分2年从销项税额中抵扣，第一年抵扣比例为60%，第二年抵扣比例为40%。自2019年4月1日起，上述规定停止执行，即纳税人取得不动产或者不动产在建工程的进项税额不再分2年抵扣。此前按照上述规定尚未抵扣完毕的待抵扣进项税额，可自2019年4月税款所属期起从销项税额中抵扣。

⬥**点睛** 视同销售行为所涉及的购进货物的进项税额，凡取得增值税专用发票等扣税凭证且符合抵扣规定的，准予从销项税额中抵扣。

> **实务答疑2-7** 我公司为从事交通运输业的一般纳税人，租入货车用于提供交通运输服务，并取得了出租方开具的13%税率的有形动产租赁增值税专用发票，请问其进项税额可否抵扣我公司提供交通运输服务产生的9%税率的销项税额？

（2）从海关取得的海关进口增值税专用缴款书上注明的增值税额，准予从销项税额中抵扣。

任务引例解析

根据《国家税务总局关于加强进口环节增值税专用缴款书抵扣税款管理的通知》（国税发〔1996〕32号）的规定，对海关代征进口环节增值税开具的增值税专用缴款书上标明有两个单位名称，即既有代理进口单位名称，又有委托进口单位名称的，只准予其中取得增值税专用缴款书原件的一个单位抵扣税款；申报抵扣税款的委托进口单位，必须提供相应的海关代征增值税专用缴款书原件、委托代理合同及付款凭证，否则，不予抵扣进项税额。

因此，你公司可按上述规定执行。

（3）自2018年5月1日起，纳税人购进农产品，原适用11%扣除率的，扣除率调整为10%。自2019年4月1日起，纳税人购进农产品，原适用10%扣除率的，扣除率调整为9%。自2019年4月1日起，纳税人购进农产品，按下列规定抵扣进项税额：

❶除第❷项规定外，纳税人购进农产品，取得一般纳税人开具的增值税专用发票或海关进口增值税专用缴款书的，以增值税专用发票或海关进口增值税专用缴款书上注明的增值税额为进项税额；从按照简易计税方法依照3%征收率计算缴纳增值税的小规模纳税人取得增值税专用发票的，以增值税专用发票上注明的金额和9%（自2017年7月1日至2018年4月30日，为11%；自2018年5月1日至2019年3月31日，为10%）的扣除率计算进项税额；取得（开具）农产品销售发票或收购发票的，以农产品销售发票或收购发票上注明的农产品买价和9%（自2017年7月1日至2018年4月30日，为11%；自2018年5月1日至2019年3月31日，为10%）的扣除率计算进项税额（买价，是指纳税人购进农产品，在农产品收购发票或者销售发票上注明的价款和按照规定缴纳的烟叶税）。

❷自2019年4月1日起的"营改增"试点期间，纳税人购进用于生产或者委托加工13%税率货物的农产品，按照10%的扣除率计算进项税额（自2017年7月1日至2018年4月30日的"营改增"试点期间，纳税人购进用于生产销售或委托加工17%税率货物的农产品，按照13%的扣除率计算进项税额。自2018年5月1日至2019年3月31日的"营改增"试点期间，纳税人购进用于生产销售或委托加工16%税率货物的农产品，按照12%的扣除率计算进项税额）。

⬥**点睛** 自2017年7月1日至2018年4月30日，纳税人购进用于生产销售或委托加工17%税率货物的农产品，在购进时先抵扣11%，领用用于生产销售或委托加工17%税率货物时再抵扣2%。自2018年5月1日至2019年3月31日，纳税人购进用于生产销售或委托加工16%税率货物的农产品，在购进时先抵扣10%，领用用于生产销售或委托加工16%税率货物时再抵扣2%。自2019年4月1日起，纳税人购进用于生产销售或委托加工 13% 税率货物的农产品，在购进时先抵扣 9%，领用于生产销售或委托加工 13% 税率货物时再抵扣 1%。

❸继续推进农产品增值税进项税额核定扣除试点，纳税人购进农产品进项税额已实行核定扣除的，仍按照《财政部 国家税务总局关于在部分行业试行农产品增值税进项税额核定扣除办法的通知》（财税〔2012〕38 号）、《财政部 国家税务总局关于扩大农产品增值税进项税额核定扣除试点行业范围的通知》（财税〔2013〕57 号）执行。其中，财税〔2012〕38 号文第四条第（二）项规定的扣除率调整为 9%（自 2017 年 7 月 1 日至 2018 年 4 月 30 日，为 11%；自 2018 年 5 月 1 日至 2019 年 3 月 31 日，为 10%）；第（三）项规定的扣除率调整为按以上第❶项、第❷项规定执行。

❹纳税人从批发、零售环节购进适用免征增值税政策的蔬菜、部分鲜活肉蛋而取得的普通发票，不得作为计算抵扣进项税额的凭证。

❺纳税人购进农产品既用于生产销售或委托加工 13%（自 2017 年 7 月 1 日至 2018 年 4 月 30 日，为 17%；自 2018 年 5 月 1 日至 2019 年 3 月 31 日，为 16%）税率货物又用于生产销售其他货物服务的，应当分别核算用于生产销售或委托加工 13%（自 2017 年 7 月 1 日至 2018 年 4 月 30 日，为 17%；自 2018 年 5 月 1 日至 2019 年 3 月 31 日，为 16%）税率货物和其他货物服务的农产品进项税额。未分别核算的，统一以增值税专用发票或海关进口增值税专用缴款书上注明的增值税额为进项税额，或以农产品收购发票或销售发票上注明的农产品买价和 9%（自 2017 年 7 月 1 日至 2018 年 4 月 30 日，为 11%；自 2018 年 5 月 1 日至 2019 年 3 月 31 日，为 10%）的扣除率计算进项税额。

❻销售发票，是指农业生产者销售自产农产品适用免征增值税政策而开具的普通发票。

（4）自用的应征消费税的摩托车、汽车、游艇，2013 年 8 月 1 日（含）以后购入的，其进项税额准予从销项税额中抵扣。

（5）自境外单位或者个人购进劳务、服务、无形资产或者境内的不动产，从税务机关或者扣缴义务人取得的代扣代缴税款的完税凭证上注明的增值税额，准予从销项税额中抵扣。

微课

购进国内旅客运输服务进项税额抵扣

（6）自 2019 年 4 月 1 日起，购进国内旅客运输服务，其进项税额允许从销项税额中抵扣。

纳税人购进国内旅客运输服务未取得增值税专用发票的，暂按照以下规定确定进项税额：

❶取得增值税电子普通发票的，为发票上注明的税额。

❷取得注明旅客身份信息的航空运输电子客票行程单的，为按照下列公式计算的进项税额：

航空旅客运输进项税额=（票价+燃油附加费）÷（1+9%）×9%

❸取得注明旅客身份信息的铁路车票的，为按照下列公式计算的进项税额：

铁路旅客运输进项税额=票面金额÷（1+9%）×9%

❹取得注明旅客身份信息的公路、水路等其他客票的，为按照下列公式计算的进项税额：

公路、水路等其他旅客运输进项税额=票面金额÷（1+3%）×3%

任务实例2-13 甲公司为增值税一般纳税人，本年7月接受某境外公司为其提供的咨询服务，甲公司支付境外公司咨询服务费折合人民币100万元。境外公司在境内未设有经营机构。甲公司代扣代缴境外公司咨询服务费收入的增值税额，并取得代扣代缴税款的完税凭证。

【任务要求】 计算甲公司本年7月支付境外公司咨询服务费可以抵扣的进项税额。

【任务实施】 中华人民共和国境外（以下称境外）单位或者个人在境内发生应税行为，在境内未设有经营机构的，以购买方为增值税扣缴义务人。因此，由接受服务方（购买方）甲公司代扣代缴境外公司咨询服务费收入的增值税额=100÷（1+6%）×6%=5.66（万元）。甲公司取得代扣代缴税款的完税凭证，那么甲公司在计算当月应纳税额时可凭代扣代缴税款的完税凭证抵扣进项税额5.66万元。

任务实例2-14 甲公司（生产企业）为增值税一般纳税人，主要生产A、B两种产品，本年7月发生下列业务：

（1）1日，购入原材料一批，取得增值税专用发票，注明价款300 000元，税额39 000元。同时支付运费价税合计21 800元，取得运输公司开具的增值税专用发票，注明运费金额20 000元，税额1 800元。货款及运费均以银行存款支付。上述增值税专用发票均符合抵扣规定。

（2）3日，购进一批免税农产品，农产品收购凭证上注明的价款为95 000元，款项以银行存款支付。该批免税农产品当月全部领用用于生产增值税税率为13%的货物。

（3）9日，收到乙企业投资的原材料，双方协议作价1 500 000元（不含税），该原材料的增值税税率为13%，取得增值税专用发票一张，该增值税专用发票符合抵扣规定。

【任务要求】 计算甲公司可抵扣的增值税进项税额。

【任务实施】 自2019年4月1日起，纳税人购进用于生产销售或委托加工13%税率货物的农产品，按照10%的扣除率计算进项税额。

甲公司可抵扣的增值税进项税额=39 000+1 800+95 000×10%+1 500 000×13%=245 300（元）

任务实例2-15 甲建筑企业为增值税一般纳税人，本年7月，取得新项目（适用一般计税方法）的建筑收入327万元（含增值税），当月外购汽油10万元，购入运输车辆40万元，支付给分包建筑方50万元，以上支出均为不含税金额，且按规定取得了抵扣凭证并符合抵扣规定。

【任务要求】 计算甲建筑企业本年7月的应纳增值税。

【任务实施】 应纳增值税=327÷（1+9%）×9%−10×13%−40×13%−50×9%
=27−1.3−5.2−4.5=16（万元）

任务实例2-16 甲建筑公司为增值税一般纳税人，本年7月1日，承接A工程项目，7月31日，发包方按进度支付工程价款218万元（含增值税），该项目当月发生工程成本为100万元，其中，购买材料、动力、机械等取得的增值税专用发票上注明的金额为60万元，该增值税专用发票符合抵扣规定。对A工程项目，甲建筑公司适用一般计税方法计算增值税。

【任务要求】 计算甲建筑公司本年7月的应纳增值税。

【任务实施】 甲建筑公司增值税销项税额=218÷（1+9%）×9%=18（万元）

甲建筑公司增值税进项税额=60×13%=7.8（万元）

甲建筑公司应纳增值税=18-7.8=10.2（万元）

（二）不得从销项税额中抵扣的进项税额

下列项目的进项税额不得从销项税额中抵扣：

（1）纳税人购进货物、劳务、服务、无形资产、不动产，取得的增值税扣税凭证不符合法律、行政法规或者国务院税务主管部门有关规定的，其进项税额不得从销项税额中抵扣。

点睛　增值税扣税凭证，是指增值税专用发票、海关进口增值税专用缴款书、农产品收购发票或者销售发票（含农产品核定扣除的进项税额）、代扣代缴税收完税凭证和符合规定的国内旅客运输发票等。

提示　纳税人凭完税凭证抵扣进项税额的，应当具备书面合同、付款证明和境外单位的对账单或者发票。资料不全的，其进项税额不得从销项税额中抵扣。

（2）用于简易计税方法计税项目、免征增值税项目、集体福利或者个人消费的购进货物、劳务、服务、无形资产和不动产。其中涉及的固定资产、无形资产、不动产，仅指专用于上述项目的固定资产、无形资产（不包括其他权益性无形资产）、不动产。

点睛　纳税人的交际应酬消费属于个人消费。

比较　纳税人购进的固定资产、无形资产（不包括其他权益性无形资产）、不动产，如果既用于增值税应税项目（不含简易计税方法计税项目、免征增值税项目），也用于简易计税方法计税项目、免征增值税项目、集体福利或者个人消费，其进项税额可以抵扣。

纳税人购进的固定资产、无形资产（不包括其他权益性无形资产）、不动产，如果"专用于"简易计税方法计税项目、免征增值税项目、集体福利或者个人消费，其进项税额不得抵扣。

提示　由于销售建筑服务、销售不动产已经"营改增"，因此纳税人将购进的货物用于修建厂房仓库、装修办公楼的，其进项税额可以抵扣；但是将购进的货物用于集体福利（如修建职工宿舍或食堂、单位幼儿园）或者个人消费的，其进项税额不得抵扣。

提示　自2018年1月1日起，纳税人租入固定资产、不动产，既用于一般计税方法计税项目，又用于简易计税方法计税项目、免征增值税项目、集体福利或者个人消费的，其进项税额准予从销项税额中全额抵扣。

实务答疑2-8　我公司为增值税一般纳税人，本年7月新购一辆大客车作为班车用于接送员工上下班，取得了增值税专用发票，请问其进项税额是否可以从销项税额中抵扣？

（3）非正常损失的购进货物以及相关的劳务和交通运输服务。

（4）非正常损失的在产品、产成品所耗用的购进货物（不包括固定资产）、劳务和交通运输服务。

（5）非正常损失的不动产以及该不动产所耗用的购进货物、设计服务和建筑服务。

（6）非正常损失的不动产在建工程所耗用的购进货物、设计服务和建筑服务。

纳税人新建、改建、扩建、修缮、装饰不动产，均属于不动产在建工程。

（7）购进的贷款服务、餐饮服务、居民日常服务和娱乐服务。

🔸**提示**　2019年3月31日之前，购进的旅客运输服务，其进项税额不得从销项税额中抵扣；自2019年4月1日起，购进的旅客运输服务，其进项税额允许从销项税额中抵扣。

（8）财政部和国家税务总局规定的其他情形。

上述第（5）、（6）项所称的货物，是指构成不动产实体的材料和设备，包括建筑装饰材料和给排水、采暖、卫生、通风、照明、通信、煤气、消防、中央空调、电梯、电气、智能化楼宇设备及配套设施。

纳税人接受贷款服务向贷款方支付的与该笔贷款直接相关的投融资顾问费、手续费、咨询费等费用，其进项税额不得从销项税额中抵扣。

固定资产，是指使用期限超过12个月的机器、机械、运输工具以及其他与生产经营有关的设备、工具、器具等有形动产。

不动产、无形资产的具体范围，按照《销售服务、无形资产或者不动产注释》执行。

非正常损失，是指因管理不善造成货物被盗、丢失、霉烂变质，以及因违反法律法规造成货物或者不动产被依法没收、销毁、拆除的情形。

🔸**提示**　因"不可抗力"造成的损失，相应的进项税额可抵扣。

🔸**提示**　❶全部业务均适用简易计税方法的一般纳税人不可以抵扣进项税额；❷全部业务均适用一般计税方法的一般纳税人可以抵扣进项税额；❸既有适用一般计税方法的业务又有适用简易计税方法的业务的一般纳税人，可以抵扣进项税额，但应当注意的是，用于简易计税方法计税项目的购进货物、劳务、服务、无形资产和不动产，其进项税额不得从销项税额中抵扣。

任务实例2-17　甲公司为增值税一般纳税人，本年7月，因管理不善导致库存的本年6月购入的原材料毁损70%，该原材料总成本为110万元，其中含运费成本10万元，购入当期分别取得供应商和运输公司开具的增值税专用发票，相关原材料和运费的进项税额均于购入当期抵扣。其中原材料的增值税税率为13%，运费的增值税税率为9%。

【任务要求】　计算甲公司本年7月应转出的进项税额。

【任务实施】　应转出的进项税额=（110−10）×13%×70%+10×9%×70%=9.73（万元）

实务答疑2-9　我公司购进一批货物，但在运输途中发生了交通意外事故，货物全部毁损了，请问其进项税额是否可以从销项税额中抵扣？

实务答疑2-10　我公司为一家宾馆企业，对客户支付的住宿费能否开具增值税专用发票？如能开具，需提供哪些资料？

（9）适用一般计税方法的纳税人，兼营简易计税方法计税项目、免征增值税项目而无法划分不得抵扣的进项税额，按照下列公式计算不得抵扣的进项税额：

$$不得抵扣的进项税额 = 当期无法划分的全部进项税额 × \left(\frac{当期简易计税方法计税项目销售额 + 免征增值税项目销售额}{当期全部销售额} \right)$$

主管税务机关可以按照上述公式依据年度数据对不得抵扣的进项税额进行清算。

任务实例2-18　甲制药厂为增值税一般纳税人，本年5月销售应税药品339万元（含增值税），销售免税药品100万元，当月购入生产用原材料一批，取得的增值税专用发票上注明税款26万元，应税药品与免税药品无法划分各自消耗原材料的情况。

【任务要求】计算甲制药厂上述业务不得抵扣的进项税额及应纳增值税。

【任务实施】
$$\text{不得抵扣的进项税额} = \text{当月无法划分的全部进项税额} \times \left(\frac{\text{当期简易计税方法计税项目销售额} + \text{免征增值税项目销售额}}{\text{当月全部销售额}} \right)$$

$$= 26 \times 100 \div [339 \div (1+13\%) + 100] = 6.5（万元）$$

应纳增值税 $= 339 \div (1+13\%) \times 13\% - (26-6.5) = 19.5（万元）$

（10）已抵扣进项税额的购进货物（不含固定资产）、劳务、服务，发生上述第（2）至（8）项规定情形（简易计税方法计税项目、免征增值税项目除外）的，应当将该进项税额从当期进项税额中扣减（即进项税额转出）；无法确定该进项税额的，按照当期实际成本计算应扣减的进项税额。

任务实例2-19 甲公司为增值税一般纳税人，本年5月购入一批免税农产品拟用于销售，取得农产品收购发票，并按9%的扣除率抵扣了进项税额。甲公司本年7月因管理不善使得该批农产品全部被盗，账面成本为36 400元。

【任务要求】计算甲公司本年7月应转出的进项税额。

【任务实施】应转出的进项税额 $= 36\,400 \div (1-9\%) \times 9\% = 3\,600（元）$

本题解题的思路为：

设甲公司购入免税农产品共支付价款为A元。

本年5月购入免税农产品时：

借：库存商品 $\qquad\qquad\qquad\qquad\qquad\qquad\qquad\qquad\qquad\qquad$ A×（1-9%）

　　应交税费——应交增值税（进项税额） $\qquad\qquad\qquad\qquad$ A×9%

　贷：库存现金 $\qquad\qquad\qquad\qquad\qquad\qquad\qquad\qquad\qquad\qquad\qquad$ A

本年7月因管理不善使得该批农产品全部被盗：

借：待处理财产损溢 $\qquad\qquad\qquad\qquad\qquad\qquad\qquad\qquad\qquad\qquad$ A

　贷：库存商品 $\qquad\qquad\qquad\qquad\qquad\qquad\qquad\qquad\qquad$ A×（1-9%）

　　　应交税费——应交增值税（进项税额转出） $\qquad\qquad\qquad$ A×9%

由于A×（1-9%）=36 400（元），因此A=36 400÷（1-9%）=40 000（元），进项税额转出额=A×9%=40 000×9%=3 600（元）。

（11）已抵扣进项税额的固定资产、无形资产或者不动产，发生上述第（2）至（8）项规定情形的，按照下列公式计算不得抵扣的进项税额：

不得抵扣的进项税额=固定资产、无形资产或者不动产净值×适用税率（购入当期适用税率）

固定资产、无形资产或者不动产净值，是指纳税人根据财务会计制度计提折旧或摊销后的余额。

另外，按照《增值税暂行条例》第十条和上述第（2）项规定情形不得抵扣且未抵扣进项税额的固定资产、无形资产、不动产，发生用途改变，用于允许抵扣进项税额的应税项目，可在用途改变的次月按照下列公式，依据合法有效的增值税扣税凭证，计算可以抵扣的进项税额：

$$\text{可以抵扣的进项税额} = \text{固定资产、无形资产、不动产净值} \div (1+\text{适用税率}) \times \text{适用税率（购入当期适用税率）}$$

上述可以抵扣的进项税额应取得合法有效的增值税扣税凭证。

任务实例2-20 甲房地产企业为增值税一般纳税人，本年5月，购入一辆汽车自用，汽车不含税价格为48万元，机动车销售统一发票上注明的增值税税款为6.24万元，该进项税额已于购入当期进行了抵扣。汽车折旧期限为4年，采用直线法计提折旧。本年11月，该汽车因管理不善导致被盗。

【任务要求】 计算甲房地产企业本年11月需转出的进项税额。

【任务实施】 甲房地产企业需按照固定资产净值计算应转出的进项税额，即：

增值税进项税额转出金额=（48-48÷4÷12×6）×13%=5.46（万元）

任务实例2-21 乙企业本年5月购入车间生产用的锅炉，本年11月，改变用途用于职工浴室。已知其购入原值为100万元，取得增值税专用发票，进项税额13万元已于购入当期抵扣，累计折旧金额为5万元。

【任务要求】 计算乙企业本年11月需转出的进项税额。

【任务实施】 已抵扣过进项税额的固定资产、无形资产或不动产发生不得抵扣情形的，以净值为计税依据进行进项税额转出。

需转出的进项税额=（100-5）×13%=12.35（万元）

任务实例2-22 丙企业为增值税一般纳税人，本年5月，购入职工浴室用的锅炉，本年11月，改变用途用于生产车间。已知该固定资产原值为113万元，取得增值税专用发票，累计折旧金额为5.65万元。该增值税专用发票符合抵扣规定。

【任务要求】 计算丙企业本年12月可以抵扣的进项税额。

【任务实施】 按照税法的规定情形，不得抵扣且未抵扣进项税额的固定资产、无形资产、不动产，发生用途改变，用于允许抵扣进项税额的应税项目，可在用途改变的次月按照公式，依据合法有效的增值税扣税凭证，计算可以抵扣的进项税额：

可以抵扣的进项税额=（113-5.65）÷（1+13%）×13%=12.35（万元）

（12）纳税人适用一般计税方法计税的，因销售折让、中止或者退回而退还给购买方的增值税额，应当从当期的销项税额中扣减；因销售折让、中止或者退回而收回的增值税额，应当从当期的进项税额中扣减。

（13）对商业企业向供货方收取的与商品销售量、销售额挂钩（如以一定比例、金额、数量计算）的各种返还收入，均应按照平销返利行为的有关规定冲减当期增值税进项税额。

（14）出口业务实行免抵退税办法的，其免抵退税不得免征和抵扣税额，应作进项税额转出处理；出口业务实行免退税办法的，其出口业务在购进时的进项税额与按国家规定的退税率计算的应退税额的差额，应作进项税额转出处理。

（15）有下列情形之一者，应当按照销售额和增值税税率计算应纳税额，不得抵扣进项税额，也不得使用增值税专用发票：

❶一般纳税人会计核算不健全，或者不能够提供准确税务资料的。

❷应当办理一般纳税人登记而未办理的。

知识答疑2-7 如果一般纳税人会计核算不健全，或者不能够提供准确税务资料，则该一般纳税人如何缴纳增值税？

（三）进项税额结转抵扣、留抵税额等情况的税务处理

（1）纳税人在计算应纳税额时，如果出现当期销项税额小于当期进项税额不足抵扣的情况，当期进项税额不足抵扣的部分可以结转下期继续抵扣。

（2）原增值税一般纳税人（以下称"原纳税人"）在资产重组中将全部资产、负债、劳动力一并转让给其他增值税一般纳税人（以下称"新纳税人"），并按规定程序办理注销税务登记的，其在办理注销税务登记前尚未抵扣的进项税额可以结转至新纳税人处继续抵扣。

（3）原一般纳税人注销或取消辅导期一般纳税人资格，转为小规模纳税人时，其存货不进行进项税额转出处理，其留抵税额也不予以退税。

（4）加计抵减政策：

自2023年1月1日至2023年12月31日，增值税加计抵减政策按照以下规定执行：

❶允许生产性服务业纳税人按照当期可抵扣进项税额加计5%抵减应纳税额。生产性服务业纳税人，是指提供邮政服务、电信服务、现代服务、生活服务取得的销售额占全部销售额的比重超过50%的纳税人。

🏷️比较　自2019年4月1日至2022年12月31日，允许生产、生活性服务业纳税人按照当期可抵扣进项税额加计10%，抵减应纳税额。生产、生活性服务业纳税人，是指提供邮政服务、电信服务、现代服务、生活服务（以下称四项服务）取得的销售额占全部销售额的比重超过50%的纳税人。

❷允许生活性服务业纳税人按照当期可抵扣进项税额加计10%抵减应纳税额。生活性服务业纳税人，是指提供生活服务取得的销售额占全部销售额的比重超过50%的纳税人。

🏷️比较　自2019年10月1日至2022年12月31日，允许生活性服务业纳税人按照当期可抵扣进项税额加计15%，抵减应纳税额。生活性服务业纳税人，是指提供生活服务取得的销售额占全部销售额的比重超过50%的纳税人。

❸纳税人适用加计抵减政策的其他有关事项，按照《财政部 税务总局 海关总署关于深化增值税改革有关政策的公告》（财政部 税务总局 海关总署公告2019年第39号）、《财政部 税务总局关于明确生活性服务业增值税加计抵减政策的公告》（财政部 税务总局公告2019年第87号）等有关规定执行。

❹符合《财政部 税务总局 海关总署关于深化增值税改革有关政策的公告》（财政部 税务总局 海关总署公告2019年第39号）、1号公告规定的生产性服务业纳税人，应在年度首次确认适用5%加计抵减政策时，通过电子税务局或办税服务厅提交《适用5%加计抵减政策的声明》（略）；符合《财政部 税务总局关于明确生活性服务业增值税加计抵减政策的公告》（财政部 税务总局公告2019年第87号）、1号公告规定的生活性服务业纳税人，应在年度首次确认适用10%加计抵减政策时，通过电子税务局或办税服务厅提交《适用10%加计抵减政策的声明》（略）。

❺纳税人适用加计抵减政策的其他征管事项，按照《国家税务总局关于国内旅客运输服务进项税抵扣等增值税征管问题的公告》（国家税务总局公告2019年第31号）第二条等有关规定执行。

（5）原增值税一般纳税人兼有销售服务、无形资产或者不动产的，截至纳入"营改增"试点之日前的增值税期末留抵税额，不得从销售服务、无形资产或者不动产的销项税额中抵扣。也就是说这部分留抵税额只能从以后的原增值税业务的销项税额中继续抵扣，具体来说，即按照一般货物及劳务销项税额比例来计算可抵扣税额及应纳税额。上述规定简称"挂账留抵税额"。

但2016年12月1日发布的《国家税务总局关于调整增值税一般纳税人留抵税额申报口径的公告》（国家税务总局公告2016年第75号）规定，自2016年12月1日起，《国家税务总局关于全面推开营业税改征增值税试点后增值税纳税申报有关事项的公告》（国家税务总局公告2016年第13号）附件1"增值税纳税申报表（一般纳税人适用）"（简并税费申报后为"增值税及附加税费申报表（一般纳税人适用）"，下同，简称"申报表主表"）第13栏"上期留抵税额""一般项目"列"本年累计"和第20栏"期末留抵税额""一般项目"列"本年累计"栏次停止使用，不再填报数据。本公告发布前，申报表主表第20栏"期末留抵税额""一般项目"列"本年累计"中有余额的增值税一般纳税人，在本公告发布之日起的第一个纳税申报期，将余额一次性转入第13栏"上期留抵税额""一般项目"列"本月数"中。也就是说，自2016年12月1日起，"挂账留抵税额"的规定取消了。

（6）增值税期末留抵退税。

❶试行增值税期末留抵税额退税（**试行退还60%增量留抵税额**）。

自2019年4月1日起，试行增值税期末留抵税额退税制度。同时符合以下条件的纳税人，可以向主管税务机关申请退还增量留抵税额：

A.自2019年4月税款所属期起，连续6个月（按季纳税的，连续两个季度）增量留抵税额均大于零，且第6个月增量留抵税额不低于50万元；

B.纳税信用等级为A级或者B级；

C.申请退税前36个月未发生骗取留抵退税、出口退税或虚开增值税专用发票情形的；

D.申请退税前36个月未因偷税被税务机关处罚两次及以上的；

E.自2019年4月1日起未享受即征即退、先征后返（退）政策的。

增量留抵税额，是指与2019年3月底相比新增加的期末留抵税额。

纳税人当期允许退还的增量留抵税额，按照以下公式计算：

允许退还的增量留抵税额=增量留抵税额×进项构成比例×60%

进项构成比例，为2019年4月至申请退税前一税款所属期内已抵扣的增值税专用发票（含机动车销售统一发票）、海关进口增值税专用缴款书、解缴税款完税凭证注明的增值税占同期全部已抵扣进项税额的比重。

❷先进制造业期末留抵退税（**全额退还增量留抵税额及扩围**）。

自2019年6月1日起，同时符合以下条件的部分先进制造业纳税人，可以自2019年7月及以后纳税申报期向主管税务机关申请退还增量留抵税额：

A.增量留抵税额大于零；

B.纳税信用等级为A级或者B级；

C.申请退税前36个月未发生骗取留抵退税、出口退税或虚开增值税专用发票情形；

D.申请退税前36个月未因偷税被税务机关处罚两次及以上；

E.自2019年4月1日起未享受即征即退、先征后返（退）政策。

部分先进制造业纳税人，是指按照《国民经济行业分类》，生产并销售非金属矿物制品、通用设备、专用设备及计算机、通信和其他电子设备销售额占全部销售额的比重超过50%的纳税人。

销售额比重根据纳税人申请退税前连续12个月的销售额计算确定：申请退税前经营期不满12个月但满3个月的，按照实际经营期的销售额计算确定。

增量留抵税额，是指与2019年3月31日相比新增加的期末留抵税额。

部分先进制造业纳税人当期允许退还的增量留抵税额，按照以下公式计算：

允许退还的增量留抵税额=增量留抵税额×进项构成比例

▶**比较**　政策由之前的"允许退还的增量留抵税额=增量留抵税额×进项构成比例×60%"更新为"允许退还的增量留抵税额=增量留抵税额×进项构成比例"或者"允许退还的增量留抵税额=增量留抵税额×进项构成比例×100%"。

进项构成比例，为2019年4月至申请退税前一税款所属期内已抵扣的增值税专用发票（含机动车销售统一发票）、海关进口增值税专用缴款书、解缴税款完税凭证注明的增值税额占同期全部已抵扣进项税额的比重。

自2021年4月1日起，将部分先进制造业纳税人退还增量留抵税额有关政策扩大至先进制造业，增加医药、化学纤维、铁路、船舶、航空航天和其他运输设备、电气机械和器材、仪器仪表销售额占全部销售额的比重超过50%的纳税人。

❸小微企业和制造业等行业期末留抵退税 （一次性退还存量留抵税额及继续扩围）。

A.自2022年4月1日起，加大小微企业增值税期末留抵退税政策力度，将先进制造业按月全额退还增值税增量留抵税额政策范围扩大至符合条件的小微企业（含个体工商户，下同），并一次性退还小微企业存量留抵税额。

B.自2022年4月1日起，加大"制造业""科学研究和技术服务业""电力、热力、燃气及水生产和供应业""软件和信息技术服务业""生态保护和环境治理业""交通运输、仓储和邮政业"（以下简称制造业等行业）增值税期末留抵退税政策力度，将先进制造业按月全额退还增值税增量留抵税额政策范围扩大至符合条件的制造业等行业企业（含个体工商户，下同），并一次性退还制造业等行业企业存量留抵税额。

《财政部 税务总局关于进一步加大增值税期末留抵退税政策实施力度的公告》（财政部 税务总局公告2022年第14号）

C.小微企业和制造业等行业纳税人办理期末留抵退税，需同时符合以下条件：

a.纳税信用等级为A级或者B级；

b.申请退税前36个月未发生骗取留抵退税、骗取出口退税或虚开增值税专用发票情形；

c.申请退税前36个月未因偷税被税务机关处罚两次及以上；

d.2019年4月1日起未享受即征即退、先征后返（退）政策。

D.增量留抵税额，区分以下情形确定：

纳税人获得一次性存量留抵退税前，增量留抵税额为当期期末留抵税额与2019年3月31日相比新增加的留抵税额。

纳税人获得一次性存量留抵退税后，增量留抵税额为当期期末留抵税额。

E.存量留抵税额，区分以下情形确定：

纳税人获得一次性存量留抵退税前，当期期末留抵税额大于或等于2019年3月31日期末留抵税额的，存量留抵税额为2019年3月31日期末留抵税额；当期期末留抵税额小于2019年3月31日期末留抵税额的，存量留抵税额为当期期末留抵税额。

纳税人获得一次性存量留抵退税后，存量留抵税额为零。

F.纳税人按照以下公式计算允许退还的留抵税额：

允许退还的增量留抵税额=增量留抵税额×进项构成比例×100%

允许退还的存量留抵税额=存量留抵税额×进项构成比例×100%

进项构成比例，为2019年4月至申请退税前一税款所属期已抵扣的增值税专用发票（含带有"增值税专用发票"字样全面数字化的电子发票、机动车销售统一发票）、收费公路通行费增值税电子普通发票、海关进口增值税专用缴款书、解缴税款完税凭证注明的增值税额占同期全部已抵扣进项税额的比重。

比较 与之前的政策相比，计算进项构成比例的分子增加了"收费公路通行费增值税电子普通发票"这一项。

④期末留抵退税政策进一步扩围。

自2022年7月1日起，将制造业等行业按月全额退还增值税增量留抵税额、一次性退还存量留抵税额的政策范围，扩大至"批发和零售业""农、林、牧、渔业""住宿和餐饮业""居民服务、修理和其他服务业""教育""卫生和社会工作""文化、体育和娱乐业"。

（四）进项税额的抵扣时限

（1）自2017年7月1日起至2020年2月29日，进项税额抵扣时限的规定。

自2017年7月1日起，增值税一般纳税人取得的2017年7月1日及以后开具的增值税专用发票和机动车销售统一发票，应自开具之日起360日内认证或登录增值税发票选择确认平台进行确认，并在规定的纳税申报期内，向主管税务机关申报抵扣进项税额。

自2017年7月1日起，增值税一般纳税人取得的2017年7月1日及以后开具的海关进口增值税专用缴款书，应自开具之日起360日内向主管税务机关报送"海关完税凭证抵扣清单"，申请稽核比对。

实务答疑2-11 我公司为增值税一般纳税人，现进口货物，并取得"海关进口增值税专用缴款书"，但未支付货款，请问能否抵扣进项税额？

（2）2020年3月1日起，进项税额抵扣时限的规定。

自2020年3月1日起，增值税一般纳税人取得2017年1月1日及以后开具的增值税专用发票、海关进口增值税专用缴款书、机动车销售统一发票、收费公路通行费增值税电子普通发票，取消认证确认、稽核比对、申报抵扣的期限。纳税人在进行增值税纳税申报时，应当通过本省（自治区、直辖市和计划单列市）增值税发票综合服务平台对上述扣税凭证信息进行用途确认。

自2020年3月1日起，增值税一般纳税人取得2016年12月31日及以前开具的增值税专用发票、海关进口增值税专用缴款书、机动车销售统一发票，超过认证确认、稽核比对、申报抵扣期限，但符合规定条件的，仍可按照《国家税务总局关于逾期增值税扣税凭证抵扣问题的公告》（国家税务总局公告2011年第50号，国家税务总局公告2017年第36号、2018年第31号修改）、《国家税务总局关于未按期申报抵扣增值税扣税凭证有关问题的公告》（国家税务总局公告2011年第78号，国家税务总局公告2018年第31号修改）的规定，继续抵扣进项税额。

三、"营改增"试点一般纳税人一般计税方法下差额征收应纳税额的计算

"营改增"试点一般纳税人一般计税方法下差额征收应纳税额的计算公式：

计税销售额=（取得的全部含税价款和价外费用−支付给其他单位或个人的含税价款）÷（1+税率）

应纳税额=计税销售额×税率

"营改增"试点一般纳税人一般计税方法下允许差额征收的具体情况如下：

（1）金融商品转让，按照卖出价扣除买入价后的余额为销售额。转让金融商品出现的正负差，按盈亏相抵后的余额为销售额。若相抵后出现负差，可结转下一纳税期与下期转让金融商品销售额相抵，但年末时仍出现负差的，不得转入下一会计年度。金融商品的买入价，可以选择按照加权平均法或者移动加权平均法进行核算，选择后36个月内不得变更。

纳税人无偿转让股票时，转出方以该股票的买入价为卖出价，按照"金融商品转让"计算缴纳增值税；在转入方将上述股票再转让时，以原转出方的卖出价为买入价，按照"金融商品转让"计算缴纳增值税。

> **提示** 金融商品转让，不得开具增值税专用发票。

任务实例2-23 甲金融公司为一般纳税人，20×9年第4季度转让债券，卖出价为100 000元（含增值税），该债券是20×8年10月购入的，买入价为70 000元（含增值税），20×9年1月取得利息5 000元（含增值税），并缴纳了增值税。甲金融公司20×9年第1至第3季度转让金融商品共计亏损10 000元（含增值税）。

【任务要求】计算甲金融公司20×9年第4季度的增值税销项税额。

【任务实施】转让债券的销售额=（100 000−70 000）−10 000=20 000（元）

销项税额=20 000÷（1+6%）×6%=1 132.08（元）

（2）经纪代理服务，以取得的全部价款和价外费用，扣除向委托方收取并代为支付的政府性基金或者行政事业性收费后的余额为销售额。向委托方收取的政府性基金或者行政事业性收费，不得开具增值税专用发票。

（3）融资租赁和融资性售后回租业务。

❶经中国人民银行、银保监会或者商务部批准从事融资租赁业务的试点纳税人，提供融资租赁服务，以取得的全部价款和价外费用，扣除支付的借款利息（包括外汇借款和人民币借款利息）、发行债券利息和车辆购置税后的余额为销售额。

❷经中国人民银行、银保监会或者商务部批准从事融资租赁业务的试点纳税人，提供融资性售后回租服务，以取得的全部价款和价外费用（不含本金），扣除对外支付的借款利息（包括外汇借款和人民币借款利息）、发行债券利息后的余额作为销售额。

❸试点纳税人根据2016年4月30日前签订的有形动产融资性售后回租合同，在合同到期前提供的有形动产融资性售后回租服务，可继续按照有形动产融资租赁服务缴纳增值税。

继续按照有形动产融资租赁服务缴纳增值税的试点纳税人，经中国人民银行、银保监会或者商务部批准从事融资租赁业务的，根据2016年4月30日前签订的有形动产融资性售后回租合同，在合同到期前提供的有形动产融资性售后回租服务，可以选择以下方法之一计算销售额：

a.以向承租方收取的全部价款和价外费用，扣除向承租方收取的价款本金，以及对外支付的借款利息（包括外汇借款和人民币借款利息）、发行债券利息后的余额为销售额。

纳税人提供有形动产融资性售后回租服务，计算当期销售额时可以扣除的价款本金，为书面合同约定的当期应当收取的本金。无书面合同或者书面合同没有约定的，为当期实际收取的本金。

试点纳税人提供有形动产融资性售后回租服务，向承租方收取的有形动产价款本金，不得开具增值税专用发票，可以开具普通发票。

b.以向承租方收取的全部价款和价外费用，扣除支付的借款利息（包括外汇借款和人民币借款利息）、发行债券利息后的余额为销售额。

❹经商务部授权的省级商务主管部门和国家经济技术开发区批准的从事融资租赁业务的试点纳税人，2016年5月1日后实收资本达到1.7亿元的，从达到标准的当月起按照上述第❶、❷、❸项的规定执行；2016年5月1日后实收资本未达到1.7亿元但注册资本达到1.7亿元的，在2016年7月31日前仍可按照上述第❶、❷、❸项的规定执行，2016年8月1日后开展的融资租赁业务和融资性售后回租业务不得按照上述第❶、❷、❸项的规定执行。

（4）航空运输企业的销售额，不包括代收的民航发展基金（原机场建设费）和代售其他航空运输企业客票而代收转付的价款。

（5）试点纳税人中的一般纳税人（以下称"一般纳税人"）提供客运场站服务，以其取得的全部价款和价外费用，扣除支付给承运方运费后的余额为销售额。

（6）试点纳税人提供旅游服务，可以选择以取得的全部价款和价外费用，扣除向旅游服务购买方收取并支付给其他单位或者个人的住宿费、餐饮费、交通费、签证费、门票费和支付给其他接团旅游企业的旅游费用后的余额为销售额。

选择上述办法计算销售额的试点纳税人，向旅游服务购买方收取并支付的上述费用，不得开具增值税专用发票，可以开具普通发票。

> **实务答疑2-12** 全面"营改增"后，旅行社提供旅游服务，在计算增值税时，其向旅游服务购买方收取并支付给飞机场的机票款是否可以在计算销售额时扣除？

（7）试点纳税人提供建筑服务适用简易计税方法的，以取得的全部价款和价外费用扣除支付的分包款后的余额为销售额。

（8）房地产开发企业中的一般纳税人销售其开发的房地产项目（选择简易计税方法的

房地产老项目除外），以取得的全部价款和价外费用，扣除受让土地时向政府部门支付的土地价款后的余额为销售额。

房地产老项目，是指"建筑工程施工许可证"注明的合同开工日期在2016年4月30日前的房地产项目。

（9）纳税人转让不动产缴纳增值税差额扣除的有关规定。

❶纳税人转让不动产，按照有关规定差额缴纳增值税的，如因丢失等原因无法提供取得不动产时的发票，可向税务机关提供其他能证明契税计税金额的完税凭证等资料，进行差额扣除。

❷纳税人以契税计税金额进行差额扣除的，按照下列公式计算增值税应纳税额：

a.2016年4月30日及以前缴纳契税的：

应纳增值税税额=［全部交易价格（含增值税）-契税计税金额（含营业税）］÷（1+5%）×5%

b.2016年5月1日及以后缴纳契税的：

应纳增值税税额=［全部交易价格（含增值税）÷（1+5%）-契税计税金额（不含增值税）］×5%

❸纳税人同时保留取得不动产时的发票和其他能证明契税计税金额的完税凭证等资料的，应当凭发票进行差额扣除。

提示　除了上述第（1）项外纳税人从全部价款和价外费用中扣除价款，应当取得符合法律、行政法规和国家税务总局规定的有效凭证。否则，不得扣除。有效凭证包括：发票、境外签收单据、完税凭证、财政票据、其他。有效凭证是指：❶支付给境内单位或者个人的款项，以发票为合法有效凭证；❷支付给境外单位或者个人的款项，以该单位或者个人的签收单据为合法有效凭证，税务机关对签收单据有疑义的，可以要求其提供境外公证机构的确认证明；❸缴纳的税款，以完税凭证为合法有效凭证；❹扣除的政府性基金、行政事业性收费或者向政府支付的土地价款，以省级以上（含省级）财政部门监（印）制的财政票据为合法有效凭证。

项目引例解析2-1

业务（1）：　可抵扣的增值税进项税额=160 000×13%=20 800（元）

业务（2）：　应纳增值税（简易计税方法）=128 750÷（1+3%）×2%=2 500（元）

业务（3）：　增值税销项税额=（109 000+5 450）÷（1+9%）×9%=9 450（元）

业务（4）：　增值税销项税额=53 000÷（1+6%）×6%=3 000（元）

业务（5）：　增值税销项税额=（233 200+23 320）÷（1+6%）×6%=14 520（元）

甲运输企业本月应确认的增值税销项税额合计=9 450+3 000+14 520=26 970（元）

甲运输企业本月应纳增值税=26 970-20 800-4 000+2 500=4 670（元）

任务八　简易计税方法下应纳税额的计算

简易计税方法既适用于小规模纳税人的应税行为，又适用于一般纳税人适用该计税方法的特定应税行为。简易计税方法的应纳税额，是指按照销售额和增值税征收率计算的增值税税额，不得抵扣进项税额。其计算公式为：

应纳税额=销售额×征收率

我国增值税的法定征收率是3%；一些特殊项目减按2%的征收率执行。全面"营改增"后的与不动产有关的特殊项目适用5%的征收率；一些特殊项目适用1.5%的征收率。

一、增值税一般纳税人按照简易计税方法适用征收率的情况

（一）原增值税一般纳税人按照简易计税方法（既有应当按照简易计税方法的情况，又有可以选择按照简易计税方法的情况）适用征收率的情况

1.暂按简易计税方法依照3%的征收率征收

一般纳税人销售货物属于下列情形之一的，暂按简易计税方法，自2014年7月1日起依照3%（2014年6月30日之前为4%）的征收率计算缴纳增值税：

❶寄售商店代销寄售物品（包括居民个人寄售的物品在内）。

❷典当业销售死当物品。

2.按照简易计税方法依照3%征收率减按2%征收

（1）一般纳税人销售使用过的固定资产。

一般纳税人销售自己使用过的不得抵扣且未抵扣进项税额的固定资产，按照简易办法（简易计税方法），自2014年7月1日起依照3%征收率减按2%征收增值税（2014年6月30日之前为4%征收率减半征收增值税）。上述业务应当开具普通发票，不得开具专用发票，其销售额和应纳税额的计算公式如下：

销售额=含税销售额÷（1+3%）

应纳税额=销售额×2%

点睛 纳税人销售自己使用过的固定资产，适用简易办法依照3%征收率减按2%征收增值税政策的，可以放弃减税，按照简易办法依照3%征收率缴纳增值税，并可以开具增值税专用发票。

提示 一般纳税人销售自己使用过的除固定资产以外的物品，应当按照适用税率征收增值税。

链接 （1）2008年12月31日之前，增值税一般纳税人购进的固定资产，其进项税额不得抵扣；（2）自2009年1月1日起，增值税一般纳税人购进的用于生产经营的固定资产（自用的应征消费税的汽车、摩托车、游艇除外），其进项税额可以抵扣；（3）自2013年8月1日起，一般纳税人购进自用的应征消费税的汽车、摩托车、游艇，其进项税额准予从销项税额中抵扣。

点睛 增值税一般纳税人销售自己使用过的2013年8月1日以后购进或者自制的应征消费税的摩托车、汽车、游艇，按照适用税率征收增值税。增值税一般纳税人销售自己使用过的2013年7月31日以前购进或者自制的应征消费税的摩托车、汽车、游艇，按照简易计税方法依照3%征收率减按2%征收增值税。

（2）一般纳税人（一般指旧货经营单位）销售旧货。

一般纳税人（一般指旧货经营单位）销售旧货，按照简易计税方法，自2014年7月1日起依照3%征收率减按2%征收增值税（2014年6月30日之前为4%征收率减半征收增值税），且应该开具普通发票，不得开具专用发票。小规模纳税人销售旧货，减按2%征收率征收增值税（这里指的是小规模纳税人适用3%征收率计算出不含税销售额后再减按2%征收率征收）。"旧货"是指进入二次流通的具有部分使用价值的货物（含2013年8月1日之前购入不得抵扣进项税额且未抵扣进项税额的旧汽车、旧摩托车和旧游艇），但不包括个人自己使用过的物品。自2020年5月1日至2023年12月31日，从事二手车经销的纳税人销售其收购的二手车，由原按照简易办法（简易计税方法）依3%征收率减按2%征收增值税，改为减按0.5%征收增值税，并按下列公式计算销售额：

销售额=含税销售额÷（1+0.5%）

点睛 《国家税务总局关于明确二手车经销等若干增值税征管问题的公告》（国家税务总局公告2020年第9号）明确规定，自2020年5月1日至2023年12月31日，从事二手车经销业务的纳税人销售其收购的二手车，减按0.5%征收率征收增值税，并按下列公式计算销售额：销售额=含税销售额/（1+0.5%），而非"销售额=含税销售额/（1+3%）"。

一般纳税人销售自己使用过的物品或旧货的税务处理见表2-3。

表2-3　　　　　　　一般纳税人销售自己使用过的物品或旧货的税务处理

具体情形		税务处理
销售自己使用过的物品	固定资产（动产）｜按规定不得抵扣且未抵扣进项税额	应纳增值税=含税销售额÷（1+3%）×2%
	固定资产（动产）｜按规定可以抵扣进项税额	销项税额=含税销售额÷（1+适用税率13%或9%）×适用税率13%或9%
	除固定资产以外的物品	
销售旧货（他人用旧的）	除"从事二手车经销的纳税人销售其收购的二手车"以外的销售旧货（他人用旧的）	应纳增值税=含税销售额÷（1+3%）×2%
	从事二手车经销的纳税人销售其收购的二手车	应纳增值税=含税销售额÷（1+0.5%）×0.5%

任务实例2-24 甲企业为增值税一般纳税人，主营旧电脑交易。本年7月，销售旧电脑取得含税销售额103万元；除上述收入外，该企业当月又将本企业于2007年6月购入自用的一辆货车和2010年10月购入自用的一辆货车分别以10.3万元和33.9万元的含税价格出售。假设本月无其他业务，且可抵扣的进项税额为0。

【任务要求】计算甲企业当月的应纳增值税。

【任务实施】（1）一般纳税人销售旧货依照3%征收率减按2%征收增值税：

该笔业务应纳增值税=103÷（1+3%）×2%=2（万元）

（2）一般纳税人销售自己使用过的2009年1月1日以前购入的固定资产，依照3%征收率减按2%征收增值税：

该笔业务应纳增值税=10.3÷（1+3%）×2%=0.2（万元）

（3）一般纳税人销售自己使用过的2009年1月1日以后购入的固定资产，按适用税率征收：

该笔业务应纳增值税=33.9÷（1+13%）×13%-0=3.9（万元）

（4）应纳增值税合计=2+0.2+3.9=6.1（万元）

3.可选择按简易计税方法依照3%的征收率征收

一般纳税人销售自产的下列货物，可选择按照简易计税方法，自2014年7月1日起依照3%（2014年6月30日之前为6%）的征收率计算缴纳增值税：

❶县级及县级以下小型水力发电单位生产的电力。小型水力发电单位，是指各类投资主体建设的装机容量为5万千瓦以下（含5万千瓦）的小型水力发电单位。

❷建筑用和生产建筑材料所用的砂、土、石料。

❸以自己采掘的砂、土、石料或其他矿物连续生产的砖、瓦、石灰（不含粘土实心砖、瓦）。

❹用微生物、微生物代谢产物、动物毒素、人或动物的血液或组织制成的生物制品。

❺自来水。对自来水公司销售自来水按简易计税方法依照3%的征收率征收增值税时，不得抵扣其购进自来水取得增值税扣税凭证上注明的增值税税款。

❻商品混凝土（仅限于以水泥为原料生产的水泥混凝土）。

❼属于增值税一般纳税人的单采血浆站销售的非临床用人体血液（此项一旦选择按照简易计税方法适用的征收率计税，不得对外开具增值税专用发票）。

❽自2022年3月1日起，从事再生资源回收的增值税一般纳税人销售其收购的再生资源，可以选择适用简易计税方法依照3%征收率计算缴纳增值税，或适用一般计税方法计算缴纳增值税。

🍃提示　一般纳税人选择简易办法（简易计税方法）计算缴纳增值税后，36个月内不得变更。

（二）"营改增"试点一般纳税人按照简易计税方法（多数情况下是可以选择按照简易计税方法，而非必须按照简易计税方法）适用征收率的情况

1.部分应税服务

一般纳税人发生下列应税行为可以选择适用简易计税方法计税：

（1）公共交通运输服务。

公共交通运输服务，包括轮客渡、公交客运、地铁、城市轻轨、出租车、长途客运、班车。

班车，是指按固定路线、固定时间运营并在固定站点停靠的运送旅客的陆路运输服务。

（2）经认定的动漫企业为开发动漫产品提供的动漫脚本编撰、形象设计、背景设计、动画设计、分镜、动画制作、摄制、描线、上色、画面合成、配音、配乐、音效合成、剪辑、字幕制作、压缩转码（面向网络动漫、手机动漫格式适配）服务，以及在境内转让动漫版权（包括动漫品牌、形象或者内容的授权及再授权）。

动漫企业和自主开发、生产动漫产品的认定标准和认定程序，按照《文化部 财政部 国家税务总局关于印发〈动漫企业认定管理办法（试行）〉的通知》（文市发〔2008〕51号）的规定执行。

（3）电影放映服务、仓储服务、装卸搬运服务、收派服务和文化体育服务。

（4）以纳入"营改增"试点之日前取得的有形动产为标的物提供的经营租赁服务。

（5）在纳入"营改增"试点之日前签订的尚未执行完毕的有形动产租赁合同。

（6）提供物业管理服务的纳税人，向服务接受方收取的自来水水费，以扣除其对外支付的自来水水费后的余额为销售额，按照简易计税方法依照3%的征收率计算缴纳增值税。

（7）非企业性单位中的增值税一般纳税人提供的研发和技术服务、信息技术服务、鉴证咨询服务，以及销售技术、著作权等无形资产，可以选择简易计税方法依照3%征收率计算缴纳增值税。

非企业性单位中的增值税一般纳税人提供技术转让、技术开发和与之相关的技术咨询、技术服务，可以参照上述规定，选择简易计税方法依照3%征收率计算缴纳增值税。

（8）增值税一般纳税人提供教育辅助服务，可以选择简易计税方法依照3%征收率计算缴纳增值税。

🍃提示　一般纳税人发生财政部和国家税务总局规定的特定应税行为，可以选择适用简易计税方法计税，但一经选择，36个月内不得变更。

2.建筑服务

（1）一般纳税人以清包工方式提供的建筑服务，可以选择适用简易计税方法计税。

以清包工方式提供建筑服务，是指施工方不采购建筑工程所需的材料或只采购辅助材

料，并收取人工费、管理费或者其他费用的建筑服务。

（2）一般纳税人为甲供工程提供的建筑服务，可以选择适用简易计税方法计税。

甲供工程，是指全部或部分设备、材料、动力由工程发包方自行采购的建筑工程。一般纳税人销售电梯的同时提供安装服务，其安装服务可以按照甲供工程选择适用简易计税方法计税。

（3）一般纳税人为建筑工程老项目提供的建筑服务，可以选择适用简易计税方法计税。

建筑工程老项目，是指"建筑工程施工许可证"注明的合同开工日期在2016年4月30日前的建筑工程项目；未取得"建筑工程施工许可证"的，建筑工程承包合同注明的开工日期在2016年4月30日前的建筑工程项目。

（4）一般纳税人跨县（市）提供建筑服务，选择适用一般计税方法计税的，应以取得的全部价款和价外费用为销售额计算应纳税额。纳税人应以取得的全部价款和价外费用扣除支付的分包款后的余额，按照2%的预征率在建筑服务发生地预缴税款后，向机构所在地主管税务机关进行纳税申报。

（5）一般纳税人跨县（市）提供建筑服务，选择适用简易计税方法计税的，应以取得的全部价款和价外费用扣除支付的分包款后的余额为销售额，按照3%的征收率计算应纳税额。纳税人应按照上述计税方法在建筑服务发生地预缴税款后，向机构所在地主管税务机关进行纳税申报。

纳税人在同一地级行政区范围内跨县（市、区）提供建筑服务，不适用《纳税人跨县（市、区）提供建筑服务增值税征收管理暂行办法》（国家税务总局公告2016年第17号印发）。

点睛　纳税人提供建筑服务，按照规定允许从其取得的全部价款和价外费用中扣除的分包款，是指支付给分包方的全部价款和价外费用。

（6）建筑工程总承包单位为房屋建筑的地基与基础、主体结构提供工程服务，建设单位自行采购全部或部分钢材、混凝土、砌体材料、预制构件的，适用简易计税方法计税。

任务实例2-25　甲建筑公司为增值税一般纳税人，机构所在地为N县。本年7月1日，以清包工方式到M县承接A工程项目，并将A工程项目中的部分施工项目分包给了乙公司，7月30日，发包方按进度支付工程价款222万元。当月该项目甲建筑公司购进辅助材料取得的增值税专用发票上注明的税额为1.3万元；7月，甲公司支付给乙公司工程分包款50万元，乙公司开具给甲建筑公司增值税专用发票，税额为4.13万元。对A工程项目甲建筑公司选择适用简易计税方法计算应纳税额。

【任务要求】 计算甲建筑公司本年7月该项目应纳增值税税额。

【任务实施】 一般纳税人跨县（市）提供建筑服务，选择适用简易计税方法计税的，应以取得的全部价款和价外费用扣除支付的分包款后的余额为销售额，按照3%的征收率计算应纳税额。纳税人应按照上述计税方法在建筑服务发生地预缴税款后，向机构所在地主管税务机关进行纳税申报。

甲建筑公司本年7月在M县预缴增值税=（222-50）÷（1+3%）×3%=5.01（万元）

在N县差额申报：

扣除预缴增值税后应纳增值税=（222-50）÷（1+3%）×3%-5.01=5.01-5.01=0

甲建筑公司本年7月应纳增值税合计=5.01+0=5.01（万元）

3.销售不动产

（1）一般纳税人销售其2016年4月30日前取得（不含自建）的不动产，可以选择适用简易计税方法，以取得的全部价款和价外费用减去该项不动产购置原价或者取得不动产时的作价后的余额为销售额，按照5%的征收率计算应纳税额。纳税人应按照上述计税方法在不动产所在地预缴税款后，向机构所在地主管税务机关进行纳税申报。

（2）一般纳税人销售其2016年4月30日前自建的不动产，可以选择适用简易计税方法，以取得的全部价款和价外费用为销售额，按照5%的征收率计算应纳税额。纳税人应按照上述计税方法在不动产所在地预缴税款后，向机构所在地主管税务机关进行纳税申报。

（3）房地产开发企业中的一般纳税人，销售自行开发的房地产老项目，可以选择适用简易计税方法，按照5%的征收率计税。一般纳税人销售自行开发的房地产老项目适用简易计税方法计税的，以取得的全部价款和价外费用为销售额，不得扣除对应的土地价款。

提示 房地产开发企业中的一般纳税人购入未完工的房地产老项目继续开发后，以自己名义立项销售的不动产，属于房地产老项目，可以选择适用简易计税方法按照5%的征收率计算缴纳增值税。

（4）房地产开发企业采取预收款方式销售所开发的房地产项目，在收到预收款时按照3%的预征率预缴增值税。

（5）个体工商户销售购买的住房，应按照《营业税改征增值税试点过渡政策的规定》征免增值税。纳税人应按照上述计税方法在不动产所在地预缴税款后，向机构所在地主管税务机关进行纳税申报。

任务实例2-26 甲安装公司为增值税一般纳税人，本年7月转让8年前建造的办公楼，取得销售收入1 500万元。该办公楼账面原值900万元，已提折旧260万元。甲安装公司选择适用简易计税方法计税。

【任务要求】 计算甲安装公司本年7月上述业务应当缴纳的增值税。

【任务实施】 一般纳税人销售其2016年4月30日前自建的不动产，可以选择适用简易计税方法，以取得的全部价款和价外费用为销售额，按照5%的征收率计算应纳税额。

甲安装公司应纳增值税=1 500÷（1+5%）×5%=71.43（万元）

4.不动产经营租赁服务

（1）一般纳税人出租其2016年4月30日前取得的不动产，可以选择适用简易计税方法，按照5%的征收率计算应纳税额。纳税人出租其2016年4月30日前取得的与机构所在地不在同一县（市）的不动产，应按照上述计税方法在不动产所在地预缴税款后，向机构所在地主管税务机关进行纳税申报。不动产所在地与机构所在地在同一县（市、区）的，纳税人向机构所在地主管税务机关申报纳税。

（2）一般纳税人出租其在2016年5月1日后取得的、与机构所在地不在同一县（市）的不动产，应按照3%的预征率在不动产所在地预缴税款后，向机构所在地主管税务机关申报纳税。不动产所在地与机构所在地在同一县（市、区）的，纳税人应向机构所在地主管税务机关申报纳税。

提示 自2021年10月1日起，住房租赁企业中的增值税一般纳税人向个人出租住房取得的全部出租收入，可以选择适用简易计税方法，按照5%的征收率减按1.5%计算缴纳增值税，或适用一般计税方法计算缴纳增值税。住房租赁企业中的增值税一般纳税人向个人出租住房适用简易计税方法并进行预缴的，减按1.5%预征率预缴增值税。住房租赁企业中的增值税一般纳税人，对利用非居住存量土地和非居住存量房屋（含商业办公用房、工业厂房改造后出租用于居住的房屋）建设的保障性租赁住房，取得保障性租赁住房项目认定书后，向个人出租上述保障性租赁住房的，比照适用上述增值税政策。其中，住房租赁企业，是指按规定向住房城乡建设部门进行开业报告或者备案的从事住房租赁经营业务的企业。

5.收取高速公路的车辆通行费

公路经营企业中的增值税一般纳税人收取"营改增"试点前开工的高速公路的车辆通行费，可以选择适用简易计税方法，减按3%的征收率计算应纳税额。"营改增"试点前开工的高速公路，是指相关施工许可证明上注明的合同开工日期在2016年4月30日前的高速公路。

6.销售使用过的固定资产

"营改增"后的一般纳税人，销售自己使用过的"本地区试点实施之日（含）"以后购进或自制的固定资产，按照适用税率征收增值税；销售自己使用过的"本地区试点实施之日"以前购进或者自制的固定资产，按照3%征收率减按2%征收增值税。具体公式为：

销售额=含税销售额÷（1+3%）

应纳增值税额=销售额×2%

使用过的固定资产，是指纳税人根据财务会计制度已经计提折旧的固定资产。

7.其他情况

（1）2016年4月30日前签订的不动产融资租赁合同，或以2016年4月30日前取得的不动产提供的融资租赁服务，可以选择适用简易计税方法，按照5%的征收率计算缴纳增值税。一般纳税人以经营租赁方式出租其2016年4月30日前取得的不动产，可以选择适用简易计税方法，按照5%的征收率计算应纳税额。

（2）纳税人提供人力资源外包服务，按照经纪代理服务缴纳增值税，其销售额不包括受客户单位委托代为向客户单位员工发放的工资和代理缴纳的社会保险、住房公积金。向委托方收取并代为发放的工资和代理缴纳的社会保险、住房公积金，不得开具增值税专用发票，可以开具普通发票。一般纳税人提供人力资源外包服务，可以选择适用简易计税方法，按照5%的征收率计算缴纳增值税。

（3）纳税人以经营租赁方式将土地出租给他人使用，按照不动产经营租赁服务缴纳增值税。纳税人转让2016年4月30日前取得的土地使用权，可以选择适用简易计税方法，以取得的全部价款和价外费用减去取得该土地使用权的原价后的余额为销售额，按照5%的征收率计算缴纳增值税。

综上所述，"营改增"试点一般纳税人的征收率运用归纳见表2-4。

表2-4　　　"营改增"试点一般纳税人的征收率运用归纳一览表

"营改增"试点一般纳税人的销售行为	可选征收率
转让试点前取得或自建的不动产	5%
出租试点前取得的不动产	5%
收取试点前开工的高速公路的车辆通行费	5%减按3%
住房租赁企业中的增值税一般纳税人向个人出租住房	5%减按1.5%
其他"营改增"服务可选择简易计税方法的	3%

二、小规模纳税人按照简易计税方法计税的规定

小规模纳税人销售货物、加工修理修配劳务、服务、无形资产或者不动产，按照取得的销售额和增值税的征收率计算应纳的增值税税额，但不得抵扣进项税额。

其中，销售额为对外销售货物、加工修理修配劳务、服务、无形资产或者不动产时，向对方收取的全部价款和价外费用。具体的确定标准与一般纳税人的销售额相同。

小规模纳税人按征收率征税。小规模纳税人因销售退回或销售折让而退还给购买方的销售额，应从发生销货退回或折让当期的销售额中扣减，而不必追究其原发票的处理。对于"营改增"增值税小规模纳税人来说，其纳税人适用简易计税方法计税的，因销售折让、中止或者退回而退还给购买方的销售额，应当从当期销售额中扣减，扣减当期销售额后仍有余额造成多缴的税款，可以从以后的应纳税额中扣减。

小规模纳税人销售货物、加工修理修配劳务、服务、无形资产或者不动产，向对方收取的款项往往包含了增值税，因此，在计算应纳增值税税额时，需将含税销售额换算成不含税销售额，具体计算公式为：

销售额=含税销售额÷（1+征收率）

提示 小规模纳税人购进货物、劳务、服务、无形资产或者不动产时即使取得了增值税专用发票，也不得抵扣进项税额。一般纳税人采取简易计税方法计税时，购进货物、劳务、服务、无形资产或者不动产时即使取得了增值税专用发票，也不得抵扣进项税额。

增值税一般纳税人购置税控收款机所支付的增值税税额（以购进税控收款机取得的增值税专用发票上注明的增值税税额为准），准予在该企业当期的增值税销项税额中抵扣。增值税小规模纳税人购置税控收款机，经主管税务机关审核批准后，可凭购进税控收款机取得的增值税专用发票，按照发票上注明的增值税税额，抵免当期应纳增值税税额，或者按照购进税控收款机取得的普通发票上注明的价款，依下列公式计算可抵免税额：

可抵免税额=价款÷（1+13%）×13%

（一）小规模纳税人销售货物或者劳务按照简易计税方法适用征收率的特殊规定

1.小规模纳税人（除其他个人外）销售自己使用过的固定资产

小规模纳税人（除其他个人外）销售自己使用过的固定资产，减按2%征收率征收增值税。这里指的是小规模纳税人适用3%征收率计算出不含税销售额后再减按2%征收率征收。其销售额和应纳税额的计算公式如下：

销售额=含税销售额÷（1+3%）

应纳增值税税额=销售额×2%

2.小规模纳税人（除其他个人外）销售自己使用过的除固定资产以外的物品

小规模纳税人（除其他个人外）销售自己使用过的除固定资产以外的物品，应按3%的征收率征收增值税。其销售额和应纳税额的计算公式如下：

销售额=含税销售额÷（1+3%）

应纳增值税税额=销售额×3%

提示 其他个人销售自己使用过的固定资产，属于上文中的个人（其他个人）销售自己使用过的物品，免征增值税。下同。

小规模纳税人销售自己使用过的物品或旧货的税务处理见表2-5。

表 2-5　　　　　小规模纳税人销售自己使用过的物品或旧货的税务处理①

具体情形		税务处理
其他个人（个体工商户以外的个人，即自然人）销售自己使用过的固定资产或除固定资产以外的物品		免征增值税
其他个人以外的小规模纳税人	销售自己使用过的固定资产（动产）	应纳增值税=含税销售额÷（1+3%）×2%
	销售自己使用过的除固定资产以外的物品	应纳增值税=含税销售额÷（1+3%）×3%
	除"从事二手车经销的纳税人销售其收购的二手车"以外的销售旧货（他人用旧的）	应纳增值税=含税销售额÷（1+3%）×2%
	从事二手车经销的纳税人销售其收购的二手车	应纳增值税=含税销售额÷（1+0.5%）×0.5%

（二）小规模纳税人销售服务、无形资产或者不动产按照简易计税方法适用征收率的特殊规定

（1）小规模纳税人跨县（市）提供建筑服务。

小规模纳税人跨县（市）提供建筑服务，应以取得的全部价款和价外费用扣除支付的分包款后的余额为销售额，按照3%的征收率计算应纳税额。

应纳税额=含税销售额÷（1+3%）×3%

（2）小规模纳税人转让不动产。

小规模纳税人转让不动产（除个人转让其购买的住房外），按5%征收率计算应纳税额。

❶非房地产企业小规模纳税人转让其取得的不动产，除个人转让其购买的住房外，按照以下规定缴纳增值税：

a.小规模纳税人转让其取得（不含自建）的不动产，以取得的全部价款和价外费用扣除不动产购置原价或者取得不动产时的作价后的余额为销售额，按照5%的征收率计算应纳税额。

b.小规模纳税人转让其自建的不动产，以取得的全部价款和价外费用为销售额，按照5%的征收率计算应纳税额。

除其他个人之外的小规模纳税人，应按照上述规定的计税方法向不动产所在地主管税务机关预缴税款，向机构所在地主管税务机关申报纳税；其他个人按照本条规定的计税方法向不动产所在地主管税务机关申报纳税。

❷房地产开发企业中的小规模纳税人采取预收款方式销售自行开发的房地产项目，应在收到预收款时按照3%的预征率预缴增值税。小规模纳税人销售自行开发的房地产项目，应按照《试点实施办法》第四十五条规定的纳税义务发生时间，以当期销售额和5%的征收率计算当期应纳税额，抵减已预缴税款后，向主管税务机关申报纳税。未抵减完的预缴税款可以结转下期继续抵减。

小规模纳税人出售不动产归纳见表2-6。

（3）个人销售其购买的住房。

北京市、上海市、广州市和深圳市之外的地区，个人将购买不足2年的住房对外销售的，按照5%的征收率全额缴纳增值税；个人将购买2年以上（含2年）的住房对外销售的，免征增值税。

---

① 不考虑"自2020年3月1日至2022年3月31日的小规模纳税人增值税减免政策"、"自2022年4月1日至2022年12月31日小规模纳税人增值税免税政策"，以及"自2023年1月1日至2023年12月31日的小规模纳税人增值税减免政策"。没有特别说明，全书同。

表 2-6　　　　　　　　　　　　　小规模纳税人出售不动产归纳一览表

纳税人	不动产性质	计税依据	征收率	计税公式
1.非房企	销售取得的不动产（不含自建）	全部价款和价外费用减去该项不动产购置原价或取得不动产时的作价后的余额	5%	税额=含税计税依据÷（1+5%）×5%
	销售自建的不动产	全部价款和价外费用	5%	税额=含税计税依据÷（1+5%）×5%
2.房企	销售开发项目	全部价款和价外费用	5%	税额=含税计税依据÷（1+5%）×5%
3.其他个人	销售其取得的不动产（不含购买住房）	全部价款和价外费用减去该项不动产购置原价或取得不动产时的作价后的余额	5%	税额=含税计税依据÷（1+5%）×5%

　　北京市、上海市、广州市和深圳市的个人将购买不足2年的住房对外销售的，按照5%的征收率全额缴纳增值税；个人将购买2年以上（含2年）的非普通住房对外销售的，以销售收入减去购买住房价款后的差额按照5%的征收率缴纳增值税；个人将购买2年以上（含2年）的普通住房对外销售的，免征增值税。

　　深圳市自2020年7月15日起、上海市自2021年1月22日起、广州市9个区自2021年4月21日起，将个人住房转让增值税征免年限由2年调整到5年。

　　（4）小规模纳税人出租不动产。

　　小规模纳税人出租不动产，按照以下规定缴纳增值税：

　　❶单位和个体工商户出租不动产（不含个体工商户出租住房），按照5%的征收率计算应纳税额。个体工商户出租住房，按照5%的征收率减按1.5%计算应纳税额。

　　不动产所在地与机构所在地不在同一县（市、区）的，纳税人应按照上述计税方法向不动产所在地主管税务机关预缴税款，向机构所在地主管税务机关申报纳税。

　　不动产所在地与机构所在地在同一县（市、区）的，纳税人应向机构所在地主管税务机关申报纳税。

　　🌱提示　自2021年10月1日起，住房租赁企业中的增值税小规模纳税人向个人出租住房，按照5%的征收率减按1.5%计算缴纳增值税。住房租赁企业中的增值税小规模纳税人向个人出租住房适用简易计税方法并进行预缴的，减按1.5%预征率预缴增值税。住房租赁企业中的增值税小规模纳税人，对利用非居住存量土地和非居住存量房屋（含商业办公用房、工业厂房改造后出租用于居住的房屋）建设的保障性租赁住房，取得保障性租赁住房项目认定书后，向个人出租上述保障性租赁住房的，比照适用上述增值税政策。其中，住房租赁企业，是指按规定向住房城乡建设部门进行开业报告或者备案的从事住房租赁经营业务的企业。

　　❷其他个人出租不动产（不含住房），按照5%的征收率计算应纳税额，向不动产所在地主管税务机关申报纳税。其他个人出租住房，按照5%的征收率减按1.5%计算应纳税额，向不动产所在地主管税务机关申报纳税。

　　综上所述，小规模纳税人的征收率运用归纳见表2-7。

表 2-7　　　　　　　　　　　　小规模纳税人的征收率运用归纳一览表①

小规模纳税人的销售标的		适用的征收率
自己使用过的	固定资产（动产）	3%减按2%
	物品	3%
自己未使用过的	固定资产（动产）	
	旧货	3%减按2%
取得或自建的	不动产	5%
出租	不动产	5%
	住房租赁企业向个人出租住房	5%减按1.5%
	个人出租住房	5%减按1.5%
其他"营改增"应税行为		3%

任务实例2-27　甲修理厂为小规模纳税人，按月进行增值税纳税申报，2020年1月，取得含税商品销售收入共计206 000元。甲公司按3%征收率征收增值税。

【任务要求】（1）计算甲修理厂2020年1月的销售额；

（2）计算甲修理厂2020年1月的应纳增值税税额。

【任务实施】（1）销售额=206 000÷（1+3%）=200 000（元）

（2）应纳增值税=200 000×3%=6 000（元）

任务实例2-28　甲咨询公司为小规模纳税人，按月进行增值税纳税申报，本年1月，取得含税咨询收入共计303 000元。甲咨询公司减按1%征收率征收增值税。

【任务要求】（1）计算甲咨询公司本年1月的销售额；

（2）计算甲咨询公司本年1月的应纳增值税税额。

【任务实施】（1）销售额=303 000÷（1+1%）=300 000（元）

（2）应纳增值税=300 000×1%=3 000（元）

三、"营改增"试点一般纳税人和小规模纳税人简易计税方法下差额征收应纳税额的计算

"营改增"试点一般纳税人和小规模纳税人简易计税方法下差额征收应纳税额的计算公式：

计税销售额=（取得的全部含税价款和价外费用－支付给其他单位或个人的含税价款）÷（1+征收率）

应纳税额=计税销售额×征收率

"营改增"试点一般纳税人和小规模纳税人简易计税方法下允许差额征收的具体情况与"营改增"试点一般纳税人一般计税方法下允许差额征收的具体情况相同。

知识答疑2-8　全面推开"营改增"试点有关劳务派遣服务政策是如何规定的？

知识答疑2-9　纳税人跨县（市、区）提供建筑服务，增值税征收管理是如何规定的？

---

① 不考虑"自2020年3月1日至2022年3月31日的小规模纳税人增值税征收率减免政策"、"自2020年5月1日至2023年12月31日从事二手车经销的纳税人销售其收购的二手车的增值税减免政策"、"自2022年4月1日至2022年12月31日小规模纳税人增值税免税政策"，以及"自2023年1月1日至2023年12月31日的小规模纳税人增值税减免政策"。没有特别说明，全书同。

知识答疑2-10 纳税人提供不动产经营租赁服务，增值税征收管理是如何规定的？

知识答疑2-11 纳税人转让不动产，增值税征收管理是如何规定的？

知识答疑2-12 房地产开发企业销售自行开发的房地产项目，增值税征收管理是如何规定的？

任务九　进口货物增值税应纳税额的计算

不管是一般纳税人还是小规模纳税人进口货物，都按照组成计税价格和税法规定的税率（如13%、9%）计算应纳税额。也就是说，一方面，进口货物增值税的计税依据是组成计税价格而非其他金额；另一方面，小规模纳税人进口货物时使用税率计税，而不使用征收率。

进口货物计算增值税应纳税额的计算公式如下：

应纳税额=组成计税价格×增值税税率

其中，组成计税价格的计算公式如下：

（1）若进口货物不属于消费税应税消费品：

组成计税价格=关税完税价格+关税

（2）若进口货物属于消费税应税消费品：

❶实行从价定率办法计算纳税的组成计税价格计算公式为：

组成计税价格=关税完税价格+关税+消费税=（关税完税价格+关税）÷（1−消费税比例税率）

❷实行从量定额办法计算纳税的组成计税价格计算公式为：

$$\text{组成计税价格}=\text{关税完税价格}+\text{关税}+\text{消费税}=\text{关税完税价格}+\text{关税}+\text{海关核定的应税消费品的进口数量}\times\text{消费税定额税率}$$

❸实行复合计税办法计算纳税的组成计税价格计算公式为：

$$\text{组成计税价格}=\text{关税完税价格}+\text{关税}+\text{消费税}=\left(\text{关税完税价格}+\text{关税}+\text{海关核定的应税消费品的进口数量}\times\text{消费税定额税率}\right)\div\left(1-\text{消费税比例税率}\right)$$

纳税人在计算进口货物的增值税时应当注意以下问题：

（1）进口货物增值税的组成计税价格中包括已纳关税税额，如果进口货物属于消费税应税消费品，其组成计税价格中还要包括进口环节已纳消费税税额。

（2）按照《海关法》和《进出口关税条例》的规定，一般贸易下进口货物的关税完税价格以海关审定的成交价格为基础的到岸价格作为完税价格。所谓成交价格是指一般贸易项下进口货物的买方为购买该项货物向卖方实际支付或应当支付的价格；到岸价格，包括货价，加上货物运抵我国关境内输入地点起卸前的包装费、运费、保险费和其他劳务费等构成的一种价格。特殊贸易下进口的货物，由于进口时没有"成交价格"可作依据，为此，《进出口关税条例》对这些进口货物制定了确定其完税价格的具体办法。

> **任务实例2-29**　甲公司为增值税一般纳税人，本年7月进口一批高档化妆品，海关核定的关税完税价格为75万元，甲公司缴纳进口关税10万元、进口消费税15万元。已知增值税税率为13%。

【任务要求】计算甲公司该批高档化妆品进口的增值税。

【任务实施】进口高档化妆品的增值税＝（75+10+15）×13%=13（万元）

任务十　增值税出口和跨境业务退（免）税和征税的计算

出口和跨境业务是"出口货物、劳务和跨境应税行为"的简称。一国对出口货物、劳务和跨境应税行为（根据我国税法，跨境应税行为主要包括"出口服务或者无形资产"）实行退（免）税政策是国际贸易中通常采用且被世界各国普遍接受的，是为了鼓励各国出口和跨境业务公平竞争的一种退还或免征间接税（目前我国主要包括增值税、消费税）的税收措施，即对出口货物、劳务和跨境应税行为已承担或应承担的增值税和消费税等间接税实行退还或者免征。

一、出口货物、劳务和跨境应税行为的增值税税收政策

目前，我国的出口货物、劳务和跨境应税行为的增值税税收政策分为以下三种形式：

（1）出口免税并退税。《财政部　国家税务总局关于出口货物劳务增值税和消费税政策的通知》（财税〔2012〕39号，以下简称《通知》）中所说的"适用增值税退（免）税政策的范围"属于适用"出口免税并退税"政策的范围；出口服务或者无形资产（统称跨境应税行为）适用零税率增值税的项目［本项目的任务四中的"三、增值税的零税率"下的"（二）服务或者无形资产适用的零税率"］也属于适用"出口免税并退税"政策的范围。出口免税是指对货物、劳务、服务或者无形资产在出口销售环节免征增值税，这是把货物、劳务、服务或者无形资产的出口销售环节与出口前的销售环节都同样视为一个增值税征税环节（由于国家鼓励出口而给予出口销售环节免征增值税的优惠）；出口退税是指对货物、劳务、服务或者无形资产在出口前的购买环节（指的是为生产出口货物、劳务、服务或者无形资产而购买原材料等环节）实际承担（负担）的增值税额（主要指的是进项税额），按规定的退税率计算后予以退还。

（2）出口免税不退税。《通知》中所说的"适用增值税免税政策的范围"属于适用"出口免税不退税"政策的范围；出口服务或者无形资产免征增值税的项目［本项目的任务五中的"二、'营改增'试点纳税人的增值税减免税政策"下的"6.营业税改征增值税境外服务或者无形资产免税政策"］也属于适用"出口免税不退税"政策的范围；"境内的单位和个人提供适用增值税零税率的服务或者无形资产，如果属于适用简易计税方法的，实行免征增值税办法"也属于适用"出口免税不退税"政策的范围。出口免税与上述第（1）项含义相同。出口不退税是指适用这个政策的出口货物、劳务、服务或者无形资产因在出口前的购买环节（指的是为生产出口货物、劳务、服务或者无形资产而购买原材料等环节）是免征增值税的，因此，出口时该货物、劳务、服务或者无形资产的价格中本身就不含增值税，也不需要退还增值税；或者是适用这个政策的出口货物、劳务、服务或者无形资产因在出口前的购买环节（指的是为生产出口货物、劳务、服务或者无形资产而

购买原材料等环节）实际承担（负担）的进项税额不得抵扣①，应当计入成本，因此也不需要退还增值税额（主要指的是进项税额）。

（3）出口不免税也不退税。《通知》中所说的"适用增值税征税政策的范围"属于适用"出口不免税也不退税"政策的范围。出口不免税是指对国家限制或禁止出口的某些货物、劳务、服务或者无形资产的出口销售环节视同内销环节，照常征收增值税（指的是销项税额或者应纳增值税额）；出口不退税是指对这些货物、劳务、服务或者无形资产出口不退还出口前的购买环节（指的是为生产出口货物、劳务、服务或者无形资产而购买原材料等环节）实际承担（负担）的增值税额（主要指的是进项税额）。

> 提示　只有"出口免税并退税"政策才涉及增值税的出口退税，"出口免税不退税"政策、"出口不免税也不退税"政策不涉及增值税的出口退税。

二、适用增值税退（免）税政策的范围

对下列出口货物、劳务和跨境应税行为，除适用增值税免税政策和增值税征税政策外，实行增值税退（免）税政策（又称免征并退还增值税政策，即上述出口免税并退税政策）：

1.出口企业出口货物

出口企业，是指依法办理工商登记、税务登记、对外贸易经营者备案登记，自营或委托出口货物的单位或个体工商户，以及依法办理工商登记、税务登记但未办理对外贸易经营者备案登记，委托出口货物的生产企业。

> 提示　生产企业，是指具有生产能力（包括加工修理修配能力）的单位或个体工商户。

出口货物，是指企业向海关报关后实行离境并销售给境外单位和个人的货物，分为自营出口货物和委托出口货物两类。

> 提示　对于企业出口给外商的新造集装箱，交付到境内指定堆场，并取得出口货物报关单（出口退税专用），同时符合其他出口退（免）税规定的，准予按照现行规定办理出口退（免）税。

2.出口企业或其他单位视同出口货物

（1）出口企业对外援助、对外承包、境外投资的出口货物。

（2）出口企业经海关报关进入国家批准的出口加工区、保税物流园区、保税港区、综合保税区、珠澳跨境工业区（珠海园区）、中哈霍尔果斯国际边境合作中心（中方配套区域）、保税物流中心（B型）（以下统称特殊区域）并销售给特殊区域内单位或境外单位、个人的货物。

（3）免税品经营企业销售的货物（国家规定不允许经营和限制出口的货物、卷烟和超出免税品经营企业《企业法人营业执照》规定经营范围的货物除外）。

（4）出口企业或其他单位销售给用于国际金融组织或外国政府贷款国际招标建设项目的中标机电产品（以下称中标机电产品）。

> 提示　上述中标机电产品，包括外国企业中标再分包给出口企业或其他单位的机电产品。

（5）生产企业销售的自产的海洋工程结构物，或者融资租赁企业及其设立的项目子公司、金融租赁公司及其设立的项目子公司购买并以融资租赁方式出租的国内生产企业生产

---

① 例如，一般纳税人用于免征增值税项目（出口免税就属于这种情形）的购进货物、劳务、服务、无形资产和不动产，其进项税额不得从销项税额中抵扣；增值税小规模纳税人出口的货物、劳务、服务或者无形资产在出口前的购买环节的进项税额也不得抵扣，而应当计入成本。

的海洋工程结构物，但购买方或者承租方需为按实物征收增值税的中外合作油（气）田开采企业。

　　点睛　自2017年1月1日起，生产企业销售自产的海洋工程结构物，或者融资租赁企业及其设立的项目子公司、金融租赁公司及其设立的项目子公司购买并以融资租赁方式出租的国内生产企业生产的海洋工程结构物，应按规定缴纳增值税，不再适用增值税出口退税政策，但购买方或者承租方为按实物征收增值税的中外合作油（气）田开采企业的除外。

　　（6）出口企业或其他单位销售给国际运输企业用于国际运输工具上的货物。

　　点睛　上述规定暂仅适用于外轮供应公司、远洋运输供应公司销售给外轮、远洋国轮的货物，国内航空供应公司生产销售给国内和国外航空公司国际航班的航空食品。

　　（7）出口企业或其他单位销售给特殊区域内生产企业生产耗用且不向海关报关而输入特殊区域的水（包括蒸汽）、电力、燃气（以下称输入特殊区域的水电气）。

　　3.生产企业出口视同自产货物

　　生产企业出口视同自产货物，免征增值税额（指的是销项税额），相应的进项税额抵减应纳增值税额（不包括适用增值税即征即退、先征后退政策的应纳增值税额），未抵减完的部分予以退还。视同自产货物的具体范围包括：

　　（1）持续经营以来从未发生骗取出口退税、虚开增值税专用发票或农产品收购发票、接受虚开增值税专用发票（善意取得虚开增值税专用发票除外）行为且同时符合下列条件的生产企业出口的外购货物，可视同自产货物适用增值税退（免）税政策：

　　❶已取得增值税一般纳税人资格。

　　❷已持续经营2年及2年以上。

　　❸纳税信用等级A级。

　　❹上一年度销售额5亿元以上。

　　❺外购出口的货物与本企业自产货物同类型或具有相关性。

　　（2）持续经营以来从未发生骗取出口退税、虚开增值税专用发票或农产品收购发票、接受虚开增值税专用发票（善意取得虚开增值税专用发票除外）行为但不能同时符合上述第（1）条规定的条件的生产企业，出口的外购货物符合下列条件之一的，可视同自产货物申报适用增值税退（免）税政策：

　　❶同时符合下列条件的外购货物：

　　a.与本企业生产的货物名称、性能相同。

　　b.使用本企业注册商标或境外单位或个人提供给本企业使用的商标。

　　c.出口给进口本企业自产货物的境外单位或个人。

　　❷与本企业所生产的货物属于配套出口，且出口给进口本企业自产货物的境外单位或个人的外购货物，符合下列条件之一的：

　　a.用于维修本企业出口的自产货物的工具、零部件、配件。

　　b.不经过本企业加工或组装，出口后能直接与本企业自产货物组合成成套设备的货物。

　　❸经集团公司总部所在地的地级以上税务局认定的集团公司，其控股［按照《公司法》第二百一十七条（现为第二百一十六条）规定的口径执行］的生产企业之间收购的自

产货物以及集团公司与其控股的生产企业之间收购的自产货物。

④同时符合下列条件的委托加工货物：

a.与本企业生产的货物名称、性能相同，或者是用本企业生产的货物再委托深加工的货物。

b.出口给进口本企业自产货物的境外单位或个人。

c.委托方与受托方必须签订委托加工协议，且主要原材料必须由委托方提供，受托方不垫付资金，只收取加工费，开具加工费（含代垫的辅助材料）的增值税专用发票。

⑤用于本企业中标项目下的机电产品。

⑥用于对外承包工程项目下的货物。

⑦用于境外投资的货物。

⑧用于对外援助的货物。

⑨生产自产货物的外购设备和原材料（农产品除外）。

4.出口企业对外提供加工修理修配劳务

对外提供加工修理修配劳务，是指对进境复出口货物或从事国际运输的运输工具进行的加工修理修配。

5.融资租赁货物出口退税

对融资租赁企业、金融租赁公司及其设立的项目子公司（以下统称融资租赁出租方），以融资租赁方式租赁给境外承租人且租赁期限在5年（含）以上，并向海关报关后实际离境的货物，试行增值税、消费税出口退税政策。

融资租赁出口货物的范围，包括飞机、飞机发动机、铁道机车、铁道客车车厢、船舶及其他货物，具体应符合《增值税暂行条例实施细则》第二十一条"固定资产"的相关规定。

提示 上述融资租赁企业，仅包括金融租赁公司、经商务部批准设立的外商投资融资租赁公司、经商务部和国家税务总局共同批准开展融资业务试点的内资融资租赁企业、经商务部授权的省级商务主管部门和国家经济技术开发区批准的融资租赁公司。

提示 上述金融租赁公司，仅包括经中国银行保险监督管理委员会批准设立的金融租赁公司。

6.增值税一般纳税人提供零税率服务或者无形资产

（1）自2014年1月1日起，增值税一般纳税人提供适用零税率的应税服务，实行增值税退（免）税办法。

（2）自2016年5月1日起，跨境应税行为（出口服务或者无形资产）适用增值税零税率。跨境应税行为，是指中国境内的单位和个人销售规定的服务或者无形资产，规定的服务或者无形资产范围参见《财政部 国家税务总局关于全面推开营业税改征增值税试点的通知》（财税〔2016〕36号）附件4《跨境应税行为适用增值税零税率和免税政策的规定》（即为本项目的任务四中的"三、增值税的零税率"下的"（二）服务或者无形资产适用的零税率"）。

三、出口货物、劳务和跨境应税行为退（免）增值税的基本方法

适用增值税退（免）税政策的出口货物、劳务和跨境应税行为，按照下列规定实行增值税免抵退税办法或免退税办法（免退税办法又称先征后退办法）：

1.免抵退税办法

对于出口货物、劳务而言，适用增值税一般计税方法的生产企业出口自产货物和视同

自产货物、对外提供加工修理修配劳务，以及《财政部 国家税务总局关于出口货物劳务增值税和消费税政策的通知》（财税〔2012〕39号）附件5列名生产企业出口非自产货物，实行免抵退税办法。即上述企业在货物、劳务的出口销售环节免征增值税额（指的是销项税额），相应的进项税额抵减应纳增值税额（不包括适用增值税即征即退、先征后退政策的应纳增值税额），未抵减完的部分予以退还。

对于跨境应税行为而言，境内的单位和个人提供适用增值税零税率的服务或者无形资产，适用增值税一般计税方法的生产企业实行免抵退税办法，适用增值税一般计税方法的外贸企业直接将服务或自行研发的无形资产出口，视同生产企业连同其出口货物统一实行免抵退税办法。即上述企业在服务或者无形资产的出口销售环节免征增值税额（指的是销项税额），相应的进项税额抵减应纳增值税额（不包括适用增值税即征即退、先征后退政策的应纳增值税额），未抵减完的部分予以退还。

点睛　免抵退税办法的整体思路为：出口销售环节免征增值税额（指的是销项税额），相应的进项税额（以前购买环节承担的进项税额）先用来抵减应纳增值税额（不包括适用增值税即征即退、先征后退政策的应纳增值税额），未抵减完的部分予以退还。

2.免退税办法

对于出口货物、劳务而言，不具有生产能力的出口企业（又称外贸企业）或其他单位出口货物或者劳务，实行免退税办法。即不具有生产能力的出口企业（又称外贸企业）或其他单位将外购的货物、劳务出口，在出口销售环节免征增值税额（指的是销项税额），相应的外购货物、劳务的进项税额按规定予以退还。

对于跨境应税行为而言，境内的单位和个人提供适用增值税零税率的服务或者无形资产，适用增值税一般计税方法的外贸企业外购服务或者无形资产出口实行免退税办法。即外贸企业将外购的服务或者无形资产出口，在出口销售环节免征增值税额（指的是销项税额），相应的外购服务或者无形资产的进项税额按规定予以退还。

点睛　免退税办法的整体思路为：出口销售环节免征增值税额（指的是销项税额），相应的进项税额（以前购买环节承担的进项税额）按规定予以退还。

提示　出口服务或者无形资产退（免）税有以下几项特殊规定：

（1）境内的单位和个人提供适用增值税零税率的服务或者无形资产，属于适用简易计税方法的，实行免征增值税办法（实际上适用"出口免税不退税"政策）。

（2）按照国家有关规定应取得相关资质的国际运输服务项目，纳税人取得相关资质的，适用增值税零税率政策；未取得的，适用增值税免税政策。

（3）境内的单位或个人提供程租服务，如果租赁的交通工具用于国际运输服务和港澳台运输服务，由出租方按规定申请适用增值税零税率。

（4）境内的单位和个人向境内单位或个人提供期租、湿租服务，如果承租方利用租赁的交通工具向其他单位或个人提供国际运输服务和港澳台运输服务，由承租方适用增值税零税率。境内的单位或个人向境外单位或个人提供期租、湿租服务，由出租方适用增值税零税率。

点睛　出口服务或者无形资产（统称跨境应税行为）适用零税率增值税的项目［本项目的任务四中的"三、增值税的零税率"下的"（二）服务或者无形资产适用的零税率"］属于适用"出口免税并退税"政策的范围。

出口服务或者无形资产（统称跨境应税行为）免征增值税的项目［本项目的任务五中的"二、'营改增'试点纳税人的增值税减免税政策"下的"6.营业税改征增值税境外服务或者无形资产免税政策"〕属于适用"出口免税不退税"政策的范围。

> **提示** 纳税人发生应税行为同时适用免税和零税率规定的，可以选择适用免税或者零税率。

> **提示** 境内的单位和个人销售适用增值税零税率的服务或者无形资产的，可以放弃适用增值税零税率，选择免税或按规定缴纳增值税。放弃适用增值税零税率后，36个月内不得再申请适用增值税零税率。

> **提示** 实行增值税退（免）税办法的增值税零税率服务或者无形资产不得开具增值税专用发票。

四、出口货物、劳务和跨境应税行为退（免）增值税计税依据的确定

出口货物、劳务增值税退（免）税的计税依据，按照出口货物、劳务的出口发票（外销发票）、其他普通发票或购进出口货物、劳务的增值税专用发票、海关进口增值税专用缴款书确定；跨境应税行为增值税退（免）税的计税依据，按照《适用增值税零税率应税服务退（免）税管理办法》（国家税务总局公告2014年第11号）等文件执行。具体规定如下：

1. 出口货物、劳务的增值税退（免）税的计税依据

（1）生产企业出口货物或者劳务（进料加工复出口货物除外）增值税退（免）税的计税依据，为出口货物或者劳务的实际离岸价（FOB）。实际离岸价应以出口发票上的离岸价为准，但如果出口发票不能反映实际离岸价，主管税务机关有权予以核定。

（2）生产企业进料加工复出口货物增值税退（免）税的计税依据，按出口货物的离岸价（FOB）扣除出口货物所含的海关保税进口料件的金额后确定。

> **提示** 海关保税进口料件，是指海关以进料加工贸易方式监管的出口企业从境外和特殊区域等进口的料件，包括出口企业从境外单位或个人购买并从海关保税仓库提取且办理海关进料加工手续的料件，以及保税区外的出口企业从保税区内的企业购进并办理海关进料加工手续的进口料件。

（3）生产企业国内购进无进项税额且不计提进项税额的免税原材料加工后出口的货物的计税依据，按出口货物的离岸价（FOB）扣除出口货物所含的国内购进免税原材料的金额后确定。

（4）外贸企业出口货物（委托加工修理修配货物除外）增值税退（免）税的计税依据，为购进出口货物的增值税专用发票注明的金额或海关进口增值税专用缴款书注明的完税价格。

（5）外贸企业出口委托加工修理修配货物增值税退（免）税的计税依据，为加工修理修配费用增值税专用发票注明的金额。外贸企业应将加工修理修配使用的原材料（进料加工海关保税进口料件除外）作价销售给受托加工修理修配的生产企业，受托加工修理修配的生产企业应将原材料成本并入加工修理修配费用开具发票。

（6）出口进项税额未计算抵扣的已使用过的设备增值税退（免）税的计税依据，按下列公式确定：

$$退（免）税计税依据 = 增值税专用发票上的金额或海关进口增值税专用缴款书注明的完税价格 \times \frac{已使用过的设备固定资产净值}{已使用过的设备原值}$$

已使用过的设备固定资产净值＝已使用过的设备原值－已使用过的设备已计提累计折旧

已使用过的设备是指出口企业根据财务会计制度已经计提折旧的固定资产。

（7）免税品经营企业销售的货物增值税退（免）税的计税依据，为购进货物的增值税专用发票注明的金额或海关进口增值税专用缴款书注明的完税价格。

（8）中标机电产品增值税退（免）税的计税依据，生产企业为销售机电产品的普通发

票注明的金额，外贸企业为购进货物的增值税专用发票注明的金额或海关进口增值税专用缴款书注明的完税价格。

（9）生产企业向海上石油天然气开采企业销售的自产的海洋工程结构物增值税退（免）税的计税依据，为销售海洋工程结构物的增值税普通发票注明的金额。

（10）输入特殊区域的水电气增值税退（免）税的计税依据，为作为购买方的特殊区域内生产企业购进水（包括蒸汽）、电力、燃气的增值税专用发票注明的金额。

2.跨境应税行为退（免）增值税的计税依据

（1）实行免抵退税办法的零税率服务或者无形资产免抵退税的计税依据。

❶以铁路运输方式载运旅客的，为按照铁路合作组织清算规则清算后的实际运输收入。

❷以铁路运输方式载运货物的，为按照铁路运输进款清算办法，对"发站"或"到站（局）"名称包含"境"字的货票上注明的运输费用以及直接相关的国际联运杂费清算后的实际运输收入。

❸以航空运输方式载运货物或旅客的，如果国际运输或港澳台运输各航段由多个承运人承运，为中国航空结算有限责任公司清算后的实际收入；如果国际运输或港澳台运输各航段由一个承运人承运，为提供航空运输服务取得的收入。

❹其他实行免抵退税办法的增值税零税率服务或者无形资产，为提供增值税零税率服务或者无形资产取得的收入。

（2）实行免退税办法的零税率服务或者无形资产免退税的计税依据。

❶从境内单位或者个人购进出口零税率服务或者无形资产的，为取得提供方开具的增值税专用发票上注明的金额。

❷从境外单位或者个人购进出口零税率服务或者无形资产的，为取得的解缴税款的完税凭证上注明的金额。

> 提示　实行退（免）税办法的服务和无形资产，如果主管税务机关认定出口价格偏高的，有权按照核定的出口价格计算退（免）税，核定的出口价格低于外贸企业购进价格的，低于部分对应的进项税额不予退税，转入成本。

五、出口货物或者劳务退（免）税退税率的判定

（1）退税率的一般规定。除财政部和国家税务总局根据国务院决定而明确的增值税出口退税率（以下称退税率）外，出口货物、劳务、服务或者无形资产的退税率为其适用税率。目前我国增值税出口退税率分为五档，即13%、10%、9%、6%和零税率。

（2）退税率的特殊规定。

❶外贸企业购进按简易计税方法征税的出口货物、从小规模纳税人购进出口货物，其退税率分别为简易计税方法实际执行的征收率、小规模纳税人征收率。上述出口货物取得增值税专用发票的，退税率按照增值税专用发票上的税率和出口货物退税率孰低的原则确定。

❷出口企业委托加工修理修配货物，其加工修理修配费用的退税率为出口货物的退税率。

❸中标机电产品、出口企业向海关报关进入特殊区域销售给特殊区域内生产企业生产耗用的列名原材料、输入特殊区域的水电气，其退税率为适用税率。如果国家调整列名原材料的退税率，列名原材料应当自调整之日起按调整后的退税率执行。

> 提示　适用不同退税率的货物、劳务和跨境应税行为，应分开报关、核算并申报退（免）税，未分开报关、核算或划分不清的，从低适用退税率。

六、增值税退（免）税的计算

（一）出口货物或者劳务增值税退（免）税的计算

1.出口货物或者劳务增值税免抵退税的计算

对于出口货物、劳务而言，适用增值税一般计税方法的生产企业出口自产货物和视同自产货物、对外提供加工修理修配劳务，以及《财政部 国家税务总局关于出口货物劳务增值税和消费税政策的通知》（财税〔2012〕39号）附件5列名生产企业出口非自产货物，实行免抵退税办法。

以生产企业出口自产货物为例，对于"免抵退"，具体来说，免是指对生产企业出口的自产货物，免征本企业生产销售环节的增值税额（指的是免征出口销售环节的增值税销项税额）；抵是指生产企业出口自产货物所耗用的原材料、零部件、燃料、动力等所含应予退还的进项税额，先抵减内销货物的应纳税额（即应纳增值税额，指的是内销货物销项税额－内销货物进项税额－上期留抵税额）；退是指生产企业出口的自产货物，在当月内应抵减的进项税额大于内销货物的应纳税额时，对未抵减完的进项税额部分按规定予以退还。

免抵退税办法的计算步骤如下：

（1）当期应纳税额的计算。

当期应纳税额＝当期销项税额－（当期进项税额－当期不得免征和抵扣税额）

$$当期不得免征和抵扣税额＝当期出口货物离岸价×外汇人民币折合率×\left(\frac{出口货物}{适用税率}－\frac{出口货物}{退税率}\right)－当期不得免征和抵扣税额抵减额$$

当期不得免征和抵扣税额抵减额＝当期免税购进原材料价格×（出口货物适用税率－出口货物退税率）

（2）当期免抵退税额的计算。

当期免抵退税额＝当期出口货物离岸价×外汇人民币折合率×出口货物退税率－当期免抵退税额抵减额

当期免抵退税额抵减额＝当期免税购进原材料价格×出口货物退税率

（3）当期应退税额和免抵税额的计算。

❶当期期末留抵税额≤当期免抵退税额，则：

当期应退税额＝当期期末留抵税额

当期免抵税额＝当期免抵退税额－当期应退税额

❷当期期末留抵税额＞当期免抵退税额，则：

当期应退税额＝当期免抵退税额

当期免抵税额＝当期免抵退税额－当期应退税额＝0

🍃提示　当期期末留抵税额（实为当期期末退税前的留抵税额）为当期"增值税及附加税费申报表（一般纳税人适用）"中的"期末留抵税额"。

（4）当期免税购进原材料价格包括当期国内购进的无进项税额且不计提进项税额的免税原材料的价格和当期进料加工保税进口料件的价格，其中当期进料加工保税进口料件的价格为组成计税价格。

当期进料加工保税进口料件的组成计税价格＝当期进口料件到岸价格＋海关实征关税＋海关实征消费税

❶采用"实耗法"的，当期进料加工保税进口料件的组成计税价格为当期进料加工出口货物耗用的进口料件组成计税价格。其计算公式为：

$$当期进料加工保税进口料件的组成计税价格＝当期进料加工出口货物离岸价×外汇人民币折合率×计划分配率$$

计划分配率＝计划进口总值÷计划出口总值×100%

　　实行纸质手册和电子化手册的生产企业，应根据海关签发的加工贸易手册或加工贸易电子化纸质单证所列的计划进出口总值计算计划分配率。

　　实行电子账册的生产企业，计划分配率按前一期已核销的实际分配率确定；新启用电子账册的，计划分配率按前一期已核销的纸质手册或电子化手册的实际分配率确定。

　　❷采用"购进法"的，当期进料加工保税进口料件的组成计税价格为当期实际购进的进料加工进口料件的组成计税价格。

　　若当期实际不得免征和抵扣税额抵减额大于当期出口货物离岸价×外汇人民币折合率×（出口货物适用税率−出口货物退税率），则：

$$\begin{matrix} 当期不得免征和 \\ 抵扣税额抵减额 \end{matrix} = \begin{matrix} 当期出口 \\ 货物离岸价 \end{matrix} \times \begin{matrix} 外汇人民币 \\ 折合率 \end{matrix} \times \left(\begin{matrix} 出口货物 \\ 适用税率 \end{matrix} - \begin{matrix} 出口货物 \\ 退税率 \end{matrix} \right)$$

　　🍀点睛　免抵退税办法的计算步骤解读［主要解读上面（1）至（3）个步骤］：

第一步：免。

免征生产销售环节的增值税（即免征出口销售环节的增值税销项税）。

第二步：剔。

$$\begin{matrix} 当期免抵退税不得免征和抵扣 \\ 税额（属于进项税转出额） \end{matrix} = \begin{matrix} 当期出口 \\ 货物离岸价格 \end{matrix} \times \begin{matrix} 外汇 \\ 人民币牌价 \end{matrix} \times \left(\begin{matrix} 出口货物 \\ 征税率 \end{matrix} - \begin{matrix} 出口货物 \\ 退税率 \end{matrix} \right) - \begin{matrix} 当期免抵退税不得 \\ 免征和抵扣税额抵减额 \end{matrix}$$

当期免抵退税不得免征和抵扣税额抵减额=当期免税购进原材料价格×（出口货物征税率−出口货物退税率）

第三步：抵。

$$当期应纳税额=当期内销货物的销项税额 - \left(\begin{matrix} 当期全部 \\ 进项税额 \end{matrix} - \begin{matrix} 当期免抵退税不得 \\ 免征和抵扣税额 \end{matrix} \right) - 上期留抵税额$$

　　若当期应纳税额≥0，则不涉及退税，但涉及免抵税；若当期应纳税额<0，则其绝对值便为当期期末退税前的留抵税额。

第四步：退。

首先计算免抵退税总额：

当期免抵退税额=当期出口货物离岸价格×外汇人民币牌价×出口货物退税率−当期免抵退税额抵减额

当期免抵退税额抵减额=当期免税购进原材料价格×出口货物退税率

其次运用孰低原则确定出口退税额，并确定退税之外的免抵税额：

（1）若当期应纳税额<0，且当期期末退税前的留抵税额≤当期免抵退税额：

当期应退税额=当期期末退税前的留抵税额

当期免抵税额=当期免抵退税额−当期应退税额

当期期末退税后的留抵税额（结转下期继续留抵税额）=当期期末退税前的留抵税额−当期应退税额=0

（2）若当期应纳税额<0，且当期期末退税前的留抵税额>当期免抵退税额：

当期应退税额=当期免抵退税额

当期免抵税额=当期免抵退税额−当期应退税额=0

当期期末退税后的留抵税额（结转下期继续留抵税额）=当期期末退税前的留抵税额−当期应退税额

（3）若当期应纳税额≥0：

当期期末退税前的留抵税额=0

当期应退税额=0

当期免抵税额=当期免抵退税额−当期应退税额=当期免抵退税额−0=当期免抵退税额

当期期末退税后的留抵税额（结转下期继续留抵税额）=当期期末退税前的留抵税额−当期应退税额=0

当期期末退税前的留抵税额为当期"增值税及附加税费申报表（一般纳税人适用）"中的"期末留抵税额"。

知识答疑2-13 "免抵退税"办法的计算有什么规律?

任务实例2-30 甲生产企业为增值税一般纳税人,本年8月进口货物,海关审定的关税完税价格为500万元,关税税率为10%,海关代征了进口环节增值税。进料加工免税进口料件一批,海关暂免征税,予以放行,组成计税价格为100万元;从国内市场购进材料支付的价款为1 400万元(不含增值税),取得的增值税专用发票上注明的增值税税额为182万元。外销(出口)进料加工货物的离岸价为1 000万元人民币。内销货物的销售额为1 200万元(不含增值税)。甲生产企业适用"免抵退税"办法,上期期末留抵税额为40万元。上述货物内销时均适用13%的增值税税率,出口退税率为9%。甲生产企业本年8月取得的增值税专用发票符合抵扣规定。

【任务要求】(1)计算甲生产企业当期免抵退税不得免征和抵扣税额;

(2)计算甲生产企业当期应纳税额;

(3)计算甲生产企业当期免抵退税额;

(4)计算甲生产企业当期应退税额、免抵税额及当期期末留抵税额。

【任务实施】(1)当期免抵退税不得免征和抵扣税额抵减额=100×(13%-9%)=4(万元)

当期免抵退税不得免征和抵扣税额=1 000×(13%-9%)-4=36(万元)

(2)当期应纳税额=1 200×13%-[182+500×(1+10%)×13%-36]-40=-101.5(万元)

当期期末退税前的留抵税额=101.5万元

(3)当期免抵退税额抵减额=100×9%=9(万元)

当期免抵退税额=1 000×9%-9=81(万元)

(4)由于当期期末退税前的留抵税额101.5万元>当期免抵退税额81万元,所以:

当期应退税额=当期免抵退税额=81万元

当期免抵税额=当期免抵退税额-当期应退税额=81-81=0

当期期末退税后的留抵税额(结转下期继续留抵税额)=当期期末退税前的留抵税额-当期应退税额
=101.5-81=20.5(万元)

2.出口货物或者劳务增值税免退税的计算

对于出口货物、劳务而言,不具有生产能力的出口企业(又称外贸企业)或其他单位出口货物或者劳务,实行免退税办法。

以出口货物为例,免退是指不具有生产能力的出口企业(又称外贸企业)或其他单位将外购的货物出口,在出口销售环节免征增值税额(指的是销项税额),相应的外购货物的进项税额(以前购买环节承担的进项税额)按规定予以退还。

(1)外贸企业出口委托加工修理修配货物以外的货物。

当期应退税额=购进出口货物的增值税专用发票或海关进口增值税专用缴款书注明的金额×出口货物退税率

(2)外贸企业出口委托加工修理修配货物。

当期应退税额=加工修理修配费用增值税专用发票注明的金额×出口货物退税率

退税率低于适用税率的,相应计算出的差额部分的税款为不予退税金额,需作进项税额转出处理,计入出口货物劳务成本。

当期不予退税金额(进项税额转出额)=购进出口货物的增值税专用发票或海关进口增值税专用缴款书注明的金额或加工修理修配费用增值税专用发票注明的金额×(出口货物征税率-出口货物退税率)

任务实例2-31　甲外贸公司（具有进出口经营权）为增值税一般纳税人，本年7月，从某日用化妆品公司购进出口用护发用品1 000箱，取得的增值税专用发票上注明的价款为100万元，税额为13万元，货款已通过银行存款支付。当月该批护发用品已全部出口，售价为每箱180美元（当日汇率为1美元=6.8元人民币），申请退税的单证齐全。该批护发用品适用的增值税退税率为9%。

【任务要求】（1）计算甲外贸公司应退的增值税税额；

（2）计算甲外贸公司增值税进项税额转出额。

【任务实施】（1）应退增值税税额=1 000 000×9%=90 000（元）

（2）增值税进项税额转出额=130 000−90 000=40 000（元）

项目引例解析2-2

1.进口环节应缴纳的关税、增值税：

进口环节应缴纳的关税=（260+5）×20%=53（万元）

进口环节应缴纳的增值税=（260+5+53）×13%=41.34（万元）

进口环节应缴纳的关税、增值税合计=53+41.34=94.34（万元）

2.采购业务可抵扣的进项税额=41.34+3×9%+62.4+12×9%=105.09（万元）

3.进项税额转出额=管理不善导致原材料损失的进项税额转出额+当期免抵退税不得免征和抵扣税额

=（32−2）×13%+2×9%+1 200×（13%−9%）=52.08（万元）

4.应纳增值税=280×13%−（105.09−52.08）=−16.61（万元）

应纳增值税<0，不缴纳增值税。

期末退税前的留抵税额=16.61万元

5.应退增值税：

当期免抵退税额=1 200×9%=108（万元）

由于当期免抵退税额（108万元）>当期期末退税前的留抵税额（16.61万元），因此：

当期应退税额=当期期末退税前的留抵税额=16.61万元

当期免抵税额=当期免抵退税额−当期应退税额=108−16.61=91.39（万元）

当期期末退税后的留抵税额（结转下期继续留抵税额）=当期期末退税前的留抵税额−当期应退税额=0

（二）出口服务或者无形资产退（免）税的计算

1.出口服务或者无形资产增值税免抵退税的计算

对于跨境应税行为而言，境内的单位和个人提供适用增值税零税率的服务或者无形资产，适用增值税一般计税方法的生产企业实行免抵退税办法，适用增值税一般计税方法的外贸企业直接将服务或自行研发的无形资产出口，视同生产企业连同其出口货物统一实行免抵退税办法。

对于跨境应税行为而言，免抵退指的是上述企业在服务或者无形资产的出口销售环节免征增值税额（指的是销项税额），相应的进项税额（以前购买环节承担的进项税额）抵减应纳增值税额（不包括适用增值税即征即退、先征后退政策的应纳增值税额），未抵减完的部分予以退还。

按照纳税人是否兼营货物或者劳务出口，零税率服务或者无形资产增值税免抵退税纳税人可分为专营零税率服务或者无形资产纳税人、兼营出口货物或者劳务的零税率服务或者无形资产纳税人。

（1）专营零税率服务或者无形资产纳税人免抵退增值税的计算。

专营零税率服务或者无形资产免抵退税的计算程序和方法如下：

❶当期应纳税额的计算。

当期应纳税额=当期销项税额−当期进项税额−上期留抵税额

若当期应纳税额≥0，则不涉及退税，但涉及免抵税；若当期应纳税额<0，则其绝对值便为当期期末退税前的留抵税额。

❷零税率服务或者无形资产当期免抵退税额的计算。

当期零税率服务或者　＝　当期零税率服务或者无形　×　外汇人民币　×　零税率服务或者无形
无形资产免抵退税额　　　　资产免抵退税计税价格　　　　牌价　　　　资产增值税退税率

❸当期应退税额和当期免抵税额的计算。

A.若当期应纳税额<0，且当期期末退税前的留抵税额≤当期免抵退税额：

当期应退税额=当期期末退税前的留抵税额

当期免抵税额=当期免抵退税额-当期应退税额

当期期末退税后的留抵税额（结转下期继续留抵税额）=当期期末退税前的留抵税额-当期应退税额=0

B.若当期应纳税额<0，且当期期末退税前的留抵税额>当期免抵退税额：

当期应退税额=当期免抵退税额

当期免抵税额=0

当期期末退税后的留抵税额（结转下期继续留抵税额）=当期期末退税前的留抵税额-当期应退税额

C.若当期应纳税额≥0：

当期期末退税前的留抵税额=0

当期应退税额=0

当期免抵税额=当期免抵退税额

当期期末退税后的留抵税额（结转下期继续留抵税额）=当期期末退税前的留抵税额-当期应退税额=0

提示　当期期末退税前的留抵税额为当期"增值税及附加税费申报表（一般纳税人适用）"中的"期末留抵税额"。

知识答疑2-14　与出口货物"免抵退税"办法相比，零税率服务和无形资产"免抵退税"办法有什么特点？

任务实例2-32　山西甲安装设计公司为增值税一般纳税人，不符合增值税加计抵减政策，已办理了出口退（免）税认定手续，安装服务的税率为9%，设计服务的征、退税率均为6%，期初留抵税额为6.6万元。本年7月和8月发生如下业务：

（1）7月10日，为山东乙公司提供安装服务，开具增值税专用发票，发票上注明价款200万元，税额18万元，款项未收。

（2）7月15日，为法国的一家企业提供设计服务，"技术出口合同登记证"上的成交价格为10万欧元，假定7月1日的人民币对欧元的汇率中间价为8；7月18日，收到法国客户支付的全部设计费，该项设计服务的部分业务由山西的丙设计公司承担，当日甲设计公司就该设计服务支付丙设计公司设计费26.5万元人民币（含税），并取得丙公司开具的增值税专用发票，注明价款25万元，税额1.5万元。

（3）7月12日，购进一台专用设备，取得的增值税专用发票上注明的价款为50万元，税额为6.5万元，设备款转账付讫。

（4）7月20日，支付北京市某律师事务所（一般纳税人）法律顾问费，取得的增值税专用发票上注明的价款为70万元，税额为4.2万元，顾问费转账付讫30万元。

（5）8月8日，该公司向主管税务机关办理了免抵退税申报；7月25日，收到税务机关审批的汇总表。

（6）8月27日，收到退税款。

上述增值税专用发票均符合抵扣规定。

【任务要求】计算甲安装设计公司上述业务的出口退税额。

【任务实施】本期免抵退增值税的计算如下：

当期应纳税额=18−（1.5+6.5+4.2）−6.6=−0.8（万元）

当期期末退税前的留抵税额=0.8万元

当期免抵退税额=10×8×6%=4.8（万元）

当期应退税额的计算如下：

由于当期期末退税前的留抵税额（0.8万元）<当期免抵退税额（4.8万元），因此：

当期应退税额=当期期末退税前的留抵税额=0.8万元

当期免抵税额=当期免抵退税额−当期应退税额=4.8−0.8=4（万元）

当期期末退税后的留抵税额（结转下期继续留抵税额）=当期期末退税前的留抵税额−当期应退税额=0

（2）兼营出口货物或者劳务的零税率服务或者无形资产纳税人免抵退增值税的计算。

实行免抵退税办法的增值税零税率服务或者无形资产提供者如果同时出口货物或者劳务（劳务指对外加工修理修配劳务，下同）且未分别核算的，应一并计算免抵退税。税务机关在审批时，应按照增值税零税率服务或者无形资产、出口货物或者劳务免抵退税额的比例划分其退税额和免抵税额。

以兼营出口货物为例，出口货物征税率和退税率不一致，产生免抵退税不得免征和抵扣税额，出口货物必须在出口业务单证齐全和系统信息齐全的条件下方可办理申报，两个因素共同影响出口退税免抵退增值税的计算。

兼营出口货物的零税率服务或者无形资产（未分别核算）纳税人免抵退税的计算公式调整如下：

❶当期应纳税额的计算。

当期应纳税额=当期销项税额−（当期进项税额−当期出口货物免抵退税不得免征和抵扣税额）−上期留抵进项税额

当期出口货物免抵退税不得免征和抵扣税额=当期出口货物离岸价×外汇人民币牌价×（出口货物征税率−出口货物退税率）−当期出口货物免抵退税不得免征和抵扣税额抵减额

当期出口货物免抵退税不得免征和抵扣税额抵减额=免税购进原材料价格×（出口货物征税率−出口货物退税率）

若当期应纳税额≥0，则不涉及退税，但涉及免抵税；若当期应纳税额<0，则其绝对值便为当期期末退税前的留抵税额。

❷当期免抵退税额的计算。

当期免抵退税额=当期零税率服务或者无形资产免抵退税额+当期出口货物免抵退税额

=当期零税率服务或者无形资产免抵退税计税价格×外汇人民币牌价×零税率服务或者无形资产退税率+（当期出口货物的离岸价格×外汇人民币牌价×出口货物退税率−当期出口货物免抵退税额抵减额）

当期出口货物免抵退税额抵减额=免税购进原材料价格×出口货物退税率

❸当期应退税额和当期免抵税额的计算。

A.若当期应纳税额<0，且当期期末退税前的留抵税额≤当期免抵退税额：

当期应退税额=当期期末退税前的留抵税额

当期免抵税额=当期免抵退税额−当期应退税额

当期期末退税后的留抵税额（结转下期继续留抵税额）=当期期末退税前的留抵税额−当期应退税额=0

B.若当期应纳税额<0，且当期期末退税前的留抵税额>当期免抵退税额：

当期应退税额=当期免抵退税额

当期免抵税额=0

当期期末退税后的留抵税额（结转下期继续留抵税额）=当期期末退税前的留抵税额-当期应退税额

　C.若当期应纳税额≥0：

当期期末退税前的留抵税额=0

当期应退税额=0

当期免抵税额=当期免抵退税额

当期期末退税后的留抵税额（结转下期继续留抵税额）=当期期末退税前的留抵税额-当期应退税额=0

提示　当期期末退税前的留抵税额为当期"增值税及附加税费申报表（一般纳税人适用）"中的"期末留抵税额"。

任务实例2-33　山东甲物流公司，主要从事仓储、运输、港口以及货物销售等业务，为增值税一般纳税人，具有进出口经营权，并办理了出口退（免）税认定手续。本年7月和8月发生如下业务：

（1）7月1日，接受日本一家国际货物运输代理公司的委托，从青岛承运一批重型设备到悉尼，承运合同注明的运费金额为120万美元，运输费用已全部收讫。

（2）7月4日至8日，共报关出口一批外协生产的A产品120万美元。

（3）7月10日，支付联运方运输费用327万元，银行转账付讫，且收到对方开具的增值税专用发票，注明运费金额为300万元，税额为27万元。

（4）7月25日，取得国内运输收入250万元，销项税额22.5万元；支付当月的油料费，取得增值税专用发票，注明金额为300万元，税额为39万元。

（5）7月30日，当月出口产品中出口单证全部收齐并且信息齐全的只有70万美元，剩下50万美元的出口到8月才能收到出口报关单。

（6）8月25日，收到主管税务机关审批的免抵退税申报汇总表。

（7）8月28日，开户行通知收到退税款。

假设7月1日人民币对美元汇率中间价为6.3，A产品的征税率为13%、退税率为12%，运输服务的征、退税率均为9%，上期留抵税额为10 000元。甲物流公司未分别核算其出口货物和出口服务业务。上述增值税专用发票均符合抵扣规定。

【任务要求】　计算甲物流公司本年7月的出口应退税额。

【任务实施】　当期免抵退税不得免征和抵扣税额=1 200 000×6.3×（13%-12%）=75 600（元）

当期应纳税额=225 000-（270 000+390 000-75 600）-10 000=-369 400（元）

当期期末退税前的留抵税额=369 400元

当期免抵退税额=700 000×6.3×12%+1 200 000×6.3×9%=1 209 600（元）

由于当期期末退税前的留抵税额（369 400元）<当期免抵退税额（1 209 600元），因此：

当期应退税额=当期期末退税前的留抵税额=369 400元

当期免抵税额=当期免抵退税额-当期应退税额=1 209 600-369 400=840 200（元）

当期期末退税后的留抵税额（结转下期继续留抵税额）=当期期末退税前的留抵税额-当期应退税额=0

2.出口服务或者无形资产增值税免退税的计算

对于跨境应税行为而言，境内的单位和个人提供适用增值税零税率的服务或者无形资产，适用增值税一般计税方法的外贸企业外购服务或者无形资产出口实行免退税办法。

对于跨境应税行为而言，免退税指的是外贸企业将外购的服务或者无形资产出口，在出口销售环节免征增值税额（指的是销项税额），相应的外购服务或者无形资产的进项税额（以前购买环节承担的进项税额）按规定予以退还。

外贸企业外购服务或者无形资产出口免退税的计算公式为：

$$外贸企业外购服务或者无形资产出口应退税额 = \frac{从境内单位或者个人购进出口零税率服务或者无形资产取得的增值税专用发票上注明的金额或从境外单位或者个人购进出口零税率服务或者无形资产取得的解缴税款的完税凭证上注明的金额} \times 零税率服务或者无形资产增值税退税率$$

🔖**提示** 出口企业既有适用增值税免抵退项目，也有增值税即征即退、先征后退项目的，增值税即征即退和先征后退项目不参与出口项目免抵退税计算。出口企业应分别核算增值税免抵退项目和增值税即征即退、先征后退项目，并分别申请享受增值税即征即退、先征后退和免抵退税政策。用于增值税即征即退或者先征后退项目的进项税额无法划分的，按照下列公式计算：

$$无法划分进项税额中用于增值税即征即退或者先征后退项目的部分 = 当月无法划分的全部进项税额 \times \frac{当月增值税即征即退或者先征后退项目销售额}{当月全部销售额、营业额合计}$$

任务实例2-34 甲公司是一家外贸企业，为增值税一般纳税人，本年11月，从国内乙公司外购一批产品，该产品的购买价为452 000元（取得乙公司开具的增值税专用发票，注明价款400 000元，税额52 000元）；然后甲公司以600 000元的价格出口给韩国丙公司。该产品的出口退税率为9%。另外甲公司外购国内丁设计公司服务106 000元（取得丁设计公司开具的增值税专用发票，注明价款100 000元，税额6 000元）；然后甲公司以120 000元的价格出口给日本戊公司。

【任务要求】 计算甲公司上述业务的出口退税额。

【任务实施】 出口货物应退税额=400 000×9%=36 000（元）

出口服务应退税额=100 000×6%=6 000（元）

任务十一　　增值税的征收管理

🔖**任务引例**

我公司本年1月销售一批货物，因为业务需要，本月尚未收到货款就已开具发票。请问我公司针对该项业务何时确认增值税纳税义务发生时间？何时申报缴纳增值税？

一、增值税的征收管理要求

（一）增值税的纳税义务发生时间

（1）纳税人采取直接收款方式销售货物的，不论货物是否发出，其纳税义务发生时间均为收到销售款项或取得索取销售款项凭据的当天。

纳税人销售应税劳务，其纳税义务发生时间为提供劳务同时收讫销售款项或者取得索取销售款项凭据的当天。

🔖**点睛** 纳税人生产经营活动中采取直接收款方式销售货物，已将货物移送对方并暂估销售收入入账，但既未取得销售款项或取得索取销售款项凭据也未开具销售发票的，其纳税义务发生时间为取得销售款项或取得索取销售款项凭据的当天；先开具发票的，为开具发票的当天。

（2）纳税人发生销售服务、无形资产或者不动产行为的，其纳税义务发生时间为收讫销售款项或者索取销售款项凭据的当天；先开具发票的，其纳税义务发生时间为开具发票的当天。

🌿**点睛** 取得索取销售款项凭据的当天，是指书面合同确定的付款日期；未签订书面合同或者书面合同未确定付款日期的，为服务、无形资产转让完成的当天或者不动产权属变更的当天。

（3）纳税人采取托收承付和委托银行收款方式销售货物的，其纳税义务发生时间为发出货物并办妥托收手续的当天。

（4）纳税人采取赊销和分期收款方式销售货物的，其纳税义务发生时间为书面合同约定的收款日期的当天，无书面合同或者书面合同没有约定收款日期的，其纳税义务发生时间为货物发出的当天。

（5）纳税人采取预收货款方式销售货物的，其纳税义务发生时间为货物发出的当天，但生产销售生产工期超过12个月的大型机械设备、船舶、飞机等货物，其纳税义务发生时间为收到预收款或者书面合同约定的收款日期的当天。

（6）纳税人提供租赁服务采取预收款方式的，其纳税义务发生时间为收到预收款的当天。

纳税人提供建筑服务取得预收款，应在收到预收款时，以取得的预收款扣除支付的分包款后的余额，按照规定的预征率预缴增值税。按照现行规定应在建筑服务发生地预缴增值税的项目，纳税人收到预收款时在建筑服务发生地预缴增值税。按照现行规定无需在建筑服务发生地预缴增值税的项目，纳税人收到预收款时在机构所在地预缴增值税。适用一般计税方法计税的项目预征率为2%，适用简易计税方法计税的项目预征率为3%。

（7）纳税人委托其他纳税人代销货物的，其纳税义务发生时间为收到代销单位的代销清单或者收到全部或者部分货款的当天。未收到代销清单及货款的，其纳税义务发生时间为发出代销货物满180天的当天。

（8）纳税人从事金融商品转让的，其纳税义务发生时间为金融商品所有权转移的当天。

（9）纳税人提供建筑服务，被工程发包方从应支付的工程款中扣押的质押金、保证金，未开具发票的，以纳税人实际收到质押金、保证金的当天为纳税义务发生时间。

（10）纳税人发生视同销售货物行为（不包括代销行为），其纳税义务发生时间为货物移送的当天。纳税人发生视同销售服务、无形资产或者不动产行为的，其纳税义务发生时间为服务、无形资产转让完成的当天或者不动产权属变更的当天。

（11）纳税人进口货物，其纳税义务发生时间为报关进口的当天。

（12）增值税扣缴义务发生时间为纳税人增值税纳税义务发生的当天。

知识答疑2-15 单用途商业预付卡（以下简称"单用途卡"）业务应当如何进行税务处理？

知识答疑2-16 支付机构预付卡（以下简称"多用途卡"）业务应当如何进行税务处理？

（二）增值税的纳税期限

增值税的纳税期限分别为1日、3日、5日、10日、15日、1个月或者1个季度。纳税人的具体纳税期限，由主管税务机关根据纳税人应纳税额的大小分别核定。以1个季度为纳税期限的规定适用于小规模纳税人、银行、财务公司、信托投资公司、信用社，以及财政部和国家税务总局规定的其他纳税人。不能按照固定期限纳税的，可以按次纳税。

纳税人以1个月或者1个季度为1个纳税期的，自期满之日起15日内申报纳税；以1

日、3日、5日、10日或者15日为1个纳税期的，自期满之日起5日内预缴税款，于次月1日起15日内申报纳税并结清上月应纳税款。

扣缴义务人解缴税款的期限，按照上述规定执行。

任务引例解析

根据《财政部　国家税务总局关于全面推开营业税改征增值税试点的通知》（财税〔2016〕36号）附件1《营业税改征增值税试点实施办法》的规定，增值税纳税义务发生时间为纳税人发生应税行为并收讫销售款项或者取得索取销售款项凭据的当天；先开具发票的，为开具发票的当天。

根据《增值税暂行条例》的规定，增值税的纳税期限分别为1日、3日、5日、10日、15日、1个月或者1个季度。纳税人的具体纳税期限，由主管税务机关根据纳税人应纳税额的大小分别核定；不能按照固定期限纳税的，可以按次纳税。纳税人以1个月或者1个季度为1个纳税期的，自期满之日起15日内申报纳税；以1日、3日、5日、10日或者15日为1个纳税期的，自期满之日起5日内预缴税款，于次月1日起15日内申报纳税并结清上月应纳税款。扣缴义务人解缴税款的期限，依照前两款规定执行。

因此，你公司未收款而先开具发票时，便应确认增值税纳税义务的发生，并按规定的纳税期限申报缴纳增值税。

知识答疑2-17 增值税小规模纳税人纳税期限实行月改季具体包括哪些内容？

（三）增值税的纳税地点

1.原增值税纳税人增值税的纳税地点

（1）固定业户应当向其机构所在地主管税务机关申报纳税。总机构和分支机构不在同一县（市）的，应当分别向各自所在地主管税务机关申报纳税；经国务院财政、税务主管部门或者其授权的财政、税务机关批准，可以由总机构汇总向总机构所在地主管税务机关申报纳税。

固定业户到外县（市）销售货物或者劳务，应当向其机构所在地的主管税务机关报告外出经营事项，并向其机构所在地的主管税务机关申报纳税；未报告的，应当向销售地或者劳务发生地的主管税务机关申报纳税；未向销售地或者劳务发生地的主管税务机关申报纳税的，由其机构所在地的主管税务机关补征税款。

（2）非固定业户销售货物或者应税劳务，应当向其销售地或者劳务发生地的主管税务机关申报纳税；未向销售地或者劳务发生地的主管税务机关申报纳税的，由其机构所在地或者居住地主管税务机关补征税款。

（3）进口货物，应当向报关地海关申报纳税。

（4）扣缴义务人应当向其机构所在地或者居住地的主管税务机关申报缴纳其扣缴的税款。

2."营改增"试点纳税人增值税的纳税地点

（1）固定业户应当向其机构所在地或者居住地主管税务机关申报纳税。总机构和分支机构不在同一县（市）的，应当分别向各自所在地的主管税务机关申报纳税；经财政部和国家税务总局或者其授权的财政和税务机关批准，可以由总机构汇总向总机构所在地的主管税务机关申报纳税。

（2）非固定业户应当向应税行为发生地主管税务机关申报纳税；未申报纳税的，由其机构所在地或者居住地主管税务机关补征税款。

（3）原以地市一级机构汇总缴纳营业税的金融机构，"营改增"后继续以地市一级机构汇总缴纳增值税。

同一省（自治区、直辖市、计划单列市）范围内的金融机构，经省（自治区、直辖市、计划单列市）税务局和财政厅（局）批准，可以由总机构汇总向总机构所在地的主管税务机关申报缴纳增值税。

（4）其他个人提供建筑服务、销售或者租赁不动产、转让自然资源使用权，应向建筑服务发生地、不动产所在地、自然资源所在地主管税务机关申报纳税。

（5）扣缴义务人应当向其机构所在地或者居住地主管税务机关申报缴纳扣缴的税款。

二、增值税的纳税申报实务

（一）一般纳税人增值税的纳税申报实务

1.申报及缴纳程序

一般纳税人办理纳税申报，需要经过发票认证、抄报税、纳税申报、税款缴纳、清卡解锁等程序。

（1）发票认证。

增值税一般纳税人本期申报抵扣的增值税专用发票必须先进行认证，纳税人可以持增值税专用发票的抵扣联在办税服务厅认证窗口认证，或进行远程认证（指的是网上增值税专用发票认证）。网上增值税专用发票认证是指增值税一般纳税人月底前使用扫描仪采集专用发票抵扣联票面信息，扫入认证专用软件（增值税发票抵扣联企业信息采集系统），生成电子数据，通过互联网报送税务机关，由税务机关进行解密认证，并将认证结果信息返回纳税人的一种专用发票认证方式。税务机关认证后，向纳税人下达"认证结果通知书"和"认证结果清单"。对于认证不符及密文有误的抵扣联，税务机关暂不予抵扣，并当场扣留作调查处理。未经认证的，不得申报抵扣。专用发票认证一般在月末进行。自2019年3月1日起，将取消增值税发票认证（指的是扫描认证）的纳税人范围扩大至全部一般纳税人。一般纳税人取得增值税发票（包括增值税专用发票、机动车销售统一发票、收费公路通行费增值税电子普通发票，下同）后，可以自愿使用增值税发票综合服务平台查询、选择用于申报抵扣、出口退税或者代办退税的增值税发票信息（一般称作发票勾选确认或者勾选认证）。

（2）抄报税。

抄税是指开票纳税人将防伪税控系统中当月开具的增值税发票的信息读入纳税人开发票使用的金税卡；报税是指纳税人将金税卡中的开票信息报送给税务机关。纳税人在征期内登入开票软件，通过"报税处理"功能中的"网上抄报"系统自动实现抄报税功能，将企业的开票信息联网上报给税务机关。

（3）纳税申报。

纳税申报主要是指提交税费申报表等资料，而广义的纳税申报还包括上一步抄报税。

纳税申报工作可分为上门申报和网上申报。纳税人在次月1日起15日内，不论有无销售额，均应按主管税务机关核定的纳税期限按期向当地税务机关申报。

上门申报是指纳税人到办税服务大厅纳税申报窗口请购，或到税务局网站下载、打印整套"增值税及附加税费申报表（一般纳税人适用）"及其附表，依填报说明进行填写。纳税人携带填写好的"增值税及附加税费申报表（一般纳税人适用）"及其附表和相关资料到办税服务厅纳税窗口进行纳税申报。

网上申报是指纳税人通过网络，填写"增值税及附加税费申报表（一般纳税人适用）"及其附表，并向主管税务机关提交上述申报表等资料的一种纳税申报方法。目前，我国绝大多数地区已经实行网上申报。

（4）税款缴纳。

对于实行税库银联网的纳税人，税务机关将纳税申报表单据送到纳税人的开户银行，由银行进行自动转账处理；而对于未实行税库银联网的纳税人应当到税务机关指定的银行进行现金缴纳。

（5）清卡解锁。

网上申报缴纳税款成功后，纳税人需再次登入开票软件，执行"清卡解锁"操作。本步操作是将开票信息进行整理，纳税人可以转入下期进行开票处理。

提示　如果企业在征期内没有按期进行纳税申报，金税卡将自动锁死，纳税人将无法进行下期的购买发票和开票处理。

2.纳税申报时需提交的资料

增值税一般纳税人（简称纳税人）对增值税进行纳税申报时，必须实行电子信息采集。使用防伪税控系统开具增值税专用发票的纳税人必须在抄报税成功后，方可向所在地税务局办税服务厅进行纳税申报。

点睛　自2021年5月1日起，海南、陕西、大连和厦门开展增值税、消费税分别与城市维护建设税、教育费附加、地方教育附加申报表整合试点，启用"增值税及附加税费申报表（一般纳税人适用）"、"增值税及附加税费申报表（小规模纳税人适用）"、"增值税及附加税费预缴表"及其附列资料和"消费税及附加税费申报表"。自2021年8月1日起，上述申报表整合工作在全国推开，增值税、消费税分别与城市维护建设税、教育费附加、地方教育附加申报表整合，启用"增值税及附加税费申报表（一般纳税人适用）"、"增值税及附加税费申报表（小规模纳税人适用）"、"增值税及附加税费预缴表"及其附列资料和"消费税及附加税费申报表"。

增值税一般纳税人对增值税进行纳税申报时，应当填报"增值税及附加税费预缴表附列资料（附加税费情况表）"（略），以及"增值税及附加税费预缴表"（略）；"增值税及附加税费申报表附列资料（一）（本期销售情况明细）"（略），"增值税及附加税费申报表附列资料（二）（本期进项税额明细）"（略），"增值税及附加税费申报表附列资料（三）（服务、不动产和无形资产扣除项目明细）"（略），"增值税及附加税费申报表附列资料（四）（税额抵减情况表）"（略），"增值税及附加税费申报表（一般纳税人适用）附列资料（五）（附加税费情况表）"（见表2-8），"增值税减免税申报明细表"（略），以及"增值税及附加税费申报表（一般纳税人适用）"（见表2-9）。

（二）小规模纳税人增值税纳税申报实务

小规模纳税人对增值税进行纳税申报时，应当填报"增值税及附加税费预缴表附列资料（附加税费情况表）"（略），以及"增值税及附加税费预缴表"（略）；"增值税及附加税费申报表（小规模纳税人适用）附列资料（一）（服务、不动产和无形资产扣除项目明细）"（略），"增值税及附加税费申报表（小规模纳税人适用）附列资料（二）（附加税费情况表）"（见表2-10），"增值税减免税申报明细表"（略），以及"增值税及附加税费申报表（小规模纳税人适用）"（见表2-11）。

表2-8

增值税及附加税费申报表（一般纳税人适用）附列资料（五）

（附加税费情况表）

纳税人名称：(公章)

税（费）款所属时间：　年　月　日至　年　月　日

金额单位：元（列至角分）

税（费）种	本期是否适用小微企业"六税两费"减免政策 □是 □否	计税（费）依据			税（费）率（%）	本期应纳税（费）额	减免税政策 适用减免政策起止时间 / 适用减免政策主体			小微企业"六税两费"减免政策				本期已缴税（费）额	本期应补（退）税（费）额
		增值税税额	增值税免抵税额	本期减免扣除额			减免税（费）额			减征比例（%）	减征额	减免性质代码	本期减免金额		
						5=(1+2-3)×4	减免性质代码	本期减免税（费）额			9=(5-7)×8			12	13=5-7-9-11-12
		1	2	3	4		6	7		8		10	11		
城市维护建设税　1															
教育费附加　2			—	—							—		—	—		
地方教育附加　3			—	—							—		—	—		
合计　4		—	—	—	—			—			—		—	—		

本期是否适用试点建设产教融合型企业抵免政策 □是 □否

企业抵免政策

可用于扣除的增值税留抵退税额使用情况

当期新增投资额	5
上期留抵可抵免金额	6
结转下期可抵免金额	7
当期新增可用于扣除退税额	8
上期结转可用于扣除的留抵退税额	9
结转下期可用于扣除的留抵退税额	10

表 2-9　　　　　　　　　　　**增值税及附加税费申报表**

（一般纳税人适用）

　　根据国家税收法律法规及增值税相关规定制定本表。纳税人不论有无销售额，均应按税务机关核定的纳税期限填写本表，并向当地税务机关申报。

　　税款所属时间：自　年　月　日至　年　月　日　填表日期：　年　月　日　金额单位：元（列至角分）

　　纳税人识别号（统一社会信用代码）：□□□□□□□□□□□□□□□□□□□□　所属行业：

纳税人名称：		法定代表人姓名		注册地址		生产经营地址	
开户银行及账号		登记注册类型				电话号码	
项目	栏次	一般项目		即征即退项目	
		本月数	本年累计	本月数	本年累计
销售额	（一）按适用税率计税销售额	1				
	其中：应税货物销售额	2				
	应税劳务销售额	3				
	纳税检查调整的销售额	4				
	（二）按简易办法计税销售额	5				
	其中：纳税检查调整的销售额	6				
	（三）免、抵、退办法出口销售额	7			—	—
	（四）免税销售额	8			—	—
	其中：免税货物销售额	9			—	—
	免税劳务销售额	10			—	—
税款计算	销项税额	11				
	进项税额	12				
	上期留抵税额	13				
	进项税额转出	14				
	免、抵、退应退税额	15				
	按适用税率计算的纳税检查应补缴税额	16				
	应抵扣税额合计	17=12+13-14-15+16			—	
	实际抵扣税额	18（如17<11，则为17，否则为11）				
	应纳税额	19=11-18				
	期末留抵税额	20=17-18			—	
	简易计税办法计算的应纳税额	21				
	按简易计税办法计算的纳税检查应补缴税额	22			—	
	应纳税额减征额	23				
	应纳税额合计	24=19+21-23				
税款缴纳	期初未缴税额（多缴为负数）	25				
	实收出口开具专用缴款书退税额	26			—	
	本期已缴税额	27=28+29+30+31				
	①分次预缴税额	28			—	
	②出口开具专用缴款书预缴税额	29			—	
	③本期缴纳上期应纳税额	30				
	④本期缴纳欠缴税额	31				
	期末未缴税额（多缴为负数）	32=24+25+26-27				
	其中：欠缴税额（≥0）	33=25+26-27			—	
	本期应补（退）税额	34=24-28-29			—	
	即征即退实际退税额	35	—	—		
	期初未缴查补税额	36				
	本期入库查补税额	37				
	期末未缴查补税额	38=16+22+36-37				
附加税费	城市维护建设税本期应补（退）税额	39				
	教育费附加本期应补（退）费额	40				
	地方教育附加本期应补（退）费额	41				

　　声明：此表是根据国家税收法律法规及相关规定填写的，本人（单位）对填报内容（及附带资料）的真实性、可靠性、完整性负责。

　　　　　　　　　　　　　　　　　　　　　　　　　　　纳税人（签章）：　　　　　年　月　日

经办人：	受理人：
经办人身份证号：	受理税务机关（章）：
代理机构签章：	受理日期：　　　　年　月　日
代理机构统一社会信用代码：	

表2-10

增值税及附加税费申报表（小规模纳税人适用）附列资料（二）

（附加税费情况表）

纳税人名称：（公章）

税（费）款所属时间：　年　月　日至　年　月　日

金额单位：元（列至角分）

税（费）种	计税（费）依据 增值税税额	税（费）率（%）	本期应纳税（费）额	本期减免税（费）额		增值税小规模纳税人"六税两费"减征政策		本期已缴税（费）额	本期应补（退）税（费）额
				减免性质代码	减免税（费）额	减征比例（%）	减征额		
	1	2	3=1×2	4	5	6	7=(3-5)×6	8	9=3-5-7-8
城市维护建设税									
教育费附加		—		—		—			
地方教育附加		—		—		—			
合计		—		—		—			

表2-11 **增值税及附加税费申报表**

(小规模纳税人适用)

纳税人识别号（统一社会信用代码）：□□□□□□□□□□□□□□□□□□□

纳税人名称： 金额单位：元（列至角分）

税款所属期： 年 月 日至 年 月 日 填表日期： 年 月 日

项 目	栏次	本期数		本年累计	
		货物及劳务	服务、不动产和无形资产	货物及劳务	服务、不动产和无形资产
一、计税依据 （一）应征增值税不含税销售额（3%征收率）	1				
增值税专用发票不含税销售额	2				
其他增值税发票不含税销售额	3				
（二）应征增值税不含税销售额（5%征收率）	4	—	—	—	—
增值税专用发票不含税销售额	5	—	—	—	—
其他增值税发票不含税销售额	6	—	—	—	—
（三）销售使用过的固定资产不含税销售额	7（7≥8）				
其中：其他增值税发票不含税销售额	8	—		—	
（四）免税销售额	9=10+11+12				
其中：小微企业免税销售额	10				
未达起征点销售额	11				
其他免税销售额	12				
（五）出口免税销售额	13（13≥14）				
其中：其他增值税发票不含税销售额	14				
二、税款计算 本期应纳税额	15				
本期应纳税额减征额	16				
本期免税额	17				
其中：小微企业免税额	18				
未达起征点免税额	19				
应纳税额合计	20=15-16				
本期预缴税额	21			—	—
本期应补（退）税额	22=20-21			—	—
三、附加税费 城市维护建设税本期应补（退）税额	23				
教育费附加本期应补（退）费额	24				
地方教育附加本期应补（退）费额	25				

声明：此表是根据国家税收法律法规及相关规定填写的，本人（单位）对填报内容（及附带资料）的真实性、可靠性、完整性负责。

纳税人（签章）： 年 月 日

经办人：	受理人：
经办人身份证号：	
代理机构签章：	受理税务机关（章）：
代理机构统一社会信用代码：	受理日期： 年 月 日

▶ **职业技能训练** ◀

■ **职业能力选择**

一、单项选择题

1.下列各项中，免征增值税的是（ ）。

A.农业生产者销售购进的农产品 B.销售避孕药品

C.个体工商户销售使用过的物品 D.外国企业无偿援助的进口物资

2.下列关于增值税征收率的表述中，错误的是（ ）。

A.从2014年7月1日起，一般纳税人销售旧货，按照简易办法（简易计税方法）依照3%的征收率减按2%征收增值税

B.小规模纳税人（除其他个人外）销售自己使用过的除固定资产以外的物品，应按3%的征收率征收增值税

C.一般纳税人销售自己使用过的除固定资产以外的物品，应当按照适用税率征收增值税

D.一般纳税人销售自己使用过的不得抵扣且未抵扣进项税额的固定资产，依照2%的征收率征收增值税

3.对于委托其他人代销货物，未开具发票且未收到代销清单及货款的，增值税纳税义务发生时间为发出代销货物满（　　）天的当天。

A.15　　　　　　　　B.45　　　　　　　　C.180　　　　　　　　D.60

4.甲商业企业为增值税一般纳税人，本年1月销售货物给乙企业，同时向乙企业提供售后技术服务并取得相应的收入。对于该行为，下列说法中，正确的是（　　）。

A.属于兼营行为，应分别核算并按照各自税率缴纳增值税

B.属于混合销售行为，并按照销售货物的税率缴纳增值税

C.属于混合销售行为，并按照提供服务的税率缴纳增值税

D.属于兼营行为，应从高适用税率缴纳增值税

5.（　　）是作为销售方的增值税纳税人销售货物、劳务、服务、无形资产或者不动产开具的发票，是作为购买方增值税纳税人支付增值税额并可按照增值税有关规定据以抵扣增值税进项税额的凭证（据以抵扣增值税进项税额的权利仅限于增值税一般纳税人）。

A.专业发票　　　　　B.增值税专用发票　　　C.增值税普通发票　　　D.电子发票

6.下列各项中，不属于增值税视同销售行为的是（　　）。

A.将自产的货物用于集体福利　　　　　　　　B.将购进的货物用于投资

C.将购进的货物用于分配　　　　　　　　　　D.将购进的货物用于个人消费

7.甲公司是一家具有出口经营权的生产企业，为增值税一般纳税人，自营出口自产货物，本年12月末未退税前计算出的期末留抵税款为20万元，当期免抵退税额为18万元，则当期免抵税额为（　　）万元。

A.18　　　　　　　　B.20　　　　　　　　C.2　　　　　　　　　D.0

8.甲超市为增值税一般纳税人，本年7月零售大米和蔬菜共取得收入18 000元，开具普通发票，当月无法准确划分大米和蔬菜销售额，则甲超市上述业务的增值税销项税额为（　　）元。

A.0　　　　　　　　B.1 620　　　　　　　C.1 783.78　　　　　D.1 486.24

9.增值税一般纳税人的下列业务或事项中，若取得合法扣税凭证，其进项税额可以从销项税额中抵扣的是（　　）。

A.用于集体福利或者个人消费的购进货物、劳务、服务、无形资产或者不动产

B.非正常损失的购进货物及相关的劳务和交通运输服务

C.向农业生产者购进的免税农产品

D.非正常损失的在产品、产成品所耗用的购进货物（不包括固定资产）、劳务和交通运输服务

10.增值税一般纳税人兼营不同增值税税率的货物，未分别核算不同税率货物销售额的，确定其增值税税率的方法是（　　）。

A.适用3%的征收率　　B.适用从低税率　　　C.适用从高税率　　　D.适用平均税率

11.甲公司为增值税一般纳税人，本年7月购进免税农产品一批，支付给农业生产者的收购价格为30 000元，开具了农产品收购发票，当月全部领用于生产销售增值税税率为13%的货物，该项业务准予抵扣的进项税额为（　　）元。

A.3 000　　　　　　　B.2 700　　　　　　　C.3 600　　　　　　　D.0

12.企业发生的下列行为中，不属于视同销售货物的是（　　）。

A.将购进的水果发放给职工作为节日礼物　　B.将自产的货物分配给投资者

C.将委托加工收回的货物用于集体福利　　D.将购进的货物无偿赠送其他单位

13.纳税人销售货物、劳务、服务、无形资产或者不动产适用免税规定的，可以放弃免税权，依照税法的规定缴纳增值税。放弃免税权后，（　　）内不得再申请免税。

A.6个月　　　　　　　B.12个月　　　　　　　C.24个月　　　　　　　D.36个月

14.甲服装厂为增值税一般纳税人，本年7月，销售服装开具增值税专用发票，取得含税销售额200万元；开具增值税普通发票，取得含税销售额100万元；将购进的布料用于集体福利，该布料购进价为20万元，同类布料不含税销售价为30万元。甲服装厂当月增值税销项税额为（　　）万元。

A.34.51　　　　　　　B.39　　　　　　　C.51.59　　　　　　　D.54.59

15.增值税一般纳税人的下列行为中涉及的进项税额，不得从销项税额中抵扣的是（　　）。

A.食品厂将自产的月饼发给职工作为中秋节的福利

B.商场将购进的服装发给职工作为福利

C.电脑生产企业将自产的电脑分配给投资者

D.纺织厂将自产的窗帘用于职工活动中心

16.增值税一般纳税人的下列行为中，不应视同销售的是（　　）。

A.将购进的货物用于本单位职工个人消费　　B.将自产的货物捐赠给贫困地区的儿童

C.将委托加工收回的货物用于集体福利　　D.将自产的货物分配给投资者

17.下列关于小规模纳税人销售自己使用过的固定资产计征增值税适用征收率的表述中，正确的是（　　）。

A.减按2%的征收率征收　　　　　　　B.按3%的征收率征收

C.按4%的征收率减半征收　　　　　　　D.按6%的征收率减半征收

18.增值税一般纳税人的下列行为中，若取得合法扣税凭证，其进项税额准予从销项税额中抵扣的是（　　）。

A.将购进货物用于生产增值税免税产品　　B.将购进货物用于职工福利

C.将购进货物用于生产增值税应税产品　　D.将购进货物用于简易计税方法计税项目

19.下列各项中，属于增值税征税范围的是（　　）。

A.单位员工为本单位提供交通运输服务　　B.个体工商户为员工提供交通运输服务

C.企业向其他单位无偿提供咨询服务　　D.企业向社会公众提供咨询服务

20.甲公司为增值税一般纳税人，本年9月从某农业生产者手中购进玉米一批，用于生产销售税率为13%的货物，收购凭证上注明价款为10 000元，并支付运费3 000元（不含税），取得货运企业开具的增值税专用发票，该增值税专用发票本年9月符合抵扣规定；本月将该批玉米全部领用用于生产税率为13%的产品。本月在生产过程中，因管理不善损失1/4。则甲公司该项业务准予抵扣的进项税额为（　　）元。

A.10 000×10%+3 000×9%=1 270　　B.（10 000×10%+3 000×9%）×（1-1/4）=952.5

C.（10 000×10%+3 000×9%）×1/4=317.5　　D.10 000×10%×（1-1/4）=750

21.下列各项中，适用13%税率计算缴纳增值税的是（　　）。

A.一般纳税人提供有形动产融资租赁服务　　B.一般纳税人提供交通运输服务

C.一般纳税人提供不动产融资租赁服务　　D.一般纳税人提供仓储服务

22.一般纳税人既提供有形动产租赁服务，又提供建筑服务，未分别核算的，应按（　　）征税。

A.6%　　　　　　　B.3%　　　　　　　C.9%　　　　　　　D.13%

23.营业税改征增值税后，装卸搬运服务属于（　　）的子税目。

A.交通运输服务　　B.物流辅助服务　　C.文化创意服务　　D.信息技术服务

24.下列关于现代服务的说法中，正确的是（　　）。

A.代理报关属于物流辅助服务　　　　　　　　B.代理记账属于咨询服务

C.市场调查属于咨询服务　　　　　　　　　　D.设计服务属于研发和技术服务

25.增值税一般纳税人的下列业务或事项中，若取得合法扣税凭证，其进项税额准予从销项税额中抵扣的是（　　　）。

A.因管理不善造成的原材料被盗　　　　　　　B.将购进的原材料作为福利发放给职工

C.将购进的汽车用于运输货物　　　　　　　　D.将购进的原材料用于简易计税方法计税项目

26.下列关于增值税纳税义务发生时间的说法中，不正确的是（　　　）。

A.纳税人提供租赁服务采取预收款方式的，为应税服务完成的当天

B.纳税人发生应税劳务的，为提供劳务同时收讫销售款项或者取得索取销售款项凭据的当天；先开具发票的，为开具发票的当天

C.纳税人从事金融商品转让的，为金融商品所有权转移的当天

D.纳税人发生视同销售服务、无形资产或者不动产行为的，为服务、无形资产转让完成的当天或者不动产权属变更的当天

27.一般纳税人提供财政部和国家税务总局规定的特定应税行为，可以选择适用简易计税方法计税，但一经选择，（　　　）内不得变更。

A.12个月　　　　　　B.24个月　　　　　　C.36个月　　　　　　D.360日

28.自（　　　）起，我国实行全面"营改增"。

A.2016年1月1日　　B.2016年5月1日　　C.2017年1月1日　　D.2017年5月1日

29.下列关于一般纳税人登记的说法中，不正确的是（　　　）。

A.纳税人偶然发生的销售无形资产、转让不动产的销售额，不计入应税行为年应税销售额

B.年应税销售额，不包括免税销售额

C.自2018年5月1日起，纳税人兼有销售货物、提供加工修理修配劳务（简称应税货物或劳务）和销售服务、无形资产、不动产（简称应税行为）的，以应税货物劳务销售额与应税行为销售额合计适用一般纳税人登记标准，合计销售额超过规定标准，应当按照规定办理一般纳税人登记手续

D.年应税销售额未超过500万元的纳税人，会计核算健全，能够提供准确税务资料的，也可以向主管税务机关办理增值税一般纳税人登记

30.下列各项中，适用6%增值税税率的是（　　　）。

A.安装服务　　　　B.人力资源服务　　　　C.有形动产租赁服务　　　D.转让土地使用权

31.下列各项中，不适用增值税零税率的是（　　　）。

A.航天运输服务　　　　　　　　　　　　　　B.国际运输服务

C.对境内不动产提供的设计服务　　　　　　　D.向境外单位提供的研发服务

二、多项选择题

1.下列关于增值税纳税义务发生时间的说法中，正确的有（　　　）。

A.纳税人采取直接收款方式销售货物，其增值税纳税义务发生时间为发出货物的当天

B.纳税人采取托收承付方式销售货物，其增值税纳税义务发生时间为发出货物并办妥托收手续的当天

C.纳税人采取赊销方式销售货物，其增值税纳税义务发生时间为书面合同约定的收款日期的当天

D.纳税人进口货物，其增值税纳税义务发生时间为报关进口的当天

2.增值税一般纳税人销售下列货物，按低税率9%计征增值税的有（　　　）。

A.橄榄油　　　　　　B.肉桂油　　　　　　C.姜黄　　　　　　　D.麦芽

3.下列各项中，属于增值税纳税期限的有（　　　）。

A.1日　　　　　　　B.3日　　　　　　　C.4日　　　　　　　D.5日

4.下列各项中，不能登记为增值税一般纳税人的有（　　　）。

A.个体工商户以外的其他个人

B.选择按小规模纳税人纳税的非企业性单位

C.提供咨询服务的小规模企业

D.选择按照小规模纳税人纳税的不经常发生应税行为的企业

5.我国现行的增值税退税率有可能（　　）征税率。

A.大于 B.等于 C.小于 D.以上都有可能

6.纳税人发生的下列转让行为中，应当按照销售无形资产缴纳增值税的有（　　）。

A.转让肖像权 B.转让商标专用权

C.单独转让土地使用权 D.转让有价证券

7.一般纳税人有下列（　　）行为的，经税务机关责令限期改正而仍未改正的，不得使用专用发票。

A.虚开增值税专用发票

B.私自印制增值税专用发票

C.向税务机关以外的单位和个人买取增值税专用发票

D.借用他人增值税专用发票

8.下列货物中，适用9%的税率征收增值税的有（　　）。

A.卷帘机 B.淀粉 C.玉米胚芽 D.音像制品

9.一般纳税人提供的下列应税行为中，可以选择适用简易计税方法计税的有（　　）。

A.公共交通运输服务 B.文化体育服务

C.装卸搬运服务 D.打捞救助服务

10.下列关于增值税纳税义务发生时间的表述中，正确的有（　　）。

A.委托其他纳税人代销货物的，为代销货物移送给受托方的当天

B.纳税人提供租赁服务采取预收款方式的，其增值税纳税义务发生时间为收到预收款的当天

C.纳税人从事金融商品转让的，其增值税纳税义务发生时间为金融商品所有权转移的当天

D.纳税人发生视同销售服务、无形资产或者不动产行为的，其增值税纳税义务发生时间为服务、无形资产转让完成的当天或者不动产权属变更的当天

11.下列各项中，属于在我国境内提供增值税应税服务的有（　　）。

A.境外单位向境内单位提供完全在境外发生的服务

B.美国某公司为中国境内某企业设计时装

C.韩国某公司出租设备给中国境内某企业在境内使用

D.境外个人向境内单位出租完全在境外使用的机器

12.下列各项中，不得开具增值税专用发票的有（　　）。

A.一般纳税人向消费者个人销售货物 B.一般纳税人销售货物适用免税规定

C.一般纳税人销售劳保用品 D.一般纳税人向小规模纳税人销售货物

13.增值税一般纳税人的下列业务或事项中，即使取得合法扣税凭证，其进项税额也不得从销项税额中抵扣的有（　　）。

A.用于简易计税方法计税项目的购进物资 B.用于生产应税产品的购进原材料

C.因管理不善变质的库存购进商品 D.因管理不善被盗的产成品所耗用的购进原材料

14.企业发生的下列行为中，属于视同销售货物的有（　　）。

A.将委托加工的货物分配给投资者 B.将购进的货物作为投资提供给其他单位

C.将购进的货物用于扩建职工食堂 D.将委托加工的货物用于扩建职工食堂

15.企业发生的下列行为中，属于视同销售货物的有（　　）。

A.将购进的货物用于个人消费 B.将本企业自产的货物分配给投资者

C.将委托加工的货物用于集体福利 D.将购进的货物作为投资提供给其他单位

16.下列关于出口退（免）税政策的表述中，正确的有（　　）。

A.生产企业出口自产货物适用免抵退税办法

B.适用增值税免税政策的出口货物，其进项税额不得抵扣和退税

C.出口企业应将不同退税率的货物分开核算和申报，凡划分不清的，不予退免税

D.在征、退税率不一致的情况下，需要计算免抵退税不得免征和抵扣税额，并将其从当期进项税额中转出

17.下列各项中，属于增值电信服务的有（　　）。

A.出售带宽　　　　　　B.提供语音通话服务　　C.提供短信服务　　　　D.提供互联网接入服务

18.一般纳税人的下列各项业务或事项中，其进项税额不得从销项税额中抵扣的有（　　）。

A.非正常损失的购进货物，以及相关的加工修理修配劳务和交通运输服务

B.非正常损失的在产品、产成品所耗用的购进货物（不包括固定资产）、加工修理修配劳务和交通运输服务

C.非正常损失的不动产，以及该不动产所耗用的购进货物、设计服务和建筑服务

D.非正常损失的不动产在建工程所耗用的购进货物、设计服务和建筑服务

19.以1个季度为纳税期限的规定适用于（　　）。

A.一般纳税人　　　　　B.小规模纳税人　　　　C.财务公司　　　　　　D.信托投资公司

20.下列各项中，属于一般纳税人适用的增值税税率的有（　　）。

A.6%　　　　　　　　　B.9%　　　　　　　　　C.13%　　　　　　　　　D.3%

21.在境内销售服务、无形资产或者不动产，是指（　　）。

A.服务（租赁不动产除外）的销售方或者购买方在境内

B.无形资产（自然资源使用权除外）的销售方或者购买方在境内

C.所销售或者租赁的不动产在境内

D.所销售自然资源使用权的自然资源在境内

22.增值税一般纳税人提供的下列服务，适用零税率的有（　　）。

A.境内载运旅客出境　　　　　　　　　　　　B.境外载运货物入境

C.在境外载运旅客或货物　　　　　　　　　　D.为境外单位的位于境内的办公楼提供设计服务

23.增值税一般纳税人的下列业务或事项中，即使取得合法扣税凭证，其进项税额也不得从销项税额中抵扣的有（　　）。

A.运输企业无偿为某实验小学运输教材

B.企业将购进的货物用于职工福利

C.因管理不善造成购进的原材料发生霉变

D.因违反法律法规，被执法部门依法没收的已入库的产成品

24.出口服务适用零税率的增值税项目有（　　）。

A.国际运输服务　　　　　　　　　　　　　　B.航天运输服务

C.向境外单位提供研发服务　　　　　　　　　D.向境外单位提供设计服务

25.增值税的年应税销售额包括（　　）。

A.税务机关代开发票销售额　　　　　　　　　B.稽查查补销售额

C.纳税评估调整销售额　　　　　　　　　　　D.免税销售额

26.下列各项中，免征增值税的有（　　）。

A.将土地使用权转让给农业生产者用于农业生产　　B.金融同业往来利息收入

C.福利彩票、体育彩票的发行收入　　　　　　D.国家助学贷款

27.国际运输服务，是指（　　）。

A.在境内载运旅客或者货物出境　　　　　　　B.在境外载运旅客或者货物入境

C.在境外载运旅客或者货物　　　　　　　　　D.在境内载运旅客或者货物

28.下列关于"营改增"纳税人纳税地点的说法中，正确的有（　　）。

A.固定业户应当向其机构所在地或居住地主管税务机关申报纳税

B.非固定业户应当向应税行为发生地主管税务机关申报纳税；未申报纳税的，由其机构所在地或者居住地主管税务机关补征税款

C.扣缴义务人应当向被代扣代缴人机构所在地主管税务机关申报纳税

D.其他个人提供建筑服务，销售或者租赁不动产，转让自然资源使用权，应向建筑服务发生地、不动产所在地、自然资源所在地主管税务机关申报纳税

29.下列各项中，属于文化创意服务的有（　　）。

A.技术咨询服务　　　　B.著作权转让服务　　　C.知识产权服务　　　　D.广告服务

30.纳税人提供的下列服务中，应当计算缴纳增值税的有（　　）。

A.某医院提供的医疗服务　　　　　　　　　B.某婚姻介绍所提供的婚姻介绍服务

C.某汽车租赁公司提供的汽车租赁服务　　　D.某会计师事务所提供的咨询服务

■ 职业能力判断

1.自2013年8月1日起，纳税人自用的应征消费税的摩托车、汽车、游艇，其进项税额准予从销项税额中抵扣。（　　）

2.增值税一般纳税人资格实行认定制，认定事项由增值税纳税人向其主管税务机关办理。（　　）

3.增值税一般纳税人购进农产品，一律按照农产品收购发票或者销售发票上注明的农产品买价和9%的扣除率计算进项税额。（　　）

4.增值税扣缴义务发生时间为纳税人增值税纳税义务发生的次日。（　　）

5.对自来水公司销售自来水按简易办法（简易计税方法）依照3%的征收率（从2014年7月1日起）征收增值税时，不得抵扣其购进自来水取得增值税扣税凭证上注明的增值税税款。（　　）

6.根据增值税法律制度的规定，商业折扣如果是和销售额开在同一张发票上的，可以从销售额中扣除。（　　）

7.外贸企业"先征后退"办法的基本计算公式为：应退税额=外贸企业收购不含增值税购进金额×出口货物退税率；不予退税金额（作进项税转出处理）=外贸企业收购不含增值税购进金额×（出口货物征税率－出口货物退税率）。（　　）

8.一般纳税人丢失已开具专用发票的发票联，可将专用发票抵扣联作为记账凭证，专用发票抵扣联复印件留存备查。（　　）

9.不同增值税退税率的货物应分开核算，凡未分开核算而划分不清适用税率的，一律从高适用税率计算退税。（　　）

10.委托其他纳税人代销货物的，其增值税的纳税义务发生时间为收到代销单位的代销清单或者收到全部或者部分货款的当天。未收到代销清单及货款的，其增值税的纳税义务发生时间为发出代销货物满180天的当天。（　　）

11.除国家税务总局另有规定外，纳税人一经登记为小规模纳税人后，不得转为一般纳税人。（　　）

12.营业税改征增值税后，提供有形动产融资租赁服务不需要缴纳增值税。（　　）

13.养鸡设备系列产品属于农机，适用9%的增值税税率。（　　）

14.采用简易计税方法的纳税人，提供的出口服务一律免征增值税，不适用增值税零税率。（　　）

15.生产和销售免征增值税货物或劳务的纳税人要求放弃免税权，可以以书面形式或者口头形式提交放弃免税权声明，报主管税务机关备案。（　　）

16.自2012年10月1日起，从事农产品批发、零售的纳税人销售的部分鲜活肉蛋产品免征增值税。（　　）

17.根据增值税法律制度的规定，取得索取销售款项凭据的当天，是指书面合同确定的付款日期；未签订书面合同或者书面合同未确定付款日期的，为服务、无形资产转让完成的当天或者不动产权属变更的当天。 （ ）

18.在境外提供的广播影视节目（作品）的播映服务征收增值税。 （ ）

19.外国企业无偿援助的进口物资和设备，免征增值税。 （ ）

20.以1个季度为纳税期限的规定适用于小规模纳税人、银行、财务公司、信托投资公司、信用社，以及财政部和国家税务总局规定的其他纳税人。 （ ）

21.纳税人提供电信业服务时，附带赠送用户识别卡、电信终端等货物或者电信业服务的，应将其取得的全部价款和价外费用进行分别核算，按各自适用的税率计算缴纳增值税。 （ ）

22.纳入营业税改征增值税试点范围内的所有现代服务均适用6%的税率。 （ ）

23.餐饮住宿服务，包括餐饮服务和住宿服务。 （ ）

24.一般纳税人提供的特定应税行为（公共交通运输服务等）可以选择适用简易计税方法计税，但一经选择，36个月内不得变更。 （ ）

25.境内的单位和个人销售适用增值税零税率的服务或无形资产的，可以放弃适用增值税零税率，选择免税或按规定缴纳增值税。放弃适用增值税零税率后，12个月内不得再申请适用增值税零税率。 （ ）

26.纳税人年应税销售额未超过500万元，不得登记为一般纳税人。 （ ）

27.纳税人登记成为一般纳税人后，发生偷税、骗税行为的，可以再转变为小规模纳税人。 （ ）

28.2013年8月1日起，增值税一般纳税人购进应征消费税的汽车、摩托车、游艇，无论是生产经营用，还是个人消费，均可抵扣进项税额。 （ ）

29.服务或者无形资产的退税率为其按照销售服务或者无形资产规定适用的增值税税率。 （ ）

30.实行增值税退（免）税办法的增值税零税率服务或者无形资产可以开具增值税专用发票。 （ ）

■ 职业能力实训

一、计算题

1.甲电视机厂为增值税一般纳税人，本年7月生产出最新型号的彩色电视机，每台不含税销售单价为7 800元。当月发生如下经济业务：

（1）5日，向各大商场销售电视机2 000台，对这些大商场在当月20天内付清2 000台电视机购货款均给予了5%的销售折扣。

（2）15日，购进生产电视机用原材料一批，取得的增值税专用发票上注明的价款为3 500 000元，税额为455 000元，该增值税专用发票本年7月符合抵扣规定。

（3）18日，采取以旧换新方式，从消费者个人手中收购旧型号电视机、销售新型号电视机200台，每台旧型号电视机折价为500元。

（4）30日，发货给外省分支机构400台电视机，用于销售。在销售过程中，接受某运输公司的运输服务，支付运费价税合计1 090元，取得增值税专用发票，发票上注明运费金额1 000元，税额90元，该增值税专用发票本年7月符合抵扣规定。货款及运费均以银行存款支付。

要求：

（1）计算甲电视机厂本年7月的销项税额；

（2）计算甲电视机厂本年7月准予抵扣的进项税额。

2.甲服装厂为增值税一般纳税人，本年7月销售服装开具增值税专用发票，取得含税销售额350万元；开具增值税普通发票，取得含税销售额120万元。将购进的布料用于集体福利，该布料购进价为20万元，同类布料不含税销售价为32万元。

要求：计算甲服装厂本年7月的销项税额。

3. 甲企业为增值税一般纳税人，本年7月销售其使用过的包装物一批，取得含税收入 2 260 元，并开具增值税普通发票；销售自己使用过的小汽车一辆，取得含税收入 30 900 元，已知该小汽车于 2013 年 6 月购进，并开具增值税普通发票。

要求：计算甲企业本年7月的应纳增值税。

4. 甲企业为增值税一般纳税人，本年7月从国外进口一批原材料，海关审定的完税价格为 120 万元，该批原材料分别按 9% 和 13% 的税率向海关缴纳了关税和进口环节增值税，并取得了相关完税凭证。该批原材料当月加工成产品后全部在国内销售，取得销售收入 300 万元（不含增值税），同时支付运输费 6 万元（不含增值税），取得增值税专用发票，该增值税专用发票本年7月符合抵扣规定。已知甲企业生产的产品适用的增值税税率为 13%。

要求：计算甲企业本年7月的应纳增值税。

5. 甲企业为增值税一般纳税人，本年7月进口一批高档化妆品，关税完税价格为 50 万元。已知高档化妆品的关税税率为 20%、消费税税率为 15%。

要求：计算甲企业本年7月进口高档化妆品的增值税。

6. 甲广告公司为增值税一般纳税人，满足增值税加计抵减政策的条件。本年7月，该公司取得广告制作费 763.2 万元（含税），支付给山西某媒体的广告发布费为 280 万元（不含税），取得增值税专用发票，该增值税专用发票本年7月符合抵扣规定。此外，当期甲广告公司其他可抵扣的进项税额为 15 万元。

要求：计算本年7月甲广告公司的应纳增值税。

7. 甲公司为增值税小规模纳税人，选择按月申报缴纳增值税。2020 年 1 月，甲公司向一般纳税人乙企业提供财税咨询服务，取得含增值税销售额 30.9 万元；向小规模纳税人丙企业提供注册信息服务，取得含增值税销售额 2.06 万元；购进办公用品，支付价款 2.06 万元，并取得增值税普通发票。已知增值税征收率为 3%。

要求：计算甲公司 2020 年 1 月的应纳增值税。

二、综合题

1. 甲企业为增值税一般纳税人，本年7月份发生以下业务：

（1）购进纪念品，将其全部用于集体福利，取得的增值税专用发票上注明的增值税为 2 600 元。

（2）从某增值税小规模纳税人处购进原材料 80 000 元（含增值税），取得增值税普通发票；支付运输企业（增值税一般纳税人）运输费 12 000 元（不含增值税），取得增值税专用发票。

（3）销售汽车装饰物品，取得不含税收入 20 000 元；提供汽车修理劳务取得不含税收入 15 000 元；出租汽车取得不含税租金收入 10 000 元。

（4）当月将本企业使用过的 2008 年购入的一台机器设备销售，该机器设备购入时不得抵扣且未抵扣进项税额，取得含税销售收入 20 600 元，甲企业未放弃减税。

（5）因管理不善丢失一批本年6月购入的原材料（取得了增值税专用发票，本年6月已抵扣进项税额），账面成本为 7 000 元。

（其他相关资料：甲企业取得的增值税专用发票本年7月均符合抵扣规定）

要求：

（1）计算甲企业本年7月准予抵扣的进项税额；

（2）计算甲企业本年7月的增值税销项税额；

（3）计算甲企业本年7月的应纳增值税。

2. 甲公司为试点一般纳税人，主营货物批发零售，兼营国际货运代理和运输服务。本年6月应交未交增值税为 10 万元。本年7月发生业务如下：

（1）10 日，上缴上月应交未交的增值税 10 万元。

（2）12 日，国内采购货物一批，取得增值税专用发票 1 张，增值税专用发票上注明的价款为 20 万元、增值税为2.6万元，通过银行支付了上述款项。

（3）13日，进口货物1批，取得海关出具的"海关进口增值税专用缴款书"3张，注明的价款为10万元、增值税为1.3万元。

（4）15日，销售货物一批，已开具增值税专用发票1张，注明销售额130万元、增值税16.9万元，款项已经收妥（假设不考虑成本结转）。

（5）20日，购进货物改变用途，将货物30万元（购买价）用于发放职工福利。该批货物的进项税额为3.9万元，已于上月抵扣。

（6）21日，提供联运运输服务，共取得收入109万元，并开具增值税专用发票，注明运输费用100万元、增值税9万元，同时支付给联运方运费54.5万元（含税），并取得增值税专用发票。

（7）24日，提供国际货运代理服务（甲公司放弃免税权），取得应税服务收入并开具增值税专用发票，注明价款150万元、增值税9万元。为取得该收入，支付给一般纳税人代理公司代理费用60万元、增值税3.6万元，取得增值税专用发票1张；支付给小规模纳税人代理公司代理费用金额30.9万元（含增值税），取得增值税专用发票1张；支付给小规模纳税人货物运输公司运费金额10万元（含增值税），取得增值税普通发票1张。

（8）26日，购进设备4台，款项已经支付，取得增值税专用发票1张，发票上注明价款30万元、增值税3.9万元。

甲公司取得的合法票据本年7月均符合抵扣规定。

要求：计算甲公司本年7月上述业务的增值税销项税额、进项税额和应纳增值税税额。

项目三 消费税法

职业能力目标

（1）能理解消费税的基本原理。

（2）会界定消费税纳税人，会判断哪些产品应当缴纳消费税，会选择消费税适用税率，能确定不同类别的应税消费品的消费税纳税义务环节。

（3）能根据相关业务资料计算直接对外销售应税消费品的应纳税额，自产自用应税消费品的应纳税额，委托加工应税消费品的应纳税额，以及进口应税消费品的应纳税额。

（4）能根据相关业务资料进行消费税出口退（免）税和征税的计算，能合理选择和运用出口应税消费品的消费税税收政策，能根据相关业务资料计算消费税应退税额。

（5）能确定消费税的纳税义务发生时间、纳税期限和纳税地点。

税收格言

贫者无业而有税，则私家有输纳欠负追呼监系之苦；富者有业而无税，则公家有隐瞒失陷岁计不足之患。

——朱熹

素养提升

视频

青春同梦 与国同行

▶ 项目引例——消费税的计算 ◀

甲礼花厂为增值税一般纳税人，本年7月发生以下业务：

（1）月初库存外购已税鞭炮的金额为10 000元，当月购进已税鞭炮400箱，取得的增值税专用发票上注明的每箱购进金额为300元。月末库存外购已税鞭炮的金额为7 000元，其余为当月生产领用。

（2）当月生产甲鞭炮150箱，销售给A商贸公司120箱，每箱不含税销售价格为700元（不含增值税）；其余30箱通过该企业自设非独立核算门市部销售，每箱不含税销售价格为750元。

（3）当月生产乙鞭炮500箱，销售给B商贸公司200箱，每箱销售价格为1 000元（不含增值税）；销售给C商贸公司100箱，每箱销售价格为1 100元（不含增值税）；将150箱换取火药厂的火药，双方按以物易物价格开具了增值税专用发票；剩余的50箱作为福利发给职工。

（其他相关资料：甲礼花厂取得的上述增值税专用发票本年7月均符合抵扣规定；鞭

炮的消费税税率为15%）

⭐**任务要求**

1. 计算甲礼花厂本年7月销售给A商贸公司鞭炮应缴纳的消费税。

2. 计算甲礼花厂本年7月销售给B商贸公司鞭炮应缴纳的消费税。

3. 计算甲礼花厂本年7月销售给C商贸公司鞭炮应缴纳的消费税。

4. 计算甲礼花厂本年7月门市部销售鞭炮应缴纳的消费税。

5. 计算甲礼花厂本年7月用鞭炮换取原材料应缴纳的消费税。

6. 计算甲礼花厂本年7月将鞭炮作为福利发放应缴纳的消费税。

7. 计算甲礼花厂本年7月允许扣除的已纳消费税。

8. 计算甲礼花厂本年7月实际应缴纳的消费税。

▶**项目引例解析**　见本项目的任务五。

任务一　　消费税的基本原理认知

一、消费税的含义

消费税是指对特定的消费品和消费行为征收的一种流转税。消费税可分为一般消费税和特别消费税。前者主要是指对所有消费品包括生活必需品和日用品普遍课税，后者主要是指对特定消费品或特定消费行为，如奢侈品等课税。

我国现行消费税是对在中华人民共和国境内从事生产、委托加工、进口、批发或者零售应税消费品的单位和个人就其销售额、销售数量征收的一种税。由于其选择部分消费品征税，因此属于特别消费税。

二、消费税的发展

消费税具有悠久的历史。早在公元前81年，汉昭帝为避免酒的专卖"与商人争市利"，改酒专卖为普遍征税，允许各地地主、商人自行酿酒卖酒，每升酒缴税四文，纳税环节在酒销售之后，而不是在出坊（酒坊）时缴纳税款，这可以说是我国较早的消费税。

1950年，我国统一全国税制，建立新税制，开征了特种行为消费税。这一税种包含娱乐、筵席、冷食、旅馆4个税目，在发生特种消费行为时征收。其中，"筵席、冷食、旅馆3种有关食住方面的消费行为，其消费额在一般日常生活水平限度以内者，不算特种消费，不应负税"，即规定有起征点。至于娱乐方面的消费，则不是一般日常生活的绝对需要，所以不规定起征点。1988年9月22日，国务院针对社会上存在的不合理消费现象开征了筵席税。1989年2月1日，为缓解彩色电视机、小轿车的供求矛盾开征了彩色电视机特别消费税和小轿车特别消费税。此外，我国1984年9月18日颁布开征的产品税和增值税的课税范围涉及大部分消费品，也具有一定的消费税性质。

为适应建立社会主义市场经济体制的需要，配合新一轮税制改革，主要是新增值税的推行，1993年底，国务院正式发布了《中华人民共和国消费税暂行条例》，并于1994年1月1日起实施。决定在对增值税进行普遍征收的基础上，再对部分消费品征收消费税，以贯彻国家产业政策和消费政策。

为适应社会经济形势的客观发展需要，进一步完善消费税制，经国务院批准，2006年3月20日，财政部、国家税务总局发文，对消费税税目、税率及相关政策进行调整。新增高尔夫球及球具、高档手表、游艇、木制一次性筷子、实木地板5个税目；取消汽油、柴油税目，增列成品油税目；取消护肤护发品税目，将原属于护肤护发品征税范围的高档护肤类化妆品列入化妆品税目。调整后使消费税政策更加适合我国的客观实际。

自2014年12月1日起，取消酒精消费税。取消酒精消费税后，"酒及酒精"税目相应改为"酒"，并继续按现行消费税政策执行，同时取消汽车轮胎消费税。自2015年2月1日起，对电池和涂料征收消费税。自2016年10月1日起，取消对普通美容、修饰类化妆品征收消费税，将"化妆品"税目名称更名为"高档化妆品"，征税范围包括高档美容、修饰类化妆品、高档护肤类化妆品和成套化妆品，税率调整为15%。自2016年12月1日起，"小汽车"税目下增设"超豪华小汽车"子税目，在生产（进口）环节按现行税率征收消费税的基础上，在零售环节加征消费税，税率为10%。自2022年11月1日起，将电子烟纳入消费税征收范围，在"烟"税目下增设"电子烟"子目。这些是近几年对消费税税目的重大调整。

现行消费税法律制度的基本规范，是2008年11月5日经国务院第34次常务会议修订通过并发布，自2009年1月1日起实施的《中华人民共和国消费税暂行条例》（简称《消费税暂行条例》），以及2008年12月15日财政部、国家税务总局第51号令发布的《中华人民共和国消费税暂行条例实施细则》（简称《消费税暂行条例实施细则》）。

三、消费税的特点

我国消费税具有以下特点：

（一）征税范围具有选择性

我国仅选择对部分消费品征收消费税，而不是对所有消费品都征收消费税。

（二）征税环节具有单一性

消费税的最终负担人是消费者，但是，为了加强源泉控制，防止税款流失，消费税的纳税环节主要确定在生产环节、委托加工环节或者进口环节。

特殊情况有3种：一是金银首饰、铂金首饰和钻石及钻石饰品在零售环节而非生产环节征收消费税；二是卷烟、电子烟除了在生产环节缴纳一道消费税之外，还在批发环节再缴纳一道消费税；三是超豪华小汽车除了在生产环节缴纳一道消费税外，还在零售环节再缴纳一道消费税。

（三）平均税率水平比较高且税负差异大

消费税属于国家运用税收杠杆对某些消费品进行特殊调节的税种。为了有效体现国家政策，消费税的平均税率水平一般定得比较高，并且不同征税项目的税负差异较大，对需要限制或控制消费的消费品，通常税负较重。

（四）征收方法具有灵活性

消费税在征收方法上，既可以采用对应税消费品制定单位税额，根据应税消费品的数量实行从量定额的征收方法，也可以采用对应税消费品制定比例税率，根据应税消费品的价格实行从价定率的征收方法，还可以两者兼有。目前，对卷烟和白酒两类应税消费品既采用从价征收，又同时采用从量征收。

（五）税负具有转嫁性

消费税对应税消费品的消费进行课税。因此，税负归宿应为消费者。但为了简化征收管理，我国消费税直接以应税消费品的生产经营者为纳税人，于生产销售环节、委托加工环节或进口环节缴纳税款（前文已述，金银首饰、铂金首饰和钻石及钻石饰品、卷烟、电子烟、超豪华小汽车除外），并成为商品价格的一个组成部分而向购买者收取（即消费税属于价内税），消费者是消费税的最终负担者。

任务二 消费税纳税人、代收代缴义务人和征税范围的确定

一、消费税纳税人和代收代缴义务人的确定

（一）消费税的纳税人

在我国，消费税是对中华人民共和国境内从事生产、委托加工、进口、批发或者零售应税消费品（属于应当征收消费税的消费品，简称应税消费品）的单位和个人，就其销售额或销售数量，在特定环节征收的一种税。

凡在中华人民共和国境内生产、委托加工和进口《消费税暂行条例》规定的应税消费品的单位和个人，以及国务院确定的销售（主要是指批发或者零售）《消费税暂行条例》规定的某些应税消费品的单位和个人，均为消费税的纳税人。"境内"，是指生产、委托加工和进口应税消费品的起运地或所在地在境内。具体来说，单位，是指企业、行政单位、事业单位、军事单位、社会团体及其他单位；个人，是指个体工商户以及其他个人。

（右侧边栏）微课 消费税纳税人和征税范围的确定

（二）消费税的代收代缴义务人

委托加工的应税消费品，除受托方为个人外，由受托方在向委托方交货时代收代缴税款，该受托方为消费税的代收代缴义务人。

二、消费税征税范围的确定

（一）征税范围的确定原则

（1）某些过度消费会对人身健康、社会秩序、生态环境等方面造成危害的特殊消费品，如烟、酒、鞭炮、焰火、小汽车、摩托车、电池、涂料。

（2）某些高档消费品、奢侈品、非生活必需品，如高档化妆品、贵重首饰及珠宝玉石、高尔夫球及球具、高档手表、游艇。

（3）某些不可再生和替代的稀缺消费品，如成品油、木制一次性筷子、实木地板。

（二）征税范围的具体规定

1. 烟

烟是指以烟叶为原料加工生产的产品。烟的征税范围包括卷烟（进口卷烟、白包卷烟、手工卷烟和未经国务院批准纳入计划的企业及个人生产的卷烟）、雪茄烟、烟丝和电子烟。

◆ 点睛 自2022年11月1日起，将电子烟纳入消费税征收范围，在"烟"税目下增设"电子烟"子目。电子烟是指用于产生气溶胶供人抽吸等的电子传输系统，包括烟弹、烟具以及烟弹与烟具组合

销售的电子烟产品。烟弹是指含有雾化物的电子烟组件。烟具是指将雾化物雾化为可吸入气溶胶的电子装置。

2.酒

酒是酒精度在1度以上的各种酒类饮料。酒类包括粮食白酒、薯类白酒、黄酒、啤酒、果啤和其他酒。

提示 对饮食业、商业、娱乐业举办的啤酒屋（啤酒坊）利用啤酒生产设备生产的啤酒，应当征收消费税。

点睛 对以黄酒为酒基生产的配制或泡制酒，按其他酒征收消费税。葡萄酒按其他酒征收消费税。

3.高档化妆品

高档化妆品包括高档美容、修饰类化妆品，高档护肤类化妆品和成套化妆品。高档美容、修饰类化妆品和高档护肤类化妆品是指生产（进口）环节销售（完税）价格（不含增值税）在10元/毫升（克）或15元/片（张）及以上的美容、修饰类化妆品和护肤类化妆品。

点睛 舞台、戏剧、影视演员化妆用的上妆油、卸妆油、油彩，不属于本税目的征税范围。

4.贵重首饰及珠宝玉石

贵重首饰及珠宝玉石包括凡以金、银、白金、宝石、珍珠、钻石、翡翠、珊瑚、玛瑙等高贵稀有物质以及其他金属、人造宝石等制作的各种纯金银首饰及镶嵌首饰和经采掘、打磨、加工的各种珠宝玉石。对出国人员免税商店销售的金银首饰也征收消费税。

5.鞭炮、焰火

鞭炮、焰火包括各种类型的鞭炮、焰火。

提示 体育上用的发令纸、鞭炮药引线，不按本税目征税。

6.成品油

成品油包括汽油、柴油、石脑油、溶剂油、航空煤油、润滑油、燃料油7个子目。

实务答疑3-1 我公司为一家成品油批发企业，将外购的各种标号汽油与乙醇混掺制成乙醇汽油后对外销售，是否需要缴纳消费税？

7.小汽车

小汽车是指由动力驱动，具有4个或4个以上车轮的非轨道承载的车辆。电动车、沙滩车、雪地车、卡丁车、高尔夫车不属于消费税征税范围，不征收消费税。自2016年12月1日起，"小汽车"税目下增设"超豪华小汽车"子税目，征税范围为每辆零售价格130万元（不含增值税）及以上的乘用车和中轻型商用客车，即乘用车和中轻型商用客车子税目中的超豪华小汽车。

提示 小汽车税目不包括大型商用客车、大货车、大卡车。

8.摩托车

摩托车包括轻便摩托车和摩托车两种。对发动机气缸容量在250ml（不含）以下的小排量摩托车不征收消费税。

9.高尔夫球及球具

高尔夫球及球具是指从事高尔夫球运动所需的各种专用装备，包括高尔夫球、高尔夫球杆及高尔夫球包（袋）等。高尔夫球杆的杆头、杆身和握把属于本税目的征税范围。

10.高档手表

高档手表是指销售价格（不含增值税）每只在10 000元（含）以上的各类手表。本税目的征税范围包括符合以上标准的各类手表。

11.游艇

游艇是指长度大于8米（含）小于90米（含），船体由玻璃钢、钢、铝合金、塑料等多种材料制作，可以在水上移动的水上浮载体。

12.木制一次性筷子

木制一次性筷子，又称卫生筷子，是指以木材为原料经过锯段、浸泡、旋切、刨切、烘干、筛选、打磨、倒角、包装等环节加工而成的各类供一次性使用的筷子。

13.实木地板

实木地板是指以木材为原料，经锯割、干燥、刨光、截断、开榫、涂漆等工序加工而成的块状或条状的地面装饰材料。

14.电池

电池，是一种将化学能、光能等直接转换为电能的装置，一般由电极、电解质、容器、极端，通常还有隔离层组成的基本功能单元，以及用一个或多个基本功能单元装配成的电池组。其包括：原电池、蓄电池、燃料电池、太阳能电池和其他电池。

15.涂料

涂料是指涂于物体表面能形成具有保护、装饰或特殊性能的固态涂膜的一类液体或固体材料之总称。自2015年2月1日起，对涂料征收消费税。对施工状态下挥发性有机物（volatile organic compounds，VOC）含量低于420克/升（含）的涂料免征消费税。

图解税收

上了黑名单寸步难行！
这些失信纳税人已被联合惩戒

任务三　消费税税率的判定

任务引例

我公司为一家酒厂，现将自产的白酒与外购的礼品搭配成套对外销售。请问这部分收入应如何计算消费税？

消费税实行从价定率的比例税率、从量定额的定额税率和从价定率与从量定额相结合的复合计税3种形式，设置了不同的税率。多数消费品采用比例税率，最高税率为56%，最低税率为1%；对成品油和黄酒、啤酒等实行定额税率；对卷烟、白酒实行从价定率与从量定额相结合计算应纳税额的复合计税办法。现行"应税消费品名称、税率和计量单位对照表"见表3-1。

表 3-1　　　　　　　　　　应税消费品名称、税率和计量单位对照表

应税消费品名称	比例税率	定额税率	计量单位
一、烟			
1.卷烟			
（1）工业			
①甲类卷烟〔调拨价70元（不含增值税）/条以上（含70元）〕	56%	30元/万支	万支
②乙类卷烟〔调拨价70元（不含增值税）/条以下〕	36%	30元/万支	
（2）商业批发	11%	50元/万支	
2.雪茄烟	36%	—	支
3.烟丝	30%	—	千克
4.电子烟			
（1）工业	36%	—	盒
（2）商业批发	11%	—	盒
二、酒			
1.白酒	20%	0.5元/500克（毫升）	500克（毫升）
2.黄酒	—	240元/吨	吨
3.啤酒			
（1）甲类啤酒〔出厂价格3 000元（不含增值税）/吨以上（含3 000元）〕	—	250元/吨	吨
（2）乙类啤酒〔出厂价格3 000元（不含增值税）/吨以下〕	—	220元/吨	
4.其他酒	10%	—	吨
三、高档化妆品	15%	—	实际使用计量单位
四、贵重首饰及珠宝玉石			
1.金银首饰、铂金首饰和钻石及钻石饰品	5%	—	实际使用计量单位
2.其他贵重首饰和珠宝玉石	10%	—	
五、鞭炮、焰火	15%	—	实际使用计量单位
六、成品油			
1.汽油	—	1.52元/升	升
2.柴油	—	1.20元/升	
3.航空煤油	—	1.20元/升	

续表

应税消费品名称	比例税率	定额税率	计量单位
4.石脑油	—	1.52元/升	
5.溶剂油	—	1.52元/升	
6.润滑油	—	1.52元/升	
7.燃料油	—	1.20元/升	
七、摩托车			
1.气缸容量（排气量，下同）=250毫升	3%	—	辆
2.气缸容量>250毫升	10%	—	
八、小汽车			
1.乘用车			
（1）气缸容量（排气量，下同）≤1.0升	1%	—	
（2）1.0升＜气缸容量≤1.5升	3%	—	
（3）1.5升＜气缸容量≤2.0升	5%	—	
（4）2.0升＜气缸容量≤2.5升	9%	—	
（5）2.5升＜气缸容量≤3.0升	12%	—	辆
（6）3.0升＜气缸容量≤4.0升	25%	—	
（7）气缸容量>4.0升	40%	—	
2.中轻型商用客车	5%	—	
3.超豪华小汽车	10%	—	
九、高尔夫球及球具	10%	—	实际使用计量单位
十、高档手表	20%	—	只
十一、游艇	10%	—	艘
十二、木制一次性筷子	5%	—	万双
十三、实木地板	5%	—	平方米
十四、电池	4%	—	只
十五、涂料	4%	—	吨

在消费税税率运用中应注意以下几个具体问题：

（1）对兼营不同税率的应税消费品适用税目、税率的规定。

对纳税人兼营不同税率的应税消费品，应当分别核算其销售额或销售数量。未分别核算销售额或销售数量的，或者将不同税率的应税消费品组成成套消费品销售的，从高适用税率征收。

任务引例解析

根据《财政部 国家税务总局关于调整和完善消费税政策的通知》（财税〔2006〕33号）的规定，纳税人将自产的应税消费品与外购或自产的非应税消费品组成套装销售的，以套装产品的销售额（不含增值税）为计税依据，应按照不含增值税的全部收入额计算缴纳消费税。

因此，你公司将自产的白酒与外购的礼品搭配成套对外销售，应以套装产品的销售额（不含增值税）为计税依据，按照不含增值税的全部收入额计算缴纳消费税。

（2）对卷烟适用税目、税率的具体规定。

对白包卷烟、手工卷烟、自产自用没有同牌号规格调拨价格的卷烟、委托加工没有同牌号规格调拨价格的卷烟、未经国务院批准纳入计划的企业和个人生产的卷烟，除按定额税率征收外，一律按56%的比例税率征收。

（3）卷烟相关单位换算：1标准箱=250标准条，1标准条=200支，1标准箱=50 000支。卷烟在生产环节的定额税率为0.003元/支，相当于0.6元/标准条，150元/标准箱。卷烟在批发环节的定额税率为0.005元/支，相当于1元/标准条，250元/标准箱。

（4）甲类卷烟，是指每标准条（200支，下同）调拨价格在70元（不含增值税）以上（含70元）的卷烟；乙类卷烟，是指每标准条调拨价格在70元（不含增值税）以下（不含70元）的卷烟。

（5）甲类啤酒，是指每吨出厂价（含包装物及包装物押金）在3 000元（不含增值税）以上（含3 000元）的啤酒；乙类啤酒，是指每吨出厂价（含包装物及包装物押金）在3 000元（不含增值税）以下（不含3 000元）的啤酒。

（6）消费税税目、税率的调整由国务院确定，地方无权调整。

任务四　　消费税纳税环节的归类

消费税的纳税环节主要有：生产环节、自产自用环节[①]、委托加工环节、进口环节、批发环节（仅适用于卷烟、电子烟）、零售环节（仅适用于金银首饰、铂金首饰和钻石及钻石饰品，超豪华小汽车）。

一、消费税的基本纳税环节

纳税人生产的应税消费品，于纳税人销售时纳税。

点睛　纳税人生产的应税消费品，于纳税人销售时纳税，这里的销售主要是指出厂环节的销售。

纳税人自产自用的应税消费品，用于连续生产应税消费品的，不纳税；用于其他方面的，于移送使用时纳税。

点睛　"用于连续生产应税消费品"，是指纳税人将自产自用的应税消费品作为直接材料生产最终应税消费品，自产自用应税消费品构成最终应税消费品的实体。"用于其他方面"，是指纳税人将自产自用的应税消费品用于生产非应税消费品、在建工程、管理部门、非生产机构、提供劳务、馈赠、赞助、集资、广告、样品、职工福利、奖励等方面。

---

① "自产自用环节"可以单独作为消费税纳税环节的一种，也可以归类于"生产环节"。

委托加工的应税消费品，除受托方为个人外，由受托方在向委托方交货时代收代缴税款。

进口的应税消费品，于报关进口时纳税。

🔺**点睛** *进口环节缴纳的消费税、增值税、进口关税均由海关代征。*

二、"贵重首饰及珠宝玉石"税目下"金银首饰、铂金首饰和钻石及钻石饰品"子税目消费税的纳税环节

自1995年1月1日起，金银首饰消费税由生产销售环节征收改为零售环节征收。改在零售环节征收消费税的金银首饰仅限于金基、银基合金首饰以及金、银和金基、银基合金的镶嵌首饰。从2002年1月1日起，钻石及钻石饰品消费税改为零售环节征收。从2003年5月1日起，铂金首饰消费税改为零售环节征收。金银首饰消费税适用税率为5%，在纳税人销售金银首饰、铂金首饰和钻石及钻石饰品时征收。其计税依据是不含增值税的销售额。

对既销售金银首饰，又销售非金银首饰的生产、经营单位，应将两类商品划分清楚，分别核算销售额。凡划分不清楚或不能分别核算的，在生产环节销售的，一律从高适用税率征收消费税；在零售环节销售的，一律按金银首饰征收消费税。金银首饰与其他产品组成成套消费品销售的，应按销售额全额征收消费税。

金银首饰连同包装物销售的，无论包装物是否单独计价，也无论会计上如何核算，均应并入金银首饰的销售额，计征消费税。

带料加工的金银首饰，应按受托方销售同类金银首饰的销售价格确定计税依据征收消费税。没有同类金银首饰销售价格的，按照组成计税价格计算纳税。

纳税人采用以旧换新（含翻新改制）方式销售的金银首饰，应按实际收取的不含增值税的全部价款确定计税依据征收消费税。

🔺**链接** *"金银首饰"以旧换新的，应按照销售方"实际收取"的不含增值税的全部价款确定计税依据征收增值税。*

实务答疑3-2 我公司委托其他单位加工金银首饰，我公司是否需要缴纳消费税？

三、"烟"税目下"卷烟"子税目消费税的纳税环节

卷烟消费税在生产和批发两个环节征收。自2009年5月1日起，在卷烟批发环节加征一道从价税，在中华人民共和国境内从事卷烟批发业务的单位和个人，批发销售的所有牌号规格的卷烟，按其销售额（不含增值税）征收5%的消费税。纳税人应将卷烟销售额与其他商品销售额分开核算，未分开核算的，一并征收消费税。纳税人销售给纳税人以外的单位和个人的卷烟于销售时纳税。纳税人之间销售的卷烟不缴纳消费税。卷烟批发企业的机构所在地，总机构与分支机构不在同一地区的，由总机构申报纳税。自2015年5月10日起，将卷烟批发环节从价税税率由5%提高至11%，并按0.005元/支加征从量税。纳税人兼营卷烟批发和零售业务的，应当分别核算批发和零售环节的销售额、销售数量；未分别核算批发和零售环节销售额、销售数量的，按照全部销售额、销售数量计征批发环节消费税。

🔖**点睛**　（1）甲卷烟厂将自产的卷烟销售给乙烟草批发公司，缴纳消费税（从价税率36%或56%，从量税率0.003元/支）。（2）乙烟草批发公司将该批卷烟的70%转售给丙烟草批发公司，不缴纳消费税；30%销售给丁烟草零售商店，缴纳消费税（从价税率11%，从量税率0.005元/支）。

四、"烟"税目下"电子烟"子税目消费税的纳税环节

电子烟消费税在生产和批发两个环节征收。自2022年11月1日起，将电子烟纳入消费税征收范围，在"烟"税目下增设"电子烟"子税目（简称"子目"）。在中华人民共和国境内生产（进口）、批发电子烟的单位和个人为消费税纳税人。

电子烟生产环节纳税人，是指取得烟草专卖生产企业许可证，并取得或经许可使用他人电子烟产品注册商标（以下称持有商标）的企业。通过代加工方式生产电子烟的，由持有商标的企业缴纳消费税。电子烟批发环节纳税人，是指取得烟草专卖批发企业许可证并经营电子烟批发业务的企业。电子烟进口环节纳税人，是指进口电子烟的单位和个人。

纳税人生产、批发电子烟的，按照生产、批发电子烟的销售额计算纳税。电子烟生产环节纳税人采用代销方式销售电子烟的，按照经销商（代理商）销售给电子烟批发企业的销售额计算纳税。纳税人进口电子烟的，按照组成计税价格计算纳税。

电子烟生产环节纳税人从事电子烟代加工业务的，应当分开核算持有商标电子烟的销售额和代加工电子烟的销售额；未分开核算的，一并缴纳消费税。

🔖**提示**　只有卷烟、电子烟在批发环节征收消费税，而烟丝、雪茄烟在批发环节不缴纳消费税。

五、"小汽车"税目下"超豪华小汽车"子税目消费税的纳税环节

超豪华小汽车消费税在生产和零售两个环节征收。自2016年12月1日起，"小汽车"税目下增设"超豪华小汽车"子税目，征税范围为每辆零售价格130万元（不含增值税）及以上的乘用车和中轻型商用客车，即乘用车和中轻型商用客车子税目中的超豪华小汽车。对超豪华小汽车，在生产（进口）环节按现行税率征收消费税的基础上，在零售环节加征消费税，税率为10%。将超豪华小汽车销售给消费者的单位和个人为超豪华小汽车零售环节纳税人。

超豪华小汽车零售环节消费税应纳税额的计算公式如下：

应纳税额=零售环节销售额（不含增值税，下同）×零售环节税率

国内汽车生产企业直接销售给消费者的超豪华小汽车，消费税税率按照生产环节税率和零售环节税率加总计算。消费税应纳税额的计算公式如下：

应纳税额=销售额×（生产环节税率+零售环节税率）

对我国驻外使领馆工作人员、外国驻华机构及人员、非居民常住人员、政府间协议规定等应税（消费税）进口自用，且完税价格130万元及以上的超豪华小汽车消费税，按照生产（进口）环节税率和零售环节税率（10%）加总计算，由海关代征。

任务五　　消费税应纳税额的计算

任务引例

我公司是一家采用直销经营模式的高档化妆品生产企业，在直销经营模式下产品的生产与销售是实行"产销一体"的，对于直销经营模式下销售的消费税应税产品，在计征消

费税时计税依据如何确定呢？

一、直接对外销售应税消费品应纳税额的计算

（一）从价定率办法下应纳税额的计算

其基本计算公式为：

实行从价定率办法计算的应纳税额=应税消费品销售额×比例税率①

应税消费品销售额的确定如下：

（1）销售额为纳税人销售应税消费品向购买方收取的全部价款和价外费用。其中，价外费用，是指价外向购买方收取的手续费、补贴、基金、集资费、返还利润、奖励费、违约金、滞纳金、延期付款利息、赔偿金、代收款项、代垫款项、包装费、包装物租金、储备费、优质费、运输装卸费以及其他各种性质的价外收费。但下列项目不包括在内：

❶同时符合以下条件的代垫运输费用：承运部门将运输费用发票开具给购买方的；纳税人将该发票转交给购买方的。

❷同时符合以下条件代为收取的政府性基金或者行政事业性收费：由国务院或者财政部批准设立的政府性基金；由国务院或者省级人民政府及其财政、价格主管部门批准设立的行政事业性收费；收取时开具省级以上财政部门印制的财政票据；所收款项全额上缴财政。

（2）由于应税消费品在缴纳消费税时，与一般货物一样，都还要缴纳增值税。因此，《消费税暂行条例实施细则》明确规定，应税消费品的销售额，不包括应向购货方收取的增值税税额。如果纳税人应税消费品的销售额中未扣除增值税税款或者因不得开具增值税专用发票而导致价款和增值税税款合并收取的，在计算消费税时，应当换算为不含增值税税款的销售额。其换算公式为：

应税消费品的销售额=含增值税的销售额÷（1+增值税税率或征收率）

📌**点睛** 增值税是价外税，计算增值税的价格中不包括增值税；消费税是价内税，计算消费税的价格中包括消费税。消费税应税销售额应当是不含增值税但含消费税的销售额。

（3）应税消费品连同包装物销售的，无论包装物是否单独计价以及在会计上如何核算，均应并入应税消费品的销售额中缴纳消费税。如果包装物不作价随同产品销售，而是收取押金，此项押金则不应并入应税消费品的销售额中征税。但对因逾期未收回的包装物不再退还的或者已收取的时间超过12个月的押金，应并入应税消费品的销售额，按照应税消费品的适用税率缴纳消费税。对既作价随同应税消费品销售，又另外收取押金的包装物，凡纳税人在规定的期限内没有退还的，其押金均应并入应税消费品的销售额，按照应税消费品的适用税率缴纳消费税。

从1995年6月1日起，对酒类（黄酒、啤酒除外）生产企业销售酒类产品而收取的包装物押金，无论押金是否返还及在会计上如何核算，均须并入酒类产品销售额中，依据酒类产品的适用税率计征消费税。

知识答疑3-1 从1995年6月1日起，对酒类（黄酒、啤酒除外）生产企业销售酒类产品而收取的包装物押金，无论押金是否返还及在会计上如何核算，均须并入酒类产品销售额中，依据酒类产品的适用税率计征消费税。为什么黄酒、啤酒除外？

---

① 本项目公式中的比例税率指消费税比例税率，下同。

（4）纳税人销售的应税消费品，以人民币以外的货币结算销售额的，其销售额的人民币折合率可以选择销售额发生的当天或者当月1日的人民币汇率中间价。纳税人应事先确定采用何种折合率，确定后1年内不得变更。

（5）纳税人通过自设非独立核算门市部销售自产应税消费品的，应当按照门市部对外销售数额计算征收消费税。

> 比较　纳税人通过自设独立核算门市部销售自产应税消费品的，应当按照纳税人销售给独立核算门市部的销售额或者销售数量计算征收消费税。

（6）纳税人用于换取生产资料和消费资料、投资入股和抵偿债务等方面的应税消费品，应当以纳税人同类应税消费品的最高销售价格为依据计算消费税。

> 链接　纳税人用于换取生产资料和消费资料、投资入股和抵偿债务等方面的应税消费品，应当以纳税人同类应税消费品的"平均"销售价格（"平均"销售价格指的是"加权平均"销售价格；没有"平均"销售价格的，按照组成计税价格）作为计税依据计算增值税。

> 提示　同一环节既征收消费税又征收增值税的，消费税与增值税的计税销售额一般情况下是相同的（用于换取生产资料和消费资料、投资入股和抵偿债务等方面的应税消费品除外）。

任务引例解析

根据《消费税暂行条例》及其实施细则的规定，纳税人生产销售的应税消费品是以销售额作为计税依据的。销售额是指纳税人销售应税消费品向购货方收取的除增值税税款以外的全部价款和价外费用。如果纳税人应税消费品的计税价格无法确定或者计税价格明显偏低并无正当理由的，由主管税务机关核定计税价格。

任务实例3-1　甲酒厂为增值税一般纳税人，本年7月销售果木酒，取得不含增值税销售额20万元，同时收取包装费1.13万元、优质费2.26万元。已知果木酒的消费税税率为10%，增值税税率为13%。

【任务要求】计算甲酒厂本年7月销售果木酒的应纳消费税。

【任务实施】销售果木酒的同时收取的包装费和优质费，均属于价外费用（视为含增值税收入）。

甲酒厂销售果木酒应纳消费税＝［20＋（1.13＋2.26）÷（1＋13%）］×10%＝2.3（万元）

（二）从量定额办法下应纳税额的计算

其基本计算公式为：

按从量定额办法计算的应纳税额＝应税消费品的销售数量×定额税率[①]

1.应税消费品数量的确定

根据应税消费品的应税行为，应税消费品的销售数量具体规定为：

（1）销售（包括出厂销售[②]、批发、零售）应税消费品的，为应税消费品的销售（包括出厂销售、批发、零售）数量。纳税人通过自设的非独立核算门市部销售自产应税消费品的，应当按照门市部对外销售数量征收消费税。

（2）自产自用应税消费品的（用于连续生产应税消费品的除外[③]），为应税消费品的

[①] 本项目公式中的定额税率指消费税定额税率，下同。
[②] 出厂销售又称生产销售。
[③] 将自产自用的应税消费品用于连续生产应税消费品，在此移送环节不纳税。

移送使用数量。

（3）委托加工应税消费品的，为纳税人收回的应税消费品数量。

（4）进口的应税消费品，为海关核定的应税消费品进口征税数量。

🍃**提示** 实行从量定额计税的，消费税的计算与销售价格无关，不存在通过组成计税价格计算消费税的问题。

2.计量单位的换算标准

按照消费税相关规定，对黄酒、啤酒、成品油等应税消费品采取从量定额办法计算应纳税额。其计量单位的换算标准见表3-2。

表 3-2　　　　　　　　　　　　应税消费品计量单位的换算标准

序号	名称	计量单位的换算标准
1	黄酒	1吨=962升
2	啤酒	1吨=988升
3	汽油	1吨=1 388升
4	柴油	1吨=1 176升
5	航空煤油	1吨=1 246升
6	石脑油	1吨=1 385升
7	溶剂油	1吨=1 282升
8	润滑油	1吨=1 126升
9	燃料油	1吨=1 015升

任务实例3-2 甲啤酒厂为一般纳税人，本年7月，销售乙类啤酒400吨，每吨出厂价格为2 800元（不含增值税），本月取得啤酒包装物押金逾期收入33 900元。已知乙类啤酒定额税率为220元/吨。

【任务要求】 计算甲啤酒厂本年7月的应纳增值税及消费税合计。

【任务实施】 应纳消费税=400×220=88 000（元）

增值税计税销售额=400×2 800=1 120 000（元）

逾期包装物押金不含税金额=33 900÷（1+13%）=30 000（元）

应纳增值税=（1 120 000+30 000）×13%=149 500（元）

甲啤酒厂应纳增值税及消费税合计=149 500+88 000=237 500（元）

（三）从价定率和从量定额复合计税办法下应纳税额的计算

现行消费税的征税范围中，只有卷烟及白酒（粮食白酒和薯类白酒）采用从价定率和从量定额复合计税（简称复合计税）办法。其基本计算公式为：

应纳税额=应税消费品的销售额×比例税率+应税消费品的销售数量×定额税率

1.卷烟最低计税价格的核定

根据国家税务总局令第26号，自2012年1月1日起，卷烟消费税最低计税价格核定范围为卷烟生产企业在生产环节销售的所有牌号、规格的卷烟。

计税价格由国家税务总局按照卷烟批发环节销售价格扣除卷烟批发环节批发毛利核定

并发布。计税价格的核定公式如下：

　　某牌号、规格卷烟计税价格=批发环节销售价格×（1-适用批发毛利率）

　　卷烟批发环节销售价格，按照税务机关采集的所有卷烟批发企业在价格采集期内销售的该牌号、规格卷烟的数量、销售额进行加权平均计算。其计算公式如下：

$$批发环节销售价格 = \frac{\sum 该牌号规格卷烟各采集点的销售额}{\sum 该牌号规格卷烟各采集点的销售数量}$$

　　未经国家税务总局核定计税价格的新牌号、新规格卷烟，生产企业应按卷烟调拨价格申报纳税。

　　已经国家税务总局核定计税价格的卷烟，生产企业实际销售价格高于计税价格的，按实际销售价格确定适用税率，计算应纳税款并申报纳税；实际销售价格低于计税价格的，按计税价格确定适用税率，计算应纳税款并申报纳税。

　　2.白酒最低计税价格的核定

　　（1）白酒消费税最低计税价格核定范围。白酒生产企业销售给销售单位的白酒，生产企业消费税计税价格低于销售单位对外销售价格（不含增值税，下同）70%以下的，税务机关应核定消费税最低计税价格。

　　销售单位是指销售公司、购销公司以及委托境内其他单位或个人包销本企业生产的白酒的商业机构。销售公司、购销公司是指专门购进并销售白酒生产企业生产的白酒，并与该白酒生产企业存在关联性质。包销是指销售单位依据协定价格从白酒生产企业购进白酒，同时承担大部分包装材料等成本费用，并负责销售白酒。

　　白酒生产企业应将各种白酒的消费税计税价格和销售单位销售价格，按照规定的式样及要求，在主管税务机关规定的时限内填报。白酒消费税最低计税价格由白酒生产企业自行申报，税务机关核定。

　　主管税务机关应将白酒生产企业申报的销售给销售单位的消费税计税价格低于销售单位对外销售价格70%以下、年销售额1 000万元以上的各种白酒，按照规定的式样及要求，在规定的时限内逐级上报至国家税务总局。国家税务总局选择其中部分白酒核定消费税最低计税价格，其他需要核定消费税最低计税价格的白酒，消费税最低计税价格由各省、自治区、直辖市和计划单列市税务局核定。

　　（2）白酒消费税最低计税价格核定标准。

　　❶白酒生产企业销售给销售单位的白酒，生产企业消费税计税价格高于销售单位对外销售价格70%以上（含70%）的，税务机关暂不核定消费税最低计税价格。

　　❷白酒生产企业销售给销售单位的白酒，生产企业消费税计税价格低于销售单位对外销售价格70%以下的，消费税最低计税价格由税务机关根据生产规模、白酒品牌、利润水平等情况在销售单位对外销售价格50%~70%的范围内自行核定。其中生产规模较大、利润水平较高的企业生产的需要核定消费税最低计税价格的白酒，税务机关核价幅度原则上应选择在销售单位对外销售价格的60%~70%。自2017年5月1日起，白酒消费税最低计税价格核定比例由50%~70%统一调整为60%，已核定最低计税价格的白酒，税务机关应按照调整后的比例重新核定。

　　（3）白酒消费税最低计税价格的重新核定。

　　已核定最低计税价格的白酒，销售单位对外销售价格持续上涨或下降时间达到3个月以上、累计上涨或下降幅度在20%（含）以上的白酒，税务机关重新核定最低计税价格。

（4）白酒消费税计税价格的适用。

已核定最低计税价格的白酒，生产企业实际销售价格高于消费税最低计税价格的，按实际销售价格申报纳税；实际销售价格低于消费税最低计税价格的，按最低计税价格申报纳税。

任务实例3-3 甲白酒生产企业为增值税一般纳税人，本年7月，销售粮食白酒30吨，取得不含增值税销售额200万元；薯类白酒50吨，取得不含增值税销售额150万元。已知白酒消费税比例税率为20%，定额税率为0.5元/500克。

【任务要求】计算甲白酒生产企业当月的应纳消费税。

【任务实施】（1）从价定率应纳税额=200×20%+150×20%=70（万元）

（2）从量定额应纳税额=（30+50）×0.5×2 000÷10 000=8（万元）

（3）应纳消费税合计=70+8=78（万元）

3.外购应税消费品已纳消费税扣除（抵扣）的计算

由于某些应税消费品是用外购已缴纳消费税的应税消费品连续生产出来的，在对这些连续生产出来的应税消费品计算征税时，税法规定应按当期生产领用应税消费品的买价（或数量）计算准予扣除外购的应税消费品已纳的消费税税款。扣除范围包括：

（1）以外购已税烟丝为原料生产的卷烟；

（2）以外购已税高档化妆品为原料生产的高档化妆品；

（3）以外购已税珠宝玉石为原料生产的贵重首饰及珠宝玉石；

（4）以外购已税鞭炮、焰火为原料生产的鞭炮、焰火；

（5）以外购已税杆头、杆身和握把为原料生产的高尔夫球杆；

（6）以外购已税木制一次性筷子为原料生产的木制一次性筷子；

（7）以外购已税实木地板为原料生产的实木地板；

（8）以外购已税汽油、柴油、石脑油、燃料油、润滑油为原料生产的应税成品油。

> **提示** 自2015年5月1日起，从葡萄酒生产企业购进、进口葡萄酒连续生产应税葡萄酒的，准予从葡萄酒消费税应纳税额中扣除所耗用应税葡萄酒已纳消费税税款。

> **总结** 上述可扣除的项目都是同一税目、同一纳税环节；扣除范围不包括"酒"（葡萄酒除外）、"小汽车"、"摩托车"、"高档手表"、"游艇"、"电池"和"涂料"；用于生产非应税消费品不得扣除。

> **提示** 对自己不生产应税消费品，只是购进后再销售应税消费品的工业企业，其销售的珠宝玉石、高档化妆品和鞭炮、焰火，凡不能构成最终消费品直接进入消费品市场，而需进一步加工的（如需进行深加工、包装、贴标、组合的珠宝玉石，高档化妆品，鞭炮，焰火等），应当征收消费税，同时允许扣除上述外购应税消费品的已纳税款。

上述当期准予扣除外购应税消费品已纳消费税税款的计算公式是：

$$当期准予扣除外购应税消费品已纳税款 = 当期准予扣除外购应税消费品的买价（或数量） × 外购应税消费品适用的比例税率（或定额税率）$$

$$当期准予扣除外购应税消费品的买价（或数量） = 期初库存的外购应税消费品的买价（或数量） + 当期购进外购应税消费品的买价（或数量） - 期末库存的外购应税消费品的买价（或数量）$$

其中，外购应税消费品的买价是指购货发票上注明的销售额（不含增值税）。

提示　纳税人用外购已税珠宝玉石生产的改在零售环节征收消费税的金银首饰，在计税时一律不得扣除外购已税珠宝玉石已纳税款。

链接　烟草"批发"企业在计算应纳消费税税额时"不得扣除"已含的"生产环节"的消费税税款。

任务实例3-4　甲筷子加工厂本年7月初库存外购已税木制一次性筷子原料金额10万元，当月又外购已税木制一次性筷子原料，取得的增值税专用发票注明的金额为40万元，月末库存已税木制一次性筷子原料金额为20万元，其余为当月生产应税木制一次性筷子领用。已知木制一次性筷子的消费税税率为5%。

【任务要求】　计算甲筷子加工厂当月准许扣除的外购木制一次性筷子原料已缴纳的消费税税额。

【任务实施】（1）当月准许扣除的外购木制一次性筷子原料买价=10+40-20=30（万元）

（2）当月准许扣除的外购木制一次性筷子已缴纳的消费税税额=30×5%=1.5（万元）

二、自产自用应税消费品的计算

（一）自产自用应税消费品的确定

所谓自产自用，是指纳税人生产应税消费品后，不是用于直接对外销售，而是用于自己连续生产应税消费品，或用于其他方面。如果纳税人用于连续生产应税消费品，在自产自用环节不缴纳消费税；如果纳税人用于其他方面，一律于移送使用时，按视同销售缴纳消费税。用于其他方面包括用于本企业连续生产非应税消费品、在建工程、管理部门、非生产机构、提供劳务、馈赠、赞助、集资、广告、样品、职工福利、奖励等方面。

点睛　甲企业将自产的烟丝移送生产卷烟，其应税消费品烟丝在移送使用时不缴纳消费税（也不缴纳增值税），以后生产的应税消费品卷烟在出厂销售时缴纳消费税（同时缴纳增值税）。

点睛　乙企业将自产的黄酒移送生产调味料酒，因调味料酒不是消费税的征税范围，因此所耗用的应税消费品黄酒在移送使用时，视同销售缴纳消费税（但不缴纳增值税），以后生产的非应税消费品调味料酒在销售时不缴纳消费税（但缴纳增值税）。

（二）自产自用应税消费品计税依据的确定

（1）实行从价定率办法计算纳税的自产自用应税消费品计税依据的确定。

实行从价定率办法计算纳税的自产自用应税消费品，按照纳税人生产的同类消费品的销售价格计算纳税；没有同类消费品销售价格的，按照组成计税价格计算纳税。

实行从价定率办法计算纳税的组成计税价格的计算公式为：

组成计税价格=（成本+利润）÷（1-消费税比例税率）

　　　　　　=成本×（1+成本利润率）÷（1-消费税比例税率）

提示　只有当纳税人没有同类消费品销售价格的，才需计算组成计税价格。

链接　纳税人用于"换取生产资料和消费资料、投资入股和抵偿债务"等方面的应税消费品，应当以纳税人同类应税消费品的"最高"销售价格作为计税依据计算征收消费税；纳税人将自己生产的应税消费品用于其他方面的（如无偿赠送其他单位或个人），按照纳税人最近时期同类货物的"平均"销售价格（"平均"销售价格指的是"加权平均"销售价格；没有"平均"销售价格的，按照组成计税价格）作为计税依据计算征收消费税。

（2）实行从量定额办法计算纳税的自产自用应税消费品的计税依据的确定。

实行从量定额办法计算纳税的自产自用应税消费品的计税依据为移送使用数量。

（3）实行复合计税办法计算纳税的自产自用应税消费品计税依据的确定。

从价部分，按照纳税人生产的同类消费品的销售价格计算纳税；没有同类消费品销售价格的，按照组成计税价格计算纳税。从量部分，按照纳税人自产自用应税消费品的移送使用数量作为计税依据计算纳税。

实行复合计税办法计算纳税的组成计税价格的计算公式为：

组成计税价格=（成本+利润+自产自用数量×消费税定额税率）÷（1-消费税比例税率）

=［成本×（1+成本利润率）+自产自用数量×消费税定额税率］÷（1-消费税比例税率）

其中，（1）和（3）中的"同类消费品的销售价格"是指纳税人当月销售的同类消费品的销售价格；如果当月同类消费品各个销售价格高低不同，应按销售数量加权平均计算。但销售的应税消费品有下列情况之一的，不得列入加权平均计算：

❶销售价格明显偏低且无正当理由的。

❷无销售价格的。

如果当月无销售或者当月未完结，应按照同类消费品上月或者最近月份的销售价格计算纳税。

上述公式中的"成本"是指应税消费品的产品生产成本。

上述公式中的"利润"是指根据应税消费品的全国平均成本利润率计算的利润。应税消费品全国平均成本利润率由国家税务总局确定。

应税消费品全国平均成本利润率见表3-3。

表3-3　　　　应税消费品全国平均成本利润率

消费品	全国平均成本利润率（%）	消费品	全国平均成本利润率（%）
甲类卷烟	10	摩托车	6
乙类卷烟	5	高尔夫球及球具	10
雪茄烟	5	高档手表	20
烟丝	5	游艇	10
电子烟	10	木制一次性筷子	5
粮食白酒	10	实木地板	5
薯类白酒	5	乘用车	8
其他酒	5	中轻型商用客车	5
高档化妆品	5	电池	4
鞭炮、焰火	5	涂料	7
贵重首饰及珠宝玉石	6		

（三）自产自用应税消费品应纳税额的计算

（1）实行从价定率办法计算纳税的自产自用应税消费品应纳税额的计算公式为：

❶有同类消费品销售价格的：

应纳税额=同类应税消费品单位销售价格×自产自用数量×消费税比例税率

❷没有同类消费品销售价格的：

应纳税额=组成计税价格×消费税比例税率

（2）实行从量定额办法计算纳税的自产自用应税消费品应纳税额的计算公式为：

应纳税额=自产自用数量×消费税定额税率

（3）实行复合计税办法计算纳税的自产自用应税消费品应纳税额的计算公式为：

❶有同类消费品销售价格的：

应纳税额=同类应税消费品单位销售价格×自产自用数量×消费税比例税率+自产自用数量×消费税定额税率

❷没有同类消费品销售价格的：

应纳税额=组成计税价格×消费税比例税率+自产自用数量×消费税定额税率

> **任务实例3-5**　甲白酒厂本年7月将新研制的粮食白酒1吨作为职工福利发放给员工，该粮食白酒无同类产品市场销售价格。已知该批粮食白酒生产成本为20 000元，成本利润率为5%。白酒消费税比例税率为20%；定额税率为0.5元/斤。

【任务要求】 计算该批白酒的应纳消费税税额。

【任务实施】 组成计税价格=（成本+利润+自产自用数量×消费税定额税率）÷（1−消费税比例税率）

=（20 000+20 000×5%+1×1 000×2×0.5）÷（1−20%）=27 500（元）

应纳消费税税额=27 500×20%+1×1 000×2×0.5=6 500（元）

三、委托加工应税消费品应纳税额的计算

（一）委托加工应税消费品的确定

委托加工的应税消费品，是指由委托方提供原料和主要材料，受托方只收取加工费和代垫部分辅助材料加工的应税消费品。对于由受托方提供原材料生产的应税消费品，或者受托方先将原材料卖给委托方，然后再接受加工的应税消费品，以及由受托方以委托方名义购进原材料生产的应税消费品，不论在财务上是否作销售处理，都不得作为委托加工应税消费品，而应当按照销售自制应税消费品缴纳消费税。

委托加工的应税消费品，除受托方为个人外，由受托方在向委托方交货时代收代缴税款。委托加工收回的应税消费品，委托方用于连续生产应税消费品的，所纳税款准予按规定扣除。委托加工的应税消费品收回后直接出售的，不再缴纳消费税。委托方将收回的应税消费品，以不高于受托方的计税价格出售的，为直接出售，不再缴纳消费税；委托方以高于受托方的计税价格出售的，不属于直接出售，需按照规定申报缴纳消费税，在计税时准予扣除受托方已代收代缴的消费税。委托个人加工的应税消费品，由委托方收回后缴纳消费税。

（二）委托加工应税消费品计税依据的确定

（1）实行从价定率办法计算纳税的委托加工应税消费品计税依据的确定。

实行从价定率办法计算纳税的委托加工应税消费品，按照受托方的同类消费品的销售价格计算纳税；没有同类消费品销售价格的，按照组成计税价格计算纳税。

实行从价定率办法计算纳税的组成计税价格的计算公式为：

组成计税价格=（材料成本+加工费）÷（1−消费税比例税率）

（2）实行从量定额办法计算纳税的委托加工应税消费品计税依据的确定。

实行从量定额办法计算纳税的委托加工应税消费品的计税依据为委托加工收回的应税消费品数量（委托加工数量）。

（3）实行复合计税办法计算纳税的委托加工应税消费品计税依据的确定。

从价部分，按照受托方的同类消费品的销售价格计算纳税；没有同类消费品销售价格的，按照组成计税价格计算纳税。从量部分，按照纳税人委托加工数量作为计税依据计算纳税。

实行复合计税办法计算纳税的组成计税价格的计算公式为：

组成计税价格=（材料成本+加工费+委托加工数量×消费税定额税率）÷（1−消费税比例税率）

上述各组成计税价格公式中，"材料成本"是指委托方所提供加工材料的实际成本。委托加工应税消费品的纳税人，必须在委托加工合同上如实注明（或者以其他方式提供）材料成本；凡未提供材料成本的，受托方主管税务机关有权核定其材料成本。"加工费"是受托方加工应税消费品向委托方收取的全部费用（包括代垫的辅助材料实际成本）。

🍃提示　委托加工的应税消费品计算消费税时，应按受托方同类应税消费品的销售价格（没有同类应税消费品的销售价格的，则按照组成计税价格）计算；而计算增值税时，应按受托方收取的加工费（包括代垫的辅助材料的成本）计算。

（三）委托加工应税消费品应纳税额的计算

（1）实行从价定率办法计算纳税的委托加工应税消费品应纳税额的计算公式为：

❶受托方有同类消费品销售价格的：

应纳税额=同类应税消费品单位销售价格×委托加工数量×消费税比例税率

❷受托方没有同类消费品销售价格的：

应纳税额=组成计税价格×消费税比例税率

（2）实行从量定额办法计算纳税的委托加工应税消费品应纳税额的计算公式为：

应纳税额=委托加工数量×消费税定额税率

（3）实行复合计税办法计算纳税的委托加工应税消费品应纳税额的计算公式为：

❶受托方有同类消费品销售价格的：

应纳税额=同类应税消费品单位销售价格×委托加工数量×消费税比例税率+委托加工数量×消费税定额税率

❷受托方没有同类消费品销售价格的：

应纳税额=组成计税价格×消费税比例税率+委托加工数量×消费税定额税率

知识答疑3−2　对委托加工应税消费品消费税的缴纳，应注意哪些问题？

任务实例3−6　甲企业本年7月委托乙企业加工一批烟丝，甲企业提供原材料烟叶，已知成本为37万元，支付加工费12万元，增值税为1.56万元，乙企业无同类产品销售价格。烟丝的消费税税率为30%。

【任务要求】（1）计算甲企业委托乙企业加工的烟丝的组成计税价格；

（2）计算乙企业应代收代缴的消费税税额。

【任务实施】（1）组成计税价格=（37+12）÷（1-30%）=70（万元）

（2）乙企业应代收代缴的消费税税额=70×30%=21（万元）

（四）委托加工收回的应税消费品已纳税款的扣除

委托加工的应税消费品因为已由受托方代收代缴消费税，因此，委托方收回货物后用于连续生产应税消费品的，其已纳税款准予按照规定从连续生产的应税消费品应纳税额中扣除。扣除范围包括：

（1）以委托加工收回的已税烟丝为原料生产的卷烟；

（2）以委托加工收回的已税高档化妆品为原料生产的高档化妆品；

（3）以委托加工收回的已税珠宝玉石为原料生产的贵重首饰及珠宝玉石；

（4）以委托加工收回的已税鞭炮、焰火为原料生产的鞭炮、焰火；

（5）以委托加工收回的已税杆头、杆身和握把为原料生产的高尔夫球杆；

（6）以委托加工收回的已税木制一次性筷子为原料生产的木制一次性筷子；

（7）以委托加工收回的已税实木地板为原料生产的实木地板；

（8）以委托加工收回的已税汽油、柴油、石脑油、燃料油、润滑油为原料生产的应税成品油。

上述委托加工收回的应税消费品连续生产的应税消费品准予从应纳消费税税额中按当期生产领用应税消费品的金额（或数量）计算扣除其已纳消费税款。当期准予扣除的委托加工应税消费品已纳税款的计算公式为：

$$当期准予扣除的委托加工应税消费品已纳税款=期初库存的委托加工应税消费品已纳税款+当期收回的委托加工应税消费品已纳税款-期末库存的委托加工应税消费品已纳税款$$

纳税人用委托加工收回的已税珠宝玉石生产的改在零售环节征收消费税的金银首饰，在计税时一律不得扣除已税珠宝玉石的已纳税款。

任务实例3-7 甲日化工厂本年7月委托A厂加工高档化妆品，收回时被代收代缴消费税400元；委托B厂加工高档化妆品，收回时被代收代缴消费税600元。该厂将上述两种高档化妆品收回后继续加工生产某高档化妆品出售，当月销售额为10 000元。该厂期初库存的委托加工应税消费品已纳税款270元，期末库存的委托加工应税消费品已纳税款330元。

【任务要求】（1）计算甲日化工厂本年7月准予扣除的委托加工应税消费品已纳税款；

（2）计算甲日化工厂本年7月应纳消费税税额。

【任务实施】 本年7月准予扣除的委托加工应税消费品已纳税款=270+（400+600）-330=940（元）

本年7月应纳消费税税额=10 000×15%-940=560（元）

四、进口应税消费品应纳税额的计算

（一）进口应税消费品计税依据的确定

纳税人进口应税消费品，按照组成计税价格和规定的税率计算应纳税额。

（1）实行从价定率办法计算纳税的进口应税消费品计税依据的确定。

实行从价定率办法计算纳税的进口应税消费品的计税依据为组成计税价格。

实行从价定率办法计算纳税的组成计税价格的计算公式为：

组成计税价格=（关税完税价格+关税）÷（1−消费税比例税率）

（2）实行从量定额办法计算纳税的进口应税消费品的计税依据的确定。

实行从量定额办法计算纳税的进口应税消费品的计税依据为海关核定的应税消费品的进口数量。

（3）实行复合计税办法计算纳税的进口应税消费品计税依据的确定。

从价部分，按照组成计税价格计算纳税；从量部分，按照海关核定的应税消费品的进口数量作为计税依据计算纳税。

实行复合计税办法计算纳税的组成计税价格的计算公式为：

$$\text{组成计税价格}=\left(\text{关税完税价格}+\text{关税}+\text{海关核定的应税消费品的进口数量}\times\text{消费税定额税率}\right)\div\left(1-\text{消费税比例税率}\right)$$

公式中"关税完税价格"，是指海关核定的关税计税价格。

点睛 进口应税消费品同时涉及缴纳进口环节增值税，进口环节增值税的组成计税价格与消费税的组成计税价格相同。

（二）进口应税消费品应纳税额的计算

（1）实行从价定率办法计算纳税的进口应税消费品应纳税额的计算公式为：

应纳税额=组成计税价格×消费税比例税率

（2）实行从量定额办法计算纳税的进口应税消费品应纳税额的计算公式为：

应纳税额=海关核定的应税消费品的进口数量×消费税定额税率

（3）实行复合计税办法计算纳税的进口应税消费品应纳税额的计算公式为：

应纳税额=组成计税价格×消费税比例税率+海关核定的应税消费品的进口数量×消费税定额税率

任务实例3-8 甲外贸进出口公司本年7月进口50辆小轿车，每辆车关税完税价格为人民币14.3万元、关税为4.1万元。已知该小轿车适用的消费税税率为8%。

【任务要求】 计算该批进口小轿车的应纳消费税税额。

【任务实施】 应纳消费税税额=（关税完税价格+关税）÷（1−消费税比例税率）×消费税比例税率
=（14.3+4.1）÷（1−8%）×8%×50=80（万元）

项目引例解析

1.销售给A商贸公司鞭炮应缴纳的消费税=700×120×15%=84 000×15%=12 600（元）

2.销售给B商贸公司鞭炮应缴纳的消费税=1 000×200×15%=200 000×15%=30 000（元）

3.销售给C商贸公司鞭炮应缴纳的消费税=1 100×100×15%=110 000×15%=16 500（元）

4.门市部销售鞭炮应缴纳的消费税=750×30×15%=22 500×15%=3 375（元）

5.纳税人用于"换取生产资料和消费资料、投资入股和抵偿债务"等方面的应税消费品，应当以纳税人同类应税消费品的"最高"销售价格作为计税依据计算征收消费税；纳税人将自己生产的应税消费品用于其他方面的（如发放福利、无偿赠送他人等），按照纳税人最近时期同类货物的"平均"销售价格（"平均"销售价格指的是"加权平均"销售价格；没有"平均"销售价格的，按照组成计税价格）作为计税依据计算征收消费税。

用鞭炮换取原材料应缴纳的消费税=1 100×150×15%=165 000×15%=24 750（元）

6. 将鞭炮作为福利发放应缴纳的消费税=（1 000×200+1 100×100）÷（200+100）×50×15%

$$=1\ 033.33×50×15\%$$

$$=7\ 749.98（元）$$

7. 当月允许扣除的已纳消费税=（10 000+300×400−7 000）×15%=18 450（元）

8. 当月实际应缴纳消费税=12 600+30 000+16 500+3 375+24 750+7 749.98−18 450=76 524.98（元）

任务六　消费税出口退（免）税和征税的计算

任务引例

我公司为一家生产企业，直接出口自产的应税消费品享受增值税出口退税政策。请问我公司出口应税消费品时对于消费税也予以退税吗？

目前，我国的出口应税消费品的消费税税收政策分为以下三种形式：

一、出口免税并退税

1.适用范围

有出口经营权的外贸企业购进应税消费品直接出口，以及外贸企业受其他外贸企业委托代理出口应税消费品，在出口销售环节免征消费税，并可退还生产环节的消费税。

点睛　外贸企业只有受其他外贸企业委托，代理出口应税消费品才可办理退税，外贸企业受其他企业（主要是非生产性的一般商贸企业）委托，代理出口应税消费品是不予退（免）税的。

提示　《财政部 国家税务总局关于出口货物劳务增值税和消费税政策的通知》（财税〔2012〕39号）规定，出口企业出口或视同出口适用增值税退（免）税的货物，免征消费税，如果属于购进出口的货物，退还前一环节对其已征的消费税。

2.消费税退税的计税依据

出口货物的消费税应退税额的计税依据，按购进出口货物的消费税专用缴款书和海关进口消费税专用缴款书确定。

点睛　具体来说，出口货物的消费税应退税额的计税依据，按购进的用于出口货物的"出口货物消费税专用缴款书"或进口的用于出口货物的"海关进口消费税专用缴款书"确定。

提示　《国家税务总局关于使用出口货物消费税专用缴款书管理办法的通知》（国税明电〔1993〕71号）规定，（1）出口企业直接从生产企业收购消费税应税货物用于出口的，由生产企业所在地税务机关在征税时开具"出口货物消费税专用缴款书"（以下简称"专用税票"）；（2）专用税票经税务、国库（经收处）收款盖章后，由生产企业转交出口企业，在货物出口后据以申请退还消费税；（3）出口企业将收购的已征收消费税的货物销售给其他企业出口的，可由主管其出口退税的税务机关在专用税票上盖章或者开具专用税票分割单交其他企业据以申请退税。

属于从价定率计征消费税的，出口货物的消费税应退税额的计税依据为已征且未在内销应税消费品应纳税额中抵扣的购进出口货物金额；属于从量定额计征消费税的，出口货物的消费税应退税额的计税依据为已征且未在内销应税消费品应纳税额中抵扣的购进出口货物数量；属于复合计征消费税的，出口货物的消费税应退税额的计税依据按从价定率和从量定额的计税依据分别确定。

3.消费税退税的计算

从价定率计征消费税应退税额=从价定率计征消费税的退税计税依据×比例税率

=已征且未在内销应税消费品应纳税额中抵扣的购进出口货物金额×比例税率

从量定额计征消费税应退税额=从量定额计征消费税的退税计税依据×定额税率

=已征且未在内销应税消费品应纳税额中抵扣的购进出口货物数量×定额税率

$$\begin{array}{l}复合计征\\消费税应退税额\end{array}=\begin{array}{l}从价定率计征\\消费税的退税计税依据\end{array}×\begin{array}{l}比例\\税率\end{array}+\begin{array}{l}从量定额计征\\消费税的退税计税依据\end{array}×\begin{array}{l}定额\\税率\end{array}$$

$$=\begin{array}{l}已征且未在内销应税消费品应纳\\税额中抵扣的购进出口货物金额\end{array}×\begin{array}{l}比例\\税率\end{array}+\begin{array}{l}已征且未在内销应税消费品应纳\\税额中抵扣的购进出口货物数量\end{array}×\begin{array}{l}定额\\税率\end{array}$$

任务实例3-9 甲外贸公司为增值税一般纳税人，具有出口经营权，本年1月从乙化妆品生产企业购进高档化妆品一批，取得的增值税专用发票上注明价款30万元，增值税税额3.9万元，取得的出口货物消费税专用缴款书上注明计税金额30万元，消费税税额4.5万元。当月该批高档化妆品全部出口取得销售收入50万元。该批高档化妆品适用的增值税退税率为13%，适用的消费税税率为15%。

【任务要求】计算甲外贸公司本年1月出口高档化妆品应退的增值税和消费税。

【任务实施】应退的增值税=30×13%=3.9（万元）

应退的消费税=30×15%=4.5（万元）

应退的增值税和消费税合计=3.9+4.5=8.4（万元）

二、出口免税不退税

有出口经营权的生产企业自营出口或生产企业委托外贸企业代理出口自产的应税消费品，依据其实际出口数量免征消费税，不予退还消费税。

免征消费税是指对生产企业按其实际出口数量免征生产环节（这里的生产环节即为出口销售环节）的消费税。

🔖**点睛** 生产环节指的是第一道生产销售环节，即出厂销售环节，由于是出口，因此这里的生产环节即为出口销售环节。

不予办理退还消费税，是指因已免征生产环节（这里的生产环节即为出口销售环节）的消费税，该应税消费品出口时，已不含有消费税，所以不需要再退还消费税。

🔖**提示** 《财政部 国家税务总局关于出口货物劳务增值税和消费税政策的通知》（财税〔2012〕39号）规定，出口企业出口或视同出口适用增值税免税政策的货物，免征消费税，但不退还其以前环节已征的消费税，且不允许在内销应税消费品应纳消费税款中抵扣。

🔖**点睛** 这项"出口免税不退税"的消费税政策规定与项目二的任务十中"出口免税不退税"的增值税政策规定是不同的。

就"出口免税不退税"的消费税政策而言，消费税出口免税是指对生产企业按其实际出口数量免征生产环节（这里的生产环节即为出口销售环节）的消费税；消费税出口不退税，是指因已免征生产环节（这里的生产环节即为出口销售环节）的消费税，该应税消费品出口时，已不含有消费税，所以不需要再退还消费税。

就"出口免税不退税"的增值税政策而言，增值税出口免税是指对货物、劳务和跨境应税行为在出口销售环节免征增值税，这是把货物、劳务和跨境应税行为出口销售环节与出口前的销售环节都同样视为一个增值税征税环节；增值税出口不退税是指适用这个政策的出口货物、劳务和跨境应税行为因在前一道生产、销售环节或进口环节是免征增值税的，因此，出口时该货物、劳务和跨境应税行为的价格中本身就不含增值税，也不需要退还增值税。

任务引例解析

根据《消费税暂行条例》的规定，对纳税人出口应税消费品，免征消费税；国务院另有规定的除外。

有出口经营权的生产企业自营出口或生产企业委托外贸企业代理出口自产的应税消费品，依据其实际出口数量免征消费税，不予退还消费税。免征消费税是指对生产企业按其实际出口数量免征生产环节（这里的生产环节即为出口销售环节）的消费税。不予办理退还消费税，是指因已免征生产环节（这里的生产环节即为出口销售环节）的消费税，该应税消费品出口时，已不含有消费税，所以不需要再退还消费税。因此，你公司作为一家生产企业，直接出口自产的应税消费品，依据实际出口数量免征消费税，不予办理退还消费税。

三、出口不免税也不退税

除生产企业、外贸企业外的其他企业（主要是非生产性的一般商贸企业）委托外贸企业代理出口应税消费品一律不予退（免）税，即不免税也不退税。

➤ **提示**　《财政部　国家税务总局关于出口货物劳务增值税和消费税政策的通知》（财税〔2012〕39号）规定，出口企业出口或视同出口适用增值税征税政策的货物，应按规定缴纳消费税，不退还其以前环节已征的消费税，且不允许在内销应税消费品应纳消费税款中抵扣。

➤ **点睛**　消费税出口退（免）税的其他有关规定：（1）出口的应税消费品办理退税后，发生退关，或者国外退货进口时予以免税的，报关出口者必须及时向其所在地主管税务机关申报补缴已退的消费税税款。（2）纳税人直接出口的应税消费品办理免税后，发生退关或国外退货，复进口时已予以免税的，经所在地主管税务机关批准，可暂不办理补税，待其转为国内销售时，再向其主管税务机关申报补缴消费税。

知识答疑 3-3　外贸企业增值税出口退税与消费税出口退税的退税率规定有何不同？

任务七　消费税的征收管理

任务引例

本年1月我公司与客户签订合同，按客户要求制造一艘机动游艇，工期为18个月，本年2月，收到预收款800万元，请问我公司收到该笔预收款项时是否需要缴纳消费税？

一、消费税的征收管理要求

（一）消费税的纳税义务发生时间

（1）纳税人销售应税消费品的，按不同的销售结算方式，其消费税纳税义务发生时间分别为：

❶采取赊销和分期收款结算方式的，为书面合同约定的收款日期的当天；书面合同没

有约定收款日期或者无书面合同的，为发出应税消费品的当天。

❷采取预收货款结算方式的，为发出应税消费品的当天。

❸采取托收承付和委托银行收款方式的，为发出应税消费品并办妥托收手续的当天。

❹采取其他结算方式的，为收讫销售款项或者取得索取销售款项凭据的当天。

（2）纳税人自产自用应税消费品的，其消费税纳税义务发生时间为移送使用的当天。

（3）纳税人委托加工应税消费品的，其消费税纳税义务发生时间为纳税人提货的当天。

（4）纳税人进口应税消费品的，其消费税纳税义务发生时间为报关进口的当天。

任务引例解析

《消费税暂行条例实施细则》第八条第一款第二项规定，采取预收货款结算方式的，消费税纳税义务发生时间为发出应税消费品的当天。因此，你公司采取预收货款方式，应于完成机动游艇的建造、发出应税消费品时才能确认消费税纳税义务。

此外，由于《增值税暂行条例实施细则》第三十八条第四款规定，采取预收货款方式销售货物，增值税纳税义务发生时间为货物发出的当天，但生产销售生产工期超过12个月的大型机械设备、船舶、飞机等货物，为收到预收款或者书面合同约定的收款日期的当天。因此，你公司应当在收到预收款时确认增值税纳税义务。

（二）消费税的纳税期限

消费税的纳税期限分别为1日、3日、5日、10日、15日、1个月或者1个季度。纳税人的具体纳税期限，由主管税务机关根据纳税人应纳税额的大小分别核定；不能按照固定期限纳税的，可以按次纳税。

纳税人以1个月或者1个季度为一期纳税的，自期满之日起15日内申报纳税；以1日、3日、5日、10日或者15日为一期纳税的，自期满之日起5日内预缴税款，于次月1日起至15日内申报纳税并结清上月应纳税款。

纳税人进口应税消费品，应当自海关填发海关进口消费税专用缴款书之日起15日内缴纳税款。

> **链接** 消费税纳税期限的有关规定与增值税的纳税期限的有关规定基本一致。

（三）消费税的纳税地点

（1）纳税人销售应税消费品及自产自用应税消费品，除国家另有规定外，应当向纳税人机构所在地或居住地的主管税务机关申报纳税。

（2）纳税人到外县（市）销售或者委托外县（市）代销自产应税消费品的，于应税消费品销售后，向机构所在地或者居住地的主管税务机关申报纳税。

（3）纳税人的总机构与分支机构不在同一县（市）的，应当分别向各自机构所在地的主管税务机关申报纳税；经财政部、国家税务总局或者其授权的财政、税务机关批准，可以由总机构汇总向总机构所在地的主管税务机关申报纳税。

> **提示** 卷烟批发企业的纳税地点比较特殊，总机构与分支机构不在同一地区的，由总机构申报纳税。

（4）委托加工的应税消费品，除受托方为个人外，由受托方向机构所在地或居住地的主管税务机关解缴消费税税款。委托个人加工的应税消费品，由委托方向其机构所在地或居住地的主管税务机关申报纳税。

（5）进口的应税消费品，由进口人或者其代理人向报关地海关申报纳税。

（6）出口的应税消费品办理退税后，发生的退关，或者国外退货进口时予以免税的，报关出口者必须及时向其机构所在地或者居住地的主管税务机关申报补缴已退的消费税税款。

（7）纳税人销售应税消费品，如果因质量等原因由购买者退回时，经机构所在地或者居住地的主管税务机关审核批准后，可退还已缴纳的消费税税款。

二、消费税的纳税申报

纳税人对消费税进行纳税申报时，应当填报"本期准予扣除税额计算表"①（略）、"本期准予扣除税额计算表（成品油消费税纳税人适用）"②（略）、"本期减（免）税额明细表"（略）、"本期委托加工收回情况报告表"（略）、"卷烟批发企业月份销售明细清单（卷烟批发环节消费税纳税人适用）"③（略）、"卷烟生产企业合作生产卷烟消费税情况报告表（卷烟生产环节消费税纳税人适用）"④（略）、"消费税附加税费计算表"（见表3-4）、"消费税及附加税费申报表"（见表3-5）。

表3-4　　　　　　　　　　消费税附加税费计算表　　　　　金额单位：元（列至角分）

本期是否适用小微企业"六税两费"减免政策		□是 □否		减免政策适用主体		增值税小规模纳税人：□是　□否			
						增值税一般纳税人： □个体工商户　□小型微利企业			
				适用减免政策起止时间		年　月至　年　月			
税（费）种	计税（费）依据	税（费）率（%）	本期应纳税（费）额	本期减免税（费）额		小微企业"六税两费"减免政策		本期已缴税（费）额	本期应补（退）税（费）额
	消费税税额			减免性质代码	减免税（费）额	减征比例（%）	减征额		
	1	2	3=1×2	4	5	6	7=（3-5）×6	8	9=3-5-7-8
城市维护建设税									
教育费附加									
地方教育附加									
合计	—	—		—				—	

---

①　本表由外购（含进口）或委托加工收回应税消费品用于连续生产应税消费品、委托加工收回的应税消费品以高于受托方计税价格出售的纳税人（成品油消费税纳税人除外）填写。
②　本表由外购（含进口）或委托加工收回已税汽油、柴油、石脑油、润滑油、燃料油（以下简称应税油品）用于连续生产应税消费品的成品油消费税纳税人填写。
③　本表由卷烟批发环节消费税纳税人填报，于办理消费税纳税申报时一并报送。
④　本表由卷烟生产环节消费税纳税人填报，未发生合作生产卷烟业务的纳税人不填报本表。

表3-5   **消费税及附加税费申报表**

税款所属期：自   年   月   日至   年   月   日

纳税人识别号（统一社会信用代码）：□□□□□□□□□□□□□□□□□□□□

纳税人名称：   金额单位：人民币元（列至角分）

项目 应税 消费品名称	适用税率		计量 单位	本期销售数量	本期销售额	本期应纳税额
	定额税率	比例税率				
	1	2	3	4	5	6=1×4+2×5
合计	—	—	—		—	—

	栏次	本期税费额
本期减（免）税额	7	
期初留抵税额	8	
本期准予扣除税额	9	
本期应扣除税额	10=8+9	
本期实际扣除税额	11〔10＜（6-7），则为10，否则为6-7〕	
期末留抵税额	12=10-11	
本期预缴税额	13	
本期应补（退）税额	14=6-7-11-13	
城市维护建设税本期应补（退）税额	15	
教育费附加本期应补（退）费额	16	
地方教育附加本期应补（退）费额	17	

    声明：此表是根据国家税收法律法规及相关规定填写的，本人（单位）对填报内容（及附带资料）的真实性、可靠性、完整性负责。

                                      纳税人（签章）：   年   月   日

经办人： 经办人身份证号： 代理机构签章： 代理机构统一社会信用代码：	受理人： 受理税务机关（章）： 受理日期： 年 月 日

▶**职业技能训练**◀

■ 职业能力选择

一、单项选择题

1.下列各项中，不属于消费税纳税人的是（   ）。

A.进口葡萄酒的商业企业   B.委托加工卷烟业务的受托方

C.零售金银首饰的商场   D.生产高档化妆品的化妆品生产企业

2.下列各项中，不属于消费税税目的是（   ）。

A.电池   B.木制一次性筷子   C.游艇   D.高档西服

3.下列生产经营环节中，既征收增值税又征收消费税的是（   ）。

A.酒类产品的批发环节   B.金银首饰的生产环节

C.珍珠饰品的零售环节　　　　　　　　　　　　　D.高档化妆品的生产环节

4.甲化妆品厂为增值税一般纳税人。本年7月发生以下业务：6日销售高档化妆品300件，每件不含增值税的价格为500元；10日销售同类高档化妆品600件，每件不含增值税的价格为550元。当月以300件同类高档化妆品与某公司换取精油。甲化妆品厂当月应纳消费税（　　　）元。

A.86 750　　　　　　　B.96 750　　　　　　　C.97 750　　　　　　　D.94 500

5.根据消费税法律制度的规定，有出口经营权的生产企业自营出口或生产企业委托外贸企业代理出口自产的应税消费品，（　　　）。

A.出口免税并退税　　　B.出口免税不退税　　　C.出口不免税也不退税　D.出口不免税但退税

6.下列各项中，符合消费税纳税义务发生时间规定的是（　　　）。

A.采取分期收款结算方式的，为书面合同约定的收款日期的当天；书面合同没有约定收款日期或者无书面合同的，为发出应税消费品的当天

B.进口应税消费品的，为取得进口货物的当天

C.采取委托银行收款方式的，为银行收到款项的当天

D.采取预收货款结算方式的，为收到预收款的当天

7.企业生产的下列消费品中，无需缴纳消费税的是（　　　）。

A.地板企业生产用于装修本企业办公室的实木地板

B.汽车企业用于本企业管理部门使用的轿车

C.白酒生产企业生产用于交易样品的白酒

D.卷烟企业生产用于连续生产卷烟的烟丝

8.下列各项中，属于消费税法律制度中规定的"委托加工"的是（　　　）。

A.委托方提供原料或主要材料，受托方代垫辅助材料并收取加工费

B.委托方支付加工费，受托方提供原料或主要材料

C.委托方支付加工费，受托方以委托方的名义购买原料或主要材料

D.委托方支付加工费，受托方购买原料或主要材料再卖给委托方进行加工

9.甲外贸公司进口一批小轿车，关税完税价格折合人民币500万元，关税税率为25%，消费税税率为9%，则该批小轿车进口环节应纳消费税（　　　）万元。

A.66.35　　　　　　　B.65.78　　　　　　　C.61.81　　　　　　　D.76.18

10.根据消费税法律制度的规定，有出口经营权的外贸企业从生产企业购入应税消费品直接出口的，（　　　）。

A.出口免税并退税　　　B.出口免税不退税　　　C.出口不免税也不退税　D.出口不免税但退税

11.下列关于消费税纳税地点的表述中，错误的是（　　　）。

A.纳税人销售的应税消费品和自产自用的应税消费品，除国家另有规定外，应向纳税人机构所在地或居住地的税务机关申报缴纳消费税

B.纳税人到外县（市）销售或者委托外县（市）代销自产应税消费品的，于应税消费品销售后，向机构所在地或者居住地主管税务机关申报纳税

C.纳税人的总机构与分支机构不在同一县（市）的，应当在生产应税消费品的分支机构所在地缴纳消费税

D.委托个人加工的应税消费品，一律由受托方向所在地税务机关解缴消费税税款

12.下列应税消费品应在生产环节和批发环节同时征收消费税的是（　　　）。

A.烟丝　　　　　　　　B.电子烟　　　　　　　C.小汽车　　　　　　　D.白酒

13.企业发生的下列经营行为中，外购应税消费品已纳消费税税额不准从应纳消费税税额中扣除的是（　　　）。

A.以外购已税白酒生产白酒

B.以外购已税烟丝生产卷烟

C.以外购已税高档化妆品为原料生产高档化妆品

D.以外购已税实木地板为原料生产实木地板

14.甲高尔夫球具厂为增值税一般纳税人,下设一非独立核算的门市部。本年7月该厂将生产的一批成本价为110万元的高尔夫球具移送门市部,门市部将其中的80%零售,取得含税销售额124.3万元。已知高尔夫球具的消费税税率为10%,成本利润率为10%。甲高尔夫球具厂本年7月应缴纳消费税(   )万元。

A.14   B.12   C.13   D.11

15.下列各项中,不属于我国消费税现行出口退(免)税政策的是(   )。

A.出口免税并退税   B.出口不免税但退税   C.出口不免税也不退税   D.出口免税不退税

二、多项选择题

1.根据消费税法律制度的规定,关于金银首饰的税务处理中,下列说法正确的有(   )。

A.纳税人采取以旧换新方式销售金银首饰的,应按新首饰的销售价格计征消费税

B.对既销售金银首饰,又销售非金银首饰的单位,应将两类商品划分清楚,分别核算销售额

C.金银首饰与其他产品组成成套消费品销售的,应按销售额全额征收消费税

D.金银首饰连同包装物销售的,无论包装物是否单独计价,也无论会计上如何核算,均应并入金银首饰的销售额计征消费税

2.下列各项中,属于消费税税目的有(   )。

A.雪茄烟   B.高档化妆品   C.汽油   D.木制一次性筷子

3.下列各项中,属于消费税税目的有(   )。

A.汽缸容量为200毫升的小排量摩托车   B.蓄电池

C.涂料   D.汽缸容量为250毫升的摩托车

4.根据消费税法律制度的规定,下列各项中,属于高档化妆品税目的有(   )。

A.高档美容类化妆品   B.高档护肤类化妆品

C.高档修饰类化妆品   D.演员化妆用的上妆油、卸妆油

5.下列关于进口应税消费品的说法中,正确的有(   )。

A.进口的应税消费品,于报关进口时缴纳消费税

B.进口的应税消费品的消费税由海关代征

C.进口的应税消费品,由进口人或者其代理人向报关地海关申报

D.纳税人进口应税消费品,应当自海关填发海关进口消费税专用缴款书之日起15日内缴纳税款

6.下列各项中,属于消费税税目的有(   )。

A.黄酒   B.保健品   C.木制一次性筷子   D.电池

7.纳税人销售应税消费品,应当向(   )主管税务机关申报纳税。

A.机构所在地   B.纳税人核算地   C.消费品生产地   D.居住地

8.下列应税消费品中,采用定额税率从量征收消费税的有(   )。

A.黄酒   B.药酒   C.柴油   D.烟丝

9.下列委托加工行为中,受托方(非个人)应代收代缴消费税的有(   )。

A.汽车制造厂委托加工一批小汽车

B.某企业将外购汽车底盘及配件委托加工成小货车

C.某企业委托加工一批酒精

D.某企业将烟叶委托加工成烟丝

10.下列各项中,属于消费税纳税期限的有(   )。

A.1日   B.3日   C.5日   D.10日

11.下列各项中，符合消费税纳税义务发生时间规定的有（　　）。
A.纳税人采取赊销和分期收款结算方式销售应税消费品的，为实际收款日期的当天
B.纳税人自产自用应税消费品的，为移送使用的当天
C.纳税人委托加工应税消费品的，为委托方支付加工费的当天
D.纳税人采取直接收款方式销售应税消费品的，为收讫销售款项或者取得索取销售款项凭据的当天

12.下列关于消费税纳税地点的表述中，正确的有（　　）。
A.委托加工的应税消费品，除受托方为个人外，由受托方向机构所在地或居住地的主管税务机关解缴其代收代缴的消费税
B.纳税人销售的应税消费品，以及自产自用的应税消费品，除另有规定外，应当向纳税人机构所在地或居住地的主管税务机关申报纳税
C.进口的应税消费品，由进口人或者其代理人向核算地海关申报
D.委托个人加工的应税消费品，由委托方向其机构所在地或者居住地的主管税务机关申报纳税

■ 职业能力判断

1.对包装物既作价随同应税消费品销售，又另外收取包装物的押金，凡纳税人在规定的期限内没有退还的，均应并入应税消费品的销售额，按照应税消费品的适用税率缴纳消费税。（　　）

2.纳税人兼营不同税率应税消费品的，应当分别核算不同税率应税消费品的销售额、销售数量；未分别核算的，适用加权平均税率。（　　）

3.纳税人以外购或委托加工收回的已税珠宝玉石为原料生产的在零售环节征收消费税的金银首饰，在计税时不得扣除外购或委托加工的已纳税款。（　　）

4.纳税人将消费品如果用于连续生产应税消费品的，在自产自用环节不缴纳消费税；如果用于其他方面，一律于移送使用时，按视同销售缴纳消费税。（　　）

5.出口的应税消费品办理退税后，发生退关，或者国外退货进口时予以免税的，报关出口者必须及时向其所在地主管税务机关申报补缴已退的消费税税款。（　　）

6.纳税人进口应税消费品的，其消费税纳税义务发生时间为收到货物的当天。（　　）

7.消费税实行从价定率的比例税率、从量定额的定额税率和从价定率与从量定额相结合的复合计税三种形式。（　　）

8.卷烟消费税在生产和零售两个环节征收。（　　）

9.采取托收承付和委托银行收款方式的，其消费税纳税义务发生时间为发出应税消费品并办妥托收手续的当天。（　　）

10.纳税人委托加工应税消费品的，其消费税纳税义务发生时间为纳税人提货的当天。（　　）

11.出口货物的消费税应退税额的计税依据，按购进出口货物的消费税专用缴款书和海关进口消费税专用缴款书确定。（　　）

12.应税消费品连同包装物销售的，无论包装物是否单独计价以及在会计上如何核算，均不需要并入应税消费品的销售额中缴纳消费税。（　　）

13.纳税人采取以旧换新（含翻新改制）方式销售金银首饰的，应按实际收取的不含增值税的全部价款确定计税依据征收消费税。（　　）

14.纳税人直接出口的应税消费品办理免税后，发生退关或国外退货，复进口时已予以免税的，经所在地主管税务机关批准，可暂不办理补税，待其转为国内销售时，再向其主管税务机关申报补缴消费税。（　　）

15.采取预收货款结算方式的，其消费税纳税义务发生时间为发出应税消费品的当天。（　　）

■ 职业能力实训

一、计算题

1.甲化妆品生产企业为增值税一般纳税人，本年12月15日向乙超市销售高档化妆品一批，开具增值税专用发票，取得不含增值税销售额30万元，增值税税额为3.9万元；12月20日向某单位销售高档化妆品一批，开具增值税普通发票，取得含增值税销售额3.39万元。高档化妆品适用的消费税税率为15%。

要求：

（1）计算甲化妆品生产企业本年12月销售高档化妆品的应税销售额；

（2）计算甲化妆品生产企业本年12月销售高档化妆品的增值税销项税额；

（3）计算甲化妆品生产企业本年12月销售高档化妆品的应纳消费税。

2.甲酒厂为增值税一般纳税人，本年7月生产白酒200箱，每箱净重20千克，取得不含增值税销售收入30 000元，收取包装物押金1 130元，押金单独记账，货款及押金均收到。

要求：计算甲酒厂本年7月的应纳消费税。

3.甲化妆品厂为增值税一般纳税人，本年7月将自产高档化妆品一批用于职工福利。该高档化妆品的生产成本为11 000元，成本利润率为5%，无同类产品销售价格。高档化妆品的消费税税率为15%。

要求：

（1）计算甲化妆品厂本年7月自产高档化妆品的组成计税价格；

（2）计算甲化妆品厂本年7月将该批高档化妆品用于职工福利的应纳消费税。

4.甲进出口公司本年7月进口白酒1 800吨，关税完税价格为12 000万元，关税税率为30%。

要求：

（1）计算甲进出口公司本年7月进口白酒的应纳关税；

（2）计算甲进出口公司本年7月进口白酒的组成计税价格；

（3）计算甲进出口公司本年7月进口环节的应纳消费税；

（4）计算甲进出口公司本年7月进口环节的应纳增值税。

二、综合题

1.甲企业是一家高尔夫球及球具生产厂家，为增值税一般纳税人，本年7月发生以下业务：

（1）购进一批原材料A，取得增值税专用发票，注明价款5 000元、增值税650元，委托乙企业将其加工成20个高尔夫球包，支付加工费10 000元、增值税1 300元，取得乙企业开具的增值税专用发票；乙企业同类高尔夫球包不含增值税销售价格为520元/个。甲企业收回时，乙企业代收代缴了消费税。

（2）从生产企业购进高尔夫球杆的杆头，取得增值税专用发票，注明货款16 000元、增值税2 080元；购进高尔夫球杆的杆身，取得增值税专用发票，注明货款23 600元、增值税3 068元；购进高尔夫球握把，取得增值税专用发票，注明货款800元、增值税104元；当月领用外购的杆头、握把、杆身各75%，加工成A、B两种型号的高尔夫球杆共20把。

（3）当月将自产的A型高尔夫球杆2把对外销售，取得不含增值税销售收入11 000元；另将自产的A型高尔夫球杆3把赞助给高尔夫球大赛。

（4）将自产的单位成本为8 000元的3把B型高尔夫球杆移送至非独立核算门市部销售，当月门市部对外销售了2把，取得价税合计金额22 000元。

其他相关资料：高尔夫球及球具消费税税率为10%，成本利润率为10%；甲企业取得的上述增值税专用发票本年7月均符合抵扣规定。

要求：

（1）计算乙企业本年7月应代收代缴的消费税；

（2）计算甲企业本年7月应自行向税务机关缴纳的消费税。

2.甲卷烟厂为增值税一般纳税人，主要生产S牌卷烟（不含税调拨价为100元/标准条）及雪茄烟，本年7月发生如下业务：

（1）从烟农手中购进烟叶，支付烟叶收购价款110万元并按规定支付了10%的价外补贴，同时向烟农开具了农产品收购发票，之后将其运往A企业委托加工成烟丝；向A企业支付加工费，取得增值税专用发票，注明加工费10万元、增值税1.3万元。该批烟丝已收回入库，但本月未领用。A企业无同类烟丝的销售价格。

（2）从乙企业购进烟丝，取得增值税专用发票，注明价款500万元、增值税65万元。

（3）从小规模纳税人购进烟丝，取得增值税专用发票，注明价款300万元、增值税9万元。

（4）进口一批烟丝，支付货价290万元、经纪费10万元，该批烟丝运抵我国输入地点起卸之后发生运费及保险费共计40万元，卷烟厂完税后，海关放行。

（5）以成本为400万元的特制自产烟丝生产卷烟。

（6）本月销售雪茄烟取得含税收入565万元，并收取品牌专卖费9.04万元；领用外购烟丝生产S牌卷烟，销售S牌卷烟500标准箱。

（7）月初库存外购烟丝买价30万元，月末库存外购烟丝买价70万元。

其他条件：甲卷烟厂取得的上述增值税专用发票本年7月均符合抵扣规定，烟丝的消费税税率为30%、关税税率为10%。卷烟生产环节的消费税税率为56%、150元/标准箱，雪茄烟的消费税税率为36%。卷烟相关单位换算：1标准箱=250标准条，1标准条=200支。

要求：

（1）计算A企业本年7月应代收代缴的消费税。

（2）计算甲卷烟厂本年7月进口烟丝应缴纳进口环节税金合计。

（3）计算甲卷烟厂本年7月领用特制自产烟丝应缴纳的消费税。

（4）计算甲卷烟厂本年7月准予扣除外购烟丝已纳消费税。

（5）计算甲卷烟厂本年7月国内销售环节应缴纳的消费税（不含被代收代缴的消费税）。

项目四　企业所得税法

职业能力目标

（1）能理解企业所得税的基本原理。

（2）会界定企业所得税纳税人，会判断哪些业务应当缴纳企业所得税，会选择企业所得税适用税率，能充分运用企业所得税优惠政策。

（3）能确定企业所得税的计税依据，能根据相关业务资料确定企业所得税的收入总额，确定不征税收入和免税收入，确定企业所得税准予扣除的项目，确定企业所得税不得扣除的项目，能根据相关业务资料进行亏损弥补。

（4）能根据相关业务资料对固定资产、生物资产、无形资产、长期待摊费用、存货和投资资产的涉税业务进行税务处理。

（5）会识别哪些经济业务属于企业重组，能把握企业重组的一般性税务处理和特殊性税务处理的条件，并能根据相关业务资料进行企业重组的一般性税务处理和特殊性税务处理。

（6）能根据相关业务资料计算居民企业和非居民企业的应纳税额，能根据相关业务资料计算境外所得的抵扣税额。

（7）会判断哪些业务可能被税务机关进行特别纳税调整，能明确税务机关进行特别纳税调整的方法和税务机关进行核定征收的方法，会计算因特别纳税调整而加收的利息，识记追溯时限。

（8）能确定企业所得税的纳税义务发生时间、纳税期限和纳税地点。

税收格言

世界上最难理解的是所得税。

——阿尔伯特·爱因斯坦

素养提升

视频

相伴

➤**项目引例——企业所得税的计算**◀

位于市区的甲化妆品制造公司（简称"甲公司"）属于制造业，由外商持股75%，为增值税一般纳税人，该公司本年度主营业务收入5 500万元，其他业务收入500万元，营业外收入300万元，主营业务成本2 800万元，其他业务成本300万元，营业外支出210万元，税金及附加420万元，管理费用550万元，销售费用900万元，财务费用180万元，投资收益120万元。

本年度发生的其中部分具体业务如下：

（1）向境外股东企业支付全年技术咨询指导费200万元。境外股东企业常年派遣指导专员驻本公司，并对其工作成果承担全部责任和风险，对其业绩进行考核评估。

（2）实际发放职工工资1 000万元（其中残疾人员工资50万元），发生职工福利费支出200万元，拨缴工会经费30万元并取得专用收据，发生职工教育经费支出50万元，以前年度累计结转至本年的职工教育经费未扣除额为5万元。另为投资者支付商业保险费10万元。

（3）发生广告费支出700万元，非广告性质的赞助支出100万元。发生业务招待费支出72万元。

（4）从事"国家重点支持的高新技术领域"规定项目的研究开发活动，对研发费用实行专账管理，发生研发费用支出100万元，且未形成无形资产。

（5）对外捐赠货币资金150万元（通过县级政府向贫困地区捐赠130万元，直接向某学校捐赠20万元）。

（6）为治理污水排放，当年购置污水处理设备，并投入使用，设备购置价为600万元（含增值税，取得增值税专用发票，且已作进项税额抵扣，增值税税率为13%）。处理公共污水，当年取得收入20万元，相应的成本费用支出为15万元。

（7）撤回对某公司的股权投资，取得100万元，其中含原投资成本60万元，相当于被投资公司累计未分配利润和累计盈余公积按减少实收资本比例计算的部分10万元。

（其他相关资料：除非特别说明，各扣除项目均已取得有效凭证，相关优惠已办理必要手续；因境外股东企业在中国境内会计账簿不健全，主管税务机关核定技术咨询指导劳务的利润率为20%，且指定甲公司为其税款扣缴义务人；购进的污水处理设备为《环境保护专用设备企业所得税优惠目录》所列设备；甲公司适用的城市维护建设税税率为7%，教育费附加征收率为3%，地方教育附加征收率为2%）

★**任务要求**

1.分别计算在业务（1）中甲公司应当扣缴的企业所得税、增值税、城市维护建设税、教育费附加及地方教育附加金额。

2.计算业务（2）中甲公司应调整的应纳税所得额。

3.计算业务（3）中甲公司应调整的应纳税所得额。

4.计算业务（4）中甲公司应调整的应纳税所得额。

5.计算业务（5）中甲公司应调整的应纳税所得额。

6.计算业务（6）中甲公司应调整的应纳税所得额和应调整的应纳税额。

7.计算业务（7）中甲公司应调整的应纳税所得额。

8.计算甲公司本年度应纳企业所得税额。

▶项目引例解析　见本项目的任务八。

任务一　企业所得税的基本原理认知

一、企业所得税的含义

企业所得税是对中华人民共和国境内的企业和其他取得收入的组织的生产经营所得和

其他所得征收的所得税。

二、企业所得税的发展

在1949年首届全国税务会议上，通过了统一全国税收政策的基本方案，其中包括对企业所得和个人所得征税的办法。1950年，政务院发布了《全国税政实施要则》，规定全国设置14种税收，其中涉及对所得征税的有工商业税（所得税部分）、存款利息所得税和薪给报酬所得税等3种税收。

改革开放以后，为适应引进国外资金、技术和人才，开展对外经济技术合作的需要，根据党中央统一部署，税制改革工作在"七五"计划期间逐步推开。1980年9月，第五届全国人民代表大会第三次会议通过了《中华人民共和国中外合资经营企业所得税法》，并公布施行。企业所得税税率确定为30%，另按应纳所得税额附征10%的地方所得税。1981年12月，第五届全国人民代表大会第四次会议通过了《中华人民共和国外国企业所得税法》，实行20%～40%的5级超额累进税率，另按应纳税的所得额附征10%的地方所得税。

作为企业改革和城市改革的一项重大措施，1983年，国务院决定在全国试行国营企业"利改税"，即将新中国成立后实行了30多年的国营企业向国家上缴利润的制度改为缴纳企业所得税的制度。

1991年4月，第七届全国人民代表大会将《中华人民共和国中外合资经营企业所得税法》与《中华人民共和国外国企业所得税法》合并，制定了《中华人民共和国外商投资企业和外国企业所得税法》，并于同年7月1日起施行。

1993年12月13日，国务院将《中华人民共和国国营企业所得税条例（草案）》、《国营企业调节税征收办法》、《中华人民共和国集体企业所得税暂行条例》和《中华人民共和国私营企业所得税暂行条例》进行整合，制定了《中华人民共和国企业所得税暂行条例》，自1994年1月1日起施行。上述改革标志着中国的所得税制度改革向着法治化、科学化和规范化的方向迈出了重要的步伐。

2007年3月16日，第十届全国人民代表大会第五次会议通过了《中华人民共和国企业所得税法》，并于2008年1月1日开始施行。从此内外资企业实行统一的企业所得税法。

现行企业所得税法律制度的基本规范，是2007年3月16日第十届全国人民代表大会第五次全体会议通过、2017年2月24日第十二届全国人民代表大会常务委员会第二十六次会议第一次修正、2018年12月29日第十三届全国人民代表大会常务委员会第七次会议第二次修正的《中华人民共和国企业所得税法》（简称《企业所得税法》）和2007年11月28日国务院第197次常务会议通过的《中华人民共和国企业所得税法实施条例》（简称《企业所得税法实施条例》）。

三、企业所得税的特点

企业所得税具有以下特点：❶通常以纯所得为征税对象；❷通常以经过计算得出的应纳税所得额为计税依据；❸纳税人和实际负担人通常是一致的，因此，可以直接调节纳税人的收入。

一、企业所得税的纳税人

在中华人民共和国境内，企业和其他取得收入的组织（以下统称企业）为企业所得税的纳税人。个人独资企业、合伙企业不是企业所得税的纳税人。

链接　个人独资企业和合伙企业（非法人）不具有法人资格，不缴纳企业所得税，由其自然人投资者缴纳个人所得税。

点睛　这里所说的个人独资企业、合伙企业是指依据中国法律、行政法规的规定成立在中国境内的个人独资企业和合伙企业，不包括境外依据外国法律成立的个人独资企业和合伙企业。

提示　合伙企业以每一个合伙人为纳税人，合伙企业合伙人是自然人的，缴纳个人所得税；合伙人是法人和其他组织的，缴纳企业所得税。因此，上述不缴纳企业所得税的合伙企业仅指合伙人均为自然人的合伙企业。

缴纳企业所得税的企业分为居民企业和非居民企业，分别承担不同的纳税责任。

1.居民企业

居民企业是指依法在中国境内成立，或者依照外国（地区）法律成立但实际管理机构在中国境内的企业，包括除个人独资企业和合伙企业以外的公司、企业、事业单位、社会团体、民办非企业单位、基金会、外国商会、农民专业合作社以及取得收入的其他组织。

2.非居民企业

非居民企业，是指依照外国（地区）法律成立且实际管理机构不在中国境内，但在中国境内设立机构、场所的，或者在中国境内未设立机构、场所，但有来源于中国境内所得的企业。

实际管理机构是指对企业的生产经营、人员、账务、财产等实施实质性全面管理和控制的机构。机构、场所是指在中国境内从事生产经营活动的机构、场所，包括：

❶管理机构、营业机构、办事机构；

❷工厂、农场、开采自然资源的场所；

❸提供劳务的场所；

❹从事建筑、安装、装配、修理、勘探等工程作业的场所；

❺其他从事生产经营活动的机构、场所。

非居民企业委托营业代理人在中国境内从事生产经营活动的，包括委托单位或者个人经常代其签订合同，或者储存、交付货物等，该营业代理人视为非居民企业在中国境内设立的机构、场所。

二、企业所得税的扣缴义务人

1.支付人为扣缴义务人。

非居民企业在中国境内未设立机构、场所的，或者虽设立机构、场所但取得的所得与其所设机构、场所没有实际联系的，其来源于中国境内的所得应缴纳的所得税，实行源泉扣缴，以支付人为扣缴义务人。税款由扣缴义务人在每次支付或者到期应支付时，从支付或者到期应支付的款项中扣缴。

支付人是指依照有关法律规定或者合同约定对非居民企业直接负有支付相关款项义务的单位或者个人。支付包括现金支付、汇拨支付、转账支付和权益兑价支付等货币支付和非货币支付。到期应支付的款项是指支付人按照权责发生制原则应当计入相关成本、费用的应付款项。

2.指定扣缴义务人。

对非居民企业在中国境内取得工程作业和劳务所得应缴纳的所得税，税务机关可以指定工程价款或者劳务费的支付人为扣缴义务人。

税法规定的可以指定扣缴义务人的情形包括：

（1）预计工程作业或提供劳务期限不足一个纳税年度，且有证据表明不履行纳税义务的；

（2）没有办理税务登记或者临时税务登记，且未委托中国境内的代理人履行纳税义务的；

（3）未按照规定期限办理企业所得税纳税申报或者预缴申报的；

（4）其他规定情形。

3.扣缴义务人的其他规定

扣缴义务人由县级以上税务机关指定，并同时告知扣缴义务人所扣税款的计算依据、计算方法、扣缴期限。

扣缴义务人每次代扣的税款，应当自代扣之日起7日内缴入国库，并向所在地的税务机关报送扣缴企业所得税报告表。

扣缴义务人未依法扣缴或者无法履行扣缴义务的，由纳税人在所得发生地缴纳。在中国境内存在多处所得发生地的，由纳税人选择其中一地申报缴纳企业所得税。

纳税人未依法缴纳的，税务机关可以从该纳税人在中国境内其他收入项目（指该纳税人在中国境内取得的其他各种来源的收入）的支付人应付的款项中，追缴该纳税人的应纳税款。

税务机关在追缴该纳税人应纳税款时，应当将追缴理由、追缴数额、扣缴期限和缴纳方式等告知该纳税人。

任务三　　企业所得税征税对象的确定

一、居民企业的征税对象

居民企业应当就其来源于中国境内、境外的所得缴纳企业所得税。所得包括销售货物所得、提供劳务所得、转让财产所得、股息红利等权益性投资所得、利息所得、租金所得、特许权使用费所得、接受捐赠所得和其他所得。

二、非居民企业的征税对象

非居民企业在中国境内设立机构、场所的，应当就其所设机构、场所取得的来源于中国境内的所得，以及发生在中国境外但与其所设机构、场所有实际联系的所得，缴纳企业所得税。其中"实际联系"是指非居民企业在中国境内设立的机构、场所拥有据以取得所得的股权、债券，以及拥有、管理、控制据以取得所得的财产等。

非居民企业在中国境内未设立机构、场所的，或者虽设立机构、场所但取得的所得与其所设机构、场所没有实际联系的，应当就其来源于中国境内的所得缴纳企业所得税。

来源于中国境内、境外的所得，按照以下原则确定：

❶销售货物所得，按照交易活动发生地确定；

❷提供劳务所得，按照劳务发生地确定；

❸转让财产所得、不动产转让所得按照不动产所在地确定，动产转让所得按照转让动产的企业或者机构、场所所在地确定，权益性投资资产转让所得按照被投资企业所在地确定；

❹股息、红利等权益性投资所得，按照分配所得的企业所在地确定；

❺利息所得、租金所得、特许权使用费所得，按照负担、支付所得的企业或者机构、场所所在地确定，或者按照负担、支付所得的个人住所地确定；

❻其他所得，由国务院财政、税务主管部门确定。

任务四　　企业所得税税率的判定

企业所得税税率是体现国家与企业分配关系的核心要素。税率设计的原则是兼顾国家、企业、职工个人三者间的利益，既要保证财政收入的稳定增长，又要使企业在发展生产、经营方面有一定的财力保证；既要考虑企业的实际情况和负担能力，又要维护税率的统一性。

企业所得税实行比例税率。比例税率简便易行，透明度高，不会因征税而改变企业间收入分配比例，有利于促进效率的提高。现行规定如下：

❶基本税率为25%。居民企业应当就其来源于中国境内、境外的所得缴纳企业所得税，适用的企业所得税税率为25%；非居民企业在中国境内设立机构、场所的，应当就其所设机构、场所取得的来源于中国境内的所得，以及发生在中国境外但与其所设机构、场所有实际联系的所得，缴纳企业所得税，适用的企业所得税税率为25%。

❷低税率为20%。非居民企业在中国境内未设立机构、场所的，或者虽设立机构、场所但取得的所得与其所设机构、场所没有实际联系的，应当就其来源于中国境内的所得缴纳企业所得税，适用的企业所得税税率为20%，但实际征税时减按10%的税率征收。

　　链接　居民企业中符合条件的小型微利企业减按20%的税率征税；国家重点扶持的高新技术企业减按15%的税率征税。自2018年1月1日起，对经认定的技术先进型服务企业（服务贸易类），减按15%的税率征收企业所得税。

任务五　　企业所得税优惠政策的运用

任务引例

我公司用于研发活动的仪器同时用于非研发活动，其实际发生的折旧费是否可以在企业所得税税前加计扣除？

税收优惠是指国家运用税收政策在税收法律、行政法规中规定对某一部分特定企业和课税对象给予减轻或免除税收负担的一种措施。

一、免税与减税优惠

1.从事农、林、牧、渔业项目的所得

企业（包括"公司+农户"经营模式的企业）从事农、林、牧、渔业项目的所得，包括免征和减征两部分。

（1）企业从事下列项目的所得，免征企业所得税：❶蔬菜、谷物、薯类、油料、豆类、棉花、麻类、糖料、水果、坚果的种植；❷农作物新品种的选育；❸中药材的种植；❹林木的培育和种植；❺牲畜、家禽的饲养等；❻林产品的采集；❼灌溉、农产品初加工、兽医、农技推广、农机作业和维修等农、林、牧、渔服务业项目；❽远洋捕捞。

（2）企业从事下列项目的所得，减半征收企业所得税：❶花卉、茶以及其他饮料作物和香料作物的种植；❷海水养殖、内陆养殖等。

2.从事国家重点扶持的公共基础设施项目投资经营的所得

税法所称国家重点扶持的公共基础设施项目，是指"公共基础设施项目企业所得税优惠目录"规定的港口码头、机场、铁路、公路、城市公共交通、电力、水利等项目。

企业从事国家重点扶持的公共基础设施项目的投资经营的所得，自项目取得第一笔生产经营收入所属纳税年度起，第1年至第3年免征企业所得税，第4年至第6年减半征收企业所得税。

企业承包经营、承包建设和内部自建自用上述规定的项目，不得享受上述企业所得税优惠。

3.从事符合条件的环境保护、节能节水项目的所得

符合条件的环境保护、节能节水项目，包括公共污水处理、公共垃圾处理、沼气综合开发利用、节能减排技术改造、海水淡化等。

企业从事符合条件的环境保护、节能节水项目的所得，自项目取得第一笔生产经营收入所属纳税年度起，第1年至第3年免征企业所得税，第4年至第6年减半征收企业所得税。

依照规定享受减免税优惠的项目，在减免税期限内转让的，受让方自受让之日起，可以在剩余期限内享受规定的减免税优惠；减免税期限届满后转让的，受让方不得就该项目重复享受减免税优惠。

提示　这里的"三免三减半"政策，减免税期间是从"取得第一笔生产经营收入所属纳税年度"起而非从"开始获利的年度"起。

4.符合条件的技术转让所得

（1）符合条件的技术转让所得免征、减征企业所得税，是指一个纳税年度内，居民企业转让技术所有权所得不超过500万元的部分，免征企业所得税；超过500万元的部分，减半征收企业所得税。

提示　技术转让所得的计算公式为：技术转让所得=技术转让收入-技术转让成本-相关税费。

（2）技术转让的范围，包括居民企业转让专利技术、计算机软件著作权、集成电路布图设计权、植物新品种、生物医药新品种，以及财政部和国家税务总局确定的其他技术。

（3）技术转让应签订技术转让合同。其中，境内的技术转让须经省级以上（含省级）科技部门认定登记，跨境的技术转让须经省级以上（含省级）商务部门认定登记，涉及财政经费支持产生的技术转让，需省级以上（含省级）科技部门审批。

（4）居民企业技术出口应由有关部门按照商务部、科技部发布的《中国禁止出口限制出口技术目录》（商务部、科技部令2008年第12号）进行审查。居民企业取得禁止出口和限制出口技术转让所得，不享受技术转让减免企业所得税优惠政策。

（5）居民企业从直接或间接持有股权之和达到100%的关联方取得的技术转让所得，不享受技术转让减免企业所得税优惠政策。

二、高新技术企业优惠

国家需要重点扶持的高新技术企业减按15%的税率征收企业所得税。高新技术企业是指，在"国家重点支持的高新技术领域"内，持续进行研究开发与技术成果转化，形成企业核心自主知识产权，并以此为基础开展经营活动，在中国境内（不包括港、澳、台地区）注册的居民企业。

认定为高新技术企业须同时满足以下条件：

（1）企业申请认定时须注册成立1年以上。

（2）企业通过自主研发、受让、受赠、并购等方式，获得对其主要产品（服务）在技术上发挥核心支持作用的知识产权的所有权。

（3）对企业主要产品（服务）发挥核心支持作用的技术属于"国家重点支持的高新技术领域"规定的范围。

（4）企业从事研发和相关技术创新活动的科技人员占企业当年职工总数的比例不低于10%。

（5）企业近3个会计年度（实际经营期不满3年的按实际经营时间计算，下同）的研究开发费用总额占同期销售收入总额的比例符合如下要求：

❶最近1年销售收入小于5 000万元（含）的企业，比例不低于5%。

❷最近1年销售收入在5 000万元至2亿元（含）的企业，比例不低于4%。

❸最近1年销售收入在2亿元以上的企业，比例不低于3%。

其中，企业在中国境内发生的研究开发费用总额占全部研究开发费用总额的比例不低于60%。

（6）近1年高新技术产品（服务）收入占企业同期总收入的比例不低于60%。

（7）企业创新能力评价应达到相应要求。

（8）企业申请认定前1年内未发生重大安全、重大质量事故或严重环境违法行为。

三、技术先进型服务企业（服务贸易类）优惠

自2018年1月1日起，对经认定的技术先进型服务企业（服务贸易类），减按15%的税率征收企业所得税。

四、小型微利企业优惠

自2019年1月1日至2021年12月31日，对小型微利企业年应纳税所得额不超过100万元的部分，减按25%计入应纳税所得额，按20%的税率缴纳企业所得税；对年应纳税所得额超过100万元但不超过300万元的部分，减按50%计入应纳税所得额，按20%的税率缴纳企业所得税。自2021年1月1日至2022年12月31日，对小型微利企业年应纳税所得额不超过100万元的部分，在上述优惠政策基础上，再减半征收企业所得税，即减按12.5%计入应纳税所得额，按20%的税率缴纳企业所得税。自2023年1月1日至2024年12月31日，对小型微利企业年应纳税所得额不超过100万元的部分，减按25%计入应纳税所得额，按20%的税率缴纳企业所得税。自2022年1月1日至2024年12月31日，对小型微利企业年应纳税所得额超过100万元但不超过300万元的部分，减按25%计入应纳税所得额，按20%的税率缴纳企业所得税。上述小型微利企业是指从事国家非限

制和禁止行业，且同时符合年度应纳税所得额不超过300万元、从业人数不超过300人、资产总额不超过5 000万元等三个条件的企业。

提示 从业人数，包括与企业建立劳动关系的职工人数和企业接受的劳务派遣用工人数。所称从业人数和资产总额指标，应按企业全年的季度平均值确定。具体计算公式如下：

季度平均值=（季初值+季末值）÷2

全年季度平均值=全年各季度平均值之和÷4

年度中间开业或者终止经营活动的，以其实际经营期作为一个纳税年度确定上述相关指标。

提示 与小型微利企业所得税优惠政策有关的征管问题规定如下：

（1）符合财政部、税务总局规定的小型微利企业条件的企业（简称小型微利企业），按照相关政策规定享受小型微利企业所得税优惠政策。企业设立不具有法人资格分支机构的，应当汇总计算总机构及其各分支机构的从业人数、资产总额、年度应纳税所得额，依据合计数判断是否符合小型微利企业条件。

（2）小型微利企业无论按查账征收方式或核定征收方式缴纳企业所得税，均可享受小型微利企业所得税优惠政策。

（3）小型微利企业在预缴和汇算清缴企业所得税时，通过填写纳税申报表，即可享受小型微利企业所得税优惠政策。小型微利企业应准确填报基础信息，包括从业人数、资产总额、年度应纳税所得额、国家限制或禁止行业等，信息系统将为小型微利企业智能预填优惠项目、自动计算减免税额。

（4）小型微利企业预缴企业所得税时，资产总额、从业人数、年度应纳税所得额指标，暂按当年度截至本期预缴申报所属期末的情况进行判断。

（5）原不符合小型微利企业条件的企业，在年度中间预缴企业所得税时，按照相关政策标准判断符合小型微利企业条件的，应按照截至本期预缴申报所属期末的累计情况，计算减免税额。当年度此前期间如因不符合小型微利企业条件而多预缴的企业所得税税款，可在以后季度应预缴的企业所得税税款中抵减。

（6）企业预缴企业所得税时享受了小型微利企业所得税优惠政策，但在汇算清缴时发现不符合相关政策标准的，应当按照规定补缴企业所得税税款。

（7）小型微利企业所得税统一实行按季度预缴。按月度预缴企业所得税的企业，在当年度4月、7月、10月预缴申报时，若按相关政策标准判断符合小型微利企业条件的，下一个预缴申报期起调整为按季度预缴申报，一经调整，当年度内不再变更。

任务实例4-1 甲公司为一家居民企业，本年度的应纳税所得额为285万元，符合小型微利企业条件。

【任务要求】计算甲公司本年度应缴纳的企业所得税。

【任务实施】应纳企业所得税=100×25%×20%+（285-100）×25%×20%=14.25（万元）

或 应纳企业所得税=285×25%×20%=14.25（万元）

五、加计扣除优惠

（1）企业为开发新技术、新产品和新工艺发生的研究开发费用（又称研究开发费、研发费用），未形成无形资产计入当期损益的，在按照规定据实扣除的基础上，按照研究开发费用的50%加计扣除；形成无形资产的，按照无形资产成本的150%摊销。企业开展研发活动中实际发生的研发费用，未形成无形资产计入当期损益的，在按规定据实扣除的基础上，在2018年1月1日至2020年12月31日期间，再按照实际发生额的75%在税前加计扣除；形成无形资产的，在上述期间按照无形资产成本的175%在税前摊销（该政策自2021年1月1日起至2023年12月31日继续执行）。制造业企业开展研发活动中实际发生的研发费用，未形成无形资产计入当期损益的，在按规定据实扣除的基础上，自2021年1月1日起，再按照实际发生额的100%在税前加计扣除；形成无形资产的，自2021年1月1日起，按照无形资产成本的200%在税前摊销。科技型中小企业开展研发活动中实际发生的研发费用，未形成无形资产计入当期损益的，在按规定据实扣除的基础上，自2022年1月1日起，再按照实际发生额的100%在税前加计扣除；形成无形资产的，自2022年1月1日起，按照无形资产成本的200%在税前摊销。企业开展研发活动中实际发生的研发费用，未形成无形资产计入当期损益的，在按规定据实扣除的基础上，自2023年1月1日起，再按照实际发生额的100%在税前加计扣除；形成无形资产的，自2023年1月1日起，按照无形资产成本的200%在税前摊销（该政策作为制度性安排长期实施）。

　　企业委托外部机构或个人开展研发活动发生的费用，可按规定在税前扣除，加计扣除时按照研发活动发生费用的80%作为加计扣除基数。自2018年1月1日起，取消企业委托境外研发费用不得加计扣除限制。即2018年1月1日起，委托境外进行研发活动所发生的费用，按照费用实际发生额的80%计入委托方的委托境外研发费用。委托境外研发费用不超过境内符合条件的研发费用三分之二的部分，可以按规定在企业所得税税前加计扣除。上述费用实际发生额应按照独立交易原则确定。委托方与受托方存在关联关系的，受托方应向委托方提供研发项目费用支出明细情况。委托境外进行研发活动不包括委托境外个人进行的研发活动。

> **提示**　除烟草制造业、住宿和餐饮业、批发和零售业、房地产业、租赁和商务服务业、娱乐业、财政部和国家税务总局规定的其他行业以外，其他行业企业均可享受研究开发费用加计扣除的具体政策。

知识答疑4-1　非独占许可使用权技术转让所得可以享受企业所得税优惠吗？

任务引例解析

　　根据《国家税务总局关于研发费用税前加计扣除归集范围有关问题的公告》（国家税务总局公告2017年第40号）的规定，用于研发活动的仪器、设备，同时用于非研发活动的，企业应对其仪器设备使用情况做必要记录，并将其实际发生的折旧费按实际工时占比等合理方法在研发费用和生产经营费用间分配，未分配的不得加计扣除。

　　因此，你公司应对仪器使用情况做必要记录，并将其实际发生的折旧费按实际工时占比等合理方法在研发费用和生产经营费用间分配，未分配的不得加计扣除。

　　（2）企业安置残疾人员所支付的工资，是指企业安置残疾人员的，在按照支付给残疾职工工资据实扣除的基础上，按照支付给残疾职工工资的100%加计扣除。

　　（3）自2022年1月1日起，对企业出资给非营利性科学技术研究开发机构（科学技术研究开发机构以下简称科研机构）、高等学校和政府性自然科学基金用于基础研究的支出，在计算应纳税所得额时可按实际发生额在税前扣除，并可按100%在税前加计扣除。对非营利性科研机构、高等学校接收企业、个人和其他组织机构基础研究资金收入，免征企业所得税。

六、创业投资企业优惠

创业投资企业从事国家需要重点扶持和鼓励的创业投资，可以按投资额的一定比例抵扣应纳税所得额。

创业投资企业优惠，是指创业投资企业采取股权投资方式投资于未上市的中小高新技术企业2年以上的，可以按照其投资额的70%在股权持有满2年的当年抵扣该创业投资企业的应纳税所得额；当年不足抵扣的，可以在以后纳税年度结转抵扣。例如，甲企业2021年1月1日向乙企业（未上市的中小高新技术企业）投资100万元，股权持有到2022年12月31日。甲企业2022年度可抵扣的应纳税所得额为70万元。

（1）公司制创业投资企业采取股权投资方式直接投资于种子期、初创期科技型企业（以下简称初创科技型企业）满2年（24个月，下同）的，可以按照投资额的70%在股权持有满2年的当年抵扣该公司制创业投资企业的应纳税所得额；当年不足抵扣的，可以在以后纳税年度结转抵扣。

（2）有限合伙制创业投资企业（以下简称合伙创投企业）采取股权投资方式直接投资于初创科技型企业满2年的，该合伙创投企业的合伙人分别按以下方式处理：

❶法人合伙人可以按照对初创科技型企业投资额的70%抵扣法人合伙人从合伙创投企业分得的所得；当年不足抵扣的，可以在以后纳税年度结转抵扣。

❷个人合伙人可以按照对初创科技型企业投资额的70%抵扣个人合伙人从合伙创投企业分得的经营所得；当年不足抵扣的，可以在以后纳税年度结转抵扣。

（3）天使投资个人采取股权投资方式直接投资于初创科技型企业满2年的，可以按照投资额的70%抵扣转让该初创科技型企业股权取得的应纳税所得额；当期不足抵扣的，可以在以后取得转让该初创科技型企业股权的应纳税所得额时结转抵扣。

天使投资个人投资多个初创科技型企业的，对其中办理注销清算的初创科技型企业，天使投资个人对其投资额的70%尚未抵扣完的，可自注销清算之日起36个月内抵扣天使投资个人转让其他初创科技型企业股权取得的应纳税所得额。

（4）有限合伙制创业投资企业采取股权投资方式投资于未上市的中小高新技术企业满2年的，其法人合伙人可按照对未上市中小高新技术企业投资额的70%抵扣该法人合伙人从该有限合伙制创业投资企业分得的应纳税所得额；当年不足抵扣的，可以在以后纳税年度结转抵扣。

七、加速折旧优惠

企业的固定资产由于技术进步等原因，确需加速折旧的，可以缩短折旧年限或者采取加速折旧的方法。可采用上述加速折旧方法的固定资产是指：

❶由于技术进步，产品更新换代较快的固定资产；

❷常年处于强震动、高腐蚀状态的固定资产。

采取缩短折旧年限方法的，最低折旧年限不得低于规定折旧年限的60%；若为购置已使用过的固定资产，其最低折旧年限不得低于税法规定最低折旧年限减去已使用年限后剩余年限的60%。最低折旧年限一经确定，一般不得变更。采取加速折旧方法的，可以采取双倍余额递减法或者年数总和法。

依据财税〔2014〕75号文件，对有关固定资产加速折旧企业所得税政策问题规定如下：

❶对生物药品制造业，专用设备制造业，铁路、船舶、航空航天和其他运输设备制造业，计算机、通信和其他电子设备制造业，仪器仪表制造业，信息传输、软件和信息技术服务业等6个行业的企业2014年1月1日后新购进的固定资产，可缩短折旧年限或采取加速折旧的方法。

对上述6个行业的小型微利企业2014年1月1日后新购进的研发和生产经营共用的仪器、设备，单位价值不超过100万元的，允许一次性计入当期成本费用，在计算应纳税所得额时扣除，不再分年度计算折旧；单位价值超过100万元的，可缩短折旧年限或采取加速折旧的方法。

❷对所有行业企业2014年1月1日后新购进的专门用于研发的仪器、设备，单位价值不超过100万元的，允许一次性计入当期成本费用，在计算应纳税所得额时扣除，不再分年度计算折旧；单位价值超过100万元的，可缩短折旧年限或采取加速折旧的方法。

❸对所有行业企业持有的单位价值不超过5 000元的固定资产，允许一次性计入当期成本费用，在计算应纳税所得额时扣除，不再分年度计算折旧。

❹企业按上述第❶、❷项的规定缩短折旧年限的，最低折旧年限不得低于《企业所得税法实施条例》第六十条规定折旧年限的60%；采取加速折旧方法的，可采取双倍余额递减法或者年数总和法。上述第❶至❸项规定之外的企业固定资产加速折旧所得税处理问题，继续按照企业所得税法及其实施条例和现行税收政策的规定执行。

另外，依据财税〔2015〕106号文件，对有关固定资产加速折旧企业所得税政策问题补充规定如下：

❶对轻工、纺织、机械、汽车等4个领域重点行业的企业2015年1月1日后新购进的固定资产，可由企业选择缩短折旧年限或采取加速折旧的方法。

❷对上述行业的小型微利企业2015年1月1日后新购进的研发和生产经营共用的仪器、设备，单位价值不超过100万元的，允许一次性计入当期成本费用，在计算应纳税所得额时扣除，不再分年度计算折旧；单位价值超过100万元的，可由企业选择缩短折旧年限或采取加速折旧的方法。

❸企业按上述规定缩短折旧年限的，最低折旧年限不得低于企业所得税法实施条例规定折旧年限的60%；采取加速折旧方法的，可采取双倍余额递减法或者年数总和法。

🔖**提示**　自2019年1月1日起，适用财税〔2014〕75号文和财税〔2015〕106号文规定固定资产加速折旧优惠的行业范围，扩大至全部制造业领域。

企业在2018年1月1日至2020年12月31日期间新购进的设备、器具，单位价值不超过500万元的，允许一次性计入当期成本费用，在计算应纳税所得额时扣除，不再分年度计算折旧（该政策自2021年1月1日起至2023年12月31日继续执行）。设备、器具，是指除房屋、建筑物以外的固定资产。

🔖**提示**　按照企业所得税法及其实施条例的有关规定，企业根据自身生产经营需要，也可选择不实行加速折旧政策。

八、减计收入优惠

❶企业以《资源综合利用企业所得税优惠目录》规定的资源作为主要原材料，生产国家非限制和禁止并符合国家和行业相关标准的产品取得的收入，减按90%计入收入总额。

❷自 2019 年 6 月 1 日至 2025 年 12 月 31 日，为社区提供养老、托育、家政等服务的机构，提供社区养老、托育、家政服务取得的收入，在计算应纳税所得额时，减按 90% 计入收入总额。社区包括城市社区和农村社区。

九、税额抵免优惠

税额抵免，是指企业购置并实际使用《环境保护专用设备企业所得税优惠目录》、《节能节水专用设备企业所得税优惠目录》和《安全生产专用设备企业所得税优惠目录》规定的环境保护、节能节水、安全生产等专用设备的，该专用设备的投资额的 10% 可以从企业当年的应纳税额中抵免；当年不足抵免的，可以在以后 5 个纳税年度结转抵免。

享受前款规定的企业所得税优惠的企业，应当实际购置并自身实际投入使用前款规定的专用设备；企业购置上述专用设备在 5 年内转让、出租的，应当停止享受企业所得税优惠，并补缴已经抵免的企业所得税税款。转让的受让方可以按照该专用设备投资额的 10% 抵免当年企业所得税应纳税额；当年应纳税额不足抵免的，可以在以后 5 个纳税年度结转抵免。

企业同时从事适用不同企业所得税待遇的项目的，其优惠项目应当单独计算所得，并合理分摊企业的期间费用；没有单独计算的，不得享受企业所得税优惠。

自 2009 年 1 月 1 日起，增值税一般纳税人购进生产用固定资产发生的进项税额可从其销项税额中抵扣。如果增值税进项税额允许抵扣，其专用设备投资额不再包括增值税进项税额；如果增值税进项税额不允许抵扣，其专用设备投资额应为增值税专用发票上注明的价税合计金额，企业购买专用设备取得普通发票的，其专用设备投资额为普通发票上注明的金额。

> 提示 企业同时从事适用不同企业所得税待遇的项目的，其优惠项目应当单独计算所得额，并合理分摊企业的期间费用；没有单独计算的，不得享受企业所得税优惠。

十、民族自治地方企业优惠

民族自治地方的自治机关对本民族自治地方的企业应缴纳的企业所得税中属于地方分享的部分，可以决定减征或者免征。自治州、自治县决定减征或者免征的，须报省、自治区、直辖市人民政府批准。但对民族自治地方内国家限制和禁止行业的企业，不得减征或者免征企业所得税。

十一、非居民企业优惠

在中国境内未设立机构、场所，或者虽设立机构、场所但取得的所得与其所设机构、场所没有实际联系的非居民企业减按 10% 的税率征收企业所得税。该类非居民企业取得的下列所得免征企业所得税：❶外国政府向中国政府提供贷款取得的利息所得；❷国际金融组织向中国政府和居民企业提供优惠贷款取得的利息所得；❸经国务院批准的其他所得。另外，自 2017 年 1 月 1 日起，对境外投资者以分配利润直接投资暂不征收预提所得税。

十二、其他有关行业的优惠

（一）鼓励集成电路产业和软件产业发展的优惠

（1）自 2020 年 1 月 1 日起，国家鼓励的集成电路线宽小于 28 纳米（含），且经营期在 15 年以上的集成电路生产企业或项目，第 1 年至第 10 年免征企业所得税；国家鼓励的集成电路线宽小于65纳米（含），且经营期在15年以上的集成电路生产企业或项目，第1年至第5年免征企业所得税，第6年至第10年按照25%的法定税率减半征收企业所得税；国家鼓励的集成电路线宽小于130纳米（含），且经营期在10年以上的集成电路生产企业或项目，第1年至第2年免征企业所得税，第3年至第5年按照25%的法定税率减半征收企业所得税。

对于按照集成电路生产企业享受税收优惠政策的，优惠期自获利年度起计算；对于按照集成电路生产项目享受税收优惠政策的，优惠期自项目取得第1笔生产经营收入所属纳税年度起计算，集成电路生产项目需单独进行会计核算、计算所得，并合理分摊期间费用。

国家鼓励的线宽小于130纳米（含）的集成电路生产企业，属于国家鼓励的集成电路生产企业清单年度之前5个纳税年度发生的尚未弥补完的亏损，准予向以后年度结转，总结转年限最长不得超过10年。

（2）2020年1月1日起，国家鼓励的集成电路设计、装备、材料、封装、测试企业和软件企业，自获利年度起，第1年至第2年免征企业所得税，第3年至第5年按照25%的法定税率减半征收企业所得税。

（3）2020年1月1日起，国家鼓励的重点集成电路设计企业和软件企业，自获利年度起，第1年至第5年免征企业所得税，接续年度减按10%的税率征收企业所得税。

（二）经营性文化事业单位转制为企业的优惠

2019年1月1日至2023年12月31日，经营性文化事业单位转制为企业，自转制注册之日起5年内免征企业所得税。2018年12月31日之前已完成转制的企业，自2019年1月1日起可继续免征5年企业所得税。

> 提示　经营性文化事业单位是指从事新闻出版、广播影视和文化艺术的事业单位。

（三）鼓励证券投资基金发展的优惠

（1）对证券投资基金从证券市场中取得的收入，包括买卖股票、债券的差价收入，股权的股息、红利收入。债券的利息收入及其他收入，暂不征收企业所得税。

（2）对投资者从证券投资基金分配中取得的收入，暂不征收企业所得税。

（3）对证券投资基金管理人运用基金买卖股票、债券的差价收入，暂不征收企业所得税。

（四）债券利息减免税的优惠

（1）对企业取得的2012年及以后年度发行的地方政府债券利息收入，免征企业所得税。

（2）自2018年11月7日至2021年11月6日止，对境外机构投资境内债券市场取得的债券利息收入暂免征收企业所得税。自2021年11月7日至2025年12月31日，上述政策继续执行。

> 提示　暂免征收企业所得税的范围不包括境外机构在境内设立的机构、场所取得的与该机构、场所有实际联系的债券利息。

（3）对企业投资者持有2019～2023年发行的铁路债券取得的利息收入，减半征收企业所得税。

> 🔖提示 铁路债券是指以中国国家铁路集团有限公司（原中国铁路总公司）为发行和偿还主体的债券，包括中国铁路建设债券、中期票据、短期融资券等债务融资工具。

（五）从事污染防治的第三方企业的优惠

对符合条件的从事污染防治的第三方企业，减按15%的税率征收企业所得税。第三方防治企业是指受排污企业或政府委托，负责环境污染治理设施（包括自动连续监测设施）运营维护的企业。

（六）生产和装配伤残人员专门用品企业的优惠

自2021年1月1日至2023年12月31日，对符合条件的生产和装配伤残人员专门用品，且在民政部发布的《中国伤残人员专门用品目录》范围之内的居民企业，免征企业所得税。

十三、西部大开发的优惠

自2021年1月1日至2030年12月31日，对设在西部地区的鼓励类产业企业减按15%的税率征收企业所得税。本条所称鼓励类产业企业是指以《西部地区鼓励类产业目录》中规定的产业项目为主营业务，且其主营业务收入占企业收入总额60%以上的企业。

十四、海南自由贸易港的优惠

为支持海南自由贸易港建设，自2020年1月1日至2024年12月31日，有关企业所得税优惠政策规定如下：

（1）对注册在海南自由贸易港并实质性运营的鼓励类产业企业，减按15%的税率征收企业所得税。

> 🔖提示 鼓励类产业企业，是指以海南自由贸易港鼓励类产业目录中规定的产业项目为主营业务，且其主营业务收入占企业收入总额60%以上的企业。实质性运营，是指企业的实际管理机构设在海南自由贸易港，并对企业生产经营、人员、账务、财产等实施实质性全面管理和控制。对不符合实质性运营的企业，不得享受优惠。

对总机构设在海南自由贸易港的符合条件的企业，仅就其设在海南自由贸易港的总机构和分支机构的所得，适用15%税率；对总机构设在海南自由贸易港以外的企业，仅就其设在海南自由贸易港内的符合条件的分支机构的所得，适用15%税率。具体征管办法按照国家税务总局有关规定执行。

（2）对在海南自由贸易港设立的旅游业、现代服务业、高新技术产业企业新增境外直接投资取得的所得，免征企业所得税。

> 🔖提示 新增境外直接投资所得应当符合以下条件：
> ❶从境外新设分支机构取得的营业利润；或从持股比例超过20%（含）的境外子公司分回的，与新增境外直接投资相对应的股息所得。
> ❷被投资国（地区）的企业所得税法定税率不低于5%。

> 🔖提示 旅游业、现代服务业、高新技术产业，按照海南自由贸易港鼓励类产业目录执行。

（3）对在海南自由贸易港设立的企业，新购置（含自建、自行开发）固定资产或无形资产，单位价值不超过500万元（含）的，允许一次性计入当期成本费用在计算应纳税所得额时扣除，不再分年度计算折旧和摊销；新购置（含自建、自行开发）固定资产或无形资产，单位价值超过500万元的，可以缩短折旧、摊销年限或采取加速折旧、摊销的方法。

🔖提示 固定资产，是指除房屋、建筑物以外的固定资产。

任务六　　企业所得税应纳税所得额的计算

任务引例

我公司打算用4 000万元资本公积转增股本，资本公积来源为去年定向增发形成的股本溢价。目前我公司有4名法人股东，此次转增行为是否需要缴纳企业所得税？

一、企业所得税计税依据确定的基本方法

应纳税额的多少，取决于应纳税所得额和适用税率两个因素。在实际过程中，应纳税所得额的计算一般有两种方法：

（一）间接计算法

间接计算法下，在会计利润的基础上加上或减去按照税法规定调整的项目金额后，即为应纳税所得额。其计算公式为：

应纳税所得额=会计利润总额±纳税调整项目金额

纳税调整项目金额包括两方面的内容：一是企业的财务会计处理与税法规定不一致，应予以调整的金额；二是企业按税法规定准予扣除的金额。

🔖提示 应税收入、不征税收入和免税收入均应计入收入总额。

🔖点睛 在计算应纳税所得额时，企业财务、会计处理办法与税收法律法规的规定不一致的，应当依照税收法律法规的规定计算。

（二）直接计算法

直接计算法下，企业每一纳税年度的收入总额减除不征税收入、免税收入、各项扣除以及允许弥补的以前年度亏损后的余额为应纳税所得额。其计算公式为：

应纳税所得额=收入总额−不征税收入−免税收入−各项扣除金额−弥补亏损

二、收入总额的确定

企业的收入总额包括以货币形式和非货币形式从各种来源取得的收入。企业取得收入的货币形式包括现金、银行存款、应收账款、应收票据、准备持有至到期的债券投资以及债务的豁免等；企业以非货币形式取得的收入，包括固定资产、生物资产、无形资产、股权投资、存货、不准备持有至到期的债券投资、劳务以及有关权益等，这些非货币形式的资产应当按照公允价值确定收入额。公允价值是指按照市场价格确定的价值。

🔖提示 全面"营改增"以后，计算企业所得税的各种收入均为不含增值税的收入。

（一）一般收入的确认

（1）销售货物收入。它是指企业销售商品、产品、原材料、包装物、低值易耗品以及其他存货取得的收入。

🔖提示 销售货物收入，包括销售货物同时收取的价外费用（不含增值税）、视同销售货物收入（不含增值税）。

企业销售商品同时满足下列条件的，应确认收入的实现：

❶商品销售合同已经签订，企业已将与商品所有权相关的主要风险和报酬转移给购货方。

❷企业对已售出的商品既没有保留通常与所有权相联系的继续管理权，也没有实施有效控制。

❸收入的金额能够可靠地计量。

❹已发生或将发生的销售方的成本能够可靠地核算。

符合上款收入确认条件，采取下列商品销售方式的，应按以下规定确认收入实现时间：

❶销售商品采取托收承付方式的，在办妥托收手续时确认收入。

　　🔖链接　A.采取托收承付和委托银行收款方式销售货物的，增值税的纳税义务发生时间为发出货物并办妥托收手续的当天。B.采取托收承付和委托银行收款方式销售应税消费品的，消费税的纳税义务发生时间为发出应税消费品并办妥托收手续的当天。

❷销售商品采取预收款方式的，在发出商品时确认收入。

　　🔖链接　A.采取预收货款方式销售货物的，增值税的纳税义务发生时间为"货物发出"的当天；但生产销售生产工期超过12个月的大型机械设备、船舶、飞机等货物的，为收到预收款或者书面合同约定的收款日期的当天；先开具发票的，为开具发票的当天。B.纳税人提供租赁服务采取预收款方式的，增值税的纳税义务发生时间为"收到预收款"的当天。C.纳税人采取预收货款结算方式的，消费税的纳税义务发生时间为"发出应税消费品"的当天。

❸销售商品需要安装和检验的，在购买方接受商品以及安装和检验完毕时确认收入。如果安装程序比较简单，可在发出商品时确认收入。

❹销售商品采用支付手续费方式委托代销的，在收到代销清单时确认收入。

　　🔖链接　委托其他纳税人代销货物的，增值税的纳税义务发生时间为收到代销单位的代销清单或者收到全部或者部分货款的当天；未收到代销清单及货款的，为发出代销货物满180天的当天。

（2）提供劳务收入。它是指企业从事建筑安装、修理修配、交通运输、仓储租赁、金融保险、邮电通信、咨询经纪、文化体育、科学研究、技术服务、教育培训、餐饮住宿、中介代理、卫生保健、社区服务、旅游、娱乐、加工以及其他劳务服务活动取得的收入。

企业在各个纳税期末，提供劳务交易的结果能够可靠估计的，应采用完工进度（完工百分比）法确认提供劳务收入。

提供劳务交易的结果能够可靠估计，是指同时满足下列条件：

❶收入的金额能够可靠地计量。

❷交易的完工进度能够可靠地确定。

❸交易中已发生和将发生的成本能够可靠地核算。

企业提供劳务完工进度的确定，可选用下列方法：

❶已完工作的测量。

❷已提供劳务占劳务总量的比例。

❸发生成本占总成本的比例。

企业应按照从接受劳务方已收或应收的合同或协议价款确定劳务收入总额，根据纳税期末提供劳务收入总额乘以完工进度，扣除以前纳税年度累计已确认提供劳务收入后的金额，确认为当期劳务收入；同时，按照提供劳务估计总成本乘以完工进度，扣除以前纳税期间累计已确认劳务成本后的金额，结转为当期劳务成本。

下列提供劳务满足收入确认条件的，应按规定确认收入：

❶安装费。安装费应根据安装完工进度确认收入。安装工作是商品销售附带条件的，安装费在确认商品销售实现时确认收入。

❷宣传媒介的收费。宣传媒介的收费应在相关的广告或商业行为出现于公众面前时确认收入。广告的制作费，应根据制作广告的完工进度确认收入。

❸软件费。软件费为特定客户开发软件的收费，应根据开发的完工进度确认收入。

❹服务费。包含在商品售价内可区分的服务费，在提供服务的期间分期确认收入。

❺艺术表演、招待宴会和其他特殊活动的收费。艺术表演、招待宴会和其他特殊活动的收费在相关活动发生时确认收入。收费涉及几项活动的，预收的款项应合理分配给每项活动，分别确认收入。

❻会员费。申请入会或加入会员，只允许取得会籍，所有其他服务或商品都要另行收费的，在取得该会员费时确认收入。申请入会或加入会员后，会员在会员期内不再付费就可得到各种服务或商品，或者以低于非会员的价格销售商品或提供服务的，该会员费应在整个受益期内分期确认收入。

❼特许权费。属于提供设备和其他有形资产的特许权费，在交付资产或转移资产所有权时确认收入；属于提供初始及后续服务的特许权费，在提供服务时确认收入。

❽劳务费。长期为客户提供重复的劳务收取的劳务费，在相关劳务活动发生时确认收入。

（3）转让财产收入。它是指企业转让固定资产、生物资产、无形资产、股权、债权等财产取得的收入。

（4）股息、红利等权益性投资收益。它是指企业因权益性投资从被投资方取得的收入。股息、红利等权益性投资收益，除国务院财政、税务主管部门另有规定外，按照被投资方作出利润分配决定的日期确认收入的实现。

（5）利息收入。它是指企业将资金提供给他人使用但不构成权益性投资，或者因他人占用本企业资金取得的收入，包括存款利息、贷款利息、债券利息、欠款利息等收入。利息收入应按照合同约定的债务人应付利息的日期确认收入的实现。

（6）租金收入。它是指企业提供固定资产、包装物或者其他有形资产的使用权取得的收入。租金收入应按照合同约定的承租人应付租金的日期确认收入的实现。

（7）特许权使用费收入。它是指企业提供专利权、非专利技术、商标权、著作权以及其他特许使用权取得的收入。特许权使用费收入应按照合同约定的特许权使用人应付特许权使用费的日期确认收入的实现。

（8）接受捐赠收入。它是指企业接受的来自其他企业、组织或者个人无偿给予的货币性资产、非货币性资产。接受捐赠收入按照实际收到捐赠资产的日期确认收入的实现。

🐦总结　❶股息、红利等权益性投资收益，按照被投资方"作出利润分配决定"的日期确认收入的实现；❷"利息收入、租金收入和特许权使用费收入"均以"合同约定的日期"确认收入的实现；❸"接受捐赠收入"以"实际收到的日期"确认收入的实现。

（9）其他收入。它是指企业取得的除以上收入外的其他收入，包括企业资产溢余收入、逾期未退包装物押金收入、确实无法偿付的应付款项、已经作坏账损失处理后又收回的应收款项、债务重组收入、补贴收入、违约金收入、汇兑收益等。

提示 企业所得税法中的"其他收入"与会计中的"其他业务收入"不是相同的概念。其他业务收入是计算业务招待费、广告费和业务宣传费税前扣除限额的基数，即销售（营业）收入的组成部分。

企业取得财产（包括各类资产、股权、债权等）转让收入、债务重组收入、接受捐赠收入、无法偿付的应付款收入等，不论是以货币形式还是非货币形式体现，除另有规定外，均应一次性计入确认收入的年度计算缴纳企业所得税。

知识答疑4-2 报废车辆取得的收入是否缴纳企业所得税？

任务引例解析

根据《国家税务总局关于贯彻落实企业所得税法若干税收问题的通知》（国税函〔2010〕79号）的规定，被投资企业将股权（票）溢价所形成的资本公积转为股本的，不作为投资方企业的股息、红利收入，投资方企业也不得增加该项长期投资的计税基础。

因此，你公司以股权溢价所形成的资本公积转增股本，投资方企业（4名法人股东）不需要缴纳企业所得税。

（二）特殊收入的确认

（1）采取分期收款方式销售货物，按照合同约定的收款日期确认收入的实现。

链接 采取赊销和分期收款方式销售货物的，增值税（或消费税）的纳税义务发生时间为书面合同约定的收款日期的当天；无书面合同或者书面合同没有约定收款日期的，为货物（或应税消费品）发出的当天。

（2）采用售后回购方式销售商品，销售的商品按售价确认收入，回购的商品作为购进商品处理。有证据表明不符合销售收入确认条件的，如以销售商品方式进行融资，收到的款项应确认为负债。回购价格大于原售价的，差额应在回购期间确认为利息费用。

（3）采取以旧换新方式销售商品，应当按照销售商品收入的确认条件确认收入，回收的商品作为购进商品处理。

链接 ❶增值税纳税人采取以旧换新方式销售货物的，应按新货物的同期销售价格确定销售额。但对金银首饰以旧换新业务，应按照销售方实际收取的不含增值税的全部价款征收增值税。❷消费税纳税人采取以旧换新（含翻新改制）方式销售的金银首饰，应按实际收取的不含增值税的全部价款确定计税依据征收消费税。

（4）采取商业折扣（折扣销售）条件销售商品：企业为促进商品销售而在商品价格上给予的价格扣除属于商业折扣，商品销售涉及商业折扣的，应当按照扣除商业折扣后的金额确定销售商品收入金额。

链接 折扣销售增值税的税务处理：折扣销售，在会计上又叫商业折扣，它是指销货方在销售货物或应税劳务时，因购货方购货数量较大等原因而给予购货方的价格优惠。纳税人采取折扣方式销售货物，如果销售额和折扣额在同一张发票上分别注明，可以按折扣后的销售额征收增值税；如果将折扣额另开发票，不论其在财务上如何处理，均不得从销售额中减除折扣额。

（5）采取现金折扣（销售折扣）条件销售商品：债权人为鼓励债务人在规定的期限内付款而向债务人提供的债务扣除属于现金折扣。销售商品涉及现金折扣的，应当按扣除现金折扣前的金额确定销售商品收入金额，现金折扣在实际发生时作为财务费用扣除。

> **链接** 销售折扣增值税的税务处理：销售折扣，在会计上又叫现金折扣，它是指销货方在销售货物或提供应税劳务后，为了鼓励购货方及早偿还货款而协议许诺给予购货方的一种折扣优待（如10天内付款，货款折扣2%；20天内付款，货款折扣1%；30天内全价付款）。销售折扣发生在销货之后，是一种融资性质的理财费用，因此，销售折扣不得从销售额中扣除。

（6）采取折让方式销售商品：企业因售出商品的质量不合格等原因而在售价上给予的减让属于销售折让。企业因售出商品质量、品种不符合要求等原因而发生的退货属于销售退回。企业已经确认销售收入的售出商品发生销售折让和销售退回，应当在发生当期冲减当期销售商品收入。

> **链接** 销售折让等行为增值税的税务处理：纳税人向购买方开具增值税专用发票后，由于累计购买到一定量或市场价格下降等原因，销货方给予购货方的价格优惠或补偿等折扣、折让行为，可按规定开具红字增值税专用发票。

（7）采取"买一赠一"等方式组合销售本企业商品的，不属于捐赠，应将总的销售金额按各项商品的公允价值的比例来分摊确认各项的销售收入。

> **链接** 纳税人将自产、委托加工或者购进的货物无偿赠送其他单位或者个人，视同销售货物缴纳增值税。对于"买一赠一"等方式组合销售是否视同销售缴纳增值税，各地税务机关有两种不同的观点：一种认为"买一赠一"等方式组合销售属于无偿赠送，因此视同销售缴纳增值税；另一种认为"买一"是"赠一"的前提，"买一赠一"等方式组合销售不属于无偿赠送，而是有偿赠送，因此不视同销售，不需要缴纳增值税。

（8）企业受托加工制造大型机械设备、船舶、飞机等，以及从事建筑、安装、装配业务或者提供劳务等，持续时间超过12个月的，按照纳税年度内完工进度或者完成的工作量确认收入的实现。

（9）采取产品分成方式取得收入的，以企业分得产品的时间确认收入的实现，其收入额按照产品的公允价值确定。

（10）企业发生非货币性资产交换，以及将货物、财产、劳务用于捐赠、偿债、赞助、集资、广告、样品、职工福利和进行利润分配等用途，应当视同销售货物、转让财产和提供劳务，但国务院财政、税务主管部门另有规定的除外。

（三）处置资产收入的确认

根据《关于企业处置资产所得税处理问题的通知》（国税函〔2008〕828号）等文件，对处置资产收入的确认规定如下：

（1）企业发生下列情形的处置资产，除将资产转移至境外以外，由于资产所有权属在形式和实质上均不发生改变，可作为内部处置资产，不视同销售确认收入，相关资产的计税基础延续计算：

❶将资产用于生产、制造、加工另一产品。

❷改变资产形状、结构或性能。

❸改变资产用途（如自建商品房转为自用或经营）。

❹将资产在总机构及其分支机构之间转移。

❺上述两种或两种以上情形的混合。

❻其他不改变资产所有权属的用途。

（2）企业将资产移送他人的下列情形，因资产所有权属已发生改变而不属于内部处置资产，应按规定视同销售确定收入：

❶用于市场推广或销售。

❷用于交际应酬。

❸用于职工奖励或福利。

❹用于股息分配。

❺用于对外捐赠。

❻其他改变资产所有权属的用途。

（3）企业发生第（2）条规定情形时，除另有规定外，应按照被移送资产的公允价值确定销售收入。

> **链接** 视同销售确定的收入应当作为业务招待费、广告费和业务宣传费扣除限额的计算基数。

> **知识答疑4-3** 对于视同销售问题，会计、增值税及企业所得税的处理上有什么不同？

三、不征税收入和免税收入的确定

国家为了扶持和鼓励某些特殊的纳税人和特定的项目，或者避免因征税影响企业的正常经营，对企业取得的某些收入予以不征税或免税的特殊政策，以减轻企业的负担，促进经济的协调发展。

（一）不征税收入

收入总额中的下列收入为不征税收入：

（1）财政拨款，是指各级人民政府对纳入预算管理的事业单位、社会团体等组织拨付的财政资金，但国务院和国务院财政、税务主管部门另有规定的除外。

（2）依法收取并纳入财政管理的行政事业性收费、政府性基金。行政事业性收费，是指依照法律法规等有关规定，按照国务院规定程序批准，在实施社会公共管理，以及在向公民、法人或者其他组织提供特定公共服务过程中，向特定对象收取并纳入财政管理的费用。政府性基金，是指企业依照法律、行政法规等有关规定，代政府收取的具有专项用途的财政资金。

（3）国务院规定的其他不征税收入，是指企业取得的，由国务院财政、税务主管部门规定专项用途并经国务院批准的财政性资金。

财政性资金，是指企业取得的来源于政府及其有关部门的财政补助、补贴、贷款贴息，以及其他各类财政专项资金，包括直接减免的增值税和即征即退、先征后退、先征后返的各种税收，但不包括企业按规定取得的出口退税款。

> **提示** 县级以上人民政府将国有资产无偿划入企业，凡指定专门用途并按规定进行管理的，企业可作为不征税收入进行企业所得税处理。其中，该项资产属于非货币性资产的，应按政府确定的接收价值计算不征税收入。

2018年9月20日起，对全国社会保障基金理事会及基本养老保险基金投资管理机构在国务院批准的投资范围内，运用养老基金投资取得的归属于养老基金的投资收入，作为企业所得税不征税收入。

2018年9月10日起，对全国社会保障基金取得的直接股权投资收益、股权投资基金收益，作为企业所得税不征税收入。

📌**点睛**　❶企业的不征税收入用于支出所形成的费用，不得在计算应纳税所得额时扣除；❷企业的不征税收入用于支出所形成的资产，其计算的折旧、摊销不得在计算应纳税所得额时扣除。

知识答疑4-4　企业所得税不征税收入形成的支出可以抵扣进项税额吗？

（二）免税收入

企业的下列收入为免税收入：

（1）国债利息收入。

📌**比较**　国债"转让"收入不免税。

（2）符合条件的居民企业之间的股息、红利等权益性投资收益（该收益是指居民企业直接投资于其他居民企业取得的投资收益，且该收益不包括连续持有居民企业公开发行并上市流通的股票不足12个月取得的投资收益）。

（3）在中国境内设立机构、场所的非居民企业从居民企业取得与该机构、场所有实际联系的股息、红利等权益性投资收益（该收益不包括连续持有居民企业公开发行并上市流通的股票不足12个月取得的投资收益）。

（4）符合条件的非营利组织的收入。

（5）非营利组织其他免税收入。其具体包括：❶接受其他单位或者个人捐赠的收入；❷除《企业所得税法》第七条规定的财政拨款以外的其他政府补助收入，但不包括因政府购买服务取得的收入；❸按照省级以上民政、财政部门规定收取的会费；❹不征税收入和免税收入孳生的银行存款利息收入；❺财政部、国家税务总局规定的其他收入。

四、准予扣除项目的确定

（一）税前扣除项目的原则

企业申报的扣除项目和金额要真实、合法。所谓真实是指能提供证明有关支出确属已经实际发生；合法是指符合国家税法的规定，若其他法规规定与税收法规规定不一致，应以税收法规的规定为标准。除税收法规另有规定外，税前扣除一般应遵循以下原则：

（1）权责发生制原则，是指企业费用应在发生的所属期扣除，而不是在实际支付时确认扣除。

（2）配比原则，是指企业发生的费用应当与收入配比扣除。除特殊规定外，企业发生的费用不得提前或滞后申报扣除。

（3）相关性原则，即企业可扣除的费用从性质和根源上必须与取得应税收入直接相关。

（4）确定性原则，即企业可扣除的费用不论何时支付，其金额必须是确定的。

（5）合理性原则，即符合生产经营活动常规，应当计入当期损益或者有关资产成本的必要和正常的支出。

（二）准予扣除项目的基本范围

（1）税前扣除项目包括成本、费用、税金、损失和其他支出。

❶成本，是指企业在生产经营活动中发生的销售成本、销货成本、业务支出以及其他耗费。

❷费用，是指企业在生产经营活动中发生的销售费用、管理费用和财务费用，已经计入成本的有关费用除外。

> **实务答疑4-1** 我公司给员工统一订购工作服饰所发生的费用支出能否在企业所得税税前扣除？

❸税金，是指企业发生的除企业所得税和允许抵扣的增值税以外的各项税金及其附加。

> **提示** 企业发生的除企业所得税和允许抵扣的增值税以外的各项税金及其附加，准予在计算应纳税所得额时扣除。上述说法中"允许抵扣的增值税"指的是允许从增值税销项税额中抵扣的增值税进项税额，不予在计算应纳税所得额时扣除，这是没有问题的。但这里遗漏了增值税销项税额，以及采用简易计税方法下的增值税税额，另外，企业作为扣缴义务人为个人负担的个人所得税也不予在计算应纳税所得额时扣除，因此上述说法是不全面的。建议修改为：企业发生的除企业所得税、一般计税方法下的增值税销项税额、允许抵扣的增值税进项税额、简易计税方法下的增值税税额、企业作为扣缴义务人为个人负担的个人所得税以外的各项税金及其附加，准予在计算应纳税所得额时扣除。

> **链接** 根据《财政部关于印发〈增值税会计处理规定〉的通知》（财会〔2016〕22号）的规定，全面"营改增"后，"营业税金及附加"科目调整为"税金及附加"科目，该科目核算企业经营活动发生的消费税、城市维护建设税、资源税、教育费附加及房产税、土地使用税（城镇土地使用税的简称）、车船税、印花税等相关税费；利润表中的"营业税金及附加"项目调整为"税金及附加"项目。

> **知识答疑4-5** 允许企业所得税税前扣除的税金及附加有哪些？扣除的形式有哪两种？

❹损失，是指企业在生产经营活动中发生的固定资产和存货的盘亏、毁损、报废损失，转让财产损失，呆账损失，坏账损失，自然灾害等不可抗力因素造成的损失以及其他损失。企业发生的损失，减除责任人赔偿和保险赔款后的余额，依照国务院财政、税务主管部门的规定扣除。企业已经作为损失处理的资产，在以后纳税年度又全部收回或者部分收回时，应当计入当期收入。

> **链接** 并非所有的损失都可以税前扣除。准予税前扣除的损失不包括各种行政性罚款、被没收财物的损失以及刑事责任附加刑中的罚金、没收财产等。

❺其他支出，是指除成本、费用、税金、损失外，企业在生产经营活动中发生的与生产经营活动有关的、合理的支出。

> **提示** 企业发生的支出应当区分收益性支出和资本性支出。收益性支出在发生当期直接扣除；资本性支出应当分期扣除或者计入有关资产成本，不得在发生当期直接扣除。

实务答疑4-2 我公司员工出国考察，由旅行社代为安排相关住宿等，由旅行社开具相关发票，我公司的出国考察支出可以凭该发票进行税前扣除吗？

（2）在计算应纳税所得额时，下列项目可按照实际发生额或者规定的标准扣除：

❶工资薪金支出。它是指企业每一纳税年度支付给在本企业任职或者受雇的员工的所有现金形式或者非现金形式的劳动报酬，包括基本工资、奖金、津贴、补贴、年终加薪、加班工资，以及与员工任职或者受雇有关的其他支出。企业发生的合理的工资薪金支出，准予扣除。

实务答疑4-3 我公司列入企业员工工资薪金制度、固定与工资薪金一起发放的交通费、通信费是否可以作为工资薪金支出，在企业所得税税前扣除？

实务答疑4-4 我公司收到代扣代缴个人所得税的手续费返还1 000元，将其中的300元奖励给会计人员，我公司在计算企业所得税时应如何确认收入及支出？

❷职工福利费、工会经费、职工教育经费。

a.企业发生的职工福利费支出，不超过工资薪金总额14%的部分准予扣除。

b.企业拨缴的工会经费，不超过工资薪金总额2%的部分准予扣除。

c.除国务院财政、税务主管部门另有规定外，企业发生的职工教育经费支出，不超过工资薪金总额8%的部分准予扣除，超过部分准予在以后纳税年度结转扣除。

d.集成电路设计企业和符合条件的软件企业的职工培训费用，应单独进行核算并按实际发生额在计算应纳税所得额时扣除。集成电路设计企业和符合条件的软件企业应准确划分职工教育经费中的职工培训费支出，对于不能准确划分的，以及准确划分后职工教育经费中扣除职工培训费用的余额，一律按照工资、薪金总额8%的比例扣除。

总结 "职工福利费、工会经费、职工教育经费"这三项经费中只有"职工教育经费"可以结转至以后纳税年度税前扣除。

链接 "防暑降温费"为职工福利费；由于防暑降温用品为劳保用品，因此防暑降温用品支出为劳动保护支出（劳动保护费）。

实务答疑4-5 我公司职工食堂支出可以在计提的福利费范围内税前扣除吗？如果没有正规发票，白条是否可以入账作为税前扣除的凭证？

任务实例4-2 甲企业本年发生合理的工资薪金支出100万元，发生职工福利费18万元，职工教育经费7万元。已知，在计算企业所得税应纳税所得额时，职工福利费支出、职工教育经费支出的扣除比例分别为不超过工资、薪金总额的14%和8%。

【任务要求】计算甲企业本年企业所得税应纳税所得额中准予扣除的职工福利费和职工教育经费金额合计数。

【任务实施】（1）职工福利费税前扣除限额=100×14%=14（万元），实际发生18万元，超过扣除限额，税前准予扣除14万元。

（2）职工教育经费税前扣除限额=100×8%=8（万元），实际发生7万元，未超过扣除限额，准予全额税前扣除。

（3）准予扣除的职工福利费和职工教育经费金额合计=14+7=21（万元）

❸社会保险费。

a.企业依照国务院有关主管部门或者省级人民政府规定的范围和标准为职工缴纳的"五险一金"，即基本养老保险费、基本医疗保险费、失业保险费、工伤保险费、生育保险费等基本社会保险费和住房公积金，准予扣除。

b.企业为投资者或者职工支付的补充养老保险费、补充医疗保险费，在国务院财政、税务主管部门规定的范围和标准内，准予扣除。

点睛 企业为在本企业任职或者受雇的全体员工支付的补充养老保险费、补充医疗保险费，分别在不超过职工工资总额5%标准内的部分，在计算应纳税所得额时准予扣除；超过的部分，不予扣除。

链接 （1）企业参加财产保险，按照规定缴纳的保险费，准予扣除。（2）除企业依照国家有关规定为特殊工种职工支付的人身安全保险费和国务院财政、税务主管部门规定可以扣除的其他商业保险费外，企业为投资者或者职工支付的商业保险费，不得扣除。（3）企业职工因公出差乘坐交通工具发生的人身意外保险费支出，准予企业在计算应纳税所得额时扣除。（4）企业参加雇主责任险、公众责任险等责任保险，按照规定缴纳的保险费，准予在企业所得税税前扣除。该项规定适用于2018年度及以后年度企业所得税汇算清缴。

实务答疑4-6 我公司本年按照工资、薪金总额8%的比例准予扣除的教育经费为100万元，计提金额为100万元，实际列支70万元，请问是否需要进行纳税调整？

任务实例4-3 甲公司本年度支出合理的工资薪金总额1 000万元，按规定标准为职工缴纳基本社会保险费160万元，为受雇的全体员工支付补充养老保险费120万元，为公司高管缴纳商业保险费30万元。

【任务要求】 计算甲公司本年度发生的上述保险费在计算应纳税所得额时准予扣除的数额。

【任务实施】 基本社会保险费可以全额在税前扣除。企业为在本企业任职或者受雇的全体员工支付的补充养老保险费、补充医疗保险费，分别在不超过职工工资总额5%标准内的部分（1 000×5%=50（万元）），在计算应纳税所得额时准予扣除；超过的部分，不予扣除。除企业依照国家有关规定为特殊工种职工支付的人身安全保险费和国务院财政、税务主管部门规定可以扣除的商业保险费外，企业为投资者或者职工支付的商业保险费，不得扣除。则：

甲公司本年度发生上述保险费在计算应纳税所得额时准予扣除的数额=160+50=210（万元）

❹利息费用。

企业在生产、经营活动中发生的利息费用，按下列规定扣除：

a.非金融企业向金融企业借款的利息支出、金融企业的各项存款利息支出和同业拆借利息支出、企业经批准发行债券的利息支出可据实扣除。

b.非金融企业向非金融企业借款的利息支出，不超过按照金融企业同期同类贷款利率计算的数额的部分可据实扣除，超过部分不许扣除。

💚**提示** 金融企业不等同于银行。所谓金融企业，是指各类银行、保险公司及经中国人民银行批准从事金融业务的非银行金融机构，包括国家专业银行、区域性银行、股份制银行、外资银行、中外合资银行以及其他综合性银行；还包括全国性保险企业、区域性保险企业、股份制保险企业、中外合资保险企业以及其他专业性保险企业；也包括城市、农村信用社、各类财务公司以及其他从事信托投资、租赁等业务的专业和综合性非银行金融机构。非金融企业，是指除上述金融企业以外的所有企业、事业单位以及社会团体等企业或组织。

💚**链接** 企业从其关联方接受的债权性投资与权益性投资的比例超过财政部、国家税务总局的规定标准而发生的利息支出，不能在计算应纳税所得额时扣除。财政部、国家税务总局的规定标准如下：企业实际支付给关联方的利息支出，除另有规定外，其接受关联方债权性投资与其权益性投资的比例为：金融企业5：1；其他企业2：1。

> **知识答疑4-6** 企业投资者投资未到位而发生的利息支出，是否可以在企业所得税税前扣除？

任务实例4-4 甲企业注册资本为3 000万元。本年按同期金融机构贷款利率从其关联方借款6 800万元，发生借款利息400万元。已知企业接受关联方债权性投资与其权益性投资的比例为2：1。

【任务要求】 计算甲企业企业所得税应纳税所得额中准予扣除的利息金额。

【任务实施】 甲企业的注册资本为3 000万元，关联方债权性投资不应超过6 000万元（3 000×2），实际发生借款6 800万元，准予税前扣除的利息金额是6 000万元产生的利息=6 000×（400÷6 800）=352.94（万元）。

❺借款费用。

a.企业在生产经营活动中发生的合理的不需要资本化的借款费用，准予扣除。

b.企业为购置、建造固定资产、无形资产和经过12个月以上的建造才能达到预定可销售状态的存货发生借款的，在有关资产购置、建造期间发生的合理的借款费用，应予以资本化，作为资本性支出计入有关资产的成本；有关资产交付使用后发生的借款利息，可在发生当期扣除。

💚**提示** 准予扣除的借款费用和借款利息不包括需要资本化的借款费用和借款利息。

❻汇兑损失。

企业在货币交易中以及纳税年度终了时将人民币以外的货币性资产、负债按照期末即期人民币汇率中间价折算为人民币时产生的汇兑损失，除已经计入有关资产成本以及向所有者进行利润分配外，准予扣除。

❼业务招待费。

企业发生的与生产经营活动有关的业务招待费支出，按照发生额的60%扣除，但最高不得超过当年销售（营业）收入的5‰。

作为业务招待费限额的计算基数的收入范围，是当年销售（营业）收入。销售（营业）收入包括销售货物收入、让渡资产使用权（收取资产租金或使用费）收入、提供劳务收入等主营业务收入，还包括其他业务收入、视同销售收入等，但是不含营业外收入、转让固定资产或无形资产所有权收入、投资收益（从事股权投资业务的企业除外）。

对从事股权投资业务的企业（包括集团公司总部、创业投资企业等），其从被投资企业所分配的股息、红利以及股权转让收入，可以按规定的比例计算业务招待费扣除限额。

提示 销售（营业）收入为不含增值税的收入。

点睛 企业在筹建期间，发生的与筹办活动有关的业务招待费支出，可按实际发生额的60%计入企业筹办费，并按有关规定在税前扣除。

任务实例4-5 甲企业本年销售收入为2 500万元，全年发生业务招待费25万元，且能提供有效凭证。

【任务要求】 计算甲企业本年企业所得税应纳税所得额中准予扣除的业务招待费。

【任务实施】 企业发生的与生产经营活动有关的业务招待费支出，按照发生额的60%扣除，但最高不得超过当年销售（营业）收入的5‰。业务招待费的60%=25×60%=15（万元），当年销售（营业）收入的5‰=2 500×5‰=12.5（万元）。因此，准予扣除的业务招待费为12.5万元。

❽广告费和业务宣传费。

企业发生的符合条件的广告费和业务宣传费支出，除国务院财政、税务主管部门另有规定外，不超过当年销售（营业）收入15%的部分，准予扣除；超过部分，准予结转以后纳税年度扣除。自2016年1月1日起至2020年12月31日，对化妆品制造或销售、医药制造和饮料制造（不含酒类制造）企业发生的广告费和业务宣传费支出，不超过当年销售（营业）收入30%的部分，准予扣除；超过部分，准予在以后纳税年度结转扣除（该政策自2021年1月1日起至2025年12月31日继续执行）。

链接 企业申报扣除的广告费支出应与赞助支出严格区分。非广告性的赞助支出，税前不得扣除。

点睛 企业在筹建期间发生的广告费和业务宣传费，可按实际发生额计入企业筹办费，并按有关规定在税前扣除。

链接 广告费和业务宣传费的超标准部分可无限期向以后纳税年度结转，属于税法与会计之间的"暂时性差异"；而业务招待费的超标准部分不能向以后纳税年度结转，属于税法与会计之间的"永久性差异"。

任务实例4-6 甲企业生产并销售机器设备，本年取得销售收入320万元，发生广告费和业务宣传费支出共计45万元，上年结转广告费和业务宣传费支出共计15万元。

【任务要求】 计算甲企业本年企业所得税应纳税所得额中准予扣除的广告费和业务宣传费支出。

【任务实施】 甲企业广告费和业务宣传费支出税前扣除限额=320×15%=48（万元）

广告费和业务宣传费支出当年实际发生额+上年结转广告费和业务宣传费支出=45+15=60（万元）

甲企业税前准予扣除的广告费和业务宣传费支出为48万元。

❾环境保护专项资金。

企业依照法律、行政法规的有关规定提取的用于环境保护、生态恢复等方面的专项资金，准予扣除。专项资金提取后改变用途的，不得扣除。

🏷️**提示**　这里是"提取数"而不是"发生数"。也就是说，只提取未使用的环境保护专项资金也可以税前扣除。

❿租赁费。

企业根据生产经营活动的需要租入固定资产支付的租赁费，按照下列方法扣除：

a.以经营租赁方式租入固定资产发生的租赁费支出，按照租赁期限均匀扣除。

所谓经营租赁，是指所有权不转移的租赁。

🏷️**链接**　如果交易合同或协议中规定租赁期限跨年度，且租金提前一次性支付的，出租人可对上述已确认的收入，在租赁期内，分期均匀计入相关年度收入。

b.以融资租赁方式租入固定资产发生的租赁费支出，按照规定构成融资租入固定资产价值的部分应当提取折旧费，分期扣除。

所谓融资租赁，是指实质上转移了与资产所有权有关的全部风险和报酬的租赁。

⓫劳动保护支出。

企业发生的合理的劳动保护支出，准予扣除。

⓬公益性捐赠支出。

公益性捐赠，是指企业通过公益性社会组织或者县级以上人民政府及其部门，用于符合法律规定的慈善活动、公益事业的捐赠。企业当年发生以及以前年度结转的公益性捐赠支出，不超过年度利润总额12%的部分，准予扣除；超过年度利润总额12%的部分，准予结转以后3年内在计算应纳税所得额时扣除。

🏷️**点睛**　具体来说，企业当年发生及以前年度结转的公益性捐赠支出，准予在当年税前扣除的部分，不能超过企业当年年度利润总额的12%；企业发生的公益性捐赠支出未在当年税前扣除的部分，准予向以后年度结转扣除，但结转年限自捐赠发生年度的次年起计算最长不得超过3年；企业在对公益性捐赠支出计算扣除时，应先扣除以前年度结转的捐赠支出，再扣除当年发生的捐赠支出。

🏷️**点睛**　公益性社会组织，应当依法取得公益性捐赠税前扣除资格。

年度利润总额，是指企业依照国家统一会计制度的规定计算的年度会计利润。

🏷️**提示**　纳税人"直接"向受赠人的捐赠属于非公益性捐赠，不得在企业所得税税前扣除。

自2021年1月1日起，企业或个人通过公益性群众团体用于符合法律规定的公益慈善事业捐赠支出，准予按税法规定在计算应纳税所得额时扣除。公益性群众团体，包括依照《社会团体登记管理条例》规定不需进行社团登记的人民团体以及经国务院批准免予登记的社会团体，且按规定条件和程序已经取得公益性捐赠税前扣除资格。

自2019年1月1日至2025年12月31日，企业通过公益性社会组织或者县级（含县级）以上人民政府及其组成部门，用于目标脱贫地区的扶贫捐赠支出，准予在计算企业所得税应纳税所得额时据实扣除。在政策执行期限内，目标脱贫地区实现脱贫的，可继续适用上述政策。企业同时发生扶贫捐赠支出和其他公益性捐赠支出，在计算公益性捐赠支出年度扣除限额时，符合条件的扶贫捐赠支出不计算在内。

提示 在2021年及以后年度汇算清缴中，企业在非货币性资产捐赠过程中发生的运费、保险费、人工费用等相关支出，凡纳入国家机关、公益性社会组织开具的公益性捐赠票据记载的数额中的，作为公益性捐赠支出按照规定在税前扣除；上述费用未纳入公益性捐赠票据记载的数额中的，作为企业相关费用按照规定在税前扣除。

⓭有关资产的费用。

企业转让各类固定资产发生的费用，允许扣除。企业按规定计算的固定资产折旧费、无形资产和递延资产的摊销费，准予扣除。

⓮总机构分摊的费用。

非居民企业在中国境内设立的机构、场所，就其中国境外总机构发生的与该机构、场所生产经营有关的费用，能够提供总机构出具的费用汇集范围、定额、分配依据和方法等证明文件，并合理分摊的，准予扣除。

⓯资产损失。

企业当期发生的固定资产和流动资产盘亏、毁损净损失，由其提供清查盘存资料，经主管税务机关审核后，准予扣除；企业因存货盘亏、毁损、报废等原因不得从销项税额中抵扣的进项税额，应视同企业财产损失，准予与存货损失一起在企业所得税税前按规定扣除。

点睛 对于存货损失，其进项税额是否可以作为损失额税前扣除，要区分以下两种情况：A.存货因管理不善损失，对应的进项税额不得抵扣，但可以在企业所得税税前扣除，损失额=存货成本+不得抵扣的进项税额-责任人赔偿和保险赔款；B.存货因不可抗力损失，对应的进项税额仍然可以抵扣，损失额=存货成本-责任人赔偿和保险赔款。

提示 资产损失取消了审批制度，取而代之的是"申报扣除"制度。企业发生的资产损失，应按规定的程序和要求向主管税务机关申报后方能在税前扣除。未经申报的损失，不得在税前扣除。

⓰手续费及佣金支出。

A.企业发生的与生产经营有关的手续费及佣金支出，不超过以下规定计算限额以内的部分，准予扣除；超过部分，不得扣除：

保险企业：自2019年1月1日起，保险企业发生与其经营活动有关的手续费及佣金支出，不超过当年全部保费收入扣除退保金等后余额的18%（含本数）的部分，在计算应纳税所得额时准予扣除；超过部分，允许结转以后年度扣除。

其他企业：其他企业按其与具有合法经营资格的中介服务机构或个人（不含交易双方及其雇员、代理人和代表人等）所签订服务协议或合同确认的收入金额的5%计算限额。

B.企业应与具有合法经营资格的中介服务企业或个人签订代办协议或合同，并按国家有关规定支付手续费及佣金。除委托个人代理外，企业以现金等非转账方式支付的手续费及佣金不得在税前扣除。企业为发行权益性证券支付给有关证券承销机构的手续费及佣金不得在税前扣除。

C.企业不得将手续费及佣金支出计入回扣、业务提成、返利、进场费等费用。

D.企业已计入固定资产、无形资产等相关资产的手续费及佣金支出，应当通过折旧、摊销等方式分期扣除，不得在发生当期直接扣除。

E.企业支付的手续费及佣金不得直接冲减服务协议或合同金额，并如实入账。

F.企业应当如实向当地主管税务机关提供当年手续费及佣金计算分配表和其他相关资料，并依法取得合法真实凭证。

⓱党组织工作经费。

A.国有企业（包括国有独资、全资和国有资本绝对控股、相对控股企业）纳入管理费用的党组织工作经费，实际支出不超过职工年度工资薪金总额1%的部分，可以据实在企业所得税税前扣除。

B.非公有制企业党组织工作经费纳入企业管理费列支，不超过职工年度工资薪金总额1%的部分，可以据实在企业所得税税前扣除。

⓲其他项目。

依照有关法律、行政法规和国家有关税法的规定准予扣除的其他项目，如会员费、合理的会议费、差旅费、违约金、诉讼费用等。

◀**总结**　允许在以后纳税年度结转扣除的费用有：（1）职工教育经费；（2）广告费和业务宣传费支出；（3）公益性捐赠支出（最长3年）；（4）保险企业：发生与其经营活动有关的手续费及佣金支出。

五、不得扣除的项目的确定

在计算应纳税所得额时，下列支出不得扣除：

❶向投资者支付的股息、红利等权益性投资收益款项。

❷企业所得税税款。

❸税收滞纳金，是指纳税人违反税收法规，被税务机关处以的滞纳金。

❹罚金、罚款和被没收财物的损失，是指纳税人违反国家有关法律、法规规定，被有关部门处以的罚款，以及被司法机关处以的罚金和被没收财物的损失。

知识答疑4-7　行政罚款不得在企业所得税税前扣除。那么，银行罚息可以在税前扣除吗？

❺超过规定标准的捐赠支出。

❻赞助支出，是指企业发生的与生产经营活动无关的各种非广告性质支出。

❼未经核定的准备金支出，是指不符合国务院财政、税务主管部门规定的各项资产减值准备、风险准备等准备金支出。

❽企业之间支付的管理费、企业内营业机构之间支付的租金和特许权使用费，以及非银行企业内营业机构之间支付的利息。

❾与取得收入无关的其他支出。

◀**提示**　企业以其取得的不征税收入用于支出所形成的费用或资产（包括对资产计提的折旧、摊销）不得在税前扣除，但企业取得的各项免税收入所对应的各项成本费用，除另有规定外，可以在计算企业应纳税所得额时扣除。

六、亏损弥补

亏损是指企业依照企业所得税法的规定，将每一纳税年度的收入总额减除不征税收入、免税收入和各项扣除后小于零的数额。税法规定，企业某一纳税年度发生的亏损可以用下一年度的税前所得弥补，下一年度的所得不足以弥补的，可以逐年延续弥补，但最长不得超过5年。企业在汇总计算缴纳所得税时，其境外营业机构的亏损不得抵减境内营业机构的盈利。自2018年1月1日起，当年具备高新技术企业或科技型中小企业资格的企业，其具备资格年度之前5个年度发生的尚未弥补完的亏损，准予结转以后年度弥补，最长结转年限由5年延长至10年。

◆点睛 亏损，是指企业财务报表中的亏损额经主管税务机关按税法的规定核实调整后的金额，即税法口径的亏损额。

◆提示 筹办期间不计算为亏损年度，企业应从开始生产经营的年度计算损益年度。对于筹办期间发生的费用支出，可在开始经营之日的当年一次性扣除，也可以按照《企业所得税法》有关长期待摊费用的处理规定处理，但一经选定，不得改变。

实务答疑4-7 我公司因厂房搬迁，变更了主管税务机关，请问搬迁之前未弥补完的亏损可否继续弥补？

知识答疑4-8 企业筹办期间可以计算为亏损年度吗？

任务实例4-7 甲企业20×3年发生亏损20万元，20×4年盈利12万元，20×5年亏损1万元，20×6年盈利4万元，20×7年亏损5万元，20×8年盈利2万元，20×9年盈利40万元。上述盈利均未弥补以前年度亏损。甲企业的资产规模不符合小型微利企业的条件。

【任务要求】 计算甲企业20×3年至20×9年总计应缴纳的企业所得税税额。

【任务实施】 应纳税所得额=40-1-5=34（万元）

应纳企业所得税=34×25%=8.5（万元）

任务七　资产的企业所得税税务处理

任务引例

我公司厂房建成后尚未办理竣工结算，有部分工程款尚未支付，发票也尚未到账，但该厂房已投入使用，请问能否计提折旧？

资产是由于资本投资而形成的财产，对于资本性支出以及无形资产受让、开办、开发费用，不允许作为成本、费用从纳税人的收入总额中作一次性扣除，只能采取分次计提折旧或分次摊销的方式予以扣除。即纳税人经营活动中使用的固定资产的折旧费用、无形资产和长期待摊费用的摊销费用可以扣除。税法规定，纳入税务处理范围的资产形式主要有固定资产、生物资产、无形资产、长期待摊费用、投资资产、存货等，均以历史成本为计税基础。历史成本是指企业取得该项资产时实际发生的支出。企业持有各项资产期间资产增值或者减值，除国务院财政、税务主管部门规定可以确认损益外，不得调整该资产的计税基础。

一、固定资产的企业所得税税务处理

固定资产是指企业为生产产品、提供劳务、出租或者经营管理而持有的、使用时间超过12个月的非货币性资产，包括房屋、建筑物、机器、机械、运输工具以及其他与生产经营活动有关的设备、器具、工具等。

（一）固定资产的计税基础

（1）外购的固定资产，以购买价款和支付的相关税费以及直接归属于使该资产达到预定用途发生的其他支出为计税基础。

（2）自行建造的固定资产，以竣工结算前发生的支出为计税基础。

（3）融资租入的固定资产，以租赁合同约定的付款总额和承租人在签订租赁合同过程中发生的相关费用为计税基础，租赁合同未约定付款总额的，以该资产的公允价值和承租人在签订租赁合同过程中发生的相关费用为计税基础。

（4）盘盈的固定资产，以同类固定资产的重置完全价值为计税基础。

（5）通过捐赠、投资、非货币性资产交换、债务重组等方式取得的固定资产，以该资产的公允价值和支付的相关税费为计税基础。

（6）改建的固定资产，除已足额提取折旧的固定资产和租入的固定资产以外的其他固定资产，以改建过程中发生的改建支出增加计税基础。

（二）固定资产折旧的范围

在计算应纳税所得额时，企业按照规定计算的固定资产折旧，准予扣除。下列固定资产不得计算折旧扣除：

（1）房屋、建筑物以外未投入使用的固定资产；

（2）以经营租赁方式租入的固定资产；

（3）以融资租赁方式租出的固定资产；

（4）已足额提取折旧仍继续使用的固定资产；

（5）与经营活动无关的固定资产；

（6）单独估价作为固定资产入账的土地；

（7）其他不得计算折旧扣除的固定资产。

★点睛　经营租赁方式租入资产：由出租人计提折旧、承租人不得计提折旧；融资租赁方式租出资产：由承租人计提折旧、出租人不得计提折旧。

（三）固定资产折旧的计提方法

（1）企业应当自固定资产投入使用月份的次月起计提折旧；停止使用的固定资产，应当自停止使用月份的次月起停止计提折旧。

（2）企业应当根据固定资产的性质和使用情况，合理确定固定资产的预计净残值。固定资产的预计净残值一经确定，不得变更。

（3）固定资产按照直线法计算的折旧，准予扣除。

任务引例解析

根据《企业所得税法实施条例》的规定，企业应当自固定资产投入使用月份的次月起计算折旧。

根据《国家税务总局关于贯彻落实企业所得税法若干税收问题的通知》（国税函

〔2010〕79号）的规定，企业固定资产投入使用后，由于工程款项尚未结清未取得全额发票的，可暂按合同规定的金额计入固定资产计税基础计提折旧，待发票取得后进行调整。但该项调整应在固定资产投入使用后12个月内进行。

因此，你公司应当根据上述规定对厂房计提折旧。

（四）固定资产折旧的计提年限

除国务院财政、税务主管部门另有规定外，固定资产计算折旧的最低年限如下：

（1）房屋、建筑物，为20年。

（2）飞机、火车、轮船、机器、机械和其他生产设备，为10年。

（3）与生产经营活动有关的器具、工具、家具等，为5年。

（4）飞机、火车、轮船以外的运输工具，为4年。

（5）电子设备，为3年。

从事开采石油、天然气等矿产资源的企业，在开始商业性生产前发生的费用和有关固定资产的折耗、折旧方法，由国务院财政、税务主管部门另行规定。

任务实例4-8 甲生产企业（增值税一般纳税人）本年6月5日为其生产部门购进一台大型机器设备，取得增值税专用发票，注明价款2 000万元，税额260万元，该机器设备于当月投入使用。假定该机器设备预计净残值率为5%，该企业按照机器设备的最低折旧年限采用直线法计提折旧。

【任务要求】 计算甲生产企业购买的机器设备可在当年企业所得税税前扣除的折旧额。

【任务实施】 机器设备折旧年限最低为10年。

由于该机器设备于本年6月5日购买，因此从本年7月起开始计提折旧。

该机器设备账面成本=2 000万元

当年依照税法的规定可扣除的折旧额=2 000×（1-5%）÷（10×12）×6=95（万元）

二、生物资产的企业所得税税务处理

生物资产，是指有生命的动物和植物。生物资产分为消耗性生物资产、生产性生物资产和公益性生物资产。在上述3类生物资产中，只有生产性生物资产可以计提折旧。消耗性生物资产，是指为出售而持有的，或在将来收获为农产品的生物资产，包括生长中的农田作物、蔬菜、用材林以及存栏待售的牲畜等。生产性生物资产，是指为产出农产品、提供劳务或出租等目的而持有的生物资产，包括经济林、薪炭林、产畜和役畜等。公益性生物资产，是指以防护、环境保护为主要目的的生物资产，包括防风固沙林、水土保持林和水源涵养林等。

（一）生物资产的计税基础

生产性生物资产按照以下方法确定计税基础：

（1）外购的生产性生物资产，以购买价款和支付的相关税费为计税基础。

（2）通过捐赠、投资、非货币性资产交换、债务重组等方式取得的生产性生物资产，以该资产的公允价值和支付的相关税费为计税基础。

（二）生物资产的折旧方法和折旧年限

生产性生物资产按照直线法计算的折旧，准予扣除。企业应当自生产性生物资产投入使用月份的次月起计算折旧；停止使用的生产性生物资产，应当自停止使用月份的次月起

停止计算折旧。

企业应当根据生产性生物资产的性质和使用情况，合理确定生产性生物资产的预计净残值。生产性生物资产的预计净残值一经确定，不得变更。

生产性生物资产计算折旧的最低年限如下：

（1）林木类生产性生物资产，为10年。

（2）畜类生产性生物资产，为3年。

三、无形资产的企业所得税税务处理

无形资产，是指企业长期使用、但没有实物形态的资产，包括专利权、商标权、著作权、土地使用权、非专利技术、商誉等。

（一）无形资产的计税基础

无形资产按照以下方法确定计税基础：

（1）外购的无形资产，以购买价款和支付的相关税费以及直接归属于使该资产达到预定用途发生的其他支出为计税基础。

（2）自行开发的无形资产，以开发过程中该资产符合资本化条件后至达到预定用途前发生的支出为计税基础。

（3）通过捐赠、投资、非货币性资产交换、债务重组等方式取得的无形资产，以该资产的公允价值和支付的相关税费为计税基础。

（二）无形资产摊销的范围

在计算应纳税所得额时，企业按照规定计算的无形资产摊销费用，准予扣除。

下列无形资产不得计算摊销费用扣除：

（1）自行开发的支出已在计算应纳税所得额时扣除的无形资产。

（2）自创商誉。

（3）与经营活动无关的无形资产。

（4）其他不得计算摊销费用扣除的无形资产。

（三）无形资产的摊销方法及年限

无形资产的摊销，采取直线法计算。无形资产的摊销年限不得低于10年。作为投资或者受让的无形资产，有关法律规定或者合同约定了使用年限的，可以按照规定或者约定的使用年限分期摊销。外购商誉的支出，在企业整体转让或者清算时，准予扣除。

四、长期待摊费用的企业所得税税务处理

长期待摊费用，是指企业发生的应在1个年度以上或几个年度进行摊销的费用。在计算应纳税所得额时，企业发生的下列支出作为长期待摊费用，按照规定摊销的，准予扣除：

❶已足额提取折旧的固定资产的改建支出。

❷租入固定资产的改建支出。

❸固定资产的大修理支出。

❹其他应当作为长期待摊费用的支出。

提示　企业的固定资产修理支出（非固定资产大修理支出）可在发生当期直接扣除。固定资产的大修理支出，则要按照固定资产尚可使用年限分期摊销。

固定资产的改建支出，是指改变房屋或者建筑物结构、延长使用年限等发生的支出。已足额提取折旧的固定资产的改建支出，按照固定资产预计尚可使用年限分期摊销；租入固定资产的改建支出，按照合同约定的剩余租赁期限分期摊销；改建的固定资产延长使用年限的，除已足额提取折旧的固定资产、租入固定资产的改建支出外，其他的固定资产发生改建支出，均应适当延长折旧年限。

大修理支出，按照固定资产尚可使用年限分期摊销。

企业所得税法所指的固定资产的大修理支出，是指同时符合下列条件的支出：

❶修理支出达到取得固定资产时的计税基础50%以上。

❷修理后固定资产的使用年限延长2年以上。

其他应当作为长期待摊费用的支出，自支出发生月份的次月起，分期摊销，摊销年限不得低于3年。

五、存货的企业所得税税务处理

存货，是指企业持有以备出售的产品或者商品、处在生产过程中的在产品、在生产或者提供劳务过程中耗用的材料和物料等。

（一）存货的计税基础

存货按照以下方法确定成本：

（1）通过支付现金方式取得的存货，以购买价款和支付的相关税费为成本。

（2）通过支付现金以外的方式取得的存货，以该存货的公允价值和支付的相关税费为成本。

（3）生产性生物资产收获的农产品，以产出或者采收过程中发生的材料费、人工费和分摊的间接费用等必要支出为成本。

（二）存货的成本计算方法

企业使用或者销售的存货的成本计算方法，可以在先进先出法、加权平均法、个别计价法中选用一种。计价方法一经选用，不得随意变更。

🚩 **提示** *存货的计价方法中，没有后进先出法。*

企业转让以上资产，在计算企业应纳税所得额时，资产的净值允许扣除。其中，资产的净值是指有关资产、财产的计税基础减除已经按照规定扣除的折旧、折耗、摊销、准备金等后的余额。

除国务院财政、税务主管部门另有规定外，企业在重组过程中，应当在交易发生时确认有关资产的转让所得或者损失，相关资产应当按照交易价格重新确定计税基础。

六、投资资产的企业所得税税务处理

投资资产，是指企业对外进行权益性投资和债权性投资而形成的资产。

（一）投资资产的成本

投资资产按以下方法确定投资成本：

❶通过支付现金方式取得的投资资产，以购买价款为成本。

❷通过支付现金以外的方式取得的投资资产，以该资产的公允价值和支付的相关税费为成本。

（二）投资资产成本的扣除方法

企业对外投资期间，投资资产的成本在计算应纳税所得额时不得扣除，企业在转让或者处置投资资产时，投资资产的成本准予扣除。

> 💡 **提示** 企业购买的文物、艺术品用于收藏、展示、保值增值的，作为投资资产进行税务处理。文物、艺术品资产在持有期间计提的折旧、摊销费用，不得税前扣除。该规定适用于2021年及以后年度的企业所得税汇算清缴。

任务八　　　　　　　企业所得税税款的计算

一、居民企业以及在中国境内设立机构、场所的，且取得的所得与该机构、场所有实际联系的非居民企业查账征收应纳税额的计算

居民企业以及在中国境内设立机构、场所的，且取得的所得与该机构、场所有实际联系的非居民企业的应纳所得税额等于应纳税所得额乘以适用税率。其基本计算公式为：

应纳税额=应纳税所得额×适用税率−减免税额−抵免税额

根据计算公式可以看出，应纳税额的多少，取决于应纳税所得额和适用税率两个因素。在实际过程中，应纳税所得额的计算一般有直接计算法和间接计算法两种。

（一）直接计算法

在直接计算法下，企业每一纳税年度的收入总额减除不征税收入、免税收入、各项扣除以及允许弥补的以前年度亏损后的余额为应纳税所得额。其计算公式为：

应纳税所得额=收入总额−不征税收入−免税收入−各项扣除金额−弥补亏损

（二）间接计算法

在间接计算法下，在会计利润总额的基础上加或减按照税法规定调整的项目金额后，即为应纳税所得额。其计算公式为：

应纳税所得额=会计利润总额±纳税调整项目金额

纳税调整项目金额包括两方面的内容：一是企业的财务会计处理与税法规定不一致应予以调整的金额；二是企业按税法规定准予扣除的税收金额。

> **任务实例4-9** 甲企业为一家居民企业，本年度发生的经营业务如下：
> （1）取得产品销售收入4 000万元。
> （2）发生产品销售成本2 600万元。
> （3）发生销售费用770万元（其中广告费和业务宣传费共计650万元），管理费用480万元（其中业务招待费25万元），财务费用60万元。
> （4）发生各种税费160万元（含增值税120万元，其他的税费均准予税前扣除）。
> （5）取得营业外收入80万元，发生营业外支出50万元（含通过公益性社会团体向贫困山区捐款30万元，支付税收滞纳金6万元）。
> （6）计入成本、费用中的实发工资总额为200万元，拨缴职工工会经费5万元，发生职工福利费31万元，发生职工教育经费19万元。

【任务要求】 计算甲企业本年度实际应纳的企业所得税。

【任务实施】（1）会计利润总额=4 000+80−2 600−770−480−60−（160−120）−50=80（万元）

（2）广告费和业务宣传费应调增应纳税所得额=650−4 000×15%=650−600=50（万元）

（3）4 000×5‰=20（万元）>25×60%=15（万元）

业务招待费应调增应纳税所得额=25−25×60%=25−15=10（万元）

（4）捐赠支出应调增应纳税所得额=30−80×12%=30−9.6=20.4（万元）

（5）税收滞纳金不得税前扣除，应调增应纳税所得额6万元。

（6）工会经费应调增应纳税所得额=5−200×2%=5−4=1（万元）

（7）职工福利费应调增应纳税所得额=31−200×14%=31−28=3（万元）

（8）职工教育经费应调增应纳税所得额=19−200×8%=19−16=3（万元）

（9）应纳税所得额=80+50+10+20.4+6+1+3+3=173.4（万元）

（10）本年应纳企业所得税=173.4×25%=43.35（万元）

二、境外所得抵免税额的计算

企业取得的下列所得已在境外缴纳的所得税税额，可以从其当期应纳税额中抵免，抵免限额为该项所得依照企业所得税法的规定计算的应纳税额；超过抵免限额的部分，可以在以后5个年度内，用每年度抵免限额抵免当年应抵税额后的余额进行抵补：

（1）居民企业来源于中国境外的应税所得；

（2）非居民企业在中国境内设立机构、场所，取得发生在中国境外但与该机构、场所有实际联系的应税所得。

居民企业从其直接或间接控制的外国企业分得的来源于中国境外的股息、红利等权益性投资收益，外国企业在境外实际缴纳的所得税税额中属于该项所得负担的部分，可以作为该居民企业的可抵免境外所得税税额，在企业所得税法规定的抵免限额内抵免。

直接控制，是指居民企业直接持有外国企业20%以上股份。

间接控制，是指居民企业以间接持股方式持有外国企业20%以上股份，具体认定办法由国务院财政、税务主管部门另行制定。

已在境外缴纳的所得税税额，是指企业来源于中国境外的所得依照中国境外税收法律以及相关规定应当缴纳并已经实际缴纳的企业所得税性质的税款。

抵免限额，是指企业来源于中国境外的所得，依照企业所得税法及其实施条例的规定计算的应纳税额。2016年12月31日之前，除国务院财政、税务主管部门另有规定外，该抵免限额应当分国（地区）不分项计算，计算公式如下：

$$抵免限额 = \frac{中国境内、境外所得依照企业所得税法及其实施条例的规定计算的应纳税总额} {} × \frac{来源于某国(地区)的应纳税所得额}{中国境内、境外应纳税所得总额}$$

该公式可以简化成：

抵免限额=来源于某国（地区）的应纳税所得额×我国法定税率

自2017年1月1日起，企业可以选择按国（地区）别分别计算（即"分国（地区）不分项"），或者不按国（地区）别汇总计算（即"不分国（地区）不分项"）其来源于境外的应纳税所得额，并按照上述公式中规定的税率，分别计算其可抵免境外所得税税额和抵免限额。上述方式一经选择，5年内不得改变。企业选择采用不同于以前年度的方式（以下简称新方式）计算可抵免境外所得税税额和抵免限额时，对该企业以前年度按照财税〔2009〕125号文件规定没有抵免完的余额，可在税法规定结转的剩余年限内，在按新方式计算的抵免限额中继续结转抵免。

任务实例4-10 甲企业本年度境内应纳税所得额为200万元，适用25%的企业所得税税率。另外，该企业分别在A、B两国设有分支机构（我国与A、B两国已经缔结避免双重征税协定）。在A国分支机构的应纳税所得额为100万元，A国税率为20%；在B国的分支机构的应纳税所得额为60万元，B国税率为30%。假设该企业在A、B两国所得按我国税法计算的应纳税所得额与按A、B两国税法计算的应纳税所得额一致，两个分支机构在A、B两国分别缴纳了20万元和18万元的企业所得税。甲企业选择"分国（地区）不分项"的方法来计算其来源于境外的应纳税所得额。

【任务要求】 计算甲企业汇总时在我国应缴纳的企业所得税税额。

【任务实施】（1）甲企业按我国税法计算的境内、境外所得的应纳税额：

应纳税额＝（200+100+60）×25%=90（万元）

（2）A、B两国的扣除限额：

A国扣除限额=90×［100÷（200+100+60）］=25（万元）

或 A国扣除限额=100×25%=25（万元）

B国扣除限额=90×［60÷（200+100+60）］=15（万元）

或 B国扣除限额=60×25%=15（万元）

在A国缴纳的企业所得税为20万元（100×20%），低于扣除限额25万元，可全额扣除。

在B国缴纳的企业所得税为18万元（60×30%），高于扣除限额15万元，其超过扣除限额的部分3万元当年不能扣除。

（3）汇总时在我国应缴纳的所得税=90-20-15=55（万元）

三、居民企业核定征收应纳税额的计算

为了加强企业所得税的征收管理，对部分中小企业采取核定征收的办法计算其应纳税额。根据《税收征收管理法》，核定征收企业所得税的有关规定如下：

（一）确定企业所得税核定征收的范围

纳税人具有下列情形之一的，核定征收企业所得税（本办法适用于居民企业纳税人）：

（1）依照法律、行政法规的规定可以不设置账簿的。

（2）依照法律、行政法规的规定应当设置但未设置账簿的。

（3）擅自销毁账簿或者拒不提供纳税资料的。

（4）虽设置账簿，但账目混乱或者成本资料、收入凭证、费用凭证残缺不全，难以查账的。

（5）发生纳税义务，未按照规定的期限办理纳税申报，经税务机关责令限期申报，逾期仍不申报的。

（6）申报的计税依据明显偏低，又无正当理由的。

特殊行业、特殊类型的纳税人和一定规模以上的纳税人不适用以上规定。上述特定纳税人由国家税务总局另行明确。

（二）核定征收办法的有关规定

（1）纳税人具有下列情形之一的，核定其应税所得率：

❶能正确核算（查实）收入总额，但不能正确核算（查实）成本费用总额的；

❷能正确核算（查实）成本费用总额，但不能正确核算（查实）收入总额的；

❸通过合理方法，能计算和推定纳税人收入总额或成本费用总额的。

（2）纳税人不属于以上情形的，核定其应纳所得税税额。

（3）税务机关采用下列方法核定征收企业所得税：

❶参照当地同类行业或者类似行业中经营规模和收入水平相近的纳税人的税负水平核定；

❷按照应税收入额或成本费用支出额定率核定；

❸按照耗用的原材料、燃料、动力等推算或测算核定；

❹按照其他合理方法核定。

采用一种方法不足以正确核定应纳税所得额或应纳税额的，可以同时采用两种以上的方法核定。采用两种以上方法测算的应纳税额不一致时，可按测算的应纳税额从高核定。

（4）采用应税所得率方式核定征收企业所得税的，应纳企业所得税税额的计算公式如下：

应纳企业所得税税额=应纳税所得额×适用税率

应纳税所得额=应税收入额×应税所得率

其中：应税收入额=收入总额-不征税收入-免税收入

或　应纳税所得额=成本（费用）支出额÷（1-应税所得率）×应税所得率

应税所得率的范围见表4-1。

表 4-1　　　　　　　　　　　　　应税所得率表

行　业	应税所得率（%）
农、林、牧、渔业	3～10
制造业	5～15
批发和零售贸易业	4～15
交通运输业	7～15
建筑业	8～20
饮食业	8～25
娱乐业	15～30
其他行业	10～30

四、在中国境内未设立机构、场所的，或者虽设立机构、场所但取得的所得与其所设机构、场所没有实际联系的非居民企业查账征收应纳税额的计算

对于在中国境内未设立机构、场所的，或者虽设立机构、场所但取得的所得与其所设机构、场所没有实际联系的非居民企业，其来源于中国境内的所得按照下列方法计算应纳税所得额：

（1）股息、红利等权益性投资收益和利息、租金、特许权使用费所得，以收入全额为应纳税所得额；

（2）转让财产所得，以收入全额减除财产净值后的余额为应纳税所得额；

（3）其他所得，参照前两项规定的办法计算应纳税所得额。

财产净值是指财产的计税基础减除已经按照规定扣除的折旧、折耗、摊销、准备金等后的余额。

对于在中国境内未设立机构、场所的，或者虽设立机构、场所但取得的所得与其所设机构、场所没有实际联系的非居民企业的应纳税额的计算公式为：

应纳税额=年应纳税所得额×税率（减按10%）

任务实例4-11 A国的甲企业在中国境内未设立机构、场所，但在本年度从中国境内取得了下列所得：股息50万元、利息40万元、特许权使用费90万元；同时，甲企业转让了其在中国境内的财产，转让收入为180万元，该财产的净值为100万元。

【任务要求】 计算甲企业本年度在中国境内应纳的企业所得税税额。

【任务实施】 甲企业取得的股息、利息和特许权使用费的应纳税所得额=50+40+90=180（万元）

甲企业取得财产转让所得的应纳税所得额=180−100=80（万元）

甲企业在本年度应纳的企业所得税税额=（180+80）×10%=26（万元）

五、非居民企业核定征收应纳税额的计算

非居民企业因会计账簿不健全，资料残缺难以查账，或者其他原因不能准确计算并据实申报其应纳税所得额的，税务机关有权采取以下方法核定其应纳税所得额：

（1）按收入总额核定应纳税所得额：适用于能够正确核算收入或通过合理方法推定收入总额，但不能正确核算成本费用的非居民企业，计算公式如下：

应纳税所得额=收入总额×经税务机关核定的利润率

（2）按成本费用核定应纳税所得额：适用于能够正确核算成本费用，但不能正确核算收入总额的非居民企业，计算公式如下：

应纳税所得额=成本费用总额÷（1−经税务机关核定的利润率）×经税务机关核定的利润率

（3）按经费支出换算收入核定应纳税所得额：适用于能够正确核算经费支出总额，但不能正确核算收入总额和成本费用的非居民企业，计算公式如下：

应纳税所得额=本期经费支出额÷（1−核定利润率）×核定利润率

（4）税务机关可按照以下标准确定非居民企业的利润率：

❶从事承包工程作业、设计和咨询劳务的，利润率为15%～30%。

❷从事管理服务的，利润率为30%～50%。

❸从事其他劳务或劳务以外经营活动的，利润率不低于15%。

税务机关有根据认为非居民企业的实际利润率明显高于上述标准的，可以按照比上述标准更高的利润率核定其应纳税所得额。

（5）非居民企业与中国居民企业签订机器设备或货物销售合同，同时提供设备安装、装配、技术培训、指导、监督服务等劳务，其销售货物合同中未列明提供上述劳务服务收费金额，或者计价不合理的，主管税务机关可以根据实际情况，参照相同或相近业务的计价标准核定劳务收入。无参照标准的，以不低于销售货物合同总价款的10%为原则，确定非居民企业的劳务收入。

（6）非居民企业为中国境内客户提供劳务取得的收入，凡其提供的服务全部发生在中国境内的，应全额在中国境内申报缴纳企业所得税。凡其提供的服务同时发生在中国境内外的，应以劳务发生地为原则划分其境内外收入，并就其在中国境内取得的劳务收入申报

缴纳企业所得税。税务机关对其境内外收入划分的合理性和真实性有疑义的，可以要求非居民企业提供真实有效的证明，并根据工作量、工作时间、成本费用等因素合理划分其境内外收入；如非居民企业不能提供真实有效的证明，税务机关可视同其提供的服务全部发生在中国境内，确定其劳务收入并据以征收企业所得税。

（7）采取核定征收方式征收企业所得税的非居民企业，在中国境内从事适用不同核定利润率的经营活动，并取得应税所得的，应分别核算并适用相应的利润率计算缴纳企业所得税；凡不能分别核算的，应从高适用利润率，计算缴纳企业所得税。

（8）拟采取核定征收方式的非居民企业应填写"非居民企业所得税征收方式鉴定表"（简称"鉴定表"），报送主管税务机关。主管税务机关应对企业报送的"鉴定表"的适用行业及所适用的利润率进行审核，并签注意见。

对经审核不符合核定征收条件的非居民企业，主管税务机关应自收到企业提交的"鉴定表"后15个工作日内向其下达"税务事项通知书"，将鉴定结果告知企业。非居民企业未在上述期限内收到"税务事项通知书"的，其征收方式视同已被认可。

（9）税务机关发现非居民企业采用核定征收方式计算申报的应纳税所得额不真实，或者明显与其承担的功能风险不相匹配的，有权予以调整。

项目引例解析

1. 营业税改征增值税试点中的非居民企业，取得《企业所得税法》第三条第三款规定的所得，在计算缴纳企业所得税时，应以不含增值税的收入全额作为应纳税所得额。

自2013年6月1日起，非居民企业（以下统称"派遣企业"）派遣人员在中国境内提供劳务，如果派遣企业对被派遣人员工作结果承担部分或全部责任和风险，通常考核评估被派遣人员的工作业绩，应视为派遣企业在中国境内设立机构、场所提供劳务（因此税率为25%）。

甲公司应当扣缴的企业所得税=200÷（1+6%）×20%×25%=9.43（万元）

应当扣缴的增值税=200÷（1+6%）×6%=11.32（万元）

应当扣缴的城市维护建设税=11.32×7%=0.79（万元）

应当扣缴的教育费附加=11.32×3%=0.34（万元）

应当扣缴的地方教育附加=11.32×2%=0.23（万元）

2. 残疾人员工资50万元另按100%加计扣除，应调减应纳税所得额50万元。

可以扣除的职工福利费限额=1 000×14%=140（万元）

应调增应纳税所得额=200-140=60（万元）

可以扣除的工会经费限额=1 000×2%=20（万元）

应调增应纳税所得额=30-20=10（万元）

可以扣除的职工教育经费限额=1 000×8%=80（万元）

职工教育经费支出50万元可全额扣除，并可扣除上年结转的扣除额5万元，应调减应纳税所得额5万元。

为投资者支付的商业保险费不能税前扣除，应调增应纳税所得额10万元。

3. 计算广告费和业务宣传费扣除的基数=5 500+500=6 000（万元）

自2016年1月1日起至2020年12月31日，对化妆品制造或销售、医药制造和饮料制造（不含酒类制造）企业发生的广告费和业务宣传费支出，不超过当年销售（营业）收入

30%的部分，准予扣除；超过部分，准予在以后纳税年度结转扣除（该政策自2021年1月1日起至2025年12月31日继续执行）。

可以扣除的广告费限额=6 000×30%=1 800（万元）

当年发生的700万元广告费无需作纳税调增，但非广告性质的赞助支出不能在税前扣除，应调增应纳税所得额100万元。

可以扣除的业务招待费限额1=6 000×5‰=30（万元）

可以扣除的业务招待费限额2=72×60%=43.2（万元）

业务招待费的扣除限额为30万元。

应调增应纳税所得额=72-30=42（万元）

4.企业开展研发活动中实际发生的研发费用，未形成无形资产计入当期损益的，在按规定据实扣除的基础上，自2023年1月1日起，再按照实际发生额的100%在税前加计扣除；形成无形资产的，自2023年1月1日起，按照无形资产成本的200%在税前摊销（该政策作为制度性安排长期实施）。

应调减应纳税所得额=100×100%=100（万元）

5.会计利润=5 500+500+300-2 800-300-210-420-550-900-180+120=1 060（万元）

公益性捐赠的扣除限额=1 060×12%=127.2（万元）

通过县级政府向贫困地区捐赠的130万元应作纳税调增。

应调增应纳税所得额=130-127.2=2.8（万元）

另外，直接向某学校捐赠的20万元不能税前扣除，应调增应纳税所得额20万元。

6.企业购置并实际使用《环境保护专用设备企业所得税优惠目录》、《节能节水专用设备企业所得税优惠目录》和《安全生产专用设备企业所得税优惠目录》规定的环境保护、节能节水、安全生产等专用设备的，该专用设备的投资额的10%可以从企业当年的应纳税额中抵免；当年不足抵免的，可以在以后5个纳税年度结转抵免。

可以抵免的应纳所得税额=600÷（1+13%）×10%=53.1（万元）

企业从事符合条件的环境保护、节能节水项目的所得，自项目取得第一笔生产经营收入所属纳税年度起，第1年至第3年免征企业所得税，第4年至第6年减半征收企业所得税。

可以免税的应纳税所得额=20-15=5（万元）

即应调减应纳税所得额5万元。

7.投资企业从被投资企业撤回或减少投资，其取得的资产100万元中，相当于初始出资的部分60万元，应确认为投资收回（此部分的会计和税收上的处理一致，不做纳税调整）；相当于被投资企业累计未分配利润和累计盈余公积按减少实收资本比例计算的部分10万元，应确认为股息所得（符合条件的居民企业之间的股息、红利等权益性投资收益，为免税收入，因此，此部分的会计和税收上的处理不一致，需要做纳税调整）；其余部分30万元确认为投资资产转让所得（此部分的会计和税收上的处理一致，不做纳税调整）。

应调减应纳税所得额10万元。

8.会计利润=1 060万元

应纳税所得额=1 060-50+60+10-5+10+100+42-100+2.8+20-5-10=1 134.8（万元）

应纳企业所得税额=1 134.8×25%-53.1=230.6（万元）

任务九　　企业所得税的特别纳税调整

一、调整范围

企业与其关联方之间的业务往来，不符合独立交易原则而减少企业或者其关联方应纳税收入或者所得额的，税务机关有权按照合理方法进行调整。

（一）关联方

关联方，是指与企业有下列关联关系之一的企业、其他组织或者个人，具体指：

（1）在资金、经营、购销等方面存在直接或者间接的控制关系；

（2）直接或者间接地同为第三者控制；

（3）在利益上具有相关联的其他关系。

（二）关联企业之间关联业务的税务处理

（1）企业与其关联方共同开发、受让无形资产，或者共同提供、接受劳务发生的成本，在计算应纳税所得额时应当按照独立交易原则进行分摊。

（2）企业与其关联方分摊成本时，应当按照成本与预期收益相配比的原则进行分摊，并在税务机关规定的期限内，按照税务机关的要求报送有关资料。

（3）企业与其关联方分摊成本时违反以上第（1）、（2）项规定的，其自行分摊的成本不得在计算应纳税所得额时扣除。

（4）企业可以向税务机关提出与其关联方之间业务往来的定价原则和计算方法，税务机关与企业协商、确认后，达成预约定价安排。

预约定价安排，是指企业就其未来年度关联交易的定价原则和计算方法，向税务机关提出申请，与税务机关按照独立交易原则协商、确认后达成的协议。

（5）企业向税务机关报送年度企业所得税纳税申报表时，应当就其与关联方之间的业务往来，附送年度关联业务往来报告表。

税务机关在进行关联业务调查时，企业及其关联方，以及与关联业务调查有关的其他企业应当按照规定提供相关资料。相关资料是指：

❶与关联业务往来有关的价格、费用的制定标准、计算方法和说明等同期资料。

❷关联业务往来所涉及的财产、财产使用权、劳务等的再销售（转让）价格或者最终销售（转让）价格的相关资料。

❸与关联业务调查有关的其他企业应当提供的与被调查企业可比的产品价格、定价方式以及利润水平等资料。

❹其他与关联业务往来有关的资料。

（6）由居民企业，或者由居民企业和中国居民控制的设立在实际税负明显低于25%的税率水平的国家（地区）的企业，并非由于合理的经营需要而对利润不作分配或者减少分配的，上述利润中应归属于该居民企业的部分，应当计入该居民企业的当期收入。所指的控制包括：

❶居民企业或者中国居民直接或者间接单一持有外国企业10%以上有表决权股份，且由其共同持有该外国企业50%以上股份；

❷居民企业，或者居民企业和中国居民持股比例没有达到第❶项规定的标准，但在股

份、资金、经营、购销等方面对该外国企业构成实质控制。

上述所指的"实际税负明显偏低"是指实际税负明显低于《企业所得税法》规定的 25% 税率的 50%。

（7）对资本弱化的行为的控制。

❶企业接受的投资类别。企业从其关联方接受的债权性投资，是指企业直接或间接从关联方获得的，需要偿还本金和支付利息或者需要以其他具有支付利息性质的方式予以补偿的融资。企业间接从关联方获得的债权性投资，包括：关联方通过无关联第三方提供的债权性投资；无关联第三方提供的、由关联方担保且负有连带责任的债权性投资；其他间接从关联方获得的具有负债实质的债权性投资。

企业的权益性投资是指企业接受的不需要偿还本金和支付利息，投资人对企业净资产拥有所有权的投资。

❷接受的债权性投资的利息支出。企业实际支付给关联方的利息支出，能够按照企业所得税法及其实施条例的有关规定提供相关资料，并证明相关交易活动符合独立交易原则的；或者该企业的实际税负不高于境内关联方的，其实际支付给境内关联方的利息支出，在计算应纳税所得额时准予扣除。除此之外，企业在计算应纳税所得额时，实际支付给关联方的利息支出，不超过规定比例（接受关联方债权性投资和权益性投资的比例为：金融企业 5∶1；其他企业 2∶1）和企业所得税法及其实施条例有关规定计算的部分，准予扣除；超过部分，不得在发生当期和以后年度扣除。

企业同时从事金融业务和非金融业务，其实际支付给关联方的利息支出，应按照合理方法分开计算；没有按照合理方法分开计算的，一律按上述比例计算准予税前扣除的利息支出。

提示　企业实际支付给关联方的利息支出，除另有规定外，其接受关联方债权性投资与其权益性投资比例为：金融企业 5∶1；其他企业 2∶1。

❸债权性投资的利息收入。企业自关联方取得的不符合规定的利息收入应按照有关规定缴纳企业所得税。

（8）对母子公司间提供服务支付费用有关企业所得税的处理。

❶母公司为其子公司提供各种服务而发生的费用，应按照独立企业之间公平交易原则确定服务的价格，作为企业正常的劳务费用进行税务处理。

母子公司未按照独立企业之间的业务往来收取价款的，税务机关有权予以调整。

❷母公司向其子公司提供各项服务，双方应签订服务合同或协议，明确规定提供服务的内容、收费标准及金额等，凡按上述合同或协议规定所发生的服务费，母公司应作为营业收入申报纳税；子公司作为成本费用在税前扣除。

❸母公司向其多个子公司提供同类项服务，其收取的服务费可以采取分项签订合同或协议收取；也可以采取服务分摊协议的方式，即由母公司与各子公司签订服务费用分摊合同或协议，以母公司为其子公司提供服务所发生的实际费用并附加一定比例利润作为向子公司收取的总服务费，在各服务受益子公司（包括盈利企业、亏损企业和享受减免税企业）之间按《企业所得税法》第四十一条第二款的规定合理分摊。

❹母公司以管理费形式向子公司提取费用，子公司因此支付给母公司的管理费，不得

在税前扣除。

❺子公司申报税前扣除向母公司支付的服务费用，应向主管税务机关提供与母公司签订的服务合同或协议等与税前扣除该项费用相关的材料。不能提供相关材料的，支付的服务费用不得税前扣除。

二、调整方法

税法规定，对关联企业所得不实的，调整方法如下：

（1）可比非受控价格法，是指按照没有关联关系的交易各方进行相同或者类似业务往来的价格进行定价的方法。

（2）再销售价格法，是指按照从关联方购进商品再销售给没有关联关系的交易方的价格，减除相同或者类似业务的销售毛利进行定价的方法。

（3）成本加成法，是指按照成本加合理的费用和利润进行定价的方法。

（4）交易净利润法，是指按照没有关联关系的交易各方进行相同或者类似业务往来取得的净利润水平确定利润的方法。

（5）利润分割法，是指将企业与其关联方的合并利润或者亏损在各方之间采用合理标准进行分配的方法。

（6）其他符合独立交易原则的方法。

任务实例4-12 甲公司为一家居民企业，本年1月申报以25万元从境外关联公司购入一批产品，又将这批产品以22万元转售给无关联公司。税务机关可按其转售给无关联公司的价格减除合理的销售毛利，来调整甲公司与关联公司的交易价格。假定甲公司合理的销售毛利率为20%。

【任务要求】按照再销售价格法调整甲公司从境外关联公司进货的价格（境外关联公司向甲公司销货的价格）。

【任务实施】按照再销售价格法调整甲公司从境外关联公司进货的价格=22×（1-20%）=17.6（万元）

税务机关可按这一价格调整甲公司从境外关联公司进货的价格。

三、核定征收

企业不提供与其关联方之间业务往来资料，或者提供虚假、不完整资料，未能真实反映其关联业务往来情况的，税务机关有权依法核定其应纳税所得额。核定方法有：

（1）参照同类或者类似企业的利润率水平核定。

（2）按照企业成本加合理的费用和利润的方法核定。

（3）按照关联企业集团整体利润的合理比例核定。

（4）按照其他合理方法核定。

四、加收利息和追溯时限

企业实施其他不具有合理商业目的的安排而减少其应纳税收入或者所得额的，税务机关有权按照合理方法调整。不具有合理商业目的，是指以减少、免除或者推迟缴纳税款为主要目的。

（一）特别纳税调整的加收利息规定

税务机关根据税法和条例作出的纳税调整决定，应在补征税款的基础上，从每一调整年度次年6月1日起至补缴税款之日止的期限，按日加收利息。所称利息，应当按照税款所属纳税年度中国人民银行公布的与补税期间同期的人民币贷款基准利率加5个百分点计算。

特别纳税调整加收的利息，不得在计算应纳税所得额时扣除。

（二）特别纳税调整的追溯时限

企业与其关联方之间的业务往来，不符合独立交易原则，或者企业实施其他不具有合理商业目的的安排的，税务机关有权在该业务发生的纳税年度起10年内，进行纳税调整。

任务十　企业重组的所得税处理

一、企业重组的认知

企业重组，是指企业在日常经营活动以外发生的法律结构或经济结构重大改变的交易，包括企业法律形式改变、债务重组、股权收购、资产收购、合并、分立等。

（1）企业法律形式改变，是指企业注册名称、住所以及企业组织形式等的简单改变，但符合《财政部　国家税务总局关于企业重组业务企业所得税处理若干问题的通知》（财税〔2009〕59号）规定其他重组的类型除外。

（2）债务重组，是指在债务人发生财务困难的情况下，债权人按照其与债务人达成的书面协议或者法院裁定书，就其债务人的债务作出让步的事项。

（3）股权收购，是指一家企业（以下称为收购企业）购买另一家企业（以下称为被收购企业）的股权，以实现对被收购企业控制的交易。收购企业支付对价的形式包括股权支付、非股权支付或两者的组合。

（4）资产收购，是指一家企业（以下称为受让企业）购买另一家企业（以下称为转让企业）实质经营性资产的交易。受让企业支付对价的形式包括股权支付、非股权支付或两者的组合。

（5）合并，是指一家或多家企业（以下称为被合并企业）将其全部资产和负债转让给另一家现存或新设企业（以下称为合并企业），被合并企业股东换取合并企业的股权或非股权支付，实现两个或两个以上企业的依法合并。

（6）分立，是指一家企业（以下称为被分立企业）将部分或全部资产分离转让给现存或新设的企业（以下称为分立企业），被分立企业股东换取分立企业的股权或非股权支付，实现企业的依法分立。

上面所说的股权支付，是指企业重组中购买、换取资产的一方支付的对价中，以本企业或其控股企业的股权、股份作为支付的形式；非股权支付，是指以本企业的现金、银行存款、应收款项、本企业或其控股企业股权和股份以外的有价证券、存货、固定资产、其他资产以及承担债务等作为支付的形式。

二、企业重组的一般性税务处理

（1）企业由法人转变为个人独资企业、合伙企业等非法人组织，或将注册登记地转移至中华人民共和国境外（包括中国港澳台地区），应视同企业进行清算、分配，股东重新投资成立新企业。企业的全部资产以及股东投资的计税基础均应以公允价值为基础确定。

　　企业发生其他法律形式简单改变的，可直接变更税务登记，除另有规定外，有关企业所得税纳税事项（包括亏损结转、税收优惠等权益和义务）由变更后的企业承继，但因住所发生变化而不符合税收优惠条件的除外。

　　（2）企业债务重组，相关交易应按以下规定处理：

　❶以非货币性资产清偿债务，应当分解为转让（销售）相关非货币性资产和按非货币性资产公允价值清偿债务两项业务，确认相关资产的所得或损失。

　❷发生债权转股权的，应当分解为债务清偿和股权投资两项业务，确认有关债务清偿所得或损失。

　❸债务人应当按照支付的债务清偿额低于债务计税基础的差额，确认债务重组所得；债权人应当按照收到的债务清偿额低于债权计税基础的差额，确认债务重组损失。

　❹债务人的相关所得税纳税事项原则上保持不变。

　任务实例4-13　甲企业本年7月，与乙企业达成债务重组协议，甲企业以一批库存商品抵偿所欠乙企业一年前的债务25.4万元，该批库存商品的账面成本为16万元，市场不含税销售价为20万元，该批商品适用的增值税税率为13%。甲、乙企业适用25%的企业所得税税率。假定不考虑城市维护建设税、教育费附加和地方教育附加。

【任务要求】（1）计算甲企业该项重组业务的应纳企业所得税；

　　（2）计算乙企业该项重组业务的债务重组损失。

【任务实施】（1）甲企业以非货币资产清偿债务，应当分解为转让（销售）相关非货币性资产、按非货币性资产公允价值清偿债务两项业务的两项所得，此处简称销售货物所得和清偿债务所得：

　　货物销售所得=20-16=4（万元）

　　清偿债务所得=25.4-20×（1+13%）=2.8（万元）

　　（2）乙企业的债务重组损失=25.4-20-2.6=2.8（万元）

　　（3）企业股权收购、资产收购重组交易，相关交易应按以下规定处理：

　❶被收购方应确认股权、资产转让所得或损失。

　❷收购方取得股权或资产的计税基础应以公允价值为基础确定。

　❸被收购企业的相关所得税事项原则上保持不变。

　任务实例4-14　本年7月，甲公司以500万元的银行存款购买取得乙公司的部分经营性资产，甲公司购买乙公司该部分经营性资产的账面价值为420万元，计税基础为470万元，公允价值为500万元。

【任务要求】对甲公司（受让方/收购方）、乙公司（转让方/被收购方）的上述业务进行相关税务处理。

【任务实施】一般性税务处理方法的涉税处理：

　　（1）乙公司（转让方/被收购方）的税务处理：

　　乙公司应确认资产转让所得=500-470=30（万元）

　　（2）甲公司（受让方/收购方）的税务处理：

　　甲公司购买该经营性资产后，应以该资产的公允价值500万元为基础确定计税基础。

（4）企业合并，当事各方应按下列规定处理：

❶合并企业应按公允价值确定接受被合并企业各项资产和负债的计税基础。

❷被合并企业及其股东都应按清算进行所得税处理。

❸被合并企业的亏损不得在合并企业结转弥补。

（5）企业分立，当事各方应按下列规定处理：

❶被分立企业对分立出去的资产应按公允价值确认资产转让所得或损失。

❷分立企业应按公允价值确认接受资产的计税基础。

❸被分立企业继续存在时，其股东取得的对价应视同被分立企业分配进行处理。

❹被分立企业不再继续存在时，被分立企业及其股东都应按清算进行所得税处理。

❺企业分立相关企业的亏损不得相互结转弥补。

三、企业重组的特殊性税务处理

（1）企业重组同时符合下列条件的，适用特殊性税务处理规定：

❶具有合理的商业目的，且不以减少、免除或者推迟缴纳税款为主要目的。

❷被收购、合并或分立部分的资产或股权比例符合下述（2）规定的比例。

❸企业重组后的连续12个月内不改变重组资产原来的实质性经营活动。

❹重组交易对价中涉及股权支付金额符合下述（2）规定的比例。

❺企业重组中取得股权支付的原主要股东，在重组后连续12个月内，不得转让所取得的股权。

（2）企业重组符合上述5个条件的，交易各方对其交易中的股权支付部分，可以按以下规定进行特殊性税务处理：

❶企业债务重组确认的应纳税所得额占该企业当年应纳税所得额50%以上，可以在5个纳税年度的期间内，均匀计入各年度的应纳税所得额。

企业发生债权转股权业务，对债务清偿和股权投资两项业务暂不确认有关债务清偿所得或损失，股权投资的计税基础以原债权的计税基础确定。企业的其他相关所得税事项保持不变。

❷股权收购，收购企业购买的股权不低于被收购企业全部股权的50%，且收购企业在该股权收购发生时的股权支付金额不低于其交易支付总额的85%，可以选择按以下规定处理：

a.被收购企业的股东取得收购企业股权的计税基础，以被收购股权的原有计税基础确定。

b.收购企业取得被收购企业股权的计税基础，以被收购股权的原有计税基础确定。

c.收购企业、被收购企业的原有各项资产和负债的计税基础和其他相关所得税事项保持不变。

❸资产收购，受让企业收购的资产不低于转让企业全部资产的50%，且受让企业在该资产收购发生时的股权支付金额不低于其交易支付总额的85%，可以选择按以下规定处理：

a.转让企业取得受让企业股权的计税基础，以被转让资产的原有计税基础确定。

b.受让企业取得转让企业资产的计税基础，以被转让资产的原有计税基础确定。

❹企业合并，企业股东在该企业合并发生时取得的股权支付金额不低于其交易支付

总额的 85%，以及同一控制下且不需要支付对价的企业合并，可以选择按以下规定处理：

a.合并企业接受被合并企业资产和负债的计税基础，以被合并企业的原有计税基础确定。

b.被合并企业合并前的相关所得税事项由合并企业承继。

c.可由合并企业弥补的被合并企业亏损的限额。其计算公式为：

$$\text{可由合并企业弥补的被合并企业亏损的限额} = \text{被合并企业净资产公允价值} \times \text{截至合并业务发生当年年末国家发行的最长期限的国债利率}$$

d.被合并企业股东取得合并企业股权的计税基础，以其原持有的被合并企业股权的计税基础确定。

任务实例4-15 本年12月6日，甲摩托车生产企业合并一家小型股份公司。股份公司全部资产公允价值为5 700万元，全部负债为3 200万元，未超过弥补年度的亏损额为600万元。合并时摩托车生产企业给股份公司的股权支付额为2 300万元、银行存款为200万元。由于2 300÷（2 300+200）=92%>85%，因此，该合并业务符合企业重组特殊性税务处理的条件，且选择此方法执行（假定当年国家发行的最长期限的国债年利率为6%）。

【任务要求】 计算可由合并企业弥补的被合并企业的亏损。

【任务实施】

$$\text{可由合并企业弥补的被合并企业亏损的限额} = \text{被合并企业净资产公允价值} \times \text{截至合并业务发生当年年末国家发行的最长期限的国债利率}$$

$$= （5\ 700-3\ 200）\times6\%=150（万元）$$

由于600万元>150万元，因此，可由合并企业弥补的被合并企业的亏损为150万元。

❺企业分立，被分立企业所有股东按原持股比例取得分立企业的股权，分立企业和被分立企业均不改变原来的实质经营活动，且被分立企业股东在该企业分立发生时取得的股权支付金额不低于其交易支付总额的85%，可以选择按以下规定处理：

a.分立企业接受被分立企业资产和负债的计税基础，以被分立企业的原有计税基础确定。

b.被分立企业已分立出去资产相应的所得税事项由分立企业继承。

c.被分立企业未超过法定弥补期限的亏损额可按分立资产占全部资产的比例进行分配，由分立企业继续弥补。

d.被分立企业的股东取得分立企业的股权（简称"新股"），如需部分或全部放弃原持有的被分立企业的股权（简称"旧股"），"新股"的计税基础应以放弃"旧股"的计税基础确定。如不需放弃"旧股"，则其取得"新股"的计税基础可从以下两种方法中选择确定：一是直接将"新股"的计税基础确定为零；二是以被分立企业分立出去的净资产占被分立企业全部净资产的比例先调减原持有的"旧股"的计税基础，再将调减的计税基础平均分配到"新股"上。

❻重组交易各方按上述❶至❺项规定对交易中股权支付暂不确认有关资产的转让所得或损失的，其非股权支付仍应在交易当期确认相应的资产转让所得或损失，并调整相应资产的计税基础。

$$\text{非股权支付相应的资产转让所得或损失} = \left(\text{被转让资产的公允价值} - \text{被转让资产的计税基础}\right) \times \frac{\text{非股权支付金额}}{\text{被转让资产的公允价值}}$$

任务实例4-16 甲公司共有股权1 000万股，为了将来有更好的发展，将80%的股权让乙公司收购，然后成为乙公司的子公司。假定收购日甲公司每股资产的计税基础为7元，每股资产的公允价值为9元。在收购对价中乙公司以股权形式支付6 480万元，以银行存款支付720万元。

【任务要求】 计算甲公司该项业务的应税所得及应纳企业所得税。

【任务实施】 甲公司取得非股权支付额对应的资产转让所得计算思路如下：

（1）从股权收购比重以及股权支付金额占交易额的比重看是否适用于特殊性税务处理：

股权收购比重=80%（大于规定的50%）

股权支付金额占交易额的比重=6 480÷（6 480+720）×100%=90%（大于规定的85%）

适用企业重组的特殊性税务处理方法。

（2）公允价值中的高于原计税基础的增加值=1 000×80%×（9-7）=1 600（万元）

（3）非股权支付比例=720÷（6 480+720）×100%=10%

（4）甲公司取得股权支付额对应的所得不确认损益。

股权支付额对应的收益应确认资产转让所得=1 600×10%=160（万元）

（5）甲公司应纳企业所得税=160×25%=40（万元）

（3）企业发生涉及中国境内与境外（包括中国港澳台地区）之间的股权和资产收购交易时，除应符合本任务"三、企业重组的特殊性税务处理"中的第（1）项规定的条件外，还应同时符合下列条件，才可选择适用特殊性税务处理规定：

❶非居民企业向其100%直接控股的另一非居民企业转让其拥有的居民企业股权，没有因此造成以后该项股权转让所得预提税负变化，且转让方非居民企业向主管税务机关书面承诺在3年（含3年）内不转让其拥有受让方非居民企业的股权。

❷非居民企业向与其具有100%直接控股关系的居民企业转让其拥有的另一居民企业股权。

❸居民企业以其拥有的资产或股权向其100%直接控股的非居民企业进行投资。

❹财政部、国家税务总局核准的其他情形。

（4）在企业吸收合并中，合并后的存续企业性质及适用税收优惠的条件未发生改变的，可以继续享受合并前该企业剩余期限的税收优惠，其优惠金额按存续企业合并前一年的应纳税所得额（亏损计为零）计算。

在企业存续分立中，分立后的存续企业性质及适用税收优惠的条件未发生改变的，可以继续享受分立前该企业剩余期限的税收优惠，其优惠金额按该企业分立前一年的应纳税所得额（亏损计为零）乘以分立后存续企业资产占分立前该企业全部资产的比例计算。

（5）企业在重组发生前后连续12个月内，分步对其资产、股权进行交易，应根据实质重于形式原则将上述交易作为一项企业重组交易进行处理。

（6）企业发生符合规定的特殊性重组条件并选择特殊性税务处理的，当事各方应在该重组业务完成当年企业所得税年度申报时，向主管税务机关提交书面备案资料，证明其符合各类特殊性重组规定的条件。企业未按规定书面备案的，一律不得按特殊重组业务进行税务处理。

任务十一　企业所得税的征收管理

任务引例

我公司设有不具有法人资格的营业机构。请问对于是否汇总纳税的问题，企业所得税与增值税的纳税方式一样吗？

一、企业所得税的征收管理要求

（一）纳税期限

企业所得税按年计征，分月或者分季预缴，年终汇算清缴，多退少补。

企业所得税的纳税年度，自公历1月1日起至12月31日止。企业在一个纳税年度的中间开业，或者由于合并、关闭等原因终止经营活动，使该纳税年度的实际经营期不足12个月的，应当以其实际经营期为一个纳税年度。企业清算时，应当以清算期间作为一个纳税年度。

按月或按季预缴的，应当自月份或者季度终了之日起15日内，向税务机关报送预缴企业所得税纳税申报表，预缴税款。

自年度终了之日起5个月内，向税务机关报送年度企业所得税纳税申报表，并汇算清缴，结清应缴所得税税款。对于2021年度及以后年度企业所得税汇算清缴，纳税人在纳税年度内预缴企业所得税税款超过汇算清缴应纳税款的，纳税人应及时申请退税，主管税务机关应及时按有关规定办理退税，不再抵缴其下一年度应缴企业所得税税款。

企业在一个纳税年度中间开业，或者终止经营活动，使该纳税年度的实际经营期不足12个月的，应当以其实际经营期为一个纳税年度。企业依法清算时，应当以清算期间作为一个纳税年度。企业应当在办理注销登记前，就其清算所得向税务机关申报并依法缴纳企业所得税。

企业在年度中间终止经营活动的，应当自实际经营终止之日起60日内，向税务机关办理当期企业所得税汇算清缴。

（二）纳税地点

除税收法规、行政法规另有规定外，居民企业以企业登记注册地为纳税地点；但登记注册地在境外的，以实际管理机构所在地为纳税地点。企业登记注册地，是指企业依照国家有关规定登记注册的住所地。除国务院另有规定外，企业之间不得合并缴纳企业所得税。

居民企业在中国境内设立不具有法人资格的营业机构的，应当汇总计算并缴纳企业所得税。企业汇总计算并缴纳所得税时，应当统一核算应纳税所得额。

任务引例解析

对于企业所得税，根据《企业所得税法》的规定，居民企业在中国境内设立不具有法人资格的营业机构的，应当汇总计算并缴纳企业所得税；根据《企业所得税法实施条例》的规定，企业汇总计算并缴纳企业所得税时，应当统一核算应纳税所得额。

对于增值税，根据《增值税暂行条例》的规定，总机构和分支机构不在同一县（市）的，应当分别向各自所在地主管税务机关申报纳税；经国务院财政、税务主管部门或者其授权的财政、税务机关批准，可以由总机构汇总向总机构所在地的主管税务机关申报纳税。

因此，你公司设有不具有法人资格的营业机构，对于是否汇总纳税的问题，企业所得税与增值税的纳税方式是不一样的。

非居民企业在中国境内设立机构、场所的，应当就其所设机构、场所取得的来源于中国境内的所得，以及发生在中国境外但是与其所设机构、场所有实际联系的所得，以机构、场所所在地为纳税地点。非居民企业在中国境内设立两个或者两个以上的机构、场所的，经税务机关审核批准，可以选择由其主要机构、场所汇总缴纳企业所得税。非居民企业在中国境内未设立机构、场所的，或者虽然设立机构、场所但取得的所得与其所设机构、场所没有实际联系的所得，以扣缴义务人所在地为纳税地点。

（三）纳税申报的其他要求

企业在报送企业所得税纳税申报表时，应当按照规定附送财务会计报告和其他有关资料。

依照企业所得税法缴纳的企业所得税以人民币计算，所得以人民币以外的货币计算的，应当折合成人民币计算并缴纳税款。

企业在纳税年度内无论盈利或者亏损，都应当依照《企业所得税法》第五十四条规定的期限，向税务机关报送预缴企业所得税纳税申报表、年度企业所得税纳税申报表、财务会计报告和税务机关规定应当报送的其他有关资料。

二、企业所得税的纳税申报

（一）企业所得税的预缴纳税申报

实行查账征收企业所得税的居民企业在月（季）度预缴企业所得税时，应当填报"中华人民共和国企业所得税月（季）度预缴纳税申报表（A类）"（见表4-2）以及附表（略）。实行核定征收企业所得税的居民企业在月（季）度预缴企业所得税时，应当填报"中华人民共和国企业所得税月（季）度预缴和年度纳税申报表（B类）"（略）。非居民企业预缴企业所得税时，应当填报《中华人民共和国非居民企业所得税预缴申报表》（略）以及附表（略）。

（二）企业所得税的年度汇算清缴纳税申报

实行查账征收企业所得税的居民企业在年度企业所得税汇算清缴时，应当填报"中华人民共和国企业所得税年度纳税申报表（A类）"（表4-3）以及附表（略）。实行核定应税所得率方式征收企业所得税的居民企业，年度企业所得税汇算清缴时，应当填报"中华人民共和国企业所得税月（季）度和年度纳税申报表（B类）"（略）。非居民企业年度企业所得税汇算清缴时，应当填报"中华人民共和国非居民企业所得税年度纳税申报表"（略）以及附表（略）。

表4-2   **中华人民共和国企业所得税月（季）度预缴纳税申报表（A类）**

税款所属期间：　　年　月　日至　　年　月　日

纳税人识别号（统一社会信用代码）：□□□□□□□□□□□□□□□□□□

纳税人名称：　　　　　　　　　　　　　　　　金额单位：人民币元（列至角分）

优惠及附报事项有关信息								
项　目	一季度		二季度		三季度		四季度		季度平均值
	季初	季末	季初	季末	季初	季末	季初	季末	
从业人数									
资产总额（万元）									
国家限制或禁止行业	□是　□否			小型微利企业					□是　□否
附报事项名称									金额或选项
事项1	（填写特定事项名称）								
事项2	（填写特定事项名称）								

	预缴税款计算	本年累计
1	营业收入	
2	营业成本	
3	利润总额	
4	加：特定业务计算的应纳税所得额	
5	减：不征税收入	
6	减：资产加速折旧、摊销（扣除）调减额（填写A201020）	
7	减：免税收入、减计收入、加计扣除（7.1+7.2+…）	
7.1	（填写优惠事项名称）	
7.2	（填写优惠事项名称）	
8	减：所得减免（8.1+8.2+…）	
8.1	（填写优惠事项名称）	
8.2	（填写优惠事项名称）	
9	减：弥补以前年度亏损	
10	实际利润额（3+4-5-6-7-8-9）\按照上一纳税年度应纳税所得额平均额确定的应纳税所得额	

续表

	预缴税款计算	本年累计
11	税率（25%）	
12	应纳所得税额（10×11）	
13	减：减免所得税额（13.1+13.2+…）	
13.1	（填写优惠事项名称）	
13.2	（填写优惠事项名称）	
14	减：本年实际已缴纳所得税额	
15	减：特定业务预缴（征）所得税额	
16	本期应补（退）所得税额（12-13-14-15）\税务机关确定的本期应纳所得税额	

		汇总纳税企业总分机构税款计算	
17		总机构本期分摊应补（退）所得税额（18+19+20）	
18		其中：总机构分摊应补（退）所得税额（16×总机构分摊比例___%）	
19	总机构	财政集中分配应补（退）所得税额（16×财政集中分配比例___%）	
20		总机构具有主体生产经营职能的部门分摊所得税额（16×全部分支机构分摊比例___%×总机构具有主体生产经营职能部门分摊比例___%）	
21	分支机构	分支机构本期分摊比例	
22		分支机构本期分摊应补（退）所得税额	

		实际缴纳企业所得税计算	
23	减：民族自治地区企业所得税地方分享部分：□免征　□减征：减征幅度___%	本年累计应减免金额〔（12-13-15）×40%×减征幅度〕	
24	实际应补（退）所得税额		

谨声明：本纳税申报表是根据国家税收法律法规及相关规定填报的，是真实的、可靠的、完整的。

纳税人（签章）：　　　　年　月　日

经办人： 经办人身份证号： 代理机构签章： 代理机构统一社会信用代码：	受理人： 受理税务机关（章）： 受理日期：　　年　月　日

国家税务总局监制

表 4-3　　　A100000　中华人民共和国企业所得税年度纳税申报表（A类）

税款所属期间：　　　年　月　日至　　年　月　日

纳税人名称：（公章）　　　　纳税人识别号：　　　　　　　　　金额单位：元（列至角分）

行次	类别	项　　目	金　额
1	利润总额计算	一、营业收入（填写A101010\101020\103000）	
2		减：营业成本（填写A102010\102020\103000）	
3		减：税金及附加	
4		减：销售费用（填写A104000）	
5		减：管理费用（填写A104000）	
6		减：财务费用（填写A104000）	
7		减：资产减值损失	
8		加：公允价值变动收益	
9		加：投资收益	
10		二、营业利润（1-2-3-4-5-6-7+8+9）	
11		加：营业外收入（填写A101010\101020\103000）	
12		减：营业外支出（填写A102010\102020\103000）	
13		三、利润总额（10+11+12）	
14	应纳税所得额计算	减：境外所得（填写A108010）	
15		加：纳税调整增加额（填写A105000）	
16		减：纳税调整减少额（填写A105000）	
17		减：免税、减计收入及加计扣除（填写A107010）	
18		加：境外应税所得抵减境内亏损（填写A108000）	
19		四、纳税调整后所得（13-14+15-16-17+18）	
20		减：所得减免（填写A107020）	
21		减：弥补以前年度亏损（填写A106000）	
22		减：抵扣应纳税所得额（填写A107030）	
23		五、应纳税所得额（19-20-21-22）	
24	应纳税额计算	税率（25%）	
25		六、应纳所得税额（23×24）	
26		减：减免所得税额（填写A107040）	
27		减：抵免所得税额（填写A107050）	
28		七、应纳税额（25-26-27）	
29		加：境外所得应纳所得税额（填写A108000）	
30		减：境外所得抵免所得税额（填写A108000）	
31		八、实际应纳所得税额（28+29-30）	
32		减：本年累计实际已预缴的所得税额	
33		九、本年应补（退）所得税额（31-32）	
34		其中：总机构分摊本年应补（退）所得税额（填写A109000）	
35		财政集中分配本年应补（退）所得税额（填写A109000）	
36		总机构主体生产经营部门分摊本年应补（退）所得税额（填写A109000）	
37	实际应纳税额计算	减：民族自治地区企业所得税地方分享部分：（□免征　□减征：减征幅度＿＿＿%）	
38		十、本年实际应补（退）所得税额（33-37）	

▶职业技能训练◀

■ 职业能力选择

一、单项选择题

1.甲企业是我国的非居民企业，且在我国境内设立了机构、场所。下列所得中，不需要在我国缴纳企业所得税的是（　　）。

A.甲企业在美国取得的与所设机构、场所没有实际联系的所得

B.甲企业在英国取得的与所设机构、场所有实际联系的所得

C.甲企业在中国境内取得的与所设机构、场所没有实际联系的所得

D.甲企业在中国境内取得的与所设机构、场所有实际联系的所得

2.甲企业为一家居民企业，本年的销售收入为5 000万元，实际支出的业务招待费为50万元，在计算应纳税所得额时，准予扣除的业务招待费为（　　）万元。

A.18　　　　　　　　B.24　　　　　　　　C.25　　　　　　　　D.30

3.甲公司为一家居民企业，本年度取得销售货物收入2 000万元、出租房屋的租金收入200万元、对外投资的股息收入100万元，当年发生的与生产经营活动有关的业务招待费为80万元。甲公司在计算本年度应纳税所得额时，准予扣除的业务招待费为（　　）万元。

A.11　　　　　　　　B.72　　　　　　　　C.120　　　　　　　D.61

4.在中国境内设立机构、场所，且取得的所得与其所设机构、场所有实际联系的非居民企业适用的企业所得税税率为（　　）。

A.10%　　　　　　　B.20%　　　　　　　C.25%　　　　　　　D.33%

5.甲企业为一家居民企业，本年实现自产货物销售收入500万元，当年发生计入销售费用的广告费100万元，未发生业务宣传费。当年甲企业可以在企业所得税税前扣除的广告费为（　　）万元。

A.35　　　　　　　　B.50　　　　　　　　C.75　　　　　　　　D.95

6.下列各项中，不属于企业所得税纳税人的是（　　）。

A.在外国成立但实际管理机构在中国境内的企业

B.在中国境内成立的外商独资企业

C.在中国境内成立的合伙企业

D.在中国境内未设立机构、场所，但有来源于中国境内所得的企业

7.甲企业[①]为一家居民企业，本年度利润总额为40万元，未调整捐赠前的应纳税所得额为45万元。当年"营业外支出"账户中列支了公益性捐赠5万元，且以前年度没有发生公益性捐赠。甲企业本年度应缴纳的企业所得税为（　　）万元。

A.11.25　　　　　　B.11.3　　　　　　　C.12.45　　　　　　D.12.25

8.企业开展研发活动中实际发生的研发费用，未形成无形资产计入当期损益的，在按规定据实扣除的基础上，自2023年1月1日起，再按照实际发生额的（　　）在税前加计扣除。

A.10%　　　　　　　B.50%　　　　　　　C.75%　　　　　　　D.100%

9.在计算应纳税所得额时，对企业发生的超限额标准的职工福利费和工会经费支出（　　）。

A.应调增应纳税所得额　　　　　　　　　　B.应调减应纳税所得额

C.不需调整应纳税所得额　　　　　　　　　D.视不同情况调增或调减应纳所得税额

10.甲公司为一家居民企业，为增值税一般纳税人，本年10月因管理不善导致本年7月购进的一批材料霉烂，该批材料价值为60万元（不含增值税，适用的增值税税率为13%，已经取得增值税专用发票，且于本年7月符合抵扣规定）。保险公司审理后同意赔付20万元，则该业务企业所得税税前可以扣除的损

---

① 如果无特别说明，本书中的企业均不满足小型微利企业的条件。

失金额为（　　）万元。

A.60　　　　　　　　　B.40　　　　　　　　　C.47.8　　　　　　　　　D.52.4

11.特别纳税调整加收的利息，应当按照税款所属纳税年度中国人民银行公布的与补税期间同期的人民币贷款基准利率加（　　）个百分点计算。

A.2　　　　　　　　　B.3　　　　　　　　　C.5　　　　　　　　　D.10

12.居民企业在中国境内设立的不具有法人资格的分支或营业机构，由（　　）计算并缴纳企业所得税。

A.该居民企业分别　　　　　　　　　　　　B.各分支或营业机构分别

C.该居民企业汇总　　　　　　　　　　　　D.各分支或营业机构汇总

13.企业安置残疾人员，计算企业所得税时，在按照支付给残疾职工工资据实扣除的基础上，按照支付给上述人员工资的（　　）加计扣除。

A.10%　　　　　　　　　B.20%　　　　　　　　　C.50%　　　　　　　　　D.100%

14.企业缴纳的下列各项税中，在计算企业所得税应纳税所得额时，不准从收入总额中扣除的是（　　）。

A.增值税　　　　　　　B.城市维护建设税　　　　C.消费税　　　　　　　D.土地增值税

15.甲企业20×8年1月1日向乙企业（未上市的中小高新技术企业）投资300万元，股权持有到20×9年12月31日。假设甲企业20×9年度实现利润500万元，该企业当年无其他纳税调整事项，则该企业20×9年度应纳税所得额为（　　）万元。

A.220　　　　　　　　　B.300　　　　　　　　　C.290　　　　　　　　　D.201

16.在计算企业所得税时，通过支付现金以外的方式取得的投资资产，以该资产的（　　）为成本。

A.公允价值　　　　　　　　　　　　　　　　B.公允价值和支付的相关税费

C.购买价款　　　　　　　　　　　　　　　　D.成本与市价孰低

17.企业在境外缴纳的所得税税额，可以从其当期应纳税额中抵免，抵免限额为该项所得依照企业所得税法的规定计算的应纳税额；超过抵免限额的部分，可以在以后（　　）个年度内，用每年度抵免限额抵免当年应抵税额后的余额进行抵补。

A.2　　　　　　　　　B.3　　　　　　　　　C.5　　　　　　　　　D.10

18.税务机关根据税法作出的纳税调整决定，应在补征税款的基础上，从每一调整年度次年6月1日起至补缴税款之日止的期限，按（　　）加收利息。

A.日　　　　　　　　　B.月　　　　　　　　　C.季度　　　　　　　　　D.年

19.按月或按季预缴企业所得税的，应当自月份或者季度终了之日起（　　）日内，向税务机关报送预缴企业所得税纳税申报表，预缴税款。

A.10　　　　　　　　　B.15　　　　　　　　　C.30　　　　　　　　　D.60

20.企业当年发生以及以前年度结转的公益性捐赠支出，不超过年度（　　）12%的部分，准予扣除。

A.收入总额　　　　　　B.利润总额　　　　　　C.纳税调整后所得　　　D.应纳税所得额

21.对于企业股权收购、资产收购重组交易，下列相关交易的处理中，错误的是（　　）。

A.被收购方应确认股权、资产转让所得或损失

B.收购方取得股权或资产的计税基础应以公允价值为基础确定

C.被收购企业的相关所得税事项原则上保持不变

D.被收购企业及其股东都应按清算进行所得税处理

22.甲公司是一家居民企业，本年度主营业务收入为50 000万元、营业外收入为800万元，与收入配比的成本为41 000万元，全年发生管理费用、销售费用和财务费用共计7 000万元，营业外支出为600万元（其中含符合规定的公益性捐赠支出500万元，且以前年度没有发生公益性捐赠），该年度经核定结转的亏损额为300万元。甲公司当年无其他纳税调整事项，则甲公司该年度应缴纳企业所得税（　　）

万元。

A.475　　　　　　　B.534　　　　　　　C.536　　　　　　　D.543

23.企业应自年度终了之日起（　　）个月内，向税务机关报送年度企业所得税纳税申报表，并汇算清缴，结清应缴所得税款。

A.3　　　　　　　　B.5　　　　　　　　C.6　　　　　　　　D.12

24.甲企业是一家居民企业，本年度销售收入为136 000元，发生广告费和业务宣传费25 000元。甲企业当年可以在税前扣除的广告费和业务宣传费最高为（　　）元。

A.15 000　　　　　　B.19 040　　　　　　C.25 000　　　　　　D.20 400

25.企业由法人转变为非法人组织，企业的全部资产以及股东投资的计税基础均应以（　　）为基础确定。

A.历史成本　　　　　B.重置成本　　　　　C.公允价值　　　　　D.账面价值

26.企业所得税按（　　）计征。

A.月　　　　　　　　B.季度　　　　　　　C.半年　　　　　　　D.年

27.下列关于企业所得税纳税人的表述中，正确的是（　　）。

A.依照外国法律成立但实际管理机构在中国境内的企业均属于居民企业

B.依照外国法律成立且实际管理机构不在中国境内的企业均属于非居民企业

C.依照外国法律成立但在中国境内设立机构、场所的企业均属于非居民企业

D.依法在我国境内成立但实际管理机构在境外的企业均属于非居民企业

28.财产保险企业发生的与生产经营有关的手续费及佣金支出，按当年全部保费收入扣除退保金等后余额的（　　）计算税前扣除限额。

A.5%　　　　　　　　B.10%　　　　　　　C.15%　　　　　　　D.18%

29.下列各项中，按照负担、支付所得的企业或者机构、场所所在地确定，或者按照负担、支付所得的个人住所地确定所得来源地的是（　　）。

A.销售货物所得　　　　　　　　　　　　B.权益性投资资产转让所得

C.动产转让所得　　　　　　　　　　　　D.租金所得

30.在中国境内未设立机构、场所的非居民企业取得的来源于中国境内的转让财产所得，应以（　　）为企业所得税应纳税所得额。

A.收入全额　　　　　　　　　　　　　　B.收入全额减除相关税费后的余额

C.收入全额减除财产原值后的余额　　　　D.收入全额减除财产净值后的余额

31.下列各项中，在计算应纳税所得额时准予全额扣除的是（　　）。

A.企业为职工缴纳的基本养老保险　　　　B.企业为职工缴纳的补充医疗保险

C.企业为职工缴纳的普通商业保险　　　　D.企业为管理人员缴纳的普通商业保险

32.下列各项中，在计算应纳税所得额时准予按规定扣除的是（　　）。

A.企业内营业机构之间支付的租金　　　　B.企业内营业机构之间支付的特许权使用费

C.银行内营业机构之间支付的利息　　　　D.非银行企业内营业机构之间支付的利息

二、多项选择题

1.下列各项中，属于不得在企业所得税税前扣除项目的有（　　）。

A.企业所得税税款　　　　　　　　　　　B.超过规定标准的捐赠支出

C.未经核定的准备金支出　　　　　　　　D.财产保险费

2.下列关于企业所得税税率的表述中，正确的有（　　）。

A.在中国境内未设立机构、场所的非居民企业，其从中国境内取得的所得减按10%的税率征收企业所得税

B.对经认定的技术先进型服务企业（服务贸易类），减按15%的税率征收企业所得税

C.国家需要重点扶持的高新技术企业，减按15%的税率征收企业所得税

D.在中国境内设立了机构、场所，但取得的所得与所设机构、场所没有实际联系的非居民企业，其从中国境内取得的所得，减按10%的税率征收企业所得税

3.根据企业所得税法律制度的规定，下列关于收入确认的表述中，正确的有（   ）。

A.企业以非货币形式取得收入的，应当按照公允价值确定收入额

B.以分期收款方式销售货物的，按照合同约定的收款日期确认收入的实现

C.采取产品分成方式取得收入的，按照企业分得产品的日期确认收入的实现，其收入额按照产品的公允价值确定

D.接受捐赠收入，按照承诺捐赠资产的日期确定收入

4.根据企业所得税法律制度的规定，下列各项中，不得从应纳税所得额中扣除的有（   ）。

A.企业之间支付的违约金   B.企业之间支付的管理费

C.企业内营业机构之间支付的租金   D.非银行企业内营业机构之间支付的利息

5.下列关于企业所得税纳税地点的表述中，正确的有（   ）。

A.非居民企业在中国设立机构、场所的，均以机构、场所所在地为纳税地点

B.居民企业登记注册地在境外的，以实际管理机构所在地为纳税地点

C.非居民企业在中国境内设立两个机构、场所的，分别缴纳企业所得税

D.非居民企业在中国未设立机构、场所的，以扣缴义务人所在地为纳税地点

6.根据企业所得税法律制度的规定，下列支出应作为长期待摊费用的有（   ）。

A.已足额提取折旧仍继续使用的固定资产 B.租入固定资产的改建支出

C.固定资产的大修理支出   D.已足额提取折旧的固定资产的改建支出

7.根据企业所得税法律制度的规定，下列对非制造业企业为开发新技术、新产品和新工艺发生的研究开发费用的描述中，不正确的有（   ）。

A.费用化的部分可以据实扣除，无需进行纳税调整

B.费用化的部分可以在据实扣除的基础上加计扣除75%，加计部分应调减应纳税所得额

C.资本化的部分不得扣除

D.资本化的部分可以据实摊销，但不得加计摊销

8.下列各项中，在计算企业所得税应纳税所得额时不得扣除的有（   ）。

A.向投资者支付的红利

B.企业内部营业机构之间支付的租金

C.企业内部营业机构之间支付的特许权使用费

D.未经核定的准备金支出

9.根据企业所得税法律制度的规定，固定资产的大修理支出是指同时符合（   ）条件的支出。

A.修理支出达到取得固定资产时的计税基础30%以上

B.修理支出达到取得固定资产时的计税基础50%以上

C.修理后固定资产的使用年限延长2年以上

D.修理后固定资产的使用年限延长5年以上

10.税务机关核定征收企业所得税采用的方法有（   ）。

A.参照当地同类行业或者类似行业中经营规模和收入水平相近的纳税人的税负水平核定

B.按照应税收入额或成本费用支出额定率核定

C.按照耗用的原材料、燃料、动力等推算或测算核定

D.按照其他合理方法核定

11.下列各项中，不能作为企业所得税纳税人的有（   ）。

A.股份制企业   B.合伙企业   C.外商投资企业   D.个人独资企业

12.企业实际发生的与取得收入有关的、合理的支出，包括（　　）和其他支出，准予在计算应纳税所得额时扣除。

A.成本　　　　　　　B.税金　　　　　　　C.费用　　　　　　　D.损失

13.企业在下列项目的所得中，减半征收企业所得税的有（　　）。

A.海水养殖　　　　　B.内陆养殖　　　　　C.坚果的种植　　　　D.家禽饲养

14.下列利息中，应计入企业所得税应纳税所得额的有（　　）。

A.企业债券利息收入　　　　　　　　　B.外单位欠款付给的利息收入

C.购买国库券的利息收入　　　　　　　D.银行存款利息收入

15.纳税人在计算企业所得税应纳税所得额时，不得税前扣除的项目有（　　）。

A.被没收财物的损失　　　　　　　　　B.计提的固定资产减值准备

C.延迟纳税的滞纳金　　　　　　　　　D.法院判处的罚金

16.下列固定资产中，以该固定资产的公允价值和支付的相关税费为计税基础的有（　　）。

A.通过接受投资取得的固定资产　　　　B.通过债务重组取得的固定资产

C.盘盈的固定资产　　　　　　　　　　D.通过非货币性资产交换取得的固定资产

17.企业重组包括（　　）等。

A.企业法律形式改变　　B.债务重组　　　　C.股权收购　　　　　D.资产收购

18.采用直接计算法计算应纳所得税额时，所涉及的项目有（　　）。

A.收入总额　　　　　B.不征税收入　　　　C.弥补亏损　　　　　D.各项扣除金额

19.关联方是指有下列（　　）关联关系之一的企业、其他组织或者个人。

A.在资金、经营、购销等方面与企业存在直接的控制关系

B.直接或者间接地与企业同为第三者控制

C.在利益上与企业具有相关联的其他关系

D.在资金、经营、购销等方面与企业存在间接的控制关系

20.下列关于企业所得税纳税时间的描述中，正确的有（　　）。

A.企业所得税的纳税年度，自公历1月1日起至12月31日止

B.企业清算时，应当以清算期间作为一个纳税年度

C.自年度终了之日起5个月内，向税务机关报送年度企业所得税纳税申报表，并汇算清缴，结清应缴应退所得税税款

D.企业在年度中间终止经营活动的，应当自实际经营终止之日起60日内，向税务机关办理当期企业所得税汇算清缴

21.根据企业所得税法律制度的规定，下列关于商品销售收入确认时间的表述中，正确的有（　　）。

A.销售商品采用托收承付方式的，在办妥托收手续时确认收入

B.销售商品采取预收款方式的，在发出商品时确认收入

C.销售商品采用支付手续费方式委托代销的，在收到手续费时确认收入

D.采用售后回购方式销售商品，符合销售收入确认条件的，销售的商品按售价确认收入，回购的商品作为购进商品处理

22.根据企业所得税法律制度的规定，企业分立时，当事各方应按下列（　　）规定处理。

A.被分立企业对分立出去的资产应按公允价值确认资产转让所得或损失

B.分立企业应按公允价值确认接受资产的计税基础

C.被分立企业继续存在时，其股东取得的对价应视同被分立企业分配进行处理

D.被分立企业不再继续存在时，被分立企业及其股东都应按清算进行所得税处理

23.居民企业纳税人（　　），核定征收企业所得税。

A.依照法律、行政法规的规定可以不设置账簿的

B.依照法律、行政法规的规定应当设置但未设置账簿的

C.擅自销毁账簿或者拒不提供纳税资料的

D.申报的计税依据明显偏低，又无正当理由的

24.税务机关在进行关联业务调查时，企业及其关联方，以及与关联业务调查有关的其他企业应当按照规定提供相关资料。相关资料是指（　　）。

A.与关联业务往来有关的价格、费用的制定标准、计算方法和说明等同期资料

B.关联业务往来所涉及的财产、财产使用权、劳务等的再销售（转让）价格或者最终销售（转让）价格的相关资料

C.与关联业务调查有关的其他企业应当提供的与被调查企业可比的产品价格、定价方式以及利润水平等资料

D.其他与关联业务往来有关的资料

25.下列关于企业所得税纳税申报的表述中，正确的有（　　）。

A.按月或按季预缴的，应当自月份或者季度终了之日起15日内，向税务机关报送预缴企业所得税纳税申报表，预缴税款

B.企业在报送企业所得税纳税申报表时，应当按照规定附送财务会计报告和其他有关资料

C.企业应当在办理注销登记前，就其清算所得向税务机关申报并依法缴纳企业所得税

D.依照企业所得税法缴纳的企业所得税，以人民币计算；所得以人民币以外的货币计算的，应当折合成人民币计算并缴纳税款

26.企业的固定资产由于技术进步等原因，确实需要加速折旧的，可以采用的加速折旧方法有（　　）。

A.年数总和法

B.当年一次折旧法

C.双倍余额递减法

D.缩短折旧年限，但最低折旧年限不得低于法定折旧年限的50%

27.下列关于企业所得税的表述中，正确的有（　　）。

A.企业所得税按纳税年度计算

B.企业所得税的纳税年度自公历1月1日起至12月31日止

C.企业应当自年度终了之日起5个月内，向税务机关报送年度企业所得税纳税申报表，并汇算清缴，结清应缴应退税款

D.企业所得税分月或者分季预缴

28.生产性生物资产，是指为农产品提供劳务或出租等目的持有的生物资产，包括（　　）。

A.经济林　　　　　　　　B.薪炭林　　　　　　　　C.产畜　　　　　　　　D.役畜

29.企业合并，当事各方处理正确的有（　　）。

A.合并企业应按公允价值确定接受被合并企业各项资产和负债的计税基础

B.被合并企业及其股东都应按清算进行所得税处理

C.被合并企业的亏损不得在合并企业结转弥补

D.被合并方应确认股权、资产转让所得或损失

30.纳税人具有下列（　　）情形之一的，核定其应税所得率。

A.能正确核算（查实）收入总额，但不能正确核算（查实）成本费用总额的

B.能正确核算（查实）成本费用总额，但不能正确核算（查实）收入总额的

C.通过合理方法，能计算和推定纳税人收入总额或成本费用总额的

D.发生纳税义务，未按照规定的期限办理纳税申报，经税务机关责令限期申报，逾期仍不申报的

31.企业不提供与其关联方之间业务往来资料，或者提供虚假、不完整资料，未能真实反映其关联业务往来情况的，税务机关有权依法核定其应纳税所得额。核定方法有（　　）。

A.参照同类或者类似企业的利润率水平核定

B.按照企业成本加合理的费用和利润的方法核定

C.按照关联企业集团整体利润的合理比例核定

D.按照其他合理方法核定

32.下列固定资产中，折旧费在计算企业所得税应纳税所得额时不得扣除的有（　　）。

A.未投入使用的房屋　　　　　　　　　B.未投入使用的机器设备

C.以经营租赁方式租入的固定资产　　　D.与经营活动无关的固定资产

■ 职业能力判断

1.企业在汇总计算缴纳企业所得税时，其境外营业机构的亏损可以抵减境内营业机构的盈利。（　　）

2.非居民企业在中国境内未设立机构、场所的，或者虽设立机构、场所但取得的所得与其所设机构、场所没有实际联系的，应当就其来源于中国境内的所得缴纳企业所得税。（　　）

3.母公司以管理费形式向子公司提取费用，子公司因此支付给母公司的管理费，不得在企业所得税税前扣除。（　　）

4.根据企业所得税法律制度的规定，企业的不征税收入用于支出所形成的资产，其计算的折旧、摊销不得在计算应纳税所得额时扣除。（　　）

5.根据企业所得税法律制度的规定，非居民企业在中国境内未设立机构、场所的，或者虽设立机构、场所但取得的所得与其所设机构、场所没有实际联系的，应当就其来源于中国境内的所得缴纳企业所得税，适用税率为20%。（　　）

6.根据企业所得税法律制度的规定，税务机关根据规定对企业作出特别纳税调整的，应当对补征的税款，自税款所属纳税年度的次年6月1日起至补缴税款之日止的期间，按日加收利息，该利息可以在计算应纳税所得额时扣除。（　　）

7.在外国成立且实际管理机构不在中国境内的企业，不是企业所得税的纳税人。（　　）

8.非居民企业在中国境内未设立机构、场所的，境外所得需在境内缴纳企业所得税。（　　）

9.企业所得税是对我国境内的企业和其他取得收入的组织的生产经营所得和其他所得征收的一种间接税。（　　）

10.根据企业所得税法律制度的规定，销售商品需要安装和检验的，在购买方接受商品以及安装和检验完毕时确认收入。如果安装程序比较简单，可在发出商品时确认收入。（　　）

11.根据企业所得税法律制度的规定，大修理支出，一次性摊销。（　　）

12.根据企业所得税法律制度的规定，企业债务重组发生债权转股权的，应当分解为债务清偿和股权投资两项业务，确认有关债务清偿所得或损失。（　　）

13.根据企业所得税法律制度的规定，财产净值是指财产的计税基础减除已经按照规定扣除的折旧、折耗、摊销、准备金等后的余额。（　　）

14.根据企业所得税法律制度的规定，母公司为其子公司提供各种服务而发生的费用，应按照独立企业之间公平交易原则确定服务的价格，作为企业正常的劳务费用进行税务处理。（　　）

15.纳税人在纳税年度内无论盈利或亏损，都应当按照规定的期限，向当地主管税务机关报送企业所得税纳税申报表和年度会计报表。（　　）

16.自2018年1月1日起，对经认定的技术先进型服务企业（服务贸易类），减按20%的税率征收企业所得税。（　　）

17.对国家需要重点扶持的高新技术企业减按30%的税率征收企业所得税。（　　）

18.根据企业所得税法律制度的规定，采用售后回购方式销售商品的，销售的商品按售价确认收入，回购的商品作为购进商品处理。（　　）

19.根据企业所得税法律制度的规定，企业发生的与生产经营活动有关的业务招待费支出，按照发生额的60%扣除，但最高不得超过当年销售（营业）收入的5‰。（　　）

20.根据企业所得税法律制度的规定，企业使用或者销售的存货的成本计算方法，可以在先进先出法、后进先出法、加权平均法、个别计价法中选用一种。计价方法一经选用，不得随意变更。（　　）

21.根据企业所得税法律制度的规定，固定资产按照直线法计算的折旧，准予扣除。（　　）

22.根据企业所得税法律制度的规定，在企业吸收合并中，合并后的存续企业性质及适用税收优惠的条件未发生改变的，可以继续享受合并前该企业剩余期限的税收优惠，其优惠金额按存续企业合并前一年的应纳税所得额（亏损计为零）计算。（　　）

23.根据企业所得税法律制度的规定，对于在中国境内未设立机构、场所的非居民企业的所得，其来源于中国境内的股息、红利等权益性投资收益和利息、租金、特许权使用费所得，以收入全额为应纳税所得额。（　　）

24.根据企业所得税法律制度的规定，软件生产企业的职工培训费用，可按实际发生额在计算应纳税所得额时扣除。（　　）

25.企业应当在办理注销登记前，就其清算所得向税务机关申报并依法缴纳企业所得税。（　　）

26.居民企业从直接或间接持有股权之和达到100%的关联方取得的技术转让所得，不享受技术转让减免企业所得税优惠政策。（　　）

27.根据企业所得税法律制度的规定，企业应当根据生产性生物资产的性质和使用情况，合理确定生产性生物资产的预计净残值。生产性生物资产的预计净残值一经确定，不得随意变更。（　　）

28.根据企业所得税法律制度的规定，企业对外投资期间，投资资产的成本在计算应纳税所得额时准予扣除。（　　）

29.根据企业所得税法律制度的规定，企业在重组发生前后连续12个月内，分步对其资产、股权进行交易，应根据权责发生制原则将上述交易作为一项企业重组交易进行处理。（　　）

30.根据企业所得税法律制度的规定，间接控制，是指居民企业以直接或间接持股方式持有外国企业20%以上股份。（　　）

■ 职业能力实训

一、计算题

1.甲软件生产企业为一家居民企业，本年实际发生工资支出180万元、职工福利费支出38万元、职工教育经费30万元（其中，职工培训费用支出10万元）。

要求：计算甲软件生产企业本年度计算应纳税所得额时，应调增的应纳税所得额。

2.乙企业为一家居民企业，本年实现销售货物收入1 500万元、让渡专利使用权收入200万元、包装物出租收入50万元、视同销售货物收入400万元、转让商标所有权收入150万元、接受捐赠收入20万元、债务重组收益10万元；发生业务招待费50万元。

要求：计算乙企业本年度可在企业所得税税前列支的业务招待费金额。

3.甲企业为一家居民企业，本年实现商品销售收入2 800万元，发生现金折扣50万元，取得接受捐赠收入50万元、转让无形资产所有权收入10万元。甲企业当年实际发生业务招待费15万元、广告费420万元、业务宣传费40万元。

要求：计算甲企业本年度可税前扣除的业务招待费、广告费、业务宣传费的合计额。

4.甲公司为一家居民企业，甲公司的股东赵某认缴的出资额为80万元，应于本年7月1日前缴足。本年7月1日赵某实缴资本20万元，剩余部分至年底仍未缴纳，甲公司因经营需要于本年1月1日向银行借款80万元，年利率为10%，发生借款利息10万元。

要求：计算甲公司本年度可以税前扣除的借款利息。

二、综合题

1.甲公司是一家居民企业，为增值税一般纳税人，属于是国家需要重点扶持的高新技术企业，本年取得商品销售收入5 600万元、转让固定资产的净收益50万元、投资收益80万元；发生商品销售成本2 200万元、税金及附加120万元、销售费用1 900万元、管理费用960万元、财务费用180万元、营业外支出100万元，实现利润总额270万元，甲公司自行计算缴纳企业所得税=270×15%=40.5（万元）。经注册会计师审核，发现本年甲公司存在如下问题：

（1）12月购进一台符合《安全生产专用设备企业所得税优惠目录》规定的安全生产专用设备，取得增值税专用发票，注明价款600万元、增值税78万元，当月投入使用，甲公司将该设备购买价款600万元一次性在成本中列支。该设备生产的产品全部在当月销售，相关成本已结转。

（2）管理费用中含业务招待费120万元。

（3）销售费用中含广告费900万元、业务宣传费100万元。

（4）财务费用中含支付给银行的借款利息60万元（借款金额1 000万元，期限1年）；支付给关联方借款利息90万元（借款金额1 500万元，期限1年），已知关联方的权益性投资为400万元，此项交易活动不符合独立交易原则且甲公司实际税负高于境内关联方。

（5）营业外支出中含通过公益性社会团体向灾区捐款70万元、因违反合同约定支付给其他企业违约金20万元、因违反相关规定被市场监督管理部门处以罚款10万元。

（6）投资收益中含国债利息收入10万元；从境外A国子公司分回税后收益32万元，A国政府规定的所得税税率为20%；从境外B国子公司分回税后投资收益25万元，B国政府规定的所得税税率为10%。甲公司选择"分国（地区）不分项"的方法来计算其来源于境外的应纳税所得额。

（7）已计入成本、费用中的全年实发合理的工资总额为400万元，实际拨缴工会经费6万元，发生职工福利费60万元、职工教育经费15万元。

要求：

（1）计算甲公司本年度准予在税前扣除的业务招待费金额。

（2）计算甲公司本年度准予在税前扣除的广告费和业务宣传费金额。

（3）计算甲公司本年度准予在税前扣除的利息费用。

（4）计算甲公司本年度准予在税前扣除的营业外支出金额。

（5）甲公司本年度计算应纳税所得额时，工资总额、工会经费、职工福利费和职工教育经费应调整应纳税所得额的金额。

（6）计算甲公司本年度境内应纳税所得额。

（7）计算甲公司本年度境外所得应在我国补缴的企业所得税。

（8）计算甲公司本年度应补（退）的企业所得税税额。

2.甲设备生产企业（简称"甲公司"），是一家居民企业，为增值税一般纳税人，本年主营业务收入为5 000万元，其他业务收入为1 200万元，营业外收入为500万元，主营业务成本为3 000万元，其他业务成本为1 000万元，营业外支出为300万元，税金及附加为260万元，销售费用为1 200万元，管理费用为800万元，财务费用为120万元，投资收益为1 000万元。当年发生的部分具体业务如下：

（1）将1台自产的设备通过市政府捐赠给受灾地区。"营业外支出"中已经列支该设备的成本及对应的销项税额合计83万元。该设备市场不含税售价为100万元，成本为70万元。

（2）当年合理据实发放的职工工资为680万元（其中包括残疾人员工资60万元），发生职工福利费100万元，拨缴工会经费20万元并取得专用收据，发生职工教育经费支出50万元。

（3）发生广告费和业务宣传费支出900万元、业务招待费支出260万元、新产品研发费用支出80万元（未形成无形资产计入当期损益）。

（4）年初从关联企业（非金融企业）借款1 100万元，支付全年的利息费用90万元，已知关联企业对甲公司的权益性投资额为500万元，金融企业同期同类贷款年利率为5.8%。

（5）取得国债利息收入100万元、企业债券利息收入80万元。

（6）因违反经济合同向乙企业支付违约金10万元，支付给交通管理部门罚款20万元，均已在"营业外支出"中列支。

（7）甲公司购置并实际使用了相关优惠目录规定的安全生产专用设备，设备购置价款为500万元，进项税额65万元已作进项税额抵扣。

已知：甲公司适用的所得税税率为25%。

要求：计算下列问题（单位为万元，结果保留两位小数）：

（1）业务（1）中甲公司应调整的应纳税所得额；

（2）业务（2）中甲公司应调整的应纳税所得额；

（3）业务（3）中甲公司应调整的应纳税所得额；

（4）业务（4）中甲公司应调整的应纳税所得额；

（5）业务（5）中甲公司应调整的应纳税所得额；

（6）业务（6）中甲公司应调整的应纳税所得额；

（7）甲公司本年的应纳企业所得税。

项目五　个人所得税法

职业能力目标

（1）能理解个人所得税的基本原理。

（2）会界定个人所得税纳税人，会判断哪些业务应当缴纳个人所得税，会选择个人所得税适用税率，能充分运用个人所得税优惠政策。

（3）能根据相关业务资料计算工资薪金所得、劳务报酬所得、稿酬所得、特许权使用费所得（统称为综合所得）的应纳税额，经营所得的应纳税额，财产租赁所得的应纳税额，财产转让所得的应纳税额，利息、股息、红利所得的应纳税额，所得的应纳税额以及个人所得税几种特殊情况的应纳税额。

（4）能确定个人所得税的纳税义务发生时间、纳税期限和纳税地点。

税收格言

作为公民，你有义务纳税，同时你也必须了解你作为纳税人的权利。

——唐纳德·C.亚历山大

素养提升

视频

美好时代

➤ **项目引例——个人所得税的计算** ◀

中国居民个人王某就职于国内A上市公司，本年度收入情况如下：

（1）每月取得A上市公司支付的税前工资薪金收入为16 000元。

（2）3月，出版小说一部，取得中国境内B出版社支付的税前稿酬收入5 000元。

（3）9月，为C公司提供咨询服务，取得税前劳务报酬收入48 000元。

（4）10月，拍卖给D公司一幅名人书法作品，取得税前收入35万元。经税务机关确认，所拍卖的书法作品原值及相关费用为25万元。

（5）11月，在中国境内E商场取得按消费积分反馈的价值1 500元的礼品，同时参加E商场举行的抽奖活动，抽中价值1 999元的奖品。

（6）12月，转让上年度1月购入的境内某上市公司股票，扣除印花税和交易手续费等，净盈利5 320.56元。同时因持有该上市公司的股票取得公司分配的上年度红利2 000元。

王某本年专项扣除、专项附加扣除和依法确定的其他扣除合计40 000元。

★**任务要求**

1.计算王某本年综合所得应当缴纳的个人所得税。

2.计算王某本年10月书法作品拍卖所得应缴纳的个人所得税。

3.计算王某本年11月取得商场按消费积分反馈礼品和抽奖所获奖品应缴纳的个人所得税。

4.计算王某本年12月销售股票净盈利和取得的股票红利共应缴纳的个人所得税。

▶**项目引例解析** 见本项目的任务六。

任务一　　个人所得税的基本原理认知

一、个人所得税的含义

个人所得税是对个人取得的各项应税所得征收的一种所得税。

🍃**点睛** 个人所得税是政府利用税收对个人收入进行调节的一种手段。

个人所得税是世界各国普遍开征的一个税种，很多国家个人所得税在全部税收收入中所占比重超过了其他税种，成为政府重要的财政收入。

二、个人所得税的发展

为了适应改革开放形势下对外经济往来、对外经济技术文化交流和合作的需要，同时为了维护国家的税收权益和保障外籍人员的合法权益，1980年9月10日，第五届全国人民代表大会第三次会议审议通过了《中华人民共和国个人所得税法》，并同时公布实施。同年12月14日，经国务院批准，财政部公布了《中华人民共和国个人所得税法施行细则》。该税法主要是针对来华工作的外籍人员设计的。

1986年和1987年，国务院根据经济改革与发展，以及调节个人收入分配的需要，分别发布了《中华人民共和国城乡个体工商业户所得税暂行条例》和《中华人民共和国个人收入调节税暂行条例》。这样，我国对个人所得的课税制度即形成了个人所得税、城乡个体工商业户所得税和个人收入调节税等三税并存的格局，在当时的经济条件下，对促进经济的发展、调节个人收入等方面起到了积极的作用。但是，随着社会政治、经济形势的发展，这些税收法律、法规逐渐暴露出一些矛盾和问题。

为了规范和完善对个人所得的课税制度，适应建立社会主义市场经济体制的需要，1993年10月31日，第八届全国人民代表大会常务委员会第四次会议通过了《关于修改〈中华人民共和国个人所得税法〉的决定》，同时公布了修订后的《中华人民共和国个人所得税法》，并于1994年1月1日起施行。1994年1月28日，国务院第142号令发布《中华人民共和国个人所得税法实施条例》。1999年8月30日，第九届全国人民代表大会常务委员会第十一次会议通过了第二次修订的《中华人民共和国个人所得税法》，并根据2005年10月27日第十届全国人民代表大会常务委员会第十八次会议《关于修改〈中华人民共和国个人所得税法〉的决定》进行了第三次修订，根据2007年6月29日第十届全国人民代表大会常务委员会第二十八次会议《关于修改〈中华人民共和国个人所得税法〉的决定》进行了第四次修订，根据2007年12月29日第十届全国人民代表大会常务委员会第三十一次会议《关于修改〈中华人民共和国个人所得税法〉的决定》进行了第五次修订，根据2011年6月30日第十一届全国人民代表大会常务委员会第二十一次会议《关于修改〈中华人民共和国个人所得税法〉的决定》进行了第六次修订，根据2018年8月31日第十三届全国人民代表大会常务委员会第五次会议《关于修改〈中华人民共和国个人所得税法〉的决定》进行了第七次修订。相应地，国务院对《中华人民共和国个人所得税法实施条例》进行了四次修订。

2000年9月，财政部、国家税务总局根据《国务院关于个人独资企业和合伙企业征收所得税问题的通知》有关"对个人独资企业和合伙企业停止征收企业所得税，只对其投资者的生产经营所得征收个人所得税"的规定，制定了《关于个人独资企业和合伙企业投资者征收个人所得税的规定》（以下简称《规定》）。《规定》明确从2000年1月1日起，个人独资企业和合伙企业投资者将依法缴纳个人所得税。

现行个人所得税法律制度的基本规范，是2018年8月31日由第十三届全国人民代表大会常务委员会第五次会议修订通过，自2019年1月1日起施行的《中华人民共和国个人所得税法》（以下简称《个人所得税法》），以及2018年12月18日中华人民共和国国务院令第707号第四次修订，自2019年1月1日起施行的《中华人民共和国个人所得税法实施条例》（以下简称《个人所得税法实施条例》）。

三、个人所得税的征收模式

一般说来，个人所得税的征收模式有三种：分类征收制、综合征收制和混合征收制。分类征收制，就是将纳税人不同来源、不同性质的所得项目，分别规定不同的税率进行征税；综合征收制，是对纳税人全年的各项所得加以汇总，就其总额进行征税；混合征收制，是对纳税人不同来源、性质的所得先分别按照不同的税率进行征税，然后将全年的各项所得进行汇总征税。三种不同的征收模式各有其优缺点。对于分类征收制而言，其优点是对纳税人全部所得区分性质进行区别征税，能够体现国家的政治、经济与社会政策。其缺点是对纳税人整体所得把握得不一定全面，容易导致实际税负的不公平。对于综合征收制而言，可以对纳税人的全部所得都进行征税，从收入的角度体现税收公平的原则，但它不利于针对不同收入进行调节，不利于体现国家的有关社会、经济政策。对于混合征收制而言，集中了前面两种征收模式的优点，既可实现税收的政策性调节功能，又可体现税收的公平原则。

自2019年1月1日起，我国采用的是综合与分类相结合的个人所得税征收模式。

四、个人所得税的特点

我国个人所得税具有以下特点：❶采用综合与分类相结合的个人所得税征收模式；❷超额累进税率与比例税率并用；❸费用扣除额较宽；❹采取源泉扣缴和自行申报纳税。

任务二　个人所得税纳税人和扣缴义务人的确定

一、个人所得税的纳税人

在我国，依据住所和居住时间两个标准，将个人所得税的纳税人分为居民个人和非居民个人两大类，各自承担不同的纳税义务。个人所得税的纳税人具体包括中国公民（含香港、澳门、台湾同胞）、个体工商户、个人独资企业投资者和合伙企业自然人合伙人等。

（一）居民个人

在中国境内有住所，或者无住所而一个纳税年度内在中国境内居住累计满183天的个人，为居民个人。居民个人从中国境内和境外取得的所得，依照个人所得税法的规定缴纳个人所得税。

> **提示** 在中国境内有住所，是指因户籍、家庭、经济利益关系而在中国境内习惯性居住；从中国境内和境外取得的所得，分别是指来源于中国境内的所得和来源于中国境外的所得。

知识答疑5-1 中国税收居民身份证明在哪里申请？

（二）非居民个人

在中国境内无住所又不居住，或者无住所而一个纳税年度内在中国境内居住累计不满183天的个人，为非居民个人。非居民个人从中国境内取得的所得，依照个人所得税法的规定缴纳个人所得税。

> **点睛** 上述纳税年度，自公历1月1日起至12月31日止。

> **提示** 在中国境内无住所的个人，在中国境内居住累计满183天的年度连续不满六年的，经向主管税务机关备案，其来源于中国境外且由境外单位或者个人支付的所得，免予缴纳个人所得税；在中国境内居住累计满183天的任一年度中有一次离境超过30天的，其在中国境内居住累计满183天的年度的连续年限重新起算。

> **提示** 在中国境内无住所的个人，在一个纳税年度内在中国境内居住累计不超过90天的，其来源于中国境内的所得，由境外雇主支付并且不由该雇主在中国境内的机构、场所负担的部分，免予缴纳个人所得税。

> **提示** 在中国境内无住所的个人（无住所个人）居住时间的判定标准规定如下：无住所个人一个纳税年度在中国境内累计居住满183天的，如果此前六年在中国境内每年累计居住天数都满183天而且没有任何一年单次离境超过30天，该纳税年度来源于中国境内、境外的所得应当缴纳个人所得税；如果此前六年的任何一年在中国境内累计居住天数不满183天或者单次离境超过30天，该纳税年度来源于中国境外且由境外单位或者个人支付的所得，免予缴纳个人所得税。这里的"此前六年"，是指该纳税年度的前一年至前六年的连续六个年度，此前六年的起始年度自2019年（含）以后年度开始计算。无住所个人一个纳税年度内在中国境内累计居住天数，按照个人在中国境内累计停留的天数计算。在中国境内停留的当天满24小时的，计入中国境内居住天数，在中国境内停留的当天不足24小时的，不计入中国境内居住天数。

二、个人所得税的扣缴义务人

我国实行个人所得税代扣代缴和个人自行申报纳税相结合的征收管理制度。个人所得税采取代扣代缴办法，有利于控制税源，保证税收收入，简化征纳手续，加强个人所得税管理。税法规定，个人所得税以支付所得的单位或者个人为扣缴义务人。纳税人有中国公民身份号码的，以中国公民身份号码为纳税人识别号；纳税人没有中国公民身份号码的，由税务机关赋予其纳税人识别号。扣缴义务人扣缴税款时，纳税人应当向扣缴义务人提供纳税人识别号。扣缴义务人应当按照国家规定办理全员全额扣缴申报，并向纳税人提供其个人所得和已扣缴税款等信息。扣缴义务人在向纳税人支付各项应纳税所得时，必须履行代扣代缴税款的义务。

> **点睛** 扣缴义务人对纳税人的应扣未扣税款应由纳税人予以补缴。

> **提示** 对扣缴义务人按照所扣缴的税款，税务机关应付给2%的手续费。

任务三　个人所得税征税对象的确定

任务引例

我公司刚成立时，在与员工签订的合同中明确约定，若员工在单位工作满10年，单位即赠与该员工一套住房。请问员工的受赠房产应当如何缴纳个人所得税？

个人所得税的征税对象是个人取得的应税所得。个人所得的形式，包括现金、实物、有价证券和其他形式的经济利益。所得为实物的，应当按照取得的凭证上所注明的价格计算应纳税所得额；无凭证的实物或者凭证上所注明的价格明显偏低的，参照市场价格核定应纳税所得额。所得为有价证券的，根据票面价格和市场价格核定应纳税所得额。所得为其他形式的经济利益的，参照市场价格核定应纳税所得额。

下列各项个人所得，应当缴纳个人所得税：（1）工资薪金所得；（2）劳务报酬所得；（3）稿酬所得；（4）特许权使用费所得；（5）经营所得；（6）利息、股息、红利所得；（7）财产租赁所得；（8）财产转让所得；（9）偶然所得。

一、工资薪金所得

工资薪金所得，是指个人因"任职或者受雇"而取得的工资、薪金、奖金、年终加薪、劳动分红、津贴、补贴以及与任职或者受雇有关的其他所得。

"年终加薪、劳动分红"不分种类和取得情况，一律按"工资薪金所得"项目征税。

不属于工资薪金性质的"补贴、津贴"，不征收个人所得税，具体包括：❶独生子女补贴；❷执行公务员工资制度未纳入基本工资总额的补贴、津贴差额和家属成员的副食补贴；❸托儿补助费；❹差旅费津贴、误餐补助。

退休人员再任职取得的收入，在减除按税法规定的费用扣除标准后，按"工资薪金所得"项目缴纳个人所得税。

离退休人员按规定领取离退休工资或养老金外，另从原任职单位取得的各类补贴、奖金、实物，不属于免税项目，应按"工资薪金所得"项目的规定缴纳个人所得税。

在商品营销活动中，企业对营销业绩突出的雇员以培训班、研讨会、工作考察等名义组织旅游活动，通过免收差旅费、旅游费对个人实行的营销业绩奖励（包括实物、有价证券等），应根据所发生费用的金额并入营销人员当期的工资薪金所得，按照"工资薪金所得"项目征收个人所得税。

任务引例解析

根据《个人所得税法实施条例》（国务院令第707号）第六条的规定，工资薪金所得，是指个人因任职或者受雇而取得的工资、薪金、奖金、年终加薪、劳动分红、津贴、补贴以及与任职或者受雇有关的其他所得。员工在单位工作满10年获赠的住房，属于与任职或者受雇有关的其他所得，应当按照"工资薪金所得"项目缴纳个人所得税。

知识答疑5-2　企业为员工购买的团体人身意外险是否需要扣缴个人所得税？

实务答疑5-1 我公司发放给职工的夏季清凉饮料费是否按规定代扣代缴员工的个人所得税?

二、劳务报酬所得

劳务报酬所得是指个人从事劳务取得的所得,包括从事设计、装潢、安装、制图、化验、测试、医疗、法律、会计、咨询、讲学、翻译、审稿、书画、雕刻、影视、录音、录像、演出、表演、广告、展览、技术服务、介绍服务、经纪服务、代办服务以及其他劳务取得的所得。

个人担任董事职务所取得的董事费收入,属于劳务报酬性质,按"劳务报酬所得"项目征税。

上述各项所得一般属于个人独立从事自由职业取得的所得或属于独立个人劳动所得。

知识答疑5-3 工资薪金所得与劳务报酬所得的区别是什么?

在校学生因参与勤工俭学活动(包括参与学校组织的勤工俭学活动)而取得属于《个人所得税法》规定的应税所得项目的所得,应依法缴纳个人所得税。

对商品营销活动中,企业和单位对营销业绩突出的非雇员以培训班、研讨会、工作考察等名义组织旅游活动,通过免收差旅费、旅游费对个人实行的营销业绩奖励(包括实物、有价证券等),应根据所发生费用的全额作为该营销人员当期的劳务收入,按照"劳务报酬所得"项目征收个人所得税,并由提供上述费用的企业和单位代扣代缴。

实务答疑5-2 我是一名高校学生,毕业前到企业参加实习取得了报酬,请问需要缴纳个人所得税吗?

三、稿酬所得

稿酬所得,是指个人因其作品以图书、报刊等形式出版、发表而取得的所得。作品包括文学作品、书画作品、摄影作品,以及其他作品。作者去世后,财产继承人取得的遗作稿酬,也应征收个人所得税。

四、特许权使用费所得

特许权使用费所得是指个人提供专利权、商标权、著作权、非专利技术以及其他特许权的"使用权"取得的所得。提供著作权的使用权取得的所得,不包括稿酬所得。

作者将自己的文字作品手稿原件或复印件拍卖取得的所得,应按"特许权使用费所得"项目征收个人所得税。

个人取得特许权的经济赔偿收入,应按"特许权使用费所得"项目缴纳个人所得税,税款由支付赔偿的单位或个人代扣代缴。

从2005年5月1日起,编剧从电视剧的制作单位取得的剧本使用费,不再区分剧本的使用方是否为其任职单位,统一按"特许权使用费所得"项目征收个人所得税。

提示　个人转让专利权、商标权、著作权、非专利技术以及其他特许权的"使用权"取得的所得，按照"特许权使用费所得"项目缴纳个人所得税。根据12366北京中心的答复，个人转让专利权、商标权、著作权、非专利技术的"所有权"取得的所得，按照"财产转让所得"项目缴纳个人所得税。但全国会计专业技术资格考试《经济法基础》教材认为：个人转让专利权、商标权、著作权、非专利技术的所有权取得的所得，按照特许权使用费所得缴纳个人所得税。实务中，个人转让专利权、商标权、著作权、非专利技术的所有权取得的所得，具体按哪个项目缴纳个人所得税需要咨询当地税务机关。

五、经营所得

经营所得，是指：❶个体工商户从事生产、经营活动取得的所得，个人独资企业投资人、合伙企业的个人合伙人来源于境内注册的个人独资企业、合伙企业生产、经营的所得；❷个人依法从事办学、医疗、咨询以及其他有偿服务活动取得的所得；❸个人对企业、事业单位承包经营、承租经营以及转包、转租取得的所得；❹个人从事其他生产、经营活动取得的所得。

个体工商户、个人独资企业和合伙企业或个人从事种植业、养殖业、饲养业、捕捞业取得的所得，暂不征收个人所得税。

个体工商户和从事生产经营的个人，取得与生产、经营活动无关的其他各项应税所得，应分别按照有关规定，计算征收个人所得税。

出租车归属为个人的，属于"经营所得"，包括：从事个体出租车运营的出租车驾驶员取得的收入；出租车属个人所有，但挂靠出租汽车经营单位或企事业单位，驾驶员向挂靠单位缴纳管理费的；或出租汽车经营单位将出租车所有权转移给驾驶员的，出租车驾驶员从事客货运营取得的收入。

出租汽车经营单位对出租车驾驶员采取单车承包或承租方式运营，出租车驾驶员从事客运取得的收入，按"工资薪金所得"项目征税。

实务答疑5-3　我单位为一合伙企业，本单位为其股东张某购买房屋是否需要缴纳个人所得税？

六、财产租赁所得

财产租赁所得是指个人出租不动产、机器设备、车船以及其他财产取得的所得。

实务答疑5-4　甲房地产开发企业在出售商铺时与购买者个人签订协议，按优惠20%后的价格出售商铺，但购买者在3年期限内必须将购买的房屋无偿提供给房地产开发企业对外出租经营。这种情况下，购房者个人是否需要缴纳个人所得税？

七、财产转让所得

财产转让所得是指个人转让有价证券、股权、合伙企业中的财产份额、不动产、机器设备、车船以及其他财产取得的所得。从1997年1月1日起，对个人转让上市公司股票取得的所得继续暂免征收个人所得税，但从2010年1月1日起，对个人转让上市公司限售股征收个人所得税。转让境外上市公司股票所得按照"财产转让所得"缴纳个人所得税。

提示　个人以非货币性资产投资，属于个人转让非货币性资产和投资同时发生。对个人转让非货币性资产的所得，应按照"财产转让所得"项目，依法计算缴纳个人所得税。

知识答疑5-4 个人当初以无形资产投资，现撤资取回该无形资产，个人所得税应如何缴纳？

八、利息、股息、红利所得

利息、股息、红利所得，是指个人拥有债权、股权等而取得的利息、股息、红利所得。

个人取得国债利息、国家发行的金融债券利息、教育储蓄存款利息，均免征个人所得税。

储蓄存款在1999年10月31日前孳生的利息，不征收个人所得税；储蓄存款在1999年11月1日至2007年8月14日孳生的利息，按照20%的税率征收个人所得税；储蓄存款在2007年8月15日至2008年10月8日孳生的利息，按照5%的税率征收个人所得税；储蓄存款在2008年10月9日后（含10月9日）孳生的利息，暂免征收个人所得税。

自2015年9月8日起，个人从公开发行和转让市场取得的上市公司股票，持股期限超过1年的，股息红利所得暂免征收个人所得税。个人从公开发行和转让市场取得的上市公司股票，持股期限在1个月以内（含1个月）的，其股息红利所得全额计入应纳税所得额；持股期限在1个月以上至1年（含1年）的，暂减按50%计入应纳税所得额；上述所得统一适用20%的税率计征个人所得税。

九、偶然所得

偶然所得是指个人得奖、中奖、中彩以及其他偶然性质的所得。

企业对累积消费达到一定额度的顾客，给予额外抽奖机会，个人的获奖所得，按照"偶然所得"项目，全额适用20%的税率缴纳个人所得税。

个人取得单张有奖发票奖金所得超过800元的，应全额按照"偶然所得"项目征收个人所得税。税务机关或其指定的有奖发票兑奖机构，是有奖发票奖金所得个人所得税的扣缴义务人。

提示 个人取得的所得，难以界定应纳税所得项目的，由国务院税务主管部门确定。

实务答疑5-5 我公司在业务招待费中的发放给客户的礼品，该客户是否需要计算缴纳个人所得税？

任务四 个人所得税税率的判定

一、工资薪金所得、劳务报酬所得、稿酬所得、特许权使用费所得个人所得税的预扣率（预扣预缴）

1.居民个人工资薪金所得预扣预缴个人所得税的预扣率

居民个人工资薪金所得预扣预缴个人所得税的预扣率见表5-1。

2.居民个人劳务报酬所得预扣预缴个人所得税的预扣率

居民个人劳务报酬所得预扣预缴个人所得税的预扣率见表5-2。

表5-1　　　　　　　居民个人工资薪金所得预扣预缴个人所得税的预扣率表

级数	累计预扣预缴应纳税所得额	预扣率（%）	速算扣除数（元）
1	不超过36 000元的部分	3	0
2	超过36 000元至144 000元的部分	10	2 520
3	超过144 000元至300 000元的部分	20	16 920
4	超过300 000元至420 000元的部分	25	31 920
5	超过420 000元至660 000元的部分	30	52 920
6	超过660 000元至960 000元的部分	35	85 920
7	超过960 000元的部分	45	181 920

表5-2　　　　居民个人劳务报酬所得预扣预缴个人所得税的预扣率表

级数	预扣预缴应纳税所得额	预扣率（%）	速算扣除数（元）
1	不超过20 000元的部分	20	0
2	超过20 000元至50 000元的部分	30	2 000
3	超过50 000元的部分	40	7 000

3.居民个人稿酬所得、特许权使用费所得预扣预缴个人所得税的预扣率

居民个人稿酬所得、特许权使用费所得适用20%的比例预扣率。

二、工资薪金所得、劳务报酬所得、稿酬所得、特许权使用费所得个人所得税的适用税率（非预扣预缴）

1.居民个人综合所得个人所得税的适用税率（按年汇算清缴）

工资薪金所得、劳务报酬所得、稿酬所得、特许权使用费所得统称为综合所得。综合所得适用3%至45%的超额累进税率。居民个人综合所得个人所得税的税率表（按年）见表5-3。

表5-3　　　　　　　综合所得适用的个人所得税税率表（按年）

级数	全年应纳税所得额	税率（%）	速算扣除数（元）
1	不超过36 000元的部分	3	0
2	超过36 000元至144 000元的部分	10	2 520
3	超过144 000元至300 000元的部分	20	16 920
4	超过300 000元至420 000元的部分	25	31 920
5	超过420 000元至660 000元的部分	30	52 920
6	超过660 000元至960 000元的部分	35	85 920
7	超过960 000元的部分	45	181 920

（注：表5-3所称全年应纳税所得额是指依照个人所得税法第六条的规定，居民个人取得综合所得以每一纳税年度收入额减除费用60 000元以及专项扣除、专项附加扣除和依法确定的其他扣除后的余额）

2.非居民个人工资薪金所得、劳务报酬所得、稿酬所得、特许权使用费所得个人所得税的适用税率

非居民个人工资薪金所得、劳务报酬所得、稿酬所得、特许权使用费所得个人所得税的适用税率（与"按月换算后的综合所得税率表"一样）见表5-4[①]（依照表5-3按月换算后）。

表5-4   **非居民个人工资薪金所得、劳务报酬所得、稿酬所得、**
特许权使用费所得个人所得税的税率表

级数	应纳税所得额	税率（%）	速算扣除数（元）
1	不超过3 000元的部分	3	0
2	超过3 000元至12 000元的部分	10	210
3	超过12 000元至25 000元的部分	20	1 410
4	超过25 000元至35 000元的部分	25	2 660
5	超过35 000元至55 000元的部分	30	4 410
6	超过55 000元至80 000元的部分	35	7 160
7	超过80 000元的部分	45	15 160

三、经营所得的适用税率

经营所得，适用5%至35%的超额累进税率。经营所得适用的个人所得税税率见表5-5。

表5-5   **经营所得适用的个人所得税税率表**

级数	全年应纳税所得额	税率（%）	速算扣除数（元）
1	不超过30 000元的部分	5	0
2	超过30 000元至90 000元的部分	10	1 500
3	超过90 000元至300 000元的部分	20	10 500
4	超过300 000元至500 000元的部分	30	40 500
5	超过500 000元的部分	35	65 500

四、财产租赁所得，财产转让所得，利息、股息、红利所得和偶然所得的适用税率

财产租赁所得，财产转让所得，利息、股息、红利所得和偶然所得，适用比例税率，税率为20%。

提示　为了配合国家住房制度改革，支持住房租赁市场的健康发展，从2008年3月1日起，对个人出租住房取得的所得暂减按10%的税率征收个人所得税。

---

① 居民个人取得全年一次性奖金，在2023年12月31日前，可以选择不并入当年综合所得，以全年一次性奖金收入除以12个月得到的数额，按照按月换算后的综合所得税率表（简称月度税率表）（见表5-4），确定适用税率和速算扣除数，单独计算纳税。

任务五　　　　个人所得税优惠政策的运用

一、个人所得税的法定免税项目

（1）省级人民政府、国务院部委和中国人民解放军军以上单位，以及外国组织、国际组织颁发的科学、教育、技术、文化、卫生、体育、环境保护等方面的奖金。

提示　"省政府"给奥运会冠军颁发的体育奖金免税；"县政府"给奥运会冠军颁发的体育奖金仍需缴纳个人所得税。

知识答疑5-5　个人获得市级专利奖是否需要缴纳个人所得税？

（2）国债和国家发行的金融债券的利息。

（3）按照"国家统一规定"发给的补贴、津贴（如政府特殊津贴、院士津贴、资深院士津贴）。

（4）福利费、抚恤金、救济金。

点睛　福利费是指根据国家有关规定，从企业、事业单位、国家机关、社会团体提留的福利费或者从工会经费中支付给个人的生活补助费；抚恤金是指国家或组织发给因公受伤或残疾的人员或因公牺牲以及病故人员的家属的费用；救济金是指国家民政部门支付给个人的生活困难补助费。

（5）保险赔款。

（6）军人的转业费、复员费、退役金。

（7）按照国家统一规定发给干部、职工的安家费、退职费、基本养老金或者退休费、离休费、离休生活补助费。

（8）依照有关法律规定应予免税的各国驻华使馆、领事馆的外交代表、领事官员和其他人员的所得。

（9）中国政府参加的国际公约、签订的协议中规定免税的所得。

（10）国务院规定的其他免税所得。

二、个人所得税的法定减税项目

有下列情形之一的，可以减征个人所得税，具体幅度和期限，由省、自治区、直辖市人民政府规定，并报同级人民代表大会常务委员会备案：

（1）残疾、孤老人员和烈属的所得。

提示　对残疾人个人取得的"劳动所得"才能适用减税规定，具体所得项目为：工资薪金所得、劳务报酬所得、稿酬所得、特许权使用费所得和经营所得。

（2）因自然灾害遭受重大损失的。

国务院可以规定其他减税情形，报全国人民代表大会常务委员会备案。

三、个人所得税的其他免税和暂免征税项目

（1）外籍个人以非现金形式或实报实销形式取得的住房补贴、伙食补贴、搬迁费、洗衣费。

（2）外籍个人按合理标准取得的境内、境外出差补贴。

（3）外籍个人取得的语言训练费、子女教育费等，经当地税务机关审核批准为合理的部分。

🌱提示　2019年1月1日至2023年12月31日期间，外籍个人符合居民个人条件的，可以选择享受个人所得税专项附加扣除，也可以选择按照相关法律文件规定，享受住房补贴、语言训练费、子女教育费等津补贴免税优惠政策，但不得同时享受。外籍个人一经选择，在一个纳税年度内不得变更。

（4）外籍个人从外商投资企业取得的股息、红利所得。

（5）个人举报、协查各种违法、犯罪行为而获得的奖金。

（6）个人转让自用达5年以上，并且是家庭唯一生活用房取得的所得。

（7）对个人购买福利彩票、赈灾彩票、体育彩票，一次中奖收入在1万元以下的（含1万元），暂免征收个人所得税；超过1万元的，全额征收个人所得税。

（8）达到离休、退休年龄，但确因工作需要，适当延长离休、退休年龄的高级专家（指享受国家发放的政府特殊津贴的专家、学者），其在延长离休、退休期间的工资薪金所得，视同离休、退休工资。

（9）对国有企业职工，因企业依法被宣告破产，从破产企业取得的一次性安置费收入。

（10）职工与用人单位解除劳动关系取得的一次性补偿收入（包括用人单位发放的经济补偿金、生活补助费和其他补助费用），在当地上年职工年平均工资3倍数额以内的部分，可免征个人所得税；超过该标准的一次性补偿收入，应按照国家有关规定征收个人所得税。

（11）城镇企业、事业单位及其职工个人按照《失业保险条例》规定的比例，实际缴付的失业保险费，均不计入职工个人当期的工资薪金收入，免予征收个人所得税。城镇企业、事业单位和职工个人超过上述规定的比例缴付失业保险费的，将其超过规定比例缴付的部分计入职工个人当期的工资薪金收入，依法计征个人所得税。

（12）企业和个人按照国家或地方政府规定的比例，提取并向指定金融机构实际缴付的住房公积金、医疗保险金、基本养老保险金。

（13）个人领取原提存的住房公积金、医疗保险金、基本养老保险金，以及具备《失业保险条例》中规定条件的失业人员领取的失业保险金。

（14）个人取得的教育储蓄存款利息所得和按照国家或省级人民政府规定的比例缴付的住房公积金、医疗保险金、基本养老保险金、失业保险金存入银行个人账户所取得的利息所得。

（15）自2008年10月9日（含）起，对储蓄存款利息所得暂免征收个人所得税。

（16）个体工商户、个人独资企业和合伙企业或个人从事种植业、养殖业、饲养业、捕捞业取得的所得。

（17）企业在销售商品（产品）和提供服务的过程中向个人赠送礼品，属于下列情形之一的，不征收个人所得税：

❶企业通过价格折扣、折让方式向个人销售商品（产品）和提供服务；

❷企业在向个人销售商品（产品）和提供服务的同时给予赠品，如通信企业对个人购买手机赠话费、入网费，或者购话费赠手机等；

❸企业对累积消费达到一定额度的个人按消费积分反馈礼品。

（18）个人在上海、深圳证券交易所转让从上市公司公开发行和转让市场取得的股票，转让所得暂不征收个人所得税。

（19）自2018年11月1日（含）起，对个人转让全国中小企业股份转让系统（新三板）挂牌公司非原始股取得的所得，暂免征收个人所得税。非原始股是指个人在新三板挂牌公司挂牌后取得的股票，以及由上述股票孳生的送、转股。

（20）自2019年7月1日至2024年6月30日，个人持有全国中小企业股份转让系统挂牌公司的股票，持股期限超过1年的，对股息红利所得暂免征收个人所得税。

（21）对被拆迁人按照国家有关城镇房屋拆迁管理办法规定的标准取得的拆迁补偿款。

（22）自2019年1月1日至2023年12月31日，一个纳税年度内在船航行时间累计满183天的远洋船员，其取得的工资薪金收入减按50%计入应纳税所得额，依法缴纳个人所得税。

远洋船员是指在海事管理部门依法登记注册的国际航行船舶船员和在渔业管理部门依法登记注册的远洋渔业船员。

在船航行时间是指远洋船员在国际航行或作业船舶和远洋渔业船舶上的工作天数。一个纳税年度内的在船航行时间为一个纳税年度内在船航行时间的累计天数。

🔰提示　远洋船员可选择在当年预扣预缴税款或者次年个人所得税汇算清缴时享受上述优惠政策。

（23）自2019年1月1日起至2023年12月31日，广东省、深圳市按内地与香港个人所得税税负差额，对在大湾区工作的境外（含港澳台，下同）高端人才和紧缺人才给予补贴，该补贴免征个人所得税。

在大湾区工作的境外高端人才和紧缺人才的认定和补贴办法，按照广东省、深圳市的有关规定执行。其适用范围包括广东省广州市、深圳市、珠海市、佛山市、惠州市、东莞市、中山市、江门市和肇庆市等大湾区珠三角九市。

（24）自2020年1月1日至2024年12月31日，对在海南自由贸易港工作的高端人才和紧缺人才，其个人所得税实际税负超过15%的部分，予以免征。

🔰提示　享受上述优惠政策的所得包括来源于海南自由贸易港的综合所得（包括工资薪金、劳务报酬、稿酬、特许权使用费四项所得）、经营所得以及经海南省认定的人才补贴性所得。

🔰提示　纳税人在海南省办理个人所得税年度汇算清缴时享受上述优惠政策。

🔰提示　对享受上述优惠政策的高端人才和紧缺人才实行清单管理，由海南省商财政部、税务总局制定具体管理办法。

（25）自2021年1月1日起至2022年12月31日，对个体工商户经营所得年应纳税所得额不超过100万元的部分，在现行优惠政策基础上，再减半征收个人所得税。个体工商户不区分征收方式，均可享受。自2023年1月1日起至2024年12月31日，该政策继续执行。

（26）自2022年1月1日起，对法律援助人员按照《中华人民共和国法律援助法》规定获得的法律援助补贴，免征增值税和个人所得税。法律援助机构向法律援助人员支付法律援助补贴时，应当为获得补贴的法律援助人员办理个人所得税劳务报酬所得免税申报。

（27）自2022年10月1日至2023年12月31日，对出售自有住房并在现住房出售后1年内在市场重新购买住房的纳税人，对其出售现住房已缴纳的个人所得税予以退税优惠。其中，新购住房金额大于或等于现住房转让金额的，全部退还已缴纳的个人所得税；新购住房金额小于现住房转让金额的，按新购住房金额占现住房转让金额的比例退还出售现住房已缴纳的个人所得税。享受上述规定优惠政策的纳税人须同时满足以下条件：❶纳税人出售和重新购买的住房应在同一城市范围内。同一城市范围是指同一直辖市、副省级城市、地级市（地区、州、盟）所辖全部行政区划范围。❷出售自有住房的纳税人与新购住房之间须直接相关，应为新购住房产权人或产权人之一。另外，对于出售多人共有住房或新购住房为多人共有的，应按照纳税人所占产权份额确定该纳税人现住房转让金额或新购住房金额。

（28）自2022年1月1日起，对个人养老金实施递延纳税优惠政策。在缴费环节，个人向个人养老金资金账户的缴费，按照12 000元/年的限额标准，在综合所得或经营所得中据实扣除；在投资环节，计入个人养老金资金账户的投资收益暂不征收个人所得税；在领取环节，个人领取的个人养老金，不并入综合所得，单独按照3%的税率计算缴纳个人所得税，其缴纳的税款记入"工资薪金所得"项目。个人缴费享受税前扣除优惠时，以个人养老金信息管理服务平台出具的扣除凭证为扣税凭据。取得工资薪金所得、按累计预扣法预扣预缴个人所得税劳务报酬所得的，其缴费可以选择在当年预扣预缴或次年汇算清缴时在限额标准内据实扣除。选择在当年预扣预缴的，应及时将相关凭证提供给扣缴单位。扣缴单位应按照本公告有关要求，为纳税人办理税前扣除有关事项。取得其他劳务报酬、稿酬、特许权使用费等所得或经营所得的，其缴费在次年汇算清缴时在限额标准内据实扣除。个人按规定领取个人养老金时，由开立个人养老金资金账户所在市的商业银行机构代扣代缴其应缴的个人所得税。

任务六　个人所得税应纳税额的计算

任务引例

我公司单位员工因为着装不符合单位要求，被公司处以一定罚款（罚款从工资中扣除），罚款是否要并入实际收入中缴纳个人所得税？

一、居民个人综合所得预扣预缴个人所得税的计算

扣缴义务人向居民个人支付工资薪金所得、劳务报酬所得、稿酬所得、特许权使用费所得时，按以下方法预扣预缴个人所得税，并向主管税务机关报送"个人所得税扣缴申报表"。年度预扣预缴税额与年度应纳税额不一致的，由居民个人于次年3月1日至6月30日向主管税务机关办理综合所得年度汇算清缴，税款多退少补。

（一）扣缴义务人向居民个人支付工资薪金所得预扣预缴个人所得税的计算

扣缴义务人向居民个人支付工资薪金所得时，应当按照累计预扣法计算预扣税款，并按月办理全员全额扣缴申报。

具体计算公式如下：

$$本期应预扣预缴税额 = \left(\begin{array}{c}累计预扣预缴\\应纳税所得额\end{array} \times 预扣率 - 速算扣除数\right) - 累计减免税额 - 累计已预扣预缴税额$$

$$累计预扣预缴应纳税所得额 = 累计收入 - 累计免税收入 - 累计减除费用 - 累计专项扣除 - 累计专项附加扣除 - 累计依法确定的其他扣除$$

其中：累计减除费用，按照5 000元/月乘以纳税人当年截至本月在本单位的任职受雇月份数计算。

专项扣除，包括居民个人按照国家规定的范围和标准缴纳的基本养老保险、基本医疗保险、失业保险等社会保险费和住房公积金等；专项附加扣除，包括子女教育、继续教育、大病医疗、住房贷款利息或者住房租金、赡养老人、3岁以下婴幼儿照护等支出，具体范围、标准和实施步骤由国务院确定，并报全国人民代表大会常务委员会备案。

提示　自2020年7月1日起，对一个纳税年度内首次取得工资、薪金所得的居民个人，扣缴义务人在预扣预缴个人所得税时，可按照5 000元/月乘以纳税人当年截至本月月份数计算累计减除费用。首次取得工资、薪金所得的居民个人，是指自纳税年度首月起至新入职时，未取得工资、薪金所得或者未按照累计预扣法预扣预缴过连续性劳务报酬所得个人所得税的居民个人。自2021年1月1日起，对上一完整纳税年度内每月均在同一单位预扣预缴工资、薪金所得个人所得税且全年工资、薪金收入不超过6万元的居民个人，扣缴义务人在预扣预缴本年度工资、薪金所得个人所得税时，累计减除费用自1月份起直接按照全年6万元计算扣除。即在纳税人累计收入不超过6万元的月份，暂不预扣预缴个人所得税；在其累计收入超过6万元的当月及年内后续月份，再预扣预缴个人所得税。扣缴义务人应当按规定办理全员全额扣缴申报，并在"个人所得税扣缴申报表"相应纳税人的备注栏注明"上年各月均有申报且全年收入不超过6万元"字样。对按照累计预扣法预扣预缴劳务报酬所得个人所得税的居民个人，扣缴义务人比照上述规定执行。

上述公式中，计算居民个人工资薪金所得预扣预缴税额的预扣率、速算扣除数，按表5-1执行。

享受子女教育、继续教育、住房贷款利息或者住房租金、赡养老人、3岁以下婴幼儿照护专项附加扣除的纳税人，自符合条件开始，可以向支付工资薪金所得的扣缴义务人提供上述专项附加扣除有关信息，由扣缴义务人在预扣预缴税款时，按其在本单位本年可享受的累计扣除额办理扣除；也可以在次年3月1日至6月30日内，向汇缴地主管税务机关办理汇算清缴申报时扣除。享受大病医疗专项附加扣除的纳税人，由其在次年3月1日至6月30日内，自行向汇缴地主管税务机关办理汇算清缴申报时扣除。

提示　纳税人选择在扣缴义务人发放工资薪金所得时享受专项附加扣除的，首次享受时应当填写并向扣缴义务人报送"个人所得税专项附加扣除信息表"；纳税年度中间相关信息发生变化的，纳税人应当更新"个人所得税专项附加扣除信息表"相应栏次，并及时报送给扣缴义务人。

提示　纳税人选择在汇算清缴申报时享受专项附加扣除的，应当填写并向汇缴地主管税务机关报送"个人所得税专项附加扣除信息表"。

点睛　《个人所得税专项附加扣除暂行办法》和《个人所得税专项附加扣除操作办法（试行）》的主要内容如下：

（1）子女教育

纳税人的子女接受全日制学历教育的相关支出，按照每个子女每月1 000元的标准定额扣除。

学历教育包括义务教育（小学、初中教育）、高中阶段教育（普通高中、中等职业、技工教育）、高等教育（大学专科、大学本科、硕士研究生、博士研究生教育）。

年满3岁至小学入学前处于学前教育阶段的子女，按本条上述规定执行。

父母可以选择由其中一方按扣除标准的100%扣除，也可以选择由双方分别按扣除标准的50%扣除，具体扣除方式在一个纳税年度内不能变更。

纳税人需要留存备查的资料包括：子女在境外接受教育的，应当留存境外学校录取通知书、留学签证等境外教育佐证资料。

计算时间认定：学前教育阶段，为子女年满3周岁当月至小学入学前一月。学历教育，为子女接受全日制学历教育入学的当月至全日制学历教育结束的当月。学历教育的期间，包含因病或其他非主观原因休学但学籍继续保留的休学期间，以及施教机构按规定组织实施的寒暑假等假期。

（2）继续教育

纳税人在中国境内接受学历（学位）继续教育的支出，在学历（学位）教育期间按照每月400元定额扣除。同一学历（学位）继续教育的扣除期限不能超过48个月。纳税人接受技能人员职业资格继续教育、专业技术人员职业资格继续教育的支出，在取得相关证书的当年，按照3600元定额扣除。

个人接受本科及以下学历（学位）继续教育，符合《个人所得税专项附加扣除暂行办法》规定扣除条件的，可以选择由其父母扣除，也可以选择由本人扣除。

纳税人需要留存备查的资料包括：纳税人接受技能人员职业资格继续教育、专业技术人员职业资格继续教育的，应当留存职业资格相关证书等资料。

计算时间认定：学历（学位）继续教育，为在中国境内接受学历（学位）继续教育入学的当月至学历（学位）继续教育结束的当月，同一学历（学位）继续教育的扣除期限最长不得超过48个月。学历（学位）继续教育的期间，包含因病或其他非主观原因休学但学籍继续保留的休学期间，以及施教机构按规定组织实施的寒暑假等假期。技能人员职业资格继续教育、专业技术人员职业资格继续教育，为取得相关证书的当年。

（3）大病医疗

在一个纳税年度内，纳税人发生的与基本医保相关的医药费用支出，扣除医保报销后个人负担（指医保目录范围内的自付部分）累计超过15000元的部分，由纳税人在办理年度汇算清缴时，在80000元限额内据实扣除。

纳税人发生的医药费用支出可以选择由本人或者其配偶扣除；未成年子女发生的医药费用支出可以选择由其父母一方扣除。

纳税人及其配偶、未成年子女发生的医药费用支出，按《个人所得税专项附加扣除暂行办法》第十一条的规定（即上上段的规定）分别计算扣除额。

纳税人需要留存备查的资料包括：大病患者医药服务收费及医保报销相关票据原件或复印件，或者医疗保障部门出具的纳税年度医药费用清单等资料。

计算时间认定：医疗保障信息系统记录的医药费用实际支出的当年。

（4）住房贷款利息

纳税人本人或者配偶单独或者共同使用商业银行或者住房公积金个人住房贷款为本人或者其配偶购买中国境内住房，发生的首套住房贷款利息支出，在实际发生贷款利息的年度，按照每月1000元的标准定额扣除，扣除期限最长不超过240个月。纳税人只能享受一次首套住房贷款的利息扣除。

首套住房贷款是指购买住房享受首套住房贷款利率的住房贷款。

经夫妻双方约定，可以选择由其中一方扣除，具体扣除方式在一个纳税年度内不能变更。

夫妻双方婚前分别购买住房发生的首套住房贷款，其贷款利息支出，婚后可以选择其中一套购买的住房，由购买方按扣除标准的100%扣除，也可以由夫妻双方对各自购买的住房分别按扣除标准的50%扣除，具体扣除方式在一个纳税年度内不能变更。

纳税人需要留存备查的资料包括：住房贷款合同、贷款还款支出凭证等资料。

计算时间认定：贷款合同约定开始还款的当月至贷款全部归还或贷款合同终止的当月，扣除期限最长不得超过240个月。

（5）住房租金

纳税人在主要工作城市没有自有住房而发生的住房租金支出，可以按照以下标准定额扣除：

❶直辖市、省会（首府）城市、计划单列市以及国务院确定的其他城市，扣除标准为每月1 500元。

❷除第❶项所列城市以外，市辖区户籍人口超过100万的城市，扣除标准为每月1 100元；市辖区户籍人口不超过100万的城市，扣除标准为每月800元。

纳税人的配偶在纳税人的主要工作城市有自有住房的，视同纳税人在主要工作城市有自有住房。

市辖区户籍人口，以国家统计局公布的数据为准。

主要工作城市是指纳税人任职受雇的直辖市、计划单列市、副省级城市、地级市（地区、州、盟）全部行政区域范围；纳税人无任职受雇单位的，为受理其综合所得汇算清缴的税务机关所在城市。

夫妻双方主要工作城市相同的，只能由一方扣除住房租金支出。

住房租金支出由签订租赁住房合同的承租人扣除。

纳税人及其配偶在一个纳税年度内不能同时分别享受住房贷款利息和住房租金专项附加扣除。

纳税人需要留存备查的资料包括：住房租赁合同或协议等资料。

计算时间认定：租赁合同（协议）约定的房屋租赁期开始的当月至租赁期结束的当月。提前终止合同（协议）的，以实际租赁期限为准。

（6）赡养老人

纳税人赡养一位及以上被赡养人的赡养支出，统一按照以下标准定额扣除：

❶纳税人为独生子女的，按照每月2 000元的标准定额扣除。

❷纳税人为非独生子女的，由其与兄弟姐妹分摊每月2 000元的扣除额度，每人分摊的额度不能超过每月1 000元。可以由赡养人均摊或者约定分摊，也可以由被赡养人指定分摊。约定或者指定分摊的须签订书面分摊协议，指定分摊优先于约定分摊。具体分摊方式和额度在一个纳税年度内不能变更。

被赡养人是指年满60岁的父母，以及子女均已去世的年满60岁的祖父母、外祖父母。

纳税人需要留存备查的资料包括：约定或指定分摊的书面分摊协议等资料。

计算时间认定：被赡养人年满60周岁的当月至赡养义务终止的年末。

（7）3岁以下婴幼儿照护

纳税人照护3岁以下婴幼儿子女的相关支出，按照每个婴幼儿每月1 000元的标准定额扣除。

父母可以选择由其中一方按扣除标准的100%扣除，也可以选择由双方分别按扣除标准的50%扣除，具体扣除方式在一个纳税年度内不能变更。

纳税人享受3岁以下婴幼儿照护专项附加扣除，应当填报配偶及子女的姓名、身份证件类型（如居民身份证、子女出生医学证明等）及号码以及本人与配偶之间扣除分配比例等信息。

纳税人需要留存备查的资料包括：子女的出生医学证明等资料。

计算时间认定：为婴幼儿出生的当月至年满3周岁的前一月。

任务实例5-1 我国居民个人张某为独生子女，就职于我国的甲公司。本年每月税前工资薪金收入为30 000元，每月减除费用5 000元。张某个人每月负担基本养老保险2 400元、基本医疗保险600元、失业保险150元、住房公积金2 400元，"三险一金"合计5 550元。张某赡养老人每月专项附加扣除金额为2 000元。张某没有其他专项附加扣除和依法确定的其他扣除。张某在上一完整纳税年度内全年工资、薪金收入超过6万元。居民个人工资薪金所得预扣预缴个人所得税的预扣率见表5-1。

【任务要求】 计算张某本年每月工资薪金所得应由甲公司预扣预缴的个人所得税。

【任务实施】 张某1月工资薪金所得应由
甲公司预扣预缴的个人所得税 $=(30\,000-5\,000-5\,550-2\,000)\times3\%=17\,450\times3\%=523.5$（元）

张某2月工资薪金所得应由
甲公司预扣预缴的个人所得税 $=(30\,000\times2-5\,000\times2-5\,550\times2-2\,000\times2)\times3\%-523.5=34\,900\times3\%-523.5$

$=1\,047-523.5=523.5$（元）

张某3月工资薪金所得应由
甲公司预扣预缴的个人所得税 $=(30\,000\times3-5\,000\times3-5\,550\times3-2\,000\times3)\times10\%-2\,520-523.5-523.5$

$=52\,350\times10\%-2\,520-523.5-523.5=1\,668$（元）

张某4月工资薪金所得应由
甲公司预扣预缴的个人所得税 $=(30\,000\times4-5\,000\times4-5\,550\times4-2\,000\times4)\times10\%-2\,520-523.5-523.5-1\,668$

$=69\,800\times10\%-2\,520-523.5-523.5-1\,668=1\,745$（元）

张某5月工资薪金所得应由
甲公司预扣预缴的个人所得税 $=(30\,000\times5-5\,000\times5-5\,550\times5-2\,000\times5)\times10\%-2\,520-523.5-523.5-1\,668-1\,745$

$=87\,250\times10\%-2\,520-523.5-523.5-1\,668-1\,745=1\,745$（元）

张某6月工资、薪金
所得应由甲公司预扣 $=(30\,000\times6-5\,000\times6-5\,550\times6-2\,000\times6)\times10\%-2\,520-523.5-523.5-1\,668-1\,745-1\,745$
预缴的个人所得税

$=104\,700\times10\%-2\,520-523.5-523.5-1\,668-1\,745-1\,745=1\,745$（元）

张某7月工资薪金所得应由
甲公司预扣预缴的个人所得税 $=(30\,000\times7-5\,000\times7-5\,550\times7-2\,000\times7)\times10\%-2\,520-523.5-523.5-$

$1\,668-1\,745-1\,745-1\,745$

$=122\,150\times10\%-2\,520-523.5-523.5-1\,668-1\,745-1\,745-1\,745=1\,745$（元）

张某8月工资、薪金所得
应由甲公司预扣预缴的 $=(30\,000\times8-5\,000\times8-5\,550\times8-2\,000\times8)\times10\%-2\,520-523.5-523.5-1\,668-$
个人所得税

$1\,745-1\,745-1\,745-1\,745$

$=139\,600\times10\%-2\,520-523.5-523.5-1\,668-1\,745-1\,745-1\,745-1\,745=1\,745$（元）

张某9月工资薪金所得
应由甲公司预扣预缴的 $=(30\,000\times9-5\,000\times9-5\,550\times9-2\,000\times9)\times20\%-16\,920-523.5-523.5-1\,668-1\,745$
个人所得税

$-1\,745-1\,745-1\,745-1\,745$

$=157\,050\times20\%-16\,920-523.5-523.5-1\,668-1\,745-1\,745-1\,745-1\,745-1\,745=3\,050$（元）

张某10月工资薪金所得应由
甲公司预扣预缴的个人所得税 $=(30\,000\times10-5\,000\times10-5\,550\times10-2\,000\times10)\times20\%-16\,920-523.5-523.5$

$-1\,668-1\,745-1\,745-1\,745-1\,745-1\,745-3\,050=174\,500\times20\%-16\,920$

$-523.5-523.5-1\,668-1\,745-1\,745-1\,745-1\,745-1\,745-3\,050=3\,490$（元）

张某11月工资薪金所得应由
甲公司预扣预缴的个人所得税 $=(30\,000\times11-5\,000\times11-5\,550\times11-2\,000\times11)\times20\%-16\,920-523.5-523.5$

$-1\,668-1\,745-1\,745-1\,745-1\,745-1\,745-3\,050-3\,490$

$=191\,950\times20\%-16\,920-523.5-523.5-1\,668-1\,745-1\,745-1\,745-1\,745-$

$1\,745-3\,050-3\,490=3\,490$（元）

张某12月工资薪金所得应由甲公司预扣预缴的个人所得税
$$= （30\,000×12-5\,000×12-5\,550×12-2\,000×12）×20\%-16\,920-523.5-523.5$$
$$-1\,668-1\,745-1\,745-1\,745-1\,745-1\,745-3\,050-3\,490-3\,490$$
$$=209\,400×20\%-16\,920-523.5-523.5-1\,668-1\,745-1\,745-1\,745-1\,745$$
$$-1\,745-3\,050-3\,490-3\,490=3\,490（元）$$

张某本年工资薪金所得应由甲公司预扣预缴的个人所得税合计
$$=523.5+523.5+1\,668+1\,745+1\,745+1\,745+1\,745+1\,745+3\,050+3\,490$$
$$+3\,490+3\,490=24\,960（元）$$

（二）扣缴义务人向居民个人支付劳务报酬所得、稿酬所得、特许权使用费所得预扣预缴个人所得税的计算

扣缴义务人向居民个人支付劳务报酬所得、稿酬所得、特许权使用费所得，按次或者按月预扣预缴个人所得税。

具体预扣预缴方法如下：

劳务报酬所得、稿酬所得、特许权使用费所得以收入减除费用后的余额为收入额。其中，稿酬所得的收入额减按70%计算。

劳务报酬所得、稿酬所得、特许权使用费所得每次收入不超过4 000元的，减除费用按800元计算；每次收入4 000元以上的，减除费用按20%计算。

🔖**点睛**　劳务报酬所得、稿酬所得、特许权使用费所得，属于一次性收入的，以取得该项收入为一次；属于同一项目连续性收入的，以一个月内取得的收入为一次。

劳务报酬所得、稿酬所得、特许权使用费所得，以每次收入额为预扣预缴应纳税所得额。劳务报酬所得适用20%至40%的超额累进预扣率（见表5-2），稿酬所得、特许权使用费所得适用20%的比例预扣率。

劳务报酬所得应预扣预缴税额=预扣预缴应纳税所得额×预扣率-速算扣除数
稿酬所得、特许权使用费所得应预扣预缴税额=预扣预缴应纳税所得额×20%

🔖**点睛**　保险营销员、证券经纪人取得的佣金收入，属于劳务报酬所得，以不含增值税的收入减除20%的费用后的余额为收入额；收入额减去展业成本以及附加税费后，并入当年综合所得，计算缴纳个人所得税。保险营销员、证券经纪人展业成本按照收入额的25%计算。扣缴义务人向保险营销员、证券经纪人支付佣金收入时，应按照《国家税务总局关于发布〈个人所得税扣缴申报管理办法（试行）〉的公告》（国家税务总局公告2018年第61号）规定的累计预扣法计算预扣税款。

🔖**点睛**　自2020年7月1日起，正在接受全日制学历教育的学生因实习取得劳务报酬所得的，扣缴义务人预扣预缴个人所得税时，可按照《国家税务总局关于发布〈个人所得税扣缴申报管理办法（试行）〉的公告》（国家税务总局公告2018年第61号）规定的累计预扣法计算并预扣预缴税款。

任务实例5-2　接【任务实例5-1】，我国居民个人张某本年3月从兼职单位乙公司取得一次性劳务报酬收入40 000元，本年6月从丙出版社取得一次性稿酬收入12 000元，本年10月转让给丁公司专利权取得一次性特许权使用费收入3 000元。上述收入均为税前收入，且均来源于中国境内。假设不考虑增值税等因素。居民个人劳务报酬所得预扣预缴个人所得税的预扣率见表5-2。

【任务要求】（1）计算张某劳务报酬所得应由乙公司预扣预缴的个人所得税。

（2）计算张某稿酬所得应由丙出版社预扣预缴的个人所得税。

（3）计算张某特许权使用费所得应由丁公司预扣预缴的个人所得税。

【任务实施】（1）张某劳务报酬所得的应纳税所得额=40 000×（1-20%）=32 000（元）

经查表5-4得知，适用税率为30%，速算扣除数为2 000元。

张某劳务报酬所得应由乙公司预扣预缴的个人所得税=40 000×（1-20%）×30%-2 000

$$=7\ 600（元）$$

（2）张某稿酬所得应由丙出版社预扣预缴的个人所得税=12 000×（1-20%）×70%×20%=1 344（元）

（3）张某特许权使用费所得应由丁公司预扣预缴的个人所得税=（3 000-800）×20%=440（元）

二、居民个人综合所得汇算清缴个人所得税的计算

自2019年1月1日起，居民个人的综合所得（工资薪金所得、劳务报酬所得、稿酬所得、特许权使用费所得），以每一纳税年度的收入额减除费用60 000元以及专项扣除、专项附加扣除和依法确定的其他扣除后的余额，为应纳税所得额。各项所得的计算，以人民币为单位。所得为人民币以外的货币的，按照人民币汇率中间价折合成人民币缴纳税款。

居民个人的综合所得适用七级超额累进税率，其应纳税额的计算公式为：

应纳税额=年应纳税所得额×适用税率-速算扣除数

$$=\left(\begin{array}{l}每一纳税\\年度的收入额\end{array}-60\ 000-\begin{array}{l}专项扣除、专项附加扣除\\和依法确定的其他扣除\end{array}\right)\times\begin{array}{l}适用\\税率\end{array}-\begin{array}{l}速算\\扣除数\end{array}$$

$$=\left[\begin{array}{l}工资薪金\\收入额\end{array}+\begin{array}{l}劳务\\报酬收入\end{array}\times（1-20\%）+\begin{array}{l}稿酬\\收入\end{array}\times（1-20\%）×70\%+\begin{array}{l}特许权\\使用费收入\end{array}\times（1-20\%）-60\ 000-\right.$$
$$\left.\begin{array}{l}专项扣除、专项附加扣除和\\依法确定的其他扣除\end{array}\right]\times\begin{array}{l}适用\\税率\end{array}-\begin{array}{l}速算\\扣除数\end{array}$$

劳务报酬所得、稿酬所得、特许权使用费所得以收入减除20%的费用后的余额为收入额。稿酬所得的收入额减按70%计算。

其他扣除，包括个人缴付符合国家规定的企业年金、职业年金，个人购买符合国家规定的商业健康保险、税收递延型商业养老保险的支出，以及国务院规定可以扣除的其他项目。

> **提示** 专项扣除、专项附加扣除和依法确定的其他扣除，以居民个人一个纳税年度的应纳税所得额为限额；一个纳税年度扣除不完的，不得结转以后年度扣除。

> **链接** 居民个人取得的综合所得，按年计算个人所得税；有扣缴义务人的，由扣缴义务人按月或者按次预扣预缴税款；需要办理汇算清缴的，应当在取得所得的次年3月1日至6月30日内办理汇算清缴。预扣预缴办法由国务院税务主管部门制定。

居民个人向扣缴义务人提供专项附加扣除信息的，扣缴义务人按月预扣预缴税款时应当按照规定予以扣除，不得拒绝。

任务引例解析

根据《个人所得税法实施条例》（国务院令第707号）的规定，工资薪金所得，是指个人因任职或者受雇而取得的工资、薪金、奖金、年终加薪、劳动分红、津贴、补贴以及与任职或者受雇有关的其他所得。这种罚款在劳动法规定的范围内，因此，个人应按自己实际取得的收入额计征个人所得税，罚款没有发给个人，因此不需要并入收入，不缴纳个人所得税。

任务实例5-3 接【任务实例5-1】【任务实例5-2】，居民个人张某次年3月1日至6月30日内办理汇算清缴。居民个人综合所得个人所得税的税率（按年）见表5-3。

【任务要求】 计算张某次年3月1日至6月30日内汇算清缴应补缴（或申请退回）的个人所得税。

【任务实施】 $\dfrac{\text{本年张某综合所得的}}{\text{应纳税所得额}}$ =30 000×12+40 000×（1-20%）+12 000×（1-20%）×70%+3 000×（1-20%）

$$-60 000-5 550×12-2 000×12=250 520（元）$$

本年张某综合所得的应纳个人所得税=250 520×20%-16 920=33 184（元）

由于本年各相关单位已经预扣代缴了个人所得税共计=24 960+7 600+1 344+440=34 344（元），因此次年3月1日至6月30日内汇算清缴时，张某应申请退回个人所得税=34 344-33 184=1 160（元）。

三、非居民个人工资薪金所得、劳务报酬所得、稿酬所得、特许权使用费所得个人所得税的计算

扣缴义务人向非居民个人支付工资薪金所得、劳务报酬所得、稿酬所得和特许权使用费所得时，应当按以下方法按月或者按次代扣代缴个人所得税：

非居民个人的工资薪金所得，以每月收入额减除费用5 000元后的余额为应纳税所得额；劳务报酬所得、稿酬所得、特许权使用费所得，以每次收入额为应纳税所得额，适用按月换算后的非居民个人月度税率表（见表5-4）计算应纳税额。其中，劳务报酬所得、稿酬所得、特许权使用费所得以收入减除20%的费用后的余额为收入额；稿酬所得的收入额减按70%计算。

$$\dfrac{\text{非居民个人工资薪金所得、劳务报酬所得、}}{\text{稿酬所得、特许权使用费所得应纳税额}}=\dfrac{\text{应纳税}}{\text{所得额}}×\text{税率}-\dfrac{\text{速算}}{\text{扣除数}}$$

（1）非居民个人的工资薪金所得适用七级超额累进税率，其应纳税额的计算公式为：

应纳税额=月应纳税所得额×适用税率-速算扣除数

=（每月工资薪金收入额-5 000）×适用税率-速算扣除数

（2）非居民个人的劳务报酬所得适用七级超额累进税率，其应纳税额的计算公式为：

应纳税额=应纳税所得额×适用税率-速算扣除数

=每次收入额×适用税率-速算扣除数

=劳务报酬收入×（1-20%）×适用税率-速算扣除数

（3）非居民个人的稿酬所得适用七级超额累进税率，其应纳税额的计算公式为：

应纳税额=应纳税所得额×适用税率-速算扣除数

=每次收入额×适用税率-速算扣除数

=稿酬收入×（1-20%）×70%×适用税率-速算扣除数

（4）非居民个人的特许权使用费所得适用七级超额累进税率，其应纳税额的计算公式为：

应纳税额=应纳税所得额×适用税率-速算扣除数

=每次收入额×适用税率-速算扣除数

=特许权使用费收入×（1-20%）×适用税率-速算扣除数

链接　非居民个人取得工资薪金所得、劳务报酬所得、稿酬所得、特许权使用费所得，有扣缴义务人的，由扣缴义务人按月或者按次代扣代缴税款，不办理汇算清缴。

任务实例5-4 本年1月，非居民个人卡特从任职单位取得税前工资薪金收入20 000元。上述收入来源于中国境内，且不享受免税优惠政策。非居民个人工资薪金所得、劳务报酬所得、稿酬所得、特许权使用费所得个人所得税的适用税率见表5-4。

【任务要求】计算卡特本年1月应缴纳的个人所得税。

【任务实施】卡特本年1月工资薪金所得的应纳税所得额=20 000-5 000=15 000（元）

经查表5-4得知，适用税率为20%，速算扣除数为1 410元。

卡特本年1月工资薪金所得应纳（任职单位应代扣代缴）个人所得税=15 000×20%-1 410=1 590（元）

任务实例5-5 本年1月，非居民个人乔治一次性取得劳务报酬收入20 000元；一次性取得稿酬收入10 000元；一次性取得特许权使用费收入3 200元。上述收入均为税前收入，均来源于中国境内，且不享受免税优惠政策。假设不考虑增值税等因素。非居民个人工资薪金所得、劳务报酬所得、稿酬所得、特许权使用费所得个人所得税的适用税率见表5-4。

【任务要求】计算乔治本年1月应缴纳的个人所得税。

【任务实施】乔治本年1月劳务报酬所得的应纳税所得额=20 000×（1-20%）=16 000（元）

经查表5-4得知，适用税率为20%，速算扣除数为1 410元。

乔治本年1月劳务报酬所得应纳（支付所得的单位应代扣代缴）个人所得税=16 000×20%-1 410=1 790（元）

乔治本年1月稿酬所得的应纳税所得额=10 000×（1-20%）×70%=5 600（元）

经查表5-4得知，适用税率为10%，速算扣除数为210元。

乔治本年1月稿酬所得应纳（支付所得的单位应代扣代缴）个人所得税=5 600×10%-210=350（元）

乔治本年1月特许权使用费所得的应纳税所得额=3 200×（1-20%）=2 560（元）

经查表5-4得知，适用税率为3%。

乔治本年1月特许权使用费所得应纳（支付所得的单位应代扣代缴）个人所得税=2 560×3%=76.8（元）

乔治本年1月应纳（支付所得的单位应代扣代缴）个人所得税合计=1 790+350+76.8=2 216.8（元）

四、经营所得个人所得税的计算

经营所得，以每一纳税年度的收入总额减除成本、费用以及损失后的余额，为应纳税所得额。

经营所得应纳税额的计算公式为：

应纳个人所得税=应纳税所得额×适用税率-速算扣除数

=（全年收入总额-成本、费用、损失）×适用税率-速算扣除数

式中，成本、费用是指生产、经营活动中发生的各项直接支出和分配计入成本的间接费用以及销售费用、管理费用、财务费用；损失是指生产、经营活动中发生的固定资产和存货的盘亏、毁损、报废损失，转让财产损失，坏账损失，自然灾害等不可抗力因素造成的损失以及其他损失。

取得经营所得的个人，没有综合所得的，计算其每一纳税年度的应纳税所得额时，应当减除费用6万元、专项扣除、专项附加扣除以及依法确定的其他扣除。专项附加扣除在办理汇算清缴时减除。

🔷 **链接** 纳税人取得经营所得，按年计算个人所得税，由纳税人在月度或者季度终了后15日内向

税务机关报送纳税申报表，并预缴税款；在取得所得的次年3月31日前办理汇算清缴。

五、财产租赁所得个人所得税的计算

（一）应纳税所得额的计算

财产租赁所得，以一个月内取得的收入为一次。财产租赁所得，每次收入不超过4 000元的，减除费用800元；4 000元以上的，减除20%的费用，其余额为应纳税所得额。财产租赁所得应纳税所得额的计算公式如下：

（1）每次（月）收入不超过4 000元的：

应纳税所得额=每次（月）收入额-准予扣除项目-修缮费用（800元为限）-800

（2）每次（月）收入超过4 000元的：

应纳税所得额=［每次（月）收入额-准予扣除项目-修缮费用（800元为限）］×（1-20%）

个人出租财产取得的财产租赁收入，在计算缴纳个人所得税时，应依次扣除以下费用：

❶准予扣除项目：主要指财产租赁过程中缴纳的税费。

❷由纳税人负担的该出租财产实际开支的修缮费用。修缮费用的扣除以每次800元为限。一次扣除不完的，准予在下一次继续扣除，直到扣完为止。

❸税法规定的费用扣除标准（即定额减除费用800元或定率减除20%的费用）。

个人出租房屋的个人所得税应税收入不含增值税，计算房屋出租所得可扣除的税费不包括本次出租缴纳的增值税额。个人转租房屋的，其向房屋出租方支付的租金及增值税额，在计算转租所得时予以扣除。免征增值税的，确定计税依据时，租金收入不扣减增值税额。

（二）应纳税额的计算

财产租赁所得适用20%的比例税率，但对个人出租住房取得的所得暂减按10%的税率征收个人所得税。财产租赁所得应纳税额的计算公式如下：

（1）每次（月）收入不超过4 000元的：

应纳税额=应纳税所得额×适用税率（20%或10%）

或　　　　=［每次（月）收入额-准予扣除项目-修缮费用（800元为限）-800］×适用税率（20%或10%）

（2）每次（月）收入超过4 000元的：

应纳税额=应纳税所得额×适用税率（20%或10%）

或　　　　=［每次（月）收入额-准予扣除项目-修缮费用（800元为限）］×（1-20%）×适用税率（20%或10%）

任务实例5-6　张某有A、B、C三套住房，其中，A、B两套用于出租，本年1月收取出租住房A的租金3 000元（不含增值税），收取出租住房B的租金5 000元（不含增值税），同时两套住房均发生修缮费用900元（不考虑房屋出租过程中的其他相关税金）。

【任务要求】计算本年1月张某应当缴纳的个人所得税。

【任务实施】本年1月出租A住房应纳个人所得税=［（3 000-0-800）-800］×10%

＝（2 200-800）×10%=140（元）

本年1月出租B住房应纳个人所得税=（5 000-0-800）×（1-20%）×10%

＝4 200×（1-20%）×10%=336（元）

🔖**小思考**　资料同【任务实例5-6】，张某本年2月应缴纳的个人所得税是多少？

六、财产转让所得个人所得税的计算

(一) 应纳税所得额的计算

财产转让所得,以转让财产的收入额减除财产原值和合理费用后的余额,为应纳税所得额。

> 🚩点睛 财产转让所得,按照一次转让财产的收入额减除财产原值和合理费用后的余额计算纳税。

财产转让所得的应纳税所得额的计算公式为:

应纳税所得额=收入总额-财产原值-合理费用

财产原值,按照下列方法确定:

(1) 有价证券,为买入价以及买入时按照规定交纳的有关费用;

(2) 建筑物,为建造费或者购进价格以及其他有关费用;

(3) 土地使用权,为取得土地使用权所支付的金额、开发土地的费用以及其他有关费用;

(4) 机器设备、车船,为购进价格、运输费、安装费以及其他有关费用。

其他财产,参照上述规定的方法确定财产原值。

纳税人未提供完整、准确的财产原值凭证,不能按照上述方法确定财产原值的,由主管税务机关核定财产原值。

合理费用,是指卖出财产时按照规定支付的有关税费。

个人转让房屋的个人所得税应税收入不含增值税,其取得房屋时所支付价款中包含的增值税计入财产原值,计算转让所得时可扣除的税费不包括本次转让缴纳的增值税。免征增值税的,确定计税依据时,转让房地产取得的收入不扣减增值税额。

> 🔖**实务答疑5-6** 张某于本年1月继承了父亲的一套住房,旧的房产证日期是2009年5月,办理完公证手续后,张某就到房产部门办理了新的不动产权证。张某现在想把这套房产出售,应如何确定购房时间,是否需要缴纳个人所得税?

(二) 应纳税额的计算

财产转让所得应纳税额的计算公式为:

应纳税额=应纳税所得额×适用税率

=(收入总额-财产原值-合理税费)×20%

> 🔖**任务实例5-7** 刘某于本年1月转让私有住房一套,取得转让收入250 000元。该套住房购进时的原价为200 000元,转让时支付有关税费16 000元。

【任务要求】 计算刘某转让其私有住房应缴纳的个人所得税。

【任务实施】 应纳个人所得税=(250 000-200 000-16 000)×20%=6 800(元)

七、利息、股息、红利所得和偶然所得个人所得税的计算

利息、股息、红利所得和偶然所得个人所得税按次征收。利息、股息、红利所得,以支付利息、股息、红利时取得的收入为一次。偶然所得,以每次取得该项收入为一次。也就是说,利息、股息、红利所得和偶然所得的应纳税所得额即为每次收入额。

利息、股息、红利所得和偶然所得应纳税额的计算公式为:

应纳税额=应纳税所得额×适用税率

=每次收入额×20%

知识答疑5-6 企业将未分配利润转为股本,个人投资者是否需要缴纳个人所得税?

任务实例5-8 本年12月份,李某花500元购买体育彩票,一次中奖20 000元,将其中1 000元直接捐赠给甲小学。

【任务要求】 计算李某彩票中奖收入应缴纳的个人所得税。

【任务实施】 (1)对个人购买福利彩票、赈灾彩票、体育彩票,一次中奖收入在1万元以下的(含1万元),暂免征收个人所得税;超过1万元的,"全额"征收个人所得税(不得扣除购买彩票的成本)。

(2)个人"直接"向受赠人的捐赠不允许税前扣除。

李某应纳个人所得税=20 000×20%=4 000(元)

八、个人所得税几种特殊情况的计算或处理

(一)全年一次性奖金及其他奖金个人所得税的计算

根据《财政部 税务总局关于延续实施全年一次性奖金等个人所得税优惠政策的公告》(财政部 税务总局公告2021年第42号)等文件的规定,居民个人取得全年一次性奖金,符合《国家税务总局关于调整个人取得全年一次性奖金等计算征收个人所得税方法问题的通知》(国税发〔2005〕9号)规定的,在2023年12月31日前,不并入当年综合所得,以全年一次性奖金收入除以12个月得到的数额,按照按月换算后的综合所得税率表(见表5-4),确定适用税率和速算扣除数,单独计算纳税。计算公式为:

应纳个人所得税=全年一次性奖金收入×适用税率-速算扣除数

居民个人取得全年一次性奖金,也可以选择并入当年综合所得计算纳税。

雇员取得除全年一次性奖金以外的其他各种名目奖金,如半年奖、季度奖、加班奖、先进奖、考勤奖等,一律与当月工资、薪金收入合并,按税法规定缴纳个人所得税。

任务实例5-9 中国居民个人王某本年10月取得全年一次性奖金48 000元(税前奖金)。王某选择该全年一次性奖金不并入当年综合所得计算缴纳个人所得税。按月换算后的综合所得税率表见表5-4。

【任务要求】 计算王某本年10月取得的全年一次性奖金应缴纳的个人所得税。

【任务实施】 48 000÷12=4 000(元),经查表5-4可知,适用税率为10%,速算扣除数为210元。

王某本年10月取得的全年一次性奖金应纳个人所得税=48 000×10%-210=4 590(元)

(二)公益慈善事业的捐赠支出的扣除

自2019年1月1日起,公益慈善事业捐赠有关个人所得税政策规定如下:

(1)个人通过中华人民共和国境内公益性社会组织、县级以上人民政府及其部门等国家机关,向教育、扶贫、济困等公益慈善事业的捐赠(以下简称公益捐赠),发生的公益捐赠支出,可以按照个人所得税法有关规定在计算应纳税所得额时扣除。

点睛 根据《个人所得税法》的规定,个人将其所得对教育、扶贫、济困等公益慈善事业进行捐赠,捐赠额未超过纳税人申报的应纳税所得额30%的部分,可以从其应纳税所得额中扣除;国务院规

定对公益慈善事业捐赠实行全额税前扣除的，从其规定。

提示 境内公益性社会组织，包括依法设立或登记并按规定条件和程序取得公益性捐赠税前扣除资格的慈善组织、其他社会组织和群众团体。

（2）个人发生的公益捐赠支出金额，按照以下规定确定：

❶捐赠货币性资产的，按照实际捐赠金额确定；

❷捐赠股权、房产的，按照个人持有股权、房产的财产原值确定；

❸捐赠除股权、房产以外的其他非货币性资产的，按照非货币性资产的市场价格确定。

（3）居民个人按照以下规定扣除公益捐赠支出：

❶居民个人发生的公益捐赠支出可以在财产租赁所得，财产转让所得，利息、股息、红利所得，偶然所得（以下统称分类所得），综合所得或者经营所得中扣除。在当期一个所得项目扣除不完的公益捐赠支出，可以按规定在其他所得项目中继续扣除。

❷居民个人发生的公益捐赠支出，在综合所得、经营所得中扣除的，扣除限额分别为当年综合所得、当年经营所得应纳税所得额的30%；在分类所得中扣除的，扣除限额为当月分类所得应纳税所得额的30%。

❸居民个人根据各项所得的收入、公益捐赠支出、适用税率等情况，自行决定在综合所得、分类所得、经营所得中扣除的公益捐赠支出的顺序。

（4）居民个人在综合所得中扣除公益捐赠支出的，应按照以下规定处理：

❶居民个人取得工资薪金所得的，可以选择在预扣预缴时扣除，也可以选择在年度汇算清缴时扣除。

居民个人选择在预扣预缴时扣除的，应按照累计预扣法计算扣除限额，其捐赠当月的扣除限额为截止当月累计应纳税所得额的30%（全额扣除的从其规定，下同）。个人从两处以上取得工资薪金所得的，选择其中一处扣除，选择后当年不得变更。

❷居民个人取得劳务报酬所得、稿酬所得、特许权使用费所得的，预扣预缴时不扣除公益捐赠支出，统一在汇算清缴时扣除。

❸居民个人取得全年一次性奖金、股权激励等所得，且按规定采取不并入综合所得而采取单独计税方式处理的，公益捐赠支出扣除比照上述分类所得的扣除规定处理。

（5）居民个人发生的公益捐赠支出，可在捐赠当月取得的分类所得中扣除。当月分类所得应扣除未扣除的公益捐赠支出，可以按照以下规定追补扣除：

❶扣缴义务人已经代扣但尚未解缴税款的，居民个人可以向扣缴义务人提出追补扣除申请，退还已扣税款。

❷扣缴义务人已经代扣且解缴税款的，居民个人可以在公益捐赠之日起90日内提请扣缴义务人向征收税款的税务机关办理更正申报追补扣除，税务机关和扣缴义务人应当予以办理。

❸居民个人自行申报纳税的，可以在公益捐赠之日起90日内向主管税务机关办理更正申报追补扣除。

居民个人捐赠当月有多项多次分类所得的，应先在其中一项一次分类所得中扣除。已经在分类所得中扣除的公益捐赠支出，不再调整到其他所得中扣除。

（6）在经营所得中扣除公益捐赠支出，应按以下规定处理：

❶个体工商户发生的公益捐赠支出，在其经营所得中扣除。

❷个人独资企业、合伙企业发生的公益捐赠支出，其个人投资者应当按照捐赠年度合伙企业的分配比例（个人独资企业分配比例为100%），计算归属于每一个人投资者的公益捐赠支出，个人投资者应将其归属的个人独资企业、合伙企业公益捐赠支出和本人需要在经营所得扣除的其他公益捐赠支出合并，在其经营所得中扣除。

❸在经营所得中扣除公益捐赠支出的，可以选择在预缴税款时扣除，也可以选择在汇算清缴时扣除。

❹经营所得采取核定征收方式的，不扣除公益捐赠支出。

（7）非居民个人发生的公益捐赠支出，未超过其在公益捐赠支出发生的当月应纳税所得额30%的部分，可以从其应纳税所得额中扣除。扣除不完的公益捐赠支出，可以在经营所得中继续扣除。

非居民个人按规定可以在应纳税所得额中扣除公益捐赠支出而未实际扣除的，可按照上述第（5）条规定追补扣除。

（8）国务院规定对公益捐赠全额税前扣除的，按照规定执行。个人同时发生按30%扣除和全额扣除的公益捐赠支出，自行选择扣除次序。

（9）公益性社会组织、国家机关在接受个人捐赠时，应当按照规定开具捐赠票据；个人索取捐赠票据的，应予以开具。

个人发生公益捐赠时不能及时取得捐赠票据的，可以暂时凭公益捐赠银行支付凭证扣除，并向扣缴义务人提供公益捐赠银行支付凭证复印件。个人应在捐赠之日起90日内向扣缴义务人补充提供捐赠票据，如果个人未按规定提供捐赠票据的，扣缴义务人应在30日内向主管税务机关报告。

机关、企事业单位统一组织员工开展公益捐赠的，纳税人可以凭汇总开具的捐赠票据和员工明细单扣除。

（10）个人通过扣缴义务人享受公益捐赠扣除政策，应当告知扣缴义务人符合条件可扣除的公益捐赠支出金额，并提供捐赠票据的复印件，其中捐赠股权、房产的还应出示财产原值证明。扣缴义务人应当按照规定在预扣预缴、代扣代缴税款时予以扣除，并将公益捐赠扣除金额告知纳税人。

个人自行办理或扣缴义务人为个人办理公益捐赠扣除的，应当在申报时一并报送"个人所得税公益慈善事业捐赠扣除明细表"（略）。个人应留存捐赠票据，留存期限为5年。

任务实例5-10 中国居民王某本年1月取得福利彩票中奖所得120 000元，当场拿出50 000元通过国家机关对贫困地区进行捐赠。

【任务要求】 计算王某当月应缴纳的个人所得税。

【任务实施】（1）计算应纳税所得额：

未扣除捐赠前的应纳税所得额=120 000元

（2）计算捐赠扣除限额，确定扣除额：

捐赠扣除限额=120 000×30%=36 000（元）

实际捐赠额50 000元＞捐赠扣除限额36 000元，只能扣除36 000元。

（3）计算应纳税额：

扣除允许扣除的捐赠后的应纳税所得额=120 000-36 000=84 000（元），适用20%的税率。

应纳个人所得税=84 000×20%=16 800（元）

（三）个人无偿受赠房屋有关个人所得税的计算

房屋产权所有人将房屋产权无偿赠与他人的，受赠人因无偿受赠房屋取得的受赠收入，按照"偶然所得"项目计算缴纳个人所得税。但对于以下情形的房屋产权无偿赠与，对当事双方不征收个人所得税：（1）房屋产权所有人将房屋产权无偿赠与配偶、父母、子女、祖父母、外祖父母、孙子女、外孙子女、兄弟姐妹；（2）房屋产权所有人将房屋产权无偿赠与对其承担直接抚养或者赡养义务的抚养人或者赡养人；（3）房屋产权所有人死亡，依法取得房屋产权的法定继承人、遗嘱继承人或者受遗赠人。

对受赠人无偿受赠房屋计征个人所得税时，其应纳税所得额为房地产赠与合同上标明的赠与房屋价值减除赠与过程中受赠人支付的相关税费后的余额。赠与合同标明的房屋价值明显低于市场价格或房地产赠与合同未标明赠与房屋价值的，税务机关可依据受赠房屋的市场评估价格或采取其他合理方式确定受赠人的应纳税所得额。

受赠人转让受赠房屋的，以其转让受赠房屋的收入减除原捐赠人取得该房屋的实际购置成本以及赠与和转让过程中受赠人支付的相关税费后的余额，为受赠人的应纳税所得额，依法计征个人所得税。受赠人转让受赠房屋价格明显偏低且无正当理由的，税务机关可以依据该房屋的市场评估价格或其他合理方式确定的价格核定其转让收入。

任务实例5-11 2019年1月，张大鸿以50万元的价格购入一套住房。2021年1月，张大鸿将该住房无偿赠送给了自己的亲弟弟张小鸿。张小鸿取得房屋后，于2023年3月将该住房转让，取得转让收入60万元，在赠与和转让过程中张小鸿支付的相关税费共计2万元。

【任务要求】（1）计算房屋赠与过程中张大鸿和张小鸿应缴纳的个人所得税。

（2）计算张小鸿转让房屋应缴纳的个人所得税。

【任务实施】（1）房屋产权所有人将房屋产权无偿赠与配偶、父母、子女、祖父母、外祖父母、孙子女、外孙子女、兄弟姐妹，对当事双方不征收个人所得税。因此张大鸿和张小鸿均不缴纳个人所得税。

（2）受赠人转让受赠房屋的，以其转让受赠房屋的收入减除原捐赠人取得该房屋的实际购置成本以及赠与和转让过程中受赠人支付的相关税费后的余额，为受赠人的应纳税所得额，依法计征个人所得税。

张小鸿转让房屋应缴纳个人所得税=（60-50-2）×20%=1.6（万元）

（四）两人或两人以上共同取得一项收入的个人所得税的计算

两个或两人以上共同取得同一项目收入的，应当对每个人取得的收入分别按照个人所得税法的规定计算纳税，即按"先分、后扣、再税"的办法计算各自应该承担的个人所得税。

任务实例5-12 张某和李某为灵活就业者，本年受甲公司邀请提供会计培训。张某负责培训理论部分，李某负责培训实务部分。张某和李某与甲公司签订劳务合同，约定甲公司本年支付给张某和李某的税前劳务报酬收入共计400 000元，其中，张某分得220 000元，李某分得180 000元。当年张某的专项扣除、专项附加扣除和依法

> 确定的其他扣除合计额为 50 000 元。当年李某的专项扣除、专项附加扣除和依法确定的其他扣除合计额为 48 000 元。当年张某和李某均无其他收入。

【任务要求】 计算张某和李某综合所得应缴纳的个人所得税。

【任务实施】 本年张某综合所得的应纳税所得额=220 000×（1-20%）-60 000-50 000=66 000（元）

本年张某综合所得应纳个人所得税=66 000×10%-2 520=4 080（元）

本年李某综合所得的应纳税所得额=180 000×（1-20%）-60 000-48 000=36 000（元）

本年李某综合所得应纳个人所得税=36 000×3%=1 080（元）

（五）境外所得已纳税款抵免的计算

居民个人从中国境外取得的所得，可以从其应纳税额中抵免已在境外缴纳的个人所得税税额，但抵免额不得超过该纳税人境外所得依照我国个人所得税法的规定计算的应纳税额。

> **点睛** 已在境外缴纳的个人所得税税额，是指居民个人来源于中国境外的所得，依照该所得来源国家（地区）的法律应当缴纳并且实际已经缴纳的所得税税额。

居民个人从中国境内和境外取得的综合所得、经营所得，应当分别合并计算应纳税额；从中国境内和境外取得的其他所得，应当分别单独计算应纳税额。

纳税人境外所得依照个人所得税法规定计算的应纳税额，是居民个人抵免已在境外缴纳的综合所得、经营所得以及其他所得的所得税税额的限额（以下简称抵免限额）。除国务院财政、税务主管部门另有规定外，来源于中国境外一个国家（地区）的综合所得抵免限额、经营所得抵免限额以及其他所得抵免限额之和，为来源于该国家（地区）所得的抵免限额。

居民个人在中国境外一个国家（地区）实际已经缴纳的个人所得税税额，低于依照前款规定计算出的来源于该国家（地区）所得的抵免限额的，应当在中国缴纳差额部分的税款；超过来源于该国家（地区）所得的抵免限额的，其超过部分不得在本纳税年度的应纳税额中抵免，但是可以在以后纳税年度来源于该国家（地区）所得的抵免限额的余额中补扣。补扣期限最长不得超过 5 年。

> **任务实例5-13** 中国居民个人张某在本年度从 A 国取得彩票收入 30 000 元。张某在 A 国已经缴纳个人所得税 3 000 元。张某在 A 国没有其他收入。

【任务要求】 计算张某在 A 国取得的彩票收入在我国应当补缴的个人所得税。

【任务实施】 张某偶然所得个人所得税扣除限额（按照中国税法规定的应纳个人所得税税额）=30 000×20%=6 000（元），则张某在我国应补缴的个人所得税=6 000-3 000=3 000（元）。

九、个人所得税的纳税调整

有下列情形之一的，税务机关有权按照合理方法进行纳税调整：

❶个人与其关联方之间的业务往来不符合独立交易原则而减少本人或者其关联方应纳税额，且无正当理由；

❷居民个人控制的，或者居民个人和居民企业共同控制的设立在实际税负明显偏低的国家（地区）的企业，无合理经营需要，对应当归属于居民个人的利润不作分配或者减少分配；

❸个人实施其他不具有合理商业目的的安排而获取不当税收利益。

税务机关依照前款规定作出纳税调整，需要补征税款的，应当补征税款，并依法加收利息。

十、个人所得税的信息管理规定

公安、人民银行、金融监督管理等相关部门应当协助税务机关确认纳税人的身份、金融账户信息。教育、卫生、医疗保障、民政、人力资源社会保障、住房城乡建设、公安、人民银行、金融监督管理等相关部门应当向税务机关提供纳税人子女教育、继续教育、大病医疗、住房贷款利息、住房租金、赡养老人、3岁以下婴幼儿照护等专项附加扣除信息。

个人转让不动产的，税务机关应当根据不动产登记等相关信息核验应缴的个人所得税，登记机构办理转移登记时，应当查验与该不动产转让相关的个人所得税的完税凭证。个人转让股权办理变更登记的，市场主体登记机关应当查验与该股权交易相关的个人所得税的完税凭证。

有关部门依法将纳税人、扣缴义务人遵守本法的情况纳入信用信息系统，并实施联合激励或者惩戒。

项目引例解析

1.本年综合所得的应纳税所得额=16 000×12+5 000×70%×（1-20%）+48 000×（1-20%）-60 000-40 000
=133 200（元）

本年综合所得应纳个人所得税=133 200×10%-2 520=10 800（元）

2.书法作品拍卖所得应纳个人所得税=（350 000-250 000）×20%=20 000（元）

3.企业对累积消费达到一定额度的个人按消费积分反馈礼品，不征收个人所得税。

抽奖所获奖品的中奖所得应纳个人所得税=1 999×20%=399.8（元）

4.转让境内上市公司股票净所得暂免征收个人所得税。

自2015年9月8日起，个人从公开发行和转让市场取得的上市公司股票，持股期限超过1年的，股息、红利所得暂免征收个人所得税。个人从公开发行和转让市场取得的上市公司股票，持股期限在1个月以内（含1个月）的，其股息、红利所得全额计入应纳税所得额；持股期限在1个月以上至1年（含1年）的，暂减按50%计入应纳税所得额。由于持股期限超过1年，因此，取得的股票红利所得暂免征收个人所得税。

任务七　　个人所得税的征收管理

任务引例

本人取得了体育彩票中奖所得30 000元，发奖方未扣缴个人所得税，请问本人需要自行申报吗？

一、个人所得税的代扣代缴

（一）个人所得税扣缴义务人

详见本项目任务二的"二、个人所得税的扣缴义务人"。

对扣缴义务人按照所扣缴的税款，税务机关应付给2%的手续费，不包括税务机关、司法机关等查补或者责令补扣的税款。

（二）个人所得税代扣代缴的范围

居民个人取得综合所得，按年计算个人所得税；有扣缴义务人的，由扣缴义务人按月或者按次预扣预缴税款；需要办理汇算清缴的，应当在取得所得的次年3月1日至6月30日内办理汇算清缴。预扣预缴办法由国务院税务主管部门制定。

居民个人向扣缴义务人提供专项附加扣除信息的，扣缴义务人按月预扣预缴税款时应当按照规定予以扣除，不得拒绝。

非居民个人取得工资薪金所得、劳务报酬所得、稿酬所得和特许权使用费所得，有扣缴义务人的，由扣缴义务人按月或者按次代扣代缴税款，不办理汇算清缴。

纳税人取得利息、股息、红利所得，财产租赁所得，财产转让所得和偶然所得，按月或者按次计算个人所得税，有扣缴义务人的，由扣缴义务人按月或者按次代扣代缴税款。

扣缴义务人向个人支付应纳税所得（包括现金、实物和有价证券）时，不论纳税人是否属于本单位人员，均应代扣代缴其应纳的个人所得税税款。

点睛 全员全额扣缴申报，是指扣缴义务人在代扣税款的次月15日内，向主管税务机关报送其支付所得的所有个人的有关信息、支付所得数额、扣除事项和数额、扣缴税款的具体数额和总额以及其他相关涉税信息资料。实行个人所得税全员全额扣缴申报的应税所得包括：

（1）工资薪金所得；

（2）劳务报酬所得；

（3）稿酬所得；

（4）特许权使用费所得；

（5）利息、股息、红利所得；

（6）财产租赁所得；

（7）财产转让所得；

（8）偶然所得。

提示 纳税人、扣缴义务人应当按照规定保存与专项附加扣除相关的资料。税务机关可以对纳税人提供的专项附加扣除信息进行抽查，具体办法由国务院税务主管部门另行规定。税务机关发现纳税人提供虚假信息的，应当责令改正并通知扣缴义务人；情节严重的，有关部门应当依法予以处理，纳入信用信息系统并实施联合惩戒。

（三）个人所得税的代扣代缴期限

扣缴义务人每月或者每次预扣、代扣的税款，应当在次月15日内缴入国库，并向税务机关报送个人所得税扣缴申报表。

（四）个人所得税的代扣代缴纳税申报

扣缴义务人代扣代缴个人所得税时，应当填报"个人所得税基础信息表（A表）"（略）或"个人所得税基础信息表（B表）（略）"和"个人所得税扣缴申报表"（见表5-6）。

二、个人所得税的自行申报

（一）个人所得税自行申报的范围

有下列情形之一的，纳税人应当依法办理纳税申报：

❶取得综合所得需要办理汇算清缴；

表5-6

个人所得税扣缴申报表

税款所属期: 年 月 日 至 年 月 日

扣缴义务人名称:

扣缴义务人纳税人识别号(统一社会信用代码): □□□□□□□□□□□□□□□□□□

金额单位: 人民币元(列至角分)

序号	姓名	身份证件类型	身份证件号码	纳税人识别号	是否为非居民个人	所得项目	收入额计算情况				本月(次)情况 专项扣除				其他扣除						累计情况			累计专项附加扣除						累计其他扣除	减按计税比例	准予扣除的捐赠额	税款计算							备注
							收入	费用	免税收入	减除费用	基本养老保险费	基本医疗保险费	失业保险费	住房公积金	年金	商业健康保险	税延养老保险	财产原值	允许扣除的税费	其他	累计收入额	累计减除费用	累计专项扣除	子女教育	继续教育	住房贷款利息	住房租金	赡养老人	3岁以下婴幼儿照护				应纳税所得额	税率/预扣率	速算扣除数	应纳税额	减免税额	已扣缴税额	应补/退税额	
1	2	3	4	5	6	7	8	9	10	11	12	13	14	15	16	17	18	19	20	21	22	23	24	25	26	27	28	29	30	31	32	33	34	35	36	37	38	39	40	41
合计																																								

谨声明: 本表是根据国家税收法律法规及相关规定填报的, 是真实的、可靠的、完整的。

经办人签字:

经办人身份证件号码:

代理机构签章:

代理机构统一社会信用代码:

扣缴义务人(签章):

年 月 日

受理人:

受理税务机关(章):

受理日期: 年 月 日

❷取得应税所得没有扣缴义务人；

❸取得应税所得，扣缴义务人未扣缴税款；

❹取得境外所得；

❺因移居境外注销中国户籍；

❻非居民个人在中国境内从两处以上取得工资薪金所得；

❼国务院规定的其他情形。

点睛 取得综合所得需要办理汇算清缴的情形包括：

（1）从两处以上取得综合所得，且综合所得年收入额减除专项扣除的余额超过6万元；

（2）取得劳务报酬所得、稿酬所得、特许权使用费所得中一项或者多项所得，且综合所得年收入额减除专项扣除的余额超过6万元；

（3）纳税年度内预缴税额低于应纳税额；

（4）纳税人申请退税。

纳税人申请退税，应当提供其在中国境内开设的银行账户，并在汇算清缴地就地办理税款退库。

纳税人办理综合所得汇算清缴，应当准备与收入、专项扣除、专项附加扣除、依法确定的其他扣除、捐赠、享受税收优惠等相关的资料，并按规定留存备查或报送。

提示 纳税人可以委托扣缴义务人或者其他单位和个人办理汇算清缴。

提示 2019年1月1日至2023年12月31日居民个人取得的综合所得，年度综合所得收入不超过12万元且需要汇算清缴补税的，或者年度汇算清缴补税金额不超过400元的，居民个人可免于办理个人所得税综合所得汇算清缴，居民个人取得综合所得时存在扣缴义务人未依法预扣预缴税款的情形除外。

任务实例5-14 中国居民张某在2022年度取得综合所得收入15万元，经测算需要汇算清缴补税600元；中国居民李某在2022年度取得综合所得收入10万元，经测算需要汇算清缴补税600元；中国居民王某在2022年度取得综合所得收入15万元，经测算需要汇算清缴补税300元。张某、李某、王某取得综合所得时其扣缴义务人均已经依法预扣预缴了税款。

【任务要求】 说明张某、李某、王某是否需要对取得的综合所得办理汇算清缴。

【任务实施】 2019年1月1日至2023年12月31日居民个人取得的综合所得，年度综合所得收入不超过12万元且需要汇算清缴补税的，或者年度汇算清缴补税金额不超过400元的，居民个人可免于办理个人所得税综合所得汇算清缴，居民个人取得综合所得时存在扣缴义务人未依法预扣预缴税款的情形除外。

（1）中国居民张某在2022年度取得综合所得收入15万元，经测算需要汇算清缴补税600元。由于张某年度综合所得收入为15万元，超过12万元，年度汇算清缴补税金额为600元，超过400元，因此需要办理个人所得税综合所得汇算清缴，即需要在汇算清缴时补税600元。

（2）中国居民李某在2022年度取得综合所得收入10万元，经测算需要汇算清缴补税600元。由于李某年度综合所得收入为10万元，未超过12万元，因此可免于办理个人所得税综合所得汇算清缴，即不需要补税600元。当然李某也可以放弃免于办理个人所得税综合所得汇算清缴的权利，主动通过办理汇算清缴来补税600元。

（3）中国居民王某在2022年度取得综合所得收入15万元，经测算需要汇算清缴补税

300 元。由于王某年度汇算清缴补税金额为 300 元,未超过 400 元,因此可免于办理个人所得税综合所得汇算清缴,即不需要补税 300 元。当然王某也可以放弃免于办理个人所得税综合所得汇算清缴的权利,主动通过办理汇算清缴来补税 300 元。

(二)个人所得税自行申报的期限

居民个人取得综合所得,按年计算个人所得税;有扣缴义务人的,由扣缴义务人按月或者按次预扣预缴税款;需要办理汇算清缴的,应当在取得所得的次年 3 月 1 日至 6 月 30 日内办理汇算清缴。预扣预缴办法由国务院税务主管部门制定。

纳税人取得经营所得,按年计算个人所得税,由纳税人在月度或者季度终了后 15 日内向税务机关报送纳税申报表,并预缴税款;在取得所得的次年 3 月 31 日前办理汇算清缴。

> **提示** 自 2022 年 7 月 14 日起,按月申报预缴经营所得个人所得税的市场主体办理歇业后,可自下一季度起调整为按季预缴申报。被税务机关认定为非正常户的市场主体,在解除非正常状态之前,歇业期间不适用上述简化纳税申报方式。

纳税人取得应税所得没有扣缴义务人的,应当在取得所得的次月 15 日内向税务机关报送纳税申报表,并缴纳税款。

> **提示** 纳税人取得应税所得,扣缴义务人未扣缴税款的,纳税人应当在取得所得的次年 6 月 30 日前,缴纳税款;税务机关通知限期缴纳的,纳税人应当按照期限缴纳税款。

任务引例解析

《个人所得税法》第十条规定,取得应税所得,扣缴义务人未扣缴税款,纳税人应当依法办理纳税申报。《个人所得税法》第十三条规定,纳税人取得应税所得,扣缴义务人未扣缴税款的,纳税人应当在取得所得的次年 6 月 30 日前,缴纳税款;税务机关通知限期缴纳的,纳税人应当按照期限缴纳税款。因此你需要自行办理纳税申报。

居民个人从中国境外取得所得的,应当在取得所得的次年 3 月 1 日至 6 月 30 日内申报纳税。

非居民个人在中国境内从两处以上取得工资薪金所得的,应当在取得所得的次月 15 日内申报纳税。

纳税人因移居境外注销中国户籍的,应当在注销中国户籍前办理税款清算。

纳税人办理汇算清缴退税或者扣缴义务人为纳税人办理汇算清缴退税的,税务机关审核后,按照国库管理的有关规定办理退税。

(三)个人所得税自行申报的地点及其他要求

(1)需要办理汇算清缴的纳税人,应当在取得所得的次年 3 月 1 日至 6 月 30 日内,向任职、受雇单位所在地主管税务机关办理纳税申报,并报送"个人所得税年度自行纳税申报表"。

(2)纳税人有两处以上任职、受雇单位的,选择向其中一处任职、受雇单位所在地主管税务机关办理纳税申报。

(3)纳税人没有任职、受雇单位的,向户籍所在地或经常居住地主管税务机关办理纳税申报。

(4)纳税人取得经营所得,按年计算个人所得税,由纳税人在月度或季度终了后 15

日内，向经营管理所在地主管税务机关办理预缴纳税申报，并报送"个人所得税经营所得纳税申报表（A表）"。在取得所得的次年3月31日前，向经营管理所在地主管税务机关办理汇算清缴，并报送"个人所得税经营所得纳税申报表（B表）"；从两处以上取得经营所得的，选择向其中一处经营管理所在地主管税务机关办理年度汇总申报，并报送"个人所得税经营所得纳税申报表（C表）"。

（5）纳税人取得应税所得，扣缴义务人未扣缴税款的，应当区别以下情形办理纳税申报：

❶居民个人取得综合所得的，按照上述（1）（2）（3）项办理。

❷非居民个人取得工资薪金所得、劳务报酬所得、稿酬所得、特许权使用费所得的，应当在取得所得的次年6月30日前，向扣缴义务人所在地主管税务机关办理纳税申报，并报送"个人所得税自行纳税申报表（A表）"。有两个以上扣缴义务人均未扣缴税款的，选择向其中一处扣缴义务人所在地主管税务机关办理纳税申报。

非居民个人在次年6月30日前离境（临时离境除外）的，应当在离境前办理纳税申报。

❸纳税人取得利息、股息、红利所得，财产租赁所得，财产转让所得和偶然所得的，应当在取得所得的次年6月30日前，按相关规定向主管税务机关办理纳税申报，并报送"个人所得税自行纳税申报表（A表）"。

税务机关通知限期缴纳的，纳税人应当按照期限缴纳税款。

（6）居民个人从中国境外取得所得的，应当在取得所得的次年3月1日至6月30日内，向中国境内任职、受雇单位所在地主管税务机关办理纳税申报；在中国境内没有任职、受雇单位的，向户籍所在地或中国境内经常居住地主管税务机关办理纳税申报；户籍所在地与中国境内经常居住地不一致的，选择其中一地主管税务机关办理纳税申报；在中国境内没有户籍的，向中国境内经常居住地主管税务机关办理纳税申报。

（7）纳税人因移居境外注销中国户籍的，应当在申请注销中国户籍前，向户籍所在地主管税务机关办理纳税申报，进行税款清算。

❶纳税人在注销户籍年度取得综合所得的，应当在注销户籍前，办理当年综合所得的汇算清缴，并报送"个人所得税年度自行纳税申报表"。尚未办理上一年度综合所得汇算清缴的，应当在办理注销户籍纳税申报时一并办理。

❷纳税人在注销户籍年度取得经营所得的，应当在注销户籍前，办理当年经营所得的汇算清缴，并报送"个人所得税经营所得纳税申报表（B表）"。从两处以上取得经营所得的，还应当一并报送"个人所得税经营所得纳税申报表（C表）"。尚未办理上一年度经营所得汇算清缴的，应当在办理注销户籍纳税申报时一并办理。

❸纳税人在注销户籍当年取得利息、股息、红利所得，财产租赁所得，财产转让所得和偶然所得的，应当在注销户籍前，申报当年上述所得的完税情况，并报送"个人所得税自行纳税申报表（A表）"。

❹纳税人有未缴或者少缴税款的，应当在注销户籍前，结清欠缴或未缴的税款。纳税人存在分期缴税且未缴纳完毕的，应当在注销户籍前，结清尚未缴纳的税款。

❺纳税人办理注销户籍纳税申报时，需要办理专项附加扣除、依法确定的其他扣除的，应当向税务机关报送"个人所得税专项附加扣除信息表""商业健康保险税前扣除情况明细表""个人税收递延型商业养老保险税前扣除情况明细表"等。

（8）非居民个人在中国境内从两处以上取得工资、薪金所得的，应当在取得所得的次月15日内，向其中一处任职、受雇单位所在地主管税务机关办理纳税申报，并报送"个人所得税自行纳税申报表（A表）"。

（四）个人所得税的自行纳税申报

纳税人自行申报个人所得税时，根据不同的情况应当分别填报"个人所得税自行纳税申报表（A表）"（略）、"个人所得税年度自行纳税申报表（A表）（仅取得境内综合所得年度汇算适用）"（见表5-7）、"个人所得税经营所得纳税申报表（A表）"（略）或"个人所得税经营所得纳税申报表（B表）"（略）或"个人所得税经营所得纳税申报表（C表）"（略）等申报表。

表5-7 **个人所得税年度自行纳税申报表（A表）**

（仅取得境内综合所得年度汇算适用）

税款所属期：　　　年　　月　　日至　　　年　　月　　日

纳税人姓名：

纳税人识别号：□□□□□□□□□□□□□□□□□□　　　金额单位：人民币元（列至角分）

基本情况		
手机号码　　　　　　电子邮箱　　　　　　　邮政编码 □□□□□□		
联系地址 ＿＿省（区、市）＿＿市＿＿区（县）＿＿＿＿街道（乡、镇）＿＿＿＿＿		
纳税地点（单选）		
1.有任职受雇单位的，需选本项并填写"任职受雇单位信息"：□任职受雇单位所在地		
任职受雇单位信息　名称		
纳税人识别号 □□□□□□□□□□□□□□□□□□		
2.没有任职受雇单位的，可以从本栏次选择一地：□户籍所在地 □经常居住地 □主要收入来源地		
户籍所在地/经常居住地/主要收入来源地 ＿＿省（区、市）＿＿市＿＿区（县）＿＿街道（乡、镇）＿＿＿＿＿		
申报类型（单选）		
□首次申报　　　　　　　　□更正申报		
综合所得个人所得税计算		
项　目	行次	金　额
一、收入合计（第1行=第2行+第3行+第4行+第5行）	1	
（一）工资、薪金	2	
（二）劳务报酬	3	
（三）稿酬	4	
（四）特许权使用费	5	
二、费用合计［第6行=（第3行+第4行+第5行）×20%］	6	
三、免税收入合计（第7行=第8行+第9行）	7	
（一）稿酬所得免税部分［第8行=第4行×（1-20%）×30%］	8	
（二）其他免税收入（附报"个人所得税减免税事项报告表"）	9	
四、减除费用	10	

续表

项　目	行次	金　额
五、专项扣除合计（第 11 行＝第 12 行＋第 13 行＋第 14 行＋第 15 行）	11	
（一）基本养老保险费	12	
（二）基本医疗保险费	13	
（三）失业保险费	14	
（四）住房公积金	15	
六、专项附加扣除合计（附报"个人所得税专项附加扣除信息表"） 　　（第 16 行＝第 17 行＋第 18 行＋第 19 行＋第 20 行＋第 21 行＋第 22 行＋第 23 行）	16	
（一）子女教育	17	
（二）继续教育	18	
（三）大病医疗	19	
（四）住房贷款利息	20	
（五）住房租金	21	
（六）赡养老人	22	
（七）3 岁以下婴幼儿照护	23	
七、其他扣除合计（第 24 行＝第 25 行＋第 26 行＋第 27 行＋第 28 行＋第 29 行＋第 30 行）	24	
（一）年金	25	
（二）商业健康保险（附报"商业健康保险税前扣除情况明细表"）	26	
（三）税延养老保险（附报"个人税收递延型商业养老保险税前扣除情况 　　　　明细表"）	27	
（四）允许扣除的税费	28	
（五）个人养老金	29	
（六）其他	30	
八、准予扣除的捐赠额（附报"个人所得税公益慈善事业捐赠扣除明细表"）	31	
九、应纳税所得额 　　（第 32 行＝第 1 行－第 6 行－第 7 行－第 10 行－第 11 行－第 16 行－第 24 行－第 31 行）	32	
十、税率（%）	33	
十一、速算扣除数	34	
十二、应纳税额（第 35 行＝第 32 行×第 33 行－第 34 行）	35	
全年一次性奖金个人所得税计算 　（无住所居民个人预判为非居民个人取得的数月奖金，选择按全年一次性奖金计税的填写本部分）		
一、全年一次性奖金收入	36	
二、准予扣除的捐赠额（附报"个人所得税公益慈善事业捐赠扣除明细表"）	37	
三、税率（%）	38	
四、速算扣除数	39	

续表

项 目	行次	金 额
五、应纳税额〔第40行=（第36行-第37行）×第38行-第39行〕	40	
税额调整		
一、综合所得收入调整额（需在"备注"栏说明调整具体原因、计算方式等）	41	
二、应纳税额调整额	42	
应补/退个人所得税计算		
一、应纳税额合计（第43行=第35行+第40行+第42行）	43	
二、减免税额（附报"个人所得税减免税事项报告表"）	44	
三、已缴税额	45	
四、应补/退税额（第46行=第43行-第44行-第45行）	46	

无住所个人附报信息			
纳税年度内在中国境内居住天数		已在中国境内居住年数	

退税申请

（应补/退税额小于0的填写本部分）

□ 申请退税（需填写"开户银行名称""开户银行省份""银行账号"）　　　□ 放弃退税

开户银行名称		开户银行省份	
银行账号			

备注

谨声明：本表是根据国家税收法律法规及相关规定填报的，本人对填报内容（附带资料）的真实性、可靠性、完整性负责。

纳税人签字：　　　　　年　月　日

经办人签字：　　　　　　　　　　　　　受理人：
经办人身份证件类型：
经办人身份证件号码：　　　　　　　　　受理税务机关（章）：
代理机构签章：
代理机构统一社会信用代码：　　　　　　受理日期：　　年　月　日

国家税务总局监制

▶ 职业技能训练 ◀

■ **职业能力选择**

一、单项选择题

1.根据个人所得税法律制度的规定，在中国境内有住所，或者无住所而一个纳税年度内在中国境内居住累计满（　　）天的个人，为居民个人。

A.60　　　　　　　B.90　　　　　　　C.183　　　　　　　D.365

2.根据个人所得税法律制度的规定，利息、股息、红利所得，财产租赁所得，财产转让所得和偶然所得，适用比例税率，税率为（　　）。

A.10%　　　　　　　　　B.20%　　　　　　　　　C.25%　　　　　　　　　D.30%

3.下列各项中，需要缴纳个人所得税的是（　　）。

A.军人的转业费

B.国家发行的金融债券利息

C.个人举报违法犯罪行为获得的奖金

D.个人转让自用5年以下，并且是家庭唯一生活用房，取得的所得

4.张某于本年6月取得国债利息收入5 000元，从非上市公司取得股息8 000元。本月张某利息、股息收入应缴纳的个人所得税为（　　）元。

A.8 000×20%=1 600　　　　　　　　　　　　B.（5 000+8 000）×20%=2 600

C.8 000×（1-20%）×20%=1 280　　　　　　　D.（5 000+8 000）×（1-20%）×20%=2 080

5.公司职工取得的用于购买企业国有股权的劳动分红，按（　　）项目征收个人所得税。

A.工资薪金所得　　　　　　　　　　　　　　B.特许权使用费所得

C.劳务报酬所得　　　　　　　　　　　　　　D.利息、股息、红利所得

6.下列关于大病医疗个人所得税专项附加扣除的说法中，正确的有（　　）。

A.在一个纳税年度内，纳税人发生的与基本医保相关的医药费用支出，扣除医保报销后个人负担（指医保目录范围内的自付部分）累计超过15 000元的部分，由纳税人在办理年度汇算清缴时，在80 000元限额内据实扣除

B.纳税人发生的医药费用支出可以选择由本人或者其配偶扣除；子女发生的医药费用支出可以选择由其父母一方扣除

C.在一个纳税年度内，纳税人发生的与基本医保相关的医药费用支出，扣除医保报销后个人负担（指医保目录范围内的自付部分）累计超过10 000元的部分，由纳税人在办理年度汇算清缴时，在60 000元限额内据实扣除

D.纳税人发生的医药费用支出只能由本人扣除

7.张某本年年底，将其持有的有价证券以80 000元的价格转让。该有价证券购入时的价格为48 000元，另外购入时缴纳的有关费用为7 000元。则张某转让有价证券应缴纳的个人所得税为（　　）元。

A.0　　　　　　　　B.5 000　　　　　　　　C.6 000　　　　　　　　D.16 000

8.居民个人综合所得个人所得税在汇算清缴时的计算适用（　　）。

A.20%的比例税率　　　　　　　　　　　　B.3%～45%的超额累进税率

C.5%～45%的超率累进税率　　　　　　　　D.5%～35%的超额累进税率

9.自2019年1月1日起，居民个人的综合所得，以每一纳税年度的收入额减除费用（　　）万元以及专项扣除、专项附加扣除和依法确定的其他扣除后的余额，为应纳税所得额。

A.5　　　　　　　　B.6　　　　　　　　C.8　　　　　　　　D.12

10.在中国境内无住所的个人，在中国境内居住累计满183天的年度连续不满（　　）年的，经向主管税务机关备案，其来源于中国境外且由境外单位或者个人支付的所得，免予缴纳个人所得税。

A.5　　　　　　　　B.6　　　　　　　　C.8　　　　　　　　D.10

11.自2019年1月1日起，非居民个人的工资薪金所得，以每月收入额减除费用（　　）元后的余额为应纳税所得额。

A.4 000　　　　　　　B.5 000　　　　　　　C.6 000　　　　　　　D.7 000

12.对扣缴义务人按照所扣缴的个人所得税税款，税务机关应付给（　　）的手续费。

A.2%　　　　　　　　B.3%　　　　　　　　C.4%　　　　　　　　D.6%

13.下列个人所得中，不属于免征个人所得税的是（　　）。

A.保险赔款　　　　　　　　　　　　　　　B.残疾、孤老人员和烈属的所得

C.军人的转业费   D.国债利息

14.个人的财产转让所得在计征个人所得税时，其应纳税所得额以（   ）计算。

A.财产转让收入额减去财产原值   B.财产转让收入额

C.财产转让收入额减去财产原值和合理费用   D.财产转让收入额减去800元费用

15.下列属于"工资薪金所得"项目的是（   ）。

A.托儿补助费   B.劳动分红   C.投资分红   D.独生子女补贴

16.下列所得中，不属于稿酬所得征税范围的是（   ）。

A.发表文学作品的所得   B.公开拍卖文学作品手稿复印件的所得

C.发表摄影作品的所得   D.发表书画作品的所得

17.我国居民个人张某本年3月取得税前稿酬收入30 000元，本年10月取得税前特许权使用费收入50 000元，本年12月取得税前劳务报酬收入80 000元。张某本年专项扣除、专项附加扣除和依法确定的其他扣除共计40 000元。张某本年无其他收入，则张某本年应纳个人所得税（   ）元。

A.568   B.588   C.624   D.634

18.下列应税项目中，不适用代扣代缴方式缴纳个人所得税的是（   ）。

A.偶然所得   B.非居民个人稿酬所得

C.经营所得   D.红利所得

19.下列所得中，免征个人所得税的是（   ）。

A.年终加薪   B.拍卖本人文字作品手稿原件的收入

C.个人举报犯罪行为而获得的奖金   D.从投资管理公司取得的派息分红

20.我国居民个人李某本年每月取得税前工资薪金收入10 000元，另外本年5月取得税前劳务报酬收入40 000元。李某本年专项扣除、专项附加扣除和依法确定的其他扣除共计40 000元。李某本年无其他收入，则李某本年应缴纳的个人所得税为（   ）元。

A.2 280   B.2 680   C.3 280   D.3 680

二、多项选择题

1.下列各项中，不征收个人所得税的有（   ）。

A.企业通过价格折扣、折让方式向个人销售商品（产品）和提供服务

B.企业在向个人销售商品（产品）和提供服务的同时给予赠品

C.企业对累计消费达到一定额度的个人按消费积分反馈礼品

D.企业对累计消费达到一定额度的顾客，给予额外抽奖机会，个人的获奖所得

2.下列各项中，符合我国《个人所得税法》规定的有（   ）。

A.财产转让所得，以转让财产的收入额为应纳税所得额

B.稿酬所得的收入额减按50%计算

C.财产转让所得适用20%的比例税率

D.对个人出租居民住房取得的所得按10%计征

3.下列各项中，属于综合所得的有（   ）。

A.财产租赁所得   B.劳务报酬所得   C.稿酬所得   D.特许权使用费所得

4.下列各项中，属于劳务报酬所得的有（   ）。

A.提供财税咨询取得收入   B.审稿收入

C.现场书画收入   D.雕刻收入

5.计算居民个人综合所得的应纳税所得额时需要扣除专项附加扣除。下列各项中，属于专项附加扣除的有（   ）。

A.子女教育支出   B.大病医疗支出   C.继续教育支出   D.赡养老人支出

6.扣缴义务人向个人支付的下列所得中，应代扣代缴个人所得税的有（   ）。

A.利息、股息、红利所得   B.财产租赁所得

C.财产转让所得   D.偶然所得

7.个人所得税的纳税人应当依法办理纳税申报的情形有（　　）。

A.因移居境外注销中国户籍

B.非居民个人在中国境内从两处以上取得工资薪金所得

C.取得应税所得没有扣缴义务人

D.取得应税所得，扣缴义务人未扣缴税款

8.下列各项中，属于个人所得税的工资薪金所得的有（　　）。

A.年终加薪   B.劳动分红   C.职务工资   D.午餐补贴

9.下列各项中，可以免征或暂免征收个人所得税的有（　　）。

A.张某取得退休工资3 000元   B.李某取得境内上市公司股票转让所得5万元

C.王某取得救济金2万元   D.赵某举报税务违法行为获得奖金1万元

10.下列各项中，可以直接以收入额作为个人所得税应纳税所得额的有（　　）。

A.股票转让所得   B.企业债券利息   C.其他所得   D.稿酬所得

11.根据个人所得税法律制度的规定，下列说法中，正确的有（　　）。

A.居民个人取得综合所得，需要办理汇算清缴的，应当在取得所得的次年3月1日至6月30日内办理汇算清缴

B.纳税人取得经营所得，在取得所得的次年3月31日前办理汇算清缴

C.纳税人取得应税所得没有扣缴义务人的，应当在取得所得的次月15日内向税务机关报送纳税申报表，并缴纳税款

D.纳税人取得应税所得，扣缴义务人未扣缴税款的，纳税人应当在取得所得的次年3月31日前，缴纳税款；税务机关通知限期缴纳的，纳税人应当按照期限缴纳税款

12.下列各项中，应当按"特许权使用费所得"缴纳个人所得税的有（　　）。

A.编剧从电视剧制作单位取得的剧本使用费

B.作者将书画作品原件拍卖取得的所得

C.作者将自己的文学作品手稿原件拍卖取得的所得

D.作者去世后，财产继承人取得的遗作稿酬

13.根据个人所得税法律制度的规定，自2019年1月1日起，居民个人的综合所得，以每一纳税年度的收入额减除费用60 000元以及专项扣除、专项附加扣除和依法确定的其他扣除后的余额，为应纳税所得额。专项扣除，包括（　　）。

A.居民个人按照国家规定的范围和标准缴纳的基本养老保险

B.居民个人按照国家规定的范围和标准缴纳的基本医疗保险

C.居民个人按照国家规定的范围和标准缴纳的失业保险

D.居民个人所任职的单位为其按照国家规定的范围和标准缴纳的住房公积金

14.根据个人所得税法律制度的规定，下列说法中，正确的有（　　）。

A.劳务报酬所得以收入减除20%的费用后的余额为收入额

B.利息、股息、红利所得和偶然所得的应纳税所得额即为每次收入额

C.财产租赁所得以收入减除20%的费用后的余额为收入额

D.稿酬所得以收入减除20%的费用后的余额为收入额；稿酬所得的收入额减按60%计算

15.下列关于子女教育个人所得税专项附加扣除的说法中，正确的有（　　）。

A.纳税人的子女接受全日制学历教育的相关支出，按照每个子女每月1 000元的标准定额扣除

B.纳税人的子女接受全日制学历教育的相关支出，按照每个子女每月2 000元的标准定额扣除

C.父母可以选择由其中一方按扣除标准的100%扣除，也可以选择由双方分别按扣除标准的50%扣

除，具体扣除方式在一个纳税年度内不能变更

D.父母只能选择由双方分别按扣除标准的50%扣除

■ 职业能力判断

1.根据个人所得税法律制度的规定，在中国境内无住所又不居住，或者无住所而一个纳税年度内在中国境内居住累计不满90天的个人，为非居民个人。　　　　　　　　　　　　　　　　（　　）

2.居民个人从中国境内和境外取得的所得，依照个人所得税法的规定缴纳个人所得税。　　（　　）

3.李某在一次有奖购物抽奖中，购买价值3 000元的电视机抽中特别奖，奖金1 000元。李某应缴纳的个人所得税税额为200元。　　　　　　　　　　　　　　　　　　　　　　　　　　　　（　　）

4.在商品营销活动中，企业和单位对营销成绩突出的雇员以培训班、研讨会、工作考察等名义组织旅游活动，通过免收差旅费、旅游费对个人实行的营销业绩奖励，应根据所发生的费用作为劳务收入，按照"劳务报酬所得"项目征收个人所得税。　　　　　　　　　　　　　　　　　　　　　　（　　）

5.符合《国务院关于工人退休、退职的暂行办法》规定的退职条件并按该办法规定的退职费标准所领取的退职费，应在取得的当月按"工资薪金所得"计算缴纳个人所得税。　　　　　　　　（　　）

6.个人兼职取得的收入应按照"劳务报酬所得"项目计征个人所得税。　　　　　　　　　　（　　）

7.居民个人从中国境外取得所得的，应当在取得所得的次年3月1日至6月30日内申报缴纳个人所得税。　　　　　　　　　　　　　　　　　　　　　　　　　　　　　　　　　　　　　　（　　）

8.根据个人所得税法律制度的规定，在经营所得中扣除公益捐赠支出的，可以选择在预缴税款时扣除，也可以选择在汇算清缴时扣除。　　　　　　　　　　　　　　　　　　　　　　　　　（　　）

9.对于个人所得税的居民个人，就来源于中国境内所得部分征税；对于非居民个人，就来源于中国境内和境外的全部所得征税。　　　　　　　　　　　　　　　　　　　　　　　　　　　　（　　）

10.个人取得的财产转租收入不征个人所得税。　　　　　　　　　　　　　　　　　　　　（　　）

11.根据个人所得税法律制度的规定，居民个人取得劳务报酬所得、稿酬所得、特许权使用费所得，可以在汇算清缴时向税务机关提供有关信息，减除专项附加扣除。　　　　　　　　　　　　（　　）

12.利息、股息、红利所得，偶然所得和其他所得个人所得税按次征收，以每次取得的收入为一次，不扣除任何费用。　　　　　　　　　　　　　　　　　　　　　　　　　　　　　　　　　　（　　）

13.扣缴义务人每月或者每次预扣、代扣的个人所得税税款，应当在次月15日内缴入国库，并向税务机关报送扣缴个人所得税申报表。　　　　　　　　　　　　　　　　　　　　　　　　　（　　）

14.居民个人取得综合所得，按年计算个人所得税；有扣缴义务人的，由扣缴义务人按月或者按次预扣预缴税款；需要办理汇算清缴的，应当在取得所得的次年2月1日至5月31日内办理汇算清缴。　（　　）

15.纳税人取得经营所得，按年计算个人所得税，由纳税人在月度或者季度终了后15日内向税务机关报送纳税申报表，并预缴税款；在取得所得的次年6月30日前办理汇算清缴。　　　　（　　）

■ 职业能力实训

一、计算题

1.我国居民个人李某为甲外商投资企业的高级管理人员，本年度其收入情况如下：

（1）每月从雇佣单位甲外商投资企业取得税前工资薪金收入20 000元；向乙公司转让自己的专利权的使用权，取得税前收入25 000元；受托为丙公司做工程设计，获得税前工程设计收入40 000元。

（2）取得股票转让收益20 000元。

（3）购物中奖获得税前奖金收入30 000元。

李某本年专项扣除、专项附加扣除和依法确定的其他扣除共计50 000元。

要求：计算李某全年应缴纳的个人所得税。

2.我国居民个人王某将其原居住的房屋租给张某用于居住，每月租金6 000元，租金按月支付，本年6月修缮费用为1 200元，相关税费为200元。

要求：计算本年6月王某应缴纳的个人所得税。

3.我国非居民个人汤姆于本年3月从我国取得一项特许权使用费收入1 200元，4月取得另一项特许权使用费收入4 500元。

要求：计算汤姆特许权使用费收入应缴纳的个人所得税。

4.我国居民个人张某为甲公司员工，本年每月应发工资均为30 000元，每月减除费用5 000元，专项扣除为4 000元，享受子女教育、赡养老人两项专项附加扣除共计2 000元，没有其他扣除，也没有减免收入及减免税额等情况。

要求：分别计算张某本年1月、2月、3月工资薪金所得应由甲公司预扣预缴的个人所得税。

二、综合题

1.我国居民个人张某为一自由职业者，本年取得如下收入：

（1）2月，出版专著取得稿费收入35 000元。

（2）5月，为甲公司提供培训一次，取得甲公司支付的一次性税前培训收入120 000元。

（3）8月，取得乙公司支付的一次性翻译资料收入50 000元、交通费800元、餐费500元、资料费180元、通信费120元。

（4）10月，取得到期国债利息收入1 500元。

（5）11月，取得保险赔款1 200元。

（6）12月，取得福利彩票中奖收入50 000元，并从中拿出10 000元直接捐赠给灾区。

以上收入均为个人所得税税前收入。另外，张某本年专项扣除、专项附加扣除和依法确定的其他扣除共计50 000元。

要求：计算张某本年的应纳个人所得税合计数。

2.我国居民个人李某每月工资薪金10 000元，任职于境内甲企业，同时为乙企业的自然人大股东，本年1—12月取得以下收入：

（1）取得保险赔款8 000元。

（2）取得甲企业支付的独生子女补贴10 000元。

（3）购买福利彩票，获得一次性中奖收入40 000元。

（4）在丙公司兼职取得兼职收入30 000元。

（5）5月份因持有某上市公司股票而取得红利15 000元，已知该股票为李某去年1月份从公开发行和转让市场取得的。

（6）将其拥有的两套住房中的自取得已使用7年的一套出售，取得转让收入800 000元，该房产买价为500 000元，另支付其他可以扣除的相关税费10 000元。

（7）10月份乙企业为李某购买了一辆小轿车并将所有权归到李某名下。已知该车购买价为600 000元，经当地税务机关核定，乙企业在代扣李某个人所得税税款时允许税前减除的数额为200 000元。

以上收入均为个人所得税税前收入。另外，李某本年专项扣除、专项附加扣除和依法确定的其他扣除共计40 000元。

要求：

（1）计算李某取得的综合所得应缴纳的个人所得税。

（2）计算李某取得的保险赔款和福利彩票中奖收入，应缴纳的个人所得税。

（3）计算李某取得的红利所得应缴纳的个人所得税。

（4）计算李某出售住房应缴纳的个人所得税。

（5）计算乙企业为李某购车应代扣代缴的个人所得税。

项目六 其他税种税法（上）

职业能力目标

（1）能判定哪些业务应缴纳城市维护建设税、教育费附加和地方教育附加，能根据相关业务资料计算城市维护建设税、教育费附加和地方教育附加，能确定城市维护建设税、教育费附加和地方教育附加的纳税义务发生时间、纳税期限和纳税地点。

（2）能判定哪些业务应缴纳土地增值税，能根据相关业务资料计算土地增值税，能确定土地增值税的纳税义务发生时间、纳税期限和纳税地点。

（3）能判定哪些业务应缴纳房产税，能根据相关业务资料计算房产税，能确定房产税的纳税义务发生时间、纳税期限和纳税地点。

（4）能判定哪些业务应缴纳资源税，能根据相关业务资料计算资源税，能确定资源税的纳税义务发生时间、纳税期限和纳税地点。

（5）能判定哪些业务应缴纳城镇土地使用税，能根据相关业务资料计算城镇土地使用税，能确定城镇土地使用税的纳税义务发生时间、纳税期限和纳税地点。

（6）能判定哪些业务应缴纳耕地占用税，能根据相关业务资料计算耕地占用税，能确定耕地占用税的纳税义务发生时间、纳税期限和纳税地点。

税收格言

避税可能合法，但却不道德。

——劳德·邓宁

素养提升

视频

减税降费，为平凡梦想助力

➤项目引例——城市维护建设税、教育费附加和地方教育附加的计算◀

位于县城的甲实木地板厂为增值税一般纳税人，本年7月向农民收购原木30吨，收购凭证上注明收购价款40万元，直接将其运往位于市区的乙企业，委托其加工成未上漆的素板，支付不含税运费2万元，取得运输公司开具的增值税专用发票，另支付给乙企业不含税加工费6万元，取得乙企业开具的增值税专用发票。当月乙企业加工完毕，甲实木地板厂收回后领用60%继续生产高级实木地板，当月生产高级实木地板1 800箱，销售1 400箱，取得不含税销售额360万元，另将剩余的400箱用于职工福利。已知乙企业无同类地板的销售价格，实木地板的消费税税率为5%。

★任务要求

计算甲实木地板厂当月应缴纳（不含被代收代缴）的城市维护建设税、教育费附加和地方教育附加。

▶**项目引例解析** 见本项目任务一的"附：教育费附加和地方教育附加"。

任务一 城市维护建设税法

任务引例

我公司为增值税一般纳税人，只缴纳增值税，不缴纳消费税，本年1月的增值税销项税额为4 000元，增值税进项税额为1 000元，但上个月还有5 000元的进项税额未抵扣（即上月增值税留抵税额为5 000元），因此本年1月应缴纳的增值税为零，请问本年1月我公司还要计算缴纳城市维护建设税吗？

一、城市维护建设税的基本原理认知

（一）城市维护建设税的含义

城市维护建设税是对在中华人民共和国境内缴纳增值税、消费税的单位和个人征收的一种税。

（二）城市维护建设税的发展

中华人民共和国成立以来，我国城市建设和维护在不同时期都取得了较大的成绩，但国家在城市建设方面一直资金不足。1979年以前，我国用于城市维护建设的资金来源由当时的工商税附加、城市公用事业附加和国家下拨城市维护费组成。1979年起国家开始在部分大中城市试行从上年工商利润中提取5%用于城市维护建设的办法，但未能从根本上解决问题。1981年国务院在批转财政部关于改革工商税制的设想中提出："根据城市建设的需要，开征城市维护建设税，作为县以上城市和工矿区市政建设的专项资金。"1985年2月8日国务院发布并于同年1月1日起实施《中华人民共和国城市维护建设税暂行条例》（以下简称《城市维护建设税暂行条例》），2011年1月8日根据《国务院关于废止和修改部分行政法规的决定》进行了修订。2020年8月11日，第十三届全国人民代表大会常务委员会第二十一次会议通过了《中华人民共和国城市维护建设税法》，自2021年9月1日起施行。1985年2月8日国务院发布的《中华人民共和国城市维护建设税暂行条例》同时废止。

现行城市维护建设税法律制度的基本规范，是2020年8月11日第十三届全国人民代表大会常务委员会第二十一次会议通过，自2021年9月1日起施行的《中华人民共和国城市维护建设税法》（以下简称《城市维护建设税法》）。

（三）城市维护建设税的特点

我国城市维护建设税具有以下特点：❶税款专款专用；❷属于附加税；❸根据城镇规模设定不同的比例税率；❹征收范围较广。

二、城市维护建设税纳税人、扣缴义务人和征税范围的确定

（一）城市维护建设税纳税人和扣缴义务人的确定

1.城市维护建设税的纳税人

城市维护建设税的纳税人，是在中华人民共和国境内缴纳增值税、消费税的单位和个人。

单位包括国有企业、集体企业、私营企业、股份制企业、其他企业和行政单位、事业单位、军事单位、社会团体、其他单位；个人包括个体工商户以及其他个人。

自2010年12月1日起，对外商投资企业、外国企业及外籍个人征收城市维护建设税。

2.城市维护建设税的扣缴义务人

代扣代缴、代收代缴增值税、消费税的单位和个人，同时也是城市维护建设税的代扣代缴、代收代缴义务人。

（二）城市维护建设税征税范围的确定

城市维护建设税的征税范围比较广。凡是在市区、县城、镇，以及市区、县城、镇以外的其他地区，只要是缴纳增值税、消费税的单位和个人，均属于城市维护建设税的征税范围。

对进口货物或者境外单位和个人向境内销售劳务、服务、无形资产缴纳的增值税、消费税税额，不征收城市维护建设税。

◀ 提示　城市维护建设税的征税范围没有覆盖到进口环节，也就是说，进口环节缴纳增值税、消费税的同时并不缴纳城市维护建设税。

三、城市维护建设税的计算

（一）城市维护建设税计税依据的确定

城市维护建设税的计税依据为纳税人依法实际缴纳的增值税、消费税税额。

具体来说，依法实际缴纳的增值税、消费税税额，是指纳税人依照增值税、消费税相关法律法规和税收政策规定计算的应当缴纳的增值税、消费税税额（不含因进口货物或境外单位和个人向境内销售劳务、服务、无形资产缴纳的增值税、消费税税额），加上增值税免抵税额，扣除直接减免的增值税、消费税税额和期末留抵退税退还的增值税税额后的金额。

增值税免抵税额，是指出口货物、劳务或者跨境销售服务、无形资产增值税免抵税额。

直接减免的增值税、消费税税额，是指依照增值税、消费税相关法律法规和税收政策规定，直接减征或免征的增值税、消费税税额，不包括实行先征后返、先征后退、即征即退办法退还的增值税、消费税税额。

纳税人自收到留抵退税额之日起，应当在下一个税费申报期从城市维护建设税、教育费附加和地方教育附加计税（费）依据中扣除。留抵退税额仅允许在按照增值税一般计税方法确定的城市维护建设税、教育费附加和地方教育附加计税（费）依据中扣除。当期未扣除完的余额，在以后税费申报期按规定继续扣除。

对于增值税小规模纳税人更正、查补此前按照一般计税方法确定的城市维护建设税、教育费附加和地方教育附加计税（费）依据，允许扣除尚未扣除完的留抵退税额。

对增值税免抵税额征收的城市维护建设税、教育费附加和地方教育附加，纳税人应在税务机关核准免抵税额的下一个税费申报期内向主管税务机关申报缴纳。

◀ 提示　纳税人违反增值税、消费税有关税法而加收的滞纳金和罚款，是税务机关对纳税人违法行为的经济制裁，不作为城市维护建设税的计税依据，但纳税人在被查补增值税、消费税和被处以罚款时，应同时对其偷（逃）漏的城市维护建设税进行补税、征收滞纳金和罚款。

📌**点睛**　城市维护建设税以纳税人依法实际缴纳的增值税、消费税税额为计税依据并随增值税、消费税同时征收，如果要免征或者减征增值税（出口货物、劳务或者跨境销售服务、无形资产增值税免抵税额除外）、消费税，也就要同时免征或者减征城市维护建设税。

任务引例解析

根据《城市维护建设税法》的规定，城市维护建设税以纳税人依法实际缴纳的增值税、消费税税额为计税依据；城市维护建设税的纳税义务发生时间与增值税、消费税的纳税义务发生时间一致，分别与增值税、消费税同时缴纳。

你公司本年1月应缴纳的增值税为零，因此，你公司本年1月城市维护建设税也是零申报缴纳。

（二）城市维护建设税税率的判定

城市维护建设税采用比例税率。按纳税人所在地的不同，设置3档差别比例税率，见表6-1。

表 6-1　　　　　　　　　　　城市维护建设税税率表

纳税人所在地	税率
市区	7%
县城或者镇	5%
市区、县城或者镇以外的其他地区	1%

📌**点睛**　城市维护建设税纳税人按所在地在市区、县城、镇和不在上述区域适用不同税率。市区、县城、镇按照行政区划确定。行政区划变更的，自变更完成当月起适用新行政区划对应的城市维护建设税税率，纳税人在变更完成当月的下一个纳税申报期按新税率申报缴纳。

城市维护建设税的适用税率，应当按照纳税人所在地的规定税率执行。但是，对下列两种情况，可按缴纳增值税、消费税所在地的规定税率就地缴纳城市维护建设税：

（1）由受托方代扣代缴、代收代缴增值税、消费税的单位和个人，其代扣代缴、代收代缴的城市维护建设税按受托方所在地适用税率执行；

（2）流动经营等无固定纳税地点的单位和个人，在经营地缴纳增值税、消费税的，其城市维护建设税的缴纳按经营地适用税率执行。

（三）城市维护建设税优惠政策的运用

城市维护建设税原则上不单独减免，但因城市维护建设税又具有附加税性质，当主税（增值税、消费税）发生减免时，城市维护建设税相应发生税收减免。城市维护建设税的税收减免具体有以下几种情况：

（1）城市维护建设税按减免后实际缴纳的增值税、消费税税额计征，即随增值税、消费税的减免而减免（出口货物、劳务或者跨境销售服务、无形资产增值税免抵税额除外）。

（2）对由于减免增值税、消费税而发生退税的，可同时退还已征收的城市维护建设税。但对出口货物、劳务和跨境销售服务、无形资产退还增值税、消费税的，不退还已缴纳的城市维护建设税。

🔗**链接**　对进口货物或者境外单位和个人向境内销售劳务、服务、无形资产缴纳的增值税、消费税税额，不征收城市维护建设税。

（3）因纳税人多缴发生的增值税、消费税退税，同时退还已缴纳的城市维护建设税。增值税、消费税实行先征后返、先征后退、即征即退的，除另有规定外，不予退还随增值税、消费税附征的城市维护建设税。

（4）对国家重大水利工程建设基金免征城市维护建设税。

（5）根据国民经济和社会发展的需要，国务院对重大公共基础设施建设、特殊产业和群体以及重大突发事件应对等情形可以规定减征或者免征城市维护建设税，报全国人民代表大会常务委员会备案。

提示 由省、自治区、直辖市人民政府根据本地区实际情况，以及宏观调控需要确定，自2019年1月1日至2021年12月31日，对增值税小规模纳税人可以在50%的税额幅度内减征资源税、城市维护建设税、房产税、城镇土地使用税、印花税（不含证券交易印花税）、耕地占用税和教育费附加、地方教育附加。增值税小规模纳税人已依法享受资源税、城市维护建设税、房产税、城镇土地使用税、印花税、耕地占用税、教育费附加、地方教育附加其他优惠政策的，可叠加享受上述优惠政策。缴纳资源税、城市维护建设税、房产税、城镇土地使用税、印花税、耕地占用税、教育费附加和地方教育附加的增值税一般纳税人按规定转登记为小规模纳税人的，自成为小规模纳税人的当月起适用减征优惠。增值税小规模纳税人按规定登记为一般纳税人的，自一般纳税人生效之日起不再适用减征优惠；增值税年应税销售额超过小规模纳税人标准应当登记为一般纳税人而未登记，经税务机关通知，逾期仍不办理登记的，自逾期次月起不再适用减征优惠。纳税人自行申报享受减征优惠，不需额外提交资料。纳税人符合条件但未及时申报享受减征优惠的，可依法申请退税或者抵减以后纳税期的应纳税款。截至2019年2月25日，我国31个省、自治区、直辖市均已发文明确，小微企业"六税两费"按50%幅度顶格减征。大连、青岛、宁波、厦门、深圳5个计划单列市按照本省规定执行。

自2022年1月1日至2024年12月31日，由省、自治区、直辖市人民政府根据本地区实际情况，以及宏观调控需要确定，对增值税小规模纳税人、小型微利企业和个体工商户可以在50%的税额幅度内减征资源税、城市维护建设税、房产税、城镇土地使用税、印花税（不含证券交易印花税）、耕地占用税和教育费附加、地方教育附加。增值税小规模纳税人、小型微利企业和个体工商户已依法享受资源税、城市维护建设税、房产税、城镇土地使用税、印花税、耕地占用税、教育费附加、地方教育附加其他优惠政策的，可叠加享受上述规定的优惠政策。

总结 城市维护建设税进口不征，出口不退，免抵要征。

（四）城市维护建设税应纳税额的计算

城市维护建设税纳税人的应纳税额大小是由纳税人依法实际缴纳的增值税、消费税税额决定的，其计算公式为：

应纳税额=纳税人依法实际缴纳的增值税、消费税税额×适用税率

任务实例6-1 甲企业位于市区，本年7月应缴纳增值税34万元、消费税26万元、土地增值税4万元。

【任务要求】计算甲企业本年7月应缴纳的城市维护建设税。

【任务实施】应纳城市维护建设税税额=（34+26）×7%=4.2（万元）

四、城市维护建设税的征收管理

（一）城市维护建设税的征收管理要求

1.城市维护建设税的纳税义务发生时间

城市维护建设税的纳税义务发生时间与增值税、消费税的纳税义务发生时间一致，分

别与增值税、消费税同时缴纳。

🔖点睛　同时缴纳是指在缴纳增值税、消费税时，应当在增值税、消费税同一缴纳地点、同一缴纳期限内，一并缴纳对应的城市维护建设税。采用委托代征、代扣代缴、代收代缴、预缴、补缴等方式缴纳增值税、消费税的，应当同时缴纳城市维护建设税。代扣代缴，不含因境外单位和个人向境内销售劳务、服务、无形资产代扣代缴增值税情形。

2.城市维护建设税的纳税期限

城市维护建设税的纳税期限与增值税、消费税的纳税期限一致。根据增值税和消费税法律制度的规定，增值税、消费税的纳税期限分别为1日、3日、5日、10日、15日、1个月或者1个季度；纳税人的具体纳税期限，由税务机关根据纳税人应纳税额的大小分别核定；不能按照固定期限纳税的，可以按次纳税。

🔖提示　扣缴义务人解缴税款的期限，依照上述规定执行。

3.城市维护建设税的纳税地点

纳税人实际缴纳增值税、消费税的地点，就是该纳税人缴纳城市维护建设税的地点，但是下列情况除外：

❶代扣代缴、代收代缴增值税、消费税的单位和个人，同时也是城市维护建设税的代扣代缴、代收代缴义务人，其城市维护建设税的纳税地点在代扣、代收地。

❷跨省开采的油田，下属生产单位与核算单位不在一个省内的，其生产的原油，在油井所在地缴纳增值税，其应纳税款由核算单位按照各油井的产量和规定税率，计算汇拨各油井所在地缴纳。因此，各油井应纳的城市维护建设税，应由核算单位计算，随同增值税一并汇拨油井所在地，由油井在缴纳增值税的同时，一并缴纳城市维护建设税。

❸对流动经营等无固定纳税地点的单位和个人，城市维护建设税应随同增值税、消费税在经营地按适用税率缴纳。

❹纳税人跨地区提供建筑服务、销售和出租不动产的，应在建筑服务发生地、不动产所在地预缴增值税时，以预缴增值税税额为计税依据，并按预缴增值税所在地的城市维护建设税适用税率和教育费附加征收率就地计算缴纳城市维护建设税和教育费附加。

预缴增值税的纳税人在其机构所在地申报缴纳增值税时，以其实际缴纳的增值税税额为计税依据，并按机构所在地的城市维护建设税适用税率和教育费附加征收率就地计算缴纳城市维护建设税和教育费附加。

（二）城市维护建设税的纳税申报

纳税人对城市维护建设税进行纳税申报时，应当根据不同的情形分别填报"增值税及附加税费预缴表附列资料（附加税费情况表）"（略），以及"增值税及附加税费预缴表"（略）；"增值税及附加税费申报表（一般纳税人适用）附列资料（五）（附加税费情况表）"（见表2-8），以及"增值税及附加税费申报表（一般纳税人适用）"（见表2-9）；"增值税及附加税费申报表（小规模纳税人适用）附列资料（二）（附加税费情况表）"（见表2-10），以及"增值税及附加税费申报表（小规模纳税人适用）"（见表2-11）；"消费税附加税费计算表"（见表3-4），以及"消费税及附加税费申报表"（见表3-5）。

附：教育费附加和地方教育附加

一、教育费附加和地方教育附加缴纳人、扣缴义务人和征费范围的确定

（一）教育费附加和地方教育附加缴纳人和扣缴义务人的确定

1.教育费附加和地方教育附加的缴纳人

教育费附加和地方教育附加的缴纳人，是在中华人民共和国境内缴纳增值税、消费税的单位和个人。自2010年12月1日起，对外商投资企业、外国企业及外籍个人征收教育费附加。

2.教育费附加和地方教育附加的扣缴义务人

代扣代缴、代收代缴增值税、消费税的单位个人，同时也是教育费附加和地方教育附加的代扣代缴、代收代缴义务人。

（二）教育费附加和地方教育附加征费范围的确定

教育费附加和地方教育附加的征费范围比较广。凡是在市区、县城、镇，以及市区、县城、镇以外的其他地区，只要是缴纳增值税、消费税的单位和个人，均属于教育费附加和地方教育附加的征费范围。

对进口货物或者境外单位和个人向境内销售劳务、服务、无形资产缴纳的增值税、消费税税额，不征收教育费附加和地方教育附加。

▶提示 教育费附加和地方教育附加的征收范围没有覆盖到进口环节，也就是说，进口环节缴纳增值税、消费税的同时并不缴纳教育费附加和地方教育附加。

二、教育费附加和地方教育附加的计算

（一）教育费附加和地方教育附加计费依据的确定

教育费附加和地方教育附加的计费依据与城市维护建设税计税依据一致，即依法实际缴纳的增值税、消费税税额。

▶提示 纳税人违反增值税、消费税有关税法而加收的滞纳金和罚款，是税务机关对纳税人违法行为的经济制裁，不作为教育费附加和地方教育附加的计费依据。但纳税人在被查补增值税、消费税和被处以罚款时，应同时对其偷（逃）漏的教育费附加和地方教育附加进行补费、征收滞纳金和罚款。

▶点睛 教育费附加和地方教育附加以纳税人依法实际缴纳的增值税、消费税税额为计费依据并随增值税、消费税同时征收，如果要免征或者减征增值税（出口货物、劳务或者跨境销售服务、无形资产增值税免抵税额除外）、消费税，也就要同时免征或者减征教育费附加和地方教育附加。

（二）教育费附加和地方教育附加的征收率

教育费附加的征收率曾几经变化，1986年开征时，规定为1%；1990年5月《国务院关于修改〈征收教育费附加的暂行规定〉的决定》中规定为2%；按照1994年2月7日《国务院关于教育费附加征收问题的紧急通知》的规定，现行教育费附加征收率为3%。

地方教育附加的征收率统一为2%。

（三）教育费附加和地方教育附加优惠政策的运用

❶教育费附加和地方教育附加按减免后实际缴纳的增值税、消费税税额计征，即随增值税、消费税的减免而减免（出口货物、劳务或者跨境销售服务、无形资产增值税免抵税额除外）。

❷对由于减免增值税、消费税而发生退税的，可同时退还已征收的教育费附加和地方

教育附加。但对出口货物、劳务和跨境销售服务、无形资产退还增值税、消费税的，不退还已缴纳的教育费附加和地方教育附加。

　　🔖**链接**　对进口货物或者境外单位和个人向境内销售劳务、服务、无形资产缴纳的增值税、消费税税额，不征收教育费附加和地方教育附加。

　　❸因纳税人多缴发生的增值税、消费税退税，同时退还已缴纳的教育费附加和地方教育附加。增值税、消费税实行先征后返、先征后退、即征即退的，除另有规定外，不予退还随增值税、消费税附征的教育费附加和地方教育附加。

　　❹对国家重大水利工程建设基金免征教育费附加和地方教育附加。

　　（四）教育费附加和地方教育附加缴纳额的计算

　　教育费附加和地方教育附加缴纳额的计算公式分别为：

　　应纳教育费附加=纳税人依法实际缴纳的增值税、消费税税额×征收率（3%）

　　应纳地方教育附加=纳税人依法实际缴纳的增值税、消费税税额×征收率（2%）

任务实例6-2　资料同【任务实例6-1】。

【任务要求】　计算甲企业本年7月应缴纳的教育费附加和地方教育附加。

【任务实施】　应纳教育费附加=（34+26）×3%=1.8（万元）

　　应纳地方教育附加=（34+26）×2%=1.2（万元）

　　三、教育费附加和地方教育附加的征收管理

　　（一）教育费附加和地方教育附加的缴纳义务发生时间

　　教育费附加和地方教育附加的缴纳义务发生时间与增值税、消费税的纳税义务发生时间一致，分别与增值税、消费税同时缴纳。

　　📌**点睛**　同时缴纳是指在缴纳增值税、消费税时，应当在增值税、消费税同一缴纳地点、同一缴纳期限内，一并缴纳对应的教育费附加和地方教育附加。采用委托代征、代扣代缴、代收代缴、预缴、补缴等方式缴纳增值税、消费税的，应当同时缴纳教育费附加和地方教育附加。代扣代缴，不含因境外单位和个人向境内销售劳务、服务、无形资产代扣代缴增值税情形。

　　（二）教育费附加和地方教育附加的缴纳期限

　　教育费附加和地方教育附加的缴纳期限与增值税、消费税的纳税期限一致。根据增值税和消费税法律制度的规定，增值税、消费税的纳税期限分别为1日、3日、5日、10日、15日、1个月或者1个季度；纳税人的具体纳税期限，由税务机关根据纳税人应纳税额的大小分别核定；不能按照固定期限纳税的，可以按次纳税。

　　📌**提示**　扣缴义务人解缴教育费附加和地方教育附加的期限，依照上述规定执行。

　　（三）教育费附加和地方教育附加的缴纳地点

　　纳税人实际缴纳增值税、消费税的地点，就是该纳税人缴纳教育费附加和地方教育附加的地点，但是下列情况除外：

　　（1）代扣代缴、代收代缴增值税、消费税的单位和个人，同时也是教育费附加和地方教育附加的代扣代缴、代收代缴义务人，其教育费附加和地方教育附加的征纳地点在代扣、代收地。

　　（2）跨省开采的油田，下属生产单位与核算单位不在一个省内的，其生产的原油，在油井所在地缴纳增值税，其应纳税款由核算单位按照各油井的产量和规定税率，计算汇拨各油井所在地缴纳。因此，各油井应纳的教育费附加和地方教育附加，应由核算单位计算，随同增值税一并汇拨油井所在地，由油井在缴纳增值税的同时，一并缴纳教育费附加和地方教育附加。

（3）对流动经营等无固定纳税地点的单位和个人，教育费附加和地方教育附加应随同增值税、消费税在经营地缴纳。

（4）纳税人跨地区提供建筑服务、销售和出租不动产的，应在建筑服务发生地、不动产所在地预缴增值税时，以预缴增值税税额为计税依据，并按预缴增值税所在地的城市维护建设税适用税率和教育费附加征收率就地计算缴纳城市维护建设税和教育费附加。

预缴增值税的纳税人在其机构所在地申报缴纳增值税时，以其实际缴纳的增值税税额为计税依据，并按机构所在地的城市维护建设税适用税率和教育费附加征收率就地计算缴纳城市维护建设税和教育费附加。

（四）教育费附加和地方教育附加的申报实务

纳税人对教育费附加和地方教育附加进行申报时，应当根据不同的情形分别填报"增值税及附加税费预缴表附列资料（附加税费情况表）"（略），以及"增值税及附加税费预缴表"（略）；"增值税及附加税费申报表（一般纳税人适用）附列资料（五）（附加税费情况表）"（见表2-8），以及"增值税及附加税费申报表（一般纳税人适用）"（见表2-9）；"增值税及附加税费申报表（小规模纳税人适用）附列资料（二）（附加税费情况表）"（见表2-10），以及"增值税及附加税费申报表（小规模纳税人适用）"（见表2-11）；"消费税附加税费计算表"（见表3-4），以及"消费税及附加税费申报表"（见表3-5）。

项目引例解析

自2019年4月1日起，纳税人购进用于生产销售或委托加工13%税率货物的农产品，按照10%的扣除率计算进项税额。

甲实木地板厂当月应缴纳增值税税额=（360+360÷1 400×400）×13%-40×10%-2×9%-6×13%
=55.21（万元）

甲实木地板厂当月应被代收代缴的消费税税额=[40×（1-10%）+2+6]÷（1-5%）×5%=2.32（万元）

甲实木地板厂当月应缴纳（不含被代收代缴）的消费税税额=（360+360÷1 400×400）×5%-2.32×60%=21.75（万元）

甲实木地板厂当月应缴纳（不含被代收代缴）的城市维护建设税、教育费附加和地方教育附加合计=（55.21+21.75）×（5%+3%+2%）=7.70（万元）

任务二　土地增值税法

任务引例

我公司为一家房地产开发企业，收取顾客的违约金及更名费是否需要缴纳土地增值税？

一、土地增值税的基本原理认知

（一）土地增值税的含义

土地增值税是对有偿转让国有土地使用权、地上建筑物及其附着物（简称"房地产"），取得增值收入的单位和个人征收的一种税。

（二）土地增值税的发展

中华人民共和国成立以来，对土地、房屋等不动产的征税制度比较薄弱，先后开征过的税种有契税、城市房地产税、房产税、城镇土地使用税等，但这些税种都不属于对土地增值额或土地收益额的征税。1993年12月13日，国务院颁布了《中华人民共和国土地增值税暂行条例》，从1994年1月1日起开征土地增值税。1995年1月27日，财政部颁布了《中华人民共和国土地增值税暂行条例实施细则》（该细则自发布之日起施行，1994年1月1日至本细则发布之日期间的土地增值税参照本细则的规定计算征收），进一步细化了土地增值税征收管理办法。

现行土地增值税法律制度的基本规范，是1993年12月13日国务院颁布，自1994年1月1日起实施的《中华人民共和国土地增值税暂行条例》（以下简称《土地增值税暂行条例》），以及1995年1月27日财政部颁布的《中华人民共和国土地增值税暂行条例实施细则》（以下简称《土地增值税暂行条例实施细则》）。

（三）土地增值税的特点

我国的土地增值税具有以下特点：❶以转让房地产的增值额为计税依据；❷征税范围比较广；❸实行超率累进税率；❹采用扣除法或评估法计算增值额；❺实行按次征收。

二、土地增值税纳税人和征税范围的确定

（一）土地增值税纳税人的确定

土地增值税的纳税人是指转让国有土地使用权、地上建筑物及其附着物并取得收入的单位和个人。单位包括各类企业、事业单位、国家机关和社会团体及其他组织。个人包括个体经营者（个体工商户）。土地增值税也适用于外商投资企业、外国企业及外籍纳税人。

链接　契税的纳税人，是指在中华人民共和国境内"承受"土地、房屋权属转移的单位和个人。

（二）土地增值税征税范围的确定

1.土地增值税征税范围的基本规定

（1）土地增值税对转让国有土地使用权的行为征税，对出让国有土地的行为不征税。

转让国有土地使用权，是指土地使用者通过向国家支付土地出让金等形式取得国有土地使用权后，将国有土地使用权再转让的行为，是国有土地使用权的二级市场上的转让行为。

土地增值税征税范围不包括国有土地使用权出让。国有土地出让，是指土地使用者为得到国有土地使用权而向国家支付土地出让金，国家以土地所有者的身份将土地使用权在一定期限内让与土地使用者的行为。因为土地使用权的出让方是国家，出让收入在性质上相当于政府凭借其拥有的国有土地所有权而在土地一级市场上收取的租金，所以，政府出让土地的行为及取得的收入不属于土地增值税的征税范围。

（2）土地增值税既对转让国有土地使用权的行为征税，也对地上的建筑物及其附着物连同国有土地使用权一并转让的行为征税。

地上的建筑物，是指建于土地上的一切建筑物，包括地上地下的各种附属设施。附着物，是指附着于土地上的不能移动，一经移动即遭损坏的物品。

（3）土地增值税只对有偿转让的房地产征税，对以继承、赠与等方式无偿转让的房地产，不予征税。

转让国有土地使用权、地上的建筑物及其附着物并取得收入，是指以出售或者其他方式有偿转让房地产的行为，不包括以继承、赠与方式无偿转让房地产的行为。不征土地增值税的房地产赠与行为包括以下两种情况：（1）房产所有人、土地使用权所有人将房屋产权、土地使用权赠与直系亲属或承担直接赡养义务人的行为。（2）房产所有人、土地使用权所有人通过中国境内非营利的社会团体、国家机关将房屋产权、土地使用权赠与教育、民政和其他社会福利、公益事业的行为。社会团体是指中国青少年发展基金会、希望工程基金会、宋庆龄基金会、减灾委员会、中国红十字会、中国残疾人联合会、全国老年基金会、老区促进会，以及经民政部门批准成立的其他非营利的公益性组织。

链接 国有土地使用权出让、土地使用权转让时，承受人均应缴纳契税。

2.土地增值税征税范围的特殊规定

（1）房地产开发企业开发的房地产转为自用或出租。

房地产开发企业将开发的部分房地产转为企业自用或用于出租等商业用途时，如果产权未发生转移，不征收土地增值税。

（2）房地产的交换。

由于房地产交换既发生了房产产权、土地使用权的转移，交换双方又取得了实物形态的收入，因此属于土地增值税的征税范围。但对个人之间互换自有居住用房地产的，经当地税务机关核实，可以免征土地增值税。

链接 土地使用权互换、房屋互换，互换价格相等的，互换双方计税依据为零；互换价格不相等的，以其差额为计税依据，由支付差额的一方缴纳契税。

（3）合作建房。

对于一方出地，另一方出资金，双方合作建房，建成后按比例分房自用的，暂免征收土地增值税；建成后转让的，应征收土地增值税。

（4）房地产的出租。

房地产出租，出租人虽取得了收入，但没有发生房产产权、土地使用权的转让，因此不属于土地增值税的征税范围。

（5）房地产的抵押和抵债。

房产的产权、土地使用权在抵押期间并没有发生权属的变更，因此，对房地产的抵押，在抵押期间不征收土地增值税。待抵押期满后，视该房地产是否转移占有而确定是否征收土地增值税。

对于以房地产抵债而发生房地产权属转让的，应列入土地增值税的征税范围。

链接 土地、房屋权属的抵押，不属于契税的征税范围。以土地、房屋权属偿还债务，视同发生权属转移，承受人应当缴纳契税。

（6）房地产的代建行为。

房地产的代建行为，是指房地产开发公司代客户进行房地产的开发，开发完成后向客户收取代建收入的行为。对于房地产开发公司而言，代建行为虽然取得了收入，但没有发生房地产权属的转移，其收入属于劳务收入性质，因此不属于土地增值税的征税范围。

（7）房地产的评估增值。

国有企业在清产核资时对房地产进行重新评估而产生的评估增值，因其既没有发生房地产权属的转移，房产产权、土地使用权人也未取得收入，因此不属于土地增值税的征税范围。

（8）土地使用者处置土地使用权。

土地使用者转让、抵押或置换土地，无论其是否取得了该土地的使用权属证书，无论其在转让、抵押或置换土地过程中是否与对方当事人办理了土地使用权属证书变更登记手续，只要土地使用者享有占有、使用、收益或处分该土地的权利，且有合同等证据表明其实质转让、抵押或置换了土地并取得了相应的经济利益，土地使用者及其对方当事人就应依照税法规定缴纳土地增值税和契税等。

3.与企业改制重组有关的土地增值税征税范围的规定

自2021年1月1日至2023年12月31日，执行以下企业改制重组有关土地增值税政策：

（1）企业按照《中华人民共和国公司法》有关规定整体改制，包括非公司制企业改制为有限责任公司或股份有限公司，有限责任公司变更为股份有限公司，股份有限公司变更为有限责任公司，对改制前的企业将国有土地使用权、地上的建筑物及其附着物（以下称房地产）转移、变更到改制后的企业，暂不征土地增值税。整体改制是指不改变原企业的投资主体，并承继原企业权利、义务的行为。

（2）按照法律规定或者合同约定，两个或两个以上企业合并为一个企业，且原企业投资主体存续的，对原企业将房地产转移、变更到合并后的企业，暂不征土地增值税。

（3）按照法律规定或者合同约定，企业分设为两个或两个以上与原企业投资主体相同的企业，对原企业将房地产转移、变更到分立后的企业，暂不征土地增值税。

（4）单位、个人在改制重组时以房地产作价入股进行投资，对其将房地产转移、变更到被投资的企业，暂不征土地增值税。

（5）上述改制重组有关土地增值税政策不适用于房地产转移任意一方为房地产开发企业的情形。

（6）改制重组后再转让房地产并申报缴纳土地增值税时，对"取得土地使用权所支付的金额"，按照改制重组前取得该宗国有土地使用权所支付的地价款和按国家统一规定缴纳的有关费用确定；经批准以国有土地使用权作价出资入股的，为作价入股时县级及以上自然资源部门批准的评估价格。按购房发票确定扣除项目金额的，按照改制重组前购房发票所载金额并从购买年度起至本次转让年度止每年加计5%计算扣除项目金额，购买年度是指购房发票所载日期的当年。

点睛　不改变原企业的投资主体、投资主体相同，是指企业改制重组前后出资人不发生变动，出资人的出资比例可以发生变动；投资主体存续，是指原企业出资人必须存在于改制重组后的企业，出资人的出资比例可以发生变动。

三、土地增值税的计算

（一）土地增值税计税依据的确定

土地增值税的计税依据是纳税人转让房地产所取得的土地增值额（简称"增值额"）。而土地增值额为纳税人转让房地产所取得的收入减除《土地增值税暂行条例》规定扣除项目金额后的余额。

1. 应税收入的确定

纳税人转让房地产取得的应税收入，包括转让房地产取得的全部价款及有关的经济利益，从形式上看包括货币收入、实物收入和其他收入。非货币收入要折合成货币金额计入收入总额。

营业税改征增值税后，土地增值税纳税人转让房地产取得的收入为不含增值税收入。适用增值税一般计税方法的纳税人，其转让房地产的土地增值税应税收入不含增值税销项税额；适用简易计税方法的纳税人，其转让房地产的土地增值税应税收入不含增值税应纳税额。免征增值税的，确定计税依据时，转让房地产取得的收入不扣减增值税额。

为方便纳税人简化土地增值税预征税款计算，房地产开发企业采取预收款方式销售自行开发的房地产项目的，可按照以下方法计算土地增值税预征计征依据：

土地增值税预征计征依据=预收款−应预缴增值税税款

房地产开发企业在"营改增"后进行房地产开发项目土地增值税清算时，按以下方法确定应税收入：

土地增值税应税收入="营改增"前转让房地产取得的收入+"营改增"后转让房地产取得的不含增值税收入

任务引例解析

《土地增值税暂行条例实施细则》第五条规定："条例第二条所称的收入，包括转让房地产的全部价款及有关的经济收益。"

你公司作为一家房地产开发企业，因购房者在履行买卖合同时违约而收取的违约金及更名费属于与转让房地产的全部价款有关的经济收益，因此应并入转让房地产所取得的收入中计征土地增值税。

2. 纳税人从转让收入中减除的扣除项目

纳税人从转让收入中减除的扣除项目包括以下几方面内容：

（1）取得土地使用权所支付的金额（适用新建房转让和存量房地产转让）。

取得土地使用权所支付的金额包括纳税人为取得土地使用权所支付的地价款和按国家统一规定缴纳的费用。

提示 按国家统一规定缴纳的有关费用（取得土地使用权时），是指纳税人在取得土地使用权过程中为办理有关手续，按国家统一规定缴纳的有关登记、过户手续费。房地产开发企业为取得土地使用权所支付的契税，应视同"按国家统一规定缴纳的有关费用"，计入"取得土地使用权所支付的金额"中扣除。

（2）房地产开发成本（适用新建房转让）。

房地产开发成本是指纳税人房地产开发项目实际发生的成本，包括土地征用及拆迁补偿费、前期工程费、建筑安装工程费、基础设施费、公共配套设施费、开发间接费用。

❶土地征用及拆迁补偿费，包括土地征用费、耕地占用税、劳动力安置费及有关地上、地下附着物拆迁补偿的净支出、安置动迁用房支出等。

❷前期工程费，包括规划、设计、项目可行性研究和水文、地质、勘察、测绘、"三通一平"等支出。

❸建筑安装工程费，是指以出包方式支付给承包单位的建筑安装工程费，以自营方式

发生的建筑安装工程费。

❹基础设施费，包括开发小区内道路、供水、供电、供气、排污、排洪、通信、照明、环卫、绿化等工程发生的支出。

❺公共配套设施费，包括不能有偿转让的开发小区内公共配套设施发生的支出。

❻开发间接费用，是指直接组织、管理开发项目发生的费用，包括工资、职工福利费、折旧费、修理费、办公费、水电费、劳动保护费、周转房摊销等。

（3）房地产开发费用（适用新建房转让）。

房地产开发费用是指与房地产开发项目有关的销售费用、管理费用、财务费用。房地产开发费用的计算方法如下：

❶纳税人能按转让房地产项目计算分摊利息支出并能提供金融机构贷款证明的：

$$\genfrac{}{}{0pt}{}{\text{最多允许扣除的}}{\text{房地产开发费用}}=\left(\genfrac{}{}{0pt}{}{\text{利息（最高不能超过按商业银行}}{\text{同类同期贷款利率计算的金额}}\right)+\left(\genfrac{}{}{0pt}{}{\text{取得土地使用权}}{\text{所支付的金额}}+\genfrac{}{}{0pt}{}{\text{房地产}}{\text{开发成本}}\right)\times 5\%$$

❷纳税人不能按转让房地产项目计算分摊利息支出或不能提供金融机构贷款证明的（也包含全部使用自有资金的无借款的情况）：

$$\text{最多允许扣除的房地产开发费用}=(\text{取得土地使用权所支付的金额}+\text{房地产开发成本})\times 10\%$$

🔖提示　财政部、国家税务总局对扣除项目金额中利息支出的计算问题做了两点专门规定：一是利息的上浮幅度按国家的有关规定执行，超过上浮幅度的部分不允许扣除；二是对于超过贷款期限的利息部分和加罚的利息不允许扣除。

❸房地产开发企业既向金融机构借款，又有其他借款的，其房地产开发费用计算扣除时不能同时适用上述❶、❷项所述的两种办法。

❹土地增值税清算时，已经计入房地产开发成本的利息支出，应调整至财务费用中计算扣除。

（4）与转让房地产有关的税金（适用新建房转让和存量房地产转让）。"营改增"后，与转让房地产有关的税金包括城市维护建设税、印花税（非房地产开发企业的印花税可以在此扣除；房地产开发企业由于印花税包含在管理费用中且通过管理费用扣除，故不能在此重复扣除）。教育费附加视同税金扣除。"营改增"后，计算土地增值税增值额的扣除项目中"与转让房地产有关的税金"不包括增值税。土地增值税扣除项目涉及的增值税进项税额，允许在销项税额中计算抵扣的，不计入扣除项目；不允许在销项税额中计算抵扣的，可以计入扣除项目。

🔖点睛　从法理上来看，地方教育附加是可以视同"与转让房地产有关的税金"作为土地增值税的扣除项目（"土地增值税的扣除项目"是"计算土地增值税增值额的扣除项目"的简称）的，但国家层面没有明确的文件规定，各地具体执行也不一样。纳税人应当事先咨询当地税务机关，然后进行具体的操作。

🔖提示　自 2016 年 5 月 1 日 "销售不动产"营改增之后，转让不动产不再缴纳营业税，而是缴纳增值税，但增值税属于价外税，不作为税金单独扣除。

"营改增"后，房地产开发企业实际缴纳的城市维护建设税、教育费附加，凡能够按清算项目准确计算的，允许据实扣除。凡不能按清算项目准确计算的，则按该清算项目预缴增值税时实际缴纳的城市维护建设税、教育费附加扣除。其他转让房地产行为的城市维护建设税、教育费附加扣除比照上述规定执行。

房地产开发企业在"营改增"后进行房地产开发项目土地增值税清算时，按以下方法确定与转让房地产有关的税金：

$$\text{与转让房地产有关的税金} = \text{营改增前实际缴纳的营业税、城市维护建设税、教育费附加} + \text{营改增后允许扣除的城市维护建设税、教育费附加}$$

（5）财政部规定的其他扣除项目（适用新建房转让）：

从事房地产开发的纳税人可加计扣除=（取得土地使用权所支付的金额+房地产开发成本）×20%

▶提示 ❶此项加计扣除金额对房地产开发企业有效，非房地产开发企业不享受此项政策；❷取得土地使用权后未经开发就转让的，不得加计扣除。

（6）旧房及建筑物的评估价格（适用存量房地产转让）。税法规定，转让旧房的，应按房屋及建筑物的评估价格、取得土地使用权所支付的地价款和按国家统一规定缴纳的有关费用以及在转让环节缴纳的税金作为扣除项目金额计征土地增值税。

❶旧房及建筑物的评估价格是指在转让已使用的房屋及建筑物时，由政府批准设立的房地产评估机构评定的重置成本价乘以成新度折扣率后的价格。评估价格须经当地税务机关确认。

评估价格=重置成本价×成新度折扣率

纳税人转让旧房及建筑物，凡不能取得评估价格，但能提供购房发票的，经当地税务部门确认，根据取得土地使用权所支付的金额、新建房及配套设施的成本、费用，或者旧房及建筑物的评估价格，可按发票所载金额并从购买年度起至转让年度止每年加计5%计算扣除。计算扣除项目时，"每年"按购房发票所载日期起至售房发票开具之日止，每满12个月计一年；超过一年，未满12个月但超过6个月的，可以视同为一年。

"营改增"后，纳税人转让旧房及建筑物，凡不能取得评估价格，但能提供购房发票的，《土地增值税暂行条例》第六条第一、三项规定的扣除项目的金额按照下列方法计算：

a.提供的购房凭据为"营改增"前取得的营业税发票的，按照发票所载金额（不扣减营业税）并从购买年度起至转让年度止每年加计5%计算。

b.提供的购房凭据为"营改增"后取得的增值税普通发票的，按照发票所载价税合计金额从购买年度起至转让年度止每年加计5%计算。

c.提供的购房发票为"营改增"后取得的增值税专用发票的，按照发票所载不含增值税金额加上不允许抵扣的增值税进项税额之和，并从购买年度起至转让年度止每年加计5%计算。

对纳税人购房时缴纳的契税，凡能提供契税完税凭证的，准予作为"与转让房地产有关的税金"予以扣除，但不作为加计5%的基数。

对于转让旧房及建筑物，既没有评估价格，又不能提供购房发票的，税务机关可以根据《税收征收管理法》的规定，实行核定征收。

❷对取得土地使用权时未支付地价款或不能提供已支付的地价款凭据的，不允许扣除取得土地使用权时所支付的金额。

（二）土地增值税税率的判定

土地增值税采用四级超率累进税率。与超额累进税率相比，超额累进税率累进依据为绝对数，超率累进税率累进依据为相对数。土地增值税的累进依据为增值额与扣除项目金额之间的比率。土地增值税税率表见表6-2。

表 6-2　　　　　　　　　　　　土地增值税税率表

级数	增值额与扣除项目金额的比率	税率	速算扣除系数
1	不超过50%的部分	30%	0
2	超过50%至100%的部分	40%	5%
3	超过100%至200%的部分	50%	15%
4	超过200%的部分	60%	35%

（三）土地增值税优惠政策的运用

（1）建造普通标准住宅出售，增值额未超过扣除项目金额20%的，免征土地增值税。

普通标准住宅与其他住宅的具体划分界限，在2005年5月31日以前由各省、自治区、直辖市人民政府规定。2005年6月1日起，普通标准住宅应同时满足：住宅小区建筑容积率在1.0以上；单套建筑面积在120平方米以下；实际成交价格低于同级别土地上住房平均交易价格1.2倍以下。各省、自治区、直辖市要根据实际情况，制定本地区享受优惠政策普通住房具体标准。允许单套建筑面积和价格标准适当浮动，但向上浮动的比例不得超过上述标准的20%。

实务答疑6-1 我公司为一家房地产开发企业，本期开发建造一栋高级公寓出售，增值额未超过扣除项目金额的20%，请问是否可以免征土地增值税？

（2）因国家建设需要依法征收、收回的房地产，免征土地增值税。

（3）因城市实施规划、国家建设的需要而搬迁，由纳税人自行转让原房地产的，免征土地增值税。

（4）从2008年11月1日起，对个人销售住房暂免征收土地增值税。

（四）土地增值税应纳税额的计算

计算土地增值税应纳税额的步骤和公式如下：

第一步，计算转让房地产应税收入总额。

第二步，计算扣除项目金额。

第三步，用转让房地产应税收入总额减除扣除项目金额计算土地增值额。

土地增值额=转让房地产应税收入总额-扣除项目金额

第四步，计算土地增值额与扣除项目金额之间的比例，以确定适用税率和速算扣除系数。

第五步，套用公式计算土地增值税应纳税额。其公式为：

土地增值税应纳税额=土地增值额×适用税率-扣除项目金额×速算扣除系数

任务实例6-3 甲房地产开发有限公司地处市区，本年7月整体转让一栋普通住宅（新项目），转让取得含税收入为15 000万元，扣除项目中，土地出让金为3 000万元，房地产开发成本假设只有建筑安装工程费，包括建筑材料3 000万元（含增值税，取得增值税专用发票，税率为13%），外包建筑人工1 000万元（含增值税，取得增值税专用发票，税率为9%），房地产开发费用中的利息支出为1 200万元（不能按转让房地产项目计算分摊利息支出，也不能提供金融机构贷款证明），房地产开发费用的计算扣除比例为10%。当地税务机关认为：地方教育附加不可以视同"与转让房地产有关的税金"，不作为土地增值税的扣除项目。

【任务要求】计算甲房地产开发有限公司应纳的土地增值税。

【任务实施】（1）$\begin{matrix}\text{销售房地产应纳}\\\text{增值税税额}\end{matrix}=\left(\begin{matrix}\text{全部价款和}\\\text{价外费用}\end{matrix}-\begin{matrix}\text{当期允许扣除}\\\text{的土地价款}\end{matrix}\right)\div(1+9\%)\times9\%-\text{进项税额}$

$\qquad\qquad\qquad=(150\ 000\ 000-30\ 000\ 000)\div(1+9\%)\times9\%-30\ 000\ 000\div(1+13\%)\times$

$\qquad\qquad\qquad\quad 13\%-10\ 000\ 000\div(1+9\%)\times9\%$

$\qquad\qquad\qquad=5\ 631\ 241.37$（元）

营业税改征增值税后，土地增值税纳税人转让房地产取得的收入为不含增值税收入。

$\begin{matrix}\text{计算土地增值税的转让房地产}\\\text{收入（不含增值税收入）}\end{matrix}=150\ 000\ 000-(150\ 000\ 000-30\ 000\ 000)\div(1+9\%)\times9\%$

$\qquad\qquad\qquad\qquad\qquad=140\ 091\ 743.12$（元）

（2）取得土地使用权所支付的金额（土地价款）=30 000 000元

房地产开发成本=30 000 000÷（1+13%）+10 000 000÷（1+9%）

$\qquad\qquad\qquad=26\ 548\ 672.57+9\ 174\ 311.93$

$\qquad\qquad\qquad=35\ 722\ 984.50$（元）

房地产开发费用=（土地价款+房地产开发成本）×10%

$\qquad\qquad\quad=(30\ 000\ 000+35\ 722\ 984.50)\times10\%$

$\qquad\qquad\quad=6\ 572\ 298.45$（元）

与转让房地产有关的税金=城市维护建设税+教育费附加

$\qquad\qquad\qquad\qquad=5\ 631\ 241.37\times(7\%+3\%)$

$\qquad\qquad\qquad\qquad=563\ 124.14$（元）

加计扣除=（土地价款+房地产开发成本）×20%

$\qquad\quad=(30\ 000\ 000+35\ 722\ 984.50)\times20\%$

$\qquad\quad=13\ 144\ 596.90$（元）

转让房地产的扣除项目金额合计=30 000 000+35 722 984.50+6 572 298.45+563 124.14+13 144 596.90

$\qquad\qquad\qquad\qquad\qquad\qquad=86\ 003\ 003.99$（元）

（3）转让房地产的增值额=140 091 743.12-86 003 003.99=54 088 739.13（元）

（4）增值额与扣除项目金额的比率（增值率）=54 088 739.13÷86 003 003.99×100%=62.89%

适用税率为40%，速算扣除系数为5%。

应纳土地增值税税额=54 088 739.13×40%-86 003 003.99×5%=17 335 345.45（元）

（五）房地产开发企业土地增值税的清算

1.土地增值税的清算单位

土地增值税以国家有关部门审批的房地产开发项目为单位进行清算，对于分期开发的项目，以分期项目为单位清算。

开发项目中同时包含普通住宅和非普通住宅的，应分别计算土地增值额。

2.土地增值税的清算条件

（1）符合下列情形之一的，纳税人应进行土地增值税的清算：

❶房地产开发项目全部竣工、完成销售的；

❷整体转让未竣工决算房地产开发项目的；

❸直接转让土地使用权的。

（2）符合下列情形之一的，主管税务机关可要求纳税人进行土地增值税清算：

❶已竣工验收的房地产开发项目，已转让的房地产建筑面积占整个项目可售建筑面积

的比例在85%以上，或该比例虽未超过85%，但剩余的可售建筑面积已经出租或自用的；

❷取得销售（预售）许可证满3年仍未销售完毕的；

❸纳税人申请注销税务登记但未办理土地增值税清算手续的；

❹税务机关规定的其他情况。

3.非直接销售和自用房地产的收入确定

（1）房地产开发企业将开发产品用于职工福利、奖励、对外投资、分配给股东或投资人、抵偿债务、换取其他单位和个人的非货币性资产等，发生所有权转移时应视同销售房地产，其收入按下列方法和顺序确认：

❶按本企业在同一地区、同一年度销售的同类房地产的平均价格确定；

❷由主管税务机关参照当地当年、同类房地产的市场价格或评估价值确定。

（2）房地产开发企业将开发的部分房地产转为企业自用或用于出租等商业用途时，如果产权未发生转移，不征收土地增值税，在税款清算时不列收入，不扣除相应的成本和费用。

▶链接　房地产开发企业建造的商品房，在出售前，不征收房产税，但对出售前房地开发企业已使用或出租、出借的商品房应按规定征收房产税。

（3）土地增值税清算时，已全额开具商品房销售发票的，按照发票所载金额确认收入；未开具发票或未全额开具发票的，以交易双方签订的销售合同所载的售房金额及其他收益确认收入。销售合同所载商品房面积与有关部门实际测量面积不一致，在清算前已发生补、退房款的，应在计算土地增值税时予以调整。

知识答疑6-1　房地产开发企业在土地增值税清算时，未开票的房产应如何确认收入？

4.土地增值税的核定征收

房地产开发企业有下列情形之一的，税务机关可以参照与其开发规模和收入水平相近的当地企业的土地增值税税负情况，按不低于预征率的征收率核定征收土地增值税：

（1）依照法律、行政法规的规定应当设置但未设置账簿的；

（2）擅自销毁账簿或者拒不提供纳税资料的；

（3）虽设置账簿，但账目混乱或者成本资料、收入凭证、费用凭证残缺不全，难以确定转让收入或扣除项目金额的；

（4）符合土地增值税清算条件，未按照规定的期限办理清算手续，经税务机关责令限期清算，逾期仍不清算的；

（5）申报的计税依据明显偏低，又无正当理由的。

核定征收必须严格依照税收法律法规规定的条件进行，任何单位和个人不得擅自扩大核定征收范围，严禁在清算中出现"以核定为主、一核了之""求快图省"的做法。凡擅自将核定征收作为本地区土地增值税清算主要方式的，必须立即纠正。对确需核定征收的，要严格按照税收法律法规的要求，从严、从高确定核定征收率。为了规范核定工作，核定征收率原则上不得低于5%，各省级税务机关要结合本地实际，区分不同房地产类型制定核定征收率。

5.清算后再转让房地产的处理

在土地增值税清算时未转让的房地产，清算后销售或有偿转让的，纳税人应按规定进行土地增值税的纳税申报，扣除项目金额按清算时的单位建筑面积成本费用乘以销售或转让面积计算。

单位建筑面积成本费用=清算时的扣除项目总金额÷清算的总建筑面积

6.土地增值税清算后应补缴的土地增值税加收滞纳金

纳税人按规定预缴土地增值税后，清算补缴的土地增值税在主管税务机关规定的期限内补缴的，不加收滞纳金。

四、土地增值税的征收管理

（一）土地增值税的征收管理要求

1.土地增值税的纳税期限

土地增值税的纳税人应当自转让房地产合同签订之日起7日内向房地产所在地主管税务机关办理纳税申报，并在税务机关核定的期限内缴纳土地增值税。

根据《土地增值税暂行条例实施细则》的规定，对纳税人在项目全部竣工结算前转让房地产取得的收入可以预征土地增值税。具体办法由各省、自治区、直辖市税务局根据当地情况制定。因此，对纳税人预售房地产所取得的收入，当地税务机关规定预征土地增值税的，纳税人应当到主管税务机关办理纳税申报，并按规定比例预缴，待办理决算后，多退少补；当地税务机关规定不预征土地增值税的，也应在取得收入时先到税务机关登记或备案。

对实行预征办法的地区，除保障性住房外，东部地区省份预征率不得低于2%，中部和东北地区省份不得低于1.5%，西部地区省份不得低于1%，各地要根据不同类型房地产确定适当的预征率（地区的划分按照国务院有关文件的规定执行）。

2.土地增值税的纳税地点

土地增值税的纳税人应向房地产所在地主管税务机关办理纳税申报。

这里所说的房地产所在地，是指房地产的坐落地。纳税人转让的房地产坐落在两个或两个以上地区的，应按房地产所在地分别申报纳税。

（二）土地增值税的纳税申报

纳税人对土地增值税进行纳税申报时，应当填报"土地增值税税源明细表"（略）、"财产和行为税减免税明细申报附表"[①]（见表6-3）、"财产和行为税纳税申报表"[②]（见表6-4）。

🍀提示　自2021年6月1日起，纳税人申报缴纳城镇土地使用税、房产税、契税、耕地占用税、土地增值税、印花税、车船税、烟叶税、环境保护税、资源税中一个或多个税种时，使用"财产和行为税纳税申报表"。纳税人新增税源或税源变化时，需先填报"财产和行为税税源明细表"。"财产和行为税税源明细表"具体包括"城镇土地使用税　房产税税源明细表""契税税源明细表""耕地占用税税源明细表""土地增值税税源明细表""印花税税源明细表""车船税税源明细表""烟叶税税源明细表""环境保护税税源明细表""资源税税源明细表"。

---

① 本表为"财产和行为税纳税申报表"的附表，适用于申报城镇土地使用税、房产税、契税、耕地占用税、土地增值税、印花税、车船税、环境保护税、资源税的减免税。
② 本表适用于申报城镇土地使用税、房产税、契税、耕地占用税、土地增值税、印花税、车船税、烟叶税、环境保护税、资源税。本表根据各税种税源明细表自动生成，申报前需填写税源明细表。本表包含一张附表"财产和行为税减免税明细申报附表"。

表6-3

财产和行为税减免税明细申报附表

纳税人识别号（统一社会信用代码）：□□□□□□□□□□□□□□□□□□

纳税人名称：

金额单位：人民币元（列至角分）

本期是否适用小微企业"六税两费"减免政策　□是　□否

增值税小规模纳税人：□是　□否

增值税一般纳税人：□个体工商户　□小型微利企业

合计减免税额	减免政策适用主体	适用减免政策起止时间
		年　月　至　年　月

城镇土地使用税

序号	土地编号	税款所属期起	税款所属期止	减免性质代码和项目名称	减免税额
1					
2					
小计	—			—	

房产税

序号	房产编号	税款所属期起	税款所属期止	减免性质代码和项目名称	减免税额
1					
2					
小计	—			—	

车船税

序号	车辆识别代码/船舶识别码	税款所属期起	税款所属期止	减免性质代码和项目名称	减免税额
1					
2					
小计	—			—	

印花税

序号	税目	税款所属期起	税款所属期止	减免性质代码和项目名称	减免税额
1					
2					
小计	—			—	

续表

资源税

序号	税目	子目	税款所属期起	税款所属期止	减免性质代码和项目名称	减免税额
1						
2						
小计	—	—			—	

耕地占用税

序号	税源编号	税款所属期起	税款所属期止	减免性质代码和项目名称	减免税额
1					
2					
小计	—			—	

契税

序号	税源编号	税款所属期起	税款所属期止	减免性质代码和项目名称	减免税额
1					
2					
小计	—			—	

土地增值税

序号	项目编号	税款所属期起	税款所属期止	减免性质代码和项目名称	减免税额
1					
2					
小计	—			—	

环境保护税

序号	税源编号	污染物类别	污染物名称	税款所属期起	税款所属期止	减免性质代码和项目名称	减免税额
1							
2							
小计	—					—	

声明：此表是根据国家税收法律法规及相关规定填写的，本人（单位）对填报内容（及附带资料）的真实性、可靠性、完整性负责。

纳税人（签章）：

年 月 日

经办人：

经办人身份证号：

代理机构签章：

代理机构统一社会信用代码：

受理人：

受理税务机关（章）：

受理日期： 年 月 日

表6-4

财产和行为税纳税申报表

纳税人识别号（统一社会信用代码）：□□□□□□□□□□□□□□□□□□

纳税人名称：

金额单位：人民币元（列至角分）

序号	税种	税目	税款所属期起	税款所属期止	计税依据	税率	应纳税额	减免税额	已缴税额	应补（退）税额
1										
2										
3										
4										
5										
6										
7										
8										
9										
10										
11	合计	—	—	—	—	—				

声明：此表是根据国家税收法律法规及相关规定填写的，本人（单位）对填报内容（及附带资料）的真实性、可靠性、完整性负责。

纳税人（签章）： 年 月 日

经办人：

经办人身份证号：

代理机构签章：

代理机构统一社会信用代码：

受理人：

受理税务机关（章）：

受理日期： 年 月 日

任务三　　　　　　　　　　房产税法

任务引例

我公司按揭买房产生了利息支出，请问该利息支出是否计入房产原值计征房产税？

一、房产税的基本原理认知

（一）房产税的含义

房产税是以房屋为征税对象，按照房屋的计税余值或租金收入，向拥有房屋产权的单位和个人征收的一种税。

（二）房产税的发展

房产税在我国是一个古老的税种，最早始于周代。中华人民共和国成立后，政务院颁布的《全国税政实施要则》中，把房产税列为全国开征的一个独立税种。1973年进行税制改革，在简化税制的原则下，把试行工商税的企业缴纳的城市房地产税并入了工商税，但保留城市房地产税这一税种，只对居民个人和房产管理部门以及外侨的房屋继续征收。

1984年进行工商税制全面改革，重新恢复对房产征税。1986年9月15日，国务院正式发布了《中华人民共和国房产税暂行条例》，从当年10月1日开始施行；各省、自治区、直辖市人民政府根据《中华人民共和国房产税暂行条例》的规定，先后制定了施行细则。至此，房产税又在全国范围内全面征收。2011年1月8日，根据国务院令第588号《国务院关于废止和修改部分行政法规的决定》对《中华人民共和国房产税暂行条例》进行了修订。

现行房产税法律制度的基本规范，是1986年9月15日国务院发布，自1986年10月1日起实施的《中华人民共和国房产税暂行条例》（以下简称《房产税暂行条例》）。

（三）房产税的特点

我国房产税具有以下特点：❶属于财产税中的个别财产税；❷征税范围限于城镇的经营性房屋；❸按照房屋的经营使用方式确定不同的计税办法。

二、房产税纳税人和征税范围的确定

（一）房产税纳税人的确定

房产税的纳税人是指在中华人民共和国城市、县城、建制镇和工矿区（不包括农村）内拥有房屋产权的单位和个人，具体包括产权所有人、承典人、房产代管人或者使用人。

（1）产权属于国家所有的，其经营管理的单位为纳税人。

（2）产权属于集体和个人所有的，集体单位和个人为纳税人。

（3）产权出典的房产，由承典人依照房产余值缴纳房产税。

产权出典是指产权所有人为了某种需要，将自己的房屋在一定的期限内典当给他人使用，以押金形式换取一定数额的现金（或者实物），并立有某种合同（契约）的行为。在此，房产产权所有人称为房屋"出典人"；支付现金（或者实物）的人称为房屋的"承典人"。

链接　房产出租的，房产产权所有人（出租人）为纳税人。

（4）产权所有人、承典人均不在房产所在地的，房产代管人或者使用人为纳税人。

（5）产权未确定以及租典（租赁、出典）纠纷未解决的，房产代管人或者使用人为纳税人。

（6）无租使用其他单位房产的应税单位和个人，依照房产余值代缴房产税。

实务答疑6-2 本小区内有一处人防设施，产权属于全体业主，由物业公司代为经营管理，房产税应由业主还是物业公司缴纳？

（二）房产税征税范围的确定

房产税的征税对象是房产。所谓房产，是指有屋面和围护结构（有墙或两边有柱），能够遮风挡雨，可提供人们在其中生产、学习、工作、娱乐、居住或储藏物资的场所。

房产税的征税范围是城市、县城、建制镇和工矿区的房屋，不包括农村的房屋。

上述城市、县城、建制镇和工矿区分别按以下标准确定：

（1）城市是指经国务院批准设立的市。城市的房屋包括市区、郊区和市辖县县城的房屋，不包括农村的房屋。

（2）县城是指未设立建制镇的县人民政府所在地。

（3）建制镇是指经省、自治区、直辖市人民政府批准设立的建制镇。建制镇的房屋为镇人民政府所在地的房屋，不包括所辖的行政村的房屋。

（4）工矿区是指工商业比较发达，人口比较集中，符合国务院规定的建制镇标准，但尚未设立镇建制的大中型工矿企业所在地。开征房产税的工矿区须经省、自治区、直辖市人民政府批准。

另外，房地产开发企业建造的商品房，在出售前，不征收房产税，但对出售前房地产开发企业已使用或出租、出借的商品房应按规定征收房产税。

> **提示**　独立于房屋之外的建筑物，如围墙、烟囱、水塔、菜窖、室外游泳池等不属于房产税的征税范围。

三、房产税的计算

（一）房产税计税依据的确定

房产税的计税依据是房产的计税余值或房产的租金收入。按照房产计税余值征税的，称为从价计征；按照房产租金收入计征的，称为从租计征。

1.从价计征房产税的计税依据

从价计征房产税的计税依据为房产的计税余值。房产的计税余值是指按照房产原值一次减除10%～30%后的余值（具体减除幅度由省、自治区、直辖市人民政府确定）。

对于房产原值的规定主要有以下几点：

（1）房产原值是指纳税人按照会计制度规定，在会计账簿中"固定资产"科目记载的房屋原价。因此，凡按会计制度规定在账簿中记载有房屋原价的，应以房屋原价按规定减除一定比例后作为房产余值计征房产税；没有记载房屋原价的，按照上述原则，并参照同类房屋确定房产原值，按规定计征房产税。

> **提示**　自2009年1月1日起，对依照房产原值计税的房产，不论是否记载在会计账簿"固定资

产"科目中，均应按照房屋原值计算缴纳房产税。房屋原值应根据国家有关会计制度规定进行核算。对纳税人未按国家会计制度规定核算并记载的，应按规定予以调整或重新评估。

> **提示** 自2010年12月21日起，对按照房产原值计税的房产，无论会计上如何核算，房产原值均应包含地价，包括为取得土地使用权支付的价款、开发土地发生的成本费用等。宗地容积率低于0.5的，按房产建筑面积的2倍计算土地面积并据此确定计入房产原值的地价。

（2）房产原值应包括与房屋不可分割的各种附属设备或一般不单独计算价值的配套设施，主要有：暖气、卫生、通风、照明、煤气等设备；各种管线，如蒸汽、压缩空气、石油、给水排水等管道及电力、电信、电缆导线；电梯、升降机、过道、晒台等。属于房屋附属设备的水管、下水道、暖气管、煤气管等应从最近的探视井或三通管起，计算原值；电灯网、照明线从进线盒连接管起，计算原值。

> **点睛** 凡以房屋为载体，不可随意移动的附属设备和配套设施，如给排水、采暖、消防、中央空调、电气及智能化楼宇设备等，无论在会计核算中是否单独记账与核算，都应计入房产原值，计征房产税。

> **提示** 对更换房屋附属设备和配套设施的，在将其价值计入房产原值时，可扣减原来相应设备和设施的价值；对附属设备和配套设施中易损坏、需要经常更换的零配件，更新后不再计入房产原值。

（3）纳税人对原有房屋进行改建、扩建的，要相应增加房屋的原值。

（4）凡在房产税征收范围内的具备房屋功能的地下建筑，包括与地上房屋相连的地下建筑以及完全建在地面以下的建筑、地下人防设施等，均应当依照有关规定征收房产税。上述具备房屋功能的地下建筑是指有屋面和维护结构，能够遮风避雨，可供人们在其中生产、经营、工作、学习、娱乐、居住或储藏物资的场所。自用的地下建筑，按以下方式计税：

❶工业用途房产，以房屋原价的50%～60%作为应税房产原值。

应纳房产税的税额=应税房产原值（房屋原价的50%～60%）×［1－（10%～30%）］×1.2%

❷商业和其他用途房产，以房屋原价的70%～80%作为应税房产原值。

应纳房产税的税额=应税房产原值（房屋原价的70%～80%）×［1－（10%～30%）］×1.2%

房屋原价折算为应税房产原值的具体比例，由各省、自治区、直辖市和计划单列市财政和地方税务部门在上述幅度内自行确定。

❸对于与地上房屋相连的地下建筑，如房屋的地下室、地下停车场、商场的地下部分等，应将地下部分与地上房屋视为一个整体按照地上房屋建筑的有关规定计算征收房产税。

任务引例解析

根据《财政部 国家税务总局关于房产税 城镇土地使用税有关问题的通知》（财税〔2008〕152号）的规定，对依照房产原值计税的房产，不论是否记载在会计账簿"固定资产"科目中，均应按照房屋原价计算缴纳房产税。房屋原价应根据国家有关会计制度规定进行核算。对纳税人未按国家会计制度规定核算并记载的，应按规定予以调整或重新评估。

因此，你公司按揭买房发生的利息支出，凡按照国家会计制度规定应计入房产原价的，则应计入房产原价（房产原值）后计征房产税。

2.从租计征房产税的计税依据

从租计征房产税的计税依据为房产的租金收入（包括实物收入和货币收入）。如果是以劳务或者其他形式为报酬抵付房租收入的，应根据当地同类房产的租金水平，确定一个标准租金额从租计征。

营业税改征增值税后，房产出租的，计征房产税的租金收入不含增值税。免征增值税的，确定计税依据时，租金收入不扣减增值税税额。

对出租房产，租赁双方签订的租赁合同约定有免收租金期限的，免收租金期间由产权所有人按照房产原值缴纳房产税。

出租的地下建筑，按照出租地上房屋建筑的有关规定计算征收房产税。

3.特殊业务房产税的计税依据

（1）对于投资联营的房产的计税规定。

❶对以房产投资联营、投资者参与投资利润分红、共担风险的，按房产余值作为计税依据计缴房产税。

❷对以房产投资收取固定收入、不承担经营风险的，实际上是以联营名义取得房屋租金，应以出租方取得的租金收入为计税依据计缴房产税。

提示　融资租赁房产，实质上相当于分期付款购买固定资产，因此应以房产余值计征房产税。由承租人自融资租赁合同约定开始日的次月起依照房产余值缴纳房产税。合同未约定开始日的，由承租人自合同签订的次月起依照房产余值缴纳房产税。

（2）居民住宅区内业主共有的经营性房产的计税规定。从2007年1月1日起，对居民住宅区内业主共有的经营性房产，由实际经营（包括自营和出租）的代管人或使用人缴纳房产税。

点睛　自营房产的，依照房产原值减除10%~30%后的余值计征，没有房产原值或不能将业主共有房产与其他房产的原值准确划分开的，由房产所在地税务机关参照同类房产核定房产原值；出租房产的，按照租金收入计征。

（二）房产税税率的判定

1.房产税从价计征税率的判定

房产税从价计征的年税率为1.2%。

2.房产税从租计征税率的判定

房产税从租计征的税率为12%。

对个人出租住房，不区分用途，按4%的税率征收房产税；对企事业单位、社会团体以及其他组织按市场价格向个人出租用于居住的住房，减按4%的税率征收房产税。

提示　自2021年10月1日起，对企事业单位、社会团体以及其他组织向个人、专业化规模化住房租赁企业出租住房的，减按4%的税率征收房产税。企事业单位、社会团体以及其他组织，对利用非居住存量土地和非居住存量房屋（含商业办公用房、工业厂房改造后出租用于居住的房屋）建设的保障性租赁住房，取得保障性租赁住房项目认定书后，向个人、专业化规模化住房租赁企业出租上述保障性租赁住房，比照适用上述房产税政策。其中，住房租赁企业，是指按规定向住房城乡建设部门进行开业报告或者备案的从事住房租赁经营业务的企业。专业化规模化住房租赁企业的标准为：企业在开业报告或者备案城市内持有或者经营租赁住房1000套（间）及以上或者建筑面积3万平方米及以上；各省、自治区、直辖市住房城乡建设部门会同同级财政、税务部门，可根据租赁市场发展情况，对本地区全部或者部分城市在50%的幅度内下调标准。

（三）房产税优惠政策的运用

房产税的税收优惠政策主要有以下几项：

（1）国家机关、人民团体、军队自用的房产免征房产税。上述自用的房产，是指这些单位本身的办公用房和公务用房。但其出租房产以及非自身业务使用的生产、营业用房，不属于免税范围，应照章纳税。

（2）由国家财政部门拨付事业经费的单位自用的房产。上述自用的房产，是指这些单位本身的业务用房。但其所属的附属工厂、商店、招待所等不属单位公务、业务的用房，不属于免税范围，应照章纳税。

提示　由国家财政部门拨付事业经费的单位，其经费来源实行自收自支后，应征收房产税。

（3）宗教寺庙、公园、名胜古迹自用的房产免征房产税。宗教寺庙自用的房产，是指举行宗教仪式等的房屋和宗教人员使用的生活用房屋。公园、名胜古迹自用的房产，是指供公共参观游览的房屋及其管理单位的办公用房屋。

提示　上述以上（1）、（2）、（3）的这些免税单位出租的房产以及非本身业务用的生产、营业用房产不属于免税范围，应征收房产税。例如，公园、名胜古迹中附设的营业单位，如影剧院、饮食部、茶社、照相馆等所使用的房产及出租的房产，应征收房产税。

（4）个人所有非营业用的房产免征房产税。个人所有的非营业用房，主要是指居民住房，不分面积多少，一律免征房产税。个人拥有的营业用房或者出租的房产，不属于免税房产，应照章纳税。

（5）对非营利性医疗机构、疾病控制机构和妇幼保健机构等卫生机构自用的房产，免征房产税。

（6）企业办的各类学校、医院、托儿所、幼儿园自用的房产，可以比照由国家财政部门拨付事业经费的单位自用的房产，免征房产税。

（7）经有关部门鉴定，对毁损不堪居住的房屋和危险房屋，在停止使用后，可免征房产税。

（8）纳税人因房屋大修导致连续停用半年以上的，在房屋大修期间免征房产税。免征税额由纳税人在申报缴纳房产税时自行计算扣除，并在申报表附表或备注栏中作相应说明。

（9）凡是在基建工地为基建工地服务的各种工棚、材料棚、休息棚和办公室、食堂、茶炉房、汽车房等临时性房屋，不论是施工企业自行建造还是由基建单位出资建造交施工企业使用的，在施工期间，一律免征房产税。但是，如果在基建工程结束以后，施工企业将这种临时性房屋交还或估价转让给基建单位的，应当从基建单位接收的次月起，照章纳税。

（10）纳税单位与免税单位共同使用的房屋，按各自使用的部分划分，分别征收或免征房产税。

（11）经财政部批准免税的其他房产。

（四）房产税应纳税额的计算

（1）从价计征房产税的公式：

应纳税额=房产原值×（1−扣除比例）×1.2%

由此公式计算出来的房产税税额是年税额。

（2）从租计征房产税的公式：

应纳税额=租金收入×12%（或4%）

任务实例6-4 甲企业本年度共计拥有土地65 000平方米，其中，子弟学校占地3 000平方米，幼儿园占地1 200平方米，企业内部绿化占地2 000平方米。本年度的上半年企业共有房产原值4 000万元，6月30日起企业将原值200万元、占地面积400平方米的一栋仓库出租给某商场存放货物，租期为1年，每月租金收入为1.5万元（不含增值税）。8月10日对委托施工单位建设的生产车间办理验收手续，由在建工程转入固定资产，原值为500万元。（房产税计算余值的扣除比例为20%）

【**任务要求**】 计算甲企业本年度应缴纳的房产税。

【**任务实施**】 第一步，房产原值扣除出租部分再扣20%后，从价计税：

应纳房产税税额=（4 000-200）×（1-20%）×1.2%=36.48（万元）

第二步，下半年出租房产，则上半年按计税余值及1至6月共6个月使用期计税：

应纳房产税税额=200×（1-20%）×1.2%÷12×6=0.96（万元）

或用全年房产原值扣20%损耗计税后，减掉下半年出租房产的分摊税金：

应纳房产税税额=4 000×（1-20%）×1.2%-200×（1-20%）×1.2%÷12×6=37.44（万元）

第三步，出租房产按7月至12月共6个月租金收入计税：

应纳房产税税额=1.5×6×12%=1.08（万元）

第四步，在建工程完工转入的房产应自办理验收手续之次月起计税，故应从9月计至年底共4个月：

应纳房产税税额=500×（1-20%）×1.2%÷12×4=1.6（万元）

本年应纳房产税税额=36.48+0.96+1.08+1.6=40.12（万元）

或 本年应纳房产税税额=37.44+1.08+1.6=40.12（万元）

四、房产税的征收管理

（一）房产税的征收管理要求

1.房产税的纳税义务发生时间

（1）纳税人将原有房产用于生产经营，从生产经营之月起，缴纳房产税。

（2）纳税人自行新建房屋用于生产经营，从建成之日的次月起，缴纳房产税。

（3）纳税人委托施工企业建设的房屋，从办理验收手续的次月起，缴纳房产税。

（4）纳税人购置新建商品房，自房屋交付使用之次月起，缴纳房产税。

（5）纳税人购置存量房，自办理房屋权属转移、变更登记手续，房地产权属登记机关签发房屋权属证书之次月起，缴纳房产税。

（6）纳税人出租、出借房产，自交付出租、出借房产之次月起，缴纳房产税。

（7）房地产开发企业自用、出租、出借本企业建造的商品房，自房屋使用或交付之次月起，缴纳房产税。

▶提示 自2009年1月1日起，纳税人因房产的实物或权利状态发生变化而依法终止房产税的纳税义务的，其应纳税款的计算应截止到房产的实物或权利发生变化的当月末。

2.房产税的纳税期限

房产税按年计算、分期缴纳。具体纳税期限由省、自治区、直辖市人民政府确定。

以山东省为例，《国家税务总局山东省税务局关于财产和行为税有关政策问题的公告》（国家税务总局山东省税务局公告2019年第3号）规定，房产税按月、季或半年缴纳的，申报纳税期限为月份、季度或半年终了后15日内。

3.房产税的纳税地点

房产税在房产所在地缴纳。房产不在同一地方的纳税人，应按房产的坐落地点分别向房产所在地的税务机关缴纳。

（二）房产税的纳税申报

纳税人对房产税进行纳税申报时，应当填报"城镇土地使用税 房产税税源明细表"（略）、"财产和行为税减免税明细申报附表"（见表6-3）、"财产和行为税纳税申报表"（见表6-4）。

任务四　　　　资源税法①

任务引例

我公司是一家生产建材产品的企业，请问我公司在收购应税矿产品时有代扣代缴资源税的义务吗？

一、资源税的基本原理认知

（一）资源税的含义

资源税是对在中华人民共和国领域和中华人民共和国管辖的其他海域开发应税资源的单位与个人课征的一种税。

（二）资源税的发展

对资源占用行为课税不仅被当今许多国家广泛采用，而且具有十分悠久的历史。我国对资源占用课税的历史至少可以追溯到周代，当时的"山泽之赋"就是对伐木、采矿、狩猎、捕鱼、煮盐等开发、利用自然资源的生产活动课征的赋税。此后，我国历代政府一直延续了对矿冶资源、盐业资源等自然资源开发利用课税的制度。

中华人民共和国成立后，我国颁布了《全国税政实施要则》（以下简称《要则》），明确了对盐的生产、运销征收盐税。但是，对矿产资源的开采如何课税并没有规定，所以在长达30多年的时间内我国实行的是资源无偿开采的制度。

1984年10月1日，《中华人民共和国资源税条例草案》施行，我国开始对自然资源征税，征收范围仅为原油、天然气、煤炭和铁矿石。资源税法律制度建立的初衷仅仅是调节级差收益，只要没有获得12%以上的利润，企业和个人就可以无偿开采国有矿产资源。

1986年10月1日，《中华人民共和国矿产资源法》施行，该法第五条进一步明确：国家对矿产资源施行有偿开采。开采矿产资源，必须按照国家有关规定缴纳资源税和资源补偿费。"税费并存"的制度从此以法律的形式确立下来。1993年全国财税体制改革，对1984年第一次资源税法律制度做了重大修改，形成了第二代资源税制度。

1993年，国务院发布的《中华人民共和国资源税暂行条例》及《中华人民共和国资

---

① 本教材中资源税的内容，主要根据自2020年9月1日起施行的《中华人民共和国资源税法》编写。

源税暂行条例实施细则》，把盐税并到资源税中，并将资源税征收范围扩大为原油、天然气、煤炭、其他非金属矿原矿、黑色金属矿原矿、有色金属矿原矿和盐7种，于1994年1月1日起不再按超额利润征税，而是按矿产品销售量征税，按照"普遍征收、级差调节"的原则，就资源赋税情况、开采条件、资源等级、地理位置等客观条件的差异规定了幅度税额，为每一个课税矿区规定了适用税率。这一规定考虑了资源条件优劣的差别，对级差收益进行了有效调节。

2011年9月21日，国务院第一百七十三次常务会议决议通过《中华人民共和国资源税暂行条例》修订方案，并于2011年9月30日公布，自2011年11月1日起施行修订后的《中华人民共和国资源税暂行条例》；2011年10月28日，财政部、国家税务总局公布，自2011年11月1日起施行修订后的《中华人民共和国资源税暂行条例实施细则》。其中，将原油、天然气由原来的从量征收变为从价征收是这次修订的重点内容之一。

2014年10月9日，财政部和国家税务总局发布《关于调整原油、天然气资源税有关政策的通知》（财税〔2014〕73号），规定自2014年12月1日起，将原油、天然气矿产资源补偿费费率降为零，相应将资源税适用税率由5%提高至6%。同时，财政部和国家税务总局发布《关于实施煤炭资源税改革的通知》（财税〔2014〕72号），规定自2014年12月1日起在全国范围内实施煤炭资源税从价计征改革，同时清理相关收费基金。

2016年5月9日，财政部和国家税务总局发布《关于全面推进资源税改革的通知》（财税〔2016〕53号），规定自2016年7月1日起实行资源税从价计征改革及水资源税改革试点。2017年11月24日，财政部、税务总局和水利部发布的《关于印发〈扩大水资源税改革试点实施办法〉的通知》（财税〔2017〕80号）规定，自2017年12月1日起在北京、天津、山西、内蒙古、山东、河南、四川、陕西、宁夏等9个省（自治区、直辖市）扩大水资源税改革试点。2019年8月26日，第十三届全国人民代表大会常务委员会第十二次会议通过了《中华人民共和国资源税法》，自2020年9月1日起施行。1993年12月25日国务院发布的《中华人民共和国资源税暂行条例》同时废止。

现行资源税法律制度的基本规范，是2019年8月26日第十三届全国人民代表大会常务委员会第十二次会议通过，自2020年9月1日起施行的《中华人民共和国资源税法》（简称（资源税法））。

（三）资源税的特点

我国资源税具有以下特点：❶具有特定的征收范围；❷绝大多数应税产品实行从价征收；❸不同的应税产品适用税率不尽相同。

二、资源税纳税人、征税范围和税目的确定

（一）资源税纳税人的确定

资源税的纳税人是指在中华人民共和国领域和中华人民共和国管辖的其他海域开发应税资源（产品）的单位和个人。

对资源税纳税人的理解，应注意以下三点：

（1）资源税法规定仅对在中华人民共和国领域及管辖海域从事应税资源（产品）开采或生产的单位和个人征收，因此，对进口的相关产品不征收资源税。由于对进口的相关产品不征收资源税，相应地，对出口的相关产品也不免征或退还已纳资源税。

🍀提示　资源税进口不征，出口不退（免）。

（2）资源税纳税人不仅包括符合规定的中国企业和个人，还包括外商投资企业和外国企业。

（3）中外合作开采陆上、海上石油资源的企业依法缴纳资源税。2011年11月1日前已依法订立中外合作开采陆上、海上石油资源合同的，在该合同有效期内，继续依照国家有关规定缴纳矿区使用费，不缴纳资源税；合同期满后，依法缴纳资源税。

任务引例解析

根据《国家税务总局关于公布取消一批税务证明事项以及废止和修改部分规章规范性文件的决定》（国家税务总局令第48号）的规定，废止了《中华人民共和国资源税代扣代缴管理办法》（国税发〔1998〕49号文件印发，国家税务总局令第44号修改）。根据《关于〈国家税务总局关于公布取消一批税务证明事项以及废止和修改部分规章规范性文件的决定〉的解读》，取消"资源税管理证明"后，实行纳税人自主申报，不再采用代扣代缴的征管方式。

因此，资源税由在中华人民共和国领域和中华人民共和国管辖的其他海域开发应税资源的单位和个人自行缴纳，你公司没有代扣代缴的义务。

（二）资源税征税范围的确定

应税资源的具体范围，由《中华人民共和国资源税法》所附"资源税税目税率表"确定。

我国目前资源税的征税范围仅涉及矿产品和盐两大类，具体包括：

（1）能源矿产，包括：原油；天然气、页岩气、天然气水合物；煤；煤成（层）气；铀、钍；油页岩、油砂、天然沥青、石煤；地热。

（2）金属矿产，包括：黑色金属和有色金属。

（3）非金属矿产，包括：矿物类、岩石类和宝玉石类。

（4）水气矿产，包括：二氧化碳气、硫化氢气、氦气、氡气；矿泉水。

（5）盐，包括：钠盐、钾盐、镁盐、锂盐；天然卤水；海盐。

纳税人开采或者生产应税产品自用的，应当依照《中华人民共和国资源税法》的规定缴纳资源税；但是，自用于连续生产应税产品的，不缴纳资源税。纳税人自用应税产品应当缴纳资源税的情形，包括纳税人以应税产品用于非货币性资产交换、捐赠、偿债、赞助、集资、投资、广告、样品、职工福利、利润分配或者连续生产非应税产品等。

另外，自2016年7月1日起，河北省开征水资源税试点，水资源费改税方式，将地表水和地下水纳入征税范围，实行从量定额计征。自2017年12月1日起，在北京、天津、山西、内蒙古、山东、河南、四川、陕西、宁夏等9个省（自治区、直辖市）扩大水资源税改革试点。

🍀提示　由于资源产品属于有形动产，资源税的征税范围与增值税的征税范围有一定程度的重叠。

🍀点睛　资源税只针对开采"中华人民共和国境内"的"不可再生的自然资源"征收，且仅限于"初级矿产品或者原矿"。

提示　资源税对生产者或开采者征收，并且在其"销售或自用"时一次性征收，"批发、零售"等环节不征收资源税。

（三）资源税税目的确定

资源税的税目依照"资源税税目税率表"（见表6-5）执行。

三、资源税的计算

（一）资源税计税依据的确定

资源税按照"资源税税目税率表"实行从价计征或者从量计征。

"资源税税目税率表"中规定可以选择实行从价计征或者从量计征的，具体计征方式由省、自治区、直辖市人民政府提出，报同级人民代表大会常务委员会决定，并报全国人民代表大会常务委员会和国务院备案。

实行从价计征的，应纳税额按照应税资源产品（以下称应税产品）的销售额乘以具体适用税率计算。实行从量计征的，应纳税额按照应税产品的销售数量乘以具体适用税率计算。

应税产品为矿产品的，包括原矿和选矿产品。

1.资源税从价计征的计税依据

资源税从价计征的计税依据为应税产品的销售额。

（1）销售额确定的基本规定。

资源税应税产品（以下简称应税产品）的销售额，按照纳税人销售应税产品向购买方收取的全部价款确定，不包括增值税税款。

计入销售额中的相关运杂费用，凡取得增值税发票或者其他合法有效凭据的，准予从销售额中扣除。相关运杂费用是指应税产品从坑口或者洗选（加工）地到车站、码头或者购买方指定地点的运输费用、建设基金以及随运销产生的装卸、仓储、港杂费用。

纳税人扣减的运杂费用明显偏高导致应税产品价格偏低且无正当理由的，主管税务机关可以合理调整计税价格。

提示　纳税人将其开采的应税产品直接出口的，按其离岸价格（不含增值税）计算销售额征收资源税。

（2）特殊情形下销售额的确定。

纳税人申报的应税产品销售额明显偏低且无正当理由的，或者有自用应税产品行为而无销售额的，主管税务机关可以按下列方法和顺序确定其应税产品销售额：

❶按纳税人最近时期同类产品的平均销售价格确定。

❷按其他纳税人最近时期同类产品的平均销售价格确定。

❸按后续加工非应税产品销售价格，减去后续加工环节的成本利润后确定。

❹按应税产品组成计税价格确定。

组成计税价格=成本×（1+成本利润率）÷（1-资源税税率）

上述公式中的成本利润率由省、自治区、直辖市税务机关确定。

❺按其他合理方法确定。

（3）外购应税产品购进金额、购进数量的扣减。

纳税人用已纳资源税的应税产品进一步加工应税产品销售的，不再缴纳资源税。

纳税人外购应税产品与自采应税产品混合销售或者混合加工为应税产品销售的，在计算应税产品销售额或者销售数量时，准予扣减外购应税产品的购进金额或者购进数量；当期不足扣减的，可结转下期扣减。纳税人应当准确核算外购应税产品的购进金额或者购进数量，未准确核算的，一并计算缴纳资源税。

🍀提示　纳税人核算并扣减当期外购应税产品购进金额、购进数量，应当依据外购应税产品的增值税专用发票、海关进口增值税专用缴款书或者其他合法有效凭据。

纳税人以外购原矿与自采原矿混合为原矿销售，或者以外购选矿产品与自产选矿产品混合为选矿产品销售的，在计算应税产品销售额或者销售数量时，直接扣减外购原矿或者外购选矿产品的购进金额或者购进数量。

纳税人以外购原矿与自采原矿混合洗选加工为选矿产品销售的，在计算应税产品销售额或者销售数量时，按照下列方法进行扣减：

$$准予扣减的外购应税产品购进金额（数量）=外购原矿购进金额（数量）\times\left(\frac{本地区原矿}{适用税率}\div\frac{本地区选矿}{产品适用税率}\right)$$

不能按照上述方法计算扣减的，按照主管税务机关确定的其他合理方法进行扣减。

2.资源税从量计征的计税依据

资源税从量计征的计税依据为应税产品的销售数量。销售数量的具体规定为：

（1）销售数量，包括纳税人开采或者生产应税产品的实际销售数量和自用于应当缴纳资源税情形的应税产品数量。

（2）纳税人不能准确提供应税产品销售数量的，以应税产品的产量或者主管税务机关确定的折算比换算成的数量为计征资源税的销售数量。

🍀提示　原矿和精矿的销售额或者销售量应当分别核算，未分别核算的，从高确定计税销售额或者销售数量。

3.按照原矿或者选矿计征资源税的具体情形

（1）纳税人以自采原矿（经过采矿过程采出后未进行选矿或者加工的矿石）直接销售，或者自用于应当缴纳资源税情形的，按照原矿计征资源税。

（2）纳税人以自采原矿洗选加工为选矿产品（通过破碎、切割、洗选、筛分、磨矿、分级、提纯、脱水、干燥等过程形成的产品，包括富集的精矿和研磨成粉、粒级成型、切割成型的原矿加工品）销售，或者将选矿产品自用于应当缴纳资源税情形的，按照选矿产品计征资源税，在原矿移送环节不缴纳资源税。

🍀提示　对于无法区分原生岩石矿种的粒级成型砂石颗粒，按照"砂石"税目征收资源税。

知识答疑6-2　资源税纳税人什么情况下按照原矿计征资源税？什么情况下按照选矿计征资源税？

（二）资源税税率的判定

资源税税率见"资源税税目税率表"（见表6-5）。

表 6-5   资源税税目税率表

税目			征税对象	税率
能源矿产		原油	原矿	6%
		天然气、页岩气、天然气水合物	原矿	6%
		煤	原矿或者选矿	2%~10%
		煤成（层）气	原矿	1%~2%
		铀、钍	原矿	4%
		油页岩、油砂、天然沥青、石煤	原矿或者选矿	1%~4%
		地热	原矿	1%~20% 或者每立方米 1~30 元
金属矿产	黑色金属	铁、锰、铬、钒、钛	原矿或者选矿	1%~9%
	有色金属	铜、铅、锌、锡、镍、锑、镁、钴、铋、汞	原矿或者选矿	2%~9%
		铝土矿	原矿或者选矿	2%~9%
		钨	选矿	6.5%
		钼	选矿	8%
		金、银	原矿或者选矿	2%~6%
		铂、钯、钌、锇、铱、铑	原矿或者选矿	5%~10%
		轻稀土	选矿	7%~12%
		中重稀土	选矿	20%
		铍、锂、锆、锶、铷、铯、铌、钽、锗、镓、铟、铊、铪、铼、镉、硒、碲	原矿或者选矿	2%~10%
非金属矿产	矿物类	高岭土	原矿或者选矿	1%~6%
		石灰岩	原矿或者选矿	1%~6% 或者每吨（或者每立方米）1~10 元
		磷	原矿或者选矿	3%~8%
		石墨	原矿或者选矿	3%~12%
		萤石、硫铁矿、自然硫	原矿或者选矿	1%~8%
		天然石英砂、脉石英、粉石英、水晶、工业用金刚石、冰洲石、蓝晶石、硅线石（矽线石）、长石、滑石、刚玉、菱镁矿、颜料矿物、天然碱、芒硝、钠硝石、明矾石、砷、硼、碘、溴、膨润土、硅藻土、陶瓷土、耐火粘土、铁矾土、凹凸棒石粘土、海泡石粘土、伊利石粘土、累托石粘土	原矿或者选矿	1%~12%
		叶蜡石、硅灰石、透辉石、珍珠岩、云母、沸石、重晶石、毒重石、方解石、蛭石、透闪石、工业用电气石、白垩、石棉、蓝石棉、红柱石、石榴子石、石膏	原矿或者选矿	2%~12%

税目			征税对象	税率
非金属矿产	矿物类	其他粘土（铸型用粘土、砖瓦用粘土、陶粒用粘土、水泥配料用粘土、水泥配料用红土、水泥配料用黄土、水泥配料用泥岩、保温材料用粘土）	原矿或者选矿	1%~5%或者每吨（或者每立方米）0.1~5元
	岩石类	大理岩、花岗岩、白云岩、石英岩、砂岩、辉绿岩、安山岩、闪长岩、板岩、玄武岩、片麻岩、角闪岩、页岩、浮石、凝灰岩、黑曜岩、霞石正长岩、蛇纹岩、麦饭石、泥灰岩、含钾岩石、含钾砂页岩、天然油石、橄榄岩、松脂岩、粗面岩、辉长岩、辉石岩、正长岩、火山灰、火山渣、泥炭	原矿或者选矿	1%~10%
		砂石	原矿或者选矿	1%~5%或者每吨（或者每立方米）0.1~5元
	宝玉石类	宝石、玉石、宝石级金刚石、玛瑙、黄玉、碧玺	原矿或者选矿	4%~20%
水气矿产		二氧化碳气、硫化氢气、氦气、氡气	原矿	2%~5%
		矿泉水	原矿	1%~20%或者每立方米1~30元
盐		钠盐、钾盐、镁盐、锂盐	选矿	3%~15%
		天然卤水	原矿	3%~15%或者每吨（或者每立方米）1~10元
		海盐	原矿或者选矿	2%~5%

"资源税税目税率表"中规定实行幅度税率的，其具体适用税率由省、自治区、直辖市人民政府统筹考虑该应税资源的品位、开采条件以及对生态环境的影响等情况，在"资源税税目税率表"规定的税率幅度内提出，报同级人民代表大会常务委员会决定，并报全国人民代表大会常务委员会和国务院备案。"资源税税目税率表"中规定征税对象为原矿或者选矿的，应当分别确定具体适用税率。

（三）资源税优惠政策的运用

（1）有下列情形之一的，免征资源税：

❶开采原油以及在油田范围内运输原油过程中用于加热的原油、天然气；

❷煤炭开采企业因安全生产需要抽采的煤成（层）气；

❸青藏铁路公司及其所属单位运营期间自采自用的砂、石等材料。

（2）有下列情形之一的，减征资源税：

❶从低丰度油气田开采的原油、天然气，减征20%资源税；

❷高含硫天然气、三次采油和从深水油气田开采的原油、天然气，减征30%资源税；

❸稠油、高凝油减征40%资源税；

❹从衰竭期矿山开采的矿产品，减征30%资源税；

❺自2018年4月1日至2023年3月31日，对页岩气资源税减征30%；

❻自2014年12月1日至2023年8月31日，对充填开采置换出来的煤炭，资源税减征50%。

根据国民经济和社会发展需要，国务院对有利于促进资源节约集约利用、保护环境等情形可以规定免征或者减征资源税，报全国人民代表大会常务委员会备案。

（3）有下列情形之一的，省、自治区、直辖市可以决定免征或者减征资源税：

❶纳税人开采或者生产应税产品过程中，因意外事故或者自然灾害等原因遭受重大损失；

❷纳税人开采共伴生矿、低品位矿、尾矿。

这里的免征或者减征资源税的具体办法，由省、自治区、直辖市人民政府提出，报同级人民代表大会常务委员会决定，并报全国人民代表大会常务委员会和国务院备案。

　提示　纳税人的免税、减税项目，应当单独核算销售额或者销售数量；未单独核算或者不能准确提供销售额或者销售数量的，不予免税或者减税。

纳税人开采或者生产同一应税产品，其中既有享受减免税政策的，又有不享受减免税政策的，按照免税、减税项目的产量占比等方法分别核算确定免税、减税项目的销售额或者销售数量。

　点睛　纳税人开采或者生产同一应税产品同时符合两项或者两项以上减征资源税优惠政策的，除另有规定外，只能选择其中一项执行。

（四）资源税应纳税额的计算

资源税的应纳税额，按照从价计征或者从量计征的办法，分别以应税产品的销售额乘以纳税人具体适用的比例税率或者以应税产品的销售数量乘以纳税人具体适用的定额税率计算。

纳税人开采或者生产不同税目应税产品的，应当分别核算不同税目应税产品的销售额或者销售数量；未分别核算或者不能准确提供不同税目应税产品的销售额或者销售数量的，从高适用税率。

纳税人开采或者生产同一税目下适用不同税率应税产品的，应当分别核算不同税率应税产品的销售额或者销售数量；未分别核算或者不能准确提供不同税率应税产品的销售额或者销售数量的，从高适用税率。

（1）采用从价计征办法计算应纳税额，其计算公式为：

应纳资源税=应税产品的销售额×比例税率

（2）采用从量计征办法计算应纳税额，其计算公式为：

应纳资源税=应税产品的销售数量×定额税率

（3）原煤加工为洗选煤的资源税应纳税额的计算。

纳税人将其开采的原煤加工为洗选煤销售的，以洗选煤销售额乘以折算率作为应税煤炭销售额计算缴纳资源税。

洗选煤应纳税额=洗选煤销售额×折算率×适用税率

洗选煤销售额包括洗选副产品的销售额，不包括洗选煤从洗选煤厂到车站、码头等的运杂费用。

折算率可通过洗选煤销售额扣除洗选环节成本、利润计算，也可通过洗选煤市场价格与其所用同类原煤市场价格的差额及综合回收率计算。折算率由省、自治区、直辖市财税部门或其授权地市级财税部门确定。具体来说，洗选煤折算率的计算公式有两种：

❶洗选煤折算率=（洗选煤平均销售额-洗选环节平均成本-洗选环节平均利润）÷洗选煤平均销售额×100%

❷洗选煤折算率=原煤平均销售额÷（洗选煤平均销售额×综合回收率）×100%

综合回收率=洗选煤数量÷入洗前原煤数量×100%

（4）关联企业之间业务往来的税务处理。

纳税人与其关联企业之间的业务往来，应当按照独立企业之间的业务往来收取或者支付价款、费用。不按照独立企业之间的业务往来收取或者支付价款、费用，而减少其计税销售额的，税务机关可以按照《税收征收管理法》及其实施细则的有关规定进行合理调整。

任务实例6-5 甲煤炭开采企业本年7月销售洗煤5万吨，开具增值税专用发票，注明金额为6 000万元。假设洗煤的折算率为80%，资源税税率为10%。

【任务要求】计算甲煤炭开采企业销售洗煤应缴纳的资源税。

【任务实施】洗选煤应纳税额=洗选煤销售额×折算率×适用税率

甲煤炭开采企业销售洗煤应缴纳的资源税税额=6 000×80%×10%=480（万元）

四、资源税的征收管理

（一）资源税的征收管理要求

资源税由税务机关依照《资源税法》和《税收征收管理法》的规定征收管理。海上开采的原油和天然气资源税由海洋石油税务管理机构征收管理。税务机关与自然资源等相关部门应当建立工作配合机制，加强资源税征收管理。

1.资源税的纳税义务发生时间

纳税人销售应税产品，纳税义务发生时间为收讫销售款或者取得索取销售款项凭据的当日；纳税人自用应税产品的，纳税义务发生时间为移送应税产品的当日。

2.资源税的纳税期限

资源税按月或者按季申报缴纳；不能按固定期限计算缴纳的，可以按次申报缴纳。

纳税人按月或者按季申报缴纳的，应当自月度或者季度终了之日起15日内，向税务机关办理纳税申报并缴纳税款；按次申报缴纳的，应当自纳税义务发生之日起15日内，向税务机关办理纳税申报并缴纳税款。

3.资源税的纳税地点

纳税人应当在矿产品的开采地或者海盐的生产地缴纳资源税。

（二）资源税的纳税申报

纳税人对资源税进行纳税申报时，应当填报"资源税税源明细表"（略）、"财产和行为税减免税明细申报附表"（见表6-3）、"财产和行为税纳税申报表"（见表6-4）。

任务五 　城镇土地使用税法

任务引例

我公司向村委会租用村集体用地，请问是否由我公司缴纳城镇土地使用税？

一、城镇土地使用税的基本原理认知

（一）城镇土地使用税的含义

城镇土地使用税是以国有土地和集体土地为征税对象，对使用土地的单位和个人征收

的一种税。

（二）城镇土地使用税的发展

国务院于 1988 年 9 月 27 日发布了《中华人民共和国城镇土地使用税暂行条例》，从 1988 年 11 月 1 日起施行。《中华人民共和国城镇土地使用税暂行条例》历经四次修订，最新版本为 2019 年 3 月 2 日修订后的版本。

现行城镇土地使用税法律制度的基本规范，是 2019 年 3 月 2 日国务院修订，自公布之日起施行的《中华人民共和国城镇土地使用税暂行条例》（以下简称《城镇土地使用税暂行条例》）和 1988 年 10 月国家税务总局签发的《关于城镇土地使用税若干具体问题的解释和暂行规定》及各省、自治区、直辖市制定的城镇土地使用税暂行条例实施细则等。

（三）城镇土地使用税的特点

我国城镇土地使用税具有以下特点：❶对占用土地的行为进行征税；❷以土地为征税对象；❸征税范围有所限定；❹实行差别幅度税额。

二、城镇土地使用税纳税人和征税范围的确定

（一）城镇土地使用税纳税人的确定

城镇土地使用税纳税人是指在城市、县城、建制镇、工矿区范围内使用土地的单位和个人。单位，包括国有企业、集体企业、私营企业、股份制企业、外商投资企业、外国企业及其他企业和事业单位、社会团体、国家机关、军队及其他单位。个人，包括个体工商户及其他个人。

具体规定如下：

（1）拥有土地使用权的单位和个人，为纳税人。

（2）拥有土地使用权的单位和个人不在土地所在地的，土地的代管人或实际使用人为纳税人。

（3）土地使用权未确定或权属纠纷未解决的，土地的实际使用人为纳税人。

> ▶**提示** 在城镇土地使用税征税范围内，实际使用应税集体所有建设用地、但未办理土地使用权流转手续的，由实际使用集体土地的单位和个人按规定缴纳城镇土地使用税。

（4）土地使用权共有的，共有各方均为纳税人，以共有各方实际使用土地的面积占总面积的比例，分别计算城镇土地使用税，由共有各方分别缴纳。

> ▶**总结** 受益人纳税原则，谁使用，谁受益，谁纳税。

> ▶**提示** 一般情况下，用于租赁的房屋，由"出租方"缴纳城镇土地使用税。但在城镇土地使用税征税范围内，承租集体所有建设用地的，由直接从集体经济组织承租土地的单位和个人，缴纳城镇土地使用税。

任务引例解析

根据《财政部 国家税务总局关于集体土地城镇土地使用税有关政策的通知》（财税〔2006〕56 号）的规定，在城镇土地使用税征税范围内实际使用应税集体所有建设用地、但未办理土地使用权流转手续的，由实际使用集体土地的单位和个人按规定缴纳城镇土地使用税。

因此，对于你公司租用的未办理土地使用权流转手续的村集体用地，应由你公司缴纳城镇土地使用税。

（二）城镇土地使用税征税范围的确定

凡在城市、县城、建制镇、工矿区范围内的土地，不论是属于国家所有的，还是属于集体所有的，都属于城镇土地使用税的征税范围。建立在城市、县城、建制镇和工矿区以外的工矿企业则不需缴纳城镇土地使用税。

上述城市、县城、建制镇和工矿区分别按以下标准确定：

（1）城市是指经国务院批准设立的市。城市的土地包括市区和郊区的土地。

（2）县城是指县人民政府所在地。县城的土地是指县人民政府所在的城镇的土地。

（3）建制镇是指经省、自治区、直辖市人民政府批准设立的建制镇。建制镇的土地是指镇人民政府所在地的土地。

（4）工矿区是指工商业比较发达，人口比较集中，符合国务院规定的建制镇标准，但尚未设立镇建制的大中型工矿企业所在地。工矿区须经省、自治区、直辖市人民政府批准。

城市、县城、建制镇、工矿区的具体征税范围，由各省、自治区、直辖市人民政府划定。

> 提示 自2009年1月1日起，公园、名胜古迹内的索道公司经营用地，应按规定缴纳城镇土地使用税。

三、城镇土地使用税的计算

（一）城镇土地使用税计税依据的确定

城镇土地使用税以纳税人实际占用的土地面积为计税依据，土地面积计量标准为每平方米，即税务机关根据纳税人实际占用的土地面积，按照规定的税额计算应纳税额，向纳税人征收城镇土地使用税。

纳税人实际占用的土地面积按下列方法确定：

（1）由省、自治区、直辖市人民政府确定的单位组织测定土地面积的，以测定的面积为准。

（2）尚未组织测量，但纳税人持有政府部门核发的土地使用证书的，以证书确认的土地面积为准。

（3）尚未核发土地使用证书的，应由纳税人申报土地面积，据以纳税，待核发土地使用证以后再做调整。

（4）对在城镇土地使用税征税范围内单独建造的地下建筑用地，按规定征收城镇土地使用税。其中，已取得地下土地使用权证的，按土地使用权证确认的土地面积计算应征税款；未取得地下土地使用权证或地下土地使用权证上未标明土地面积的，按地下建筑垂直投影面积计算应征税款。对上述地下建筑用地暂按应征税款的50%征收城镇土地使用税。

（二）城镇土地使用税税率的判定

城镇土地使用税采用定额税率，即采用有幅度的差别税额，按大、中、小城市和县城、建制镇、工矿区分别规定每平方米城镇土地使用税年应纳税额。

大、中、小城市以公安部门登记在册的非农业正式户口人数为依据，按照国务院颁布的《城市规划条例》中规定的标准划分。人口在50万以上者为大城市；人口在20万～50万者为中等城市；人口在20万以下者为小城市。城镇土地使用税税率见表6-6。

表 6-6   城镇土地使用税税率

级别	人口（人）	每平方米年税额（元）
大城市	50万以上	1.5～30
中等城市	20万～50万	1.2～24
小城市	20万以下	0.9～18
县城、建制镇、工矿区		0.6～12

经济落后地区，城镇土地使用税的适用税额标准可适当降低，但降低幅度不得超过上述规定最低税额的30%。

（三）城镇土地使用税优惠政策的运用

1.城镇土地使用税减免的一般规定

（1）国家机关、人民团体、军队自用的土地，免征城镇土地使用税。上述自用的土地是指这些单位本身的办公用地和公务用地。

（2）由国家财政部门拨付事业经费的单位自用的土地，免征城镇土地使用税。上述自用的土地是指这些单位本身的业务用地。

（3）宗教寺庙、公园、名胜古迹自用的土地，免征城镇土地使用税。宗教寺庙自用的土地，是指举行宗教仪式等的用地和寺庙内的宗教人员生活用地。公园、名胜古迹自用的土地，是指供公共参观游览的用地及其管理单位的办公用地。

> **提示** 以上（1）、（2）、（3）中的生产、营业用地和其他用地，不属于免税范围，应按规定缴纳城镇土地使用税。例如，公园、名胜古迹中附设的营业单位，如影剧院、饮食部、茶社、照相馆等使用的土地，应按规定缴纳城镇土地使用税。

（4）市政街道、广场、绿化地带等公共用地，免征城镇土地使用税。非社会性的公共用地如企业内的广场、道路、绿化等占用的土地，不能免税。

（5）直接用于农、林、牧、渔业的生产用地，免征城镇土地使用税。

> **提示** 直接用于农、林、牧、渔业的生产用地，是指直接从事于种植、养殖、饲养的专业用地，不包括农副产品加工场地和生活、办公用地。

（6）经批准开山填海整治的土地和改造的废弃土地，从使用的月份起免缴城镇土地使用税5～10年。

（7）对非营利性医疗机构、疾病控制机构和妇幼保健机构等卫生机构和非营利性科研机构自用的土地，免征城镇土地使用税。

（8）对国家拨付事业经费和企业办的各类学校，托儿所，幼儿园自用的土地，免征城镇土地使用税。

（9）对民航机场用地中的机场飞行区（包括跑道、滑行道、停机坪、安全带、夜航灯光区）用地、场内外通信导航设施用地和飞行区四周排水防洪设施用地，免征城镇土地使用税。机场道路，区分为场内、场外道路，场外道路用地免征城镇土地使用税；场内道路用地依照规定征收城镇土地使用税。机场工作区（包括办公、生产和维修用地及候机楼、停车场）用地、生活区用地、绿化用地，均须依照规定征收城镇土地使用税。

（10）对盐场的盐滩、盐矿的矿井用地，暂免征收城镇土地使用税。

2.城镇土地使用税减免的特殊规定（包括但不限于）

（1）凡是缴纳了耕地占用税的，从批准征用之日起满1年后征收城镇土地使用税；征用非耕地因不需要缴纳耕地占用税，应从批准征用之次月起征收城镇土地使用税。

（2）对免税单位无偿使用纳税单位的土地（如公安、海关等单位使用铁路、民航等单位的土地），免征城镇土地使用税；对纳税单位无偿使用免税单位的土地，纳税单位应照章缴纳城镇土地使用税。

🌱**点睛** 主要看"无偿使用方"是否为免税单位：若为免税单位的，相应免税；若为纳税单位的，应照章纳税。

（3）对政府部门和企事业单位、社会团体以及个人等社会力量投资兴办的福利性、非营利性的老年服务机构，其自用的土地，免征城镇土地使用税。

（4）对于各类危险品仓库、厂房所需的防火、防爆、防毒等安全防范用地，可由各省、自治区、直辖市税务局确定，暂免征收城镇土地使用税；对仓库库区、厂房本身用地，应照章征收城镇土地使用税。

（5）对企业的铁路专用线、公路等用地，除另有规定者外，在企业厂区（包括生产、办公及生活区）以内的，应照章征收城镇土地使用税；在厂区以外、与社会公用地段未加隔离的，暂免征收城镇土地使用税。

（6）对企业厂区（包括生产、办公及生活区）以内的绿化用地，应照章征收城镇土地使用税，厂区以外的公共绿化用地和向社会开放的公园用地，暂免征收城镇土地使用税。

（7）自2019年6月1日至2025年12月31日，为社区提供养老、托育、家政等服务的机构自有或其通过承租、无偿使用等方式取得并用于提供社区养老、托育、家政服务的土地，免征城镇土地使用税。

（8）自2023年1月1日至2027年12月31日，对物流企业自有（包括自用和出租）或承租的大宗商品仓储设施用地，减按所属土地等级适用税额标准的50%计征城镇土地使用税。

实务答疑6-3 我公司有一块地直接用于采摘、观光的种植、养殖、饲养的用地，请问该用地是否需要缴纳城镇土地使用税？

（四）城镇土地使用税应纳税额的计算

城镇土地使用税应纳税额可以通过纳税人实际占用的应税土地面积乘以该土地所在地段的适用税率求得。其计算公式为：

全年应纳税额=实际占用应税土地面积（平方米）×适用税率

任务实例6-6 甲公园（位于某县城）本年实际占地面积为21 600平方米，其中影剧院、饮食部、茶社、照相馆等营业场所占地面积为3 600平方米，其他自用的土地为18 000平方米。当地规定的城镇土地使用税每平方米年税额为5元。

【任务要求】 计算甲公园本年的应纳城镇土地使用税。

【任务实施】 宗教寺庙、公园、名胜古迹自用的土地，免征城镇土地使用税。但宗教寺庙、公园、名胜古迹生产、营业用地和其他用地，不属于免税范围，应按规定缴纳城镇土地使用税。例如，公园、名胜古迹中附设的营业单位，如影剧院、饮食部、茶社、照相馆等使用的土地，应按规定缴纳城镇土地使用税。

甲公园本年的应纳城镇土地使用税=3 600×5=18 000（元）

四、城镇土地使用税的征收管理

（一）城镇土地使用税的征收管理要求

1.城镇土地使用税的纳税义务发生时间

（1）纳税人购置新建商品房，自房屋交付使用之次月起，缴纳城镇土地使用税。

（2）纳税人购置存量房，自办理房屋权属转移、变更登记手续，房地产权属登记机关签发房屋权属证书之次月起，缴纳城镇土地使用税。

（3）纳税人出租、出借房产（由房产所有人缴纳），自交付出租、出借房产之次月起，缴纳城镇土地使用税。

（4）以出让或转让方式有偿取得土地使用权的，应由受让方从合同约定交付土地时间的次月起缴纳城镇土地使用税；合同未约定交付时间的，由受让方从合同签订的次月起缴纳城镇土地使用税。

（5）纳税人新征用的耕地，自批准征用之日起满1年时开始缴纳城镇土地使用税。

（6）纳税人新征用的非耕地，自批准征用之次月起缴纳城镇土地使用税。

提示 自2009年1月1日起，纳税人因土地的权利发生变化而依法终止城镇土地使用税纳税义务的，其应纳税款的计算应截止到土地权利发生变化的当月末。

2.城镇土地使用税的纳税期限

城镇土地使用税适用按年计算、分期缴纳的征收方法，具体纳税期限由省、自治区、直辖市人民政府确定。

以山东省为例，《国家税务总局山东省税务局关于财产和行为税有关政策问题的公告》（国家税务总局山东省税务局公告2019年第3号）规定，城镇土地使用税按季或半年缴纳的，申报纳税期限为季度或半年终了后15日内。

3.城镇土地使用税的纳税地点

城镇土地使用税在土地所在地缴纳。

纳税人使用的土地不属于同一省、自治区、直辖市管辖的，由纳税人分别向土地所在地的税务机关缴纳城镇土地使用税；在同一省、自治区、直辖市管辖范围内，纳税人跨地区使用的土地，其纳税地点由各省、自治区、直辖市税务局确定。

（二）城镇土地使用税的纳税申报

纳税人对城镇土地使用税进行纳税申报时，应当填报"城镇土地使用税　房产税税源明细表"（略）、"财产和行为税减免税明细申报附表"（见表6-3）、"财产和行为税纳税申报表"（见表6-4）。

任务六　耕地占用税法①

任务引例

铁路线路、公路线路、飞机场跑道、停机坪、港口、航道、水利工程占用耕地，是否免征耕地占用税？

一、耕地占用税的基本原理认知

（一）耕地占用税的含义

耕地占用税是对占用耕地建设建筑物、构筑物或者从事其他非农业建设的单位和个人，就其实际占用的耕地面积征收的一种税。

（二）耕地占用税在我国的发展

为合理利用土地资源，加强土地管理，保护耕地，1984年4月1日，国务院发布了《中华人民共和国耕地占用税暂行条例》，决定对占用耕地建房或者从事非农业建设的单位和个人征收耕地占用税。为了实施最严格的耕地保护制度，促进土地的节约集约利用，2007年12月1日，国务院颁布了中华人民共和国国务院令第511号，对《中华人民共和国耕地占用税暂行条例》进行了修订，自2008年1月1日起施行。此次修订主要进行了4个方面的修改：❶提高了税额标准；❷统一了内、外资企业耕地占用税制度；❸从严规定了减免税制度，取消了对铁路线路、公路线路、飞机场跑道、停机坪、炸药库占地免税的规定；❹强化了征管，明确了耕地占用税的征收管理适用《税收征收管理法》。

现行耕地占用税法的基本规范，是2018年12月29日第十三届全国人民代表大会常务委员会第七次会议通过的《中华人民共和国耕地占用税法》（简称《耕地占用税法》），该法自2019年9月1日起施行。2007年12月1日国务院公布的《中华人民共和国耕地占用税暂行条例》同时废止。

（三）耕地占用税的特点

我国耕地占用税具有以下特点：❶属于特定目的税；❷采用地区差别税率；❸在占用耕地环节一次性课征。

二、耕地占用税纳税人和征税范围的确定

（一）耕地占用税纳税人的确定

在中华人民共和国境内占用耕地建设建筑物、构筑物或者从事其他非农业建设的单位和个人，为耕地占用税的纳税人。

（二）耕地占用税征税范围的确定

耕地占用税的征税范围包括纳税人为建设建筑物、构筑物或者从事非农业建设而占用的耕地。

> **点睛**　耕地，是指用于种植农作物的土地。

> **提示**　占用园地、林地、草地、农田水利用地、养殖水面、渔业水域滩涂以及其他农用地建设

———————————
① 本教材中耕地占用税的内容，主要根据自2019年9月1日起施行的《中华人民共和国耕地占用税法》编写。

建筑物、构筑物或者从事非农业建设的，依照税法规定缴纳耕地占用税。但占用上述农用地建设直接为农业生产服务的生产设施的，不缴纳耕地占用税。

占用耕地建设农田水利设施的，不缴纳耕地占用税。

纳税人因建设项目施工或者地质勘查临时占用耕地，应当依照税法规定缴纳耕地占用税。纳税人在批准临时占用耕地期满之日起1年内依法复垦，恢复种植条件的，全额退还已经缴纳的耕地占用税。

提示　临时占用耕地，是指经自然资源主管部门批准，在一般不超过2年内临时使用耕地并且没有修建永久性建筑物的行为。依法复垦应由自然资源主管部门会同有关行业管理部门认定并出具验收合格确认书。

因挖损、采矿塌陷、压占、污染等损毁耕地属于税法所称的非农业建设，应依照税法规定缴纳耕地占用税；自自然资源、农业农村等相关部门认定损毁耕地之日起3年内依法复垦或修复，恢复种植条件的，按规定办理退税。

实务答疑6-4　我公司新占用了耕地，已经缴纳了耕地占用税，请问是否还需要缴纳城镇土地使用税？

三、耕地占用税的计算

（一）耕地占用税计税依据的确定

耕地占用税以纳税人实际占用耕地的面积为计税依据，以每平方米为计量单位。

点睛　实际占用的耕地面积，包括经批准占用的耕地面积和未经批准占用的耕地面积。

（二）耕地占用税税率的判定

耕地占用税实行幅度地区差别定额税率，以县、自治县、不设区的市、市辖区为单位，按人均占有耕地面积分设4档定额。耕地占用税税率表见表6-7。

表6-7　　　　　　　　　　　　　耕地占用税税率表

级数	县、自治县、不设区的市、市辖区人均耕地面积	每平方米税额（元）
1	1亩以下（含1亩）	10～50
2	1～2亩（含2亩）	8～40
3	2～3亩（含3亩）	6～30
4	3亩以上	5～25

《耕地占用税法》第四条第二款规定，各地区耕地占用税的适用税额，由省、自治区、直辖市人民政府根据人均耕地面积和经济发展等情况，在表6-7规定的税额幅度内提出，报同级人民代表大会常务委员会决定，并报全国人民代表大会常务委员会和国务院备案。各省、自治区、直辖市耕地占用税适用税额的平均水平，不得低于"各省、自治区、直辖市耕地占用税平均税额表"（见表6-8）规定的平均税额。

《耕地占用税法》第五条规定，在人均耕地低于0.5亩的地区，省、自治区、直辖市可以根据当地经济发展情况，适当提高耕地占用税的适用税额，但提高的部分不得超过《耕地占用税法》第四条第二款确定的适用税额的50%。

表 6-8　　　　　　　各省、自治区、直辖市耕地占用税平均税额表

省、自治区、直辖市	平均税额（元/平方米）
上海	45
北京	40
天津	35
江苏、浙江、福建、广东	30
辽宁、湖北、湖南	25
河北、安徽、江西、山东、河南、重庆、四川	22.5
广西、海南、贵州、云南、陕西	20
山西、吉林、黑龙江	17.5
内蒙古、西藏、甘肃、青海、宁夏、新疆	12.5

占用基本农田的，应当按照《耕地占用税法》第四条第二款或者第五条确定的当地适用税额，加按150%征收。

占用园地、林地、草地、农田水利用地、养殖水面、渔业水域滩涂以及其他农用地建设建筑物、构筑物或者从事非农业建设的，适用税额可以适当低于本地区按照《耕地占用税法》第四条第二款确定的适用税额，但降低的部分不得超过50%。具体适用税额由省、自治区、直辖市人民政府提出，报同级人民代表大会常务委员会决定，并报全国人民代表大会常务委员会和国务院备案。

（三）耕地占用税优惠政策的运用

（1）军事设施、学校、幼儿园、社会福利机构、医疗机构占用耕地，免征耕地占用税。

（2）铁路线路、公路线路、飞机场跑道、停机坪、港口、航道、水利工程占用耕地，减按每平方米2元的税额征收耕地占用税。

（3）农村居民在规定用地标准以内占用耕地新建自用住宅，按照当地适用税额减半征收耕地占用税；其中农村居民经批准搬迁，新建自用住宅占用耕地不超过原宅基地面积的部分，免征耕地占用税。

（4）农村烈士遗属、因公牺牲军人遗属、残疾军人以及符合农村最低生活保障条件的农村居民，在规定用地标准以内新建自用住宅，免征耕地占用税。

根据国民经济和社会发展的需要，国务院可以规定免征或者减征耕地占用税的其他情形，报全国人民代表大会常务委员会备案。

依照税法规定免征或者减征耕地占用税后，纳税人改变原占地用途，不再属于免征或者减征耕地占用税情形的，应当按照当地适用税额补缴耕地占用税。

任务引例解析

根据《耕地占用税法》的规定，铁路线路、公路线路、飞机场跑道、停机坪、港口、航道、水利工程占用耕地，减按每平方米2元的税额征收耕地占用税。

因此，铁路线路、公路线路、飞机场跑道、停机坪、港口、航道、水利工程占用耕地，不免征耕地占用税，减按每平方米2元的税额征收耕地占用税。

（四）耕地占用税应纳税额的计算

耕地占用税以纳税人实际占用的属于耕地占用税征税范围的土地（简称"应税土

地"）面积为计税依据，按应税土地当地适用税额计税，实行一次性征收。耕地占用税应纳税额的计算公式为：

应纳耕地占用税=应税土地面积×适用税额（适用定额税率）

任务实例6-7 甲企业本年7月占用林地50万平方米建造生态度假村，还占用林地100万平方米建设农田水利设施，所占耕地适用的定额税率为20元/平方米。

【任务要求】 计算甲企业应缴纳的耕地占用税。

【任务实施】 占用耕地建设农田水利设施的，不缴纳耕地占用税。

应纳耕地占用税税额=50×20=1 000（万元）

四、耕地占用税的征收管理

（一）耕地占用税的征收管理要求

1.耕地占用税的纳税义务发生时间

耕地占用税由税务机关负责征收。耕地占用税的纳税义务发生时间为纳税人收到自然资源主管部门办理占用耕地手续的书面通知的当日。

未经批准占用耕地的，耕地占用税的纳税义务发生时间为自然资源主管部门认定的纳税人实际占用耕地的当日。

提示 因挖损、采矿塌陷、压占、污染等损毁耕地的纳税义务发生时间为自然资源、农业农村等相关部门认定损毁耕地的当日。

点睛 纳税人改变原占地用途，需要补缴耕地占用税的，其纳税义务发生时间为改变用途的当日，具体为：经批准改变用途的，纳税义务发生时间为纳税人收到批准文件的当日；未经批准改变用途的，纳税义务发生时间为自然资源主管部门认定纳税人改变原占地用途的当日。

2.耕地占用税的纳税期限

耕地占用税对占用耕地实行一次性征收。纳税人应当自纳税义务发生之日起30日内申报缴纳耕地占用税。自然资源主管部门凭耕地占用税完税凭证或者免税凭证和其他有关文件发放建设用地批准书。

纳税人改变原占地用途，不再属于免征或减征情形的，应自改变用途之日起30日内申报补缴税款，补缴税款按改变用途的实际占用耕地面积和改变用途时当地适用税额计算。

3.耕地占用税的纳税地点

纳税人占用耕地或其他农用地，应当在耕地或其他农用地所在地申报纳税。

（二）耕地占用税的纳税申报

纳税人对耕地占用税进行纳税申报时，应当填报"耕地占用税税源明细表"（略）、"财产和行为税减免税明细申报附表"（见表6-3）、"财产和行为税纳税申报表"（见表6-4）。

▶ 职业技能训练 ◀

■ 职业能力选择

一、单项选择题

1.下列各项中，属于房产税征税范围的是（　　　）。

A.工厂的烟囱　　　　　　　　　　　B.室外游泳池

C.建立在县城的办公楼　　　　　　　　　　　D.独立于房屋的围墙

2.下列各项中，属于土地增值税征税范围的是（　　）。

A.房产交换　　　　　　　　　　　　　　　　B.企业将房产通过中国红十字会赠与福利院

C.父亲将房产赠与女儿　　　　　　　　　　　D.房屋出租

3.甲企业本年5月进口货物，应向海关缴纳增值税20万元、消费税10万元、关税2万元；应向当地主管税务机关缴纳增值税50万元、消费税15万元、企业所得税20万元。已知城市维护建设税税率为7%，教育费附加征收率为3%，地方教育附加征收率为2%，则甲企业当月应缴纳城市维护建设税、教育费附加和地方教育附加（　　）万元。

A.11.4　　　　　　　　　B.7.8　　　　　　　　　C.11.64　　　　　　　　D.10.2

4.下列关于城镇土地使用税纳税义务发生时间的表述中，错误的是（　　）。

A.纳税人新征用的耕地，自批准征用之日起缴纳

B.纳税人新征用的非耕地，自批准征用之次月起缴纳

C.纳税人以出让方式有偿取得土地使用权，合同约定交付土地时间的，自合同约定交付土地时间的次月起缴纳

D.纳税人以出让方式有偿获取土地使用权，合同未约定交付土地时间的，自合同签订的次月起缴纳

5.本年5月，甲企业转让2013年5月在市区购置的一栋办公楼，取得收入10 000万元（不含增值税），签订产权转移书据，支付相关税费115万元。2013年购买时支付价款8 000万元。该办公楼经税务机关认定的重置成本价为12 000万元，成新率为70%。甲企业在缴纳土地增值税时计算的增值额为（　　）万元。

A.400　　　　　　　　　B.1 485　　　　　　　　C.1 490　　　　　　　　D.200

6.甲企业本年初实际占地面积为2 000平方米，本年4月底该企业为扩大生产，根据有关部门的批准，新征用非耕地3 000平方米。甲企业所处地段适用的城镇土地使用税年税额为5元/平方米。甲企业本年应缴纳城镇土地使用税（　　）万元。

A.1　　　　　　　　　　B.3　　　　　　　　　　C.2　　　　　　　　　　D.5

7.某镇一工业企业甲公司本年10月被查补的增值税为45 000元、房产税为15 000元，被加收滞纳金1 000元，被处罚款5 000元。甲公司应补缴城市维护建设税、教育费附加和地方教育附加的计算过程为（　　）。（纳税人所在地区为县城、镇的，城市维护建设税税率为5%，教育费附加征收率为3%，地方教育附加征收率为2%）

A.45 000×（5%+3%+2%）　　　　　　　　　B.（45 000+1 000）×（5%+3%+2%）

C.（45 000+15 000）×（5%+3%+2%）　　　　D.（45 000+1 000+5 000）×（5%+3%+2%）

8.下列各项中，不属于土地增值税纳税人的是（　　）。

A.以房产抵债的某商业企业　　　　　　　　　B.出租写字楼的某外资房地产开发公司

C.转让商业用房的个人　　　　　　　　　　　D.转让国有土地使用权的某大学

9.甲机械厂（位于某县城）本年实际占地面积为18 000平方米，其中办公楼占地面积为1 800平方米，厂房仓库占地面积为15 000平方米，甲机械厂办的幼儿园用地为1 200平方米。当地规定的城镇土地使用税每平方米年税额为5元。甲机械厂本年的应纳城镇土地使用税为（　　）元。

A.90 000　　　　　　　　B.75 000　　　　　　　　C.84 000　　　　　　　　D.81 000

10.农村村民张某在规定用地标准以内新建自用住宅，经批准占用耕地200平方米。该地区耕地占用税适用税额为7元/平方米，则该村民张某应缴纳耕地占用税（　　）元。

A.0　　　　　　　　　　B.400　　　　　　　　　C.700　　　　　　　　　D.1 400

11.纳税人建造普通标准住宅出售，增值额超过扣除项目金额20%的，应就其（　　）按规定计算缴纳土地增值税。

A.超过部分的增值额　　　B.全部增值额　　　　　C.扣除项目金额　　　　D.出售金额

12.下列各项中，免征房产税的是（　　　）。

A.商业企业仓库用房　　　　　　　　　　　B.个人无租使用免税单位房屋用于经营

C.个人出租的房屋　　　　　　　　　　　　D.个人自住的200平方米的别墅

13.甲企业本年7月将境内开采的原油200吨交由销售部门对外销售。对外含增值税销售额为每吨6 328元，当月全部销售完毕。已知甲企业原油适用的资源税税率为6%，则甲企业此业务应纳资源税（　　　）元。

A.0　　　　　　　　B.66 000　　　　　　　C.66 600　　　　　　　D.67 200

14.纳税人实际占用的土地尚未核发土地使用证书的，（　　　）城镇土地使用税。

A.免征

B.由纳税人据实申报土地面积，并以此为计税依据征收

C.由税务机关估定土地面积征收

D.由房地产管理部门估定土地面积征收

15.下列各项中，符合城市维护建设税的有关规定的是（　　　）。

A.缴纳增值税的个体工商户不缴纳城市维护建设税

B.对流动经营等无固定纳税地点的单位和个人，城市维护建设税应随同增值税、消费税在经营地按
　适用税率缴纳

C.对进口货物或者境外单位和个人向境内销售劳务、服务、无形资产缴纳的增值税、消费税税额，
　应当征收城市维护建设税

D.对由于减免增值税、消费税而发生退税的，已征收的城市维护建设税一律不予退还

16.现行地方教育附加的征收率为（　　　）。

A.2%　　　　　　　B.3%　　　　　　　　C.5%　　　　　　　D.7%

17.我国现行土地增值税实行的税率属于（　　　）。

A.比例税率　　　　　B.超额累进税率　　　C.定额税率　　　　　D.超率累进税率

18.下列各项中，应作为融资租赁房屋房产税计税依据的是（　　　）。

A.房产售价　　　　　B.房产余值　　　　　C.房产原值　　　　　D.房产租金

19.纳税人开采或者生产应税产品，自用于连续生产应税产品的，不缴纳资源税；自用于其他方面的，（　　　）。

A.视同销售，缴纳资源税　　　　　　　　　B.不视同销售，不缴纳资源税

C.不一定视同销售，不一定缴纳资源税　　　D.可以申请不缴纳资源税

20.城镇土地使用税的纳税办法是（　　　）。

A.按日计算，按期缴纳　　　　　　　　　　B.按季计算，按期缴纳

C.按年计算，分期缴纳　　　　　　　　　　D.按年计算，按期缴纳

21.城市维护建设税纳税人所在地在县城、镇的，其适用的城市维护建设税税率为（　　　）。

A.7%　　　　　　　B.5%　　　　　　　　C.3%　　　　　　　D.1%

22.下列各项中，不符合房产税纳税义务发生时间有关规定的是（　　　）。

A.纳税人委托施工企业建设的房屋，从办理验收手续的次月起缴纳房产税

B.出租房产，自交付出租房产之次月起计征房产税

C.将原有房产用于生产经营的，从生产经营之次月起计征房产税

D.购置新建商品房，自房屋交付使用之次月起计征房产税

23.从深水油气田开采的原油、天然气，资源税减征（　　　）。

A.20%　　　　　　　B.25%　　　　　　　C.30%　　　　　　　D.40%

24.城镇土地使用税的税率采用（　　　）。

A.有幅度差别的比例税率　　　　　　　　　B.有幅度差别的定额税率

C.全国统一定额 D.税务机关确定的定额

二、多项选择题

1.下列各项中，可免征或减征耕地占用税的有（　　）。

A.社会福利机构占用耕地

B.机场建设跑道占用的耕地

C.农民在规定用地标准以内新建自用住宅占用耕地

D.企业新建办公楼占用的鱼塘

2.纳税人销售资源税应税矿产品向购买方收取的下列款项中，应当计入销售额纳税的有（　　）。

A.向购买方收取的不含增值税价款 B.向购买方收取的手续费

C.向购买方收取的增值税销项税额 D.向购买方收取的包装费

3.下列情形中，纳税人应进行土地增值税清算的有（　　）。

A.直接转让土地使用权的 B.房地产开发项目全部竣工、完成销售的

C.整体转让未竣工决算房地产开发项目的 D.取得销售（预售）许可证满3年仍未销售完毕的

4.下列各项中，应征收资源税的有（　　）。

A.自产并销售井矿盐 B.外购已税原煤自制的洗选煤

C.进口铜矿石 D.开采并销售铁矿石

5.下列各项中，免征房产税的有（　　）。

A.企业内行政管理部门办公用房产

B.个人所有非营业用的房产

C.施工期间施工企业在基建工地搭建的临时茶炉房

D.因房屋大修导致连续停用半年以上的房屋（在房屋大修期间）

6.在同一省、自治区、直辖市管辖范围内，纳税人跨地区使用土地，下列关于城镇土地使用税纳税地点的表述中，错误的有（　　）。

A.在纳税人注册地纳税 B.在土地所在地纳税

C.纳税人选择在注册地或土地所在地纳税 D.由省、自治区、直辖市税务局确定纳税地点

7.下列项目中，在计算土地增值税的扣除项目时不应计入房地产开发成本的有（　　）。

A.耕地占用税 B.取得土地使用权时按国家规定缴纳的费用

C.取得土地使用权时缴纳的过户手续费 D.为取得土地使用权所支付的地价款

8.下列说法中，不正确的有（　　）。

A.资源税纳税人按月或者按季申报缴纳的，应当自月度或者季度终了之日起10日内，向税务机关办理纳税申报并缴纳税款

B.出口应税资源免征资源税

C.纳税人以自采原矿（经过采矿过程采出后未进行选矿或者加工的矿石）直接销售，或者自用于应当缴纳资源税情形的，按照原矿计征资源税

D.纳税人自用应税产品的，资源税的纳税义务发生时间为移送应税产品的次日

9.下列各项中，可以成为城镇土地使用税纳税人的有（　　）。

A.拥有土地使用权的单位或个人 B.土地的实际使用人

C.土地的代管人 D.共有土地使用权的各方

10.下列关于城市维护建设税减免税优惠政策的说法中，错误的有（　　）。

A.某企业出口饮料退还增值税后，还应退还城市维护建设税

B.某企业享受增值税先征后返的税收优惠政策，城市维护建设税应当同时先征后返

C.某企业进口小汽车，海关代征增值税和消费税，应同时代征城市维护建设税

D.某市外商投资企业本年6月生产货物并缴纳了增值税，需同时缴纳城市维护建设税

11.下列关于教育费附加和地方教育附加优惠政策运用的说法中，正确的有（　　）。

A.对进口货物或者境外单位和个人向境内销售劳务、服务、无形资产缴纳的增值税、消费税税额，不征收教育费附加和地方教育附加

B.对由于减免增值税、消费税而发生退还的，可同时退还已征收的教育费附加和地方教育附加

C.出口货物、劳务和跨境销售服务、无形资产退还增值税、消费税的，不退还已缴纳的教育费附加和地方教育附加

D.对国家重大水利工程建设基金免征教育费附加和地方教育附加

12.下列各项行为中，免征或暂免征收土地增值税的有（　　）。

A.企业与企业之间的房地产交换

B.房地产的代建行为

C.双方合作建房，建成后分房自用的

D.因国家建设需要依法收回国有土地使用权而使房地产权属发生转移的

13.下列各项中，属于房产税纳税人的有（　　）。

A.出租城市住宅的居民　　　　　　　　B.出租县城商铺的个体工商户

C.出租市区房屋的事业单位　　　　　　D.出租农村房屋的农民

14.某煤矿开采销售原煤，应缴纳的税金有（　　）。

A.资源税　　　　　B.增值税　　　　　C.消费税　　　　　D.城市维护建设税

15.下列各项中，应征收城镇土地使用税的有（　　）。

A.学校教师食堂用地　　B.工厂实验室用地　　C.公园内茶社用地　　D.商贸企业仓库用地

16.下列各项中，属于耕地占用税纳税人的有（　　）。

A.事业单位　　　　　B.社会团体　　　　　C.国家机关　　　　　D.军队单位

17.下列各项行为中，应当缴纳土地增值税的有（　　）。

A.将房产产权赠与直系亲属的　　　　　B.双方合作建房后分房自用

C.单位之间交换房地产　　　　　　　　D.以房地产作价入股投资于房地产开发企业的

18.下列各项行为中，属于土地增值税扣除项目中房地产开发成本项目的有（　　）。

A.取得土地使用权支付的金额　　　　　B.土地征用及拆迁补偿费

C.开发间接费用　　　　　　　　　　　D.基础设施费

■ 职业能力判断

1.城市维护建设税、教育费附加和地方教育附加与增值税、消费税税款同时缴纳。（　）

2.稠油、高凝油减征30%资源税。（　）

3.纳税人将其开采的原煤加工为洗选煤销售的，以洗选煤销售额乘以折算率作为应税煤炭销售额计算缴纳资源税。（　）

4.纳税人新征用的非耕地，自批准征用之月起缴纳城镇土地使用税。（　）

5.土地增值税的纳税人为自然人的，当转让的房地产坐落地与其居住所在地不一致时，在办理过户手续所在地的税务机关申报纳税。（　）

6.张某将个人拥有产权的房屋出典给贾某，则贾某为该房屋房产税的纳税人。（　）

7.代扣代缴、代收代缴增值税、消费税的单位和个人，同时也是城市维护建设税的代扣代缴、代收代缴义务人，其城市维护建设税的纳税地点在代扣、代收地。（　）

8.纳税人按规定预缴土地增值税后，清算补缴的土地增值税，在主管税务机关规定的期限内补缴的，不加收滞纳金。（　）

9.房产税的征税范围是城市、县城、建制镇和工矿区的房屋，不包括农村。（　）

10.个人所有非营业用的房产免征房产税。（　　）

11.耕地占用税的纳税义务发生时间为纳税人收到自然资源主管部门办理占用耕地手续的书面通知的次日。（　　）

12.城镇土地使用税应纳税额可以通过纳税人实际占用的土地面积乘以该土地所在地段的适用税率求得。（　　）

13.对国家重大水利工程建设基金免征城市维护建设税。（　　）

14.土地使用权共有的，共有各方均为纳税人，由共有各方分别缴纳城镇土地使用税。（　　）

15.土地增值税的纳税人，是指转让国有土地使用权、地上建筑物及其附着物并取得收入的单位，不包括个人。（　　）

16.纳税人是法人的，如果转让的房地产坐落地与其机构所在地或经营所在地不一致时，则应在房地产坐落地所管辖的税务机关申报缴纳土地增值税。（　　）

17.宗教寺庙中附设的饮食部、茶社等所使用的房产及出租的房产，属于房产税免税范围。（　　）

18.对企事业单位、社会团体以及其他组织按市场价格向个人出租用于居住的住房，减按4%的税率征收房产税。（　　）

19.以自采原矿加工精矿产品的，在原矿移送使用时不缴纳资源税，在精矿销售或自用时缴纳资源税。（　　）

20.从低丰度油气田开采的原油、天然气，资源税减征30%。（　　）

21.纳税人新征用的耕地，自批准征用之日起满2年时开始缴纳城镇土地使用税。（　　）

22.对于各类危险品仓库、厂房所需的防火、防爆、防毒等安全防范用地，可由各省、自治区、直辖市税务局确定，暂免征收城镇土地使用税。（　　）

23.纳税人在批准临时占用耕地期满之日起2年内依法复垦，恢复种植条件的，全额退还已经缴纳的耕地占用税。（　　）

24.纳税人违反增值税、消费税有关税法而加收的滞纳金和罚款，是税务机关对纳税人违法行为的经济制裁，不作为教育费附加和地方教育附加的计征依据。（　　）

25.对由于减免增值税、消费税而发生退税的，可同时退还已征收的教育费附加。对出口货物、劳务和跨境销售服务、无形资产退还增值税、消费税的，也退还已缴纳的教育费附加。（　　）

26.开发项目中同时包含普通住宅和非普通住宅的，应分别计算土地增值税的增值额。（　　）

27.对个人出租住房，不区分用途，按4%的税率征收房产税。（　　）

28.以外购已税原煤加工的洗选煤应当按规定征收资源税。（　　）

29.由国家财政部门拨付事业经费的单位自用的土地，免征城镇土地使用税。（　　）

30.产权所有人、承典人均不在房产所在地的，房产代管人或者使用人为房产税的纳税人。（　　）

31.资源税纳税人不仅包括符合规定的中国企业和个人，还包括外商投资企业和外国企业。（　　）

■ 职业能力实训

一、计算题

1.位于某市区的甲企业于本年3月应纳增值税24 000元，应纳消费税18 420元。

要求：计算甲企业本年3月应缴纳的城市维护建设税。

2.甲煤矿本年10月开采煤100万吨，当月对外销售86万吨；为职工宿舍供暖，使用本月开采的原煤2万吨；向洗煤车间移送本月开采的原煤5万吨加工洗煤，尚未对外销售；其余7万吨原煤待售。已知该煤矿每吨原煤不含增值税售价为500元（不含从坑口到车站、码头等的运输费用），适用的资源税税率为5%。

要求：计算甲煤矿本年10月应缴纳的资源税。

3.本年甲公司生产经营占地面积为 8 000 平方米，其中，幼儿园占地 2 000 平方米，厂区绿化占地 3 000 平方米。该土地为一级土地，城镇土地使用税的单位税额为每平方米 24 元。甲公司按年计算、半年预缴城镇土地使用税。

要求：计算甲公司本年 7 月 1 日至 12 月 31 日应缴纳的城镇土地使用税。

4.甲房地产开发公司本年 1 月转让一幢写字楼取得收入 900 万元（不含增值税）。已知该公司为取得土地使用权所支付的金额为 50 万元，房地产开发成本为 200 万元，经税务机关批准扣除的房地产开发费用为 40 万元，与转让房地产有关的税金为 60 万元。已知增值率超过 50% 至 100% 的部分，土地增值税税率为 40%，速算扣除系数为 5%；增值率超过 100% 至 200% 的部分，土地增值税税率为 50%，速算扣除系数为 15%。

要求：计算甲房地产开发公司本年 1 月应缴纳的土地增值税。

5.本年年初农村居民张某经批准占用耕地 1 800 平方米，其中，1 500 平方米改成果园，300 平方米用于新建自用住宅（在规定用地标准以内）。本年 6 月，经批准张某临时占用耕地 1 000 平方米用于农田水利设施建设。已知当地耕地占用税税额为 20 元/平方米。

要求：计算张某当年应缴纳的耕地占用税。

6.甲企业本年年初拥有一栋房产，房产原值为 1 000 万元，本年 3 月 31 日将其对外出租，租期 1 年，每月收取租金 1 万元（不含增值税）。已知从价计征的房产税税率为 1.2%，从租计征的房产税税率为 12%，当地省政府规定计算房产余值的扣除比例为 30%。

要求：计算甲企业本年上述房产应缴纳的房产税。

二、综合题

1.本年甲企业发生部分经营业务如下：

（1）年初将一栋原值为 200 万元的闲置办公楼用于对外投资联营，不承担投资风险，当年取得固定收益 30 万元。

（2）2 月经批准新占用一处耕地 6 000 平方米用于委托施工企业乙建造仓库，当年 7 月办理了仓库验收手续，入账价值为 780 万元。

（3）3 月新占用一处非耕地 1 800 平方米用于委托施工企业丙建造生产车间，当年 8 月办理了生产车间验收手续，入账价值为 400 万元。

（其他相关资料：当地政府规定计算房产余值的扣除比例为 30%，城镇土地使用税每平方米年税额为 5 元，耕地占用税每平方米税额为 8 元）

要求：

（1）计算甲企业本年应缴纳的房产税。

（2）计算甲企业本年应缴纳的城镇土地使用税。

（3）计算甲企业本年应缴纳的耕地占用税。

2.甲食品加工厂本年拥有房产原值共计 5 000 万元，部分房产的具体情况如下：

（1）年初将一栋原值为 1 000 万元的房产用于对外投资联营，参与投资利润分红，共担风险。

（2）6 月 30 日将一栋原值为 200 万元的仓库用于对外出租，每月租金 4 万元（不含增值税）。

（3）年初对一栋原值为 1 000 万元的办公楼进行改建，更换了电梯设备，将原值 50 万元的旧电梯更换为 100 万元的新电梯；新增了中央空调，价值 10 万元，2 月底完工并办理了验收手续。

当地政府规定计算房产余值的扣除比例为 30%。

要求：计算甲食品加工厂本年应缴纳的房产税。

项目七　其他税种税法（下）

职业能力目标

（1）能判定哪些业务应缴纳关税，能根据相关业务资料计算关税，能确定关税的纳税义务发生时间、纳税期限和纳税地点。

（2）能判定哪些业务应缴纳印花税，能根据相关业务资料计算印花税，能确定印花税的纳税义务发生时间、纳税期限和纳税地点。

（3）能判定哪些业务应缴纳契税，能根据相关业务资料计算契税，能确定契税的纳税义务发生时间、纳税期限和纳税地点。

（4）能判定哪些业务应缴纳车船税，能根据相关业务资料计算车船税，能确定车船税的纳税义务发生时间、纳税期限和纳税地点。

（5）能判定哪些业务应缴纳车辆购置税，能根据相关业务资料计算车辆购置税，能确定车辆购置税的纳税义务发生时间、纳税期限和纳税地点。

（6）能判定哪些业务应缴纳烟叶税，能根据相关业务资料计算烟叶税，能确定烟叶税的纳税义务发生时间、纳税期限和纳税地点。

（7）能判定哪些业务应缴纳环境保护税，能根据相关业务资料计算环境保护税，能确定环境保护税的纳税义务发生时间、纳税期限和纳税地点。

税收格言

> 税收上的任何特权都是不公平的。
>
> ——伏尔泰

素养提升

视频

税收，时刻在你身边

项目引例——关税的计算

本年7月，甲电视台进口两台日本生产的电视摄像机，每台价格为25 000美元，原产于日本的电视摄像机适用最惠国税率：每台完税价格低于或等于5 000美元的，适用从价税，税率为35%；每台完税价格高于5 000美元的，适用每台13 280元的从量税，加上3%的从价税。海关填发缴款书之日人民币与美元的兑换率为6.5∶1。

★**任务要求**

计算甲电视台上述进口业务应纳进口关税税额。

▶**项目引例解析**　见本项目的任务一。

任务一　　　　　　　　　　　关税法

任务引例

张某认为关境即为国境，李某认为关境有时大于国境，王某认为国境有时大于关境。请问谁的说法是正确的？

一、关税的基本原理认知

（一）关税的含义

关税是海关依法对进出境货物、物品征收的一种税。所谓"境"指关境，又称"海关境域"或"关税领域"，是国家海关法全面实施的领域。

在通常情况下，一国关境与国境是一致的，包括国家全部的领土、领海和领空。

在特殊情况下，一方面如果某一国家在国境内设立了自由港、自由贸易区等，这些区域就进出口关税而言处在关境之外，这时，该国的关境小于国境；另一方面如果几个国家结成关税同盟，组成共同的关境，实施统一的关税法令和统一的对外税则，这些国家彼此之间货物进出国境不征收关税，只对来自或运往其他国家的货物进出共同关境时征收关税，这些国家的关境大于国境。

任务引例解析

根据《中华人民共和国香港特别行政区基本法》和《中华人民共和国澳门特别行政区基本法》的规定，香港和澳门保持自由港地位，为我国单独的关税地区，即单独关境区。单独关境区是不完全适用该国海关法律、法规或实施单独海关管理制度的区域。因此我国的关境小于国境；而欧盟国家都位于同一关境内，但是不同国境，因此其关境大于国境。所以，李某和王某的说法都是正确的。

（二）关税的发展

关税是一个历史悠久的税种。它是伴随国家之间经济联系的需要而产生和发展起来的。在古代，统治者在其领地内对流通中的商品征税，是取得财政收入的一种最方便的手段。近代国家出现后，关税成为国家税收中的一个单独税种，形成了近代关税。其后，又发展成为现代各国所通行的现代关税。

我国关税历史悠久，西周就有"关市之征"的记载，征税的目的是"关市之赋，以待王之膳服"。随着国际贸易往来的逐渐增多，陆地边境关卡的征税和沿海港口市舶机构的征税，具有国境关税的特征。清初时设立江、浙、闽、粤4处海关，其后在不平等条约下增开对外通商口岸设立海关，征收关税。但国内各地关卡林立，常关税、厘金税、子口税、转口税等国内关税与国境关税同时并存。至1931年以后才逐步撤销了国内关税，只在国境征收进出口关税。中华人民共和国成立后，国家组建了海关总署，统一管理全国海关业务。1950年政务院颁布了《关于关税政策和海关工作的决定》，又陆续颁布了《中华人民共和国暂行海关法》、《中华人民共和国进出口税则》和《中华人民共和国进出口税则暂行实施条例》，统一了关税政策，建立了完全独立自主的关税保护制度。

现行关税法律制度的基本规范，是第十二届全国人民代表大会常务委员会第三十次会议于2017年11月修正颁布的《中华人民共和国海关法》（以下简称《海关法》），国务院于 2017 年 3 月修订颁布的《中华人民共和国进出口关税条例》（以下简称《进出口关税条例》），由国务院关税税则委员会审定并报国务院批准、作为条例组成部分的《中华人民共和国进出口税则》（以下简称《进出口税则》）和《中华人民共和国海关关于入境旅客行李物品和个人邮递物品征收进口税办法》，以及《关于 2016 年关税实施方案的公告》。

（三）关税的特点

我国关税具有以下特点：❶以进出境的货物和物品为征税对象；❷是单一环节的价外税；❸有较强的涉外性。

二、关税纳税人、征税对象的确定及税则、税目的划分

（一）关税纳税人的确定

进口货物的收货人、出口货物的发货人、进出境物品的所有人，是关税的纳税人。进出口货物的收、发货人是依法取得对外贸易经营权，并进口或出口货物的法人或其他社会团体。进出境物品的所有人包括该物品的所有人和推定为所有人的人。一般情况下，对于携带进境的物品，推定其携带人为所有人；对分离运输的行李，推定相应的进出境旅客为所有人；对以邮递方式进境的物品，推定其收件人为所有人；以邮递或其他运输方式出境的物品，推定其寄件人或托运人为所有人。

提示 接受纳税人委托办理货物报关等有关手续的代理人，可以代办纳税手续，但不是关税的纳税人。

（二）关税征税对象的确定

关税的征税对象是指准许进出中华人民共和国关境的货物和物品。货物是指贸易性商品；物品是指入境旅客随身携带的行李物品、个人邮递物品、各种运输工具上的服务人员携带进口的自用物品和馈赠物品以及其他方式进境的个人物品。

提示 按征税对象进行分类，可将关税分为进口关税、出口关税。进口关税是海关对进口货物和物品所征收的关税，它是关税中最主要的一种征税形式。出口关税是海关对出口货物和物品所征收的关税。目前，世界各国一般不对出口产品征收关税，只是为了限制本国某些产品或资源品输出，而对部分出口货物征收出口关税。

（三）关税的税则、税目的划分

关税税则，又称进出口税则，是一国政府根据国家包括关税政策在内的经济政策，通过一定的立法程序，制定、公布并实施的进出口货物和物品应税的关税税目税率表。《进出口税则》是《进出口关税条例》的组成部分，主要包括进口税则、出口税则、规则与说明等，是海关计征关税的依据。

进口税则包括税目税率表与归类总规则、类注、章注、子目注释、本国子目注释。税目税率表设置序号、税则号列、货品名称、最惠国税率、协定税率、特惠税率、普通税率等栏目。

出口税则包括税目税率表与归类总规则、类注、章注、子目注释、本国子目注释。税目税率表设置序号、税则号列、货品名称、出口税率等栏目。

关税税目以世界海关组织《商品名称及编码协调制度》（以下简称《协调制度》）为基础，由税则号列（以下简称税号）和目录条文等组成。其中，税号在税则号列栏中列示，目录条文在货品名称栏中列示。税号采用 8 位数字编码结构，前 6 位数字及对应的目

录条文与《协调制度》保持一致；第7、8位数字及对应的目录条文是依据《协调制度》的分类原则和方法，根据我国实际需要而制定的。关税税目适用规则包括归类规则等。进出口货物的商品归类，应当按照《进出口税则》规定的目录条文和归类总规则、类注、章注、子目注释、本国子目注释，以及其他归类注释确定，并归入相应的税号。《中华人民共和国进出口税则（2023）》中的关税税目数共计8 948个。

三、关税税率的判定

（一）进口关税税率的判定

1.税率设置与适用

我国进口税则设有最惠国税率、协定税率、特惠税率、普通税率、关税配额税率等。适用最惠国税率、协定税率、特惠税率、关税配额税率的进口货物在一定期限内可以实行暂定税率。

★**点睛**　进口关税税率的适用顺序归纳如下：当最惠国税率低于或等于协定税率时，协定有规定的，按相关协定的规定执行；协定无规定的，二者从低适用。适用最惠国税率的进口货物有暂定税率的，应当适用暂定税率；适用协定税率、特惠税率的进口货物有暂定税率的，应当从低适用税率；适用普通税率的进口货物，不适用暂定税率。

2.税率计征办法

我国对进口商品基本上都实行从价税。我国对部分进口货物实行从量税、复合税、选择税和滑准税。

从价税以进口货物的完税价格作为计税依据，以应征税额占货物完税价格的百分比作为税率。进口货物的完税价格越高，则进口关税税额越高。

从量税以进口货物的重量、长度、容量、面积等计量单位为计税依据，以每计量单位货物的应征税额为税率。从量税下每一种进口商品的单位应税额固定，不受该商品进口价格的影响。我国目前对原油、啤酒和胶卷等进口商品征收从量税。

复合税是对某种进口货物同时订立从价、从量两种税率，既采用从价税率又采用从量税率来计征关税的方法。目前我国对录像机、放像机、摄像机、数字照相机和摄录一体机实行复合税。

选择税是对于一种进口货物同时定有从价和从量两种税率，在征税时由海关选择其中一种税率来计征关税的方法。海关一般选择税额较高的那种税率进行征收，但有时为了鼓励某种商品进口，也会选择其中税额较低的那种税率进行征收。

滑准税是一种随进口货物价格由高到低而由低到高设置关税税率用以计征关税的方法。在采用滑准税的计征方法下，进口货物的价格越高，其进口关税税率越低；进口货物的价格越低，其进口关税税率越高。

★**点睛**　由于滑准税的税率实际为比例税率，因此对实行滑准税的进口商品应纳关税税额的计算方法与从价税的计算方法相同。

（二）出口关税税率的判定

我国出口税则设置一栏税率，即为出口税率。适用出口税率的出口货物在一定期限内可以实行暂定税率。

征收出口关税的货物项目很少，主要为少数资源性产品及易于竞相杀价、盲目出口、需要规范出口秩序的半制成品。

◆点睛 *出口关税税率的适用顺序归纳如下：适用出口税率的出口货物有暂定税率的，应当适用暂定税率。*

（三）特别关税的判定

特别关税包括报复性关税、反倾销税与反补贴税、保障性关税。

报复性关税是指为报复他国对本国出口货物的关税歧视，而对相关国家的进口货物征收的一种进口附加税。任何国家或者地区违反与中华人民共和国签订或者共同参加的贸易协定及相关协定，对中华人民共和国在贸易方面采取禁止、限制、加征关税或者其他影响正常贸易的措施的，对原产于该国家或者地区的进口货物可以征收报复性关税，适用报复性关税税率。税率视具体情况而定。

反倾销税就是对倾销商品所征收的进口附加税。当进口国因出口国倾销某种商品，国内产业受到损害时，征收相当于出口国国内市场价格与倾销价格之间差额的进口税。

反补贴税是指对进口商品使用的一种超过正常关税的特殊关税，目的在于抵消国外竞争者得到奖励和补助产生的影响，从而保护进口国的制造商。

保障性关税是指当某类商品进口量剧增，对我国相关产业带来巨大威胁或损害时，按照WTO有关规则，可以启动一般保障措施，即与有实质利益的国家或地区进行磋商后，在一定时期内提高该项商品的进口关税或采取数量限制措施，以保护国内相关产业不受损害。

（四）关税税率的运用

关税税率的运用规则如下：

（1）进出口货物，应当适用海关接受该货物申报进口或者出口之日实施的税率。

（2）进口货物到达前，经海关核准先行申报的，应当适用装载该货物的运输工具申报进境之日实施的税率。

（3）进口转关运输货物，应当适用指运地海关接受该货物申报进口之日实施的税率；货物运抵指运地前，经海关核准先行申报的，应当适用装载该货物的运输工具抵达指运地之日实施的税率。

（4）出口转关运输货物，应当适用启运地海关接受该货物申报出口之日实施的税率。

（5）经海关批准集中申报的进出口货物，应当适用每次货物进出口时海关接受该货物申报之日实施的税率。

（6）因超过规定期限未申报而由海关依法变卖的进口货物，其税款计征应当适用装载该货物的运输工具申报进境之日实施的税率。

（7）因纳税人违反规定需要追征税款的进出口货物，应当适用违反规定的行为发生之日实施的税率；行为发生之日不能确定的，适用海关发现该行为之日实施的税率。

（8）已申报进境并放行的保税货物、减免税货物、租赁货物或暂时进出境货物，有下列情形之一，应当适用海关接受纳税人再次填写报关单办理纳税及有关手续之日实施的税率：

❶保税货物经批准不复运出境的；

❷保税仓储货物转入国内市场销售的；

❸减免税货物经批准转让或者移作他用的；

❹可暂不缴纳税款的暂时进出境货物，经批准不复运出境或者进境的；

❺租赁进口货物，分期缴纳税款的。

（9）进出口货物的补税和退税，按照上述规定确定适用税率。

四、关税优惠政策的运用

关税的减免分为法定减免、特定减免、暂时进境或者暂时出境货物的免税和临时减免。

（一）关税的法定减免

法定减免税是税法中明确列出的减税和免税。符合税法规定可予减免税的进出口货物，纳税人无须提出申请，海关可按规定直接予以减免税。海关对法定减免税货物一般不进行后续管理。

《海关法》和《进出口关税条例》明确规定，下列货物、物品予以减免关税：

（1）关税税额在人民币50元以下的一票货物，可免征关税。

（2）无商业价值的广告品和货样，可免征关税。

（3）外国政府、国际组织无偿赠送的物资，可免征关税。

（4）进出境运输工具装载的途中必需的燃料、物料和饮食用品，可免征关税。

（5）在海关放行前损失的货物，可免征关税。

（6）在海关放行前遭受损坏的货物，可根据海关认定的受损程度减征关税。

（7）我国缔结或参加的国际条约规定减征、免征关税的货物、物品，可按规定予以减免关税。

（8）法律规定减征、免征关税的其他货物、物品。

（二）关税的特定减免

特定减免是指在法定减免税之外，国家按国际通行规则和我国实际情况，制定发布的特定或政策性减免税。特定减免税货物一般有地区、企业和用途的限制，海关需要对其进行后续管理，也需要对其进行减免税统计。

关税的特定减免包括对科教用品、残疾人专用品、慈善捐赠物资、重大技术装备等的减免。

（三）暂时进境或者暂时出境货物的免税

暂时进境或者暂时出境货物的免税是指对于暂时进境或者暂时出境的某些货物在一定时期内暂时予以免税；如果暂时进境货物在规定的期限内复运出境的，或者暂时出境货物在规定的期限内复运进境的，海关不再征收关税；如果暂时进境货物在规定的期限内未复运出境的，或者暂时出境货物在规定的期限内未复运进境的，海关应当依法征收关税。

暂时进境或者暂时出境的下列货物，在进境或者出境时纳税人向海关缴纳相当于应纳税款的保证金或者提供其他担保的，可以暂不缴纳关税，并应当自进境或者出境之日起6个月内复运出境或者复运进境；需要延长复运出境或者复运进境期限的，纳税人应当根据海关总署的规定向海关办理延期手续：

（1）在展览会、交易会、会议及类似活动中展示或者使用的货物。

（2）文化、体育交流活动中使用的表演、比赛用品。

（3）进行新闻报道或者摄制电影、电视节目使用的仪器、设备及用品。

（4）开展科研、教学、医疗活动使用的仪器、设备及用品。

（5）在上述第（1）项至第（4）项所列活动中使用的交通工具及特种车辆。

（6）货样。

（7）供安装、调试、检测设备时使用的仪器、工具。

（8）盛装货物的容器。

（9）其他用于非商业目的的货物。

（四）关税的临时减免

临时减免是指在以上两项减免税以外，由国务院运用一案一批原则，针对某个纳税人、某类商品、某个项目或某批货物的特殊情况，特别照顾，临时给予的减免。

五、关税的计算

（一）关税完税价格的确定

进出口货物的完税价格，由海关以该货物的成交价格为基础审查确定。成交价格不能确定时，完税价格由海关依法估定。

1.一般进口货物的完税价格

进口货物的完税价格包括货物的货价、货物运抵我国境内输入地点起卸前的运输及其相关费用、保险费。

进口货物完税价格的确定方法可以分为以下两种：一种是成交价格估价方法，即在进口货物成交价格的基础上进行调整，从而确定进口货物完税价格的估价方法；另一种是进口货物海关估价方法，即在进口货物的成交价格不符合规定条件或者成交价格不能确定的情况下，海关通过一定的方法用以审查确定进口货物完税价格的估价方法。

（1）成交价格估价方法。在正常情况下，对进口货物完税价格的确定一般采用成交价格估价方法。进口货物的成交价格，是指卖方向我国境内销售该货物时买方为进口该货物向卖方实付、应付的，并且按照《中华人民共和国海关审定进出口货物完税价格办法》（简称《完税价格办法》）有关规定调整后的价款总额，包括直接支付的价款和间接支付的价款。

❶成交价格应符合的条件。

a.对买方处置或者使用进口货物不予限制，但是法律、行政法规规定实施的限制、对货物销售地域的限制和对货物价格无实质性影响的限制除外。

b.进口货物的价格不得受到使该货物成交价格无法确定的条件或者因素的影响。

c.卖方不得直接或者间接获得因买方销售、处置或者使用进口货物而产生的任何收益，或者虽然有收益但是能够按照《完税价格办法》的规定作出调整。

d.买卖双方之间没有特殊关系，或者虽然有特殊关系但是按照规定未对成交价格产生影响。

❷应计入完税价格的调整项目。采用成交价格估价方法，以成交价格为基础审查确定进口货物的完税价格时，未包括在该货物实付、应付价格中的下列费用或者价值应当计入完税价格：

a.由买方负担的除购货佣金以外的佣金和经纪费。

点睛 购货佣金是指买方为购买进口货物向自己的采购代理人支付的劳务费用。经纪费是指买方为购买进口货物向代表买卖双方利益的经纪人支付的劳务费用。

b.由买方负担的与该货物视为一体的容器费用。

c.由买方负担的包装材料费用和包装劳务费用。

d.与该货物的生产和向中华人民共和国境内销售有关的，由买方以免费或者以低于成本的方式提供并可以按适当比例分摊的料件、工具、模具、消耗材料及类似货物的价款，以及在境外开发、设计等相关服务的费用。

e.与该货物有关并作为卖方向我国销售该货物的一项条件，应当由买方向卖方或者有关方直接或间接支付的特许权使用费。

点睛 特许权使用费是指进口货物的买方为取得知识产权权利人及权利人有效授权人关于专利权、商标权、专有技术、著作权、分销权或者销售权的许可或者转让而支付的费用。

f.卖方直接或间接从买方对该货物进口后转售、处置或使用所得中获得的收益。

提示 纳税人应当向海关提供上列所述费用或者价值的客观量化数据资料。如果纳税人不能提供，海关与纳税人进行价格磋商后，按照《完税价格办法》列明的海关估价方法审查确定完税价格。

❸不计入完税价格的调整项目。进口货物的价款中单独列明的下列费用、税收，不计入该货物的完税价格：

a.厂房、机械或者设备等货物进口后发生的建设、安装、装配、维修或者技术援助费用，但是保修费用除外。

b.进口货物运抵中华人民共和国境内输入地点起卸后发生的运输及其相关费用、保险费。

c.进口关税、进口环节海关代征税及其他国内税。

d.为在境内复制进口货物而支付的费用。

e.境内外技术培训及境外考察费用。

f.同时符合下列条件的利息费用：利息费用是买方为购买进口货物而融资所产生的；有书面的融资协议的；利息费用单独列明的；纳税人可以证明有关利率不高于在融资当时当地此类交易通常应当具有的利率水平，且没有融资安排的相同或者类似进口货物的价格与进口货物的实付、应付价格非常接近的。

链接 购货佣金（买方为购买进口货物向自己的采购代理人支付的劳务费用）不计入完税价格。

❹进口货物完税价格中的运输及相关费用、保险费的确定。

a.进口货物的运输及其相关费用，应当按照由买方实际支付或者应当支付的费用计算。如果进口货物的运输及其相关费用无法确定的，海关应当按照该货物进口同期的正常运输成本审查确定。

提示 运输工具作为进口货物，利用自身动力进境的，海关在审查确定完税价格时，不再另行计入运输及其相关费用。

b.进口货物的保险费，应当按照实际支付的费用计算。如果进口货物的保险费无法确定或者未实际发生，海关应当按照"货价加运费"两者总额的3‰，计算保险费，其计算公式为：

保险费=（货价+运费）×3‰

c.邮运进口的货物，应当以邮费作为运输及其相关费用、保险费。

提示 关税是单一环节的价外税。关税的完税价格中不包括关税。关税以实际成交价格为计税依据。

任务实例7-1 甲进出口公司从美国进口一批化工原料共500吨，货物以境外口岸离岸价格成交，单价折合人民币为20 000元，买方承担包装费每吨500元，向卖方支付每吨1 200元人民币的佣金，另向自己的采购代理人支付佣金5 000元人民币。已知该货物运抵中国海关境内输入地起卸前的包装、运输、保险和其他劳务费用为每吨2 000元人民币，进口后另发生运输和装卸费用每吨300元人民币。

【任务要求】计算甲进出口公司进口该批化工原料的关税完税价格。

【任务实施】该批化工原料的关税完税价格＝（20 000+500+1 200+2 000）×500=11 850 000（元）

（2）进口货物海关估价方法。对于成交价格不符合规定条件或成交价格不能确定的进口货物，海关通过一定的方法用以审查确定进口货物完税价格，即海关对进口货物进行估价。海关估价依次使用的方法包括：❶相同货物成交价格估价方法；❷类似货物成交价格估价方法；❸倒扣价格估价方法；❹计算价格估价方法；❺其他合理的方法。

其他合理的方法，是指当海关使用前四种方法中的任何一种估价方法都无法确定海关估价时，所采用的以客观量化的数据资料为基础审查确定进口货物完税价格的估价方法。海关在采用其他合理的方法确定进口货物的完税价格时，不得使用以下价格：❶境内生产的货物在境内的销售价格；❷可供选择的价格中较高的价格；❸货物在出口地市场的销售价格；❹以计算价格方法规定的有关各项之外的价值或费用计算的价格；❺出口到第三国或地区的货物的销售价格；❻最低限价或武断虚构的价格。

2.特殊进口货物的完税价格

特殊进口货物的完税价格涉及运往境外修理的货物、运往境外加工的货物、暂时进境的货物、租赁方式进口的货物、留购的进口货样、予以补税的减免税货物、不存在成交价格的进口货物、进口软件介质等，有特别的规定。本书仅就予以补税的减免税货物予以说明。

由海关监管使用的减免税进口货物，在监管年限内转让或移作他用需要补税的，应当以海关审定的该货物原进口时的价格，扣除折旧部分价值作为完税价格。其计算公式为：

$$完税价格=\frac{海关审定的该货物}{原进口时的价格} \times \left[1 - \frac{申请补税时实际已使用的时间(月)}{监管年限 \times 12} \right]$$

3.出口货物的完税价格

（1）以成交价格为基础的完税价格。出口货物的完税价格，由海关以该货物的成交价格为基础审查确定，并且应当包括货物运至我国境内输出地点装载前的运输及其相关费用、保险费。

出口货物的成交价格，是指该货物出口销售时，卖方为出口该货物应当向买方直接收取和间接收取的价款总额。下列税收、费用不计入出口货物的完税价格：❶出口关税；❷在货物价款中单独列明的货物运至我国境内输出地点装载后的运输及其相关费用、保险费。

出口货物完税价格的计算公式为：

完税价格=离岸价格÷（1+出口关税税率）

（2）出口货物海关估价方法。出口货物的成交价格不能确定时，完税价格由海关依次使用下列方法审查确定：❶同时或大约同时向同一国家或地区出口的相同货物的成交价格；❷同时或大约同时向同一国家或地区出口的类似货物的成交价格；❸根据境内生产相同或类似货物的成本、利润和一般费用、境内发生的运输及其相关费用、保险费计算所得的价格；❹按照合理方法估定的价格。

进出口货物完税价格中的运输及相关费用、保险费的确定，归纳见表7-1。

表7-1 进出口货物完税价格中的运输及相关费用、保险费的确定

进出口运载或成交方式		运输及相关费用的确定	保险费的确定
一般方式进口	海运进口	运抵境内的卸货口岸	
	陆运进口	运抵关境的第一口岸或目的口岸	
	空运进口	进入境内的第一口岸或目的口岸	
	无法确定实际运保费	同期、同行业运费率	货价加运费两者总额的3‰
其他方式进口	邮运进口	邮费	
	以境外边境口岸价格条件成交的铁路或公路运输进口货物	货价的1%	
	自驾进口的运输工具	无运费	—
出口货物		最多算至离境口岸	

（二）关税应纳税额的计算

关税应纳税额的计算公式如下：

（1）从价计税应纳税额：

应纳关税税额=应税进（出）口货物数量×单位完税价格×比例税率

（2）从量计税应纳税额：

应纳关税税额=应税进（出）口货物数量×单位货物税额

（3）复合计税应纳税额：

应纳关税税额 = 应税进（出）口货物数量 × 单位完税价格 × 比例税率 + 应税进（出）口货物数量 × 单位货物税额

（4）滑准税应纳税额：

应纳关税税额=应税进（出）口货物数量×单位完税价格×滑准税税率

项目引例解析

该电视摄像机的单价高于每台5 000美元，故应当采用复合计税。

每台电视摄像机关税完税价格=25 000×6.5=162 500（元）

从量部分应纳进口关税税额=13 280×2=26 560（元）

从价部分应纳进口关税税额=162 500×3%×2=9 750（元）

应纳进口关税税额合计=26 560+9 750=36 310（元）

六、跨境电子商务零售进口税收政策与海南离岛旅客免税购物政策

（一）跨境电子商务零售进口税收政策

自2016年4月8日起，跨境电子商务零售进口商品按照货物征收关税和进口环节增值税、消费税，购买跨境电子商务零售进口商品的个人作为纳税人，实际交易价格（包括货物零售价格、运费和保险费）作为完税价格，电子商务企业、电子商务交易平台企业或物流企业可作为代收代缴义务人。

1.纳税人与扣缴义务人

（1）纳税人。

纳税人为购买跨境电子商务零售进口商品的个人。

（2）代收代缴义务人。

代收代缴义务人为电子商务企业、电子商务交易平台企业或物流企业。

2.完税价格

完税价格为实际交易价格（包括货物零售价格、运费和保险费）。

3.计征限额

跨境电子商务零售进口商品的单次交易限值为人民币2 000元，个人年度交易限值为人民币20 000元。自2019年1月1日起，将跨境电子商务零售进口商品的单次交易限值由人民币2 000元提高至5 000元，年度交易限值由人民币20 000元提高至26 000元。

（1）限值以内：关税税率暂设为0；进口环节增值税、消费税暂按法定应纳税额的70%征收。

（2）超过单次限值、累加后超过个人年度限值的单次交易，以及完税价格超过2 000元限值的单个不可分割商品，均按照一般贸易方式全额征税。自2019年1月1日起，完税价格超过5 000元单次交易限值但低于26 000元年度交易限值，且订单下仅一件商品时，可以自跨境电商零售渠道进口，按照货物税率全额征收关税和进口环节增值税、消费税，交易额计入年度交易总额，但年度交易总额超过年度交易限值的，应按一般贸易管理。

（3）已经购买的电商进口商品属于消费者个人使用的最终商品，不得进入国内市场再次销售；原则上不允许网购保税进口商品在海关特殊监管区域外开展"网购保税+线下自提"模式。

（二）海南离岛旅客免税购物政策

自2020年7月1日起，我国实行海南离岛旅客免税购物政策。

离岛免税政策是指对乘飞机、火车、轮船离岛（不包括离境）旅客实行限值、限量、限品种免进口税购物，在实施离岛免税政策的免税商店（以下称离岛免税店）内或经批准的网上销售窗口付款，在机场、火车站、港口码头指定区域提货离岛的税收优惠政策。离岛免税政策免税税种为关税、进口环节增值税和消费税。

提示 上述旅客，是指年满16周岁，已购买离岛机票、火车票、船票，并持有效身份证件（国内旅客持居民身份证、港澳台旅客持旅行证件、国外旅客持护照），离开海南本岛但不离境的国内外旅客，包括海南省居民。

离岛旅客每年每人免税购物额度为10万元人民币，不限次数。免税商品种类及每次购买数量限制，按照《财政部 海关总署 税务总局关于海南离岛旅客免税购物政策的公告》附件执行。超出免税限额、限量的部分，照章征收进境物品进口税。旅客购物后乘飞机、火车、轮船离岛记为1次免税购物。

提示 上述离岛免税店，是指具有实施离岛免税政策资格并实行特许经营的免税商店，目前包括：海口美兰机场免税店、海口日月广场免税店、琼海博鳌免税店、三亚海棠湾免税店。具有免税品经销资格的经营主体可按规定参与海南离岛免税经营。

离岛旅客在国家规定的额度和数量范围内，在离岛免税店内或经批准的网上销售窗口购买免税商品，免税店根据旅客离岛时间运送货物，旅客凭购物凭证在机场、火车站、港口码头指定区域提货，并一次性随身携带离岛。

已经购买的离岛免税商品属于消费者个人使用的最终商品，不得进入国内市场再次销售。

对违反《财政部　海关总署　税务总局关于海南离岛旅客免税购物政策的公告》规定倒卖、代购、走私免税商品的个人，依法依规纳入信用记录，3年内不得购买离岛免税商品；对于构成走私行为或者违反海关监管规定行为的，由海关依照有关规定予以处理，构成犯罪的，依法追究刑事责任。

对协助违反离岛免税政策、扰乱市场秩序的旅行社、运输企业等，给予行业性综合整治。离岛免税店违反相关规定销售免税品，由海关依照有关法律、行政法规给予处理、处罚。离岛免税政策监管办法由海关总署另行公布。

点睛　离岛免税店销售的免税商品适用的增值税、消费税免税政策，相关管理办法由税务总局商财政部另行制定。

七、关税的征收管理

（一）关税的申报（报关）期限与缴纳期限

1.关税的申报（报关）期限

进口货物的纳税人应当自运输工具申报进境之日起14日内，出口货物的纳税人除海关特准外，应当在货物运抵海关监管区后装货的24小时以前，向货物进（出）境地海关申报，海关根据税则归类和完税价格计算应缴纳的关税和进口环节代征税款，并填发税款缴款书。

2.关税的缴纳期限

纳税人应当自海关填发税款缴款书之日起15日内，向指定银行缴纳税款。纳税人因不可抗力或者在国家税收政策调整的情形下，不能按期缴纳税款的，经海关总署批准，可以延期缴纳税款，但最长不得超过6个月。

提示　如关税缴款期限届满日遇星期六、星期日等休息日或者法定节假日，则关税缴纳期限顺延至休息日或者法定节假日之后的第一个工作日。

（二）关税的强制执行

关税的强制执行措施，包括加收滞纳金和强制征收。

1.加收滞纳金

滞纳金自关税缴纳期限届满滞纳之日起，至纳税人缴纳关税之日止，按滞纳税款额0.5‰的比例按日征收，周末或法定节假日不予扣除。其具体计算公式为：

关税滞纳金金额=滞纳关税税额×滞纳金征收比率×滞纳天数

2.强制征收

如果纳税人自海关填发税款缴款书之日起3个月仍未缴纳税款，经海关关长批准，海关可以采取强制扣缴、变价抵缴等强制措施。强制扣缴，即海关从纳税人在开户银行或者其他金融机构的存款中直接扣缴税款。变价抵缴，即海关将应税货物依法变卖，以变卖所得抵缴税款。

任务实例7-2　甲公司进口一批货物，海关于本年1月1日填发税款缴款书，但甲公司迟至1月26日才缴纳20 000元的关税。

【任务要求】计算海关应征收的关税滞纳金。

【任务实施】纳税人应当自海关填发税款缴款书之日起15日内，向指定银行缴纳税款，所以甲公司滞纳11天。

滞纳金=20 000×0.5‰×11=110（元）

（三）关税的退还

关税的退还是指关税纳税人按海关核定的税额缴纳关税后，因某种原因的出现，海关将实际征收多于应当征收的关税税额（称为溢征关税）退还给原纳税人的一种行政行为。海关发现多征税款的，应当立即通知纳税人办理退还手续。纳税人发现多缴税款的，自缴纳税款之日起1年内，可以以书面形式要求海关退还多缴的税款并加算银行同期活期存款利息；海关应当自受理退税申请之日起30日内查实并通知纳税人办理退还手续。纳税人应当自收到通知之日起3个月内办理有关退税手续。

（四）关税的补征和追征

关税的补征和追征是指海关在纳税人按海关核定的税额缴纳关税后，发现实际征收税额少于应征税额（短征关税）时，责令纳税人补缴所差税款的一种行政行为。根据短征关税的原因，将海关征收原短征关税的行为分为补征和追征两种。非因纳税人违反海关规定造成短征关税的，称为补征；因纳税人违反海关规定造成短征关税的，称为追征。

进出口货物放行后，海关发现少征或者漏征税款的，应当自缴纳税款或者货物放行之日起1年内，向纳税人补征税款。因纳税人违反规定造成少征或者漏征税款的，海关可以自缴纳税款或者货物放行之日起3年内追征税款，并从缴纳税款或者货物放行之日起按日加收少征或者漏征税款万分之五的滞纳金。

海关发现海关监管货物因纳税人违反规定造成少征或者漏征税款的，应当自纳税人应缴纳税款之日起3年内追征税款，并从应缴纳税款之日起按日加收少征或者漏征税款万分之五的滞纳金。

关税的溢征、补征和追征，归纳见表7-2。

表7-2 关税的溢征、补征和追征

情况	关税规定
溢征	海关发现多征税款的，应当立即通知纳税人办理退还手续。纳税人发现多缴税款的，自缴纳税款之日起1年内，可以以书面形式要求海关退还多缴的税款并加算银行同期活期存款利息
补征	进出口货物放行后，海关发现少征或者漏征税款的，应当自缴纳税款或者货物放行之日起1年内，向纳税人补征税款
追征	因纳税人违反规定造成少征或者漏征税款的，海关可以自缴纳税款或者货物放行之日起3年内追征税款，并从缴纳税款或者货物放行之日起按日加收少征或者漏征税款万分之五的滞纳金。海关发现海关监管货物因纳税人违反规定造成少征或者漏征税款的，应当自纳税人应缴纳税款之日起3年内追征税款，并从应缴纳税款之日起按日加收少征或者漏征税款万分之五的滞纳金

任务二　印花税法[①]

任务引例

我公司与张某个人签订了连人带车的租赁合同，合同中对劳务费、租赁费分别列明，该合同的印花税应当如何缴纳？

---

① 本教材中印花税的内容，主要根据自2022年7月1日起施行的《中华人民共和国印花税法》编写。

一、印花税的基本原理认知

（一）印花税的含义

印花税是对经济活动和经济交往中书立应税凭证、进行证券交易的单位和个人征收的一种税。因纳税人主要是通过在应税凭证上粘贴印花税票来完成纳税义务，故名印花税。

（二）印花税的发展

印花税最早产生于1624年的荷兰，现在已是世界各国普遍开征的一个税种。中华人民共和国成立前，在北洋政府和国民党统治时期也先后颁布过《印花税法》，开征过印花税。中华人民共和国成立以后，政务院于1950年发布了《印花税暂行条例》，在全国范围内开征印花税；1958年我国简化税制时，经全国人民代表大会常务委员会通过，将印花税并入工商统一税，印花税不再单设税种征收，直至经济体制改革以前。

改革开放后，我国的商品经济得以迅速发展。为适应商品经济发展的需求，我国先后颁布了经济合同法、商标法、工商企业登记管理条例等一系列经济法规，在经济活动中依法书立、领受各种经济凭证成了普遍现象，重新开征印花税不仅是必要的，也具备了一定的条件。因此，国务院于1988年8月6日发布了《中华人民共和国印花税暂行条例》，自同年10月1日起施行。1988年9月29日，财政部颁布了《中华人民共和国印花税暂行条例施行细则》（以下简称《印花税暂行条例施行细则》），与《中华人民共和国印花税暂行条例》同时施行。随着我国经济体制由计划经济向社会主义市场经济体制转变，印花税的征收在规范书立、领受经济凭证行为方面起着更加重要的作用。为进一步规范印花税管理，便利纳税人，国家税务总局于2016年11月29日发布了《印花税管理规程（试行）》，自2017年1月1日起施行。2021年6月10日，中华人民共和国第十三届全国人民代表大会常务委员会第二十九次会议通过的《中华人民共和国印花税法》，自2022年7月1日起施行，1988年8月6日国务院发布的《中华人民共和国印花税暂行条例》同时废止。

现行印花税法律制度的基本规范，是2021年6月10日中华人民共和国第十三届全国人民代表大会常务委员会第二十九次会议通过，自2022年7月1日起施行的《中华人民共和国印花税法》。

（三）印花税的特点

我国印花税具有以下特点：❶征税范围广；❷税率较低，税负较轻；❸主要是通过自行贴花纳税。

二、印花税纳税人、扣缴义务人、征税范围和税目的确定

（一）印花税纳税人和扣缴义务人的确定

1.印花税的纳税人

在中华人民共和国境内书立应税凭证、进行证券交易的单位和个人，为印花税的纳税人，应当依照《中华人民共和国印花税法》的规定缴纳印花税。

在中华人民共和国境外书立在境内使用的应税凭证的单位和个人，应当依照《中华人民共和国印花税法》的规定缴纳印花税。

🔖提示 印花税纳税人的具体情形：

（1）书立应税凭证的纳税人，为对应税凭证有直接权利义务关系的单位和个人。

（2）采用委托贷款方式书立的借款合同纳税人，为受托人和借款人，不包括委托人。

（3）按买卖合同或者产权转移书据税目缴纳印花税的拍卖成交确认书纳税人，为拍卖标的的产权人和买受人，不包括拍卖人。

（4）证券交易印花税对证券交易的出让方征收，不对受让方征收。

实务答疑7-1 我公司为证券交易的受让方，请问是否需要缴纳印花税？

2.印花税的扣缴义务人

纳税人为境外单位或者个人，在境内有代理人的，以其境内代理人为扣缴义务人；在境内没有代理人的，由纳税人自行申报缴纳印花税，具体办法由国务院税务主管部门规定。

证券登记结算机构为证券交易印花税的扣缴义务人，应当向其机构所在地的主管税务机关申报解缴税款以及银行结算的利息。

（二）印花税征税范围的确定

1.印花税征税范围的基本规定

印花税征税范围中的应税凭证，是指《中华人民共和国印花税法》所附"印花税税目税率表"列明的合同、产权转移书据和营业账簿。

提示 我国并非对所有类型的合同、产权转移书据和营业账簿征收印花税，只对《中华人民共和国印花税法》所附"印花税税目税率表"列明的合同、产权转移书据和营业账簿征收印花税。

印花税征税范围中的证券交易，是指转让在依法设立的证券交易所、国务院批准的其他全国性证券交易场所交易的股票和以股票为基础的存托凭证。

任务引例解析

根据《中华人民共和国印花税法》的规定，在中华人民共和国境内书立应税凭证、进行证券交易的单位和个人，为印花税的纳税人，应当依照本法规定缴纳印花税。在中华人民共和国境外书立在境内使用的应税凭证的单位和个人，应当依照《中华人民共和国印花税法》的规定缴纳印花税。应税凭证，是指本法所附"印花税税目税率表"列明的合同、产权转移书据和营业账簿。证券交易，是指转让在依法设立的证券交易所、国务院批准的其他全国性证券交易场所交易的股票和以股票为基础的存托凭证。

"印花税税目税率表"列明了租赁合同（按照租金金额的1‰缴纳印花税），但未列明劳务费合同。你公司与张某个人签订的合同中将劳务费、租赁费分别列明，而劳务费部分不属于印花税征税范围，因此，你公司与张某个人只需要对租金部分，按租赁合同根据租金金额的1‰各自缴纳印花税即可。

2.印花税应税凭证的特殊情形

（1）在中华人民共和国境外书立在境内使用的应税凭证，应当按规定缴纳印花税，具体包括以下几种情形：

❶应税凭证的标的为不动产的，该不动产在境内。

❷应税凭证的标的为股权的，该股权为中国居民企业的股权。

❸应税凭证的标的为动产或者商标专用权、著作权、专利权、专有技术使用权的，其销售方或者购买方在境内，但不包括境外单位或者个人向境内单位或者个人销售完全在境外使用的动产或者商标专用权、著作权、专利权、专有技术使用权。

❹应税凭证的标的为服务的，其提供方或者接受方在境内，但不包括境外单位或者个人向境内单位或者个人提供完全在境外发生的服务。

（2）企业之间书立的确定买卖关系、明确买卖双方权利义务的订单、要货单等单据，且未另外书立买卖合同的，应当按规定缴纳印花税。

（3）发电厂与电网之间、电网与电网之间书立的购售电合同，应当按买卖合同税目缴纳印花税。

3.不属于印花税征收范围的凭证

下列情形的凭证，不属于印花税征收范围：

（1）人民法院的生效法律文书，仲裁机构的仲裁文书，监察机关的监察文书。

（2）县级以上人民政府及其所属部门按照行政管理权限征收、收回或者补偿安置房地产书立的合同、协议或者行政类文书。

（3）总公司与分公司、分公司与分公司之间书立的作为执行计划使用的凭证。

（三）印花税税目的确定

印花税的税目依照"印花税税目税率表"（见表7-3）执行。

三、印花税的计算

（一）印花税计税依据的确定

1.印花税计税依据的一般规定

印花税的计税依据为各种应税凭证上所记载的计税金额。具体规定为：

（1）应税合同的计税依据，为合同所列的金额，不包括列明的增值税税款。

（2）应税产权转移书据的计税依据，为产权转移书据所列的金额，不包括列明的增值税税款。

（3）应税营业账簿的计税依据，为账簿记载的实收资本（股本）、资本公积合计金额。

（4）证券交易的计税依据，为成交金额。

提示　不记载实收资本（股本）、资本公积金额的营业账簿（如记载固定资产金额的营业账簿），不属于印花税的征税范围。

2.印花税计税依据的特殊规定

（1）应税合同、产权转移书据未列明金额的，印花税的计税依据按照实际结算的金额确定。

（2）计税依据按照上述规定仍不能确定的，按照书立合同、产权转移书据时的市场价格确定；依法应当执行政府定价或者政府指导价的，按照国家有关规定确定。

（3）证券交易无转让价格的，按照办理过户登记手续时该证券前一个交易日收盘价计算确定计税依据；无收盘价的，按照证券面值计算确定计税依据。

（4）同一应税凭证由两方以上当事人书立的，按照各自涉及的金额分别计算应纳税额。

（5）已缴纳印花税的营业账簿，以后年度记载的实收资本（股本）、资本公积合计金额比已缴纳印花税的实收资本（股本）、资本公积合计金额增加的，按照增加部分计算应纳税额。

知识答疑7-1　印花税应税合同中列明不含增值税价款和增值税税款，请问印花税的计税依据是含增值税价款还是不含增值税价款？

3.印花税计税依据的其他规定以及补税和退税的具体情形

（1）同一应税合同、应税产权转移书据中涉及两方以上纳税人，且未列明纳税人各自涉及金额的，以纳税人平均分摊的应税凭证所列金额（不包括列明的增值税税款）确定计税依据。

（2）应税合同、应税产权转移书据所列的金额与实际结算金额不一致，不变更应税凭证所列金额的，以所列金额为计税依据；变更应税凭证所列金额的，以变更后的所列金额为计税依据。已缴纳印花税的应税凭证，变更后所列金额增加的，纳税人应当就增加部分的金额补缴印花税；变更后所列金额减少的，纳税人可以就减少部分的金额向税务机关申请退还或者抵缴印花税。

（3）纳税人因应税凭证列明的增值税税款计算错误导致应税凭证的计税依据减少或者增加的，纳税人应当按规定调整应税凭证列明的增值税税款，重新确定应税凭证计税依据。已缴纳印花税的应税凭证，调整后计税依据增加的，纳税人应当就增加部分的金额补缴印花税；调整后计税依据减少的，纳税人可以就减少部分的金额向税务机关申请退还或者抵缴印花税。

（4）纳税人转让股权的印花税计税依据，按照产权转移书据所列的金额（不包括列明的认缴后尚未实际出资权益部分）确定。

（5）应税凭证金额为人民币以外的货币的，应当按照凭证书立当日的人民币汇率中间价折合人民币确定计税依据。

（6）境内的货物多式联运，采用在起运地统一结算全程运费的，以全程运费作为运输合同的计税依据，由起运地运费结算双方缴纳印花税；采用分程结算运费的，以分程的运费作为计税依据，分别由办理运费结算的各方缴纳印花税。

（7）未履行的应税合同、产权转移书据，已缴纳的印花税不予退还及抵缴税款。

（8）纳税人多贴的印花税票，不予退税及抵缴税款。

（二）印花税税率的判定

印花税的税率依照"印花税税目税率表"（见表7-3）执行。

表 7-3 印花税税目税率表

税目		计税依据及税率	备注
合同（指书面合同）	借款合同	借款金额的万分之零点五	指银行业金融机构、经国务院银行业监督管理机构批准设立的其他金融机构与借款人（不包括同业拆借）的借款合同
	融资租赁合同	租金的万分之零点五	
	买卖合同	价款的万分之三	指动产买卖合同（不包括个人书立的动产买卖合同）
	承揽合同	报酬的万分之三	

续表

税目		计税依据及税率	备注
合同 （指书面 合同）	建设工程合同	价款的万分之三	
	运输合同	运输费用的万分之三	指货运合同和多式联运合同 （不包括管道运输合同）
	技术合同	价款、报酬或者使用费的万分之三	不包括专利权、专有技术使用权转让书据
	租赁合同	租金的千分之一	
	保管合同	保管费的千分之一	
	仓储合同	仓储费的千分之一	
	财产保险合同	保险费的千分之一	不包括再保险合同
产权 转移 书据	土地使用权出让书据	价款的万分之五	转让包括买卖（出售）、继承、赠与、互换、分割
	土地使用权、房屋等建筑物和构筑物所有权转让书据（不包括土地承包经营权和土地经营权转移）	价款的万分之五	
	股权转让书据（不包括应缴纳证券交易印花税的）	价款的万分之五	
	商标专用权、著作权、专利权、专有技术使用权转让书据	价款的万分之三	
营业账簿		实收资本（股本）、资本公积合计金额的万分之二点五	
证券交易		成交金额的千分之一	

（三）印花税优惠政策的运用

下列凭证免征印花税：

（1）应税凭证的副本或者抄本。

（2）依照法律规定应当予以免税的外国驻华使馆、领事馆和国际组织驻华代表机构为获得馆舍书立的应税凭证。

（3）中国人民解放军、中国人民武装警察部队书立的应税凭证。

（4）农民、家庭农场、农民专业合作社、农村集体经济组织、村民委员会购买农业生产资料或者销售农产品书立的买卖合同和农业保险合同。

点睛　享受印花税免税优惠的家庭农场，具体范围为以家庭为基本经营单元，以农场生产经营为主业，以农场经营收入为家庭主要收入来源，从事农业规模化、标准化、集约化生产经营，纳入全国家庭农场名录系统的家庭农场。

（5）无息或者贴息借款合同、国际金融组织向中国提供优惠贷款书立的借款合同。

（6）财产所有权人将财产赠与政府、学校、社会福利机构、慈善组织书立的产权转移书据。

◆**点睛** ❶享受印花税免税优惠的学校，具体范围为经县级以上人民政府或者其教育行政部门批准成立的大学、中学、小学、幼儿园，实施学历教育的职业教育学校、特殊教育学校、专门学校，以及经省级人民政府或者其人力资源社会保障行政部门批准成立的技工院校。❷享受印花税免税优惠的社会福利机构，具体范围为依法登记的养老服务机构、残疾人服务机构、儿童福利机构、救助管理机构、未成年人救助保护机构。❸享受印花税免税优惠的慈善组织，具体范围为依法设立、符合《中华人民共和国慈善法》规定，以面向社会开展慈善活动为宗旨的非营利性组织。

（7）非营利性医疗卫生机构采购药品或者卫生材料书立的买卖合同。

◆**点睛** 享受印花税免税优惠的非营利性医疗卫生机构，具体范围为经县级以上人民政府卫生健康行政部门批准或者备案设立的非营利性医疗卫生机构。

（8）个人与电子商务经营者订立的电子订单。

◆**点睛** 享受印花税免税优惠的电子商务经营者，具体范围按《中华人民共和国电子商务法》有关规定执行。

根据国民经济和社会发展的需要，国务院对居民住房需求保障、企业改制重组、破产、支持小型微型企业发展等情形可以规定减征或者免征印花税，报全国人民代表大会常务委员会备案。

◆**点睛** 对应税凭证适用印花税减免优惠的，书立该应税凭证的纳税人均可享受印花税减免政策，明确特定纳税人适用印花税减免优惠的除外。

◆**提示** 为贯彻落实《中华人民共和国印花税法》，自2022年7月1日起，"继续执行的印花税优惠政策文件及条款目录"详见《财政部 税务总局关于印花税法实施后有关优惠政策衔接问题的公告》（财政部 税务总局公告2022年第23号）。

实务答疑7-2 张某与电子商务经营者订立了电子订单，请问是否需要缴纳印花税？

（四）印花税应纳税额的计算

印花税的应纳税额按照计税依据乘以适用税率计算。其计算公式为：

应纳印花税=计税依据×适用税率

同一应税凭证载有两个以上税目事项并分别列明金额的，按照各自适用的税目税率分别计算应纳税额；未分别列明金额的，从高适用税率。

任务实例7-3 甲公司与乙公司本年7月签订两份运输保管合同：第一份合同列明的金额合计1 000 000元（运费和保管费并未分别记载）；第二份合同列明运费500 000元、保管费300 000元。运输合同的印花税税率为0.3‰，保管合同的印花税税率为1‰。

【**任务要求**】分别计算甲公司第一份、第二份合同的应纳印花税。

【**任务实施**】甲公司第一份合同应纳印花税=1 000 000×1‰=1 000（元）

甲公司第二份合同应纳印花税=500 000×0.3‰+300 000×1‰=450（元）

四、印花税的征收管理

（一）印花税的征收管理要求

1.印花税的缴纳方式

印花税可以采用粘贴印花税票或者由税务机关依法开具其他完税凭证的方式缴纳。

印花税票粘贴在应税凭证上的，由纳税人在每枚税票的骑缝处盖戳注销或者画销。

印花税票由国务院税务主管部门监制。

2.印花税的纳税义务发生时间

印花税的纳税义务发生时间为纳税人书立应税凭证或者完成证券交易的当日。

证券交易印花税扣缴义务发生时间为证券交易完成的当日。

3.印花税的纳税期限

印花税按季、按年或者按次计征。实行按季、按年计征的，纳税人应当自季度、年度终了之日起15日内申报缴纳税款；实行按次计征的，纳税人应当自纳税义务发生之日起15日内申报缴纳税款。

证券交易印花税按周解缴。证券交易印花税扣缴义务人应当自每周终了之日起5日内申报解缴税款以及银行结算的利息。

> ★点睛 应税合同、产权转移书据印花税可以按季或者按次申报缴纳，应税营业账簿印花税可以按年或者按次申报缴纳，具体纳税期限由各省、自治区、直辖市、计划单列市税务局结合征管实际确定。

> ★提示 境外单位或者个人的应税凭证印花税可以按季、按年或者按次申报缴纳，具体纳税期限由各省、自治区、直辖市、计划单列市税务局结合征管实际确定。

> ★点睛 应税合同、产权转移书据未列明金额，在后续实际结算时确定金额的，纳税人应当于书立应税合同、产权转移书据的首个纳税申报期申报应税合同、产权转移书据书立情况，在实际结算后下一个纳税申报期，以实际结算金额计算申报缴纳印花税。

4.印花税的纳税地点

纳税人为单位的，应当向其机构所在地的主管税务机关申报缴纳印花税；纳税人为个人的，应当向应税凭证书立地或者纳税人居住地的主管税务机关申报缴纳印花税。

视频

三分钟让你了解税务精要

不动产产权发生转移的，纳税人应当向不动产所在地的主管税务机关申报缴纳印花税。

纳税人为境外单位或者个人，在境内有代理人的，以其境内代理人为扣缴义务人。境外单位或者个人的境内代理人应当按规定扣缴印花税，向境内代理人机构所在地（居住地）主管税务机关申报解缴税款。

纳税人为境外单位或者个人，在境内没有代理人的，纳税人应当自行申报缴纳印花税。境外单位或者个人可以向资产交付地、境内服务提供方或者接受方所在地（居住地）、书立应税凭证境内书立人所在地（居住地）主管税务机关申报缴纳；涉及不动产产权转移的，应当向不动产所在地主管税务机关申报缴纳。

证券登记结算机构为证券交易印花税的扣缴义务人，应当向其机构所在地的主管税务机关申报解缴税款以及银行结算的利息。

提示 《印花税法》实施后，纳税人享受印花税优惠政策，继续实行"自行判别、申报享受、有关资料留存备查"的办理方式。纳税人对留存备查资料的真实性、完整性和合法性承担法律责任。

（二）印花税的纳税申报

纳税人对印花税进行纳税申报时，应当填报"印花税税源明细表"（略）、"财产和行为税减免税明细申报附表"（见表6-3）、"财产和行为税纳税申报表"（见表6-4）。

任务三 契税法

任务引例

张某将个人拥有的房地产投入自己投资的个人独资企业，请问是否需要缴纳契税？

一、契税的基本原理认知

（一）契税的含义

契税是以在中华人民共和国境内转移土地、房屋权属为征税对象，向承受权属的单位和个人征收的一种财产税。

（二）契税的发展

契税在我国有着悠久的历史。它起源于东晋的"估税"，至今已有约1 600年的历史。中华人民共和国成立以后，政务院于1950年3月31日第二十六次政务会议通过并公布了《中华人民共和国契税暂行条例》，废除了旧的契税法制，建立了新的契税制度，取消了契税附加验税、注册等杂费，降低了税率，减轻了纳税人的负担。该暂行条例规定，凡土地、房屋的买卖、典当、赠与或交换，均应凭土地房屋所有证，由当事人双方订立契约，并由承受人申报缴纳契税。税率分两种：买卖、赠与税税率为6%，典当税税率为3%。对交换房屋双方价值相等的，免税；不相等的，就其超过价值部分按6%缴纳契税。

1954年，对《中华人民共和国契税暂行条例》进行了修改。修改的主要内容有：对公有制单位的买卖、典当、承受赠与和交换土地、房屋的行为，免征契税。社会主义"三大改造"完成后，国家禁止土地买卖和转让，征收土地契税自然停止。契税的征税范围只限于非公有制单位的房屋产权转移行为，契税收入甚微。"文化大革命"期间，有的地方甚至明令停止办理契税征收业务。1978年新宪法公布后，逐步落实了房产政策。随着改革开放的不断深入，城乡房屋买卖又重新活跃起来。为此，财政部于1981年和1990年分别发出了《关于改进和加强契税征收管理工作的通知》和《关于加强契税工作的通知》，对契税政策进行了一些补充和调整，契税征收工作全面恢复。

1997年7月7日，国务院重新颁布了《中华人民共和国契税暂行条例》，并于1997年10月1日起施行。

2020年8月11日，第十三届全国人民代表大会常务委员会第二十一次会议通过了《中华人民共和国契税法》（简称《契税法》），自2021年9月1日起施行，1997年7月7日国务院发布的《中华人民共和国契税暂行条例》同时废止。

现行契税法律制度的基本规范，是2020年8月11日第十三届全国人民代表大会常务委员会第二十一次会议通过，自2021年9月1日起施行的《中华人民共和国契税法》。

（三）契税的特点

我国契税具有以下特点：❶属于财产税；❷以转移土地、房屋权属为征税对象；❸由土地、房屋权属承受人缴纳。

二、契税纳税人和征税范围的确定

（一）契税纳税人的确定

在中华人民共和国境内转移土地、房屋权属，承受的单位和个人为契税的纳税人。土地、房屋权属是指土地使用权和房屋所有权。单位是指企业单位、事业单位、国家机关、军事单位和社会团体以及其他组织。个人是指个体经营者（个体工商户）及其他个人，包括中国公民和外籍人员。

> 提示 征收契税的土地、房屋权属，具体为土地使用权、房屋所有权。

> 提示 下列情形发生土地、房屋权属转移的，承受方应当依法缴纳契税：❶因共有不动产份额变化的；❷因共有人增加或者减少的；❸因人民法院、仲裁委员会的生效法律文书或者监察机关出具的监察文书等因素，发生土地、房屋权属转移的。

> 点睛 契税由权属的承受人缴纳。这里所说的"承受"，是指以受让、购买、受赠、互换等方式取得土地、房屋权属的行为。

（二）契税征税范围的确定

契税的征税范围包括：

❶土地使用权出让（指的是国有土地使用权出让）；

❷土地使用权转让（包括出售、赠与、互换，不包括土地承包经营权和土地经营权的转移）；

❸房屋买卖、赠与、互换。

需要注意的是，以作价投资（入股）、偿还债务、划转、奖励等方式转移土地、房屋权属的，应当缴纳契税（土地、房屋权属承受方应当缴纳契税）。

> 提示 以作价投资（入股）、偿还债务等应交付经济利益的方式转移土地、房屋权属的，参照土地使用权出让、出售或房屋买卖确定契税适用税率、计税依据等。以划转、奖励等没有价格的方式转移土地、房屋权属的，参照土地使用权或房屋赠与确定契税适用税率、计税依据等。

> 点睛 公司增资扩股中，对以土地、房屋权属作价入股或作为出资投入企业的，征收契税；企业破产清算期间，对非债权人承受破产企业土地、房屋权属的，征收契税。

土地、房屋权属的典当、分拆（分割）、出租、抵押，不属于契税的征税范围。

任务引例解析

根据《财政部 税务总局关于继续执行企业、事业单位改制重组有关契税政策的公告》（财政部 税务总局公告2021年第17号）的规定，同一投资主体内部所属企业之间土地、房屋权属的划转，包括母公司与其全资子公司之间，同一公司所属全资子公司之间，同一自然人与其设立的个人独资企业、一人有限公司之间，土地、房屋权属的划转，免征契税。

因此，张某将他自己拥有的房地产投入自己投资的个人独资企业，免缴契税。

三、契税的计算

（一）契税计税依据的确定

1.契税计税依据的基本规定

（1）只有一个价格的情况。

土地使用权出让、出售，房屋买卖，契税的计税依据为土地、房屋权属转移合同确定的成交价格，包括应交付的货币以及实物、其他经济利益对应的价款。

🍀**点睛** 营业税改征增值税后计征契税的成交价格不含增值税。免征增值税的，确定计税依据时，成交价格不得扣减增值税额。

（2）无价格的情况。

土地使用权赠与、房屋赠与以及其他没有价格的转移土地、房屋权属行为，契税的计税依据为税务机关参照土地使用权出售、房屋买卖的市场价格依法核定的价格。

🍀**点睛** 纳税人申报的成交价格、互换价格差额明显偏低且无正当理由的，由税务机关依照《税收征收管理法》的规定核定。

（3）补缴契税的情况。

以划拨方式取得的土地使用权，经批准转让房地产时，契税的计税依据为补交的土地使用权出让费用或者土地收益。

2.契税计税依据的若干具体情形

（1）以划拨方式取得的土地使用权，经批准改为出让方式重新取得该土地使用权的，应由该土地使用权人以补缴的土地出让价款为计税依据缴纳契税。

（2）先以划拨方式取得土地使用权，后经批准转让房地产，划拨土地性质改为出让的，承受方应分别以补缴的土地出让价款和房地产权属转移合同确定的成交价格为计税依据缴纳契税。

（3）先以划拨方式取得土地使用权，后经批准转让房地产，划拨土地性质未发生改变的，承受方应以房地产权属转移合同确定的成交价格为计税依据缴纳契税。

（4）土地使用权及所附建筑物、构筑物等（包括在建的房屋、其他建筑物、构筑物和其他附着物）转让的，计税依据为承受方应交付的总价款。

（5）土地使用权出让的，计税依据包括土地出让金、土地补偿费、安置补助费、地上附着物和青苗补偿费、征收补偿费、城市基础设施配套费、实物配建房屋等应交付的货币以及实物、其他经济利益对应的价款。

（6）房屋附属设施（包括停车位、机动车库、非机动车库、顶层阁楼、储藏室及其他房屋附属设施）与房屋为同一不动产单元的，计税依据为承受方应交付的总价款，并适用与房屋相同的税率；房屋附属设施与房屋为不同不动产单元的，计税依据为转移合同确定的成交价格，并按当地确定的适用税率计税。

（7）承受已装修房屋的，应将包括装修费用在内的费用计入承受方应交付的总价款。

（8）土地使用权互换、房屋互换，互换价格相等的，互换双方计税依据为零；互换价格不相等的，以其差额为计税依据，由支付差额的一方缴纳契税。

（9）契税的计税依据不包括增值税。

点睛 契税计税依据不包括增值税，具体情形为：❶土地使用权出售、房屋买卖，承受方计征契税的成交价格不含增值税；实际取得增值税发票的，成交价格以发票上注明的不含税价格确定。❷土地使用权互换、房屋互换，契税计税依据为不含增值税价格的差额。❸税务机关核定的契税计税价格为不含增值税价格。

知识答疑7-2 承受精装房屋，契税的计税依据是否含装修费用？

（二）契税税率的判定

契税采用比例税率，并实行3%～5%的幅度税率。契税的具体适用税率，由省、自治区、直辖市人民政府在上述规定的税率幅度内提出，报同级人民代表大会常务委员会决定，并报全国人民代表大会常务委员会和国务院备案。

（三）契税优惠政策的运用

（1）契税的免税政策。

❶国家机关、事业单位、社会团体、军事单位承受土地、房屋权属用于办公、教学、医疗、科研、军事设施的，免征契税。

❷非营利性的学校、医疗机构、社会福利机构承受土地、房屋权属用于办公、教学、医疗、科研、养老、救助的，免征契税。

❸承受荒山、荒地、荒滩土地使用权用于农、林、牧、渔业生产的，免征契税。

❹婚姻关系存续期间夫妻之间变更土地、房屋权属的，免征契税。

❺夫妻因离婚分割共同财产发生土地、房屋权属变更的，免征契税。

❻法定继承人通过继承承受土地、房屋权属的，免征契税。

❼依照法律规定应当予以免税的外国驻华使馆、领事馆和国际组织驻华代表机构承受土地、房屋权属的，免征契税。

❽城镇职工按规定第一次购买公有住房的，免征契税。

❾外国银行分行按照《中华人民共和国外资银行管理条例》等相关规定改制为外商独资银行（或其分行），改制后的外商独资银行（或其分行）承受原外国银行分行的房屋权属的，免征契税。

❿2019年6月1日至2025年12月31日，为社区提供养老、托育、家政等服务的机构，承受房屋、土地用于提供社区养老、托育、家政服务的，免征契税。

根据国民经济和社会发展的需要，国务院对居民住房需求保障、企业改制重组、灾后重建等情形可以规定免征或者减征契税，报全国人民代表大会常务委员会备案。

提示 享受契税免税优惠的非营利性的学校、医疗机构、社会福利机构，限于上述三类单位中依法登记为事业单位、社会团体、基金会、社会服务机构等的非营利法人和非营利组织。

（2）个人购买家庭住房的契税优惠政策。

❶对个人购买家庭唯一住房（家庭成员范围包括购房人、配偶以及未成年子女，下同），面积为90平方米及以下的，减按1%的税率征收契税；面积为90平方米以上的，减按1.5%的税率征收契税。

❷对北京市、上海市、广州市、深圳市以外的个人购买家庭第二套改善性住房，面积为90平方米及以下的，减按1%的税率征收契税；面积为90平方米以上的，减按2%的税率征收契税。

> **提示** 家庭第二套改善性住房是指已拥有一套住房的家庭，购买的家庭第二套住房。

（3）省、自治区、直辖市可以决定对下列情形免征或者减征契税：

❶因土地、房屋被县级以上人民政府征收、征用，重新承受土地、房屋权属；

❷因不可抗力灭失住房，重新承受住房权属。

上述规定的免征或者减征契税的具体办法，由省、自治区、直辖市人民政府提出，报同级人民代表大会常务委员会决定，并报全国人民代表大会常务委员会和国务院备案。

> **提示** 纳税人改变有关土地、房屋的用途，或者有其他不再属于上述规定的免征、减征契税情形的，应当缴纳已经免征、减征的税款。

（4）企业、事业单位改制重组有关契税政策：

为支持企业、事业单位改制重组，优化市场环境，财政部、税务总局就2021年1月1日至2023年12月31日继续执行的有关契税政策公告如下：

❶企业改制。

企业按照《中华人民共和国公司法》有关规定整体改制，包括非公司制企业改制为有限责任公司或股份有限公司，有限责任公司变更为股份有限公司，股份有限公司变更为有限责任公司，原企业投资主体存续并在改制（变更）后的公司中所持股权（股份）比例超过75%，且改制（变更）后公司承继原企业权利、义务的，对改制（变更）后公司承受原企业土地、房屋权属，免征契税。

❷事业单位改制。

事业单位按照国家有关规定改制为企业，原投资主体存续并在改制后企业中出资（股权、股份）比例超过50%的，对改制后企业承受原事业单位土地、房屋权属，免征契税。

❸公司合并。

两个或两个以上的公司，依照法律规定、合同约定，合并为一个公司，且原投资主体存续的，对合并后公司承受原合并各方土地、房屋权属，免征契税。

❹公司分立。

公司依照法律规定、合同约定分立为两个或两个以上与原公司投资主体相同的公司，对分立后公司承受原公司土地、房屋权属，免征契税。

❺企业破产。

企业依照有关法律法规规定实施破产，债权人（包括破产企业职工）承受破产企业抵偿债务的土地、房屋权属，免征契税；对非债权人承受破产企业土地、房屋权属，凡按照《中华人民共和国劳动法》等国家有关法律法规政策妥善安置原企业全部职工规定，与原企业全部职工签订服务年限不少于3年的劳动用工合同的，对其承受所购企业土地、房屋权属，免征契税；与原企业超过30%的职工签订服务年限不少于3年的劳动用工合同的，减半征收契税。

❻资产划转。

对承受县级以上人民政府或国有资产管理部门按规定进行行政性调整、划转国有土地、房屋权属的单位，免征契税。

同一投资主体内部所属企业之间土地、房屋权属的划转，包括母公司与其全资子公司之间，同一公司所属全资子公司之间，同一自然人与其设立的个人独资企业、一人有限公司之间土地、房屋权属的划转，免征契税。

母公司以土地、房屋权属向其全资子公司增资，视同划转，免征契税。

❼债权转股权。

经国务院批准实施债权转股权的企业，对债权转股权后新设立的公司承受原企业的土地、房屋权属，免征契税。

❽划拨用地出让或作价出资。

以出让方式或国家作价出资（入股）方式承受原改制重组企业、事业单位划拨用地的，不属上述规定的免税范围，对承受方应按规定征收契税。

❾公司股权（股份）转让。

在股权（股份）转让中，单位、个人承受公司股权（股份），公司土地、房屋权属不发生转移，不征收契税。

点睛　上述企业、公司，是指依照我国有关法律法规设立并在中国境内注册的企业、公司。投资主体存续，是指原改制重组企业、事业单位的出资人必须存在于改制重组后的企业，出资人的出资比例可以发生变动。投资主体相同，是指公司分立前后出资人不发生变动，出资人的出资比例可以发生变动。

（四）契税应纳税额的计算

契税的应纳税额按照计税依据乘以具体适用税率计算。其计算公式为：

应纳税额=计税依据×税率

任务实例7-4　周某原有两套住房，本年7月出售其中一套，成交价格为90万元；将另一套以市场价格60万元与谢某的住房进行了等价置换。另外，周某又以120万元的价格购置了一套新住房。已知适用的契税税率为3%，以上价格均为不含增值税价格。

【任务要求】计算周某应缴纳的契税。

【任务实施】（1）契税由房屋权属承受人缴纳，周某将其90万元的房屋出售时，由对方缴纳契税。

（2）土地使用权互换、房屋互换，互换价格相等的，互换双方计税依据为零。因此周某与谢某进行住房的等价置换，不需缴纳契税。

（3）周某以120万元购置新住房时：应纳契税税额=120×3%=3.6（万元）

四、契税的征收管理

（一）契税的征收管理要求

1.契税的纳税义务发生时间

契税的纳税义务发生时间是纳税人签订土地、房屋权属转移合同的当日，或者纳税人取得其他具有土地、房屋权属转移合同性质凭证的当日。

点睛 具有土地、房屋权属转移合同性质的凭证包括契约、协议、合约、单据、确认书以及其他凭证。

关于契税纳税义务发生时间的特殊情形如下：

（1）因人民法院、仲裁委员会的生效法律文书或者监察机关出具的监察文书等发生土地、房屋权属转移的，纳税义务发生时间为法律文书等生效当日。

（2）因改变土地、房屋用途等情形应当缴纳已经减征、免征契税的，纳税义务发生时间为改变有关土地、房屋用途等情形的当日。

（3）因改变土地性质、容积率等土地使用条件需补缴土地出让价款，应当缴纳契税的，纳税义务发生时间为改变土地使用条件当日。

发生上述情形，按规定不再需要办理土地、房屋权属登记的，纳税人应自纳税义务发生之日起90日内申报缴纳契税。

2.契税的纳税期限

纳税人应当在依法办理土地、房屋权属登记手续前申报缴纳契税。

链接 纳税人应当在转让房地产合同签订之日起7日内，到房地产所在地主管税务机关办理土地增值税纳税申报。

3.契税的纳税地点

契税由土地、房屋所在地的税务机关依照《契税法》和《税收征收管理法》的规定征收管理。

4.契税征收管理的其他规定

（1）不动产登记机构在办理土地、房屋权属登记时，应当依法查验土地、房屋的契税完税、减免税、不征税等涉税凭证或者有关信息。

（2）税务机关应当与相关部门建立契税涉税信息共享和工作配合机制。自然资源、住房城乡建设、民政、公安等相关部门应当及时向税务机关提供与转移土地、房屋权属有关的信息，协助税务机关加强契税征收管理。

税务机关及其工作人员对税收征收管理过程中知悉的纳税人的个人信息，应当依法予以保密，不得泄露或者非法向他人提供。

（3）纳税人办理纳税事宜后，税务机关应当开具契税完税凭证。纳税人办理土地、房屋权属登记，不动产登记机构应当查验契税完税、减免税凭证或者有关信息。未按照规定缴纳契税的，不动产登记机构不予办理土地、房屋权属登记。

（4）在依法办理土地、房屋权属登记前，权属转移合同、权属转移合同性质凭证不生效、无效、被撤销或者被解除的，纳税人可以向税务机关申请退还已缴纳的税款，税务机关应当依法办理。

（5）纳税人缴纳契税后发生下列情形，可依照有关法律法规申请退税：❶因人民法院判决或者仲裁委员会裁决导致土地、房屋权属转移行为无效、被撤销或者被解除，且土地、房屋权属变更至原权利人的；❷在出让土地使用权交付时，因容积率调整或实际交付面积小于合同约定面积需退还土地出让价款的；❸在新建商品房交付时，因实际交付面积小于合同约定面积需返还房价款的。

实务答疑7-3　我公司完成购置房屋的交易后，已按规定缴纳了契税，但后来因人民法院判决导致房屋权属转移行为被撤销，且房屋权属变更至原权利人，请问我公司是否可以申请退还契税？

（二）契税的纳税申报

纳税人对契税进行纳税申报时，应当填报"契税税源明细表"（略）、"财产和行为税减免税明细申报附表"（见表6-3）、"财产和行为税纳税申报表"（见表6-4）。

任务四　车船税法

任务引例

我公司将使用了两年的车辆出售给其他公司，但是今年的车船税在车辆出售之前已经缴纳，请问在车辆出售之后我公司能否申请退税，然后由购买方履行纳税义务？

一、车船税的基本原理认知

（一）车船税的含义

车船税是以车辆、船舶（简称车船）为征税对象，向车船的所有人或者管理人征收的一种税。

（二）车船税的发展

我国对车船课税历史悠久。早在公元前129年（汉武帝元光六年），我国就开征了算商车。1945年6月公布的《使用牌照税法》，在全国统一开征车船使用牌照税。中华人民共和国成立后，政务院于1951年9月颁布了《车船使用牌照税暂行条例》，在全国部分地区开征。1973年简化税制、合并税种时，把对国有企业和集体企业征收的车船使用牌照税并入工商税。从那时起，车船使用牌照税只对不缴纳工商税的单位、个人及外侨征收，征税范围大大缩小。1984年10月，国务院决定恢复对车船征税，因原税名"车船使用牌照税"不太确定，实际工作中往往被误认为是对牌照征税，因此改名为"车船使用税"。1986年9月15日，国务院发布了《中华人民共和国车船使用税暂行条例》，决定从1986年10月1日起在全国施行。各省、自治区、直辖市人民政府根据《中华人民共和国车船使用税暂行条例》的规定，先后制定了施行细则。2006年12月29日，国务院颁布了《中华人民共和国车船税暂行条例》（以下简称《车船税暂行条例》），并于2007年1月1日实施，同时将"车船使用税"改名为"车船税"。2011年2月25日，第十一届全国人民代表大会常务委员会第十九次会议通过了《中华人民共和国车船税法》，自2012年1月1日起施行。2006年12月29日国务院公布的《车船税暂行条例》同时废止。

现行车船税法律制度的基本规范，是2019年4月23日第十三届全国人民代表大会常务委员会第十次会议修正，自公布之日起施行的《中华人民共和国车船税法》（以下简称《车船税法》），以及2011年11月23日经国务院常务会议审议通过，自2012年1月1日起施行的《中华人民共和国车船税法实施条例》（以下简称《车船税法实施条例》）。

（三）车船税的特点

我国车船税具有以下特点：❶征收范围广；❷税源流动性强；❸采用定额幅度税率。

二、车船税纳税人、扣缴义务人、征税范围和税目的确定

（一）车船税纳税人和扣缴义务人的确定

1.车船税的纳税人

在中华人民共和国境内的车辆、船舶的所有人或者管理人是车船税的纳税人。其中，所有人是指在中华人民共和国境内拥有车船的单位和个人，对于私家车来说，也就是我们通常所说的车主；管理人是指对车船具有管理权或者使用权，不具有所有权的单位。外商投资企业、外国企业、华侨、外籍人员和港、澳、台同胞，也属于车船税的纳税人。

2.车船税的扣缴义务人

根据《车船税法》的规定，从事机动车第三者责任强制保险业务的保险机构为机动车车船税的扣缴义务人（这里指的是代收代缴义务人），应当在收取保险费时依法代收车船税，并出具代收税款凭证。

🔰提示　2004年5月1日起实施的《中华人民共和国道路交通安全法》首次提出"建立机动车第三者责任强制保险制度，设立道路交通事故社会救助基金"。2006年3月21日，国务院颁布《机动车交通事故责任强制保险条例》，"机动车第三者责任强制保险"从此被"机动车交通事故责任强制保险"（简称"交强险"）代替。因此，就目前的情形，准确的说法应为：从事机动车交通事故责任强制保险业务的保险机构为机动车车船税的扣缴义务人。

🔰点睛　机动车车船税扣缴义务人在代收车船税时，应当在机动车交通事故责任强制保险的保险单以及保费发票上注明已收税款的信息，作为代收税款凭证。

（二）车船税征税范围的确定

车船税的征税范围是指在中华人民共和国境内属于《车船税法》所附"车船税税目税额表"规定的车辆、船舶。车辆、船舶是指依法在车船登记管理部门登记的机动车辆和船舶，以及依法不需要在车船登记管理部门登记的在单位内部场所行驶或者作业的机动车辆和船舶。

车辆、船舶具体包括：

（1）车辆：

❶乘用车；

❷商用车客车（包括电车）；

❸商用车货车（包括半挂牵引车、三轮汽车和低速载货汽车等）；

❹挂车；

❺摩托车；

❻其他车辆（不包括拖拉机）。

（2）船舶（包括机动船舶、游艇）。

境内单位和个人租入外国籍船舶的，不征收车船税。境内单位和个人将船舶出租到境外的，应依法征收车船税。经批准临时入境的外国车船和香港特别行政区、澳门特别行政区、台湾地区的车船，不征收车船税。

🔰提示　拖拉机、电动自行车、纯电动乘用车和燃料电池乘用车不属于车船税的征税范围。

🔰点睛　汽车、摩托车、电车、挂车、农用运输车属于车船税的征税范围。

（三）车船税税目的确定

车船税的税目依照"车船税税目税额表"（见表7-4）执行。

表 7-4 车船税税目税额表

税目		计税单位	年基准税额	备注
乘用车（按发动机汽缸容量（排气量）分档）	1.0升（含）以下	每辆	60～360元	核定载客人数9人（含）以下
	1.0升以上至1.6升（含）		300～540元	
	1.6升以上至2.0升（含）		360～660元	
	2.0升以上至2.5升（含）		660～1 200元	
	2.5升以上至3.0升（含）		1 200～2 400元	
	3.0升以上至4.0升（含）		2 400～3 600元	
	4.0升以上		3 600～5 400元	
商用车	客车	每辆	480～1 440元	核定载客人数9人以上，包括电车
	货车	整备质量每吨	16～120元	包括半挂牵引车、三轮汽车和低速载货汽车等；客货两用车依照货车的计税单位和年基准税额计征车船税
挂车		整备质量每吨	按照货车税额的50%计算	
其他车辆	专用作业车	整备质量每吨	16～120元	不包括拖拉机
	轮式专用机械车			
摩托车		每辆	36～180元	
机动船舶	净吨位不超过200吨	净吨位每吨	3元	拖船、非机动驳船分别按照机动船舶税额的50%计算；拖船按照发动机功率每1千瓦折合净吨位0.67吨计算征收车船税
	净吨位超过200吨但不超过2 000吨		4元	
	净吨位超过2 000吨但不超过10 000吨		5元	
	净吨位超过10 000吨		6元	
游艇	艇身长度不超过10米	艇身长度每米	600元	
	艇身长度超过10米但不超过18米		900元	
	艇身长度超过18米但不超过30米		1 300元	
	艇身长度超过30米		2 000元	
	辅助动力帆艇		600元	

点睛 排气量、整备质量、核定载客人数、净吨位、千瓦、艇身长度，以车船登记管理部门核发的车船登记证书或者行驶证所载数据为准。

提示 依法不需要办理登记的车船和依法应当登记而未办理登记或者不能提供车船登记证书、行驶证的车船，以车船出厂合格证明或者进口凭证标注的技术参数、数据为准；不能提供车船出厂合格证明或者进口凭证的，由主管税务机关参照国家相关标准核定，没有国家相关标准的参照同类车船核定。

提示 对于在设计和技术特性上用于特殊工作，并装置有专用设备或器具的汽车，应认定为专用作业车，如汽车起重机、消防车、混凝土泵车、清障车、高空作业车、洒水车、扫路车等。以载运人员或货物为主要目的的专用汽车，如救护车，不属于专用作业车。

提示 客货两用车，又称多用途货车，是指在设计和结构上主要用于载运货物，但在驾驶员座椅后带有固定或折叠式座椅，可运载3人以上乘客的货车。

三、车船税的计算

（一）车船税计税依据的确定

1.车船税计税依据的一般规定

（1）乘用车、商用车客车、摩托车：以"辆数"为计税依据。

（2）商用车货车、挂车、其他车辆：以"整备质量吨位数"为计税依据。

（3）机动船舶：以"净吨位数"为计税依据。

（4）游艇：以"艇身长度"为计税依据。

2.车船税计税依据的特殊规定

（1）《车船税法》及其实施条例涉及的整备质量、净吨位、艇身长度等计税单位，有尾数的一律按照含尾数的计税单位据实计算车船税应纳税额。计算得出的应纳税额小数点后超过两位的可四舍五入保留两位小数。

（2）乘用车以车辆登记管理部门核发的机动车登记证书或者行驶证书所载的排气量毫升数确定税额区间。

（二）车船税税率的判定

车船税采用定额税率，又称固定税额。省、自治区、直辖市人民政府根据车船税法所附的"车船税税目税额表"确定车辆具体适用税额时，应当遵循以下原则：❶乘用车依排气量从小到大递增税额；❷客车按照核定载客人数20人以下和20人（含）以上两档划分，递增税额。省、自治区、直辖市人民政府确定的车辆具体适用税额，应当报国务院备案。"车船税税目税额表"见表7-4。

（三）车船税优惠政策的运用

（1）捕捞、养殖渔船免征车船税。

（2）军队、武装警察部队专用的车船免征车船税。

（3）警用车船免征车船税。

（4）悬挂应急救援专用号牌的国家综合性消防救援车辆和国家综合性消防救援船舶免征车船税。

（5）依照法律规定应当予以免税的外国驻华使领馆、国际组织驻华代表机构及其有关人员的车船免征车船税。

（6）对节约能源、使用新能源的车船可以减征或者免征车船税。免征或者减半征收车船税的车船的范围，由国务院财政、税务主管部门商国务院有关部门制订，报国务院批准。

> **点睛**　对符合标准的节能汽车，减半征收车船税；对符合标准的新能源车船，免征车船税。具体标准详见《财政部关于节能新能源车船享受车船税优惠政策的通知》（财税〔2018〕74号）。免征车船税的新能源汽车是指纯电动商用车、插电式（含增程式）混合动力汽车、燃料电池商用车。纯电动乘用车和燃料电池乘用车不属于车船税征税范围，对其不征车船税。

（7）对受地震、洪涝等严重自然灾害影响纳税困难以及其他特殊原因确需减免税的车船，可以在一定期限内减征或者免征车船税。具体减免期限和数额由省、自治区、直辖市人民政府确定，报国务院备案。

（8）省、自治区、直辖市人民政府根据当地实际情况，可以对公共交通车船，农村居民拥有并主要在农村地区使用的摩托车、三轮汽车和低速载货汽车定期减征或者免征车船税。

> **链接**　注意不征税和免税的区别。拖拉机、电动自行车、纯电动乘用车和燃料电池乘用车本身就不属于车船税的征税范围，因此不属于免税项目。

（四）车船税应纳税额的计算

（1）车船税各税目应纳税额的计算公式为：

应纳税额＝计税单位×适用年基准税额

> **提示**　拖船和非机动驳船的应纳税额＝计税单位×适用年基准税额×50%

（2）购置的新车船，购置当年的应纳税额自纳税义务发生的当月起按月计算。其计算公式为：

应纳税额＝年应纳税额÷12×应纳税月份数

> **任务实例7-5**　甲货运公司本年年初拥有载货汽车10辆、挂车5辆，整备质量均为20吨/辆；拥有乘用车6辆。该公司所在省规定载货汽车年基准税额为每吨40元，乘用车年基准税额为每辆360元。

【任务要求】　计算甲货运公司本年应缴纳的车船税。

【任务实施】　（1）挂车按照货车税额的50%计算车船税；

（2）甲公司本年应纳车船税税额＝10×20×40+5×20×40×50%+6×360=12 160（元）

四、车船税的征收管理

（一）车船税的征收管理要求

1.车船税的申报缴纳或者征收方式

（1）自行申报方式。

没有扣缴义务人的，纳税人应当向主管税务机关自行申报缴纳车船税。扣缴义务人已代收代缴车船税的，纳税人不再向车辆登记地的主管税务机关申报缴纳车船税。

> **点睛**　纳税人在购买"机动车交通事故责任强制保险"时，由扣缴义务人代收代缴车船税的，凭注明已收税款信息的"机动车交通事故责任强制保险"保险单，车辆登记地的主管税务机关不再征收该纳税年度的车船税；再次征收的，车辆登记地主管税务机关应予退还。

（2）代收代缴方式。

从事机动车第三者责任强制保险业务（现为"从事机动车交通事故责任强制保险业务"）的保险机构为机动车车船税的扣缴义务人，在收取保险费时依法代收车船税。已完税或者依法减免税的车辆，纳税人应当向扣缴义务人提供登记地的主管税务机关出具的完税凭证或者减免税证明。纳税人没有按照规定期限缴纳车船税的，扣缴义务人在代收代缴税款时，可以一并代收代缴欠缴税款的滞纳金。车船税扣缴义务人代收代缴欠缴税款的滞纳金，从各省、自治区、直辖市人民政府规定的申报纳税期限截止日期的次日起计算。

扣缴义务人应当及时解缴代收代缴的税款和滞纳金，并向主管税务机关申报。扣缴义务人向税务机关解缴税款和滞纳金时，应当同时报送明细的税款和滞纳金扣缴报告。扣缴义务人解缴税款和滞纳金的具体期限，由省、自治区、直辖市税务机关依照法律、行政法规的规定确定。

（3）委托代征方式。

根据《国家税务总局　交通运输部关于发布〈船舶车船税委托代征管理办法〉的公告》（国家税务总局　交通运输部公告2013年第1号）的规定，自2013年2月1日起，税务机关可以委托交通运输部门海事管理机构代为征收船舶车船税税款。

在交通运输部直属海事管理机构（简称海事管理机构）登记的应税船舶，其车船税由船籍港所在地的税务机关委托当地海事管理机构代征。

海事管理机构受税务机关委托，在办理船舶登记手续或受理年度船舶登记信息报告时代征船舶车船税。

2.车船税的纳税义务发生时间

车船税纳税义务发生时间为取得车船所有权或管理权的当月。取得车船所有权或者管理权的当月，应当以购买车船的发票或者其他证明文件所载日期的当月为准。

纳税人缴纳车船税时，应当提供反映排气量、整备质量、核定载客人数、净吨位、千瓦、艇身长度等与纳税相关信息的相应凭证以及税务机关根据实际需要要求提供的其他资料。纳税人以前年度已经提供前款所列资料信息的，可以不再提供。

购置的新车船，购置当年的应纳税额自纳税义务发生的当月起按月计算。

点睛　具体来说，购置的新机动车，购置当年的应纳税款从购买日期的当月起至该年度终了按月计算。对于在国内购买的机动车，购买日期以"机动车销售统一发票"所载日期为准；对于进口机动车，购买日期以"海关关税专用缴款书"所载日期为准。

3.车船税的纳税期限

车船税是按年申报，分月计算，一次性缴纳。纳税年度自公历1月1日起至12月31日止。具体申报纳税期限由各省、自治区、直辖市人民政府规定。

4.车船税的纳税地点

车船税由税务机关负责征收。车船税的纳税地点为车船的登记地或者车船税扣缴义务人所在地。其中，纳税人自行申报缴纳车船税的，纳税地点为车船登记地（或者说"车船登记地的主管税务机关所在地"）；扣缴义务人代收代缴车船税的，纳税地点为扣缴义务人所在地。

依法不需要办理登记的车船，车船税的纳税地点为车船的所有人或者管理人所在地。

5.车船税征收管理的其他规定

（1）在一个纳税年度内，已完税的车船被盗抢、报废、灭失的，纳税人可以凭有关管理机关出具的证明和完税证明，向纳税所在地的主管税务机关申请退还自被盗抢、报废、灭失月份起至该纳税年度终了期间的税款。

已办理退税的被盗抢车船失而复得的，纳税人应当从公安机关出具相关证明的当月起计算缴纳车船税。

任务实例7-6 甲企业本年初拥有小轿车2辆。本年2月10日，1辆小轿车被盗，已按照规定办理退税。通过公安机关的侦查，本年7月20日被盗车辆失而复得，并取得公安机关的相关证明。已知当地小轿车车船税年基准税额为400元/辆。

【任务要求】计算甲企业本年实际应缴纳的车船税。

【任务实施】被盗后复得的小轿车应当缴纳7个月（2～6月共计5个月可以退税）的车船税。

　甲企业实际应纳车船税税额=400+400×7÷12=633.33（元）

（2）已缴纳车船税的车船在同一纳税年度内办理转让过户的，不另纳税，也不退税。

（3）已经缴纳车船税的车船，因质量原因被退回生产企业或者经销商的，纳税人可以向纳税所在地的主管税务机关申请退还自退货月份起至该纳税年度终了期间的税款。退货月份以退货发票所载日期的当月为准。

（4）保险机构作为车船税扣缴义务人，在代收车船税并开具增值税发票时，应在增值税发票备注栏中注明代收车船税税款信息，具体包括保险单号、税款所属期（详细至月）、代收车船税金额、滞纳金金额、金额合计等。该增值税发票可作为纳税人缴纳车船税及滞纳金的会计核算原始凭证。

　任务引例解析

根据《车船税法实施条例》的规定，已缴纳车船税的车船在同一纳税年度内办理转让过户的，不另纳税，也不退税。

因此，你公司将使用了两年的车辆出售给其他公司，在车辆出售之前你公司已经缴纳了车船税，在车辆出售之后你公司不能申请退税。

（二）车船税的纳税申报

纳税人对车船税进行纳税申报时，应当填报"车船税税源明细表"（略）、"财产和行为税减免税明细申报附表"（见表6-3）、"财产和行为税纳税申报表"（见表6-4）。

任务五　车辆购置税法

　任务引例

我公司购买车辆，取得了机动车销售统一发票，其中一联次为报税联，请问该联发票应该由哪方留存？

一、车辆购置税的基本原理认知

（一）车辆购置税的含义

车辆购置税是以在中华人民共和国境内购置规定车辆为征税对象，在特定的环节向购置车辆的单位和个人征收的一种税。就性质而言，它属于直接税的范畴。

（二）车辆购置税在我国的发展

车辆购置税是 2001 年 1 月 1 日在我国开征的新税种，是在原交通部门收取的车辆购置附加费的基础上，通过"费改税"方式改革而来的。车辆购置税基本保留了原车辆购置附加费的特点。

现行车辆购置税的基本规范，是第十三届全国人民代表大会常务委员会第七次会议于 2018 年 12 月 29 日通过的《中华人民共和国车辆购置税法》（简称《车辆购置税法》），该法自 2019 年 7 月 1 日起施行。

（三）车辆购置税的特点

我国车辆购置税具有以下特点：❶征收范围有限；❷征收环节单一；❸税率单一；❹征收方法单一；❺是一种特定目的税。

二、车辆购置税纳税人和征税范围的确定

（一）车辆购置税纳税人的确定

在中华人民共和国境内购置汽车、有轨电车、汽车挂车、排气量超过 150 毫升的摩托车（以下统称应税车辆）的单位和个人，为车辆购置税的纳税人。购置，是指以购买、进口、自产、受赠、获奖或者其他方式取得并自用应税车辆的行为。

点睛 纳税人进口自用应税车辆，是指纳税人直接从境外进口或者委托代理进口自用的应税车辆，不包括在境内购买的进口车辆。

提示 购置后"自用"的，才需要缴纳车辆购置税。购入待售车辆不需要缴纳车辆购置税，待进一步处置时再行确定纳税人、缴纳车辆购置税。

链接 与契税相同，车辆购置税由"承受方"缴纳。

（二）车辆购置税征税范围的确定

车辆购置税以列举的车辆作为征税对象，未列举的车辆不纳税。其征税范围包括汽车、有轨电车、汽车挂车、排气量超过 150 毫升的摩托车。

点睛 地铁、轻轨等城市轨道交通车辆，装载机、平地机、挖掘机、推土机等轮式专用机械车，以及起重机（吊车）、叉车、电动摩托车，不属于应税车辆。

三、车辆购置税的计算

（一）车辆购置税计税依据的确定

1.车辆购置税计税依据的基本规定

车辆购置税的计税依据为应税车辆的计税价格。应税车辆的计税价格按照下列规定确定：

（1）纳税人购买自用应税车辆的计税价格，为纳税人实际支付给销售者的全部价款（含价外费用），不包括增值税税款；购买自用应税车辆计征车辆购置税的计税依据，与销售方计算增值税的计税依据一致。

$$计税价格（不含含增值税的销售价格） = \frac{含增值税的销售价格}{1+增值税税率或征收率} = \frac{（含增值税价款+价外费用）}{1+增值税税率或征收率}$$

点睛 纳税人购买自用应税车辆实际支付给销售者的全部价款，依据纳税人购买应税车辆时相关凭证载明的价格确定，不包括增值税税款。

（2）纳税人进口自用车辆的计税价格，为关税完税价格加上关税和消费税，即为组成计税价格。进口自用应税车辆计征车辆购置税的计税依据，与进口方计算增值税的计税依据一致。

❶如果进口自用车辆是属于消费税征税范围的小汽车、摩托车等应税车辆，则其组成计税价格为：

计税价格（组成计税价格）=关税完税价格+关税+消费税

=（关税完税价格+关税）÷（1-消费税比例税率）

❷如果进口自用车辆是不属于消费税征税范围的大卡车、大客车等应税车辆，则组成计税价格公式简化为：

计税价格（组成计税价格）=关税完税价格+关税

（3）纳税人自产自用应税车辆的计税价格，按照同类应税车辆（即车辆配置序列号相同的车辆）的销售价格确定，不包括增值税税款；没有同类应税车辆销售价格的，按照组成计税价格确定。

没有同类应税车辆销售价格的，按照组成计税价格确定，又分为以下两种情况：

❶如果自产自用车辆是属于消费税征税范围的小汽车、摩托车等应税车辆，则其组成计税价格为：

$$计税价格（组成计税价格）=成本×（1+成本利润率）+消费税=成本×（1+成本利润率）÷（1-消费税比例税率）$$

❷如果自产自用车辆是不属于消费税征税范围的大卡车、大客车等应税车辆，则组成计税价格公式简化为：

计税价格（组成计税价格）=成本×（1+成本利润率）

上述公式中的成本利润率，由国家税务总局各省、自治区、直辖市和计划单列市税务局确定。

（4）纳税人以受赠、获奖或者其他方式取得自用应税车辆的计税价格，按照购置应税车辆时相关凭证载明的价格确定，不包括增值税税款。

提示 纳税人以外汇结算应税车辆价款的，按照申报纳税之日的人民币汇率中间价折合成人民币计算缴纳税款。

2.计税依据的特殊规定

免税、减税车辆因转让、改变用途等原因不再属于免税、减税范围的，纳税人应当在办理车辆转移登记或者变更登记前缴纳车辆购置税。计税价格以免税、减税车辆初次办理纳税申报时确定的计税价格为基准，每满一年扣减10%。

（二）车辆购置税的税率

车辆购置税实行统一比例税率，税率为10%。

（三）车辆购置税优惠政策的运用

1.减免税规定

（1）依照法律规定应当予以免税的外国驻华使馆、领事馆和国际组织驻华机构及其有关人员自用的车辆免征车辆购置税。

（2）中国人民解放军和中国人民武装警察部队列入装备订货计划的车辆免征车辆购置税。

（3）悬挂应急救援专用号牌的国家综合性消防救援车辆免征车辆购置税。

（4）设有固定装置的非运输专用作业车辆免征车辆购置税。

（5）城市公交企业购置的公共汽电车辆免征车辆购置税。

（6）回国服务的在外留学人员用现汇购买1辆个人自用国产小汽车和长期来华定居专家进口1辆自用小汽车免征车辆购置税。

（7）防汛部门和森林消防部门用于指挥、检查、调度、报汛（警）、联络的由指定厂家生产的设有固定装置的指定型号的车辆免征车辆购置税。

（8）自2018年1月1日至2020年12月31日，对购置的新能源汽车免征车辆购置税。自2021年1月1日至2022年12月31日，对购置的新能源汽车继续免征车辆购置税。对购置日期在2023年1月1日至2023年12月31日期间内的新能源汽车，继续免征车辆购置税。对购置日期在2024年1月1日至2025年12月31日期间的新能源汽车免征车辆购置税，其中，每辆新能源乘用车免税额不超过3万元；对购置日期在2026年1月1日至2027年12月31日期间的新能源汽车减半征收车辆购置税，其中，每辆新能源乘用车减税额不超过1.5万元。

（9）自2018年7月1日至2023年12月31日，对购置的挂车减半征收车辆购置税。

（10）中国妇女发展基金会"母亲健康快车"项目的流动医疗车免征车辆购置税。

（11）北京2022年冬奥会和冬残奥会组织委员会新购置车辆免征车辆购置税。

（12）原公安现役部队和原武警黄金、森林、水电部队改制后换发地方机动车牌证的车辆（公安消防、武警森林部队执行灭火救援任务的车辆除外），一次性免征车辆购置税。

根据国民经济和社会发展的需要，国务院可以规定减征或者其他免征车辆购置税的情形，报全国人民代表大会常务委员会备案。

2.车辆购置税的退税

纳税人将已征车辆购置税的车辆退回车辆生产企业或者销售企业的，可以向主管税务机关申请退还车辆购置税。退税额以已缴税款为基准，自缴纳税款之日至申请退税之日，每满一年扣减10%。

（四）车辆购置税应纳税额的计算

车辆购置税实行从价计征的办法计算应纳税额，其计算公式为：

应纳车辆购置税=计税价格×车辆购置税税率

由于应税车辆的来源、应税行为的发生以及计税依据组成的不同，因而车辆购置税应纳税额的计算方法也有区别。

1.购买自用应税车辆应纳税额的计算

购买自用应税车辆应纳税额的计算公式如下：

应纳车辆购置税=含增值税的销售价格÷（1+增值税税率或征收率）×车辆购置税税率

= （含增值税价款+价外费用）÷（1+增值税税率或征收率）×车辆购置税税率

=不含增值税的销售价格×车辆购置税税率

在应纳税额的计算当中，应注意以下费用的计税规定：

（1）购买者随购买车辆支付的工具件和零部件价款应作为购车价款的一部分，并入计税依据中征收车辆购置税。

（2）支付的车辆装饰费应作为价外费用并入计税依据中计税。

（3）代收款项应区别征税。凡使用代收单位（受托方）票据收取的款项，应视作代收单位价外收费，购买者支付的价费款，应并入计税依据中一并征税；凡使用委托方票据收取，受托方只履行代收义务和收取代收手续费的款项，应按其他税收政策规定征税。

（4）销售单位开给购买者的各种发票金额中包含增值税税款，因此计算车辆购置税时，应换算为不含增值税的计税价格。

（5）购买者支付的控购费，是政府部门的行政性收费，不属于销售者的价外费用范围，不应并入计税价格计税。

（6）销售单位开展优质销售活动所开票收取的有关费用，应属于经营性收入，企业在代理过程中按规定支付给有关部门的费用，企业已做经营性支出列支核算，其收取的各项费用并在一张发票上难以划分的，应作为价外收入计算征税。

任务实例7-7 甲公司为增值税一般纳税人，本年7月从乙汽车经销商（增值税一般纳税人）购买一辆汽车自用，支付含增值税的价税款合计150 000元，并取得机动车销售统一发票。该汽车适用的增值税税率为13%，车辆购置税税率为10%。

【任务要求】计算甲公司应缴纳的车辆购置税。

【任务实施】应纳车辆购置税税额=150 000÷（1+13%）×10%=13 274.34（元）

2.进口自用应税车辆应纳税额的计算

纳税人进口自用应税车辆应纳税额的计算公式分为两种情况：

（1）如果进口自用车辆是属于消费税征税范围的小汽车、摩托车等应税车辆，则其应纳税额的计算公式为：

应纳车辆购置税=（关税完税价格+关税+消费税）×车辆购置税税率

= （关税完税价格+关税）÷（1-消费税比例税率）×车辆购置税税率

（2）如果进口自用车辆是不属于消费税征税范围的大卡车、大客车等应税车辆，则其应纳税额的计算公式为：

应纳车辆购置税=（关税完税价格+关税）×车辆购置税税率

任务实例7-8 甲外贸进出口公司本年3月12日从国外进口10辆宝马公司生产的某型小轿车。该公司报关进口这批小轿车时，经报关地口岸海关对有关报关资料的审查，确定关税完税价格为198 000元/辆（人民币），海关按关税政策规定课征关税49 500元/辆，并按消费税、增值税有关规定分别代征进口消费税82 500元/辆、增值税42 900元/辆。由于业务工作的需要，该公司将3辆小轿车用于本单位使用。

【任务要求】计算应缴纳的车辆购置税。

【任务实施】（1）组成计税价格=关税完税价格+关税+消费税=198 000+49 500+82 500=330 000（元）

（2）应纳车辆购置税税额=自用数量×组成计税价格×车辆购置税税率=3×330 000×10%=99 000（元）

3.自产自用应税车辆应纳税额的计算

（1）纳税人自产自用应税车辆，若有同类应税车辆的销售价格，则其应纳税额的计算公式为：

应纳车辆购置税=同类应税车辆的销售价格×车辆购置税税率

（2）纳税人自产自用应税车辆，若没有同类应税车辆的销售价格，则其应纳税额的计算分为两种情况：

❶如果自产自用车辆是属于消费税征税范围的小汽车、摩托车等应税车辆，则其应纳税额为：

应纳车辆购置税=组成计税价格×车辆购置税税率=［成本×（1+成本利润率）+消费税］×车辆购置税税率

=成本×（1+成本利润率）÷（1-消费税比例税率）×车辆购置税税率

❷如果自产自用车辆是不属于消费税征税范围的大卡车、大客车等应税车辆，则其应纳税额为：

应纳车辆购置税=组成计税价格×车辆购置税税率=成本×（1+成本利润率）×车辆购置税税率

4.以受赠、获奖或者其他方式取得自用应税车辆应纳税额的计算

以受赠、获奖或者其他方式取得自用应税车辆应纳税额的计算公式如下：

应纳车辆购置税=购置应税车辆时相关凭证载明的价格×车辆购置税税率

5.纳税人申报的应税车辆计税价格明显偏低，又无正当理由的应税车辆应纳税额的计算

纳税人申报的应税车辆计税价格明显偏低，又无正当理由的，由税务机关依照《税收征收管理法》的规定核定其应纳税额。

6.特殊情形下自用应税车辆应纳税额或应退税额的计算

（1）减税、免税条件消失车辆应纳税额的计算。

免税、减税车辆因转让、改变用途等原因不再属于免税、减税范围的，纳税人应当在办理车辆转移登记或者变更登记前缴纳车辆购置税。计税价格以免税、减税车辆初次办理纳税申报时确定的计税价格为基准，每满一年扣减10%，并据此计算缴纳车辆购置税。

已经办理免税、减税手续的车辆因转让、改变用途等原因不再属于免税、减税范围的，纳税人、纳税义务发生时间、应纳税额按以下规定执行：

❶发生转让行为的，受让人为车辆购置税纳税人；未发生转让行为的，车辆所有人为车辆购置税纳税人。

❷纳税义务发生时间为车辆转让或者用途改变等情形发生之日。

❸应纳税额的计算公式如下：

应纳车辆购置税=初次办理纳税申报时确定的计税价格×（1-使用年限×10%）×10%-已纳税额

应纳税额不得为负数。

使用年限的计算方法是，自纳税人初次办理纳税申报之日起，至不再属于免税、减税范围的情形发生之日止。使用年限取整计算，不满一年的不计算在内。

（2）应税车辆退回时应退税额的计算。

纳税人将已征车辆购置税的车辆退回车辆生产企业或者销售企业的，可以向主管税务

机关申请退还车辆购置税。退税额以已缴税款为基准，自缴纳税款之日至申请退税之日，每满一年扣减10%。

已征车辆购置税的车辆退回车辆生产或销售企业，纳税人申请退还车辆购置税的，应退税额的计算公式如下：

应退车辆购置税=已纳税额×（1−使用年限×10%）

应退税额不得为负数。

使用年限的计算方法是，自纳税人缴纳税款之日起，至申请退税之日止。

四、车辆购置税的征收管理

（一）车辆购置税的征收管理要求

1.车辆购置税的纳税环节

车辆购置税由税务机关负责征收。车辆购置税实行一次性征收。购置已征车辆购置税的车辆，不再征收车辆购置税。但减税、免税条件消失的车辆，应按规定缴纳车辆购置税。车辆购置税是对应税车辆的购置行为课征，选择单一环节，实行一次课征制度。车辆购置税的纳税环节为应税车辆的使用环节（即最终消费环节）。具体而言，纳税人应当在向公安机关交通管理部门办理车辆注册登记前，缴纳车辆购置税。公安机关交通管理部门办理车辆注册登记，应当根据税务机关提供的应税车辆完税或者免税电子信息对纳税人申请登记的车辆信息进行核对，核对无误后依法办理车辆注册登记。

任务引例解析

根据《国家税务总局关于使用新版机动车销售统一发票有关问题的通知》（国税函〔2006〕479号）的规定，机动车销售统一发票为电脑六联式发票，即第一联发票联（购货单位付款凭证），第二联抵扣联（购货单位扣税凭证），第三联报税联（车辆购置税征收单位留存），第四联注册登记联（车辆登记单位留存），第五联记账联（销货单位记账凭证），第六联存根联（销货单位留存）。

因此，机动车销售统一发票的第三联报税联由车辆购置税征收单位留存。

2.车辆购置税的纳税义务发生时间

车辆购置税的纳税义务发生时间为纳税人购置应税车辆的当日。

点睛 车辆购置税的纳税义务发生时间以纳税人购置应税车辆所取得的车辆相关凭证上注明的时间为准。具体来说：（1）购买自用应税车辆的为购买之日，即车辆相关价格凭证的开具日期。（2）进口自用应税车辆的为进口之日，即海关进口增值税专用缴款书或者其他有效凭证的开具日期。（3）自产、受赠、获奖或者以其他方式取得并自用应税车辆的为取得之日，即合同、法律文书或者其他有效凭证的生效或者开具日期。

3.车辆购置税的纳税期限

纳税人应当自纳税义务发生之日起60日内申报缴纳车辆购置税。

4.车辆购置税的纳税地点

纳税人购置需要办理车辆登记的应税车辆的，应当向车辆登记地的主管税务机关申报缴纳车辆购置税；购置不需要办理车辆登记的应税车辆的，应当向纳税人所在地的主管税务机关申报缴纳车辆购置税，其中，单位纳税人向其机构所在地的主管税务机关申报纳税，个人纳税人向其户籍所在地或者经常居住地的主管税务机关申报纳税。

(二) 车辆购置税的纳税申报

纳税人对车辆购置税进行纳税申报时，应当填报"车辆购置税纳税申报表"（见表7-5）。

表 7-5

车辆购置税纳税申报表

填表日期：　年　月　日　　　　　　　　　　　　　金额单位：元

纳税人名称		申报类型	□征税　□免税　□减税		
证件名称		证件号码			
联系电话		地　址			
合格证编号（货物进口证明书号）		车辆识别代号/车架号			
厂牌型号					
排量（cc）		机动车销售统一发票代码			
机动车销售统一发票号码		不含税价			
海关进口关税专用缴款书（进出口货物征免税证明）号码					
关税完税价格		关税		消费税	
其他有效凭证名称		其他有效凭证号码		其他有效凭证价格	
购置日期		申报计税价格		申报免（减）税条件或者代码	
是否办理车辆登记		车辆拟登记地点			

纳税人声明：
　　本纳税申报表是根据国家税收法律法规及相关规定填报的，我确定它是真实的、可靠的、完整的。
　　　　　　　　　　　　　　　　　　　　　　　　　　　纳税人（签名或盖章）：

委托声明：
　　现委托（姓名）＿＿＿＿＿＿＿＿（证件号码）＿＿＿＿＿＿＿＿办理车辆购置税涉税事宜，提供的凭证、资料是真实、可靠、完整的。任何与本申报表有关的往来文件，都可交予此人。
　　委托人（签名或盖章）：　　　　　　　　　　　　被委托人（签名或盖章）：

以下由税务机关填写

免（减）税条件代码					
计税价格	税率	应纳税额	免（减）税额	实纳税额	滞纳金金额

受理人：　　　年　月　日	复核人（适用于免、减税申报）：　　　年　月　日	主管税务机关（章）

任务六　　　　　烟叶税法

任务引例

我公司收购一批晾晒烟叶，请问是否需要缴纳烟叶税？

一、烟叶税的基本原理认知

（一）烟叶税的含义

烟叶税是以纳税人收购烟叶实际支付的价款总额为计税依据征收的一种税。

（二）烟叶税的发展

烟叶税是中华人民共和国成立以后逐渐形成的一个税种。1958年我国颁布实施《中华人民共和国农业税条例》（以下简称《农业税条例》）。1983年，国务院以《农业税条例》为依据，选择特定农业产品征收农林特产农业税。当时农林特产农业税征收范围不包括烟叶，对烟叶另外征收产品税和工商统一税。1994年我国进行了财政体制和税制改革，国务院决定取消原产品税和工商统一税，将原农林特产农业税与原产品税和工商统一税中的农林牧水产品税目合并，改为统一征收农业特产农业税，并于同年1月30日发布《国务院关于对农业特产收入征收农业税的规定》（国务院令第143号）。其中规定对烟叶在收购环节征收，税率为31%。1999年，将烟叶特产农业税的税率下调为20%。2004年6月，根据《中共中央国务院关于促进农民增加收入若干政策的意见》（中发〔2004〕1号），财政部、国家税务总局下发《关于取消除烟叶外的农业特产农业税有关问题的通知》（财税〔2004〕120号），规定从2004年起，除对烟叶暂保留征收农业特产农业税外，取消对其他农业特产品征收的农业特产农业税。2005年12月29日，第十届全国人民代表大会常务委员会第十九次会议决定，《农业税条例》自2006年1月1日起废止。至此，对烟叶征收农业特产农业税失去了法律依据。2006年4月28日，国务院公布了《中华人民共和国烟叶税暂行条例》，并自公布之日起施行。2017年12月27日，第十二届全国人民代表大会常务委员会第三十一次会议通过了《中华人民共和国烟叶税法》，自2018年7月1日起施行。2006年4月28日国务院发布的《中华人民共和国烟叶税暂行条例》同时废止。

现行烟叶税法律制度的基本规范，是2017年12月27日第十二届全国人民代表大会常务委员会第三十一次会议通过，自2018年7月1日起施行的《中华人民共和国烟叶税法》。

（三）烟叶税的特点

我国烟叶税具有以下特点：❶纳税人单一；❷征收环节单一；❸税率单一；❹是一种特定目的税。

二、烟叶税纳税人和征税范围的确定

（一）烟叶税纳税人的确定

在中华人民共和国境内，依照《中华人民共和国烟草专卖法》的规定收购烟叶的单位为烟叶税的纳税人。

（二）烟叶税征税范围的确定

烟叶税的征税范围是烟叶。烟叶是指烤烟叶、晾晒烟叶。

任务引例解析

> 根据《中华人民共和国烟叶税法》的规定，在中华人民共和国境内，依照《中华人民共和国烟草专卖法》的规定收购烟叶的单位为烟叶税的纳税人；烟叶，是指烤烟叶、晾晒烟叶。
>
> 因此，你公司收购一批晾晒烟叶，需要缴纳烟叶税。

三、烟叶税的计算

（一）烟叶税计税依据的确定

烟叶税的计税依据为纳税人收购烟叶实际支付的价款总额。纳税人收购烟叶实际支付的价款总额包括纳税人支付给烟叶生产销售单位和个人的烟叶收购价款和价外补贴。

> **提示** 价外补贴统一按烟叶收购价款的10%计算。

（二）烟叶税税率的判定

烟叶税实行比例税率，税率为20%。

（三）烟叶税应纳税额的计算

烟叶税的应纳税额按照纳税人收购烟叶实际支付的价款总额乘以税率计算。应纳税额的计算公式为：

应纳烟叶税=纳税人收购烟叶实际支付的价款总额（烟叶收购价款总额）×税率

　　　　　=（烟叶收购价款+价外补贴）×税率=（烟叶收购价款+价外补贴）×20%

其中：价外补贴=烟叶收购价款×10%

因此：应纳烟叶税=烟叶收购价款×（1+10%）×20%

> **链接** 取得（开具）农产品销售发票或收购发票的，以农产品销售发票或收购发票上注明的农产品买价和扣除率计算进项税额（买价是指纳税人购进农产品在农产品收购发票或者销售发票上注明的价款和按照规定缴纳的烟叶税）。

> **链接** 根据《财政部 国家税务总局关于收购烟叶支付的价外补贴进项税额抵扣问题的通知》（财税〔2011〕21号）的规定，烟叶收购单位收购烟叶时按照国家有关规定以现金形式直接补贴烟农的生产投入补贴（简称价外补贴），属于农产品买价，为《中华人民共和国增值税暂行条例实施细则》（财政部 国家税务总局令第50号）第十七条中"价款"的一部分。烟叶收购单位，应将价外补贴与烟叶收购价格在同一张农产品收购发票或者销售发票上分别注明，否则，价外补贴不得计算增值税进项税额进行抵扣。

任务实例7-9 甲卷烟厂本年7月从烟农手中收购一批烟叶用于生产卷烟，货物已验收入库，收购价款为60 000元，另向烟农支付了价外补贴5 000元。甲卷烟厂将价外补贴与烟叶收购价格在同一张农产品收购发票上分别注明。

【任务要求】（1）计算甲卷烟厂购进烟叶的应纳烟叶税；

（2）计算甲卷烟厂购进烟叶准予抵扣的增值税进项税额。

【任务实施】 在计算烟叶税时，价外补贴统一按烟叶收购价款的10%计算，即应纳烟叶税=烟叶收购价款×（1+10%）×烟叶税税率（20%）；但是在计算收购烟叶准予抵扣的增值税进项税额时，价外补贴不一定就是烟叶收购价款的10%，而应当按照实际支付的价外补贴，即准予抵扣的增值税进项税额=（烟叶收购价款+实际价外补贴+应纳烟叶税）×扣除率。

（1）应纳烟叶税税额=烟叶收购价款×（1+10%）×烟叶税税率（20%）

　　　　　　　　　=60 000×（1+10%）×20%

　　　　　　　　　=66 000×20%=13 200（元）

（2）自2019年4月1日起，纳税人购进用于生产销售或委托加工13%税率货物的农产品，按照10%的扣除率计算进项税额。

购进烟叶准予抵扣的增值税进项税额=（60 000+5 000+13 200）×10%=7 820（元）

其中：购买烟叶时先抵扣增值税进项税额=（60 000+5 000+13 200）×9%=7 038（元）

领用烟叶用于生产卷烟时再抵扣增值税进项税额=（60 000+5 000+13 200）×1%=782（元）

四、烟叶税的征收管理

（一）烟叶税的征收管理要求

1.烟叶税的纳税义务发生时间

烟叶税的纳税义务发生时间为纳税人收购烟叶的当日。

2.烟叶税的纳税期限

烟叶税按月计征，纳税人应当于纳税义务发生月终了之日起15日内申报并缴纳税款。

3.烟叶税的纳税地点

纳税人应当向烟叶收购地的主管税务机关申报缴纳烟叶税。

（二）烟叶税的纳税申报

纳税人对烟叶税进行纳税申报时，应当填报"烟叶税税源明细表"（略）、"财产和行为税纳税申报表"（见表6-4）。

> 提示 烟叶税没有减免税政策，因此对烟叶税进行纳税申报时，不需要填报"财产和行为税减免税明细申报附表"。

任务七 环境保护税法

任务引例

我公司向依法设立的污水集中处理、生活垃圾集中处理场所排放应税污染物，请问是否需要缴纳环境保护税？

一、环境保护税的基本原理认知

（一）环境保护税的含义

环境保护税是对在中华人民共和国领域和中华人民共和国管辖的其他海域，直接向环境排放应税污染物的企业、事业单位和其他生产经营者征收的一种税。

（二）环境保护税的发展

荷兰是开征环境保护税比较早的国家，与环境保护相关的税收主要包括燃料税、噪声税、水污染税等，其税收政策已为其他发达国家研究和借鉴。另外，意大利开征了废物回收费用，作为地方政府处置废物垃圾的资金来源；法国开征了森林砍伐税；欧盟开征了碳税。

与发达国家相比，我国在环境保护方面虽然制定了一些税收政策，但相对比较零散，在整个税收体系中所占比重也较小，无法充分起到调节作用，也无法满足环境保护资金的需要。

2015年6月，国务院法制办公布《中华人民共和国环境保护税（征求意见稿）》。

现行环境保护税法律制度的基本规范，是2018年10月26日第十三届全国人民代表大会常务委员会第六次会议修正，自公布之日起施行的《中华人民共和国环境保护税法》（以下简称《环境保护税法》），以及自2018年1月1日起施行的《中华人民共和国环境保护税法实施条例》等。

（三）环境保护税的特点

我国环境保护税具有以下特点：❶征税项目为四类重点污染物；❷纳税人主要是企业、事业单位和其他经营者；❸直接排放应税污染物是必要条件；❹税额为统一定额税和浮动定额税结合；❺采用税务部门与生态环境部门紧密配合的征收方式；❻税收收入全部归地方。

二、环境保护税纳税人、征税范围和税目的确定

（一）环境保护税纳税人的确定

环境保护税纳税人是在中华人民共和国领域和中华人民共和国管辖的其他海域，直接向环境排放应税污染物的企业、事业单位和其他生产经营者。

（二）环境保护税征税范围的确定

环境保护税的征税对象为纳税人直接向环境排放的应税污染物。上述应税污染物是指《环境保护税法》所附"环境保护税税目税额表""应税污染物和当量值表"规定的大气污染物、水污染物、固体废物和噪声。

依法设立的城乡污水集中处理、生活垃圾集中处理场所超过国家和地方规定的排放标准向环境排放应税污染物的，应当缴纳环境保护税。

> **提示** 城乡污水集中处理场所，是指为社会公众提供生活污水处理服务的场所，不包括为工业园区、开发区等工业聚集区域内的企业、事业单位和其他生产经营者提供污水处理服务的场所，以及企业、事业单位和其他生产经营者自建自用的污水处理场所。

企业、事业单位和其他生产经营者贮存或者处置固体废物不符合国家和地方环境保护标准的，应当缴纳环境保护税。

达到省级人民政府确定的规模标准并且有污染物排放口的畜禽养殖场，应当依法缴纳环境保护税；依法对畜禽养殖废弃物进行综合利用和无害化处理的，不属于直接向环境排放污染物，不缴纳环境保护税。

有下列情形之一的，不属于直接向环境排放污染物，不缴纳相应污染物的环境保护税：（1）企业、事业单位和其他生产经营者向依法设立的污水集中处理、生活垃圾集中处理场所排放应税污染物的；（2）企业、事业单位和其他生产经营者在符合国家和地方环境保护标准的设施、场所贮存或者处置固体废物的。

任务引例解析

根据《环境保护税法》的规定，有下列情形之一的，不属于直接向环境排放污染物，不缴纳相应污染物的环境保护税：（1）企业、事业单位和其他生产经营者向依法设立的污水集中处理、生活垃圾集中处理场所排放应税污染物的；（2）企业、事业单位和其他生产经营者在符合国家和地方环境保护标准的设施、场所贮存或者处置固体废物的。

因此，你公司向依法设立的污水集中处理、生活垃圾集中处理场所排放应税污染物，不需要缴纳环境保护税。

（三）环境保护税税目的确定

环境保护税税目包括大气污染物、水污染物、固体废物和噪声四大类。环境保护税的税目依照"环境保护税税目税率表"（见表7-6）执行。

表 7-6   **环境保护税税目税率表**

税目		计税单位	税率（单位税额）	备注
大气污染物		每污染当量	1.2元至12元	
水污染物		每污染当量	1.4元至14元	
固体废物	煤矸石	每吨	5元	
	尾矿	每吨	15元	
	危险废物	每吨	1 000元	
	冶炼渣、粉煤灰、炉渣、其他固体废物（含半固态、液态废物）	每吨	25元	
噪声	工业噪声	超标1~3分贝	每月350元	1.一个单位边界上有多处噪声超标，根据最高一处超标声级计算应纳税额；当沿边界长度超过100米有两处以上噪声超标，按照两个单位计算应纳税额 2.一个单位有不同地点作业场所的，应当分别计算应纳税额，合并计征 3.昼、夜均超标的环境噪声，昼、夜分别计算应纳税额，累计计征 4.声源一个月内超标不足15天的，减半计算应纳税额 5.夜间频繁突发和夜间偶然突发厂界超标噪声，按等效声级和峰值噪声两种指标中超标分贝值高的一项计算应纳税额
		超标4~6分贝	每月700元	
		超标7~9分贝	每月1 400元	
		超标10~12分贝	每月2 800元	
		超标13~15分贝	每月5 600元	
		超标16分贝以上	每月11 200元	

三、环境保护税的计算

（一）环境保护税计税依据的确定

1.环境保护税计税依据确定的基本规定

应税污染物的计税依据，按照下列方法确定：

（1）应税大气污染物按照污染物排放量折合的污染当量数确定；

（2）应税水污染物按照污染物排放量折合的污染当量数确定；

（3）应税固体废物按照固体废物的排放量确定；

（4）应税噪声按照超过国家规定标准的分贝数确定。

2.环境保护税计税依据确定的具体规定

（1）应税大气污染物、水污染物按照污染物排放量折合的污染当量数确定计税依据。

应税大气污染物、水污染物的污染当量数，以该污染物的排放量除以该污染物的污染当量值计算。计算公式为：

应税大气污染物、水污染物的污染当量数=该污染物的排放量÷该污染物的污染当量值

🔖**提示** 污染当量，是指根据污染物或者污染排放活动对环境的有害程度以及处理的技术经济性，衡量不同污染物对环境污染的综合性指标或者计量单位。同一介质相同污染当量的不同污染物，其污染程度基本相当。

每种应税大气污染物、水污染物的具体污染当量值，依照《环境保护税法》所附的"应税污染物和当量值表"（略）执行。

每一排放口或者没有排放口的应税大气污染物，按照污染当量数从大到小排序，对前3项污染物征收环境保护税。

每一排放口的应税水污染物，按照《环境保护税法》所附"应税污染物和当量值表"，区分第一类水污染物和其他类水污染物，按照污染当量数从大到小排序，对第一类水污染物按照前5项征收环境保护税，对其他类水污染物按照前3项征收环境保护税。

省、自治区、直辖市人民政府根据本地区污染物减排的特殊需要，可以增加同一排放口征收环境保护税的应税污染物项目数，报同级人民代表大会常务委员会决定，并报全国人民代表大会常务委员会和国务院备案。

纳税人有下列情形之一的，以其当期应税大气污染物、水污染物的产生量作为污染物的排放量：

❶未依法安装使用污染物自动监测设备或者未将污染物自动监测设备与生态环境主管部门的监控设备联网；

❷损毁或者擅自移动、改变污染物自动监测设备；

❸篡改、伪造污染物监测数据；

❹通过暗管、渗井、渗坑、灌注或者稀释排放以及不正常运行防治污染设施等方式违法排放应税污染物；

❺进行虚假纳税申报。

（2）应税固体废物按照固体废物的排放量确定计税依据。

应税固体废物的排放量为当期应税固体废物的产生量减去当期应税固体废物的贮存量、处置量、综合利用量的余额。计算公式为：

$$\text{应税固体废物的排放量} = \text{当期应税固体废物的产生量} - \text{当期应税固体废物的贮存量} - \text{当期应税固体废物的处置量} - \text{当期应税固体废物的综合利用量}$$

🔖**点睛** 固体废物的贮存量、处置量，是指在符合国家和地方环境保护标准的设施、场所贮存或者处置的固体废物数量；固体废物的综合利用量，是指按照国务院发展改革、工业和信息化主管部门关于资源综合利用要求以及国家和地方环境保护标准进行综合利用的固体废物数量。

纳税人有下列情形之一的，以其当期应税固体废物的产生量作为固体废物的排放量：

❶非法倾倒应税固体废物；

❷进行虚假纳税申报。

🔖**提示** 从两个以上排放口排放应税污染物的，对每一排放口排放的应税污染物分别计算征收环境保护税；纳税人持有排污许可证的，其污染物排放口按照排污许可证载明的污染物排放口确定。

（3）应税噪声按照超过国家规定标准的分贝数确定计税依据。

工业噪声按照超过国家规定标准的分贝数确定每月税额。超过国家规定标准的分贝数是指实际产生的工业噪声与国家规定的工业噪声排放标准限值之间的差值。

3.应税大气污染物、水污染物、固体废物排放量和噪声分贝数的确定方法

应税大气污染物、水污染物、固体废物的排放量和噪声的分贝数，按照下列方法和顺序计算：

（1）纳税人安装使用符合国家规定和监测规范的污染物自动监测设备的，按照污染物自动监测数据计算；

（2）纳税人未安装使用污染物自动监测设备的，按照监测机构出具的符合国家有关规定和监测规范的监测数据计算；

（3）因排放污染物种类多等原因不具备监测条件的，按照国务院生态环境主管部门规定的排污系数、物料衡算方法计算；

（4）不能按照上述第（1）项至第（3）项规定的方法计算的，按照省、自治区、直辖市人民政府生态环境主管部门规定的抽样测算的方法核定计算。

（二）环境保护税税目税率的判定

环境保护税税目税率表见表7-6。

（三）环境保护税优惠政策的运用

1.暂免征税项目

下列情形，暂予免征环境保护税：

（1）农业生产（不包括规模化养殖）排放应税污染物的；

（2）机动车、铁路机车、非道路移动机械、船舶和航空器等流动污染源排放应税污染物的；

（3）依法设立的城乡污水集中处理、生活垃圾集中处理场所排放相应应税污染物，不超过国家和地方规定的排放标准的；

（4）纳税人综合利用的固体废物，符合国家和地方环境保护标准的；

（5）国务院批准免税的其他情形。

其中，第（5）项免税规定，由国务院报全国人民代表大会常务委员会备案。

2.减征税额项目

（1）纳税人排放应税大气污染物或者水污染物的浓度值低于国家和地方规定的污染物排放标准30%的，减按75%征收环境保护税。

（2）纳税人排放应税大气污染物或者水污染物的浓度值低于国家和地方规定的污染物排放标准50%的，减按50%征收环境保护税。

提示 应税大气污染物或者水污染物的浓度值，是指纳税人安装使用的污染物自动监测设备当月自动监测的应税大气污染物浓度值的小时平均值再平均所得数值或者应税水污染物浓度值的日平均值再平均所得数值，或者监测机构当月监测的应税大气污染物、水污染物浓度值的平均值。

（四）环境保护税应纳税额的计算

环境保护税应纳税额按照下列方法计算：

1.应税大气污染物应纳税额的计算

应税大气污染物的应纳税额为污染当量数乘以具体适用税额。计算公式为：

应税大气污染物的应纳税额=污染当量数×具体适用税额

2. 应税水污染物应纳税额的计算

应税水污染物的应纳税额为污染当量数乘以具体适用税额。

应税水污染物的应纳税额=污染当量数×具体适用税额

应税水污染物应纳税额的计算，具体来说：

（1）适用监测数据法的应税水污染物应纳税额的计算。

适用监测数据法的应税水污染物（包括第一类水污染物和第二类水污染物）的应纳税额为污染当量数乘以具体适用税额。计算公式为：

应税水污染物的应纳税额=污染当量数×具体适用税额

（2）适用抽样测算法的应税水污染物应纳税额的计算。

适用抽样测算法的情形，纳税人按照《环境保护税法》所附"禽畜养殖业、小型企业和第三产业水污染物污染当量值"所规定的当量值计算污染当量数。

❶规模化禽畜养殖业排放的应税水污染物应纳税额。

禽畜养殖业的应税水污染物应纳税额为污染当量数乘以具体适用税额。其污染当量数以禽畜养殖数量除以污染当量值计算。计算公式为：

应纳税额=污染当量数×具体适用税额=禽畜养殖数量÷污染当量值（头或羽）×具体适用税额

❷小型企业和第三产业排放的应税水污染物应纳税额。

小型企业和第三产业的应税水污染物应纳税额为污染当量数乘以具体适用税额。其污染当量数以污水排放量（吨）除以污染当量值（吨）计算。计算公式为：

应纳税额=污染当量数×具体适用税额=污水排放量（吨）÷污染当量值（吨）×具体适用税额

❸医院排放的应税水污染物应纳税额。

医院排放的应税水污染物应纳税额为污染当量数乘以具体适用税额。其污染当量数以病床数或者污水排放量除以相应的污染当量值计算。计算公式为：

应纳税额=污染当量数×具体适用税额=医院床位数÷污染当量值（床）×具体适用税额

或　应纳税额=污染当量数×具体适用税额=污水排放量÷污染当量值（吨）×具体适用税额

3. 应税固体废物应纳税额的计算

应税固体废物的应纳税额为固体废物排放量乘以具体适用税额，其排放量为当期应税固体废物的产生量减去当期应税固体废物的贮存量、处置量、综合利用量的余额。计算公式为：

应税固体废物的应纳税额=固体废物排放量×具体适用税额

$$=\left(\begin{array}{l}当期应税固体\\废物的产生量\end{array}-\begin{array}{l}当期应税固体\\废物的贮存量\end{array}-\begin{array}{l}当期应税固体\\废物的处置量\end{array}-\begin{array}{l}当期应税固体\\废物的综合利用量\end{array}\right)\times\begin{array}{l}具体\\适用税额\end{array}$$

4. 应税噪声应纳税额的计算

应税噪声的应纳税额为超过国家规定标准的分贝数对应的具体适用税额。即：

应税噪声的应纳税额=超过国家规定标准的分贝数对应的具体适用税额

任务实例7-10　经过计算，甲公司本年1月向大气直接排放二氧化硫80千克、氟化物100千克、一氧化碳200千克、氯化氢100千克，假设当地大气污染物每污染当量税额为1.2元。该公司只有一个排放口。二氧化硫的污染当量值为0.95，氟化物的污染当量值为0.87，一氧化碳的污染当量值为16.7，氯化氢的污染当量值为10.75。

【任务要求】　计算甲公司本年1月应缴纳的环境保护税。

【任务实施】　应税大气污染物、水污染物的污染当量数，以该污染物的排放量除以该污染物的污染当量值计算。

二氧化硫污染当量数=80÷0.95=84.21

氟化物污染当量数=100÷0.87=114.94

一氧化碳污染当量数=200÷16.7=11.98

氯化氢污染当量数=100÷10.75=9.30

按污染当量数排序：氟化物污染当量数（114.94）>二氧化硫污染当量数（84.21）>一氧化碳污染当量数（11.98）>氯化氢污染当量数（9.30）

甲公司只有一个排放口，排序选取前3项污染物为：氟化物、二氧化硫、一氧化碳。

应纳环境保护税=（114.94+84.21+11.98）×1.2=253.36（元）

四、环境保护税的征收管理

（一）环境保护税的征收管理要求

1.环境保护税的纳税义务发生时间

环境保护税的纳税义务发生时间为纳税人排放应税污染物的当日。

2.环境保护税的纳税期限

环境保护税按月计算，按季申报缴纳。不能按固定期限计算缴纳的，可以按次申报缴纳。

纳税人按季申报缴纳的，应当自季度终了之日起15日内，向税务机关办理纳税申报并缴纳税款。纳税人按次申报缴纳的，应当自纳税义务发生之日起15日内，向税务机关办理纳税申报并缴纳税款。

纳税人申报缴纳环境保护税时，应当向税务机关报送所排放应税污染物的种类、数量，大气污染物、水污染物的浓度值，以及税务机关根据实际需要要求纳税人报送的其他纳税资料。

3.环境保护税的纳税地点

环境保护税的纳税人应当向应税污染物排放地的税务机关申报缴纳环境保护税。应税污染物排放地是指：（1）应税大气污染物、水污染物排放口所在地；（2）应税固体废物产生地；（3）应税噪声产生地。

知识答疑7-3 "应税污染物排放地"具体指什么？

4.环境保护税征收管理的其他规定

（1）征管方式。

环境保护税采用"企业申报、税务征收、环保协同、信息共享"的征管方式。纳税人应当依法如实办理纳税申报，对申报的真实性和完整性承担责任；税务机关依照《税收征收管理法》和《环境保护税法》的有关规定对环境保护税征收管理；生态环境主管部门依照《环境保护税法》和有关环境保护法律法规的规定负责对污染物监测管理；县级以上地方人民政府应当建立税务机关、生态环境主管部门和其他相关单位分工协作工作机制，加强环境保护税征收管理，保障税款及时足额入库。

（2）数据传递和比对。

生态环境主管部门和税务机关应当建立涉税信息共享平台和工作配合机制。

生态环境主管部门应当将排污单位的排污许可、污染物排放数据、环境违法和受行政处罚情况等环境保护相关信息，定期交送税务机关。

税务机关应当将纳税人的纳税申报、税款入库、减免税额、欠缴税款以及风险疑点等环境保护税涉税信息，定期交送生态环境主管部门。

生态环境主管部门发现纳税人申报的应税污染物排放信息或者适用的排污系数、物料衡算方法有误的，应当通知税务机关处理。

税务机关应当将纳税人的纳税申报数据资料与生态环境主管部门交送的相关数据资料进行比对。纳税人申报的污染物排放数据与生态环境主管部门交送的相关数据不一致的，按照生态环境主管部门交送的数据确定应税污染物的计税依据。

（3）复核。

税务机关发现纳税人的纳税申报数据资料异常或者纳税人未按照规定期限办理纳税申报的，可以提请生态环境主管部门进行复核，生态环境主管部门应当自收到税务机关的数据资料之日起15日内向税务机关出具复核意见。税务机关应当按照生态环境主管部门复核的数据资料调整纳税人的应纳税额。

> **提示** 纳税申报数据资料异常，包括但不限于下列情形：❶纳税人当期申报的应税污染物排放量与上一年同期相比明显偏低，且无正当理由；❷纳税人单位产品污染物排放量与同类型纳税人相比明显偏低，且无正当理由。

（二）环境保护税的纳税申报

纳税人对环境保护税进行纳税申报时，应当填报"环境保护税税源明细表"（略）、"财产和行为税减免税明细申报附表"（见表6-3）、"财产和行为税纳税申报表"（见表6-4）。

———————————————— ▶职业技能训练◀ ————————————————

■ 职业能力选择

- -

一、单项选择题

1.下列各项中，应征收关税的是（　　）。

A.无商业价值的广告品及货样

B.进出境运输工具装载的途中必需的燃料、物料和饮食用品

C.国际组织、外国企业无偿赠送的物资

D.在海关放行前损失的货物

2.甲企业本年1月将自己的一台机器设备对外出租，签订的租赁合同上注明不含增值税租金1 000元，同时支付中介费200元，租赁合同的印花税税率为1‰。甲企业对此应缴纳印花税（　　）元。

A.0.55　　　　　　　B.0.9　　　　　　　C.1　　　　　　　D.1.1

3.甲外贸公司进口一批货物，货价100万元，货物运抵我国关境内输入地点起卸前的包装费和运费分别为5万元和7万元。已知关税税率为10%。则甲外贸公司应缴纳的进口关税为（　　）万元。

A.100×10%=10　　　　　　　　　B.（100+5）×10%=10.5

C.（100+7）×10%=10.7　　　　　　D.（100+5+7）×10%=11.2

4.甲公司从乙汽车运输公司租入5辆载重汽车，双方签订的合同规定，5辆载重汽车的总价值为240万元，租期3个月，不含税租金共计为12.8万元。租赁合同的印花税税率为1‰。则甲公司应缴纳的印花税为（　　）元。

A.32　　　　　　　B.128　　　　　　　C.600　　　　　　　D.2 400

5.甲运输公司拥有并使用以下车辆：整备质量5吨的载货卡车10辆；整备质量为4吨的汽车挂车5辆。当地政府规定，载货汽车的基准税额为60元/吨，甲运输公司当年应纳车船税为（　　）元。

A.3 600　　　　　　　B.4 020　　　　　　　C.4 200　　　　　　　D.4 260

6.证券交易印花税扣缴义务人应当自每周终了之日起（　　）日内申报解缴税款以及银行结算的利息。

A.5　　　　　　　B.7　　　　　　　C.10　　　　　　　D.15

7.甲公司一辆货车整备质量为10吨，当地人民政府确定该地区货车的车船税适用税额为每吨60元，则甲公司这辆货车每年应纳车船税（　　）元。

A.600　　　　　　　B.800　　　　　　　C.640　　　　　　　D.840

8.车辆购置税的纳税环节是（　　）。

A.批发环节　　　　B.生产环节　　　　C.销售环节　　　　D.注册登记前的使用环节

9.下列各项中，不征收印花税的是（　　）。

A.融资租赁合同　　　　　　　　　B.土地使用权出让收据

C.再保险合同　　　　　　　　　　D.技术合同

10.契税的纳税地点是（　　）。

A.企业的核算地　　　B.土地、房屋所在地　　　C.单位的注册地　　　D.纳税人的居住地

11.下列各项中，符合车船税征收管理规定的是（　　）。

A.扣缴义务人代收代缴车船税的，纳税地点为车船登记地的主管税务机关所在地

B.纳税人自行向主管税务机关申报缴纳车船税的，纳税地点为车船登记地

C.车船税纳税义务发生时间为取得车船所有权或者管理权的次月

D.不需要办理登记的车船不必缴纳车船税

12.纳税人应当在向公安机关交通管理部门（　　），缴纳车辆购置税。

A.办理车辆交强险手续时　　　　　　B.办理车辆注册登记手续后

C.办理车辆注册登记手续时　　　　　　D.办理车辆注册登记手续前

13.烟叶税的计算公式为（　　）。

A.应纳税额=烟叶收购价款×税率　　　　B.应纳税额=收购烟叶实际支付的价款总额×税率

C.应纳税额=烟叶收购价款×征收率　　　　D.应纳税额=烟叶收购金额×征收率

14.烟叶税实行比例税率，税率为（　　）。

A.10%　　　　　　　B.15%　　　　　　　C.20%　　　　　　　D.30%

15.根据《中华人民共和国印花税法》的规定，实行按季、按年计征的，纳税人应当自季度、年度终了之日起（　　）日内申报缴纳税款。

A.5　　　　　　　B.7　　　　　　　C.10　　　　　　　D.15

16.甲公司有一辆客货两用汽车，为顾客送货，乘客座位4人，整备质量2吨。当地省政府规定，载客4人的乘用车车船税税额为200元/辆，载货汽车车船税税额为40元/吨。甲公司每年应缴纳车船税（　　）元。

A.80　　　　　　　B.180　　　　　　　C.200　　　　　　　D.280

17.自产、受赠和以其他方式取得并自用应税车辆的，应当自取得之日起（　　）日内申报缴纳车辆购置税。

A.10　　　　　　　B.30　　　　　　　C.60　　　　　　　D.90

18.甲公司本年7月收购烟叶100 000千克，烟叶收购价格为10元/千克，收购价款总计1 000 000元。甲公司本年7月应缴纳的烟叶税为（　　）元。

A.220 000　　　　　　B.200 000　　　　　　C.110 000　　　　　　D.100 000

19.下列车船中，应缴纳车船税的是（　　）。

A.武警专用车船   B.押送犯人的警用车辆

C.人力三轮车   D.企业接送职工上下班的车辆

20.每一排放口或者没有排放口的应税大气污染物，按照污染当量数从大到小排序，对前（   ）项污染物征收环境保护税。

A.二   B.三   C.四   D.五

21.根据环境保护税法律制度的规定，下列说法中，正确的是（   ）。

A.企业、事业单位和其他生产经营者向依法设立的污水集中处理、生活垃圾集中处理场所排放应税污染物的，应当缴纳环境保护税

B.企业、事业单位和其他生产经营者在符合国家和地方环境保护标准的设施、场所贮存或者处置固体废物的，应当缴纳环境保护税

C.企业、事业单位和其他生产经营者贮存或者处置固体废物不符合国家和地方环境保护标准的，应当缴纳环境保护税

D.农业生产（不包括规模化养殖）排放应税污染物的，应当缴纳环境保护税

二、多项选择题

1.下列行为中，不需计算缴纳车辆购置税的有（   ）。

A.汽车经销商购进小汽车待售   B.个体工商户受赠小汽车自用

C.设有固定装置的非运输专用作业车辆   D.李某获奖取得自行车自用

2.下列各项中，属于关税纳税人的有（   ）。

A.工贸或农贸结合的进出口公司

B.外贸进出口公司

C.馈赠物品以及其他方式入境个人物品的所有人

D.各种运输工具上服务人员入境时携带自用物品的持有人

3.下列关于印花税计税依据的说法中，正确的有（   ）。

A.应税合同的计税依据，为合同所列的金额，不包括列明的增值税税款

B.应税营业账簿的计税依据，为账簿记载的实收资本（股本）、资本公积合计金额

C.同一应税凭证载有两个以上税目事项并分别列明金额的，按照各自适用的税目税率分别计算应纳税额；未分别列明金额的，从低适用税率

D.证券交易的计税依据，为成交金额

4.下列车船中，免征车船税的有（   ）。

A.警用车船   B.养殖渔船   C.载货汽车   D.载客汽车

5.下列关于关税减免规定的表述中，正确的有（   ）。

A.无商业价值的广告样品进口征收关税

B.进出境运输工具装载的途中必需的燃料、物料和饮食用品，可予免税

C.因故退还的中国出口货物，可以免征进口关税，同时已征收的出口关税可以退还

D.关税税额在人民币50元以下的一票货物免征关税

6.下列车船中，应纳车船税的有（   ）。

A.张某个人拥有的汽车   B.中外合资企业拥有的汽车

C.国有运输企业拥有的货船   D.旅游公司拥有的客船

7.下列关于印花税的说法中，正确的有（   ）。

A.证券交易印花税对证券交易的出让方征收，不对受让方征收

B.同一应税凭证由两方以上当事人书立的，按照各自涉及的金额分别计算应纳税额

C.对应税凭证的副本或者抄本，免征印花税

D.证券交易印花税按月解缴

8.下列各项中，免征或不征契税的有（　　　）。

A.国家出让国有土地使用权　　　　　　　　B.受赠人接受他人赠与的房屋

C.法定继承人通过继承承受土地、房屋权属　　D.承受荒山土地使用权用于牧业生产

9.下列情况中，不缴或免缴车船税的有（　　　）。

A.建筑工地的小推车　　　　　　　　　　　B.公安部门的警车

C.养殖渔船　　　　　　　　　　　　　　　D.汽车制造厂尚未销售的汽车

10.下列说法中，不正确的有（　　　）。

A.车辆购置税实行统一比例税率　　　　　　B.车辆购置税的纳税地点一律为纳税人所在地

C.车辆购置税的纳税环节为车辆的销售环节　D.车辆购置税的纳税环节为车辆的出厂环节

11.下列各项中，免征印花税的有（　　　）。

A.应税凭证的副本或者抄本　　　　　　　　B.股权转让书据

C.技术合同　　　　　　　　　　　　　　　D.个人与电子商务经营者订立的电子订单

12.孙某将自有住房无偿赠与非法定继承人王某，已向税务机关提交经审核并签字盖章的"个人无偿赠与不动产登记表"。下列有关孙某赠房涉及税收的表述中，正确的有（　　　）。

A.孙某应缴纳契税　　　B.王某应缴纳契税　　　C.孙某应缴纳印花税　　　D.王某应缴纳印花税

13.下列各项中，属于车船税计税单位的有（　　　）。

A.每辆　　　　　　　　B.每艘　　　　　　　C.净吨位每吨　　　　　D.整备质量每吨

14.甲公司本年6月购入一辆汽车，随购车支付的下列款项中，应并入计税依据征收车辆购置税的有（　　　）。

A.控购费　　　　　　　B.增值税税款　　　　C.零部件价款　　　　　D.车辆装饰费

15.下列各项中，应按"产权转移书据"税目征收印花税的有（　　　）。

A.土地使用权出让书据

B.著作权转让书据

C.股权转让书据（不包括应缴纳证券交易印花税的）

D.专有技术使用权转让书据

16.下列各项中，属于契税纳税义务发生时间的有（　　　）。

A.取得具有土地、房屋权属转移合同性质凭证的当日

B.签订土地、房屋权属转移合同的当日

C.办理土地、房屋产权证的当日

D.交纳土地、房屋预付款的当日

17.下列各项中，属于车辆购置税应税行为的有（　　　）。

A.购买使用行为　　　　B.进口使用行为　　　C.受赠使用行为　　　　D.获奖使用行为

18.用于计算烟叶税的"收购烟叶实际支付的价款总额"包括（　　　）。

A.纳税人支付给烟叶销售者的增值税　　　　B.纳税人支付给烟叶销售者的烟叶金额

C.纳税人支付给烟叶销售者的烟叶收购价款　D.纳税人支付给烟叶销售者的价外补贴

19.下列说法中，正确的有（　　　）。

A.社会团体购买房产用于办公的，免征契税

B.婚姻关系存续期间夫妻之间变更土地、房屋权属的，免征契税

C.企业承受荒滩土地使用权，用于农业生产的，免征契税

D.土地、房屋被县级以上人民政府征用、占用后，重新承受土地、房屋权属的，免征契税

20.应当缴纳环境保护税的应税污染物，是指《环境保护税法》所附"环境保护税税目税额表""应税污染物和当量值表"规定的（　　　）。

A.大气污染物　　　　　B.水污染物　　　　　C.固体废物　　　　　　D.噪声

■ 职业能力判断

1. 印花税的纳税义务发生时间为纳税人书立应税凭证或者完成证券交易的当日。 （　　）

2. 车船税的纳税义务发生时间，为取得车船所有权或管理权的次月。 （　　）

3. 关税税额在人民币100元以下的一票货物，可免征关税。 （　　）

4. 证券交易印花税对证券交易的受让方征收，不对出让方征收。 （　　）

5. 已缴纳印花税的营业账簿，以后年度记载的实收资本（股本）、资本公积合计金额比已缴纳印花税的实收资本（股本）、资本公积合计金额增加的，按照增加部分计算应纳税额。 （　　）

6. 土地使用权赠与、房屋赠与以及其他没有价格的转移土地、房屋权属行为，契税的计税依据为税务机关参照土地使用权出售、房屋买卖的市场价格依法核定的价格。 （　　）

7. 新购置的机动车辆，应当在办理缴纳车辆购置税手续的同时缴纳车船税。 （　　）

8. 车辆购置税以列举的车辆作为征税对象，未列举的车辆不纳税。其征税范围包括汽车、有轨电车、汽车挂车、排气量超过150毫升的摩托车。 （　　）

9. 非营利性医疗卫生机构采购药品或者卫生材料书立的买卖合同，免征印花税。 （　　）

10. 财产所有权人将财产赠与政府、学校、社会福利机构、慈善组织书立的产权转移书据，免征印花税。 （　　）

11. 土地使用权互换、房屋互换，互换价格相等的，互换双方计税依据为零；互换价格不相等的，以其差额为计税依据，由支付差额的一方缴纳契税。 （　　）

12. 从事机动车第三者责任强制保险业务（现为"从事机动车交通事故责任强制保险业务"）的保险机构为机动车车船税的扣缴义务人，在收取保险费时依法代扣车船税。 （　　）

13. 自产、受赠、获奖和以其他方式取得并自用应税车辆的，应当自取得之日起60日内申报缴纳车辆购置税。 （　　）

14. 支付的车辆装饰费免征车辆购置税。 （　　）

15. 纳税人应当自纳税义务发生之日起30日内申报缴纳烟叶税。 （　　）

16. 烟叶税的纳税义务发生时间为纳税人收购烟叶的当天。 （　　）

17. 根据《中华人民共和国印花税法》的规定，企业与电子商务经营者订立的电子订单，免征印花税。 （　　）

18. 纳税人排放应税大气污染物或者水污染物的浓度值低于国家和地方规定的污染物排放标准30%的，减按50%征收环境保护税。 （　　）

19. 承受荒山、荒地、荒滩土地使用权，并用于农、林、牧、渔业生产的，免征契税。 （　　）

20. 对受地震、洪涝等严重自然灾害影响纳税困难以及其他特殊原因确需减免税的车船，可以在一定期限内减征或者免征车船税。 （　　）

21. 依照法律规定应当予以免税的外国驻华使馆、领事馆和国际组织驻华机构及其有关人员自用的车辆，应当征收车辆购置税。 （　　）

22. 销售单位开展优质销售活动所开票收取的有关费用，应属于经营性收入，企业在代理过程中按规定支付给有关部门的费用，企业已作经营性支出列支核算，其收取的各项费用合并开具在一张发票上难以划分的，应作为价外收入计算征收车辆购置税。 （　　）

23. 在中华人民共和国境外书立在境内使用的应税凭证的单位和个人，应当依照《中华人民共和国印花税法》的规定缴纳印花税。 （　　）

24. 契税的纳税人是在中华人民共和国境内承受土地、房屋权属转移的单位和个人。 （　　）

25. 车辆购置税实行统一比例税率，税率为10%。 （　　）

26. 烟叶税的征税范围是指晾晒烟叶、烤烟叶。 （　　）

27.企业事业单位和其他生产经营者在符合国家和地方环境保护标准的设施、场所贮存或者处置固体废物的，需要缴纳环境保护税。　　　　　　　　　　　　　　　　　　　（　　）

■ 职业能力实训

一、计算题

1.20×7年6月1日，甲公司经批准进口一台符合国家特定免征关税的科研设备用于研发项目，设备进口时经海关审定的完税价格折合人民币560万元，海关规定的监管年限为5年；20×9年5月31日，公司研发项目完成后，将已计提折旧200万元的免税设备转售给国内另一家企业。设备原进口时的关税税率为12%，设备转售时关税税率降为10%。

要求：计算甲公司应补缴的关税。

2.甲公司于本年1月开业，设置资金营业账簿，账簿上记载的实收资本（股本）、资本公积合计金额为1 000 000元；甲公司与供应商乙公司签订商品采购合同，合同列明不含增值税价款为100 000元，增值税税款为13 000元；甲公司与客户丙公司签订商品销售合同，合同列明不含增值税价款为200 000元，增值税税款为26 000元。营业账簿的印花税税率为0.25‰，买卖合同的印花税税率为0.3‰。要求：计算甲公司本年1月应缴纳的印花税。

3.甲公司本年5月购买一幢办公楼，成交价格为102万元。已知当地规定的契税税率为3%，以上价格均为不含增值税价格。

要求：计算甲公司本年5月购买办公楼应缴纳的契税。

4.甲公司本年拥有机动船3艘，每艘净吨位为3 000吨；拖船1艘，发动机功率为350千瓦。机动船舶车船税计税标准为净吨位201吨至2 000吨的，每吨4元；净吨位2 001吨至10 000吨的，每吨5元。

要求：计算甲公司本年应缴纳的车船税。

5.本年7月，王某在某房地产公司举办的有奖购房活动中中奖获得一辆小汽车，房地产公司提供的购置应税车辆时相关凭证（机动车销售统一发票）上注明价税合计金额为81 200元。

要求：计算王某本年7月应缴纳的车辆购置税。

6.甲烟草公司为增值税一般纳税人，本年7月向农民收购烟叶，并于本月全部领用于生产卷烟，收购价款为160 000元，向农民支付的价外补贴为收购价款的10%。已知烟叶税的税率为20%。

要求：计算甲公司本年7月收购烟叶准予抵扣的进项税额。

7.甲公司是一家工业企业，本年1月在A、B两地作业均存在夜间工业噪声超标。A作业场地一个单位边界上有两处工业噪声超标，分别为超标1分贝、超标7分贝，超标天数为14天；B作业场地沿边界长度110米，有两处工业噪声超标，分别为超标3分贝、超标6分贝，超标天数为16天。工业噪声超标1~3分贝适用税额为350元/月，超标4~6分贝适用税额为700元/月，超标7~9分贝适用税额为1 400元/月。

要求：计算甲公司本年1月应缴纳的环境保护税。

二、综合题

1.本年7月1日，甲公司进口一批高档化妆品，成交价格为55万元，关税税率为45%，消费税税率为15%，从起运地至输入地起卸前的运费为6万元，进口货物的保险费无法确定，保险费率为0.3%，从海关监管区至公司仓库的运费为3万元。海关于本年7月5日填发税款缴款书，甲公司于本年7月30日缴纳关税税款。

要求：计算甲公司本年7月应缴纳的进口环节税金金额合计。

2.本年7月10日，甲公司从美国购买一辆发动机号码为2568456、车架号码为666231的别克轿车，该公司进口报关时，经海关核定的关税完税价格为182 000元，进口关税税率为20%，消费税税率为9%。

要求：计算甲公司本年7月应缴纳的增值税、消费税和车辆购置税。

项目八　税务行政法制

职业能力目标

（1）能明确税务行政处罚的原则、税务行政处罚的主体与管辖、税务行政处罚的执行、税务行政处罚的设定，能对税务行政处罚的种类进行划分，能区分税务行政处罚的简易程序和一般程序。

（2）能明确税务行政复议机构和人员、税务行政复议的受案范围、税务行政复议的机构与管辖、税务行政复议申请人和被申请人、税务行政复议受理、税务行政复议审查和决定、税务行政复议和解与调解，会进行税务行政复议的申请，能搜集税务行政复议证据。

（3）能明确税务行政诉讼的原则、税务行政诉讼的管辖、税务行政诉讼的受案范围、税务行政诉讼的受理、税务行政诉讼的审理和判决，会进行税务行政诉讼的起诉。

税收格言

> 世界上只有两件事是不可避免的，那就是税收和死亡。
>
> ——本杰明·富兰克林

素养提升

视频

3分钟带你了解纳税信用

➤ 项目引例——关税的计算 ◀

A市税务局稽查局于本年4月11日到甲加工企业稽查，发现甲加工企业在本年1月至3月期间，少缴增值税300 000元。稽查局就甲加工企业的行为作出税务处理决定，要求其自接到税务处理决定书之日起15日内补缴增值税300 000元。稽查局于本年4月20日将税务处理决定书送达甲加工企业；甲加工企业于5月20日将税款缴纳入库，但由于对税务局稽查局的处理决定存在异议，于本年5月21日向市税务局申请行政复议。市税务局对甲加工企业的行政复议申请进行了审查，作出了不予受理的决定。

★**任务要求**

1.A市税务局是否应该受理甲加工企业的行政复议申请，并说明理由。

2.甲加工企业是否可就不予受理行为向法院提起诉讼，并说明理由。

▶**项目引例解析**　见本项目的任务二。

任务一　　　　　　　　　税务行政处罚

为了保障和监督行政机关有效实施行政管理，保护公民、法人或者其他组织的合法权益，1996 年 3 月 17 日第八届全国人民代表大会第四次会议通过了《中华人民共和国行政处罚法》（以下简称《行政处罚法》），于 1996 年 10 月 1 日实施。它的颁布实施，进一步完善了我国的社会主义民主法制制度。经过了三次修订，目前适用的《行政处罚法》，于 2021 年 1 月 22 日由第十三届全国人民代表大会常务委员会第二十五次会议修订通过，于 2021 年 7 月 15 日起施行。

税务行政处罚是行政处罚的重要组成部分。为了贯彻实施《行政处罚法》，规范税务行政处罚的实施，保护纳税人和其他税务当事人的合法权益，1996 年 9 月 28 日国家税务总局发布了《税务案件调查取证与处罚决定分开制度实施办法（试行）》（自 2021 年 7 月 9 日起，全文废止）和《税务行政处罚听证程序实施办法（试行）》，并于 1996 年 10 月 1 日施行。另外，为全面贯彻《行政处罚法》和《税收征收管理法》及其实施细则等有关法律法规及《法治政府建设实施纲要（2015—2020 年）》的精神，按照《国家税务总局关于规范税务行政裁量权工作的指导意见》（国税发〔2012〕65 号）的要求，国家税务总局于 2016 年 11 月 30 日发布了《税务行政处罚裁量权行使规则》，自 2017 年 1 月 1 日起施行。

税务行政处罚是指公民、法人或者其他组织（又称税务行政处罚相对人，属于税务行政管理相对人范畴）有违反税收征收管理秩序的违法行为，尚未构成犯罪，依法应当承担行政责任的，由税务机关给予行政处罚。

税务行政处罚的对象是违反税收征收管理秩序，但尚未构成犯罪、依法应当承担行政责任的公民、法人或者其他组织，又称税务行政处罚相对人，也可称为税务行政处罚当事人（简称当事人）。

税务行政处罚包括以下几方面内容：

第一，当事人行为违反了税收法律规范，侵犯的客体是税收征收管理秩序，应当承担税务行政责任。

第二，从当事人主观方面来说，无需区分是否具有主观故意或者过失，只要有税务违法行为存在，并有法定依据应受到行政处罚的，就应当承担行政责任，依法接受税务行政处罚。

第三，当事人行为一般是尚未构成犯罪，应当依法给予行政处罚的行为。

第四，给予当事人行政处罚的主体是税务机关。

一、税务行政处罚的原则

1.法定原则

法定原则包括四个方面的内容：

（1）对当事人实施税务行政处罚必须有法定依据，无明文规定不得处罚。

（2）税务行政处罚必须由法定的国家机关在其职权范围内设定。

（3）税务行政处罚必须由法定的税务机关在其职权范围内实施。

（4）税务行政处罚必须由税务机关按照法定程序实施。

2.公正、公开原则

公正就是要公平正直，没有偏私，防止偏听偏信，要使当事人了解其可能涉及的违法行为的性质，并给其申辩的机会。公开，一是指税务行政处罚的法律依据要公开，凡是需要公开的法律规范都要事先公布；二是指税务行政处罚的法律程序要公开，如依法公开举行听证会等。

3.以事实为依据原则

任何法律规范的适用必然基于一定的法律事实。法律事实不清或者脱离了法律事实，法律规范的适用就不可能准确，法律规范对各种社会关系的调整功能也不可能得到有效的发挥。因此，税务行政处罚必须以事实为依据，以法律为准绳。

4.过罚相当原则

过罚相当是指税务行政处罚的设定和实施都要根据税务违法行为的性质、情节、社会危害程度的大小而定，处罚的轻重要适度，防止出现畸轻畸重或者"一刀切"的税务行政处罚现象。

5.处罚与教育相结合原则

税务行政处罚本身是一种手段，而非目的。税务行政处罚的目的是教育当事人自觉守法，并纠正、减少或消除税务行政违法行为。因此，税务机关在实施行政处罚时，需要责令当事人改正或者限期改正违法行为，对情节轻微的违法行为也不一定都要实施处罚。

6.监督、制约原则

对税务机关实施行政处罚应当实行两方面的监督和制约：一是内部的监督和制约，如对税务违法行为的调查与处罚决定应当分开，决定罚款的机关与收缴的机构应当分离，当场作出的处罚决定应当向所属行政机关备案等；二是外部的监督和制约，包括税务系统上下级之间的监督制约和司法监督，具体体现为税务行政复议和税务行政诉讼。

二、税务行政处罚的设定和种类

（一）税务行政处罚的设定

税务行政处罚的设定是指由特定的国家机关通过一定形式首次独立规定公民、法人或者其他组织的行为规范，并规定违反该行为规范的行政制裁措施。现行我国税收法制的原则是税权集中、税法统一，税收的立法权主要集中在中央。

（1）全国人民代表大会及其常务委员会可以通过法律的形式设定各种税务行政处罚。

（2）国务院可以通过行政法规的形式设定除限制人身自由以外的税务行政处罚。

（3）国家税务总局可以通过部门规章的形式设定警告和罚款。

部门规章对非经营活动中的违法行为设定罚款不得超过1 000元；对经营活动中的违法行为，有违法所得的，设定罚款不得超过违法所得的3倍，且最高不得超过3万元，没有违法所得的，设定罚款不得超过1万元；超过限额的，应当报国务院批准。

提示 县级以上各级税务机关制定的税收法律、税收法规、税务规章以外的税务规范性文件，在税收法律、税收法规、税务规章规定给予行政处罚的行为、种类和幅度的范围内作出具体规定，是一种执行税收法律、税收法规、税务规章的行为，不是对税务行政处罚的设定。因此，税务规范性文件与行政处罚法规定的处罚设定原则并不矛盾，是有效的，是可以执行的。

（二）税务行政处罚的种类

根据税务行政处罚的设定原则，税务行政处罚的种类是可变的，它将随着税收法律、法规、规章设定的变化而变化或者增减。我国现行的税务行政处罚种类主要有四种：一是罚款；二是没收违法所得；三是停止出口退税权；四是吊销税务行政许可证件。

三、税务行政处罚的主体与管辖

（一）税务行政处罚的主体

实施税务行政处罚的主体主要是县以上的税务机关。各级税务机关的内设机构、派出机构不具处罚主体资格，不得以自己的名义实施税务行政处罚。但是，税务所可以在2 000元以下的范围内行使罚款权。这是《税收征收管理法》对税务所的特别授权。

（二）税务行政处罚的管辖

根据《行政处罚法》和《税收征收管理法》的规定，税务行政处罚由当事人发生税收违法行为的所在地的县级以上税务机关管辖。税务行政处罚的地域管辖原则是行为发生地原则，而不是当事人居住地原则。

四、税务行政处罚的简易程序

税务行政处罚的简易程序，是指税务机关及其执法人员对于公民、法人或者其他组织违反税收征收管理秩序的行为，当场作出税务行政处罚决定的行政处罚程序。税务行政处罚简易程序的基本特征是当场填写《税务行政处罚决定书》。简易程序的适用条件：一是案情简单、事实清楚、违法后果比较轻微且有法定依据应当给予处罚的违法行为；二是给予的处罚较轻，仅适用于对公民处以50元以下和对法人或者其他组织处以1 000元以下罚款的违法案件。

　　提示　简易处罚程序的特点是当场作出处罚决定，但不一定当场交罚款。简易处罚程序的金额不可能涉及听证程序，但可以涉及复议、诉讼程序。

五、税务行政处罚的一般程序

税务行政处罚的一般程序，也称普通程序，是指除了适用简易程序以外的税务行政处罚程序。除了适用简易程序的税务违法案件外，对于其他违法案件，税务机关要经过立案、调查、告知和说明理由、听取当事人陈述和申辩意见、听证（符合一定条件才有听证程序）、审查、制作处罚决定书、送达处罚决定书等程序。适用一般程序的是情节比较复杂、处罚比较重的案件。

（一）立案

立案是税务行政处罚一般程序的开始。符合立案标准的，税务机关应当及时立案。

（二）调查

立案后，税务机关内部设立的调查机构（如管理、检查机构）负责对税务违法案件的调查取证。税务执法人员在调查或者检查时，应当主动向当事人或者有关人员出示执法证件。

（三）告知和说明理由

税务机关的调查机构工作人员进行调查取证后、作出税务行政处罚决定之前，对依法应当给予税务行政处罚的，应及时提出处罚建议，以税务机关的名义制作税务行政处罚事项告知书并送达当事人，告知当事人作出处罚建议的事实、理由和依据，以及当事人依法享有的陈述申辩或要求举行听证的权利。

（四）听取当事人陈述和申辩意见

当事人有权在税务机关作出税务行政处罚决定之前进行陈述和申辩。税务机关及其执法人员在作出税务行政处罚决定之前，如果拒绝听取当事人的陈述和申辩意见，则该税务行政处罚决定不成立，但当事人放弃陈述或申辩权的除外。税务机关及其执法人员必须充分听取当事人的意见，对当事人提出的理由、事实和证据，应当进行复核。当事人提出的事实、理由和证据成立的，税务机关应当采纳。此外，税务机关不得因当事人陈述和申辩而加重处罚。

（五）听证

听证是指税务机关在对当事人某些违法行为作出处罚决定之前，按照一定形式听取调查人员和当事人意见的程序。

并非所有的税务行政处罚都要有听证这一程序。税务行政处罚听证的范围是对公民处以 2 000 元以上（含本数）或者对法人和其他组织处以 10 000 元以上（含本数）罚款的案件、没收较大数额违法所得的案件以及吊销税务行政许可证件的案件。

凡属听证范围的案件，在作出税务行政处罚决定之前，应当首先向当事人送达税务行政处罚事项告知书，并告知当事人作出处罚建议的事实、理由和依据，以及当事人依法享有举行听证的权利。

要求听证的当事人，应当在收到税务行政处罚事项告知书后 5 日内向税务机关书面提出听证要求，逾期不提出的，视为放弃听证权利。

税务机关应当在当事人提出听证要求后 15 日内举行听证，并在举行听证的 7 日前将税务行政处罚听证通知书送达当事人，通知当事人及有关人员举行听证的时间、地点。

> **实务答疑8-1** 我公司被税务机关处以 20 000 元的罚款，税务机关在作出处罚决定之前，向我公司送达《税务行政处罚事项告知书》，告知其已经查明的违法事实、证据、处罚的法律依据和拟给予的处罚，并告知我公司有要求举行听证的权利。我公司于收到《税务行政处罚事项告知书》后的第 7 日向税务机关书面提出听证要求，但税务机关以逾期提出听证要求为由拒绝接受，请问税务机关的做法合法吗？

（六）审查

案件调查终结后，税务机关的调查机构应当制作调查报告，并及时将调查报告连同所有案卷材料报送审查机构审查。审查机构根据不同的违法情况，分别作出予以税务行政处罚、不予税务行政处罚，或者移送司法机关处理等处理建议。

（七）制作处罚决定书

审查机构作出审查意见并报送税务机关，税务机关负责人经过对调查结果的审查或根据集体讨论结果，根据不同情况分别制作以下处理决定书再报税务机关负责人签发：

（1）有应受行政处罚的违法行为的，根据情节轻重及具体情况予以处罚。

（2）违法行为轻微，依法可以不予行政处罚的不予行政处罚。

（3）违法事实不能成立，不得予以行政处罚。

（4）违法行为已构成犯罪的，移送公安机关。

税务机关应当自税务行政处罚案件立案之日起90日内作出税务行政处罚决定。法律、法规、规章另有规定的，从其规定。税务机关作出罚款决定的行政处罚决定书，应当载明罚款代收机构的名称、地址和当事人应当缴纳罚款的数额、期限等，并明确当事人逾期缴纳是否加处罚款。

> **提示**　自2021年4月1日起，对于首次发生下列清单中所列事项且危害后果轻微，在税务机关发现前主动改正或者在税务机关责令限期改正的期限内改正的，不予行政处罚（税务行政处罚"首违不罚"事项清单）：
>
> （1）纳税人未按照税收征收管理法及实施细则等有关规定将其全部银行账号向税务机关报送。
>
> （2）纳税人未按照税收征收管理法及实施细则等有关规定设置、保管账簿或者保管记账凭证和有关资料。
>
> （3）纳税人未按照税收征收管理法及实施细则等有关规定的期限办理纳税申报和报送纳税资料。
>
> （4）纳税人使用税控装置开具发票，未按照税收征收管理法及实施细则、发票管理办法等有关规定的期限向主管税务机关报送开具发票的数据且没有违法所得。
>
> （5）纳税人未按照税收征收管理法及实施细则、发票管理办法等有关规定取得发票，以其他凭证代替发票使用且没有违法所得。
>
> （6）纳税人未按照税收征收管理法及实施细则、发票管理办法等有关规定缴销发票且没有违法所得。
>
> （7）扣缴义务人未按照税收征收管理法及实施细则等有关规定设置、保管代扣代缴、代收代缴税款账簿或者保管代扣代缴、代收代缴税款记账凭证及有关资料。
>
> （8）扣缴义务人未按照税收征收管理法及实施细则等有关规定的期限报送代扣代缴、代收代缴税款有关资料。
>
> （9）扣缴义务人未按照《税收票证管理办法》的规定开具税收票证。
>
> （10）境内机构或个人向非居民发包工程作业或劳务项目，未按照《非居民承包工程作业和提供劳务税收管理暂行办法》的规定向主管税务机关报告有关事项。

（八）送达处罚决定书

税务机关依据法定的程序和方式，将税务行政处罚决定书送交当事人。税务行政处罚决定书应当在宣告后当场送交当事人；当事人不在现场的，税务机关应当在7日内依照《中华人民共和国民事诉讼法》的有关规定，将税务行政处罚决定书送达当事人。当事人同意并签订确认书的，税务机关可以采用传真、电子邮件等方式，将税务行政处罚决定书等送达当事人。

六、税务行政处罚的执行

税务机关作出行政处罚决定后，应当依法送达当事人执行。

税务行政处罚的执行是指履行税务机关依法作出的行政处罚决定的活动。税务机关依法作出行政处罚决定后，当事人应当在行政处罚决定规定的期限内，予以履行。当事人在法定期限内不申请复议又不起诉，并且在规定期限内又不履行的，税务机关可以依法强制执行或者申请法院强制执行。

税务机关对当事人作出罚款行政处罚决定的，当事人应当在收到行政处罚决定书之日起15日内缴纳罚款；到期不缴纳的，税务机关可以对当事人每日按罚款数额的3%加处罚款。

1.税务机关行政执法人员当场收缴罚款

税务机关对当事人当场作出行政处罚决定，具有依法给予20元以下罚款或者不当场收缴罚款事后难以执行情形的，税务机关行政执法人员可以当场收缴罚款。

税务机关行政执法人员当场收缴罚款的，必须向当事人出具合法罚款收据，并应当自收缴罚款之日起2日内将罚款交至税务机关。税务机关应当在2日内将罚款交付指定的银行或者其他金融机构。

2.税务行政罚款决定与罚款收缴分离

除了依法可以当场收缴罚款的情形以外，税务机关作出罚款的行政处罚决定的执行，自1998年1月1日起，应当按照国务院制定的《罚款决定与罚款收缴分离实施办法》的规定，实行作出罚款决定的税务机关与收缴罚款的机构分离。

税务机关作出的罚款处罚决定，代收罚款的银行或其他金融机构（代收机构）由国家税务总局与财政部、中国人民银行研究确定。各级税务机关的代收机构也可以由各地税务局与当地财政部门、中国人民银行分支机构研究确定。

税务机关应当同代收机构签订代收罚款协议。自代收罚款协议签订之日起15日内，税务机关应当将代收罚款协议报上一级税务机关和同级财政部门备案；代收机构应当将代收罚款协议报中国人民银行或当地分支机构备案。代收机构代收罚款，应当向当事人出具财政部规定的罚款收据。

任务实例8-1 甲企业因有违反《税收征收管理法》的行为，被税务机关处以5 000元的罚款。假定甲企业收到税务行政处罚决定书的时间为本年3月6日，甲企业本年4月12日缴纳罚款。

【任务要求】 计算甲企业本年4月12日缴纳的罚款总额。

【任务实施】 税务机关对当事人作出罚款行政处罚决定的，当事人应当在收到行政处罚决定书之日起15日内缴纳罚款；到期不缴纳的，税务机关可以对当事人每日按罚款数额的3%加处罚款。

缴纳的罚款总额=5 000×[1+（26+12-15）×3%]=8 450（元）

任务二　　　　　税务行政复议

任务引例

税务机关对我公司作出征收税款并加收滞纳金的处理，我公司不服，可以不经过税务行政复议，而直接进行税务行政诉讼吗？

为了防止和纠正税务机关违法或者不当的具体行政行为，保护纳税人及其他当事人的合法权益，保障和监督税务机关依法行使职权，根据《中华人民共和国行政复议法》（以下简称《行政复议法》）、《税收征收管理法》和其他的有关规定，国家税务总局制定了《税务行政复议规则》，已于2009年12月15日由国家税务总局第二次局务会议审议通过并予公布，自2010年4月1日起施行。2015年12月28日和2018年6月15日国家税务总局分别对该规则进行了修正。

税务行政复议是我国行政复议制度的一个重要组成部分。税务行政复议是指当事人（纳税人、扣缴义务人、纳税担保人及其他税务当事人，属于税务行政管理相对人范畴）不服税务机关及其工作人员作出的税务具体行政行为，依法向复议机关（一般为上一级税务机关）提出申请，复议机关经审查对原税务机关具体行政行为依法作出维持、变更、撤销等决定的活动。

我国税务行政复议具有以下特点：

（1）税务行政复议以当事人不服税务机关及其工作人员作出的税务具体行政行为为前提。

（2）税务行政复议因当事人的申请而产生。当事人提出申请是引起税务行政复议的前提条件之一。当事人如果不申请，就不可能通过税务行政复议这种形式获得救济。

（3）税务行政复议案件一般由原处理税务机关的上一级税务机关审理。

（4）税务行政复议与税务行政诉讼在衔接方面具有一定的特殊性。根据《中华人民共和国行政诉讼法》（以下简称《行政诉讼法》）和《行政复议法》的规定，对于大多数行政案件来说，当事人都可以选择行政复议或者行政诉讼程序解决，当事人对行政复议决定不服的，还可以向法院提起行政诉讼。根据《税收征收管理法》的规定，纳税人、扣缴义务人、纳税担保人同税务机关在纳税上发生争议时，必须先依照税务机关的纳税决定缴纳或者解缴税款及滞纳金或者提供相应的担保，然后可以依法申请行政复议；对行政复议决定不服的，可以依法向人民法院起诉。当事人对税务机关的处罚决定、强制执行措施或者税收保全措施不服的，可以依法申请行政复议，也可以依法向人民法院起诉。

一、税务行政复议机构和人员的相关规定

（1）税务行政复议机构的职责

各级行政复议机关负责法制工作的机构（以下简称行政复议机构）依法办理行政复议事项，履行下列职责：

❶受理行政复议申请。

❷向有关组织和人员调查取证，查阅文件和资料。

❸审查申请行政复议的具体行政行为是否合法和适当，起草行政复议决定。

❹处理或者转送对《税务行政复议规则》第十五条所列有关规定的审查申请。

❺对被申请人违反《行政复议法》及其实施条例和《税务行政复议规则》规定的行为，依照规定的权限和程序向相关部门提出处理建议。

❻研究行政复议工作中发现的问题，及时向有关机关或者部门提出改进建议，重大问题及时向行政复议机关报告。

❼指导和监督下级税务机关的行政复议工作。

❽办理或者组织办理行政诉讼案件应诉事项。

❾办理行政复议案件的赔偿事项。

❿办理行政复议、诉讼、赔偿等案件的统计、报告、归档工作和重大行政复议决定备案事项。

⓫其他与行政复议工作有关的事项。

（2）税务行政复议委员会的设立

各级行政复议机关可以成立行政复议委员会，研究重大、疑难案件，提出处理建议。行政复议委员会可以邀请本机关以外的具有相关专业知识的人员参加。

（3）税务行政复议人员的基本要求

行政复议工作人员应当具备与履行行政复议职责相适应的品行、专业知识和业务能力。税务机关中初次从事行政复议的人员，应当通过国家统一法律职业资格考试取得法律职业资格。

二、税务行政复议的受案范围

税务行政复议的受案范围见表8-1。

表8-1 税务行政复议的受案范围

| 复议种类 | 限于税务机关作出的税务具体行政行为 | | |
	内　容	具体项目
必经复议（必经复议、先议后诉）	1.税务机关作出的征税行为	❶确认纳税主体、征税对象、征税范围、减税、免税、退税、抵扣税款、适用税率、计税依据、纳税环节、纳税期限、纳税地点和税款征收方式等具体行政行为 ❷征收税款、加收滞纳金 ❸扣缴义务人、受税务机关委托征收的单位和个人作出的代扣代缴、代收代缴、代征行为等
选择复议（或议或诉）	2.行政许可、行政审批	
	3.发票管理行为	包括发售、收缴、代开发票等
	4.税收保全措施、强制执行措施	税收保全措施有： ❶书面通知银行或者其他金融机构冻结纳税人存款 ❷扣押、查封商品、货物或者其他财产 强制执行措施有： ❶书面通知银行或者其他金融机构从当事人存款中扣缴税款 ❷拍卖所扣押、查封商品、货物或者其他财产以抵缴税款
	5.行政处罚行为	❶罚款 ❷没收违法所得 ❸停止出口退税权 ❹吊销税务行政许可证件
	6.不依法履行职责的行为	❶颁发税务登记证件 ❷开具、出具完税凭证、外出经营活动税收管理证明（自2017年10月30日起，我国已经实行跨区域涉税事项报验管理，不再开具外出经营活动税收管理证明） ❸行政赔偿 ❹行政奖励 ❺其他不依法履行职责的行为
	7.资格认定行为	
	8.不依法确认纳税担保行为	
	9.政府信息公开工作中的具体行政行为	
	10.纳税信用等级评定行为	
	11.通知出入境管理机关阻止出境行为	
	12.其他具体行政行为	

🔹**点睛**　申请人对复议范围中征税行为不服的，应当先向复议机关申请行政复议，对行政复议决定不服的，可以再向人民法院提起行政诉讼。申请人对复议范围中税务机关作出的征税行为以外的其他具体行政行为不服的，可以申请行政复议，也可以直接向人民法院提起行政诉讼。

🔹**提示**　申请人按规定申请行政复议的，必须先缴纳或者解缴税款及滞纳金，或者提供相应的担保。

申请人认为税务机关的具体行政行为所依据的下列规定不合法，对具体行政行为申请行政复议时，可以一并向行政复议机关提出对有关规定的审查申请；申请人对具体行政行为提出行政复议申请时不知道该具体行政行为所依据的规定的，可以在行政复议机关作出行政复议决定以前提出对该规定的审查申请：

（1）国家税务总局和国务院其他部门的规定。

（2）其他各级税务机关的规定。

（3）地方各级人民政府的规定。

（4）地方人民政府工作部门的规定。

以上中的"规定"不包括规章。

任务引例解析

根据《税务行政复议规则》的规定，申请人对征税行为不服的，应当先向行政复议机关申请行政复议；对行政复议决定不服的，可以向人民法院提起行政诉讼。申请人按照上述规定申请行政复议的，必须依照税务机关根据法律、法规确定的税额、期限，先行缴纳或者解缴税款和滞纳金，或者提供相应的担保，才可以在缴清税款和滞纳金以后或者所提供的担保得到作出具体行政行为的税务机关确认之日起60日内提出行政复议申请。征税行为具体包括：（1）确认纳税主体、征税对象、征税范围、减税、免税、退税、抵扣税款、适用税率、计税依据、纳税环节、纳税期限、纳税地点和税款征收方式等具体行政行为。（2）征收税款、加收滞纳金。（3）扣缴义务人、受税务机关委托征收的单位和个人作出的代扣代缴、代收代缴、代征行为等。申请人对税务机关作出的征税行为以外的其他具体行政行为不服的，可以申请行政复议，也可以直接向人民法院提起行政诉讼。

因此，你公司对税务机关作出的征收税款并加收滞纳金的处理不服，应当先向行政复议机关申请行政复议；对行政复议决定不服的，可以向人民法院提起行政诉讼。

三、税务行政复议管辖

税务行政复议管辖是指税务行政复议机关受理税务行政复议申请的权限和分工，即某一税务行政争议发生后，应由哪一个税务机关来行使税务行政复议权。税务行政复议的管辖规定见表8-2。

表8-2　　　　　　　　　　税务行政复议的管辖规定

具体情况	基本规定
对各级税务局作出的具体行政行为不服的	向其上一级税务局申请行政复议
对国家税务总局作出的具体行政行为不服的	❶向国家税务总局申请行政复议 ❷对行政复议决定不服的，申请人可向人民法院提起行政诉讼，也可向国务院申请裁决，国务院的裁决为最终裁决

具体情况		基本规定
其他特殊情况	（1）对计划单列市税务局的具体行政行为不服的	向国家税务总局申请行政复议
	（2）对税务所（分局）、各级税务局的稽查局的具体行政行为不服的	向其所属税务局申请行政复议
	（3）对两个以上税务机关以共同的名义作出的具体行政行为不服的	向共同上一级税务机关申请行政复议
	（4）对税务机关与其他行政机关以共同的名义作出的具体行政行为不服的	向共同上一级行政机关申请行政复议
	（5）对被撤销的税务机关在撤销前所作出的具体行政行为不服的	向继续行使其职权的税务机关的上一级税务机关申请行政复议
	（6）对税务机关作出逾期不缴纳罚款加处罚款的决定不服的	❶向作出行政处罚决定的税务机关申请行政复议 ❷对已处罚款和加处罚款都不服的，一并向作出行政处罚决定的税务机关的上一级税务机关申请行政复议
申请人向具体行政行为发生地的县级地方人民政府提交行政复议申请的，由接受申请的县级地方人民政府依法予以转送		

四、税务行政复议申请人和被申请人

1.税务行政复议的申请人规则

税务行政复议的申请人规则见表8-3。

表 8-3　　　　　　　　　　　税务行政复议的申请人规则

单位性质	申请人规则
合伙企业申请行政复议的	以核准登记的企业为申请人，由执行合伙事务的合伙人代表该企业参加行政复议
其他合伙组织申请行政复议的	由合伙人共同申请行政复议
合伙企业、其他合伙组织以外的不具备法人资格的其他组织申请行政复议的	由该组织的主要负责人代表该组织参加行政复议；没有主要负责人的，由共同推选的其他成员代表该组织参加行政复议
股份制企业的股东大会、股东代表大会、董事会认为税务具体行政行为侵犯企业合法权益的	可以以企业的名义申请行政复议
有权申请行政复议的公民死亡的	其近亲属可以申请行政复议
有权申请行政复议的公民为无行为能力人或者限制行为能力人	其法定代理人可以代理申请行政复议
有权申请行政复议的法人或者其他组织发生合并、分立或终止的	承受其权利义务的法人或者其他组织可以申请行政复议
申请人以外的公民、法人或者其他组织与被审查的税务具体行政行为有利害关系的	❶复议机关可以通知其作为第三人参加行政复议 ❷可以向行政复议机关申请作为第三人参加行政复议 ❸第三人不参加行政复议，不影响行政复议案件的审理
非具体行政行为的行政管理相对人，但其权利直接被该具体行政行为所剥夺、限制或者被赋予义务的公民、法人或者其他组织、在行政管理相对人没有申请行政复议时	该非具体行政行为的行政管理相对人可以单独申请行政复议

2.税务行政复议代表与代理的限制规定

税务行政复议代表与代理的限制规定见表8-4。

表8-4　　　　　　　　税务行政复议代表与代理的限制规定

复议代表的规定	同一行政复议案件申请人超过5人的，应当推选1至5名代表参加行政复议
复议代理的规定	❶申请人、第三人可以委托1至2名代理人参加行政复议 ❷申请人、第三人委托代理人的，应当向行政复议机构提交授权委托书 ❸授权委托书应当载明委托事项、权限和期限 ❹公民在特殊情况下无法书面委托的，可以口头委托；口头委托的，行政复议机构应当核实并记录在卷 ❺申请人、第三人解除或者变更委托的，应当书面告知行政复议机构 ❻被申请人不得委托本机关以外人员参加行政复议

3.税务行政复议的被申请人规则

税务行政复议的被申请人规则见表8-5。

表8-5　　　　　　　　税务行政复议的被申请人规则

行政行为的作出	被申请人规则	代表与代理的限制规定
申请人对具体行政行为不服的	作出该具体行政行为的税务机关为被申请人	被申请人不得委托本机关以外人员参加行政复议
申请人对扣缴义务人的扣缴税款行为不服的	主管该扣缴义务人的税务机关为被申请人	
对税务机关委托的单位和个人的代征行为不服的	委托税务机关为被申请人	
税务机关与法律、法规授权的组织以共同的名义作出具体行政行为的	税务机关和法律、法规授权的组织为共同被申请人	
税务机关与其他组织以共同名义作出具体行政行为的	税务机关为被申请人	
税务机关依照法律、法规和规章规定，经上级税务机关批准作出具体行政行为的	批准机关为被申请人	
申请人对经重大税务案件审理程序作出的决定不服的	审理委员会所在税务机关为被申请人	
税务机关设立的派出机构、内设机构或者其他组织，未经法律、法规授权，以自己名义对外作出具体行政行为的	税务机关为被申请人	

五、税务行政复议申请

1.税务行政复议的申请期限和方式

税务行政复议的申请期限和方式见表8-6。

表 8-6　　　　　　　　　　　税务行政复议的申请期限和方式

要点	重要内容解释
税务行政复议申请期限	申请人可以在知道税务机关作出具体行政行为之日起60日内提出行政复议申请。因不可抗力或者被申请人设置障碍等原因耽误法定申请期限的，申请期限的计算应当扣除被耽误时间
税务行政复议申请方式	书面申请：可以采取当面递交、邮寄或传真等方式。有条件的行政复议机关可以接受以电子邮件形式提出的行政复议申请。对以传真、电子邮件形式提出行政复议申请的，行政复议机关应当审核确认申请人的身份、复议事项
	口头申请：行政复议机构应依照规定当场制作行政复议申请笔录，交申请人核对或向申请人宣读，并由申请人确认

2.税务行政复议申请期限的计算方式

如前所述，申请人可以在知道税务机关作出具体行政行为之日起60日内提出行政复议申请。税务行政复议申请期限的计算方式见表8-7。

表 8-7　　　　　　　　　　　税务行政复议申请期限的计算方式

情形	申请期限
当场作出具体行政行为的	自具体行政行为作出之日起计算
载明具体行政行为的法律文书直接送达的	自受送达人签收之日起计算
载明具体行政行为的法律文书邮寄送达的	自受送达人在邮件签收单上签收之日起计算；没有邮件签收单的，自受送达人在送达回执上签名之日起计算
具体行政行为依法通过公告形式告知受送达人的	自公告规定的期限届满之日起计算
税务机关作出具体行政行为时，未告知申请人，事后补充告知的	自该申请人收到税务机关补充告知的通知之日起计算
被申请人能够证明申请人知道具体行政行为的	自证据材料证明其知道具体行政行为之日起计算。税务机关作出具体行政行为，依法应当向申请人送达法律文书而未送达的，视为该申请人不知道该具体行政行为
申请人依法申请税务机关履行法定职责，税务机关未履行的	有履行期限规定的，自履行期限届满之日起计算
	没有履行期限规定的，自税务机关收到申请满60日起计算

3.税务行政复议前置与税务行政选择复议

（1）税务行政复议前置

❶复议前置的含义。复议前置是指行政管理相对人（当事人）对具体行政行为不服，在寻求法律救济途径时，应当先向行政复议机关申请行政复议，而不能直接向人民法院提起行政诉讼；如果经过行政复议之后行政管理相对人对复议决定不服，可以再向人民法院提起行政诉讼。

❷税务行政复议前置的具体要求。申请人对复议范围中征税行为不服的，应当先向行政复议机关申请行政复议；对行政复议决定不服的，可以向人民法院提起行政诉讼。

申请人按照上述规定申请行政复议的，必须依照税务机关根据法律、法规确定的税额、期限，先行缴纳或者解缴税款和滞纳金，或者提供相应的担保，才可以在缴清税款和滞纳金以后，或者所提供的担保得到作出具体行政行为的税务机关确认之日起60日内提出行政复议申请。

申请人提供担保的方式包括保证、抵押和质押。作出具体行政行为的税务机关应当对保证人的资格、资信进行审查，对不具备法律规定资格或者没有能力保证的，有权拒绝。作出具体行政行为的税务机关应当对抵押人、出质人提供的抵押担保、质押担保进行审查，对不符合法律规定的抵押担保、质押担保，不予确认。

（2）税务行政选择复议

❶选择复议的含义。选择复议是指行政管理相对人（当事人）对具体行政行为不服，在寻求法律救济途径时，可以向行政复议机关申请行政复议，如果对复议决定不服，可以再向人民法院提起行政诉讼；也可以不经过行政复议而直接向人民法院提起行政诉讼。

❷税务行政选择复议的具体要求。申请人对复议范围中税务机关作出的征税行为以外的其他具体行政行为不服的，可以申请行政复议，也可以直接向人民法院提起行政诉讼。

申请人对税务机关作出逾期不缴纳罚款加处罚款的决定不服的，应当先缴纳罚款和加处罚款，再申请行政复议。

4.税务行政复议申请的其他具体要求

（1）税务机关作出的具体行政行为对申请人的权利、义务可能产生不利影响的，应当告知其申请行政复议的权利、行政复议机关和行政复议申请期限。

（2）申请人提出行政复议申请时错列被申请人的，行政复议机关应当告知申请人变更被申请人。申请人不变更被申请人的，行政复议机关不予受理，或者驳回行政复议申请。

（3）申请人向行政复议机关申请行政复议，行政复议机关已经受理的，在法定行政复议期限内申请人不得向人民法院提起行政诉讼；申请人向人民法院提起行政诉讼，人民法院已经依法受理的，不得申请行政复议。

六、税务行政复议受理

1.税务行政复议受理相关内容

税务行政复议受理相关内容归纳见表8-8。

表 8-8   税务行政复议受理相关内容归纳

情形	条件
应当受理税务行政复议申请	1.属于《税务行政复议规则》规定的行政复议范围 2.在法定申请期限内提出 3.有明确的申请人和符合规定的被申请人 4.申请人与具体行政行为有利害关系 5.有具体的行政复议请求和理由 6.符合《税务行政复议规则》第三十三条和第三十四条规定的条件（见前面"五、税务行政复议的申请"中的"3.税务行政复议前置与税务行政选择复议"中的"税务行政复议前置的具体要求"和"税务行政选择复议的具体要求"） 7.属于收到行政复议申请的行政复议机关的职责范围 8.其他行政复议机关尚未受理同一行政复议申请，人民法院尚未受理同一主体就同一事实提起的行政诉讼
税务行政复议期间具体行政行为停止执行	1.被申请人认为需要停止执行的 2.行政复议机关认为需要停止执行的 3.申请人申请停止执行，行政复议机关认为其要求合理，决定停止执行的 4.法律规定停止执行的
税务行政复议中止	1.作为申请人的公民死亡，其近亲属尚未确定是否参加行政复议的 2.作为申请人的公民丧失参加行政复议的能力，尚未确定法定代理人是否参加行政复议的 3.作为申请人的法人或者其他组织终止，尚未确定权利义务承受人的 4.作为申请人的公民下落不明或者被宣告失踪的 5.申请人、被申请人因不可抗力，不能参加行政复议的 6.行政复议机关因不可抗力原因暂时不能履行工作职责的 7.案件涉及法律适用问题，需要有权机关作出解释或者确认的 8.案件审理需要以其他案件的审理结果为依据，而其他案件尚未审结的 9.其他需要中止行政复议的情形 ▶提示　行政复议中止的原因消除以后，应当及时恢复行政复议案件的审理。行政复议机构中止、恢复行政复议案件的审理，应当告知申请人、被申请人、第三人。
税务行政复议终止	1.申请人要求撤回行政复议申请，行政复议机构准予撤回的 2.作为申请人的公民死亡，没有近亲属，或者其近亲属放弃行政复议权利的 3.作为申请人的法人或者其他组织终止，其权利义务的承受人放弃行政复议权利的 4.申请人与被申请人依照《税务行政复议规则》第八十七条的规定，经行政复议机构准许达成和解的 5.行政复议申请受理以后，发现其他行政复议机关已经先于本行政复议机关受理，或者人民法院已经受理的 ▶提示　依照上述"税务行政复议中止"中第1至3项的规定，已经中止了行政复议，如果满60日行政复议中止的原因未消除，则税务行政复议终止。

2.税务行政复议受理的其他规定

（1）行政复议机关收到行政复议申请以后，应当在5日内审查，决定是否受理。对不符合《税务行政复议规则》规定的行政复议申请，决定不予受理，并书面告知申请人。

对不属于本机关受理的行政复议申请，应当告知申请人向有关行政复议机关提出。

提示　行政复议机关收到行政复议申请以后未按照上述规定期限审查并作出不予受理决定的，视为受理。

（2）对符合规定的行政复议申请，自行政复议机构收到之日起即为受理；受理行政复议申请，应当书面告知申请人。

（3）行政复议申请材料不齐全、表述不清楚的，行政复议机构可以自收到该行政复议申请之日起5日内书面通知申请人补正。补正通知应当载明需要补正的事项和合理的补正期限。无正当理由逾期不补正的，视为申请人放弃行政复议申请。补正申请材料所用时间不计入行政复议审理期限。

（4）上级税务机关认为行政复议机关不予受理行政复议申请的理由不成立的，可以督促其受理；经督促仍不受理的，责令其限期受理。

上级税务机关认为行政复议申请不符合法定受理条件的，应当告知申请人。

（5）上级税务机关认为有必要的，可以直接受理或者提审由下级税务机关管辖的行政复议案件。

（6）对应当先向行政复议机关申请行政复议，对行政复议决定不服再向人民法院提起行政诉讼的具体行政行为，行政复议机关决定不予受理或者受理以后超过行政复议期限不作答复的，申请人可以自收到不予受理决定书之日起或者行政复议期满之日起15日内，依法向人民法院提起行政诉讼。

依照法律规定，延长行政复议期限的，以延长以后的时间为行政复议期满时间。

任务实例8-2　李某的个体餐馆于本年2月开业，因一直未申报纳税，县税务局几次通知其申报，其拒不申报。本年10月14日县税务局稽查核定该餐馆欠缴税款3万元，于本年10月17日作出补缴税款和加收滞纳金，并处以罚款2万元的决定，同时送达税务行政处罚决定书。李某认为罚款过重，于本年10月27日仅向税务机关缴纳了税款和滞纳金，并于同年11月14日以自己的名义，邮寄了行政复议申请书。行政复议机关以李某未缴纳罚款为由作出了不予受理决定，并书面通知了李某。

【任务要求】　假如李某就以下问题向你进行咨询，请给予答复：

（1）县税务局的处罚是否正确？说明理由。

（2）李某能否作为申请人申请行政复议？若李某能申请行政复议，行政复议被申请人、行政复议机关分别是谁？

（3）李某应于多长时间内提出行政复议申请？

（4）行政复议机关不予受理决定是否符合规定？说明理由。

【任务实施】　（1）县税务局的处罚正确。李某经税务机关通知申报而拒不申报，构成了偷税（逃税）。根据税法规定，纳税人采取伪造、变造、隐匿、擅自销毁账簿、记账凭证，或者在账簿上多列支出或者不列、少列收入，或者经税务机关通知申报而拒不申报或者进行虚假的纳税申报的手段，不缴或者少缴应纳税款的，由税务机关追缴其不缴或者少缴的税款、滞纳金，并处不缴或者少缴的税款50%以上5倍以下的罚款。因此，本例中税务局的处罚是正确的。

（2）李某可以作为申请人申请行政复议。行政复议被申请人为县税务局。行政复议机关为市税务局。

（3）李某应当在知道县税务局作出具体行政行为之日起60日内提出行政复议申请。

（4）申请人按规定申请行政复议的，必须依照税务机关根据法律、行政法规确定的税额、期限，先缴纳或者解缴税款及滞纳金（不包括罚款），或者提供相应的担保，方可在实际缴清税款和滞纳金后或者所提供的担保得到作出具体行政行为的税务机关确认之日起60日内提出行政复议申请。因此，行政复议机关以李某未缴纳罚款为由作出了不予受理决定，不符合规定。

七、税务行政复议证据

行政复议证据包括：书证；物证；视听资料；证人证言；电子数据；当事人陈述；鉴定意见；勘验笔录、现场笔录。

下列证据材料不得作为定案依据：❶违反法定程序收集的证据材料。❷以偷拍、偷录和窃听等手段获取侵害他人合法权益的证据材料。❸以利诱、欺诈、胁迫和暴力等不正当手段获取的证据材料。❹无正当事由超出举证期限提供的证据材料。❺无正当理由拒不提供原件、原物，又无其他证据印证，且对方不予认可的证据的复制件、复制品。❻无法辨别真伪的证据材料。❼不能正确表达意志的证人提供的证言。❽不具备合法性、真实性的其他证据材料。

八、税务行政复议审查和决定

（一）税务行政复议的审查

1.向行政复议机构提供作出具体行政行为的证据、依据和其他有关材料

行政复议机构应当自受理行政复议申请之日起7日内，将行政复议申请书副本或者行政复议申请笔录复印件发送被申请人。被申请人应当自收到申请书副本或者申请笔录复印件之日起10日内提出书面答复，并提交当初作出具体行政行为的证据、依据和其他有关材料。

对国家税务总局的具体行政行为不服申请行政复议的案件，由原承办具体行政行为的相关机构向行政复议机构提出书面答复，并提交当初作出具体行政行为的证据、依据和其他有关材料。

2.审理行政复议案件人员

行政复议机构审理行政复议案件，应当由2名以上行政复议工作人员参加。行政复议工作人员应当具备与履行行政复议职责相适应的品行、专业知识和业务能力。税务机关中初次从事行政复议的人员，应当通过国家统一法律职业资格考试取得法律职业资格。

3.审查方式

行政复议原则上采用书面审查的办法。但是申请人提出要求或者行政复议机构认为有必要时，应当听取申请人、被申请人和第三人的意见，并可以向有关组织和人员调查了解情况。

对重大、复杂的案件，申请人提出要求或者行政复议机构认为必要时，可以采取听证

的方式审理。

点睛　行政复议机关应当全面审查被申请人的具体行政行为所依据的事实证据、法律程序、法律依据和设定的权利义务内容的合法性、适当性。

点睛　申请人在行政复议决定作出以前撤回行政复议申请的，经行政复议机构同意，可以撤回。申请人撤回行政复议申请的，不得再以同一事实和理由提出行政复议申请。但是，申请人能够证明撤回行政复议申请违背其真实意思表示的除外。

提示　行政复议期间被申请人改变原具体行政行为的，不影响行政复议案件的审理。但是，申请人依法撤回行政复议申请的除外。

提示　申请人在申请行政复议时，依据《税务行政复议规则》第十五条规定一并提出对有关规定的审查申请的，行政复议机关对该规定有权处理的，应当在30日内依法处理；无权处理的，应当在7日内按照法定程序逐级转送有权处理的行政机关依法处理，有权处理的行政机关应当在60日内依法处理。处理期间，中止对具体行政行为的审查。

提示　行政复议机关审查被申请人的具体行政行为时，认为其依据不合法，本机关有权处理的，应当在30日内依法处理；无权处理的，应当在7日内按照法定程序逐级转送有权处理的国家机关依法处理。处理期间，中止对具体行政行为的审查。

（二）税务行政复议的决定

1.税务行政复议决定的类型

行政复议机构应当对被申请人的具体行政行为提出审查意见，经行政复议机关负责人批准，按照下列规定作出行政复议决定：

（1）具体行政行为认定事实清楚，证据确凿，适用依据正确，程序合法，内容适当的，决定维持。

（2）被申请人不履行法定职责的，决定其在一定期限内履行。

（3）具体行政行为有下列情形之一的，决定撤销、变更或者确认该具体行政行为违法；决定撤销或者确认该具体行政行为违法的，可以责令被申请人在一定期限内重新作出具体行政行为：❶主要事实不清、证据不足的；❷适用依据错误的；❸违反法定程序的；❹超越职权或者滥用职权的；❺具体行政行为明显不当的。

（4）被申请人自收到行政复议机构申请书副本或者申请笔录复印件之日起10日内，不能提出书面答复，提交当初作出具体行政行为的证据、依据和其他有关材料的，视为该具体行政行为没有证据、依据，决定撤销该具体行政行为。

点睛　复议机关责令被申请人重新作出具体行政行为的，被申请人不得以同一事实和理由作出与原具体行政行为相同或者基本相同的具体行政行为；但行政复议机关以原具体行政行为违反法定程序而决定撤销的，被申请人重新作出具体行政行为的除外。

提示　行政复议机关责令被申请人重新作出具体行政行为的，被申请人不得作出对申请人更为不利的决定；但是行政复议机关以原具体行政行为主要事实不清、证据不足或适用依据错误决定撤销的，被申请人重新作出具体行政行为的除外。

复议机关责令被申请人重新作出具体行政行为的，被申请人应当在60日内重新作出具体行政行为；情况复杂，不能在规定期限内重新作出具体行政行为的，经行政复议机关批准，可以适当延期，但是延期不得超过30日。

申请人对被申请人重新作出的具体行政行为不服，可以依法申请行政复议，或者提起行政诉讼。

2.作出行政复议决定的期限

行政复议机关应当自受理申请之日起60日内作出行政复议决定。情况复杂，不能在规定期限内作出行政复议决定的，经复议机关负责人批准，可以适当延长，并告知申请人和被申请人；但是延期不得超过30日。

3.行政复议决定的生效

行政复议机关作出行政复议决定，应当制作行政复议决定书，并加盖印章。

▶ 提示　行政复议决定书一经送达，即发生法律效力。

九、税务行政复议和解与调解

（一）税务行政复议和解与调解的范围

对下列行政复议事项，按照自愿、合法的原则，申请人和被申请人在行政复议机关作出行政复议决定以前可以达成和解，行政复议机关也可以调解：

（1）行使自由裁量权作出的具体行政行为，如行政处罚、核定税额、确定应税所得率等。

（2）行政赔偿。

（3）行政奖励。

（4）存在其他合理性问题的具体行政行为。

（二）税务行政复议和解与调解的其他要求

（1）申请人和被申请人达成和解的，应当向行政复议机构提交书面和解协议。和解内容不损害社会公共利益和他人合法权益的，行政复议机构应当准许。

（2）经行政复议机构准许和解终止行政复议的，申请人不得以同一事实和理由再次申请行政复议。

项目引例解析

1.A市税务局应受理甲加工企业的行政复议申请。根据《税务行政复议规则》的规定，行政复议申请符合下列规定的，行政复议机关应当受理：属于规定的行政复议范围；在法定申请期限内提出；有明确的申请人和符合规定的被申请人；申请人与具体行政行为有利害关系；有具体的行政复议请求和理由；符合《税务行政复议规则》第三十三条和第三十四条规定的条件；属于收到行政复议申请的行政复议机关的职责范围；其他行政复议机关尚未受理同一行政复议申请，人民法院尚未受理同一主体就同一事实提起的行政诉讼。

纳税人对各级税务局的稽查局的具体行政行为不服的，向其所属税务局申请行政复议。本案例中的复议属于该市税务局的管辖范围。纳税人对该税务机关作出的征税行为（征收税款行为）提出行政复议，属于税务行政复议的受案范围。4月20日收到税务处理决定书，5月20日缴纳了税款，5月21日申请行政复议，即在规定的期限（60日）内提出行政复议的申请，也是符合规定的。有明确的申请人和符合规定的被申请人等都是符合条件的，所以A市税务局应该受理甲加工企业的行政复议申请。

2.甲加工企业可以就该市税务局不予受理行为向法院提起诉讼。根据《税务行政复议规则》的规定，对应当先向行政复议机关申请行政复议，对行政复议决定不服再向人民法院提起行政诉讼的具体行政行为，行政复议机关决定不予受理或者受理以后超过行政复议期限不作答复的，申请人可以自收到不予受理决定书之日起或者行政复议期满之日起15日内，依法向人民法院提起行政诉讼。

任务三　　　　　　税务行政诉讼

行政诉讼是人民法院处理行政纠纷、解决行政争议的法律制度，与刑事诉讼、民事诉讼一起，共同构筑起现代国家的诉讼制度。具体来讲，行政诉讼是指公民、法人或者其他组织认为行政机关及其工作人员的具体行政行为侵犯其合法权益，依据《行政诉讼法》向人民法院提起诉讼，由人民法院进行审理并作出裁决的诉讼制度和诉讼活动。《行政诉讼法》颁布实施后，人民法院审理行政案件以及公民、法人和其他组织与行政机关进行行政诉讼进入了一个有法可依的阶段。税务行政诉讼作为行政诉讼的一个重要组成部分，必须遵循《行政诉讼法》所确立的基本原则和普遍程序；同时，税务行政诉讼又不可避免地具有自身的特点。

税务行政诉讼是指公民、法人或者其他组织（属于税务行政管理相对人范畴）认为税务机关及其工作人员的税务具体行政行为违法或者不当，侵犯了其合法权益，依法向人民法院提起行政诉讼，由人民法院对税务具体行政行为的合法性和适当性进行审理并作出裁决的司法活动。税务行政诉讼的目的是保证人民法院正确、及时审理税务行政案件，保护纳税人、扣缴义务人、纳税担保人等当事人的合法权益，维护和监督税务机关依法行使行政职权。

税务行政诉讼是由人民法院进行审理并作出裁决的一种司法活动；税务行政复议是由复议机关（一般为上一级税务机关）进行审查并作出决定的制度和活动。这是税务行政诉讼与税务行政复议的根本区别。税务行政复议和税务行政诉讼是解决税务行政争议的两种重要途径。由于税务行政争议的范围广、数量多、专业性强，多数税务行政争议是由复议机关以税务行政复议的方式解决，只有由人民法院对税务行政案件进行审理并作出裁决的活动，才是税务行政诉讼。

税务行政诉讼以解决税务行政争议为前提，这是税务行政诉讼区别于其他行政诉讼活动的重要特征，主要体现在：（1）税务行政诉讼的被告必须是税务机关或经法律、法规授权的行使税务行政管理权的组织，而不是其他行政机关或组织。（2）税务行政诉讼解决的争议发生在税务行政管理过程中。（3）因税款征纳问题发生的争议，税务行政复议是税务行政诉讼的必经前置程序。

▸ 提示　抽象行政行为，不是行政诉讼范围；没有侵犯合法权益的行为，也不是行政诉讼范围。

▸ 链接　行政行为按照其对象是否特定为标准，分为抽象行政行为和具体行政行为。抽象行政行为是指国家行政机关针对不特定管理对象实施的制定法规、规章和有普遍约束力的决定、命令等行政规则的行为，其行为形式体现为行政法律文件（包括规范文件和非规范文件）。具体行政行为是指国家行政机关、法律法规授权的组织、行政机关委托的组织以及这些组织中的工作人员，在行政管理活动中行使行政职权，针对特定的公民、法人或者其他组织，就特定的具体事项，作出的有关该公民、法人或者其他组织权利义务的单方行为。

一、税务行政诉讼的原则

除共有原则外（如人民法院独立行使审判权，实行合议、回避、公开、辩论、两审、终审等），税务行政诉讼还必须和其他行政诉讼一样，遵循以下几个特有原则：

（1）人民法院特定主管原则。人民法院对税务行政案件只有部分管辖权。根据《行政诉讼法》的规定，人民法院只能受理因税务具体行政行为引起的税务行政争议案。

（2）合法性审查原则。除审查税务机关是否滥用权力、税务行政处罚是否显失公正外，人民法院只对税务具体行政行为是否合法予以审查。与此对应，人民法院原则上不直接判决变更。

（3）不适用调解原则。税收行政管理权是国家权力的重要组成部分，税务机关无权按照自己的意愿进行处置，因此人民法院也不能对税务行政诉讼法律关系的双方当事人进行调解。

（4）起诉不停止执行原则。当事人不能以起诉为理由而停止执行税务机关所作出的具体行政行为，如税收保全措施和税收强制执行措施。

（5）税务机关负举证责任原则。由于税务具体行政行为是税务机关单方依据一定事实和法律作出的，只有税务机关最了解作出该税务具体行政行为的证据。如果税务机关不提供或不能提供作出税务具体行政行为的相关证据，就可能会败诉。

（6）由税务机关负责赔偿的原则。依据《中华人民共和国国家赔偿法》（以下简称《国家赔偿法》）的规定，税务机关及其工作人员因行使职权不当，给当事人造成人身或者财产损害，应负担赔偿责任。

二、税务行政诉讼的管辖

税务行政诉讼管辖是指人民法院受理第一审税务案件的职权分工。《行政诉讼法》第十四条至第二十四条详细、具体地规定了行政诉讼管辖的种类和内容。这对税务行政诉讼当然也是适用的。

具体来讲，税务行政诉讼的管辖分为级别管辖、地域管辖和裁定管辖。

1.级别管辖

级别管辖是上下级人民法院之间受理第一审税务案件的分工和权限。根据《行政诉讼法》的规定，基层人民法院管辖除上级法院管辖的第一审税务行政案件以外的所有第一审税务行政案件，即一般的税务行政案件。中级人民法院管辖：（1）对国务院部门或者县级以上地方人民政府所作的行政行为提起诉讼的案件；（2）海关处理的案件；（3）本辖区内重大、复杂的案件；（4）其他法律规定由中级人民法院管辖的案件。高级人民法院管辖本辖区内重大、复杂的第一审税务行政案件。最高人民法院管辖全国范围内重大、复杂的第一审税务行政案件。

2.地域管辖

地域管辖是同级人民法院之间受理第一审行政案件的分工和权限，分一般地域管辖和特殊地域管辖两种。

（1）一般地域管辖，是指按照最初作出具体行政行为的机关所在地来确定管辖法院。

凡是未经复议直接向人民法院提起诉讼的，或者经过复议，复议裁决维持原具体行政行为，当事人不服，向人民法院提起诉讼的，根据《行政诉讼法》第十八条的规定，均由最初作出具体行政行为的税务机关所在地人民法院管辖。

（2）特殊地域管辖，是指根据特殊行政法律关系或特殊行政法律关系所指的对象来确定管辖法院。税务行政案件的特殊地域管辖主要是指：经过复议的案件，复议机关改变原具体行政行为的，由原告选择最初作出具体行政行为的税务机关所在地的人民法院，或者复议机关所在地人民法院管辖。原告可以向任何一个有管辖权的人民法院起诉，最先收到起诉状的人民法院为第一审法院。

点睛　*经最高人民法院批准，高级人民法院可以根据审判工作的实际情况，确定若干人民法院跨行政区域管辖行政案件。*

3.裁定管辖

裁定管辖，是指人民法院依法自行裁定的管辖，包括移送管辖、指定管辖及管辖权的转移三种情况。

（1）移送管辖，是指人民法院将已经受理的案件，移送给有管辖权的人民法院审理。根据《行政诉讼法》的规定，移送管辖必须具备三个条件：一是移送人民法院已经受理了该案件；二是移送人民法院发现自己对该案件没有管辖权；三是接受移送的人民法院必须对该案件确有管辖权。

（2）指定管辖，是指上级人民法院以裁定的方式，指定某下一级人民法院管辖某一案件。根据《行政诉讼法》第二十三条的规定，有管辖权的人民法院由于特殊原因不能行使对行政诉讼的管辖权的，由上级人民法院指定管辖；人民法院对管辖权发生争议且协商不成的，由它们共同的上级人民法院指定管辖。

（3）管辖权的转移。根据《行政诉讼法》第二十四条的规定，上级人民法院有权审理下级人民法院管辖的第一审税务行政案件；下级人民法院对其管辖的第一审税务行政案件，认为需要由上级人民法院审判的，可以报请上级人民法院决定。

三、税务行政诉讼的受案范围

（1）税务机关作出的征税行为（复议前置）：

❶确认纳税主体、征税对象、征税范围、减税、免税、退税、抵扣税款、适用税率、计税依据、纳税环节、纳税期限、纳税地点和税款征收方式等具体行政行为。

❷征收税款、加收滞纳金。

❸扣缴义务人、受税务机关委托的单位和个人作出的代扣代缴、代收代缴、代征行为等。

（2）税务机关作出的责令纳税人提交纳税保证金或者纳税担保行为。

（3）税务机关作出的行政处罚行为：

❶罚款。

❷没收违法所得。

❸停止出口退税权。

❹吊销税务行政许可证件。

（4）税务机关作出的通知出入境管理机关阻止出境行为。

（5）税务机关作出的税收保全措施：

❶书面通知银行或者其他金融机构冻结纳税人存款。

❷扣押、查封商品、货物或者其他财产。

（6）税务机关作出的税收强制执行措施：

❶书面通知银行或者其他金融机构从当事人存款中扣缴税款。

❷拍卖所扣押、查封的商品、货物或者其他财产以抵缴税款。

（7）认为符合法定条件申请税务机关颁发税务登记证件和发售发票，税务机关拒绝颁发、发售或者不予答复的行为。

（8）税务机关的复议行为：

❶复议机关改变了原具体行政行为。

❷期限届满，税务机关不予答复。

四、税务行政诉讼的起诉和受理

1.税务行政诉讼的起诉

（1）税务行政诉讼起诉的含义。

税务行政诉讼起诉是指公民、法人和其他组织（属于税务行政管理相对人范畴）认为自己的合法权益受到税务机关具体行政行为的侵害，而向人民法院提出诉讼请求，要求人民法院行使审判权，依法予以保护自己合法权益的诉讼行为。在税务行政诉讼等行政诉讼中，起诉权是税务行政管理相对人享有的单向性的权利，税务机关不享有起诉权，只有应诉权，即税务机关只能作为被告；与民事诉讼不同，作为被告的税务机关不能反诉。

（2）税务行政诉讼起诉的条件。

纳税人、扣缴义务人等税务行政管理相对人在提起税务行政诉讼时，必须符合下列条件：

❶原告是认为税务具体行政行为侵犯其合法权益的公民、法人或者其他组织。

❷有明确的被告。

❸有具体的诉讼请求和事实、法律根据。

❹属于人民法院的受案范围和受诉人民法院管辖。

（3）税务行政诉讼起诉的期限。

提起税务行政诉讼，还必须符合法定的期限和必经的程序。根据《税收征收管理法》《行政诉讼法》及其他相关的规定，公民、法人或者其他组织对税务机关的征税行为提起诉讼，必须先经过行政复议；对行政复议决定不服的，可以在接到复议决定书之日起15日内向人民法院起诉。行政复议机关逾期不作决定的，当事人可以在行政复议期满之日起15日内向人民法院提起行政诉讼。当事人对税务机关作出的征税行为以外的其他具体行政行为不服的，可以在知道或者应当知道作出行政行为之日起6个月内直接向人民法院提起行政诉讼（当然也可以先申请行政复议）。

税务机关作出具体行政行为时，未告知当事人诉权或者起诉期限，致使当事人逾期向人民法院起诉的，其起诉期限从当事人实际知道诉权或者起诉期限时计算，但最长不得超过1年。

2.税务行政诉讼的受理

（1）税务行政诉讼受理的条件。

原告起诉，经人民法院审查，认为符合起诉条件并立案审理的行为，称为受理。对当事人的起诉，人民法院一般从以下几方面进行审查并作出是否受理的决定：❶审查是否属于法定的诉讼受案范围；❷审查是否具备法定的起诉条件；❸审查是否已经受理或者正在受理；❹审查是否有管辖权；❺审查是否符合法定的期限；❻审查是否经过必经复议程序。

（2）税务行政诉讼受理或者不受理的规定。

❶人民法院在接到起诉状时对符合规定的起诉条件的，应当登记立案。对当场不能判定是否符合规定的起诉条件的，应当接收起诉状，出具注明收到日期的书面凭证，并在7日内决定是否立案。不符合起诉条件的，作出不予立案的裁定。裁定书应当载明不予立案的理由。原告对不予立案的裁定不服的，可在接到裁定书之日起10日内向上一级人民法院提出上诉，上一级人民法院的裁定为终局裁定。

❷起诉状内容欠缺或者有其他错误的，应当给予指导和释明，并一次性告知当事人需要补正的内容。不得未经指导和释明即以起诉不符合条件为由不接收起诉状。

❸对于不接收起诉状、接收起诉状后不出具书面凭证，以及不一次性告知当事人需要补正的起诉状内容的，当事人可以向上级人民法院投诉，上级人民法院应当责令改正，并对直接负责的主管人员和其他直接责任人员依法给予处分。

❹人民法院既不立案，又不作出不予立案裁定的，当事人可以向上一级人民法院起诉。上一级人民法院认为符合起诉条件的，应当立案、审理，也可以指定其他下级人民法院立案、审理。

◀提示 法律、法规规定应当先申请复议，公民、法人或者其他组织未申请复议直接提起诉讼的，人民法院裁定不予立案。

五、税务行政诉讼的审理和判决

1.税务行政诉讼的审理

人民法院审理行政案件实行合议、回避、公开审判和两审终审的审判制度。审理的核心是审查被诉具体行政行为是否合法，即作出该行为的税务机关是否依法享有该税务行政管理权；该行为是否依据一定的事实和法律作出；税务机关作出该行为是否遵照必备的程序等。

根据《行政诉讼法》的规定，人民法院审查具体行政行为是否合法，依据法律、行政法规和地方性法规（民族自治地方的自治条例和单行条例），参照部门规章和地方性规章。

2.税务行政诉讼的判决

人民法院应当在立案之日起6个月内作出一审判决。有特殊情况需要延长的，由高级人民法院批准；高级人民法院审理的一审案件需要延长的，由最高人民法院批准。合议庭评议后，可以当庭宣判，也可以定期宣判。人民法院对受理的税务行政案件，经过调查、收集证据、开庭审理之后，分别作出如下判决：

（1）维持判决。维持判决即驳回诉讼请求判决，适用于税务具体行政行为证据确凿，适用法律、法规正确，符合法定程序的案件。

（2）撤销判决。税务具体行政行为有下列情形之一的，人民法院判决撤销或者部分撤销，并可以判决被告重新作出行政行为：❶主要证据不足的；❷适用法律、法规错误的；❸违反法定程序的；❹超越职权的；❺滥用职权的；❻明显不当的。

（3）履行判决。人民法院经过审理，认定税务机关无正当理由拒不履行或拖延履行法定职责的，从而责令其在一定期限内履行。

（4）变更判决。人民法院经过审理，认定被告税务行政处罚明显不当，或者其他行政行为涉及款额确定、认定确有错误，运用国家审判权直接予以改变判决。

对一审人民法院的判决不服，当事人可以上诉。对发生法律效力的判决，当事人必须执行，否则人民法院有权依对方当事人的申请予以强制执行。

◄————————————— 职业技能训练 ◄—————————————►

■ 职业能力选择

一、单项选择题

1.税务行政处罚的设定和实施都要根据税务违法行为的性质、情节、社会危害程度的大小而定，这体现了税务行政处罚的（　　）。

A.公正原则　　　　　　　　　　　　B.以事实为依据原则

C.处罚与教育相结合原则　　　　　　D.过罚相当原则

2.现行的税务行政处罚的种类中，不包括（　　）。

A.罚款　　　　　　　B.没收违法所得　　　C.停止出口退税权　　　D.停止享受免税权

3.根据税务行政处罚法律制度的相关规定，下列说法中，错误的是（　　）。

A.税务行政处罚实行行为发生地原则

B.税务行政处罚由当事人居住地的主管税务机关管辖

C.税务所可以在2 000元以下的范围内行使罚款权

D.实施税务行政处罚的主体主要是县以上的税务机关

4.下列各项中，适用税务行政处罚简易程序的是（　　）。

A.对公民处以100元以下的罚款　　　B.对公民处以50元以下的罚款

C.对法人处以2 000元以下的罚款　　D.对其他组织处以1 500元以下的罚款

5.税务行政复议案件一般由（　　）审理。

A.处理案件的原税务机关　　　　　　B.高级人民法院

C.中级人民法院　　　　　　　　　　D.原处理税务机关的上一级税务机关

6.下列各项中，属于征税行为的是（　　）。

A.纳税地点的确认　　　B.出具完税凭证　　　C.代开发票　　　　D.税收保全措施

7.本年10月甲市A公司税务局发现A公司在申报上年度企业所得税时，取得的股息红利收入不符合条件，不应享受免税待遇，要求A公司补缴税款并同时加收滞纳金，但A公司认为自己取得的股息红利收入符合免税规定，则A公司可以采取的救济措施是（　　）。

A.可以直接向人民法院起诉

B.既可以申请行政复议，也可以向人民法院起诉

C.必须先依照税务机关根据法律、行政法规确定的税额、期限，先行缴纳或者解缴税款和滞纳金，或者提供相应的担保，才可以在缴清税款和滞纳金后或者所提供的担保得到作出具体行政行为的税务机关确认之日起60日内提出行政复议申请；对行政复议决定不服的，可以再向人民法院提起行政诉讼

D.协商解决

8.行政复议机关应当自受理申请之日起（　　）内作出行政复议决定。

A.5日　　　　　　　　B.10日　　　　　　　　C.30日　　　　　　　　D.60日

9.下列关于税务行政复议审查和决定的说法中，不正确的是（　　）。

A.税务机关中初次从事行政复议的人员，应当通过国家统一法律职业资格考试取得法律职业资格

B.除申请人依法撤回行政复议申请外，行政复议期间被申请人改变原具体行政行为的，不影响行政复议案件的审理

C.除另有规定外，行政复议机关责令被申请人重新作出具体行政行为的，被申请人不得作出对申请人更为不利的决定

D.行政复议决定书一经制定完成，即发生法律效力

10.税务机关在作出具体行政行为时，未告知当事人诉权和起诉期限，致使当事人逾期向人民法院起诉的，其起诉期限从当事人实际知道诉权或者起诉期限时计算，但最长不得超过（　　）。

A.1年　　　　　　　　B.2年　　　　　　　　C.3年　　　　　　　　D.5年

11.甲市乙县税务局丙镇税务所在执法时给予本镇纳税人赵某1000元罚款的行政处罚，赵某不服，向行政复议机关申请行政复议，则被申请人是（　　）。

A.甲市税务局　　　　B.乙县税务局　　　　C.丙镇税务所　　　　D.乙县人民政府

12.根据税务行政复议法律制度的规定，下列说法中，正确的是（　　）。

A.对计划单列市税务局的具体行政行为不服的，向国家税务总局或本级人民政府申请行政复议

B.对于税务所的具体行政行为不服的，向其所属税务局的上一级税务局申请行政复议

C.对于国家税务总局的具体行政行为不服的，向国务院申请行政复议

D.对于被撤销的税务机关在撤销前作出的具体行政行为不服的，向继续行使其职权的税务机关的上一级税务机关申请行政复议

13.当事人对税务行政复议决定不服的，可以在接到复议决定书之日起（　　）向人民法院起诉。

A.10日内　　　　　　B.15日内　　　　　　C.30日内　　　　　　D.60日内

14.情况复杂，不能在规定期限内作出行政复议决定的，经行政复议机关负责人批准，可以适当延期，并告知申请人和被申请人；但延期不得超过（　　）。

A.5日　　　　　　　　B.10日　　　　　　　　C.30日　　　　　　　　D.60日

15.下列关于税务行政诉讼原则的表述中，错误的是（　　）。

A.人民法院特定主管原则　　　　　　　　B.起诉不停止执行原则

C.适用调解原则　　　　　　　　　　　　D.税务机关负举证责任原则

二、多项选择题

1.下列关于税务行政处罚的设定和种类的说法中，不正确的有（　　）。

A.国务院可以通过行政法规的形式设定各种税务行政处罚

B.全国人民代表大会及其常务委员会可以通过法律的形式设定各种税务行政处罚

C.国务院可以通过行政法规的形式设定除限制人身自由以外的税务行政处罚

D.国家税务总局可以通过行政法规的形式设定警告和罚款

2.下列各项中，属于税务行政处罚简易程序适用条件的有（　　）。

A.案情简单、事实清楚、违法后果比较轻微且有法定依据应当给予处罚的违法行为

B.对公民处以100元以下罚款的违法案件

C.对法人或者其他组织处以2000元以下罚款的违法案件

D.给予的处罚较轻

3.税务行政复议申请人对下列行为不服的，应当先向行政复议机关申请行政复议；对复议决定不服的，可以向人民法院提起行政诉讼的有（　　）。

A.加收滞纳金　　　　　　B.征税对象的确认　　　C.强制执行措施　　　　D.停止出口退税权

4.下列关于税务行政复议管辖规定的说法中，正确的有（　　　）。

A.对各级税务局的具体行政行为不服的，向其上一级税务局申请行政复议

B.对两个以上税务机关以共同的名义作出的具体行政行为不服的，向共同上一级税务机关申请行政复议

C.对国家税务总局的具体行政行为不服的，向国家税务总局或国务院申请行政复议

D.对税务机关作出逾期不缴纳罚款加处罚款的决定不服的，向作出行政处罚决定的税务机关申请行政复议

5.根据税务行政复议法律制度的规定，下列说法中，正确的有（　　　）。

A.申请人对扣缴义务人的扣缴税款行为不服的，主管该扣缴义务人的税务机关为被申请人

B.对税务机关委托的单位和个人的代征行为不服的，委托税务机关为被申请人

C.税务机关与法律、法规授权的组织以共同的名义作出具体行政行为的，税务机关为被申请人

D.申请人对经重大税务案件审理程序作出的决定不服的，审理委员会所在税务机关为被申请人

6.根据税务行政复议法律制度的规定，下列情况下，行政复议期间具体行政行为可以停止执行的有（　　　）。

A.被申请人认为需要停止执行的　　　　　　　B.行政复议机关认为需要停止执行的

C.申请人认为需要停止执行的　　　　　　　　D.法律规定停止执行的

7.根据税务行政复议法律制度的规定，下列证据材料中，不得作为税务行政复议定案依据的有（　　　）。

A.违反法定程序收集的证据材料

B.以偷拍、偷录和窃听等手段获取侵害他人合法权益的证据材料

C.无正当事由超出举证期限提供的证据材料

D.不能正确表达意志的证人提供的证言

8.下列关于税务行政复议申请人的表述中，不符合规定的有（　　　）。

A.股份制企业的股东大会、股东代表大会、董事会认为税务具体行政行为侵犯企业合法权益的，可以企业的名义申请行政复议

B.有权申请行政复议的公民死亡的，其近亲属可以申请行政复议

C.同一行政复议案件申请人超过10人的，应当推选1至10名代表参加行政复议

D.申请人、第三人委托代理人的，应当向行政复议机构提交授权委托书，该授权委托必须是书面委托

9.对下列行政复议事项，按照自愿、合法的原则，申请人和被申请人在行政复议机关作出行政复议决定以前可以达成和解，行政复议机关也可以调解的有（　　　）。

A.行政处罚　　　　　　　B.行政赔偿　　　　　　C.行政奖励　　　　　　D.核定税额

10.下列各项中，属于税务行政诉讼的原则的有（　　　）。

A.人民法院特定主管原则　　　　　　　　　　B.税务机关负有举证责任原则

C.由税务机关负责赔偿的原则　　　　　　　　D.起诉不停止执行原则

11.下列关于税务行政复议受理的表述中，正确的有（　　　）。

A.行政复议机关收到行政复议申请以后，应当在5日内审查，决定是否受理

B.对符合规定的行政复议申请，自行政复议机构收到之日起即为受理；受理行政复议申请，应当书面告知申请人

C.上级税务机关认为有必要的，可以直接受理或者提审由下级税务机关管辖的行政复议案件

D.具体行政行为在行政复议期间，行政复议机关认为需要停止执行的，可以停止执行

12.下列关于税务行政复议的说法中，正确的有（　　　）。

A.税务行政复议机关收到行政复议申请以后，应当在10日内审查，决定是否受理

B.行政复议申请材料不齐全，表述不清楚的，行政复议机构可以自收到该行政复议申请之日起5日内书面通知申请人补正

C.对于不属于本机关受理的行政复议申请，应当告知申请人向有关行政复议机关提出

D.行政复议机关收到行政复议申请以后未按照有关规定期限审查并作出不予受理决定的，视为受理

13.对当事人的起诉，人民法院一般从下列（　　　）方面进行审查并作出是否受理的决定。

A.审查是否属于法定的诉讼受案范围　　　　B.审查是否具备法定的起诉条件

C.审查是否符合法定的期限　　　　　　　　D.审查是否经过必经复议程序

14.对于下列情形之一的行政复议申请，决定不予受理的有（　　　）。

A.不属于行政复议的受案范围

B.超过法定的申请期限

C.已向人民法院提起行政诉讼，人民法院已经受理

D.申请人就纳税问题发生争议，没有按照规定缴清税款、滞纳金，并且没有提供担保或者担保无效

15.行政复议期间发生的下列情形中，行政复议应当终止的有（　　　）。

A.作为申请人的公民死亡，没有近亲属

B.申请人和被申请人按规定经行政复议机构准许达成和解

C.作为申请人的公民被宣告失踪

D.行政复议申请受理后发现人民法院已经受理的

16.下列关于税务行政诉讼的表述中，正确的有（　　　）。

A.税务机关可作为税务行政诉讼案件的原告

B.作为税务行政诉讼案件被告方的税务机关不能反诉

C.原告对不予立案的裁定不服的，可在接到裁定书之日起10日内向上一级人民法院提出上诉，上一级人民法院的裁定为终局裁定

D.当事人对一审人民法院的判决不服的，可以上诉

■ 职业能力判断

1.税务行政处罚听证的范围是对公民作出2 000元以上罚款，或者对法人或其他组织作出20 000元以上罚款的案件。　　　　　　　　　　　　　　　　　　　　　　　　　　　　　　　（　　　）

2.税务机关对当事人作出罚款行政处罚决定的，当事人应当在收到行政处罚决定书之日起15日内缴纳罚款，到期不缴纳的，税务机关可以对当事人每日按罚款数额的3%加处罚款。　　　（　　　）

3.各级税务机关的内设机构、派出机构不具处罚主体资格，但可以以自己的名义实施税务行政处罚。　　　　　　　　　　　　　　　　　　　　　　　　　　　　　　　　　　　　　　（　　　）

4.行政复议期间，行政复议机关认为申请人以外的公民、法人或者其他组织与被审查的税务具体行政行为有利害关系的，可以通知其作为第三人参加行政复议。　　　　　　　　　　　　　（　　　）

5.第三人不参加行政复议，不影响行政复议案件的审理。　　　　　　　　　　　　　（　　　）

6.被申请人可以委托本机关以外人员参加行政复议。　　　　　　　　　　　　　　　（　　　）

7.行政复议和行政诉讼不能同时进行。　　　　　　　　　　　　　　　　　　　　　（　　　）

8.申请人可以在知道税务机关作出具体行政行为之日起30日内提出行政复议申请。　（　　　）

9.公民、法人或者其他组织对税务机关的征税行为提起诉讼，必须先经过行政复议；对行政复议决定不服的，可以在接到复议决定书之日起15日内向人民法院起诉。　　　　　　　　　（　　　）

10.因税款征纳问题发生的争议，当事人在向人民法院提起行政诉讼前，必须先经税务行政复议程序，即复议前置。　　　　　　　　　　　　　　　　　　　　　　　　　　　　　　　（　　　）

■ 职业能力实训

　　甲公司于本年2月20日被A市B县税务局将纳税信用等级评定为C级。甲公司对此不服，于本年3月1日向A市B县人民法院提起行政诉讼，但A市B县人民法院以应当先申请行政复议为由裁定不予立案。

　　要求：A市B县人民法院以"应当先申请行政复议"为由裁定不予立案，是否符合规定？

主要参考文献

［1］中国注册会计师协会．税法［M］．北京：中国财政经济出版社，2023.

［2］全国税务师职业资格考试教材编写组．税法Ⅰ［M］．北京：中国税务出版社，2023.

［3］全国税务师职业资格考试教材编写组．税法Ⅱ［M］．北京：中国税务出版社，2023.

［4］东奥会计在线．2023年注册会计师考试应试指导及全真模拟测试：税法［M］．北京：北京科学技术出版社，2023.

［5］东奥会计在线注会网上辅导税法基础班讲义．2023.

［6］中华会计网校注会网上辅导税法基础班讲义．2023.

［7］高金平．营业税改征增值税政策解析与疑难300问［M］．北京：中国财政经济出版社，2016.

［8］梁文涛．企业纳税筹划方案设计［M］．北京：中国人民大学出版社，2015.

［9］梁文涛．企业纳税方案优化设计120例［M］．北京：中国税务出版社，2014.

［10］梁文涛．中国税收：税费计算与申报［M］．6版．北京：中国人民大学出版社，2023.

［11］梁文涛，耿红玉．纳税实务［M］．大连：东北财经大学出版社，2023.

［12］梁文涛．企业纳税实务［M］．4版．北京：高等教育出版社，2023.

［13］梁文涛．企业纳税实务习题与实训［M］．4版．北京：高等教育出版社，2023.

［14］梁文涛．纳税筹划实务［M］．5版．大连：东北财经大学出版社，2021.

［15］梁文涛，彭新媛．税务会计实务［M］．5版．大连：东北财经大学出版社，2023.

［16］梁文涛，苏杉．税法技能与拓展训练手册［M］．2版．大连：东北财经大学出版社，2019.

［17］1990—2023年中华人民共和国相关财经、会计、税收等法律法规文件.